# 广东法院年鉴

2011

广东省高级人民法院　编

廣東省出版集團
广东人民出版社
·广州·

**图书在版编目（CIP）数据**

广东法院年鉴·2011／广东省高级人民法院编. —广州：广东人民出版社，2012.12

ISBN 978－7－218－08482－4

Ⅰ.①广…　Ⅱ.①广…　Ⅲ.①法院－广东省－2011－年鉴　Ⅳ.D926.22－54

中国版本图书馆 CIP 数据核字（2012）第 309028 号

**广东法院年鉴·2011**

广东省高级人民法院编

**出 版 人：**曾　莹

**责任编辑：**肖风华　钱　丰

**封面设计：**邓秋萍

**责任技编：**黎碧霞

**出版发行：**广东人民出版社

**地　　址：**广州市大沙头四马路 10 号（邮政编码：510102）

**电　　话：**（020）83798714（总编室）

**传　　真：**（020）83780199

**网　　址：**http：//www. gdpph. com

**印　　刷：**广州市官侨彩印有限公司

**书　　号：**ISBN 978－7－218－08482－4

**开　　本：**889 毫米×1194 毫米　1/16

**印　　张：**25.25　　**字　　数：**1000 千

**印　　数：**1—2000 册

**版　　次：**2012 年 12 月第 1 版　2012 年 12 月第 1 次印刷

**定　　价：**158.00 元



**售书热线：**（020）83790604　83791487　　**邮购：**（020）83781421

# 出版说明

《广东法院年鉴》是由广东省高级人民法院编辑出版的年刊，自1998年开始编印，2004年开始公开出版。它旨在全面、系统地反映全省法院开展审判和执行工作、深化法院改革、加强队伍建设和物质装备建设等方面的基本情况，为社会各界了解法院工作提供基本资料。《广东法院年鉴》的编辑出版，是整理固定我省历史司法资料、促进法院审判工作不断发展的需要，是全省各级人民法院交流经验、了解信息的需要，是对外宣传法院工作成效、展示法院风采的重要窗口，也是我省乃至我国司法[illegible]重要组成部分。它具有资料性、宣传性和实用性。

[illegible]鉴》2011年刊的编写体例、风格和形式沿用2010年刊的模式，坚持[illegible]容方面，更加注重宣传性、可读性和精练性，对重大案例、重要[illegible]等方面的内容，采取简介或综述的形式，不再全文刊登，部分[illegible]全书共分五编。第一编《领导关怀与重要批示》，主要通过文字[illegible]简要介绍中央、省委、省人大和最高人民法院等领导视察我省法院工[illegible]所作的重要讲话，以及重要领导批示。第二编《全省法院工作》，全面反映[illegible]院2011年各项工作的基本情况，突出反映法院各项工作所取得的整体成效，[illegible]绍全省法院在审判、执行、改革、基层建设、队伍建设和司法服务等方面的[illegible]及主要做法。第三编《省法院工作》，集中反映省法院各项工作的基本情况[illegible]点反映省法院各项工作取得的成效，简要介绍省法院各部门工作的基本情况和[illegible]法院重大会议、重大活动、重大案例及重要文件，附有2011年1月省法院向省人大所作的工作报告、省法院领导及各部门领导名录。第四编《各中级法院工作》，主要以图片和文字形式分地区反映各中院及部分基层法院工作的基本情况、法官的精神风貌及所取得的突出成绩，附有全省各中级法院和基层法院院长名录，以及截至2011年底的全省人民法庭名录。第五编《争当排头兵专项活动》反映广东省各级法院2008—2011年争当排头兵活动取得的突出成绩、经验总结及社会评价。

本年鉴在编辑出版过程中，得到了省法院各位院领导、各部门及各中级法院的关心和支持，得到了广东人民出版社的支持和协助，谨在此表示感谢！本书疏漏和不当之处，敬请批评指正。

# 《广东法院年鉴》编纂委员会



# 《广东法院年鉴》编辑人员

# 目 录

# Contents

## Part One Leader's Care and Important Instructions



## Part Two Work in the Courts of the Whole Province

## Part Four Work of Intermediate Courts



## Part Five Special Activities

# 第一编

# 领导关怀与重要批示

▲11月28日，省委常委、省纪委书记黄先耀一行视察省法院。

▲3月31日至4月1日，中国法学会审判理论研究会涉外专业委员会第二次会议暨涉外（港澳台）民商事关系的法律适用研讨会在惠州召开。最高法院副院长万鄂湘出席研讨会并讲话。

▲12月6日至7日，最高法院副院长奚晓明一行到广东法院参加全国人大代表公正司法专题视察座谈会。

▲1月6日，最高人民法院党组成员、副院长熊选国一行到广东法院视察，与部分在粤全国人大代表、政协委员座谈。

▲3月30日，全国人大常委会法工委和最高法院在广州召开修改民事诉讼法调研座谈会。法工委副主任王胜明出席会议。

▲12月6日至7日，广东省人大副主任、省总工会主席邓维龙一行到省法院调研。

▲7月11日，广东女政法工作者联谊会在法官学院举行，省政协副主席温子兰出席并讲话。

# 重要批示

## 中共中央政治局委员、省委书记汪洋；<br>省委常委、政法委书记梁伟发<br>在省委政法委、省法院《诉前化解矛盾纠纷，破解“案多人少”难题——关于广东省大力开展诉前联调工作的情况报告》上批示

汪洋：注意总结巩固，完善提升，争取见到更大成效。

梁伟发：这是我省社会管理创新工作又一新的举措，效果明显。

## 省委常委、政法委书记梁伟发<br>在《广东法院重要情况专报（1）——最高法院院长王胜俊批示推广广东党建工作经验》的批示

请以王胜俊同志的批示为鼓励，把我省法院党建工作推上一个新的水平，为贯彻落实“三项重点工作”作出新的更大的贡献。诚望狠抓落实、执行，使广东高院工作再上新台阶。

## 省委常委、政法委书记梁伟发在省法院报送的“群众在我心中”先进事迹报告会有关材料上批示

看了这10名法官的报告，令人感动，催人振奋，请继续加大宣传、弘扬力度，推进全省法院系统主题教育活动取得更好成效。

## 全国人大法工委副主任王胜明在省法院提交的《完善民商事速裁机制的调研报告》上批示

提高审判效率，是及时保护当事人权益、维护司法权威的重要内容，当前社会矛盾凸显，加强这方面的研究尤为必要。该报告重事实、有分析、有建议，总结了全国各地特别是广东法院速裁机制的宝贵经验，对修改民事诉讼法、完善简易程序很有帮助。

## 最高法院党组副书记、常务副院长沈德咏在《广东省高级人民法院关于近期走访驻粤全国人大代表有关情况的报告》上批示

广东高院的人大代表联络工作基础牢、行动快、措施实、效果好，与郑鄂院长的高度重视，其他院领导的大力支持配合，全省法院上下共同努力是分不开的。对于他们行之有效的经验做法，应予充分肯定并大力推广。

## 最高人民法院党组副书记、常务副院长沈德咏在《关于家事审判合议庭试点工作的调研报告》上批示

广东法院开展的家事审判合议庭试点工作，围绕提高审理家事案件专业化水平、促进家庭和睦与社会和谐这一目标，在审判理念、工作方式、制度建设等方面，做了许多有益的探索和尝试，实践证明效果是好的。对他们的改革试点工作请予继续关注，并适时在国家层面帮助他们解决深化改革的有关问题。

## 最高人民法院党组副书记、常务副院长沈德咏及最高人民法院党组成员、政治部主任周泽民在广东法院开展“群众观点大讨论”活动的情况上批示

沈德咏：广东法院的“群众观点大讨论”有声有色，丰富多彩，成效明显，值得认真总结。

周泽民：广东法院开展“群众观点大讨论”活动领导重视、组织有力，注重用身边的先进典型教育激励干警，贴近实际，效果很好。请宣教部以简报形式加以推介。

## 最高人民法院党组成员、副院长江必新在《广东法院“五个结合”加快推进执行指挥中心建设》上批示

广东法院的执行指挥中心建设颇具特色，推动力度大，且成效明显。请执行局商办公厅以适当形式予以推介。

# 最高法院副院长江必新在《广东省高级人民法院清理再审积案取得显著成效》上批示

广东高院审监庭在人案矛盾突出的情况下，既重视清案的速度和效率，更注重个案效果，措施有力，成效显著，有效化解了民事诉讼法修改后出现的案件激增情况。请审监庭了解一下各高院审监庭清积情况，并加强对这方面工作的指导。

# 第二编

# 全省法院工作

# 第一章　工作概况

2011年，是全省法院实现整体工作争当排头兵目标的冲刺年。全省法院按照省十一届人大四次会议决议的要求，以公平正义作为法院工作的生命线，组织全省法院开展“奋力实现排头兵目标”竞赛活动，充分发挥省法院的表率作用和指导监督职能，推动了全省法院各项工作的科学发展。

——全省法院办案质量、效率、效果取得持续进步。2011年，全省法院共受理各类案件1055341件，同比下降1.29%，其中新收1000031件，办结977311件，案件结收比为97.73%。取得了法定审限内结案率、一审服判息诉率、实际执行率上升，以及一审判决案件改判发回重审率、生效案件改判发回重审率、信访投诉率下降等“三升三降”的可喜进展。

——争当全国法院整体工作排头兵的目标基本实现。经过三年来的不懈努力，全省法院争当排头兵的18项主要质效指标全部达标。尤其是一审服判息诉率、民事一审调解撤诉率、实际执行率分别比2008年提高了4.23、18.36和15.10个百分点，反映办案综合质量水平的涉诉信访工作领先全国，人民群众来访从2008年的51496人次下降到20298人次，减少60.58%。据广东省省情调查研究中心“法院工作满意度”调查显示，人民群众对全省法院整体工作满意率为95.1%。

——省法院对下指导监督的职能逐步强化。各级党委、政府重视和加强诉前联调工作，社会对诉前化解矛盾纠纷认同度不断增强，使法院的审判质量效率进一步改善，服判息诉工作得到强化。全省法院一审收案增幅初步回落，一、二审案件质量不断提高，使省法院再审审查、执行监督案件明显下降。省法院全年新收各类案件15156件，结案15472件，案件结收比为102.08%；未结1189件，同比下降17.94%；法定审限内结案率92.93%，同比提高26.86个百分点，为省法院实现职能转变，强化对下级法院的指导监督创造了有利条件。

## 一、紧紧围绕公平正义，依法履行各项司法职能

全省法院共审结各类刑事案件90433件，判处罪犯108099人，同比分别增长8.59%和4.54%。全省法院共审结各类民商事案件517750件，同比下降7.76%，解决诉讼标的1230.90亿元，同比增长14.97%。共审结各类行政案件10729件，同比下降1.30%。对46件受到国家机关职务侵害的案件当事人决定予以国家赔偿。依法审查非诉行政执行案件14624件，其中准予执行13615件，不予执行1009件。共执结各类案件244806件，执结标的462.14亿元。继续深化主动执行改革，强化主动调查取证和查控财产工作，建立劳动争议等案件的快速主动执行机制。全省90%的法院成立了执行指挥中心，进一步加强了对执行工作的统一指挥和协调，建立了首批专门处理执行突发事件和疑难复杂执行案件的执行法官专家库。

## 二、紧紧围绕自身科学发展，深化改革推进创新

对我省法院近年来创造的主动执行、执行指挥中心、系统党建工作指导、人大代表联络机制、隐性司法等改革创新品牌，着重抓落实、抓推广、抓完善。继续推进家事审判改革，全省家事审判合议庭扩展到15个法院。继续推进量刑规范化改革，研发了量刑规范化办案信息管理系统。稳步推进依法开庭审理减刑假释案件，确保规范透明，共办理此类案件64944件。积极推进小额速裁审判改革，逐步扩大小额速裁程序试点，共办理此类案件1517件，结案1502件，结案率99.01%，其中调撤率达99.53%。

全面深化司法公开机制改革。省法院下发了《关于进一步推进司法公开的意见》及16个配套实施办法，率先将我省司法公开示范单位由最高法院指定的5个法院扩展到全省。建立司法信息公开申请、举报投诉和责任追究制度，逐步推动裁判文书上网公布、案件审限对外公开。利用门户网站、微博、手机短信等新载体推进司法公开，省法院和部分中

院、基层法院开通了官方微博。深圳中院运用微博直播庭审。

摸索启动业务分类指导、人员分类管理改革。省法院实行分片分类指导，各业务部门成立分片联系指导小组，深入对口法院实地指导。立足法官队伍的职业化，制定了《广东法院人才队伍建设规划纲要》，探索建立管理、审判专业、审判辅助和司法政务等人才分类管理模式。在法官断层问题突出的欠发达地区基层法院，打破以审判庭为单位管理的格局，试行综合审判机制，努力解决办案力量不足的问题。

着力完善审判管理改革。全省法院信息化建设“08工程”全面完成，四级专线网络全线开通，科技管理手段直达人民法庭，通过网络实现了庭审直播、远程提讯，实现了对办案流程的实时监控。制定了全省统一的案件质量评查标准，建立案件质量评查专家库，聘请人大代表、政协委员作为特邀评查员。首次组织中院的资深法官对省法院各业务部门的680件案件进行了评查；全省法院共评查案件2851件，对其中有问题的4件案件予以整改。实行由审判管理部门归口负责审批审限延长、超审限预警和通报督办制度，审限内结案率提高到99.53%。明确以卷宗归档作为结案依据，统一办案效率考核标准。强化" 判前辨法析理、判后释法答疑" 工作，全省法院一审服判息诉率提升到87.68%，进京访的案访比保持全国最低水平，省法院的再审审查收案同比下降40.22%。

### 三、紧紧围绕树立司法形象，扎实抓好队伍建设

以思想政治教育为先导，提高队伍整体素质。落实全国政法机关“发扬传统、坚定信念、执法为民”和全国法院“人民法官为人民”主题教育实践活动，深入推进“群众观点大讨论”，着力解决好“为谁执法、为谁服务”的政治方向问题，组织10名优秀法官组成“群众在我心中”先进事迹报告团，在全省法院巡讲25场。省法院与省委组织部联合印发《关于加强和改进全省法院系统党建工作的意见》，在全国率先建立地方党委和上级法院对党建工作的双重管理体制。省法院首次建立班子成员参加中院党组民主生活会制度，对中院班子的组织和作风建设进行现场点评和指导。

以基层建设为重点，增强队伍整体司法能力。继续抓好由中院统一用编、招录、分配、待遇的“四统一”招录试点工作，面向社会公开招录初任法官到基层法院任职，在基层任满五年后再回中院工作。对部分招录人才困难的欠发达地区法院，取得省委组织部支持，调剂录用了44名应届大学生。省法院出台人才队伍建设规划纲要和教育培训干部规划，面向基层组织了各类业务培训约110期9100人次。加大对经济欠发达地区法院办案经费保障的帮扶力度，统一采购囚车120辆，调拨给107个法院。

以文化建设为主线，营造创先争优的良好氛围。出台《广东法院文化建设五年规划》。深圳南山区法院建成国内首个“法律文化博物馆”，累计接待当事人和群众参观1.3万人次。4个法院被确定为全国法院文化建设示范单位，有3名优秀法官被评为“全国审判业务专家”，3个立案信访窗口荣获“全国青年文明号”、“全国巾帼文明岗”。发挥先进典型的示范作用，推出了6个“全国模范（优秀）法院”、9名“全国模范（优秀）法官”、10名“全国法院办案标兵”，大力宣传林保南、陈光昶、罗仰龙、曹林等法官的先进事迹，在全国引起较大反响。

以党风廉政建设为关键，提升廉洁司法水平。全面落实党廉工作报告、第一责任人述责、年度考核、监督检查，强化廉政责任。开发廉政档案信息管理系统，实行网上申报、动态管理，全面落实了法官的配偶子女从事律师职业任职回避制度。省法院设立的两个司法巡查组，在全面完成对中院巡查的基础上，开展整改情况“回头看”和党廉工作专项巡查，并对12个基层法院直接巡查。鼓励和支持各级法院自查自纠，全省法院共查处违纪违法案件21件26人，同比分别下降54.05%和43.18%。

## 2011年与2010年全省法院办结各类案件对比图

单位：件

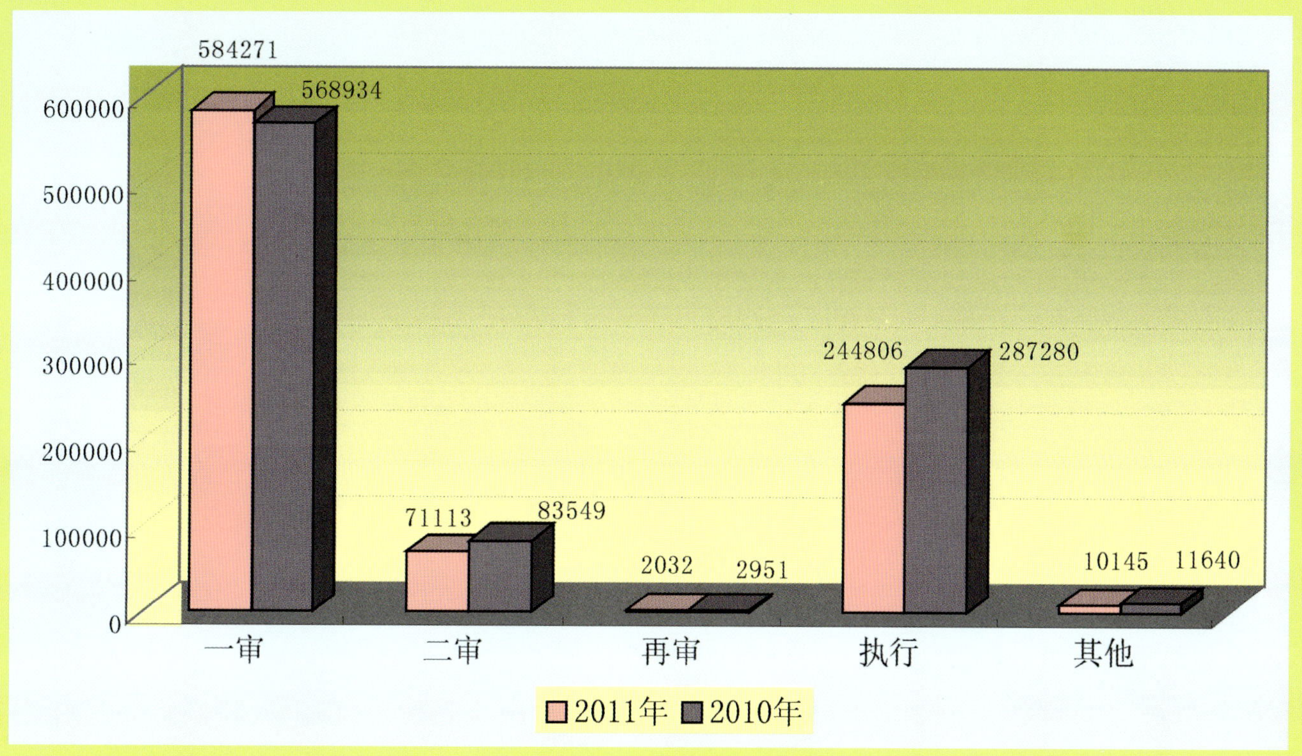


## 2011年全省法院民事一审结案方式比重图

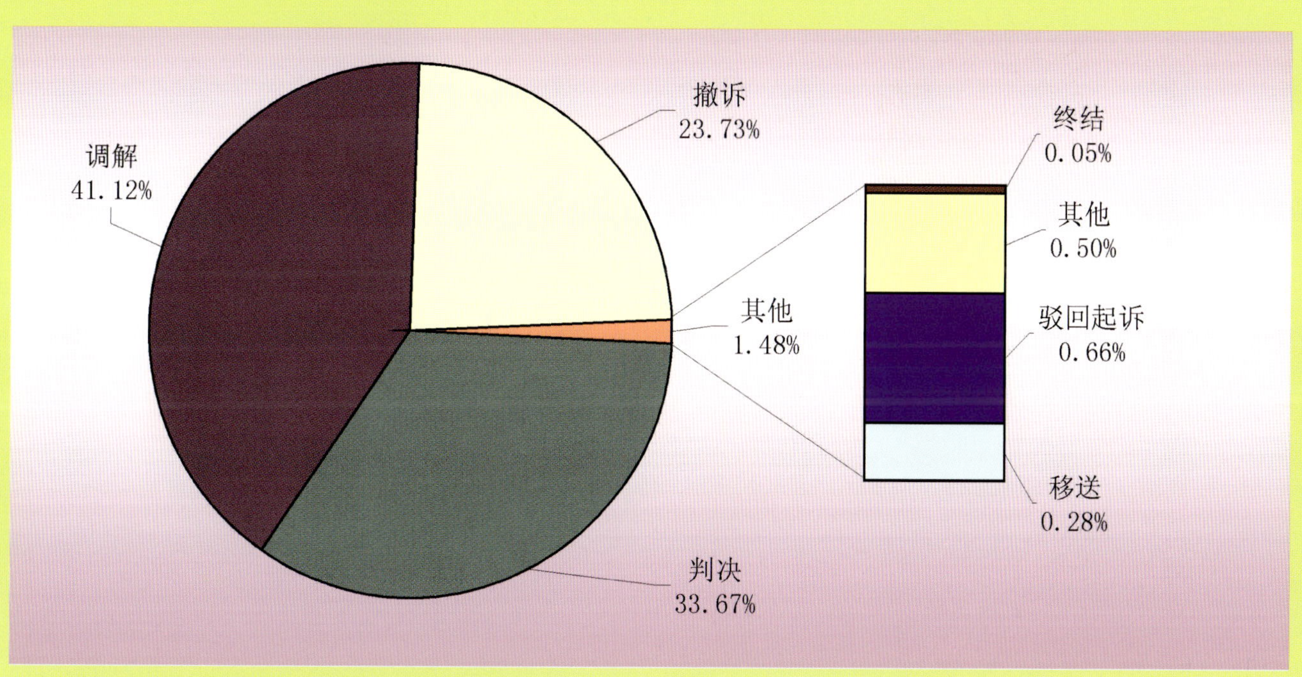

## 2011年与2010年全省法院各类案件收结对比图

单位：件

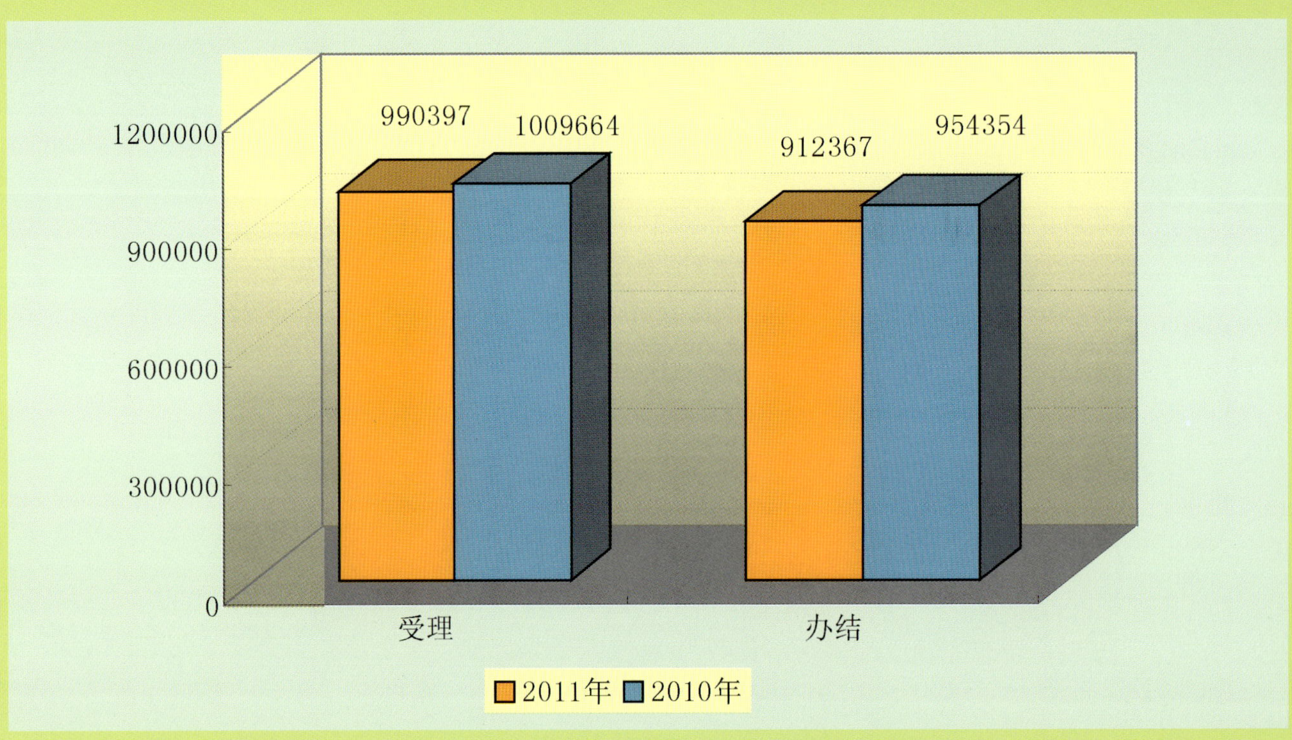


## 2011年全省法院办结各类案件比重图

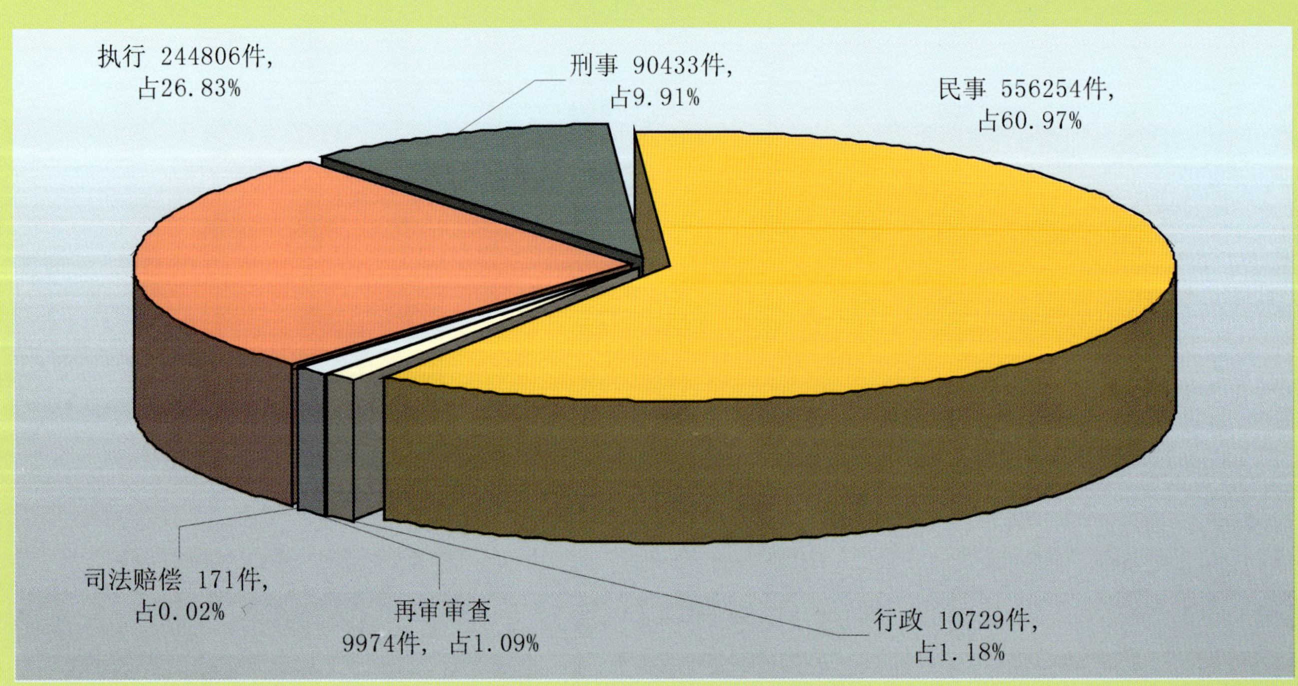

# 第二章　审判和执行工作

2011年，全省法院在省委的领导和最高人民法院的指导下，认真贯彻落实科学发展观，始终坚持能动司法理念，始终以促进社会和谐稳定为目标，指导和监督全省各级法院找准审判工作服务经济社会发展大局的切入点，依法开展审判执行工作，为促进经济社会又好又快发展提供有力司法保障。

## 一、刑事审判

依法履行刑事审判职能。全省法院共审结各类刑事案件90433件，判处罪犯108099人，同比分别增长8.59%和4.54%。针对我省社会治安现状和群众关注的重点，突出依法严惩各类严重危害人民群众生命财产安全的犯罪，共审结故意杀人、抢劫、绑架等一审刑事案件32144件，判处罪犯43605人，其中判处五年以上有期徒刑直至死刑的占29.45%。突出依法打击各类严重破坏社会秩序、危害民生的犯罪，共审结黑社会性质组织、危险驾驶、生产销售不符合安全标准食品等一审刑事案件1157件2143人，切实维护社会稳定、保障人民权益。突出依法打击各类群体性经济犯罪，共审结集资诈骗、非法吸收公众存款、网络诈骗等一审刑事案件579件705人，维护了人民群众经济生活安全。保持对职务犯罪打击的高压态势，共审结贪污、贿赂、渎职等职务犯罪一审案件

▲2月12日，省法院组织召开“全省法院以司法公开为平台，大力推进司法作风和党风廉政建设大会”。

1278件1635人。正确把握宽严相济的刑事政策，在依法从严打击严重犯罪的同时，抓好对从轻、减轻、免予刑事处罚的准确适用，未成年人非监禁刑适用率从2008年的10.53%提高到50.20%。严格贯彻罪刑法定原则，依法对不构成犯罪的69名被告人宣告无罪。对刑事自诉案件和其他轻微刑事犯罪案件，积极开展刑事和解工作，减少当事人之间的对抗，进一步化解积怨。

## 二、民事审判

依法履行民商事审判职能。全省法院共审结各类民商事案件517750件，同比下降7.76%，解决诉讼标的1230.90亿元，同比增长14.97%。依法妥善化解婚姻、继承等家庭纠纷矛盾，注重依法保护妇女、儿童、老年人合法权益，共审结此类一审案件54513件，同比增长3.34%。依法妥善应对国家房地产调控政策引发的房地产案件新情况，平稳处理相关房地产买卖合同、按揭合同纠纷，共审结房地产开发经营合同纠纷一审案件11970件。依法妥善审理中小企业融资难导致的纠纷，引导规范企业融资，推动民间借贷合法化、规范化，审结民间借贷纠纷一审案件29917件。深圳中院一审审结全国首例证券公司破产案--大鹏证券破产案，取得了良好的法律效果和社会效果。依法审理知识产权民事纠纷案件，保护自主创新，促进科技进步，共审结此类一审案件15012件（约占全国的1/4）。依法审理涉外、涉港澳台民商事纠纷案件，维护公平交易投资环境，共审结此类一审案件7471件（约占全国的1/3），审结海事海商一审案件662件。

## 三、行政审判

依法履行行政审判职能。共审结各类行政案件10729件，同比下降1.30%。注重对行政行为的有效监督，省法院与有关部门联合下发有关通知，在深圳等七个市（区）联合将行政复议、行政诉讼纳入依法行政绩效考核体系，并建立行政首长出庭应诉机制，合力促进依法行政。依法开展国家赔偿审判，对46件受到国家机关职务侵害的案件当事人决定予以国家赔偿。依法审查非诉行政执行案件14624件，其中准予执行13615件，不予执行1009件。

## 四、执行工作

依法推进执行工作。共执结各类案件244806件，执结标的462.14亿元。继续深化主动执行改革，强化主动调查取证和查控财产工作，建立劳动争议等案件的快速主动执行机制。全省90%的法院成立了执行指挥中心，进一步加强了对执行工作的统一指挥和协调，建立了首批专门处理执行突发事件和疑难复杂执行案件的执行法官专家库。深入开展反规

▲8月16日，省法院召开广东法院“大审判机制”试点工作座谈会。省法院党组书记、院长郑鄂作重要讲话。

避执行专项活动，借助媒体曝光“老赖”，形成打击赖债行为的高潮，加强对被执行人融资、经营、出境、高消费等活动的限制，有效促进了案件执结率的提高。如影视界名人邓某某作为案件被执行人赖债不还，在进行高消费行为时被广州中院依法当场司法拘留，引起积极的社会反响。大力推动建立执行征信系统，与银行、工商、户籍、房屋、车管等单位共享征信信息系统，压缩失信空间，加大对失信行为的惩戒力度。多措并举、多管齐下使破解执行难有了新进展，尽管全省法院执行案件数量较大（约占全国的1/9），但执行信访数量却大幅下降，由过去全国最多的省份之一，成为全国最少的省份之一。

▲1月26日，“广东法院远程维管理系统”通过省法院信息中心项目验收组的最终验收，正式投入运行。

▲9月7日上午，省法院召开全省法院争当案件质量管理排头兵电视电话会议。

## 五、审判监督

认真应对《民事诉讼法》修订后带来的省法院再审案件大幅增加的压力，精心组织清案工作，追求案结事了，集中清理超过18个月的再审积案。重视以调解方式结案，妥善化解了多宗缠诉、缠访案件。自觉接受检察机关的法律监督，各级法院审结检察机关对生效裁判提出的抗诉案件451件，其中依法发回重审33件，改判95件，维持原判225件，撤回抗诉、民事调解、行政和解等其他处理98件。

### 2011年全省法院各类案件收结案统计表

表一　　　　单位：件

| | 刑事 | | | | 民事 | | | | 行政 | | | | 再审审查 | 司法赔偿 | 执行 | 总计 |
|---|---|---|---|---|---|---|---|---|---|---|---|---|---|---|---|---|
| | 一审 | 二审（含复核） | 再审 | 小计 | 一审（含特殊程序） | 二审 | 再审 | 小计 | 一审 | 二审 | 再审 | 小计 | | | | |
| 受理 | 83738 | 9783 | 111 | 93632 | 541387 | 63246 | 2328 | 606961 | 7881 | 3514 | 142 | 11537 | 11138 | 189 | 266940 | 990397 |
| 其中新收 | 82249 | 9322 | 74 | 91645 | 515664 | 59239 | 1804 | 576707 | 7372 | 3402 | 114 | 10888 | 10270 | 176 | 245401 | 935087 |
| 结案 | 81054 | 9294 | 85 | 90433 | 495966 | 58433 | 1855 | 556254 | 7251 | 3386 | 92 | 10729 | 9974 | 171 | 244806 | 912367 |
| 未结 | 2684 | 489 | 26 | 3199 | 45421 | 4813 | 473 | 50707 | 630 | 128 | 50 | 808 | 1164 | 18 | 22134 | 78030 |

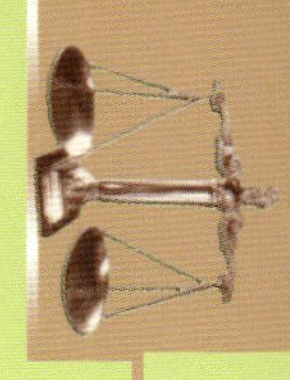



## 2011年全省法院婚姻家庭、继承纠纷一审案件统计表

表二

单位：件（万元）

| 类别 | 案由 | 旧存 | 收案 | 结案 | 在审结案件中 | | | | | | | | | | | | 诉讼标的的总金额（万元） | 未结 | |
|---|---|---|---|---|---|---|---|---|---|---|---|---|---|---|---|---|---|---|---|
| | | | | | 判决 | 裁定 | | | | 调解 | 移送 | 其中 | | | | | | 件 | 其中 |
| | | | | | | 驳回起诉 | 撤诉 | 终结 | 其他 | | | 当庭宣判 | 涉外 | 涉港 | 涉澳 | 涉台 | | | 中止 |
| 婚姻家庭纠纷案件 | 离婚 | 1166 | 45470 | 44334 | 13807 | 80 | 9579 | 19 | 98 | 20576 | 175 | 1531 | 541 | 305 | 46 | 54 | 199151.31 | 2305 | 31 |
| | 解除非法同居关系 | 56 | 599 | 602 | 146 | 1 | 84 | | 3 | 367 | 1 | 6 | | 15 | 3 | 1 | 1902.69 | 51 | 1 |
| | 婚姻无效纠纷 | 5 | 21 | 25 | 14 | 1 | 6 | | | 4 | | 2 | 1 | | | | 27.20 | 1 | |
| | 撤销婚姻纠纷 | | 2 | 3 | 2 | | | | | 1 | | 1 | | | | | | | |
| | 婚姻自主权纠纷 | 1 | 2 | 3 | 2 | | 1 | | | | | | | | | | | | |
| | 婚约财产纠纷 | 6 | 40 | 41 | 21 | | 6 | | | 14 | | 2 | | | | | 643.26 | 5 | |
| | 登记离婚后财产纠纷 | 114 | 1553 | 1423 | 550 | 7 | 258 | | 13 | 585 | 10 | 85 | 4 | 10 | 4 | | 60095.48 | 244 | 12 |
| | 夫妻财产约定纠纷 | 1 | 41 | 37 | 7 | 1 | 8 | | | 21 | | 3 | | 1 | | | 389.14 | 5 | |
| | 抚养、扶养关系纠纷 | 145 | 3885 | 3920 | 761 | 6 | 366 | 1 | 16 | 2756 | 14 | 153 | 21 | 40 | 13 | 1 | 2959.23 | 110 | 1 |
| | 抚育费纠纷 | 35 | 965 | 945 | 389 | 5 | 181 | | 9 | 358 | 3 | 35 | 4 | 4 | | 1 | 3362.84 | 59 | 2 |
| | 扶养费纠纷 | 16 | 323 | 330 | 133 | 1 | 57 | | 1 | 138 | | 3 | | 1 | | | 576.50 | 10 | |
| | 监护权纠纷 | 6 | 65 | 63 | 11 | | 9 | | | 43 | | 1 | | | | | 17.00 | 7 | |
| | 生身父母确认 | 1 | | 3 | | | 1 | | | 2 | | | | | | | 0.03 | | |
| | 赡养纠纷 | 11 | 213 | 205 | 70 | 1 | 61 | 2 | | 71 | | 2 | | | | | 243.63 | 15 | |
| | 确认收养关系 | | 15 | 15 | 3 | 1 | 5 | | 2 | 4 | | 4 | | | | | 27.20 | 1 | |
| | 解除收养关系 | 1 | 41 | 40 | 14 | | 8 | | | 18 | | 2 | 1 | | | | 22.81 | 2 | |
| | 探视子女权纠纷 | 7 | 121 | 120 | 41 | | 14 | | | 64 | 1 | 2 | | | | | 0.90 | 8 | |
| | 分家析产 | 25 | 329 | 300 | 97 | 3 | 75 | | 2 | 121 | 2 | 1 | 1 | 6 | 1 | | 3919.10 | 53 | 3 |
| | 其　　他 | 15 | 331 | 321 | 109 | 2 | 42 | | 38 | 124 | 6 | 4 | 2 | 4 | | 1 | 2486.01 | 28 | 4 |
| 继承纠纷案件 | 法定继承 | 95 | 864 | 798 | 248 | | 103 | 1 | 3 | 440 | 3 | 30 | 15 | 32 | 2 | | 16682.39 | 161 | 8 |
| | 遗嘱继承 | 25 | 174 | 163 | 71 | 3 | 21 | | | 68 | | 1 | 4 | 7 | | | 2928.12 | 39 | 1 |
| | 继承权确认纠纷 | 9 | 36 | 35 | 9 | | 7 | 3 | | 16 | | 3 | | | | | 937.41 | 8 | |
| | 被继承人债务清偿纠纷 | 4 | 23 | 24 | 20 | | 3 | | | 1 | | | | 1 | | | 330.26 | 3 | |
| | 遗　　赠 | 2 | 18 | 17 | 9 | | | | | 8 | | | 1 | 1 | 1 | | 205.19 | 3 | |
| | 遗赠扶养协议 | 3 | 9 | 10 | 4 | | 1 | | | 5 | | | | | | | 235.31 | 2 | |
| | 其　　他 | 133 | 743 | 736 | 222 | 8 | 92 | | 1 | 411 | 2 | 89 | 17 | 30 | 1 | | 12332.80 | 140 | 9 |
| 合　　计 | | 1882 | 55883 | 54513 | 16760 | 120 | 10988 | 26 | 186 | 26216 | 217 | 1960 | 612 | 457 | 71 | 58 | 309475.81 | 3260 | 72 |

# 2011年全省法院婚姻家庭、继承纠纷二审案件统计表

表三

单位：件（万元）

| 类别 | 项目 | 旧存 | 收案 | 结案 | 在审结案件中 | | | | | | | | | | | | | | | | 未结 | |
|---|---|---|---|---|---|---|---|---|---|---|---|---|---|---|---|---|---|---|---|---|---|---|
| | | | | | 判决 | | 裁定 | | | | | | 调解 | 其中 | | | | | | 诉讼标的的总金额（万元） | 件 | 其中 |
| | | | | | 维持 | 改判 | 发回重审 | 撤诉 | 驳回 | 终结 | 撤销原裁定 | 其他 | | 开庭审理 | 当庭宣判 | 涉外 | 涉港 | 涉澳 | 涉台 | | | 中止 |
| 婚姻家庭纠纷案件 | 离婚 | 72 | 1826 | 1791 | 771 | 187 | 29 | 283 | 95 | 5 | 13 | 35 | 373 | 1479 | 17 | 6 | 9 | 2 | 1 | 9999.94 | 97 | |
| | 抚养、扶养关系纠纷 | 9 | 180 | 197 | 113 | 17 | 3 | 21 | 6 | | 1 | 3 | 33 | 170 | | 1 | 1 | | | 102.00 | 1 | |
| | 抚育费纠纷 | | 106 | 104 | 61 | 5 | | 16 | 3 | | | 2 | 17 | 82 | 1 | | 2 | | | 153.03 | 2 | |
| | 扶养费纠纷 | | 57 | 57 | 29 | 2 | | 9 | | | 1 | 4 | 12 | 48 | | | | | | 8.13 | | |
| | 监护权纠纷 | | 2 | 2 | 1 | 1 | | | | | | | | 2 | | | | | | | | |
| | 赡养纠纷 | 4 | 20 | 18 | 12 | 1 | | 3 | | | 1 | | 1 | 16 | | | 1 | | | 2.78 | 6 | |
| | 确认收养关系 | | | | | | | | | | | | | | | | | | | | | |
| | 解除收养关系 | 1 | 1 | 2 | 2 | | | | | | | | | | | | | | | | | |
| | 探视子女权纠纷 | | 9 | 8 | 5 | 2 | 1 | | | | | | | 8 | | | | | | | 1 | |
| | 其他 | 28 | 307 | 282 | 142 | 45 | 2 | 36 | 21 | | 1 | 7 | 28 | 232 | | 2 | 6 | 1 | 2 | 1486.20 | 55 | 1 |
| 继承纠纷案件 | 法定继承 | 14 | 127 | 121 | 67 | 10 | 8 | 11 | 6 | | 3 | 5 | 11 | 108 | | 3 | 2 | | | 2238.96 | 20 | |
| | 遗嘱继承 | 4 | 39 | 39 | 21 | 3 | 2 | 5 | 3 | | 1 | 1 | 3 | 32 | | 1 | 3 | | | 197.99 | 4 | |
| | 继承权确认纠纷 | 1 | 15 | 13 | 5 | 2 | | 2 | 2 | | | | 2 | 11 | | | | | | 19.24 | 3 | |
| | 被继承人债务清偿纠纷 | | 6 | 5 | 1 | 4 | | | | | | | | 5 | | | 1 | | | 384.26 | 1 | |
| | 其他 | 14 | 117 | 112 | 56 | 13 | 2 | 14 | 7 | | 2 | 4 | 14 | 89 | | 5 | 7 | 2 | | 902.61 | 19 | |
| 合计 | | 147 | 2812 | 2751 | 1286 | 292 | 47 | 400 | 143 | 5 | 23 | 61 | 494 | 2282 | 18 | 18 | 32 | | 3 | 15495.14 | 209 | 1 |
| 合计中对上诉的案件裁定 | 驳回起诉 | 1 | 14 | 15 | | | | 3 | 8 | | 4 | | | | | 1 | 1 | | | | | |
| | 不予受理 | | 18 | 18 | | | | | 13 | | 5 | | | | | | | | | | | |
| | 管辖异议 | 3 | 127 | 129 | | | | 3 | 109 | 1 | 11 | 5 | | | | 3 | 1 | 2 | 1 | | 1 | |
| | 小计 | 4 | 159 | 162 | | | | 6 | 130 | 1 | 20 | 5 | | | | 4 | 2 | 2 | 1 | | 1 | |

## 2011年全省法院婚姻家庭、继承纠纷再审案件统计表

表四

单位：件（万元）

| | | 旧存 | 收案 | 结案 | 在审结案件中 | | | | | | | | | | | | | | 未结 | |
|---|---|---|---|---|---|---|---|---|---|---|---|---|---|---|---|---|---|---|---|---|
| | | | | | 判决 | | 裁定 | | | | | 调解 | 其中 | | | | | | 诉讼标的总金额（万元） | 件 | 其中 |
| | | | | | 维持 | 改判 | 发回重审 | 撤诉 | 驳回 | 终结 | 其他 | | 开庭审理 | 当庭宣判 | 涉外 | 涉港 | 涉澳 | 涉台 | | | 中止 |
| 婚姻家庭纠纷案件 | 离婚 | 6 | 18 | 22 | 8 | 5 | 3 | | | 2 | 1 | 3 | 9 | | | | | | 123.30 | 5 | |
| | 抚养、扶养关系纠纷 | | 1 | | | | | | | | | | | | | | | | | 1 | |
| | 抚育费纠纷 | | 2 | 2 | 1 | | | | | | | 1 | 1 | | | | | | 17.60 | | |
| | 扶养费纠纷 | | 2 | 2 | 1 | 1 | | | | | | | 1 | | | | | | | | |
| | 监护权纠纷 | | | | | | | | | | | | | | | | | | | | |
| | 赡养 | | | | | | | | | | | | | | | | | | | | |
| | 确认收养关系 | | | | | | | | | | | | | | | | | | | | |
| | 解除收养关系 | | | | | | | | | | | | | | | | | | | | |
| | 探视子女权纠纷 | | | | | | | | | | | | | | | | | | | | |
| | 其他 | 7 | 9 | 14 | 6 | 5 | 1 | | | | 1 | 1 | 11 | | | | | | 217.57 | | |
| 继承纠纷案件 | 法定继承 | 2 | 5 | 4 | 1 | | 2 | | | | | 1 | 3 | | 1 | 1 | | | | 3 | |
| | 遗嘱继承 | 2 | 1 | 2 | | 1 | | | | | | 1 | 2 | | | | | | 29.00 | | |
| | 继承权确认纠纷 | 1 | 2 | 1 | 1 | | | | | | | | 1 | | | | | | | 2 | |
| | 被继承人债务清偿纠纷 | | | | | | | | | | | | | | | | | | | | |
| | 其他 | | 3 | 2 | 1 | | | | | 1 | | | | | | | | | | 1 | |
| 合计 | | 18 | 43 | 49 | 19 | 12 | 6 | | | 3 | 2 | 7 | 28 | | 1 | 1 | | | 387.47 | 12 | |
| 其中 | 本院决定再审 | 2 | 8 | 8 | 3 | 2 | 2 | | | 1 | | | 5 | | | | | | 113.30 | 2 | |
| | 提审 | 3 | 12 | 13 | 1 | 4 | 2 | | | 1 | 1 | 4 | 8 | | 1 | 1 | | | 44.57 | 2 | |
| | 指令再审 | 6 | 14 | 16 | 7 | 4 | 2 | | | 1 | | 2 | 6 | | | | | | 200.60 | 4 | |
| | 抗诉 | 7 | 9 | 12 | 8 | 2 | | | | | 1 | 1 | 9 | | | | | | 29.00 | 4 | |

# 2011年全省法院合同纠纷一审案件统计表

表五

单位：件（万元）

| | 旧存 | 收案 | 结案 | 在审结案件中 | | | | | | | | | | | | | 诉讼标的总金额（万元） | 未结 | |
|---|---|---|---|---|---|---|---|---|---|---|---|---|---|---|---|---|---|---|
| | | | | 判决 | 裁定 | | | | 调解 | 移送 | 其中 | | | | | | | 件 | 其中 |
| | | | | | 驳回起诉 | 撤诉 | 终结 | 其他 | | | 当庭宣判 | 涉外 | 涉港 | 涉澳 | 涉台 | | | | 中止 |
| 合同代位权纠纷 | 27 | 249 | 218 | 110 | | 68 | | 2 | 37 | 1 | 3 | 2 | 7 | | 2 | 12012.31 | 59 | 1 |
| 合同撤销权纠纷 | 33 | 129 | 127 | 60 | 3 | 46 | | 4 | 14 | | 14 | 1 | 5 | | 2 | 3204.07 | 36 | 5 |
| 悬赏广告纠纷 | | 4 | 4 | 2 | | | | | 1 | 1 | | | | | | 5.96 | | |
| 买卖合同纠纷 | 2673 | 39583 | 37694 | 13753 | 177 | 10212 | 6 | 141 | 13203 | 202 | 1070 | 99 | 577 | 33 | 71 | 1018358.42 | 4571 | 58 |
| 房地产开发经营合同纠纷案件 | 982 | 12343 | 11970 | 4918 | 182 | 2101 | 4 | 41 | 4711 | 13 | 286 | 65 | 244 | 11 | 22 | 599056.21 | 1355 | 31 |
| 供用电、水、气、热力合同纠纷 | 28 | 870 | 886 | 67 | 6 | 480 | | | 333 | | 4 | | 1 | | | 38563.77 | 12 | 1 |
| 赠与合同纠纷 | 9 | 136 | 127 | 55 | | 32 | | 2 | 38 | | 12 | | 1 | | | 2110.26 | 17 | |
| 借款合同纠纷案件 | 2789 | 61889 | 60109 | 20456 | 711 | 20078 | 13 | 218 | 18460 | 173 | 1761 | 118 | 647 | 93 | 71 | 3001062.65 | 4584 | 126 |
| 借用合同纠纷 | 21 | 98 | 111 | 41 | 1 | 38 | | | 31 | | | 1 | 1 | | | 363.84 | 6 | 1 |
| 租赁合同纠纷 | 932 | 14039 | 13495 | 5351 | 103 | 3991 | 8 | 37 | 3990 | 15 | 759 | 36 | 205 | 16 | 21 | 243985.67 | 1494 | 36 |
| 融资租赁合同纠纷 | 31 | 96 | 94 | 49 | 1 | 17 | | | 17 | 10 | 2 | 2 | 44 | | 4 | 15827.77 | 32 | |
| 建设工程合同纠纷案件 | 966 | 4392 | 4132 | 1870 | 33 | 928 | | 23 | 1256 | 22 | 169 | 7 | 31 | | 2 | 399692.70 | 1228 | 36 |
| 承揽合同纠纷 | 597 | 4740 | 4644 | 1951 | 19 | 983 | 106 | 17 | 1534 | 34 | 74 | 15 | 92 | 4 | 4 | 101278.65 | 693 | 16 |
| 运输合同纠纷案件 | 95 | 1582 | 1495 | 583 | 10 | 394 | | 2 | 494 | 12 | 69 | 3 | 6 | 1 | | 14883.49 | 185 | 4 |
| 技术合同 | 11 | 40 | 34 | 15 | | 8 | | 1 | 8 | 2 | 1 | 1 | | | | 2248.09 | 17 | |
| 知识产权合同 | 23 | 316 | 268 | 115 | | 102 | | 1 | 45 | 5 | 2 | 1 | 1 | 1 | | 2724.78 | 71 | |
| 仓储、保管合同 | 87 | 194 | 214 | 121 | 3 | 54 | | | 35 | 1 | 3 | | 1 | | | 12595.19 | 68 | |
| 委托合同 | 139 | 1222 | 1156 | 534 | 3 | 284 | | 17 | 303 | 15 | 28 | 13 | 41 | 2 | 4 | 31440.87 | 203 | |
| 行纪合同 | 1 | 11 | 8 | 2 | | 6 | | | | | 2 | | | | | 329.50 | 3 | |
| 居间合同 | 136 | 1953 | 1777 | 660 | 4 | 665 | | 6 | 438 | 4 | 26 | 9 | 27 | 1 | 1 | 9186.91 | 313 | 3 |
| 担保合同 | 68 | 738 | 679 | 317 | 4 | 185 | | 2 | 166 | 5 | 29 | 2 | 10 | 1 | 2 | 53555.11 | 127 | 6 |
| 典当合同 | 13 | 100 | 88 | 49 | 1 | 16 | | | 22 | | 2 | | 1 | | | 14679.74 | 26 | 2 |
| 保险合同 | 415 | 7475 | 7058 | 3981 | 34 | 903 | 1 | 13 | 2097 | 29 | 138 | 2 | 19 | 1 | 6 | 74487.58 | 830 | 17 |
| 海商合同 | 133 | 606 | 587 | 159 | 3 | 258 | | 4 | 155 | 8 | | 347 | 40 | | 2 | 123960.41 | 152 | 6 |
| 储蓄存款合同 | 29 | 330 | 300 | 172 | 2 | 44 | | 4 | 78 | | 4 | 2 | 3 | 1 | 3 | 10170.82 | 63 | 1 |
| 信用卡纠纷 | 450 | 21557 | 21320 | 7888 | 11 | 7742 | 2 | 15 | 5660 | 2 | 3482 | 3 | 12 | 4 | 7 | 49451.35 | 697 | 1 |
| 信用证纠纷 | 8 | 12 | 10 | 7 | | | | | 3 | | | 1 | 1 | | | 4648.16 | 7 | |
| 期货交易纠纷 | | 3 | 1 | 1 | | | | | | | | | | | | 5.00 | 2 | |
| 信托纠纷 | 1 | 11 | 7 | 2 | | 2 | | | 3 | | | | | | | 1349.56 | 5 | |
| 证券合同 | 1 | 17 | 14 | 3 | 2 | 2 | | 1 | 3 | 3 | | | | | | 1948.97 | 3 | 1 |
| 经营合同 | 253 | 2355 | 2159 | 1101 | 23 | 449 | 3 | 25 | 539 | 19 | 23 | 11 | 27 | 4 | 9 | 124007.24 | 448 | 27 |
| 中外合作勘探开发自然资源合同 | | | | | | | | | | | | | | | | | | |
| 农村承包合同 | 117 | 2940 | 2905 | 624 | 25 | 688 | 1 | 2 | 1564 | 1 | 8 | 1 | 1 | | 3 | 15759.68 | 147 | 11 |
| 电信合同 | 53 | 7536 | 7567 | 468 | 2 | 5397 | | 12 | 1688 | | 163 | | | | | 50070.50 | 32 | |
| 邮政合同 | 2 | 19 | 18 | 7 | | 5 | | | 6 | | | | 2 | | | 139.51 | 3 | |
| 演出合同 | | 17 | 27 | 10 | 12 | 2 | | 2 | 1 | | | | 1 | | | 56.81 | 4 | |
| 服务合同 | 467 | 14967 | 14334 | 3308 | 46 | 8548 | 1 | 32 | 2389 | 10 | 311 | 23 | 300 | 8 | 9 | 45545.25 | 1085 | 14 |
| 劳动争议案件 | 1985 | 68551 | 66617 | 16566 | 545 | 8069 | 6 | 347 | 40982 | 102 | 3298 | 25 | 555 | 4 | 11 | 115947.35 | 3922 | 53 |
| 劳务合同 | 131 | 2639 | 2625 | 464 | 7 | 177 | | 26 | 1949 | 2 | 14 | 3 | 3 | | 2 | 10989.80 | 143 | 1 |
| 其　他 | 1007 | 14141 | 13256 | 3967 | 97 | 2297 | 12 | 215 | 6593 | 75 | 639 | 50 | 481 | 13 | 25 | 986269.31 | 1820 | 59 |
| 合　计 | 14713 | 287900 | 278135 | 89807 | 2070 | 75271 | 163 | 1212 | 108846 | 766 | 12396 | 843 | 3387 | 198 | 283 | 7191973.25 | 24463 | 517 |

# 2011年全省法院合同纠纷二审案件统计表

表六

单位：件（万元）

| | 旧存 | 收案 | 结案 | 在审结案件中 | | | | | | | | | | | | | | | | 未结 | |
|---|---|---|---|---|---|---|---|---|---|---|---|---|---|---|---|---|---|---|---|---|---|
| | | | | 判决 | | 裁定 | | | | | | 调解 | 其中 | | | | | | 诉讼标的总金额（万元） | 件数 | 其中 |
| | | | | 维持 | 改判 | 发回重审 | 撤诉 | 驳回 | 终结 | 撤销原裁定 | 其他 | | 开庭审理 | 当庭宣判 | 涉外 | 涉港 | 涉澳 | 涉台 | | | 中止 |
| 买卖合同 | 461 | 5096 | 5034 | 2366 | 480 | 74 | 527 | 576 | 1 | 49 | 82 | 879 | 3846 | 12 | 38 | 142 | 11 | 27 | 126493.2629 | 525 | 4 |
| 房地产开发经营合同 | 367 | 2999 | 3102 | 1573 | 290 | 28 | 405 | 261 | | 7 | 40 | 498 | 2243 | 1 | 19 | 85 | 5 | 3 | 104035.549 | 251 | 5 |
| 供用电、水、气、热力合同 | 1 | 39 | 28 | 16 | 1 | | 4 | | | | 4 | 3 | 26 | | | | | | 47.4807 | 15 | |
| 借款合同 | 218 | 3282 | 3225 | 1575 | 312 | 55 | 565 | 325 | | 26 | 71 | 296 | 2482 | 4 | 55 | 84 | 17 | 20 | 302282.3532 | 281 | 13 |
| 借用合同 | 1 | 24 | 26 | 9 | 4 | | 6 | 7 | | | | | 6 | | | | | | 538.96 | 1 | |
| 租赁合同 | 292 | 2949 | 2978 | 1979 | 338 | 29 | 267 | 138 | | 3 | 16 | 208 | 2475 | 4 | 19 | 49 | 1 | 10 | 35305.4216 | 259 | 5 |
| 融资租赁合同 | 3 | 22 | 18 | 3 | 5 | | | 7 | | | | 3 | 10 | | | 11 | | | 821.6493 | 5 | |
| 建设工程合同 | 211 | 1316 | 1337 | 685 | 193 | 53 | 119 | 123 | | 11 | 25 | 128 | 1043 | 3 | 1 | 13 | 1 | | 124245.0174 | 189 | 4 |
| 承揽合同 | 55 | 1134 | 1094 | 495 | 117 | 23 | 92 | 136 | | 7 | 26 | 198 | 820 | 2 | 10 | 39 | 3 | 5 | 17287.2191 | 92 | |
| 运输合同 | 29 | 304 | 300 | 158 | 24 | 9 | 22 | 26 | | 1 | 3 | 57 | 242 | | 4 | 8 | | 3 | 3344.9513 | 33 | 1 |
| 技术合同 | 10 | 15 | 17 | 6 | 3 | 1 | | 2 | | 1 | 2 | 2 | 14 | | | | | | 2706.0927 | 8 | |
| 知识产权合同 | 11 | 127 | 122 | 13 | 2 | 1 | 4 | 94 | | | 1 | 7 | 17 | | 4 | | | | 71.1586 | 16 | |
| 仓储、保管合同 | 9 | 63 | 61 | 39 | 4 | 1 | 6 | 5 | | | 1 | 5 | 52 | | | 1 | | | 470.8353 | 11 | |
| 委托合同 | 29 | 302 | 292 | 162 | 39 | 4 | 19 | 32 | | 1 | 3 | 32 | 241 | | 7 | 15 | | | 10839.6438 | 42 | 1 |
| 担保合同 | 10 | 61 | 59 | 28 | 10 | 3 | 9 | 5 | | | 1 | 3 | 47 | | 1 | 5 | | | 32129.0419 | 13 | |
| 保险合同 | 64 | 1573 | 1535 | 952 | 184 | 16 | 70 | 34 | | 6 | 11 | 262 | 1374 | 4 | | 8 | | 1 | 36374.8635 | 103 | |
| 海商合同 | 20 | 72 | 73 | 40 | 6 | | 4 | 7 | | 1 | 3 | 12 | 60 | | 19 | 20 | | 1 | 4327.223 | 19 | |
| 信用卡纠纷 | 3 | 32 | 34 | 15 | 3 | | 7 | 2 | | | | 7 | 27 | | | | | 1 | 52.81 | 1 | |
| 信用证纠纷 | | 10 | 6 | | | | 6 | | | | | | | | | | | | | 4 | |
| 信托纠纷 | | 2 | 2 | 1 | | | 1 | | | | | | 1 | | | | | | 23.06 | | |
| 证券合同 | 3 | 8 | 8 | 5 | | | 3 | | | | | | 4 | | | | | | 2574.11 | | |
| 经营合同 | 44 | 455 | 431 | 227 | 46 | 16 | 38 | 47 | | 2 | 13 | 42 | 357 | 2 | 1 | 19 | 1 | 4 | 40013.58 | 71 | 2 |
| 中外合作勘探开发自然资源合同 | | | | | | | | | | | | | | | | | | | | | |
| 农村承包合同 | 19 | 369 | 361 | 220 | 27 | 24 | 44 | 13 | | 4 | 6 | 23 | 297 | 1 | | 3 | | | 6094.54 | 29 | |
| 电信合同 | 1 | 11 | 12 | 7 | | | 4 | | | | | 1 | 11 | | | | | | 5.93 | | |
| 邮政合同 | 1 | 2 | 3 | 3 | | | | | | | | | 2 | | | | | | | | |
| 服务合同 | 97 | 737 | 735 | 449 | 61 | 3 | 65 | 16 | | 2 | 5 | 134 | 622 | 2 | 4 | 16 | | | 25479.03 | 99 | 16 |
| 劳动争议 | 324 | 16393 | 15921 | 9101 | 1230 | 58 | 1149 | 398 | | 31 | 176 | 3778 | 14235 | 67 | 19 | 171 | 3 | 25 | 25214.04 | 795 | 8 |
| 劳务合同 | 4 | 441 | 401 | 225 | 29 | 1 | 49 | 11 | | 4 | 16 | 66 | 378 | 3 | | 9 | | 1 | 1267.54 | 45 | |
| 其他 | 313 | 3531 | 3492 | 1712 | 343 | 63 | 439 | 332 | 1 | 31 | 73 | 498 | 2732 | 2 | 25 | 105 | 4 | 12 | 123963.55 | 343 | 7 |
| 合计 | 2600 | 41369 | 40707 | 22064 | 3751 | 462 | 3924 | 2597 | 2 | 187 | 578 | 7142 | 33664 | 107 | 226 | 803 | 46 | 113 | 1026008.93 | 3250 | 66 |
| 其中：驳回起诉 | 15 | 521 | 522 | | | | 57 | 368 | | 36 | 61 | | | | 4 | 2 | | | | 13 | 2 |
| 其中：不予受理 | | 202 | 202 | | | | 10 | 148 | | 31 | 13 | | | | 1 | | | | | | |
| 其中：管辖异议 | 9 | 2134 | 2138 | | | | 120 | 1839 | | 70 | 109 | | | | 16 | 23 | 4 | 3 | | 6 | |
| 其中：小计 | 24 | 2857 | 2862 | | | | 187 | 2355 | | 137 | 183 | | | | 21 | 25 | 4 | 3 | | 19 | 2 |

## 2011年全省法院合同纠纷再审案件统计表

表七

单位：件（万元）

| | 旧存 | 收案 | 结案 | 在审结案件中 | | | | | | | | | | | | | | | 未结 | |
|---|---|---|---|---|---|---|---|---|---|---|---|---|---|---|---|---|---|---|---|---|
| | | | | 判决 | | 裁定 | | | | | 调解 | 其中 | | | | | | 诉讼标的总金额（万元） | 件数 | 其中 |
| | | | | 维持 | 改判 | 发回重审 | 撤诉 | 驳回 | 终结 | 其他 | | 开庭审理 | 当庭宣判 | 涉外 | 涉港 | 涉澳 | 涉台 | | | 中止 |
| 买卖合同 | 45 | 229 | 220 | 69 | 41 | 34 | 36 | 2 | 3 | 6 | 29 | 103 | | 1 | 5 | | | 45602.97 | 53 | |
| 房地产开发经营合同 | 51 | 147 | 159 | 62 | 27 | 4 | 40 | 3 | | 2 | 21 | 61 | | | 2 | | | 22223.18 | 45 | 2 |
| 供用电、水、气、热力合同 | 1 | | 5 | 4 | | | | | | | 1 | 5 | | | | | | | | |
| 借款合同 | 99 | 186 | 232 | 78 | 58 | 24 | 22 | 8 | 5 | 16 | 21 | 127 | | | 10 | 1 | 1 | 34855.51 | 65 | |
| 借用合同 | 1 | 4 | 5 | | 1 | 2 | 2 | | | | | 2 | | | | | | 412.72 | | |
| 租赁合同 | 26 | 67 | 74 | 28 | 19 | 5 | 5 | | 5 | 1 | 11 | 46 | | | 2 | | | 1442.15 | 18 | |
| 融资租赁合同 | 1 | 2 | 3 | 2 | 1 | | | | | | | | | | | | | 154.00 | | |
| 承揽合同 | 8 | 27 | 27 | 10 | 4 | 2 | | | | 1 | 10 | 20 | | | | | | 1211.91 | 10 | 1 |
| 建设工程合同 | 37 | 75 | 89 | 36 | 22 | 10 | 2 | | 2 | 5 | 12 | 51 | 1 | | | 1 | | 5675.45 | 24 | 1 |
| 运输合同 | 4 | 4 | 5 | 4 | | | | | | | 1 | 3 | | | | | | | 2 | |
| 技术合同 | 1 | 1 | 1 | | | | | | | 1 | | | | | | | | | 1 | |
| 知识产权合同 | 2 | 1 | 3 | 2 | 1 | | | | | | | 3 | 1 | | | | | | | |
| 仓储、保管合同 | 2 | | 2 | 1 | | | 1 | | | | | 2 | | | | | | 0.00 | | |
| 委托合同 | 9 | 7 | 15 | 8 | 4 | | | 1 | | 2 | | 9 | | | | | | 3184.85 | 3 | |
| 担保合同 | 5 | 12 | 13 | 5 | 4 | 1 | 1 | 2 | | | | 9 | | | | | | 453.36 | 1 | |
| 保险合同 | 4 | 15 | 17 | 9 | 4 | 2 | | | 1 | | 1 | 13 | | | | | | 162.44 | 4 | |
| 海商合同 | | 1 | | | | | | | | | | | | | | | | | 1 | |
| 经营合同 | 12 | 33 | 34 | 15 | 10 | 2 | 1 | 1 | 5 | | | 21 | | | 1 | | | 2515.87 | 13 | 1 |
| 中外合作勘探开发自然资源合同 | 7 | | | | | | | | | | | | | | | | | | | |
| 农村承包合同 | 7 | 21 | 22 | 13 | 1 | 4 | | | | 1 | 3 | 11 | | | | | | 56.30 | 5 | |
| 电信合同 | 2 | | | | | | | | | | | | | | | | | | | |
| 邮政合同 | | | | | | | | | | | | | | | | | | | | |
| 服务合同 | 7 | 29 | 27 | 19 | 4 | | 2 | | | | 2 | 23 | | | 1 | | | 61.41 | 8 | |
| 劳动争议 | 57 | 409 | 413 | 72 | 20 | 2 | 16 | 1 | 5 | 2 | 295 | 71 | 3 | 1 | 6 | | | 1577.46 | 91 | |
| 劳务合同 | 5 | 8 | 9 | | 1 | | | | | 7 | 1 | 2 | | | | | | 158.74 | 1 | |
| 其　　他 | 21 | 173 | 114 | 45 | 30 | 2 | 9 | 6 | 2 | 2 | 18 | 68 | | | 3 | | | 11905.08 | 23 | |
| 合　　计 | 414 | 1451 | 1489 | 482 | 252 | 94 | 137 | 24 | 28 | 46 | 426 | 650 | 5 | 2 | 30 | 2 | 1 | 131653.40 | 368 | 5 |
| 其中：本院决定再审 | 54 | 181 | 160 | 49 | 45 | 6 | 8 | 6 | 6 | 26 | 14 | 64 | 1 | | 3 | | | 6771.47 | 56 | 3 |
| 其中：提审 | 168 | 546 | 633 | 99 | 69 | 53 | 64 | 15 | 4 | 6 | 323 | 150 | 1 | 1 | 11 | 1 | | 32789.44 | 88 | 1 |
| 其中：指令再审 | 123 | 336 | 345 | 157 | 65 | 10 | 55 | 2 | 5 | 7 | 44 | 173 | | 1 | 10 | | 1 | 72721.65 | 119 | 1 |
| 其中：抗诉 | 69 | 388 | 351 | 177 | 73 | 25 | 10 | 1 | 13 | 7 | 45 | 263 | 3 | | 6 | 1 | | 19370.83 | 105 | |



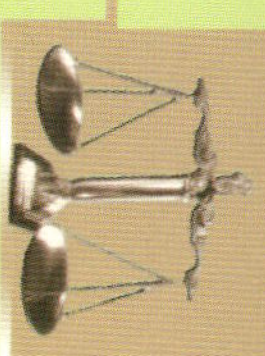

## 2011年全省法院权属、侵权纠纷及其他民事一审案件统计表

表八　　　　　　　　　　　　　　　　　　　　　　　单位：件（万元）

| | 旧存 | 收案 | 结案 | 在审结案件中 | | | | | | | | | | | | | 未结 | |
|---|---|---|---|---|---|---|---|---|---|---|---|---|---|---|---|---|---|---|
| | | | | 判决 | 裁定 | | | | 调解 | 移送 | 其中 | | | | | 诉讼标的总金额（万元） | 件 | 其中 |
| | | | | | 驳回起诉 | 撤诉 | 终结 | 其他 | | | 当庭宣判 | 涉外 | 涉港 | 涉澳 | 涉台 | | | 中止 |
| 所有权及与所有权相关权利纠纷案件 | 1911 | 20484 | 17465 | 6556 | 290 | 3306 | 14 | 182 | 7078 | 39 | 714 | 86 | 297 | 17 | 15 | 310645.76 | 4936 | 120 |
| 票据、证券权益纠纷案件 | 58 | 746 | 674 | 351 | 4 | 140 | | 4 | 162 | 13 | 12 | | 1 | | | 55518.21 | 131 | 2 |
| 股东权纠纷案件 | 265 | 7106 | 6820 | 1102 | 28 | 386 | 3 | 33 | 5234 | 34 | 44 | 13 | 45 | 6 | 9 | 414122.73 | 556 | 14 |
| 知识产权 | 1448 | 15599 | 14581 | 4814 | 152 | 5480 | | 183 | 3907 | 45 | 629 | 423 | 73 | 2 | 30 | 78993.21 | 2466 | 9 |
| 不正当竞争纠纷案件 | 51 | 139 | 129 | 62 | 4 | 38 | | 2 | 22 | 1 | 2 | 1 | 4 | | 1 | 10634.20 | 61 | 2 |
| 海事侵权纠纷 | 33 | 135 | 65 | 17 | | 20 | | | 28 | | | 11 | 7 | | | 18485.62 | 103 | 8 |
| 人身权纠纷案件 | 3673 | 72118 | 69142 | 27354 | 109 | 5418 | 10 | 156 | 36032 | 63 | 1732 | 23 | 75 | 10 | 14 | 465003.24 | 6677 | 201 |
| 特殊侵权纠纷案件 | 223 | 2633 | 2359 | 887 | 27 | 520 | | 17 | 901 | 7 | 51 | | 2 | | | 22931.06 | 465 | 15 |
| 其他海事侵权纠纷案件 | 1 | 21 | 10 | 5 | 1 | | | | 4 | | | 1 | | | | 299.69 | 12 | 1 |
| 其　他 | 176 | 2759 | 2719 | 615 | 20 | 354 | 10 | 155 | 1562 | 3 | 9 | 5 | 5 | 2 | 3 | 329140.59 | 215 | 2 |
| 合　计 | 7839 | 121740 | 113964 | 41763 | 635 | 15662 | 37 | 732 | 54930 | 205 | 3193 | 563 | 509 | 37 | 72 | 1705774.32 | 15622 | 374 |
| 不当得利 | 118 | 2136 | 1993 | 689 | 15 | 562 | 2 | 18 | 697 | 10 | 41 | 3 | 15 | 2 | 1 | 32355.76 | 261 | 5 |
| 无因管理 | 8 | 1986 | 1935 | 446 | | 30 | | | 1459 | | | | 6 | | | 5873.09 | 59 | 1 |
| 适用特别程序案件 | 1163 | 46019 | 45426 | 3349 | 1717 | 969 | 5958 | 22376 | 11050 | 7 | 106 | 175 | 60 | 3 | 116 | 1603988.28 | 1756 | 2 |
| 总　计 | 9128 | 171881 | 163318 | 46247 | 2367 | 17223 | 5997 | 23126 | 68136 | 222 | 3340 | 741 | 590 | 42 | 189 | 3347991.45 | 17698 | 382 |

## 2011年全省法院权属、侵权纠纷及其他民事二审案件统计表

表九　　　　单位：件（万元）

| | | 旧存 | 收案 | 结案 | 在审结案件中 | | | | | | | | | | | | | | | 未结 | |
|---|---|---|---|---|---|---|---|---|---|---|---|---|---|---|---|---|---|---|---|---|---|
| | | | | | 判决 | | 裁定 | | | | | | 调解 | 其中 | | | | | | 诉讼标的总金额（万元） | 件 | 其中 |
| | | | | | 维持 | 改判 | 发回重审 | 撤诉 | 驳回 | 终结 | 撤销原裁定 | 其他 | | 开庭审理 | 当庭宣判 | 涉外 | 涉港 | 涉澳 | 涉台 | | | 中止 |
| 所有权及与所有权相关权利纠纷 | | 289 | 3333 | 3354 | 1860 | 309 | 79 | 329 | 345 | | 40 | 107 | 285 | 2705 | 11 | 52 | 80 | 10 | 5 | 104852.59 | 332 | 9 |
| 票据、证券权益 | | 10 | 146 | 144 | 58 | 10 | 1 | 22 | 29 | | 1 | 3 | 20 | 101 | | | 1 | | 1 | 1329.01 | 9 | 1 |
| 股东权纠纷 | | 92 | 488 | 501 | 287 | 45 | 12 | 48 | 60 | | 6 | 9 | 34 | 409 | 2 | 21 | 21 | 4 | 1 | 85752.44 | 80 | 1 |
| 知识产权 | | 104 | 1973 | 1941 | 810 | 80 | 6 | 241 | 324 | | 7 | 8 | 465 | 1447 | | 68 | 42 | 1 | 26 | 15366.60 | 136 | 2 |
| 不正当竞争 | | 21 | 40 | 49 | 30 | 1 | | 3 | 11 | | | | 4 | 36 | | 3 | 2 | | | 629.54 | 12 | |
| 海事侵权纠纷 | | 6 | 15 | 16 | 6 | 1 | | 3 | 1 | | | 1 | 4 | 14 | | 1 | 2 | | | 3029.42 | 5 | |
| 人身权纠纷 | | 250 | 7038 | 6841 | 3878 | 830 | 78 | 801 | 135 | | 24 | 125 | 970 | 6103 | 136 | 4 | 15 | | 3 | 45694.78 | 493 | 3 |
| 特殊侵权纠纷 | | 34 | 466 | 458 | 244 | 46 | 6 | 61 | 40 | | 4 | 12 | 45 | 395 | | | 7 | | | 2020.54 | 41 | |
| 其他海事侵权纠纷 | | | 6 | 6 | 4 | | | | 2 | | | | | 4 | | | | | | 114.88 | | |
| 其　他 | | 431 | 1224 | 1346 | 659 | 133 | 25 | 166 | 75 | 7 | 4 | 11 | 266 | 1213 | 3 | 5 | 7 | 1 | 5 | 18165.94 | 217 | |
| 合　计 | | 1237 | 14729 | 14656 | 7836 | 1455 | 207 | 1674 | 1022 | 7 | 86 | 276 | 2093 | 12427 | 152 | 154 | 177 | 16 | 41 | 276955.74 | 1325 | 16 |
| 不当得利 | | 21 | 302 | 297 | 156 | 36 | 6 | 30 | 20 | | 3 | 18 | 28 | 257 | 3 | 3 | 6 | 1 | 3 | 6077.81 | 23 | 2 |
| 无因管理 | | 2 | 20 | 17 | 11 | 2 | | 2 | 1 | | | | 1 | 14 | | | 2 | | | 332.73 | 5 | |
| 对驳回破产申请裁定上诉 | | | 7 | 5 | | | | | 1 | | | 4 | | | | | | | | | 1 | |
| 总　计 | | 1260 | 15058 | 14975 | 8003 | 1493 | 213 | 1706 | 1044 | 7 | 89 | 298 | 2122 | 12698 | 155 | 157 | 185 | 17 | 44 | 283366.28 | 1354 | 18 |
| 其中 | 驳回起诉 | 7 | 171 | 171 | | | | 32 | 86 | | 22 | 31 | | | | | 6 | 4 | | | 8 | 1 |
| | 不予受理 | | 208 | 208 | | | | 10 | 155 | | 34 | 9 | | | | 1 | | | | | | |
| | 管辖异议 | 12 | 693 | 688 | | | | 18 | 630 | | 20 | 20 | | | | 15 | 5 | 1 | 9 | | 16 | |
| | 小计 | 19 | 1072 | 1067 | | | | 60 | 871 | | 76 | 60 | | | | 16 | 11 | 5 | 9 | | 24 | 1 |

## 2011年全省法院权属、侵权纠纷及其他民事再审案件统计表

表十

单位：件（万元）

| | 旧存 | 收案 | 结案 | 在审结案件中 | | | | | | | | | | | | | | | 未结 | |
|---|---|---|---|---|---|---|---|---|---|---|---|---|---|---|---|---|---|---|---|---|
| | | | | 判决 | | 裁定 | | | | | 调解 | 其中 | | | | | | 诉讼标的总金额（万元） | 件数 | 其中 |
| | | | | 维持 | 改判 | 发回重审 | 撤诉 | 驳回 | 终结 | 其他 | | 开庭审理 | 当庭宣判 | 涉外 | 涉港 | 涉澳 | 涉台 | | | 中止 |
| 所有权及与所有权相关权利纠纷 | 33 | 82 | 96 | 49 | 11 | 7 | 7 | 3 | 3 | 12 | 4 | 52 | 1 | | 2 | | | 632.55 | 26 | |
| 票据、证券权益 | | 11 | 9 | | | | 9 | | | | | | | | | | | 500.00 | 2 | |
| 股东权纠纷 | 7 | 22 | 21 | 8 | 3 | 3 | 1 | 2 | 1 | 2 | 1 | 12 | | | | 1 | | 295.30 | 10 | |
| 知识产权 | 11 | 11 | 11 | 6 | 1 | | | | | 2 | 2 | 9 | | | | | | 12.00 | 11 | |
| 不正当竞争 | 1 | 1 | 2 | 1 | | | | | | | 1 | 1 | | | | | | 2.50 | | |
| 海事侵权纠纷 | 1 | | 1 | 1 | | | | | | | | | | | | | | | | |
| 人身权纠纷 | 21 | 112 | 104 | 33 | 39 | 7 | 7 | 1 | 1 | 1 | 15 | 62 | 1 | | | | | 830.48 | 22 | |
| 特殊侵权纠纷 | 4 | 20 | 16 | 6 | 2 | 1 | | | | | 7 | 6 | | | | | | 155.94 | 10 | |
| 其他海事侵权纠纷 | | | | | | | | | | | | | | | | | | | | |
| 其　　他 | 9 | 41 | 43 | 21 | 7 | 6 | 4 | | | 3 | 2 | 8 | 1 | | 2 | | | 38.85 | 10 | |
| 合　　计 | 87 | 300 | 303 | 125 | 63 | 24 | 28 | 6 | 5 | 20 | 32 | 150 | 3 | | 4 | 1 | | 2467.62 | 91 | |
| 不当得利 | 3 | 10 | 12 | 5 | 3 | | | | 1 | 2 | 1 | 9 | 1 | | | | 1 | 157.06 | 2 | |
| 无因管理 | | | | | | | | | | | | | | | | | | | | |
| 适用特别程序案件 | 2 | | 2 | | | | 2 | | | | | 2 | | | | | | | | |
| 合　　计 | 92 | 310 | 317 | 130 | 66 | 24 | 30 | 6 | 6 | 22 | 33 | 161 | 4 | | 4 | 1 | 1 | 2624.68 | 93 | |
| 其中　本院决定再审 | 33 | 45 | 61 | 21 | 12 | 1 | 9 | 5 | | 12 | 1 | 19 | | | 1 | | | 551.56 | 36 | |
| 其中　提审 | 24 | 98 | 96 | 32 | 18 | 9 | 13 | 1 | | 4 | 19 | 46 | 2 | | 1 | 1 | | 1292.95 | 19 | |
| 其中　指令再审 | 28 | 106 | 104 | 50 | 24 | 9 | 7 | | 3 | 3 | 8 | 54 | 1 | | 2 | | | 747.23 | 25 | |
| 其中　抗诉 | 7 | 61 | 56 | 27 | 12 | 5 | 1 | | 3 | 3 | 5 | 42 | 1 | | | | 1 | 32.93 | 13 | |

# 2011年全省法院行政一审案件统计表

表十一

单位：件（万元）

| | 旧存 | 收案 | 在收案中 | | 结案 | 在结案中 | | 在审结案中 | | | | | | | | | | | | | | | | | | | | | | | | | 未结 | |
|---|---|---|---|---|---|---|---|---|---|---|---|---|---|---|---|---|---|---|---|---|---|---|---|---|---|---|---|---|---|---|---|---|---|---|
| | | | | | | | | 结案方式 | | | | | | | | | | | | | | | | | | 赔偿方式 | | | 其中 | | | | | 其中 |
| | | | | | | | | 判决 | | | | | | | | | | | 裁定 | | | | | | | | | | | | | | | |
| | | | | | | | | | 撤销 | | | | | | | | | | | 撤诉 | | | | | | | | 其中 | | | | | | |
| | | | 单独提起行政赔偿 | 附带提起行政赔偿 | | 单独提起行政赔偿 | 附带提起行政赔偿 | 维持 | 全部 | 部分 | 其中：重新作出具体行政行为 | 变更 | 履行法定职责 | 确认合法或有效 | 确认违法或无效 | 驳回诉讼请求 | 赔偿 | 不予赔偿 | 驳回起诉 | 原告主动撤诉 | 被告改变原具体行政行为原告撤诉 | 移送 | 终结 | 其他 | 行政赔偿调解 | 返还原物恢复原状 | 支付赔偿金 | 行政赔偿金额（万元） | 当庭宣判 | 涉外 | 涉港 | 涉澳 | 涉台 | 件 | 中止 |
| 公安 | 32 | 577 | 27 | 10 | 575 | 19 | 8 | 120 | 7 | | | 1 | 1 | | 3 | 158 | | | 48 | 207 | 9 | 2 | | 19 | | | | 7.74 | 10 | | | | | 34 | 3 |
| 安全 | | 11 | | | 11 | | | 3 | | | | | | | | 1 | | | | 7 | | | | | | | | | | | | | | | |
| 资源 | 174 | 1276 | 126 | 4 | 1342 | 112 | 4 | 243 | 131 | 11 | 7 | 2 | 4 | 5 | 13 | 294 | | | 217 | 262 | 7 | 85 | 6 | 62 | | | | | 21 | | 2 | | | 108 | 34 |
| 城建 | 116 | 938 | 22 | 7 | 903 | 22 | 7 | 69 | 52 | 2 | 1 | 3 | 5 | 2 | 28 | 290 | 3 | | 179 | 212 | 5 | 20 | 1 | 32 | | | 2 | 1102.02 | 7 | 3 | 17 | | | 151 | 74 |
| 工商 | 30 | 286 | 4 | | 267 | 5 | | 20 | 12 | 4 | 1 | | 1 | | 5 | 83 | | | 26 | 86 | | 3 | 1 | 26 | | | | | 3 | | | | | 49 | 5 |
| 技术监督 | | 24 | 4 | | 24 | 4 | | 5 | | | | | | | | 2 | | | 2 | 14 | | | | 1 | | | | | | | | | | | |
| 计划生育 | 2 | 152 | 1 | 2 | 151 | 1 | 2 | 3 | 2 | 1 | | | | | | 12 | | | 6 | 91 | 2 | 5 | | 29 | | | | | 1 | | | | | 3 | |
| 卫生 | 2 | 29 | 5 | 1 | 27 | 4 | 1 | 2 | | 1 | 1 | | | | 2 | 8 | | | 6 | 5 | 1 | 2 | | | | | | 220.00 | | | | | | 4 | 2 |
| 药品 | | 3 | | | 3 | | | | | | | | | | | 2 | | | | 1 | | | | | | | | | | | | | | | |
| 能源 | 1 | | | | | | | | | | | | | | | | | | | | | | | | | | | | | | | | | 1 | 1 |
| 农业 | | 13 | 4 | | 12 | 4 | | 5 | | | | | | | | 3 | | | 2 | 2 | | | | | | | | | | | | | | 1 | 1 |
| 物价 | | 10 | | | 10 | | | | | | | | | | | 4 | | | 1 | 5 | | | | | | | | | | | | | | | |
| 环保 | 4 | 66 | 3 | | 66 | 3 | | 19 | 3 | | | | | | | 12 | 3 | | 5 | 19 | | 2 | | 3 | | | | | | 1 | | | | 4 | |
| 交通 | 6 | 129 | 2 | 2 | 130 | 2 | 1 | 22 | 2 | 1 | | | 2 | | 1 | 53 | | | 4 | 41 | | 2 | | 2 | | | | | | | | | | 5 | |
| 信息电讯 | | 4 | | | 4 | | | | | | | | 1 | | | 3 | | | | | | | | | | | | | | | | | | | |
| 邮电 | | | | | | | | | | | | | | | | | | | | | | | | | | | | | | | | | | | |
| 专利 | 1 | 3 | | | 2 | | | 1 | 1 | | | | | | | | | | | | | | | | | | | | | | | | | 2 | 1 |
| 商标 | | | | | | | | | | | | | | | | | | | | | | | | | | | | | | | | | | | |
| 版权 | | | | | | | | | | | | | | | | | | | | | | | | | | | | | | | | | | | |
| 税务 | 1 | 20 | | | 18 | | | 1 | | | | | | | | 6 | | | 2 | 5 | 1 | | 1 | 2 | | | | | | | | | | 3 | |

续上表

单位：件（万元）

| | 旧存 | 收案 | 在收案中·单独提起行政赔偿 | 在收案中·附带提起行政赔偿 | 结案 | 在结案中·单独提起行政赔偿 | 在结案中·附带提起行政赔偿 | 在审结案中·结案方式·判决·维持 | 判决·撤销·全部 | 判决·撤销·部分 | 判决·撤销·其中重新作出具体行政行为 | 判决·变更 | 判决·履行法定职责 | 判决·确认合法或有效 | 判决·确认违法或无效 | 判决·驳回诉讼请求 | 判决·赔偿 | 判决·不予赔偿 | 裁定·驳回起诉 | 裁定·撤诉·原告主动撤诉 | 裁定·撤诉·被告改变原具体行政行为原告撤诉 | 裁定·移送 | 裁定·终结 | 裁定·其他 | 行政赔偿调解 | 赔偿方式·返还原物恢复原状 | 赔偿方式·支付赔偿金 | 赔偿方式·其中行政赔偿金额（万元） | 其中·当庭宣判 | 其中·涉外 | 其中·涉港 | 其中·涉澳 | 其中·涉台 | 未结·件 | 未结·其中中止 |
|---|---|---|---|---|---|---|---|---|---|---|---|---|---|---|---|---|---|---|---|---|---|---|---|---|---|---|---|---|---|---|---|---|---|---|---|
| 金　融 | | 4 | | | 4 | | | | | | | | | | | 1 | | | | 3 | | | | | | | | | | | | | | | |
| 外　汇 | 1 | | | | 1 | | | | | | | | | | | | | | 1 | | | | | | | | | | | | | | | | |
| 海　关（含商检） | 3 | 22 | | | 22 | | | 5 | | | | | | | 1 | 4 | | | 1 | 10 | | | | 1 | | | | | | | | | | 3 | |
| 财　政 | | 23 | | | 23 | | | 2 | | | | | | | | 6 | | | 10 | 3 | | 1 | | 1 | | | | | | | | | | | |
| 劳动和社会保障 | 49 | 1117 | 42 | 1 | 1091 | 42 | 1 | 292 | 79 | 5 | 12 | 1 | 3 | | 29 | 399 | | | 62 | 192 | 12 | 5 | | 11 | 1 | | 1 | 0.80 | 8 | 1 | | 1 | | 75 | 2 |
| 审　计 | | | | | | | | | | | | | | | | | | | | | | | | | | | | | | | | | | | |
| 经　贸 | 1 | 3 | | | 3 | | | | 1 | | | | | | | 1 | | | | 1 | | | | | | | | | | | | | | 1 | |
| 外　贸 | | 3 | | | 3 | | | 2 | | | | | | | 1 | | | | | | | | | | | | | | | | | | | | |
| 水　利 | 4 | 3 | | | 7 | | | 1 | | | | | | | | 2 | | | 1 | 2 | | | | 1 | | | | | | | | | | | |
| 旅　游 | | 3 | | | 1 | | | 1 | | | | | | | | | | | | | | | | | | | | | | | | | | 2 | |
| 烟草专卖 | | | | | | | | | | | | | | | | | | | | | | | | | | | | | | | | | | | |
| 司法行政 | 1 | 3 | | | 3 | | | | | | | | | | | 1 | | | 1 | 1 | | | | | | | | | | | | | | 1 | |
| 民　政 | 2 | 31 | 2 | 1 | 28 | 2 | 1 | 2 | 3 | 1 | | | 1 | | 2 | 6 | | | 4 | 6 | | | | 3 | | | | 3.00 | 1 | | | | | 5 | 1 |
| 教　育 | 1 | 15 | 1 | | 16 | 1 | | 1 | 2 | | | | | | | 3 | | | 3 | 5 | | 1 | | 1 | | | | | | | | | | | |
| 文　化 | | 2 | | | 2 | | | | | | | | | | | 1 | | | 1 | | | | | | | | | | | | | | | | |
| 乡政府 | 4 | 652 | 18 | | 635 | 13 | | 155 | 32 | 5 | 6 | | 14 | | 5 | 74 | | | 41 | 291 | 14 | | | 4 | | | | 4.00 | 2 | | | | | 21 | 1 |
| 其　他 | 74 | 1950 | 75 | 7 | 1867 | 68 | 10 | 201 | 66 | 1 | 3 | | 21 | 1 | 20 | 373 | 5 | | 184 | 740 | 16 | 113 | 2 | 124 | | | 1 | 46.85 | 3 | 3 | 12 | | | 157 | 29 |
| 合　计 | 509 | 7372 | 336 | 35 | 7251 | 302 | 35 | 1175 | 393 | 32 | 31 | 7 | 53 | 8 | 110 | 1802 | 11 | | 807 | 2211 | 67 | 241 | 11 | 322 | 1 | | 4 | 1384.40 | 56 | 8 | 31 | 1 | | 630 | 154 |

# 2011年全省法院行政二审、再审案件统计表

表十二

单位：件

| | | | 旧存 | 收案 | 结案 | 在审结案件中 | | | | | | | | | | | | | | | 未结 | |
|---|---|---|---|---|---|---|---|---|---|---|---|---|---|---|---|---|---|---|---|---|---|---|
| | | | | | | 判决 | | 裁定 | | | | | | 调解 | 其中 | | | | | | | 其中 |
| | | | | | | 维持 | 改判 | 发回重审 | 撤诉 | 驳回 | 立案审理撤销原裁定指令 | 终结 | 其他 | | 开庭审理 | 当庭宣判 | 涉外 | 涉港 | 涉澳 | 涉台 | 件 | 中止 |
| 二审 | 公安 | | 5 | 175 | 170 | 134 | 7 | 5 | 5 | 11 | 1 | | 7 | | 125 | | | | | | 10 | |
| 二审 | 土地 | | 20 | 562 | 563 | 390 | 27 | 10 | 24 | 91 | 8 | 1 | 12 | | 466 | 7 | 1 | 1 | | | 19 | 1 |
| 二审 | 其他 | | 87 | 2665 | 2653 | 1746 | 92 | 19 | 194 | 492 | 35 | | 74 | 1 | 2035 | 3 | 10 | 20 | 1 | 1 | 99 | 19 |
| 二审 | 合计 | | 112 | 3402 | 3386 | 2270 | 126 | 34 | 223 | 594 | 44 | 1 | 93 | 1 | 2626 | | 11 | 21 | 1 | 1 | 128 | 20 |
| 二审 其中 | 单独提起行政赔偿 | | 2 | 14 | 16 | 10 | 2 | | | 2 | | | 2 | | 3 | | | | | | | |
| 二审 其中 | 附带提起行政赔偿 | | 1 | 52 | 53 | 30 | 3 | | 4 | 11 | 1 | | 4 | | 42 | | 1 | | | | | |
| 二审 其中 | 裁定 | 驳回起诉 | 8 | 322 | 327 | | | | 20 | 267 | 13 | | 27 | | | | 1 | 6 | | | 3 | |
| 二审 其中 | 裁定 | 不予受理 | 3 | 247 | 249 | | | | 8 | 198 | 23 | | 20 | | | | | 1 | | | 1 | |
| 二审 其中 | 裁定 | 小计 | 11 | 569 | 576 | | | | 28 | 465 | 36 | | 47 | | | | 1 | 7 | | | 4 | |
| 再审 | 公安 | | | 1 | 1 | 1 | | | | | | | | | | | | | | | | |
| 再审 | 土地 | | 6 | 30 | 27 | 21 | 1 | | | | | | 4 | 1 | 12 | | | | | | 9 | |
| 再审 | 其他 | | 22 | 83 | 64 | 35 | 9 | 6 | 1 | | | 3 | 8 | 2 | 37 | | 1 | 3 | | | 41 | 13 |
| 再审 | 合计 | | 28 | 114 | 92 | 57 | 10 | 6 | 1 | | | 3 | 12 | 3 | 49 | | 1 | 3 | | | 50 | 13 |
| 再审 其中 | 单独提起行政赔偿 | | | 14 | 13 | 6 | 1 | 2 | | | | 1 | 3 | | 9 | | 1 | 1 | | | 1 | |
| 再审 其中 | 附带提起行政赔偿 | | | | | | | | | | | | | | | | | | | | | |
| 再审 其中 | 本院决定再审 | | 12 | 51 | 38 | 23 | 5 | | | | | 1 | 9 | | 17 | | | | | | 25 | 13 |
| 再审 其中 | 提审 | | 8 | 4 | 9 | 6 | | 2 | | | | 1 | | | 8 | | 1 | | | | 3 | |
| 再审 其中 | 指令再审 | | 6 | 24 | 24 | 17 | 1 | 2 | | | | | 2 | 2 | 12 | | | 2 | | | 6 | |
| 再审 其中 | 抗诉 | | 2 | 35 | 21 | 11 | 4 | 2 | 1 | | | 1 | 1 | 1 | 12 | | | 1 | | | 16 | |

## 2011年全省法院再审审查案件统计表

表十三 单位：件

| | | 旧存 | 收案 | 结案 | 在审结案件中 | | | | | | | | | | | 未结 |
|---|---|---|---|---|---|---|---|---|---|---|---|---|---|---|---|---|
| | | | | | 驳回 | 撤诉 | 裁定或决定 | | | 终结 | 其他 | 其中 | 审查时间 | | | |
| | | | | | | | 本院决定再审 | 提起再审 | 指令再审 | | | 听证 | 不满三个月 | 不满六个月三个月以上 | 六个月以上 | |
| 刑事 | | 43 | 531 | 525 | 468 | 9 | 21 | 6 | 6 | 3 | 12 | 230 | 432 | 62 | 31 | 49 |
| 民事 | 婚姻家庭、继承 | 28 | 222 | 215 | 166 | 5 | 4 | 24 | 9 | 1 | 6 | 112 | 164 | 28 | 23 | 35 |
| | 合同 | 643 | 3922 | 3991 | 3039 | 94 | 88 | 464 | 261 | 12 | 33 | 2010 | 3180 | 501 | 310 | 574 |
| | 权属及侵权 | 84 | 1247 | 1219 | 960 | 35 | 44 | 111 | 59 | 6 | 4 | 681 | 1030 | 113 | 76 | 112 |
| | 适用特别程序 | | 5 | 4 | 2 | | | | 1 | | 1 | 2 | 3 | 1 | | 1 |
| 行政 | | 70 | 925 | 914 | 771 | 13 | 59 | 34 | 28 | 1 | 8 | 482 | 717 | 108 | 89 | 81 |
| 其他 | | | 3418 | 3106 | 27 | 5 | 1 | 4 | 2 | 588 | 2479 | 44 | 2944 | 153 | 9 | 312 |
| 合计 | | 868 | 10270 | 9974 | 5433 | 161 | 217 | 643 | 366 | 611 | 2543 | 3561 | 8470 | 966 | 538 | 1164 |

# 2011年全省法院赔偿案件统计表

表十四

单位：件（万元）

| | | | 旧存 | 收案 | 结案 | 在审结案件中 | | | | 决定赔偿案件中赔偿案由 | | | | | | | | | | | | 其中 | | | | 赔偿金额（万元） | 未结 | |
|---|---|---|---|---|---|---|---|---|---|---|---|---|---|---|---|---|---|---|---|---|---|---|---|---|---|---|---|---|
| | | | | | | 撤回赔偿请求 | 决定赔偿 | 决定不赔偿 | 其他 | 错误刑事拘留 | 错误逮捕 | 错捕错判共同赔偿 | 再审改判无罪 | 刑讯逼供致人伤害、死亡 | 使用暴力、唆使他人使用暴力 | 违法使用武器、警械致人伤害、死亡 | 违法查封、扣押、冻结、追缴 | 错判罚金、没收财产 | 违法司法拘留、拘传、罚款 | 错误执行 | 其他 | 涉外 | 涉港 | 涉澳 | 涉台 | | 件 | 其中中止 |
| 刑事赔偿案件 | 法院为赔偿义务机关 | | 1 | 42 | 37 | 6 | 19 | 8 | 4 | 1 | 1 | 6 | 6 | | | | | | | | 5 | | | | | 122.27 | 6 | |
| 刑事赔偿案件 | 法院赔偿委员会受理 请求法院赔偿 | 不服赔偿义务机关决定 | | 16 | 16 | | 10 | 2 | 4 | 5 | 1 | 3 | 1 | | | | | | | | | | | | | 147.04 | | |
| 刑事赔偿案件 | 法院赔偿委员会受理 请求法院赔偿 | 赔偿义务机关逾期不作决定 | | 1 | 1 | | 1 | | | | | | | | | | | | | | 1 | | | | | | | |
| 刑事赔偿案件 | 法院赔偿委员会受理 请求法院赔偿 | 小计 | | 17 | 17 | | 11 | 2 | 4 | 5 | 1 | 3 | 1 | | | | | | | | 1 | | | | | 147.04 | | |
| 刑事赔偿案件 | 法院赔偿委员会受理 请求其他机关赔偿 | 检察院 | 1 | 10 | 9 | | 5 | 2 | 2 | 1 | 4 | | | | | | | | | | | | | | | 24.83 | 2 | |
| 刑事赔偿案件 | 法院赔偿委员会受理 请求其他机关赔偿 | 公安机关 | 1 | 30 | 28 | | 3 | 7 | 18 | 2 | | | | | | | 1 | | | | | | | | | 36.58 | 3 | |
| 刑事赔偿案件 | 法院赔偿委员会受理 请求其他机关赔偿 | 安全机关 | | | | | | | | | | | | | | | | | | | | | | | | | | |
| 刑事赔偿案件 | 法院赔偿委员会受理 请求其他机关赔偿 | 监狱管理机关 | | 1 | 1 | | | 1 | | | | | | | | | | | | | | | | | | | | |
| 刑事赔偿案件 | 法院赔偿委员会受理 请求其他机关赔偿 | 小计 | 2 | 41 | 38 | | 8 | 10 | 20 | 3 | 4 | | | | | | 1 | | | | | | | | | 61.41 | 5 | |
| 刑事赔偿案件 | 合计 | | 3 | 100 | 92 | 6 | 38 | 20 | 28 | 9 | 6 | 9 | 7 | | | | 1 | | | | 6 | | | | | 330.71 | 11 | |
| 非刑事司法赔偿案件 | 法院为赔偿义务机关 | | 10 | 68 | 72 | 4 | 8 | 25 | 35 | | | | | | | | 3 | | | | 5 | 1 | | | | 57.59 | 6 | 2 |
| 非刑事司法赔偿案件 | 委员会受理法院赔偿 | 请求人不服赔偿义务机关决定 | | 7 | 6 | | | | 6 | | | | | | | | | | | | | | | | | | 1 | |
| 非刑事司法赔偿案件 | 委员会受理法院赔偿 | 赔偿义务机关逾期不作决定赔偿 | | 1 | 1 | | | | 1 | | | | | | | | | | | | | | | | | | | |
| 非刑事司法赔偿案件 | 委员会受理法院赔偿 | 小计 | | 8 | 7 | | | | 7 | | | | | | | | | | | | | | | | | | 1 | |
| 非刑事司法赔偿案件 | 合计 | | 10 | 76 | 79 | 4 | 8 | 25 | 42 | | | | | | | | 3 | | | | 5 | 1 | | | | 57.59 | 7 | 2 |
| 总计 | | | 13 | 176 | 171 | 10 | 46 | 45 | 70 | 9 | 6 | 9 | 7 | | | | 4 | | | | 11 | 1 | | | | 388.31 | 18 | 2 |

# 第三章　法院工作改革

▲2月25日，省法院召开以群众工作统揽审判监督和涉诉信访工作视频会议。

2011年，全省法院坚持中国特色的社会主义司法制度，紧紧围绕人民群众普遍关心、可能影响司法公正的问题推进改革，进一步加强司法公开、司法民主、司法监督等制度的改革创新，各项工作取得明显成效。

认真抓好已有改革创新成果的转化推广。对我省法院近年来创造的主动执行、执行指挥中心、系统党建工作指导、人大代表联络机制、隐性司法等改革创新品牌，着重抓落实、抓推广、抓完善。继续推进家事审判改革，全省家事审判合议庭扩展到15个法院，中山法院等试点单位引入人身安全保护令、探视抚养档案、心理指导矫治等新形式，促进婚姻家庭稳定与社会和谐。继续推进量刑规范化改革，研发了量刑规范化办案信息管理系统，进一步统一了刑事案件量刑标准。稳步推进依法开庭审理减刑假释案件，确保规范透明，共办理此类案件64944件。

积极推进小额速裁审判改革。为提高审判效率和减轻当事人诉累，按照最高法院的部署，逐步扩大小额速裁程序试点，对事实清楚、适用法律简单、争议标的不大的民事案件，在征得双方当事人同意的前提下，实行一审终审，并简化诉讼程序，快立、快审、快执，促进纠纷的快速化解。对适用小额速裁程序的案件，一律免收诉讼费，共办理此类案件1517件，结案1502件，结案率99.01%，其中调撤率达99.53%。

全面深化司法公开机制改革。省法院下发了《关于进一步推进司法公开的意见》及16个配套实施办法，率先将我省司法公开示范单位由最高法院指定的5个法院扩展到全省。建立司法信息公开申请、举报投诉和责任追究制度，尊重人民群众对司法的知情权与监督权。落实立案、庭审、执行、听证、文书、审务“六公开”的规定，逐步推动裁判文书上网公布、案件审限

▲3月14日，广东省未成年人非监禁刑配套工作体系座谈会召开。

▲8月12日，省法院举办开通官方微博征求意见座谈会。

对外公开。利用门户网站、微博、手机短信等新载体推进司法公开，省法院和部分中院、基层法院开通了官方微博。深圳中院运用微博直播庭审，促使一部分案件在庭前调解撤诉，创造了司法公开促和解的经验。认真落实人民陪审员制度，全省共有3787名人民陪审员参与审理案件96773件，一审案件陪审率高于全国平均水平。

摸索启动业务分类指导、人员分类管理改革。针对全省法院长期存在地区间发展不平衡的问题，省法院实行分片分类指导，各业务部门成立分片联系指导小组，深入对口法院实地指导。立足法官队伍的职业化，制定了《广东法院人才队伍建设规划纲要》，探索建立管理、审判专业、审判辅助和司法政务等人才分类管理模式。在法官断层问题突出的欠发达地区基层法院，打破以审判庭为单位管理的格局，试行综合审判机制，努力解决办案力量不足的问题。

▲9月7日，省法院召开全省法院争当案件质量管理排头兵电视电话会议。

着力完善审判管理改革。全省法院信息化建设“08工程”全面完成，四级专线网络全线开通，科技管理手段直达人民法庭，通过网络实现了庭审直播、远程提讯，实现了对办案流程的实时监控。制定了全省统一的案件质量评查标准，建立案件质量评查专家库，聘请人大代表、政协委员作为特邀评查员。首次组织中院的资深法官对省法院各业务部门的680件案件进行了评查；全省法院共评查案件2851件，对其中有问题的4件案件予以整改。实行由审判管理部门归口负责审批审限延长、超审限预警和通报督办制度，审限内结案率提高到99.53%。明确以卷宗归档作为结案依据，统一办案效率考核标准。强化“判前辨法析理、判后释法答疑”工作，全省法院一审服判息诉率提升到87.68%，进京访的案访比保持全国最低水平，省法院的再审审查收案同比下降40.22%。

▲10月20日，省法院举办全省法院司法建议工作视频会议暨培训班。

# 第四章 队伍建设

▲4月18日，全省法院党建工作会议在河源市隆重召开。最高法院党组成员、政治部主任周泽民出席会议。

2011年，全省法院牢固树立“三个至上”的指导思想，全面贯彻落实科学发展观，紧紧围绕审判执行中心工作和“社会矛盾化解、社会管理创新、公正廉洁执法”三项重点工作，始终坚持“三服务一创新”的工作理念，保持求真务实、开拓进取、公道正派、严谨细致的工作作风，努力破解队伍建设难题，创新队伍管理机制，全面提高全省法院队伍建设水平，为加快实现全省法院在整体工作上争当全国法院排头兵的目标，提供了强有力的精神动力、组织保证和人才支持。

以思想政治教育为先导，提高队伍整体素质。在落实全国政法机关“发扬传统、坚定信念、执法为民”和全国法院“人民法官为人民”主题教育实践活动中，结合广东省情和法院实际，深入推进“群众观点大讨论”，着力解决好“为谁执法、为谁服务”的政治方向问题，组织10名优秀法官组成“群众在我心中”先进事迹报告团，在全省法院巡讲25场。努力创建广东法院“三联三化”系统党建模式，坚持“以党建带队建促审判”的工作思路。省法院与省委组织部联合印发《关于加强和改进全省法院系统党建工作的意见》，在全国率先建立地方党委和上级法院对党建工作的双重管理体制，增强法院党建工作的科学性。省法院首次建立班子成员参加中院党组民主生活会制度，对中院班子的组织和作风建设进行现场点评和指导。

以基层建设为重点，增强队伍整体司法能力。继续抓好由中院统一用编、招录、分配、待遇的“四统一”招录试点工作，面向社会公开招录初任法官到基层法院任职，在基层任满五年后再回中院工作。对部分招录人才困难的欠发达地区法院，取得省委组织部支持，调剂录用了44名应届大学生。省法院出台人才队伍建设规划纲要和教育培训干部规划，面向基层组织了各类业务培训约110期9100人次。加大对经济欠发达地区法院办案经费保障的帮扶力度，统一采购囚车120辆，调拨给107个法院，加强了基

▲4月27日，省法院召开全省法院“发扬传统、坚定信念、执法为民”主题教育报告会。邀请广州军区空军工程建设局局长、高级工程师林茂光同志作主题教育报告。

▲8月16日，广东法院“群众在我心中”先进事迹报告团首场报告会在省法院六楼多功能厅举行。

层物质装备保障。珠三角地区与欠发达地区法院结成50对帮扶对子，在物质支援、智力帮扶、文化共建上取得了积极效果。

以文化建设为主线，营造创先争优的良好氛围。出台《广东法院文化建设五年规划》，加强对全省法院文化建设的指导，结合岭南文化精髓，发展各具特色的法院文化，促进队伍整体素质的提高。深圳南山区法院建成国内首个“法律文化博物馆”，累计接待当事人和群众参观1.3万人次。4个法院被确定为全国法院文化建设示范单位，有3名优秀法官被评为“全国审判业务专家”，3个立案信访窗口荣获“全国青年文明号”、“全国巾帼文明岗”。发挥先进典型的示范作用，推出了6个“全国模范（优秀）法院”、9名“全国模范（优秀）法官”、10名“全国法院办案标兵”，大力宣传林保南、陈光昶、罗仰龙、曹林等法官的先进事迹，在全国引起较大反响。

以党风廉政建设为关键，提升廉洁司法水平。抓好党风廉政建设和司法廉洁的各项法规、文件的学习，全面落实党廉工作报告、第一责任人述责、年度考核、监督检查，强化廉政责任。开发廉政档案信息管理系统，实行网上申报、动态管理，全面落实了法官的配偶子女从事律师职业任职回避制度。省法院设立的两个司法巡查组，在全面完成对中院巡查的基础上，开展整改情况“回头看”和党廉工作专项巡查，并对12个基层法院直接巡查。鼓励和支持各级法院自查自纠，全省法院共查处违纪违法案件21件26人，同比分别下降54.05%和43.18%。

▲8月24日，省法院党组书记、院长郑鄂为全院干警上了一堂题为《树立群众观点、增强自律意识，为我省法院争当科学发展排头兵筑牢党廉建设基础》的党课。

# 2011年广东省各级人民法院立功受奖的单位和个人

## 一、2011年度全省法院获省部级以上奖励名单

（一）全国模范法院2个

珠海市斗门区人民法院

从化市人民法院

（二）全国法院先进集体9个

省法院民三庭

深圳市中级人民院劳动争议庭

珠海市中级人民法院民一庭

佛山市顺德区人民法院执行局

河源市中级人民法院法警支队

梅州市中级人民法院政治处

茂名市中级人民法院民四庭

英德市人民法院青塘人民法庭

揭阳市中级人民法院刑一庭

（三）全国法院党建工作先进集体5个

河源市中级人民法院

梅州市中级人民法院

广州市花都区人民法院

深圳市宝安区人民法院

台山市人民法院

（四）全国政法系统先进基层党组织1个

东莞市第一人民法院东城人民法庭党支部

（五）全国法院文化建设示范单位2个

梅州市中级人民法院

深圳市南山区人民法院

（六）全国法院审理企业破产案件工作先进集体5个

广东省高级人民法院民二庭

广州市中级人民法院民二庭破产合议庭

深圳市中级人民法院公司清算和破产审判庭

湛江市中级人民法院民四庭

茂名市中级人民法院民四庭

（七）全国法院法官培训调训招生工作先进集体1个

广东省高级人民法院政治部教育处

（八）广东省“双打”先进集体

广州市白云区人民法院刑事审判庭

（九）全国模范法官4名

陈光昶　省法院刑三庭审判员

曹　林　深圳市罗湖区人民法院执行局执行二科科长

黄植忠　惠州市博罗县法院园洲法庭副庭长

林保南　湛江市坡头区人民法院院长

（十）全国法院先进个人10名

增城法院审判员梁仕保

澄海法院凤东法庭书记员谢昀

惠州中院研究室副主任科员李丽

东莞中院党办主任曾会平

中山一院张家边法庭副庭长周逵

江门中院信访科科长谢敏忠

阳江中院研究室主任关天国

湛江中院监察室副主任王励

肇庆中院主任科员李明杰

潮州中院党办副主任余命隆

（十一）全国法院党建工作先进个人5名

段　勇　省法院教育处副处长；

何增祺　惠州中院政治处副主任科员

林佩环　女　汕头市金平区人民法院政工科副科长

陈建光　阳西县人民法院院长；

陈耀荣　茂名市茂南区人民法院镇盛法庭庭长

（十二）全国政法系统优秀党员干警7名

陈光昶　省法院刑三庭审判员；

陈海仪　广州市中级人民法院少年庭审判员；

汪　洪　女　深圳市中级人民法院劳动争议庭助理审判员

万　靖　韶关市中级人民法院行政庭庭长

罗仰龙　丰顺县人民法院汤南人民法庭庭长

张向平　东莞市第三人民法院执行局副局长

张智敏　湛江市中级人民法院执行二庭庭长

（十三）全国法院法官培训调训招生工作先进个人1名

林玉永

（十四）全国法院审理企业破产案件工作先进个人2名

省高院民二庭副庭长李洪堂

深圳中院公司清算和破产审判庭庭长闻长智

（十五）广东省五一劳动奖章获得者2名

林保南　湛江市坡头区人民法院院长

王　励　湛江市中级人民法院

（十六）广东省“双打先进工作者”2名

蒋倩倩　　广东省高级人民法院刑二庭助理审判员

潘奇志　　广东省高级人民法院民三庭审判员

## 二、2011年度省法院审批的立功集体和立功（嘉奖）个人名单

（一）集体一等功（5个）

广州：天河区人民法院

深圳：宝安区人民法院

珠海：中级人民法院研究室

梅州：丰顺县人民法院

潮州：湘桥区人民法院

（二）集体二等功（60个）

广州：中级人民法院民三庭

白云区人民法院刑庭

黄埔区人民法院

从化市人民法院吕田人民法庭

深圳：中级人民法院政治部

福田区人民法院民二庭

罗湖区人民法院行政庭

珠海：中级人民法院知识产权法庭

香洲区人民法院司法警察大队

汕头：中级人民法院民三庭

潮南区人民法院

龙湖区人民法院民一庭

佛山：中级人民法院立案庭

三水区人民法院执行局

顺德区人民法院北滘人民法庭

韶关：南雄市人民法院民一庭

乐昌市人民法院乐城人民法庭

河源：中级人民法院执行局

中级人民法院研究室

连平县人民法院忠信人民法庭

梅州：中级人民法院民二庭

兴宁市人民法院研究室

蕉岭县人民法院执行局

惠州：中级人民法院政治处

大亚湾经济技术开发区人民法院

博罗县人民法院执行局

惠阳区人民法院诉调对接中心

汕尾：中级人民法院审判管理办公室

海丰县人民法院刑庭

东莞：第二人民法院虎门人民法庭

第三人民法院清溪人民法庭

中山：中级人民法院刑二庭

第一人民法院张家边人民法庭

江门：中级人民法院刑二庭

蓬江区人民法院执行局

新会区人民法院三江人民法庭

鹤山市人民法院鹤城人民法庭

阳江：江城区人民法院刑庭

阳西县人民法院溪头人民法庭

湛江：中级人民法院研究室

赤坎区人民法院立案庭

霞山区人民法院民一庭

遂溪县人民法院城月人民法庭

茂名：中级人民法院立案庭

高州市人民法院执行一庭

电白县人民法一院刑庭

肇庆：中级人民法院研究室

鼎湖区人民法院

端州区人民法院法警大队

封开县人民法院南丰人民法庭

清远：中级人民法院民一庭

清城区人民法院民二庭

潮州：中级人民法院研究室

潮安县人民法院办公室

揭阳：中级人民法院刑一庭

揭东县人民法院民一庭

云浮：中级人民法院行政庭

郁南县人民法院

罗定市人民法院船步人民法庭

广铁：肇庆铁路运输法院办公室

（三）集体三等功（24个）

广州：中级人民法院民五庭

深圳：中级人民法院执行局

珠海：中级人民法院立案一庭

汕头：中级人民法院办公室

中级人民法院法警支队

佛山：中级人民法院刑二庭

韶关：中级人民法院法警支队

河源：中级人民法院政治处

梅州：中级人民法院民一庭

惠州：中级人民法院刑一庭

汕尾：中级人民法院研究室

东莞：中级人民法院审判监督庭

中山：中级人民法院民一庭

江门：中级人民法院刑一庭

阳江：中级人民法院民三庭

湛江：中级人民法院刑三庭

茂名：中级人民法院法警支队
肇庆：中级人民法院政治处
清远：中级人民法院民三庭
潮州：中级人民法院刑二庭
揭阳：中级人民法院审判监督庭
云浮：中级人民法院技术装备室
海事：法院基建办公室
铁路：中级法院民庭

（四）个人一等功（4名）

广州：
王　文　女　白云区人民法院刑庭审判员
梅州：
罗仰龙　丰顺县人民法院汤南人民法庭庭长
江门：
赵　宁　女　中级人民法院民一庭副庭长
茂名：
王宇庆　中级人民法院民四庭庭长

（五）个人二等功（60个）

广州：
陈海仪　女　中级人民法院少年审判庭审判员
王　飞　越秀区人民法院调研科副科长
房小梅　女　海珠区人民法院民二庭庭长
何健全　荔湾区人民法院执行局审判员
陈宗桢　天河区人民法院民二庭副庭长
徐骥坤　黄埔区人民法院信访接待室主任
卜晓虹　女　番禺区人民法院调研科科长
李耀文　从化市人民法院民一庭副庭长
深圳：
马莹莹　中级人民法院执行局审判员
许绿叶　女　中级人民法院商事审判庭审判员
刘雁兵　罗湖区人民法院民一庭助理审判员
郭宁华　盐田区人民法院立案庭副庭长
连军怀　宝安区人民法院公明法庭庭长
吴达林　龙岗区人民法院坑梓人民法庭审判员
珠海：
管文超　女　中级人民法院执行局助理审判员
郭建勇　中级人民法院研究室助理审判员
李宇苑　女　香洲区人民法院立案一庭庭长
吴红革　女　斗门区人民法院民一庭副庭长
汕头：
李惠松　中级人民法院刑一庭庭长
林鹏生　金平区人民法院执行二庭副庭长
陈少雄　澄海区人民法院副院长
肖育胜　濠江区人民法院民一庭庭长
余远先　南澳县人民法院办公室主任
佛山：
徐立伟　女　中级人民法院民一庭助理审判员
邓家石　三水区人民法院执行局副局长
麦景桃　女　三水区人民法院立案庭副庭长
张发波　高明区人民法院执行局审判员
陈海强　顺德区人民法院民一庭副庭长
韶关：
罗忠铭　乐昌市人民法院审判管理办公室主任
华云生　翁源县人民法院民一庭审判员
河源：
邓春柳　女　中级人民法院教育培训科副科长
吴小敏　东源县人民法院研究室副主任
刁伟东　龙川县人民法院副院长
梅州：
周展明　中级人民法院研究室副主任
刘育平　梅江区人民法院民三庭副庭长
张晓辉　兴宁市人民法院院长
杨晓东　梅县人民法院丙村人民法庭庭长
江启清　大埔县人民法院高陂人民法庭副庭长
惠州：
池志勇　中级人民法院民一庭庭长
曾宪章　惠城区人民法院民一庭副庭长
徐添福　博罗县人民法院长宁人民法庭庭长
钟振华　惠东县人民法院法警大队政委
汕尾：
郑仕忠　中级人民法院刑二庭庭长
刘诗章　海丰县人民法院研究室主任
东莞：
覃婴桃　女　中级人民法院民二庭助理审判员
肖　丹　第一人民法院石龙法庭助理审判员
陈茂华　第二人民法院刑庭审判员
邓鹤飞　第三人民法院清溪人民法庭副庭长
中山：
何　频　女　第一法院沙溪人民法庭副庭长
梁德明　第二人民法院副院长
江门：
刘振宇　中级人民法院办公室副主任
陈健明　蓬江区法院刑庭审判员
蔡应犀　新会区法院三江人民法庭副庭长
黄小英　女　台山市人民法院民一庭副庭长
劳杰华　开平市人民法院苍城人民法庭书记员
阳江：
龙　飘　中级人民法院民一庭副庭长
黄祖健　阳春市人民法院潭水人民法庭审判员
姚史部　阳西县人民法院执行局副局长
湛江：
毛可安　中级人民法院审判管理办公室科员
邓海江　雷州市人民法院刑庭庭长
邓　六　徐闻县人民法院民二庭庭长

茂名：

邱强明　　中级人民法院审判管理办公室审判员
蔡标荣　　信宜县人民法院立案庭副庭长
陈鸿杰　　化州市人民法院民一庭庭长
李　倩　女　化州市人民法院民一庭审判员
李　权　　电白县人民法院研究室主任

肇庆：

李小冬　女　中级人民法院民一庭副庭长
赵承杰　　端州区人民法院民三庭庭长
黄登魁　　鼎湖区人民法院研究室副主任

清远：

冯灿文　　中级人民法院办公室科员
罗文勇　　清城区人民法院民二庭副庭长
蓝榕概　　佛冈县人民法院汤塘人民法庭副庭长

潮州：

苏慕成　　市中级人民法院民二庭副庭长
陆汉杰　　中级人民法院办公室主任
林镇福　　饶平县人民法院刑庭审判员

揭阳：

李腾隆　　中级人民法院监察室主任
黄少文　　榕城区人民法院刑庭庭长
陈玉娜　女　揭西县人民法院棉湖人民法庭副庭长

云浮：

陈金德　　中级人民法院审判管理办公室主任
邹连喜　女　中级人民法院立案庭助理审判员

海事：

冯金如　　广州海事法院立案庭副庭长

铁路：

丁　玮　　广州铁路运输中级法院刑庭副庭长
王　佳　女　长沙铁路运输法院刑庭副庭长

（六）个人三等功（1名）

茂名：

周　佳　　市中级人民法院执行局局长

（七）个人嘉奖（2名）

肇庆：

岑慧勤　女　市中级人民法院执行局局长
叶庆军　　市中级人民法院专职审委委员

## 三、省法院机关2011年度先进集体和个人名单

（一）先进集体

集体三等功（2个）

立案二庭、刑四庭

集体嘉奖（7个）

办公室、审管办、民一庭、行政庭、
执行局综合处、监察室、教育处

嘉奖科组（20个）

立案一庭立案窗口
刑一庭第一合议庭
刑二庭庭长办公室
刑三庭第六合议庭
民二庭破产合议庭
民三庭庭长办公室
民四庭庭长办公室
审监庭刑事第一合议庭
执行一处第二合议庭
执行二处信访工作组
行装处机关财务科
研究室调研组
机关干部处工资福利组
地方干部处法官管理组
机关党办群团工作组
离退休人员管理处生活服务组
宣传处网络组
法警总队警训科
法官学院教培部
信息中心软件应用组

（二）先进个人

个人一等功（2名）

何凌云　胡晓明

个人二等功（3名）

李　华　王一民　范冬明

个人三等功（12名）

周长林　刘晓英　余炜川　王　庆　洪望强
闵　睿　申良洪　纪红玲　付庆海　李焱辉
薛卫东　龚肖兰

个人嘉奖（104名）

卫俊儒　廖万春　施　适　陈　冰　付洪林
詹伟雄　秦红梅　刘梓发　邹享球　林晓峰
满堂华　林玉永　贵月红　朱远芬　黄伟明
肖辉燕　谢华玉　罗伟文　郑仲纯　杨俊峰
姚卓梅　郑永达　张士明　甘　怡　黄平海
刘燕群　黄玉霞　李穗珍　林　芸　符　容
张　锐　苏　卉　国园园　胡晓清　刘秀中
黄立嵘　黎云香　彭晓君　吴海涛　李永梅
黄玉良　郑　娟　谭双堰　王竹青　王晓文
喻　勋　陈光昶　陈文凯　林俞先　陈永斌
袁彦清　马建兵　向玉生　曾银苑　秦　旺
陈小丽　吴雅琳　郑捷夫　潘奇志　岳利浩
欧丽华　孙燕敏　侯向磊　辜恩臻　贺　伟

林丽银　朱小华　郭琼瑜　张　雯　李晓华
卢志阳　赖俊斌　谭　甄　熊　忭　何曲伟
吴晓华　刘　刚　陈小雅　徐曾沧　胡跃丰
李作平　王素华　赖　静　吴桂芳　钟　华
梁雪峰　陈连峰　罗志波　严永健　史尊强
岳根国　武晓晖　刘　晓　林劲标　蔡海武
杜晓晖　罗荣辉　翁伟民　林月媚　薛明玉
李欣放　林雪明　陈伟平　周思伶

## 四、全省法院联络工作记功、嘉奖集体和个人名单

### （一）集体记功、嘉奖（32个）

#### 集体二等功（3个）

广东省高级人民法院办公室
广州市中级人民法院
深圳市中级人民法院

#### 集体三等功（13个）

广东省高级人民法院执行局
广东省高级人民法院立案二庭
广东省高级人民法院民事审判第二庭
湛江市中级人民法院
肇庆市中级人民法院
惠州市中级人民法院
珠海市中级人民法院
东莞市第一人民法院
中山市第二人民法院
台山市人民法院
惠来县人民法院
乐昌市人民法院
大埔县人民法院

#### 集体嘉奖（16个）

广东省高级人民法院立案一庭
广东省高级人民法院刑事审判第四庭
广东省高级人民法院民事审判第一庭
广东省高级人民法院司法行政装备管理处
汕头市中级人民法院
佛山市中级人民法院
河源市中级人民法院
清远市中级人民法院
潮州市中级人民法院
广州海事法院
广州市荔湾区人民法院
深圳市龙岗区人民法院
陆丰市人民法院
阳春市人民法院
电白县人民法院
云浮市云城区人民法院

### （二）个人记功、嘉奖（60名）

#### 个人二等功（6名）

王冬洁　女　广东省高级人民法院办公室副主任
梁少菁　女　广州市中级人民法院办公室副主任
吴丽红　女　深圳市中级人民法院政治部主任科员
吴志勇　　　湛江市中级人民法院办公室主任
苏碧映　女　清远市中级人民法院办公室主任
杨楚卿　女　潮州市中级人民法院办公室科员

#### 个人三等功（20名）

廖万春　　　广东省高级人民法院审判管理办公室主任
王在魁　　　广东省高级人民法院刑事审判第三庭庭长
刘思彬　　　广东省高级人民法院民事审判第三庭庭长
周定挺　　　广东省高级人民法院审判监督庭庭长
戴佛明　　　广东省高级人民法院宣传处处长
王铭扬　　　珠海市中级人民法院办公室副主任
黄晓辉　女　汕头市中级人民法院督查办副主任
陈小梅　女　韶关市中级人民法院办公室副主任
周树建　　　河源市中级人民法院联络办主任（审委会专委）
陆宝华　女　梅州市中级人民法院办公室主任
段晓慧　　　东莞市中级人民法院办公室主任科员
刘振宇　　　江门市中级人民法院办公室副主任
邓志欢　　　珠海市香洲区人民法院办公室副主任
刘　湘　　　佛山市顺德区人民法院办公室副主任
陈理广　　　翁源县人民法院办公室主任
陈　雄　　　梅州市梅江区人民法院办公室主任
陈灿钟　　　东莞市第二人民法院助理审判员
吴绪源　　　中山市第一人民法院研究室主任
程　军　　　鹤山市人民法院办公室主任
袁　平　　　阳江市江城区人民法院办公室主任

#### 个人嘉奖（34名）

陈　超　　　广东省高级人民法院刑事审判第一庭庭长
黄建屏　女　广东省高级人民法院刑事审判第二庭庭长
林广海　　　广东省高级人民法院民事审判第四庭庭长
付洪林　　　广东省高级人民法院行政审判庭庭长
陈友强　　　广东省高级人民法院司法行政装备管理处处长（原法官学院院长）
尹冬宾　女　佛山市中级人民法院办公室书记员

吴卫红　女　惠州市中级人民法院办公室审判员
吴志斌　　　汕尾市中级人民法院办公室副主任
周　方　　　中山市中级人民法院研究室科员
莫春怡　女　阳江市中级人民法院联络办副主任科员
康彩玲　女　茂名市中级人民法院联络办科员
贝　娟　女　肇庆市中级人民法院审判管理办公室主任
黄少忠　　　揭阳市中级人民法院办公室副主任科员
朱　琛　　　云浮市中级人民法院研究室干部
罗　春　　　广州海事法院办公室副主任科员
惠　粤　女　广州铁路运输中级法院立案庭庭长
罗文斌　　　广州市越秀区人民法院联络室主任
劳冀慧　女　广州市南沙区人民法院办公室主任
田　娟　女　深圳市福田区人民法院研究室科员
杨　睿　女　深圳市南山区人民法院政治处科员
吴燕珊　女　汕头市濠江区人民法院副院长
周　毅　　　乐昌市人民法院副院长
甘竹云　女　紫金县人民法院党组成员、办公室主任
冯伟辉　　　丰顺县人民法院办公室主任
彭　红　女　惠州市惠城区人民法院政工科科长
叶九鼎　　　陆河县人民法院办公室主任
陆民聪　　　湛江市赤坎区人民法院办公室副主任、联络办主任
蔡司文　　　电白县人民法院办公室主任、联络办主任
苏　彤　女　肇庆市端州区人民法院人事科科长
黄美群　　　怀集县人民法院研究室主任
杨志华　　　清新县人民法院办公室副主任
陈思策　　　潮安县人民法院办公室副主任
黄大鹏　　　惠来县人民法院副院长
陈启波　　　云安县人民法院院长

## 五、全省法院“结对帮扶”工作先进集体名单（28个）

广州市中级人民法院
深圳市中级人民法院
佛山市中级人民法院
河源市中级人民法院
梅州市中级人民法院
中山市中级人民法院
江门市中级人民法院
潮州市中级人民法院
广州海事法院
广州铁路运输中级法院
广州市越秀区人民法院
广州市白云区人民法院
广州市萝岗区人民法院
深圳市福田区人民法院
珠海市香洲区人民法院
南澳县人民法院
佛山市禅城区人民法院
新丰县人民法院
兴宁市人民法院
惠州市大亚湾经济技术开发区人民法院
东莞市第一人民法院
阳西县人民法院
遂溪县人民法院
信宜市人民法院
怀集县人民法院
连南瑶族自治县人民法院
揭西县人民法院
郁南县人民法院

## 六、全省法院信息化建设“08工程”表彰名单

### （一）集体二等功（3个）

广东省高级人民法院信息中心
中山市中级人民法院
深圳市龙岗区人民法院

### （二）集体三等功（9个）

梅州市中级人民法院
湛江市中级人民法院
广州市海珠区人民法院
汕头市龙湖区人民法院
佛山市顺德区人民法院
惠州市中级人民法院研究室
江门市中级人民法院办公室
广州铁路运输中级法院信息中心
珠海市香洲区人民法院办公室

### （三）集体嘉奖（13个）

东莞市中级人民法院
茂名市中级人民法院
广州海事法院
深圳市宝安区人民法院
韶关市浈江区人民法院
阳东县人民法院
肇庆市鼎湖区人民法院

英德市人民法院
郁南县人民法院
河源市中级人民法院司法委托管理室
潮州市中级人民法院信息技术科
揭阳市中级人民法院信息中心
汕尾市城区人民法院办公室

（四）个人二等功（5个）

李　婷　女　广东省高级人民法院信息中心副主任
宋依梅　梅州市中级人民法院办公室副主任
甘效林　中山市中级人民法院办公室副主任
赵菊花　女　江门市中级人民法院副院长
胡裕洲　肇庆市中级人民法院司法行政科副科长

（五）个人三等功（15个）

郎坤荣　广东省高级人民法院信息中心副调研员
付　雄　广州市萝岗区人民法院技术科副科长
彭卫祝　深圳市宝安区人民法院办公室副主任
陈胜生　深圳市龙岗区人民法院信息中心主任科员
林新颜　汕头市中级人民法院装备财务室副主任科员
陈　岸　河源市中级人民法院司法委托管理室副主任
廖新科　惠州市中级人民法院研究室网络管理员
罗勇峰　湛江市中级人民法院办公室科员
沈学生　茂名市中级人民法院信息中心主任
冯灿文　清远市中级人民法院办公室科员
黄伟汝　东莞市第三人民法院办公室科员
谢炎雄　普宁市人民法院副院长
邓　剑　云浮市中级人民法院技术装备室副主任
戴金才　广州海事法院宣传办调研员
赵振龙　广州铁路运输中级法院信息中心主任

（六）个人嘉奖（25个）

赵　薇　女　广东省高级人民法院信息中心主任科员
徐嘉欣　广东省高级人民法院信息中心主任科员
李晓银　女　广东省高级人民法院信息中心副主任科员
陈延文　广州市越秀区人民法院办公室副主任
蒋马俊　珠海市香洲区人民法院办公室科员
徐　峰　珠海市金湾区人民法院办公室科员
陈年顺　汕头市澄海区人民法院装备财务室主任
陈操发　佛山市禅城区人民法院审判管理办公室科员
杜广锵　佛山市南海区人民法院副院长
林　兵　韶关市中级人民法院刑一庭副庭长
陈金玉　乐昌市人民法院研究室副主任
李雄青　惠州市中级人民法院研究室网络管理员
黄江涛　汕尾市中级人民法院办公室计算机技术员
钟金润　东莞市第二人民法院副主任科员
尹方玫　女　中山市第一人民法院办公室副主任
梅育臻　江门市中级人民法院办公室科员
蔡晓东　阳江市中级人民法院计算机管理中心科员
王灼诗　廉江市人民法院办公室主任
陈龙海　茂名市中级人民法院信息中心科员
陈永暖　怀集县人民法院监察室主任
邓洪波　清远市清城区人民法院监察室副主任
蔡奕君　女　饶平县人民法院办事员
刘俊雄　揭阳市中级人民法院办公室副主任
宋海健　广州海事法院后勤保障中心主任科员
马　卓　广州铁路运输中级法院信息中心助理工程师

（七）特别贡献奖

万亚平　江苏省南京市人民检察院计算机中心主任

# 第五章　基层工作

2011年，全省法院按照整体工作争当全国法院排头兵的目标要求，认真结合发展实际，继续加强基层帮扶力度，不断提高基层队伍整体素质和司法能力，不断提高司法行政工作水平和效率，逐步实现全省法院的共同进步、均衡发展，为全省法院整体工作协调发展提供全方位的保障和服务。

以基层建设为重点，增强队伍整体司法能力。继续抓好由中院统一用编、招录、分配、待遇的“四统一”招录试点工作，面向社会公开招录初任法官到基层法院任职，在基层任满五年后再回中院工作。对部分招录人才困难的欠发达地区法院，取得省委组织部支持，调剂录用了44名应届大学生。省法院出台人才队伍建设规划纲要和教育培训干部规划，面向基层组织了各类业务培训约110期9100人次。加大对经济欠发达地区法院办案经费保障的帮扶力度，统一采购囚车120辆，调拨给107个法院，加强了基层物质装备保障。珠三角地区与欠发达地区法院结成50对帮扶对子，在物质支援、智力帮扶、文化共建上取得了积极效果。

以文化建设为主线，营造创先争优的良好氛围。出台《广东法院文化建设五年规划》，加强对全省法院文化建设的指导，结合岭南文化精髓，发展各具特色的法院文化，促进队伍整体素质的提高。深圳南山区法院建成国内首个“法律文化博物馆”，累计接待当事人和群众参观1.3万人次。4个法院被确定为全国法院文化建设示范单位，有3名优秀法官被评为“全国审判业务专家”，3个立案信访窗口荣获“全国青年文明号”、“全国巾帼文明岗”。发挥先进典型的示范作用，推出了6个“全国模范（优秀）法院”、9名“全国模范（优秀）法官”、10名“全国法院办案标兵”，大力宣传林保南、陈光昶、罗仰龙、曹林等法官的先进事迹，在全国引起较大反响。

▲5月7日，省法院党组书记、院长郑鄂在揭阳中院院长林仰平和揭西县委领导的陪同下，视察揭西县法院新审判综合大楼审判庭。

7月22日，省法院党组书记、院长郑鄂一行到阳江市阳西县法院调研。

9月8日，省法院院长郑鄂一行到佛山中院调研。

5月10日，省法院党组书记、院长郑鄂到梅州中院调研。

# 第六章　司法服务

▲8月24日，省法院党组书记、院长郑鄂视察省法院办公大楼装修工程。

## 一、积极服务幸福广东建设

省法院出台了为加快转型升级、建设幸福广东提供司法保障和司法服务的15项措施，要求并指导全省法院不断提高能动性，依法服务转型升级，促进富裕广东建设；依法保障社会民生，促进民生广东建设；严厉打击刑事犯罪，促进平安广东建设；努力化解社会矛盾，促进和谐广东建设；发挥规范指引功能，促进法治广东建设。广州、深圳、珠海法院针对南沙、前海、横琴的开发建设，开展了提供司法保障的相关专题调研。

## 二、积极参与社会建设

认真贯彻落实省委、省政府《关于加强社会建设的决定》，积极履行在加强社会建设中的重要职能。举全省法院之力，联动推进“平安大运”建设。深圳中院依托龙岗法院成立了“大运法庭”，设立大运会诉讼服务中心，依法及时审理涉大运案件。加大司法建议工作力度，及时将审判中发现的社会管理漏洞、问题反映给有关主管部门和单位，提出促进社会管理创新的意见和建议，全省法院共向行政机关、企事业单位发出司法建议1655份。针对我省加油站资质出租引发较多纠纷的情况，省法院开展专题调研，提出的司法建议得到了省政府高度重视。强化未成年人审判工作，推动未成年罪犯改造，深化少年审判机制改革，在全省法院建立起单独的未成年人刑事案件审判指导序列，潮州市建立了华南地区首个全国性预防青少年犯罪研究基地。积极探索推动社会延伸保护、帮教、社区矫正等工作。加大司法宣传力度，各级

法院开展送法进社区、进乡镇、进企业活动4386次，开展法律咨询、校园普法等各类活动1520次。

三、积极推进大调解格局建设

强化诉调对接，推进诉讼调解与人民调解、行政调解、行业调解有效对接，依法对非诉讼调解进行司法审查和确认。基层法院全部设置了诉前联调工作室，在立案阶段引导当事人通过诉前联调化解矛盾，共受理纠纷72977件，成功调解53288件，约占3/4，有效发挥了从源头化解矛盾的作用。省法院以保险纠纷案件为突破口，联合保监局制定指导性意见，推动金融、保险等商事案件以调解方式解决。

四、积极拓展司法便民服务

构建以纠纷分流、矛盾化解为特色的"门诊式"诉讼服务中心，促使矛盾纠纷尽可能在立案阶段得到化解。积极推行网上预约立案、预约开庭、预约查档和电子送达等便民措施，在立案大厅设置案件查询系统，为当事人提供更加便捷的服务。通过向社区派驻"社区法官"、聘请"社区法官助理"、上门立案、巡回审判等措施，把司法服务延伸到最基层。强化司法救助工作，积极开展对刑事被害人及其家属的司法救助，为22778件案件中经济确有困难的当事人缓、减、免交诉讼费，减免金额达767.27万元。

▲12月12日，省法院召开法院微博管理第一次会议。省法院党组副书记、常务副院长陈华杰出席会议并讲话。

# 第七章　重大典型案件

## 王大庆等贩卖、运输、制造毒品案

**案件提示**：以牟利为目的，制造、运输、贩卖毒品氯胺酮共计约160千克，数量大，社会危害严重，依法应予严惩。一二审法院在案件审理过程中，认真贯彻宽严相济刑事政策，突出打击重点，实行区别对待，做到整体从严，宽严相济，罚当其罪。

原公诉机关：广东省珠海市人民检察院。

上诉人（原审被告人）：王大庆、张成、张伟。

原审被告人：王升、梁美妙。

2007年至2009年，被告人王大庆从事贩卖、运输毒品犯罪活动牟利。2009年4月，王大庆提议并与被告人张成共谋制造氯胺酮，后选定张成在四川省安岳县的住处为制毒场所。王大庆筹集资金并购得制毒原料及工具，纠集被告人王升、张伟参与，伙同张成共同制出大量氯胺酮。王大庆决定将制成的氯胺酮运至广东省贩卖牟利，遂安排王升、张伟与张成分两批将氯胺酮运至广东省珠海市。同年5月8日3时许，王大庆与王升、张伟乘出租车到达珠海市香洲区王大庆租住的小区门口时被抓获。公安人员从该出租车后备箱内查获氯胺酮96078.4克，从张伟随身携带的手提袋内查获氯胺酮33.64克；在王大庆的租住房内抓获张成的女友被告人梁美妙，从梁的卧室内查获其为张成保管的氯胺酮1197.93克，并从王大庆的卧室内查获氯胺酮12.66克。当日，张成携带氯胺酮到达珠海市后被抓获，并带领公安人员查获了其藏匿的氯胺酮56696.16克。随后，公安人员在珠海市香洲区王大庆女友李春霞的住处查获王大庆存放的含氯胺酮成分的毒品4514.71克。同月11日，公安人员在安岳县王大庆等人的制毒处查获含氯胺酮成分的黑色液体、黑色粉末、白色结晶粉末共计231.5克及一批制毒工具。综上，被告人王大庆贩卖、运输、制造氯胺酮共计约160千克。

珠海中院依据上述事实作出如下判决：被告人王大庆犯贩卖、运输、制造毒品罪，判处死刑，剥夺政治权利终身，并处没收个人全部财产。被告人张成犯运输、制造毒品罪，判处死刑，缓期二年执行，剥夺政治权利终身，并处没收个人全部财产；犯非法持有毒品罪，判处有期徒刑七年，并处罚金人民币二万元。决定执行死刑，缓期二年执行，剥夺政治权利终身，并处没收个人全部财产。被告人王升犯运输、制造毒品罪，判处有期徒刑十五年，并处罚金人民币三万元。被告人张伟犯运输、制造毒品罪，判处有期徒刑十五年，并处罚金人民币三万元。被告人梁美妙犯非法持有毒品罪，判处有期徒刑三年，并处罚金人民币一万元。

王大庆等不服一审判决，向广东省高级人民法院提出上诉。

广东高院二审认为，王大庆以贩卖为目的制造毒品并指使他人进行运输，其行为已构成贩卖、运输、制造毒品罪；张成、张伟、王升制造毒品后进行运输，其行为均已构成运输、制造毒品罪；张成、梁美妙非法持有毒品，数量大，其行为均已构成非法持有毒品罪。王大庆贩卖、运输、制造毒品数量大，社会危害大，罪行极其严重，且在运输、制造毒品共同犯罪中起组织、指挥作用，系主犯，应按照其组织、指挥和参与的全部犯罪处罚。张成运输、制造毒品数量大，且非法持有毒品，在共同犯罪中亦起主要作用，系主犯，应按照其所参与的全部犯罪处罚，并依法数罪并罚，鉴于张成在共同犯罪中的地位和作用相对小于王大庆，对其判处死刑，可不立即执行。张伟、王升运输、制造毒品数量大，在共同犯罪中均起次要作用，系从犯，可依法从轻处罚。梁美妙在非法持有毒品共同犯罪中起次要作用，系从犯，可依法减轻处罚。原判认定事实清楚，证据确实、充分，定罪准确，量刑适当，审判程序合法。遂作出终审裁定：驳回上诉，维持原判。将判处被告人王大庆死刑的裁定依法报请最高人民法院核准。

# 陈江淮等15人抢劫、盗窃案

**案件提示**：2006年起，陈江淮等15人在汕头市澄海区、潮州市饶平县等地分分合合，实施抢劫作案86起，抢劫数额巨大，其中持枪抢劫9起，对当地百姓的人身、财产安全造成巨大威胁，严重影响了社会治安稳定。二审法院在审理过程中严格按照"两个证据规定"，认真贯彻落实党的死刑政策和宽严相济刑事政策，对案件依法判处，取得了良好的社会效果。

原公诉机关：广东省汕头市人民检察院。

上诉人（原审被告人）：陈江淮等9人。

原审被告人：林晓东等6人。

汕头中院一审认为，被告人陈江淮等15人伙同同案人林夸渠等3人经过预谋，在汕头市澄海区、潮州市饶平县等地分分合合，实施抢劫作案86起，其中持枪抢劫9起，其行为均已构成抢劫罪。被告人林洽青独自实施盗窃机动车三辆，其行为又构成盗窃罪。被告人曾令周、陈文勇明知是犯罪所得的摩托车，仍予以购买和销售，其行为均已构成掩饰、隐瞒犯罪所得罪。在共同犯罪中，被告人陈江淮等14人积极参与抢劫，在犯罪过程中起主要作用，均系主犯，依法应按其所参与的全部犯罪处罚；被告人沈桂龙犯罪时未满十八周岁，且在犯罪过程中起次要、辅助作用，系从犯，依法可予减轻处罚。

汕头中院依据上述事实作出如下判决：判处陈江淮死刑，剥夺政治权利终身，并处没收个人全部财产；林晓东、赖庆洁死刑，缓期二年执行，剥夺政治权利终身，并处没收个人全部财产；陈少波等其他14名被告人分别被判处无期徒刑至一年十个月有期徒刑。被告人陈江淮等不服，提出上诉。

广东高院二审认为，上诉人陈江淮等9人、原审被告人林晓东等6人以非法占有为目的，采用暴力手段劫取他人财物，其行为均已构成抢劫罪。上诉人林洽青以非法占有为目的，采用秘密手段多次窃取他人财物，数额较大，其行为又构成盗窃罪。原审被告人陈文勇、曾令周明知是犯罪所得的赃物仍予以收购，其行为均已构成掩饰、隐瞒犯罪所得罪。在共同犯罪中，陈江淮、林晓东积极参与抢劫40余次，其中有9次系持枪抢劫，抢劫数额巨大，均起主要作用，均系主犯，依法应按其所参与的全部犯罪处罚。陈江淮、林晓东犯罪后果特别严重，罪行极其严重，依法应予严惩，鉴于陈江淮、林晓东归案后均能如实供述所犯罪行，认罪态度好，对其二人判处死刑可不必立即执行。朱泽彬积极参与抢劫35次，其中有6次系持枪抢劫，抢劫数额巨大，在犯罪的过程中起主要作用，系主犯，但鉴于其犯罪时未满十八周岁，且有立功表现，依法予以从轻处罚。赖庆洁积极参与抢劫32次，其中有9次系持枪抢劫，抢劫数额巨大，在犯罪的过程中起主要作用，系主犯，赖庆洁曾因故意犯罪被判处有期徒刑，在刑期执行完毕后五年内再犯应当判处有期徒刑以上刑罚之罪，系累犯，依法应从重处罚。赖庆洁罪行极其严重，依法应予以严惩，但鉴于赖庆洁归案后能如实供述所犯罪行，认罪态度好，对其判处死刑可不必立即执行。陈少波积极参与抢劫22次，抢劫数额巨大，在犯罪的过程中起主要作用，系主犯。林仅进积极参与抢劫18次，其中有1次系持枪抢劫，抢劫数额巨大，在犯罪的过程中起主要作用，系主犯。曾燕福积极参与抢劫13次，其中有1次系持枪抢劫，抢劫数额巨大，在犯罪的过程中起主要作用，系主犯。陈晓佳积极参与抢劫11次，抢劫数额巨大，在犯罪的过程中起主要作用，系主犯。郑勤积极参与抢劫11次，抢劫数额巨大，在犯罪的过程中起主要作用，系主犯。林洽青积极参与抢劫5次，起主要作用，系主犯，林洽青还犯有盗窃罪，依法应数罪并罚。鉴于林洽青归案后主动交代司法机关尚未掌握的其盗窃犯罪的事实，构成自首，对林洽青所犯盗窃罪，依法从轻处罚。杨业炎积极参与抢劫11次，抢劫数额巨大，在犯罪的过程中起主要作用，系主犯。林少侠积极参与抢劫6次，在犯罪的过程中起主要作用，系主犯。沈桂龙积极参与抢劫5次，抢劫数额巨大，但鉴于其犯罪时未满十八周岁，且在犯罪的过程中起次要、辅助作用，系从犯，依法减轻处罚。宋澄宇积极参与抢劫4次，在犯罪的过程中起主要作用，系主犯。黄少斌积极参与抢劫2次，在犯罪的过程中起主要作用，系主犯。陈文勇收购赃物汽车2辆，曾令周收购赃物汽车3辆，均应依法予以惩处。原审判决认定基本事实清楚，证据确实、充分，定罪准确，审判程序合法，对除陈江淮外的其余上诉人和原审被告人量刑适当，应予维持；但对陈江淮量刑偏重，依法予以改判为死缓。遂作出终审判决。

# 韶关市宜达燃料开发有限公司单位行贿、朱思宜行贿案

案件提示：宜达公司、朱思宜无视国家法律，为谋取不正当利益和逃避法律制裁，向叶树养、杨成勇等国家工作人员贿送巨额财物，造成了极其恶劣的社会影响。对这类罪行严重的行贿犯罪分子，依法应予以严惩。

公诉机关：广东省河源市人民检察院。

上诉人（原审被告单位）：韶关市宜达燃料开发有限公司。

上诉人（原审被告人）：朱思宜。

## 一、宜达公司单位行贿

朱思宜和其弟朱方宜于1996年1月29日注册成立宜达公司，主要经营煤炭和矿产品批发、代购代销等业务，朱思宜任法定代表人、总经理。1999年起，宜达公司向广东省韶关钢铁集团有限公司供应煤炭。2006年2月与韶钢集团签订了为期5年的《建立中长期战略合作伙伴关系协议书》。2002年至2007年7月，宜达公司向韶钢集团供煤共计209万吨。期间，朱思宜和杨仲生先后送给原韶钢集团第一物资公司（供应处）副经理阎蜀南1400万元、副总经理黄旭明223万元、董事长曾德新40万元。2005年上半年，宜达公司的运煤车队因超载多次被交警部门处罚。为逃避交通违章处罚，朱思宜找到原韶关市委常委、政法委书记、市公安局局长叶树养请求帮忙，叶树养指示交警部门对宜达公司的运煤车尽量放行，除严重违章外不处罚。为感谢叶树养的关照，2005年至2008年期间，朱思宜先后6次送给叶树养共计30万元。宜达公司单位行贿数额共计1693万元。

## 二、朱思宜行贿

2005年8月，原广东省人民代表大会常务委员会机关副巡视员、选举联络人事任免工作委员会副主任杨成勇到韶关讲课期间，朱思宜主动前往探望。2007年5月至2008年上半年，朱思宜为顺利当选全国人大代表，先后5次送给杨成勇20万元。2008年1月，朱思宜当选全国人大代表，杨成勇为其提供了便利和帮助。2008年5月，朱思宜得知阎蜀南被韶关市人民检察院立案侦查，并交代了收受他和杨仲生巨额贿赂的事实后，为使自己能够逃避法律制裁，朱思宜找到叶树养，请其帮忙打听案情，协调疏通关系，并承诺给叶树养200万元。叶树养表示同意。2008年5月下旬，朱思宜在叶树养家中将现金200万元送给叶树养。朱思宜行贿数额共计220万元。

上述事实有书证、证人证言、被告人供述等证据证实。

河源市中级人民法院一审审理，于2011年9月25日作出（2010）河中法刑一初字第7号刑事判决，判处被告单位韶关市宜达燃料开发有限公司犯单位行贿罪，判处罚金人民币八百万元；被告人朱思宜犯单位行贿罪，判处有期徒刑五年，犯行贿罪，判处有期徒刑十二年，并处没收个人财产人民币五十万元，数罪并罚，决定执行有期徒刑十六年，并处没收个人财产人民币五十万元。

宣判后，宜达公司和朱思宜不服一审判决，提出上诉。二审对该案进行了开庭审理。

广东省高级人民法院二审认为，上诉人宜达公司无视国家法律，为谋取不正当利益，向阎蜀南、曾德新、黄旭明、叶树养行贿共人民币1693万元，其行为已构成单位行贿罪；上诉人朱思宜作为宜达公司的法定代表人、总经理，是直接负责的主管人员，应以单位行贿罪追究刑事责任。上诉人朱思宜为逃避法律制裁和谋取不正当利益，分别向叶树养、杨成勇行贿共计人民币220万元，又构成行贿罪；上诉人朱思宜行贿数额特别巨大，情节特别严重，应依法惩处；鉴于上诉人朱思宜能如实供述行贿事实，可以从轻处罚。朱思宜犯单位行贿罪和行贿罪，依法应予数罪并罚。原审判决认定事实清楚，证据确实、充分，适用法律正确，审判程序合法。上诉人宜达公司和朱思宜上诉所提及其辩护人的辩护意见，经查理由均不成立，不予采纳。广东省人民检察院出庭检察员建议二审依法驳回上诉，维持原判的理由成立，予以采纳。依照《中华人民共和国刑法》第三百八十九条第一款、第三百九十三条、第三百九十条第一款、第六十九条第一款以及《中华人民共和国刑事诉讼法》第一百八十九条第（一）项之规定，广东高院作出刑事裁定，驳回上诉，维持原判。

# 吴创洪等生产、销售伪劣产品、被告人张曲如等销售假冒注册商标的商品案

**案件提示**：该案被告人人数众多，形成“产、供、销”经营网络，情节严重，影响恶劣；涉案金额特别巨大，共生产假烟112306公斤，价值约人民币449万元；该案证据庞杂，一二审法院认真细致核查证据，认定事实和金额，取得较好的法律效果和社会效果。2011年4月13日该案被入选广东省“双打”行动十大典型案例。

原公诉机关：广东省肇庆市人民检察院。

上诉人（原审被告人）：郑灶胜、樊雄等4人。

原审被告人：吴创洪、赖世大、郑晓武、张曲如等22人

## 一、生产、销售伪劣产品罪

2009年2月，吴创洪在广州市越秀区瑶台设立中转站，用于中转生产假烟所需的原辅材料以及生产出的假烟“白条”。2009年3月，吴创洪与郑灶胜经密谋在惠州设立生产假烟窝点。“惠州假烟窝点”设立后，共生产假烟约60000公斤，价值人民币2400000元。

2008年底，谭土生等人在佛山市禅城区设立假烟生产窝点，并先后雇佣被告人樊雄、陈崇贵等人非法生产假烟。至案发，“佛山假烟窝点”生产并经“广州瑶台中转站”中转各类品牌假烟“白条”共计52306.6公斤，价值人民币2092264元。此外，2009年6月至案发，王政辉通过吴创洪的“广州瑶台中转站”委托“佛山假烟窝点”加工各种品牌假烟“白条”5924.2公斤，价值人民币236968元，然后销售给他人。

从2008年10月开始，“老大”（真实姓名不详，另案处理）在广州市白云区嘉禾镇均禾街白头岭中5巷13号设立烟丝加工窝点，赖世大、张小娜等人受“老大”雇佣共非法加工烟丝4875公斤，并为王政辉调配假烟丝1000公斤。经统计，已被王政辉、张文武等人购买、提走的烟丝约4660公斤，价值约7万余元。

2009年4月份以来，张文武到嘉禾烟丝加工点购买烟丝共计1160公斤，生产假烟“白条”约1250余公斤，价值人民币5万余元。

## 二、销售假冒注册商标的商品罪

自2008年以来，张曲如、邓立武夫妇在广州市天河区广州大道北范屋村116号设立水松纸销售点，专门贩卖假冒水松纸牟利。从2009年4月至案发，张曲如、邓立武夫妇非法销售水松纸金额达1634542.6元。

王金轮从2008年6月开始累计向张元伟、郑昌波等人销售假烟价值人民币145703元。其中，郑昌波向王金轮购买假烟并利用其经营的商店将假烟销售给他人牟取非法利益，假烟价值120215元。张元伟向王金轮等人购买假烟后利用其经营的商店将假烟销售给他人牟取非法利益，假烟价值166839.6元。

郑晓武自2008年初开始向张荣光购买各类假烟，后通过其经营的“鹏财烟店”销售给他人，累计销售假烟金额人民币176986元。

肇庆中院依据上述事实作出如下判决：判处吴创洪有期徒刑十五年，剥夺政治权利五年，并处罚金人民币250万元；判处郑灶胜有期徒刑十五年，剥夺政治权利五年，并处罚金人民币130万元；樊雄、赖世大、张曲如等24名被告人分别被判处一年六个月至十五年不等的有期徒刑。一审宣判后，被告人郑灶胜、樊雄等不服一审判决，上诉至广东省高级人民法院。

广东高院二审认为，上诉人郑灶胜、原审被告人吴创洪等人无视国家法律，生产、销售伪劣卷烟、烟丝等烟草专卖品牟取非法利益，其行为均已构成生产、销售伪劣产品罪。原审被告人郑晓武、张元伟、王金轮、郑昌波向他人销售假冒卷烟，其行为均已同时构成销售伪劣产品罪和销售假冒注册商标的商品罪，依法应按处罚较重的规定即销售假冒注册商标的商品罪定罪处罚。原审被告人张曲如、邓立武、张建欣长期非法销售假冒他人注册商标的水松纸，其行为均已构成销售假冒注册商标的商品罪。原审判决认定事实清楚，证据确实、充分，定罪准确，审判程序合法。原审法院在量刑时已经充分考虑到各被告人在共同犯罪中的地位、作用，并在量刑中将从犯、累犯等法定量刑情节予以充分体现，量刑适当。于2011年3月2日作出裁定，驳回上诉，维持原判。

# 郑运坚、梁有福等21人组织、领导、参加黑社会性质组织、故意杀人、故意伤害、抢劫、敲诈勒索、寻衅滋事、非法持有枪支、非法拘禁和赌博罪案

**案件提示**：从2000年以来，郑运坚凭借其控制的黑社会性质组织，开设赌场、欺行霸市，强包山头，强建电站，欺压残害群众，严重损害当地群众的利益，在阳西县境内造成了恶劣的社会影响，严重破坏了当地经济和社会生活秩序。

原公诉机关：阳江市人民检察院。

上诉人：郑运坚、余中朗等14人。

审理经过：广东省阳江市中级人民法院审理广东省阳江市人民检察院指控被告人郑运坚、梁有福等21人犯组织、领导、参加黑社会性质组织罪、故意杀人罪、故意伤害罪、抢劫罪等犯罪，以及附带民事诉讼原告人朱四、谢小耳等14人提起附带民事诉讼一案，于2008年12月16日作出（2008）阳中法刑一初字第23号刑事附带民事判决。宣判后，被告人郑运坚、余中朗等12人及附带民事诉讼被告人暨法定代理人罗冲养、冯秀莲不服，提出上诉。

阳江中院一审认为，从2000年开始，被告人郑运坚与林国钦（另案处理）非法在阳西县境内非法开设地下赌场，并网罗一批社会闲散人员到赌场工作或充当打手。梁荣谋、邱文海、余培、叶大伟（前述四人均另案处理）成为郑运坚团伙的骨干成员，骨干成员手下还有陈杏泽、许则记、黄行色等成员，形成了以郑运坚为首要分子、以阳西县为势力范围的黑社会性质组织。该组织经过多年的非法积累，具有比较雄厚的经济实力，组织的领导者和部分骨干成员配有专用汽车，并租有出租屋作为宿舍。对组织成员包吃包住，对被判刑的成员和犯案在逃成员及其家属提供生活费和安家费。该组织有组织地在阳西县境内实施违法犯罪活动十数起，包括故意杀人案2起、故意伤害案3起、抢劫案2起，还多年多处开设赌场，实施其他违法活动4起，为非作恶，伤及无辜，欺压群众，直接致死4人，致轻伤3人。

阳江中院依据上述事实作出判决如下：被告人郑运坚犯组织、领导黑社会性质组织罪、故意杀人罪、故意伤害罪、抢劫罪、开设赌场罪，决定执行死刑，剥夺政治权利终身，并处罚金人民币8010000元；被告人余中朗犯参加黑社会性质组织罪、故意杀人罪、犯抢劫罪、开设赌场罪、故意伤害罪，决定执行死刑，剥夺政治权利终身，并处罚金人民币110000元；被告人林土庆犯参加黑社会性质组织罪、故意杀人罪、开设赌场罪、寻衅滋事罪、故意伤害罪，决定执行死刑，剥夺政治权利终身，并处罚金人民币20000元。其余被告人均被判处有期徒刑以上刑罚。

广东高院二审认为，原审判决认定被告人郑运坚、余中朗、林土庆、梁有福、黎艺、陈成耀、罗成佳、苏子龙、苏志坚、刘运发、赖册、王洪等、张美、陈要明、任宏力、周计通、黎家校、袁计朋、胡孟、刘志运、冯贵庞犯本案所述之罪的事实清楚，证据确实、充分，审判程序合法。除对上诉人林土庆的量刑欠当，其余被告人的量刑适当。对上诉人郑运坚、余中朗、林土庆、黎艺、陈成耀、罗成佳、苏子龙、赖册、苏志坚、王洪等、胡孟、冯贵庞上诉所提理由，郑运坚、余中朗、林土庆、黎艺、陈成耀、胡孟的辩护人所提意见，罗成佳的法定代理人罗冲养、马秀莲上诉所提理由，经查均不成立，不予采纳。广东省人民检察院出庭检察员提出的除维持林土庆量刑的意见外，其余意见予以采纳。鉴于原判认定林土庆与罗成佳、任宏超共同开枪击倒陈乃汉，罪责尚未查清，认定其个人开枪直接致陈死亡的证据不够充分；在另一起故意杀人（余和蛟）案中起望风的作用，是从犯；另外，林土庆在黑社会组织中属第三阶层的人物，受梁有福的指挥，对其判处死刑，可不必立即执行。经本院审判委员会讨论决定，改判上诉人林土庆犯参加黑社会性质组织罪，判处有期徒刑七年；犯故意杀人罪，判处死刑，缓期二年执行，剥夺政治权利终身；犯开设赌场罪，判处有期徒刑三年，并处罚金人民币20000元；犯寻衅滋事罪，判处有期徒刑二年；犯故意伤害罪，判处有期徒刑一年。决定执行死刑，缓期二年执行，剥夺政治权利终身，并处罚金人民币20000元。其余被告人均维持原判。

# 林浩泽放火、林文窝藏案

**案件提示：**疑罪从无是刑法理论以及实务上一个重要原则，其在司法实践中的应用对于被告人人权的保障具有重要意义，也能督促刑事诉讼程序参与者以认真、严谨、细致的作风履行好自己在刑事诉讼过程中所承担的责任。

原公诉机关：汕尾市人民检察院。

上诉人（原审被告人）：林浩泽、林文。

审理经过：广东省汕尾市中级人民法院审理广东省汕尾市人民检察院指控被告人林浩泽犯放火罪、被告人林文犯窝藏罪及附带民事诉讼原告人陈长安、李梅凤、陈彩绵提起附带民事诉讼一案，于2006年7月26日作出（2005）汕中法刑一初字第18号刑事附带民事判决，认定被告人林浩泽犯放火罪，判处死刑，缓期二年执行，剥夺政治权利终身；被告人林文犯窝藏罪，判处有期徒刑二年；被告人林浩泽赔偿附带民事诉讼原告人陈长安、李梅凤、陈彩绵损失人民币1116336元。被告人林浩泽、林文以其没有犯罪为由提出上诉；附带民事诉讼原告人陈长安、李梅凤、陈彩绵以应判处被告人林浩泽死刑，剥夺政治权利终身为由提出上诉。经广东高院二审审理，于2006年12月6日作出（2006）粤高法刑一终字第629号刑事附带民事裁定，以事实不清、证据不足为由，将本案发回汕尾市中级人民法院重新审判。汕尾市中级人民法院经重审，于2007年12月12日作出（2005）汕中法刑一重初字第18号刑事附带民事判决。被告人林浩泽、林文及附带民事诉讼原告人陈长安、李梅凤、陈彩绵均不服，提出上诉。

汕尾中院一审认为，2004年11月27日晚11时许，被告人林浩泽在家里准备一只胶手套、一个打火机，用一华帝山矿泉水瓶装了煤油，窜到梅陇镇梅兴路132号黎大妹住宅前，见该处楼后有一柴堆，便用煤油倒在胶手套内，将手套点燃后扔在柴堆上，起火后逃离现场。接着，林浩泽又窜到梅陇镇西丽苑西兴中路17巷，发现王乌稔住宅前停放着一辆四轮车，便在四轮车附近捡了一些固体泡沫作引火物，点燃后扔到四轮车帆布上，逃离现场后又返回现场观看群众救火。林浩泽又窜到梅陇镇长盛街4号陈桂青住宅前，用打火机将陈桂青悬挂在大门上的红布点燃，然后在门前喊救火后逃离现场。次日零时许，林浩泽又窜到梅陇镇面线街13号陈长安的住宅前，见陈长安住宅门前有木板和塑料薄膜，即回家用一矿泉水瓶装了煤油，然后返回陈长安的住宅前，将煤油倒在木板上，将塑料薄膜点燃引燃木板后离开现场。被告人林浩泽纵火后，引起陈长安住宅前堆积的青草药着火。大火燃至屋内，当场烧死陈长安的母亲林秀华、胞妹陈彩凤及其6岁和4岁的女儿陈文茵、陈可馨四人，烧毁二层楼房一座及家具、电器等财物。烧毁财物经价格鉴定部门评估，价值人民币81620元。

当天上午9时许，林浩泽告诉其父亲即被告人林文，说陈长安家的火是他放的。林文听后拿了30元叫林浩泽到海城镇其舅父杜潮孝家躲避，并打电话给其在深圳市的妻子杜玉琼，让其儿子林浩然到海城镇接林浩泽往深圳市。

汕尾中院依据上述事实作出判决如下：被告人林浩泽犯放火罪，判处死刑，缓期二年执行，剥夺政治权利终身；被告人林文犯窝藏罪，判处有期徒刑二年。

广东高院二审认为，能否认定林浩泽构成犯罪，关键在于审查指控林浩泽犯罪的在案证据是否确实、充分。对于原判据以定案的证据，综合分析、评判如下：

1. 本案欠缺直接证据。本案除了林浩泽的三次有罪供述外，没有其他直接证据证实林浩泽实施放火。林浩泽第四次审讯及检察机关、一审、二审及重审一审、二审时均否认犯罪，称是被刑讯逼供。而林浩泽所作两次具体的有罪供述也存在疑点。

2. 原判采信的曾与林浩泽同仓的在押人员黄小健、苏贞国、华平、刘伟、林帝安、夏生亮、周伍刚的证言，均系传来证据，且存在疑点，证明力存疑。

3. 起火原因及起火点不明。本案对四处火烧现场的起火原因及起火点均没有由消防部门作鉴定（尤其是陈长安家火灾致四人死亡及重大财产烧毁），起火原因及起火点均不明，比较少见。

4. 作案工具均未能提取，包括装住煤油的两个华帝山牌矿泉水瓶、作案用的打火机。

5. 从林浩泽弟弟林浩然2004年12月1日被本案侦查机关释放后提供的"情况说明"及伤情照片来看，林浩然所称其受到刑讯逼供的情况比较真实，可能性较大。林浩泽自否认犯罪后也一直称曾受到刑讯逼供，现不能完全排除该可能性。

6. 被害人陈桂青陈述的凶手的身材与林浩泽不符。根据证人杨远丰的证言，以及在本案案发之前、林浩泽归案之后，梅陇镇均发生多起纵火事件的事实，不能排除是多人作案。

综上，原审判决认定上诉人林浩泽构成放火罪、上诉人林文构成窝藏罪的证据不足，林浩泽、林文均不构成犯罪。因无法认定是林浩泽实施的放火行为导致被害人林秀华、陈彩凤、陈文茵、陈可馨死亡，故林浩泽不负民事赔偿责任，上诉人陈长安、李梅凤、陈彩绵要求林浩泽承担民事赔偿责任的诉讼请求应予驳回。林文不构成窝藏罪，陈长安、李梅凤、陈彩绵诉请林文承担民事赔偿责任没有法律依据，不予支持。上诉人林浩泽、林文及其辩护人所提其二人不构成犯罪的上诉理由和辩护意见均成立，予以采纳。经广东高院审判委员会讨论决定，依照《中华人民共和国刑事诉讼法》第一百八十九条第（一）、（三）项之规定，改判上诉人林浩泽、林文无罪。

# 林远冰、林敬财抢劫案

**案件提示：**对于被判处三年以下有期徒刑宣告缓刑的犯罪分子，缓刑考验期满后在五年以内再犯应当判处有期徒刑以上刑罚之罪的，由于缓刑考验期满，犯罪分子原判的刑罚就不再执行，而非刑罚执行完毕，故犯罪分子不是累犯。

原公诉机关：广东省汕尾市人民检察院。

上诉人（原审被告人）：林敬财、吴美城、周付录。

原审被告人：林远冰、许德新。

2010年1月7日至同月24日，林远冰、许德新、吴美城、周付录、林敬财伙同林贤明、叶雄（另案处理）等人，时分时合，驾驶林远冰的一辆黑色北京现代小轿车，携带木棍等作案工具，窜至广东省海丰县附城镇、城东镇等地，采取暴力、胁迫手段，抢劫他人摩托车，作案11次。其中林远冰、许德新各参与抢劫11次，劫得财物可计算价值人民币32430元，致1人轻伤，1人轻微伤；吴美城抢劫8次，劫得财物可计算价值人民币22280元，致1人轻伤，1人轻微伤；周付录抢劫7次，劫得财物可计算价值人民币22280元，致1人轻伤，1人轻微伤；林敬财抢劫2次，劫得财物可计算价值人民币5880元。

汕尾市中级人民法院一审审理认为，林远冰、许德新、吴美城、周付录、林敬财无视国家法律，以非法占有为目的，采用暴力、胁迫手段，劫取他人财物，其行为均已构成抢劫罪，应依法惩处。在本案发案18天之内，林远冰、许德新抢劫11次（其中三天每天均抢劫3次），吴美城抢劫8次，周付录抢劫7次，该4名被告在较短的时间内频繁抢劫，抢劫次数多，数额巨大，其主观恶性和社会危害性极大，犯罪情节严重，依法应当从严惩处。林敬财曾因犯罪被判处有期徒刑以上刑罚，在刑罚执行完毕五年以内再犯应当判处有期徒刑以上刑罚之罪，是累犯，依法应当从重处罚。根据他们的犯罪事实、性质、情节及其社会危害程度，对之依法作出判决，其中林敬财犯抢劫罪，判处有期徒刑七年，并处罚金人民币六千元。宣判后，吴美城、周付录、林敬财不服，均提出上诉。

广东省高级人民法院二审认为，对一审法院认定的犯罪事实及证据予以确认，认为林远冰、许德新、吴美城、周付录、林敬财的行为均已构成抢劫罪。根据本案的犯罪事实、情节和后果，原判量刑偏重，予以纠正。林敬财2005年8月11日因犯收购赃物罪被判处有期徒刑一年，缓刑一年，缓刑考验期自2005年8月11日起至2006年8月10日止；根据《中华人民共和国刑法》第七十六条的规定，缓刑考验期满，原判的刑罚就不再执行；依照《中华人民共和国刑法》第六十五条第一款关于累犯“刑罚执行完毕或者赦免以后”等内容的规定，原判认定林敬财构成累犯不当，应予纠正。依法对5名罪犯予以改判，其中林敬财犯抢劫罪，判处有期徒刑五年，并处罚金人民币六千元。

# 张瑞文诉深圳市众安康后勤服务有限公司、北京大学深圳医院财产损害赔偿纠纷案

**案件提示：**车主将车辆停放于经营性停车场，凭停车场出具的书面凭证进出并交纳停车费用，双方形成有偿保管合同关系。因停车场保管不善造成车辆毁损、灭失的，停车场应承担损害赔偿责任。停车场不能依据其在进出凭证上载明的免责格式条款主张免除赔偿责任。

抗诉机关：广东省人民检察院。

申诉人（一审原告、二审被上诉人）：张瑞文。

被申诉人（一审被告、二审上诉人）：深圳市众安康后勤服务有限公司。

原审第三人：北京大学深圳医院。

2008年8月29日晚8时15分，张瑞文驾驶雅阁HG7240小型轿车前往北大深圳医院探望病人，并将车辆锁好停放在北大深圳医院内规定的停车位上，受北大深圳医院委托提供后勤服务的众安康公司向张瑞文出具了“北京大学深圳医院停车场车辆进出凭证”。2008年8月29日21时10分，案外人驾驶该车在未停车接受查验凭证的情况下从北大深圳医院停车场出口强行驶出，众安康公司值班保安员阻拦该车驶出未果，遂于2008年8月29日21时14分将该车闯关疑为被盗的情况向深圳市公安局莲花派出所电话报警。张瑞文发现该车丢失后，也于2008年8月29日22时33分向莲花派出所报案。2008年9月3日，公安机关立案侦查张瑞文被盗汽车案。2008年10月23日，该案侦破，但被盗汽车未追回。2008年9月8日，张瑞文向深圳市福田区人民法院提起诉讼，认为众安康公司严重管理不善，对车辆被盗应承担赔偿责任，由于停车场为北大深圳医院所有，该医院将场地委托给众安康公司管理，应承担连带赔偿责任，请求判令众安康公司和北大深圳医院连带赔偿其损失175200元。

深圳市福田区人民法院一审认为，张瑞文与众安康公司之间构成车辆停放管理关系。车辆停放期间，众安康公司作为停车场的管理人对张瑞文名下汽车丢失存在明显过错，同时无证据证明张瑞文及北大深圳医院对张瑞文车辆的丢失存在过错，故判令众安康公司对张瑞文的车辆丢失承担全部赔偿责任。

众安康公司不服一审判决，向广东省深圳市中级人民法院提出上诉。深圳市中级人民法院二审认为，北大医院停车场属于社会公共类停车场，在双方当事人未明确约定为车辆保管关系的情况下，应认定停车场管理人与车主之间形成车辆停放管理关系。本案中，众安康公司基本能够尽到善良管理人应尽的义务，但在未设置有效阻止车辆驶出的设施方面存在管理不善的过失，酌情改判众安康公司承担30%的赔偿责任。

张瑞文不服深圳市中级人民法院二审判决，向广东省人民检察院申请抗诉。广东省人民检察院抗诉认为，停车场经营者向车主收取费用的行为属经营行为，停车场所提供的服务属于有偿消费服务，经营者对所经营的停车场内停放的车辆负有最基本义务的安全保障义务。对于张瑞文的车辆丢失，众安康公司具有重大过失，应当承担赔偿责任。而二审判决认定众安康公司仅承担30%的赔偿责任与众安康公司的过失大小不相符，属适用法律错误。

广东高院再审认为，张瑞文将车辆停放在北大深圳医院停车场，众安康公司向张瑞文出具了“车辆进出凭证”，根据该凭证内容显示，如张瑞文要将车辆驶离停车场，需向众安康公司交回车辆进出凭证，并按照深圳市关于经营性停车场的政府指导价支付有关费用。上述事实符合我国《合同法》关于保管合同的规定，亦表明停车场作为保管人接受了该车辆的交付并实际享有控制该车进出停车场的权利。因此，从张瑞文停放车辆并收到众安康公司出具的车辆出入凭证之时起，众安康公司与张瑞文之间即形成了车辆保管关系。鉴于张瑞文在驾车离开停车场时须按规定缴纳有关费用，故其与众安康公司之间形成了有偿保管合同关系。

根据《深圳市停车场规划建设和机动车停放管理条例》第二十四条规定，车辆驶离停车场时没有停放凭证或者车辆与交验的停放凭证不符，可以认定为与车辆安全有关的异常情况，停车场管理者应当及时采取有效措施限制车辆离场或办理相关手续。本案中，根据停车场录像显示，案发当天驶离北大深圳医院停车场的车辆较多，但该停车场并没有通过设置有效设施以保证车辆按规定有序驶出停车场，众安康公司值班保安员在查验车辆进出凭证和放行车辆时也没有采取“一车一杆”等有效措施以防止被盗车辆驶出停车场。这些因素对盗车人对盗窃场所的选取和盗窃行为的顺利实施起到关键作用，导致盗车人轻易将车辆驶出停车场，完成盗窃行为。可见，众安康公司作为北大深圳医院停车场的管理者，对张瑞文所有并交其保管的车辆保管不善，对车辆丢失存在过错。根据《合同法》第三百七十四条规定，应当承担损害赔偿责任。至于众安康公司能否依据涉案车辆进出凭证的背面说明主张免责的问题。众安康公司虽然在“车辆进出凭证”背面载明“本车场只提供车位，收取场地使用费，请关好车门，锁好防盗锁。如有丢失或损坏恕不赔偿”等内容，但这只是众安康公司单方面作出的免责声明，旨在免除其依法应当承担的民事责任。因此，根据《消费者权益保护法》第二十四条规定，涉案车辆出入凭证背面所载上述内容应认定无效，众安康公司不能据此免除对张瑞文车辆丢失的赔偿责任。根据本案查明的事实，并无证据证明张瑞文对其车辆丢失存在过错，故众安康公司应对张瑞文因车辆丢失而造成的经济损失承担全部赔偿责任。

# 刘英诉深圳市国基房地产开发有限公司不当得利纠纷案

**案件提示**：为办理假按揭套取银行贷款，自然人与开发商串通签订假房屋买卖合同，之后双方又实际履行该合同，应当认定双方对房屋买卖达成了新的合意，开发商收取自然人购房首期款，不构成不当得利。

上诉人（原审原告）：刘英。

被上诉人（原审被告）：深圳市国基房地产开发有限公司（以下简称国基公司）。

2003年11月30日，刘英、国基公司签订了《深圳市房地产买卖合同（预售）》，约定刘英向国基公司购买国基公司开发的位于深圳市南山区商业文化中心片区路漾日湾畔3座18E号房，建筑面积145.84平方米，购房款总价为1035362元等。同时，刘英向国基公司出具了部分内容空白的两份《声明》、《解除房产买卖合同协议书》及《深圳市预售商品房注销合同备案登记申请书》。第一份《声明》（以下简称《声明》一）的主要内容为：刘英并未实际缴付上述住宅的购房首期款（即购楼价款的20%），也尚未实际向银行交付供楼款；同时，刘英也不承担有关购楼和按揭的责任和义务。刘英同时承诺，在其未偿付上述款项的情况下，不实际拥有房屋的任何权利，刘英将应国基公司的要求，随时配合办理退楼或回购手续。除非刘英向国基公司实际偿付上述住宅的首期款及供楼本息。第二份《声明》（以下简称《声明》二）是给有关银行的《声明》，其主要内容为：刘英因不能偿付供楼款项，同意将抵押的房地产漾日湾畔住宅交由国基公司回购，回购款项用于偿还银行的按揭本息，余款请银行退还国基公司，由刘英与国基公司另行结算。回购价格为刘英购入价。《解除房产买卖合同协议书》的主要内容为：刘英、国基公司双方同意解除双方已签订的关于漾日湾畔的房产买卖合同。上述《声明》、《解除房产买卖合同协议书》及《深圳市预售商品房注销合同备案登记申请书》均没有填写具体房号和合同号，也无落款时间，但有刘英签名及指模。刘英、国基公司双方均确认上述《声明》、《解除房产买卖合同协议书》及《深圳市预售商品房注销合同备案登记申请书》指向的房产即为漾日湾畔3座18E号房。刘英、国基公司签订《房地产买卖合同》后，刘英并未按合同约定向国基公司支付购房首期款，但国基公司向刘英出具了收款日期分别为2003年11月5日、2003年11月10日和2003年11月23日，内容分别为收到刘英交来购T3-18E定金20000元、购T3-18E房款100000元和购T3-18E房款95362元的三份收款收据。2003年11月27日，刘英、国基公司和招商银行股份有限公司深圳蛇口支行签订了《个人购房借款合同》，刘英以漾日湾畔3座18E号房为抵押申请820000元的贷款，贷款发放后被转入国基公司在招商银行股份有限公司深圳蛇口支行的账户。《个人购房借款合同》签订后，2003年12月10日至2005年7月1日期间，国基公司通过刘英的账户向银行支付贷款本金及利息，刘英从2005年9月16日开始向银行偿还剩余贷款本金及利息，并于2009年8月13日全部清偿完毕。

国基公司曾向刘英出具一份《声明》（以下简称《声明》三），主要内容为：国基公司确认刘英已经向国基公司支付购房首期款，并通过按揭方式支付了其余房款，上述房屋权利已经完全归属于刘英，国基公司不再享有该房产任何权益。《声明》三盖有国基公司公章，没有落款时间。

上述房屋在国基公司被深圳中院依法宣告破产还债前已经交付刘英。

深圳中院于2006年2月14日受理国基公司的破产还债案件，2006年9月14日作出（2006）深中法民二破产字第7号《民事裁定书》，宣告国基公司破产还债并指定成立清算组接管国基公司。在清算过程中，清算组开始逐步处理漾日湾畔房产的办证事宜，刘英获悉办证消息后于2009年8月13日向清算组支付了购房首期款215362元，并委托代理人傅菲于同年8月14日向清算组出具《声明》（以下简称《声明》四），向清算组承诺同意补交购房首期款。清算组遂为刘英办理房屋过户手续，现刘英已将该房产转让给第三人。

2010年7月1日，刘英向原审法院提起诉讼，请求判令国基公司返还刘英补交房款215362元。

深圳中院一审审理认为，刘英向国基公司补交房款，不构成不当得利，驳回其诉讼请求。

刘英不服一审判决，向广东省高级人民法院提出上诉。

广东高院二审认为：本案的争议焦点为国基公司收取刘英215362元购房首期款是否构成不当得利。刘英在与国基公司签订《房地产买卖合同》时，同时出具了《声明》一、《声明》二，表明当时双方当事人的真实意图并不是买卖房屋，而是为了获取银行按揭贷款。实际上，在刘英签订《个人购房借款合同》直至2005年7月1日期间，均是国基公司代刘英向银行偿还贷款，印证了以上事实。当刘英于2005年9月16日开始向银行支付剩余贷款，且国基公司向刘英交付房产时，双方以自己的行为表明要实际履行上述房地产买卖合同，也即双方对房屋买卖达成了新的合意，双方应当按原合同约定实际履行。虽然国基公司事后出具《声明》三，确认刘英已向国基公司支付购房首期款，但刘英、国基公司在诉讼过程中均确认直至国基公司出具《声明》三时，刘英仍未向国基公司实际支付该购房首期款。之后，刘英又出具《声明》四，同意补交购房首期款，并已实际履行完毕。刘英事后称受胁迫出具《声明》四和支付首期款，但未能提供充分的证据予以证明。因此，国基公司依据其与刘英所签署的房屋买卖合同、刘英出具的《声明》四，收取刘英215362元购房首期款，具有合同依据，不构成不当得利。刘英上诉认为国基公司收取购房首期款构成不当得利，理由不成立，不予支持。判决：驳回上诉，维持原判。

# 华一公司与唐佑公司建设用地使用权转让合同纠纷案

**案件提示：**建设用地使用权在转让前附有债务尚未清偿，而转让合同对该债务的负担问题未作约定或者约定不明，双方对此发生争议，应由转让人负担还是应由受让人负担，是审判实践有待澄清的问题。

上诉人（原审被告）：东莞市华一五金制品有限公司。

被上诉人（原审原告）：唐佑木业（深圳）有限公司。

法院经审理查明：2004年9月17日，唐佑公司与华一公司签订了《土地转让协议书》，约定：华一公司将位于东莞市大领山大塘村金多港工业城五幅土地，以总价1280万元转让给唐佑公司。

协议签订后，唐佑公司依约将土地转让款支付完毕。因华一公司付尚欠土地管理费1167671元、青苗补偿费12600元。大塘村委会出具，拒绝出具《出让土地使用权地价款项支付情况证明书》。

2007年3月19日，唐佑公司起诉，请求：确认土地转让协议书有效；判令华一公司及时履行该协议项下五宗用地过户义务。

一审法院经审理认为：唐佑公司、华一公司签订土地使用权转让协议，系双方的真实的意思表示，内容没有违反法律、法规的强制性规定，没有损害社会的公共利益及违反社会公序良俗，依法确认有效。

唐佑公司已按协议约定支付完毕全部土地转让款，已履行了协议约定的支付土地转让款义务。由于涉案五宗用地尚欠土地管理费和青苗补偿费，大塘村委会拒绝出具《出让土地使用权地价款项支付情况证明书》，由此导致涉案土地未能办理过户手续。协议对于由谁承担涉案土地的青苗费及土地管理费约定不明，双方出于各自的理解未承担涉案土地的青苗费及土地管理费从而导致涉案土地不能过户，但均不构成违约。双方当事人可就涉案土地青苗费、土地管理费最终如何承担问题进行重新协议，如协议不成，则按照合同有关条款或者交易习惯确定。一审法院认为，依照公平原则，在双方不能就前述问题达成协议的情况下，涉案土地青苗费、土地管理费应以涉案土地的土地使用权证原件交付日期为界，交付之前则由华一公司承担，交付之日起由唐佑公司承担。

根据《中华人民共和国合同法》第八条、第六十条、第六十一条和《中华人民共和国民事诉讼法》第一百二十八条规定，一审法院判决：一、确认唐佑木业（深圳）有限公司与东莞市华一五金制品有限公司于2004年9月17日签订的《土地转让协议书》有效；（二）限唐佑木业（深圳）有限公司与东莞市华一五金制品有限公司于该判决生效之日起一个月内就涉案土地青苗费、土地管理费及土地闲置费的承担问题达成补充协议，届时若无法达成补充协议，则以涉案合同约定的交付日即款项付清日2004年10月31日为界承担前述费用，2004年10月31日之前的费用由东莞市华一五金制品有限公司承担，2004年10月31日之后的费用由唐佑木业（深圳）有限公司承担；（三）东莞市华一五金制品有限公司应履行《土地转让协议书》项下约定由其协助唐佑木业（深圳）有限公司办理本案土地转名过户手续的所有义务；（四）驳回唐佑木业（深圳）有限公司的其他诉讼请求。

二审法院经审理认为：《土地转让协议书》，主体适格，意思表示真实，内容未违反法律和行政法规的强行性规定，一审判决确认该协议有效是正确的。

综合《协议书》的缔约过程、合同目的及条款文义，《土地转让协议书》有关唐佑公司支付“办理过户”的“一切费用”，应理解为唐佑公司在支付约定土地转让款之外为办理土地过户手续需要额外支出的查询、评估等“费用”，不应溯及办理过户前华一公司因涉案土地所负的“债务”。

除法律作出了特别规定外，出卖人应对标的物不存在任何权利瑕疵向买受人承担法定担保义务。华一公司向唐佑公司转让涉案五宗用地使用权，负有保证不被第三人向涉案五宗用地使用权主张任何权利的法定义务。《土地转让协议书》签订时华一公司对涉案五宗用地尚有债务负担，其向唐佑公司转让涉案五宗用地的使用权存在权利瑕疵，并因此造成涉案土地未能过户。依照《中华人民共和国合同法》上述规定，华一公司违反了保证转让的涉案五宗用地使用权不受他人主张任何权利的法定义务，应当承担违约责任。继续履行《土地转让协议书》，协助办理涉案五宗用地使用权的过户手续，并承担因其违约造成损失扩大的土地闲置费。

依照《中华人民共和国合同法》第一百零七条、第一百二十五条、第一百五十条，《中华人民共和国民事诉讼法》第一白五十三条第一款第（二）项、第（三）项的规定，二审法院判决：一、维持广东省东莞市中级人民法院（2007）东中法民一初字第13号民事判决第一项、第四项。二、变更广东省东莞市中级人民法院（2007）东中法民一初字第13号民事判决第二项、第三项为：东莞市华一五金制品有限公司应于本判决发生法律效力之日起60日内协助唐佑木业（深圳）有限公司办妥涉案东府国用（2011）字第特507、508、509、510、511号五幅土地使用权权属转移登记手续（涉案土地尚欠的土地管理费、青苗补偿费、闲置费，以约定土地交付日2004年10月31日为界，2010年10月31日之前的费用东莞市华一五金制品有限公司承担，2004年11月1日以后的费用由唐佑木业（深圳）有限公司负担，办理过户的税费应由唐佑木业（深圳）有限公司负担）。

# 深圳市南天一花园业主委员会诉深圳市城市建设开发（集团）公司、深圳市城建物业管理有限公司、深圳市城建监理有限公司房屋侵权纠纷案

**案件提示：**本案关于商品房小区业主和开发商之间就小区内住宅建筑一楼架空层和小区配套用房的权利归属和是否存在侵权行为的争议起自于《物权法》出台之前，延至于《物权法》出台之后，前后历时15年。本案涉及如何妥当地适用法律和运用法理去解决商品房小区内常见的权属纠纷。

上诉人（原审原告）：深圳市福田区南天一花园业主委员会（下称南天一花园业主委员委会）。

被上诉人（原审被告）：深圳市城市建设开发（集团）公司（以下简称城建公司）。

被上诉人（原审被告）：深圳市城建物业管理有限公司（以下简称城建物业公司）。

被上诉人（原审被告）：深圳市城建监理有限公司（以下简称城建监理公司）。

南天一花园是深圳城建公司于80年代末开发的商品房住宅小区，小区内主建筑物为三栋18层住宅楼（下称南天大厦），大厦底层为公共开放空间（下称架空层）。另小区内还规划有两栋小楼，作为三栋大厦的公用配套设施，法定图则确定其用途为居委会和社区管理用房。1995年8月，城建公司将大厦架空层改建成商业铺位，委托其下属公司城建物业公司对外出租。同年，城建公司将两栋配套小楼对外出租。2000年3月城建公司将该两栋小楼委托其下属公司城建监理公司对外出租。南天一花园全体业主认为城建公司、城建物业公司和城建监理公司的行为严重侵害了他们的房地产权利，在多次催告对方停止侵权未果的情况下，遂由南天一花园业主委员会代表全体业主于2002年12月向深圳中院提起诉讼。后南天一花园业主委员会不服深圳中院判决，上诉至省高院。该案经高院裁定发回深圳中院重审，但南天一花园业委会仍然不服判决，再次上诉至省高院，省高院对该案进行了二审。本案的争议焦点在于争议房产的所有权归属。

在该案中，南天一花园业委会主张全体业主共同享有南天大厦架空层和小区内两栋配套小楼的所有权。业委会主要依据的理由是：1.关于架空层。架空层由柱、楼梯、电梯间及其他附属设施等构造物和基础构成，不能组成封闭的供人活动的独立空间，其功能为公众活动、休憩、停车等场所。据此，架空层在构造和利用上均不具有独立性，属于南天大厦的整体部分，理应由全体业主共有。2.关于两栋附属小楼。（1）两栋小楼占用的土地在南天一花园规划红线内，红线内的土地使用权属于全体业主共有。跟进地随房走的原则，该两栋小楼应当属于全体业主共有。（2）两栋小楼因是附属设施，没有计入容积率，没有单独计缴地价。根据从物附随主物的原则，这两栋小楼应属于全体作为建筑物主体的南天大厦的业主共有。（3）根据《物权法》和《最高人民法院〈关于审理建筑物区分所有权纠纷案件具体应用法律若干问题的解释〉》的相关规定，建筑物区分所有权的专有部分必须具备法律上的独立性，该两栋小楼的房产证已在诉讼期间被依法撤销，因而不属于专有部分。城建公司、城建物业公司和城建监理公司认为架空层和小区内两栋小楼的所有权应该属于城建公司，依据的主要理由是：1. 关于架空层。架空层计入了建筑面积，根据销售数据的记载，架空层并未出售给小区业主，仍属于城建公司所有。2. 关于两栋小楼。（1）该两栋小楼单独报批报建，有自己独立使用功能的建筑，南天大厦并非需要这两栋小楼配合才能实现供业主居住的功能，它们不是南天大厦的从物。（2）《物权法》于2007年施行，《最高人民法院〈关于审理建筑物区分所有权纠纷案件具体应用法律若干问题的解释〉》于2009年施行，而其与小区业主的争议产生于1995年，这些法律及其解释对建筑物区分所有权的规定不能适用于本案。

深圳中院2010年作出发回重审后的一审判决，认为：对于架空层，城建公司违反规划擅自在架空层建设商铺的出租收益属于违法所得，应当通过行政手段予以处理，但未明确架空层的所有权归属。对于两栋小楼，其为城建公司所建独立建筑，不属于小区公共建筑面积分摊的范围，未被规划为物业服务用房，它的所有权不归属全体业主。

省高院于2011年6月做出终审判决，认为：对于架空层，架空层是南天大厦整体结构的一部分，是该大厦的附属设施，应由南天大厦全体所有权人共同使用。并且否认了城建公司对架空层享有所有权。对于两栋小楼，1. 界定法定图则的效力。根据法定图则自身总章内容的规定，法定图则仅是用途规划的依据，而不是土地使用权及其地上建筑物所有权的依据。2. 区分附属设施和配套设施。附属设施的所有权附属于主体建筑，但是配套设施具有独立的所有权。两栋小楼应当确定为配套设施。3. 把握撤销登记的效果。两栋小楼不属于公共建筑面积分摊的范围，撤销城建公司对其所有权是因程序性问题，不能据此证明该楼房属小业主所有。4. 明确该案争议事实发生时段所应适用的法律。根据1994年11月1日起施行的《深圳市经济特区住宅区深物业管理条例》的相关规定，全体业主需要两栋小楼作为物业管理用房和商业用房的话应支付相应的建造成本价和同期政府微利房价格以取得相关房产的共有权，现全体业主未支付该对价。综上所述，高院判决认为住宅楼架空层属全体小业主共同所有，小区两栋配套小楼全体业主需要按当时的相关规定支付对价才能取得所有权。

# 江门市南昌企业（集团）有限公司诉冯灼强、冯家强、冯辉强股权转让合同纠纷案

**案件提示**：本案是一起股权转让纠纷，争点集中在表见代理的认定，这是民商事审判中的难点问题。本案争议标的巨大，前后历经四次审理，法律适用疑难复杂，当事人互为多起诉讼，矛盾异常尖锐。合议庭确立单独调解本案以推动其他衍生诉讼妥善解决的思路，通过与下级法院、当地党委政府联动，集聚合力，最终促成本案成功调解，同时一并化解了8宗衍生诉讼。

上诉人（重审本诉被告、重审反诉原告）：冯灼强、冯家强、冯辉强。

被上诉人（重审本诉原告、重审反诉被告）：江门市南昌企业（集团）有限公司（以下简称南昌公司）

2004年9月3日，南昌集团作为转让方与冯灼强、冯家强、冯辉强作为受让方签订《产权转让合同》，约定转让方以8550万元转让项目公司全部股权。截止2007年5月28日，冯灼强、冯家强、冯辉强支付转让款7550万元给南昌集团。在合同履行中，冯灼强一人在没有得到其他受让人授权的情况下，于2007年6月20日代表全体受让方与转让方签订了《补充条款》，约定增加4000万元转让款。补充协议签订后，冯灼强通过项目公司支付了2000万元新增转让款，但是在转让方要求支付剩余2000万元时，受让方以冯灼强无权代表全体受让人为由拒绝支付，从而引起本案纠纷。

江门市中级人民法院重审认为，虽然《补充条款》作为乙方签订主体中没有冯家强、冯辉强的签字，签订形式上存在一定的瑕疵，但从该条款的内容和之后履行情况可知冯灼强作为南昌开发公司股东及法定代表人有权代表就南昌开发公司有关转让事宜进行补充及变更、对外核对账款，冯灼强在《补充条款》落款处乙方代表人一栏签字足以使合同相对人一方基于信赖有理由相信冯灼强有代理权，并且南昌开发公司履行了《补充条款》中第一期2000万元的付款义务，由此产生的法律后果理应溯及南昌开发公司及公司股东。据此，南昌集团认为其作为善意相对人有理由相信冯灼强是作为冯家强、冯辉强代表人而与之签订相关协议，冯灼强在《补充条款》乙方代表人一栏签字行为是有效的代表行为。据此，重审判决冯灼强、冯家强、冯辉强支付南昌集团第二期转让款人民币2000万元和违约金1250万元给南昌集团；南昌集团在冯灼强、冯家强、冯辉强履行完毕上述转让款的给付义务次日起十日内按付款所占的南昌开发公司股权的比例同时办理股权变更给冯灼强、冯家强、冯辉强。

广东高院受理此案后，当事人在二审争议的焦点仍集中在冯灼强的签约行为是否构成表见代理。判断是否构成表见代理主要审查行为相对人在订约时是否善意且无过失，这是司法实践中难以把握的一个问题。由于案情疑难复杂、争议标的大且双方当事人、标的公司在江门中院及基层法院提起侵权诉讼、不当得利等8起衍生诉讼，合议庭通过开庭、合议，认识到双方当事人互为多起诉讼，矛盾复杂，简单判决达不到最佳效果，建议多做当事人的调解工作。霍敏副院长、丁海湖庭长在听取合议庭的汇报后指示，此案要集聚合力调解，实现案结事了人和。本案系多起相关纠纷中争议标的额最大的诉讼，合议庭抓住主要矛盾，确立通过解决本案以推动其他诉讼妥善解决的调解思路。通过法庭调解及多次电话调解，合议庭促使双方当事人的方案越来接近，当差距缩小到500万元时，调解陷入了僵局。8月3日，审判长及承办法官、书记员驱车前往江门市，先到双方当事人的住所地蓬江区，与区委书记秦有朋座谈，秦有朋书记在座谈后即协助法院向当事人做调解工作。之后又到江门中院与分管院领导、庭长一同对双方当事人进行调解，在充分辨法析理、分析诉讼风险之后，双方开始调整方案。从8月到10月底，合议庭多次做当事人的工作，经过合议庭的不懈努力，双方当事人终于达成由受让方再向转让方支付2130万元转让款的调解协议，同时促成其他8宗案件全部撤诉。

# 中国银行股份有限公司汕尾分行诉汕尾广播电视台借款合同纠纷案

**案件提示**：本案是一宗涉及事业单位提供担保的效力认定的案例，按照担保法及司法解释的规定，营利性事业单位提供的担保有效。如何认定营利性，实践中争议颇大。本判决根据有关法律及司法解释，对营利性事业单位作出了认定，对处理同类案件具有指导意义。

上诉人（原审原告）：中国银行股份有限公司汕尾分行（下称汕尾中行）。

被上诉人（原审被告）：汕尾广播电视台。

2003年4月8日，汕尾有线电视传播中心（下称汕尾有线电视）与汕尾中行签订借款合同，借款4000万元，并以其有线电视收费权为质押。合同签订后，汕尾中行按照合同约定发放了贷款。合同到期后，汕尾有线电视没有按照合同约定偿还借款本息。2007年4月，汕尾中行起诉要求汕尾有线电视偿还借款本息，并对有线电视收费享有优先受偿权。诉讼中，汕尾中行与汕尾有线电视以及汕尾广播电视台签订了一份协议书，约定汕尾有线电视承担法院规定收取的保全费、案件受理费，并按计划履行还款，汕尾广播电视台对汕尾有线电视结欠汕尾中行的贷款承担连带还款责任。2007年8月7日，汕尾中院对协议书中汕尾中行与汕尾有线电视达成的条款内容予以确认，并制作了（2007）汕中法民二初字第29号《民事调解书》。由于汕尾有线电视未能按法院的《民事调解书》履行还款义务，汕尾电视台三方签订的协议书为依据，要求汕尾广播电视台承担连带责任。

另查，根据汕尾市机构编制委员会《汕尾广播电视台主要任务、内设机构和人员编制方案》（汕机编［2005］5号），汕尾广播电视台为市政府直属正处级事业单位，下设8个分支机构，其中广播广告、电视广告、网络增值业务和广播电视网络的收费等经营性工作分别由广播中心、电视中心、广播电视网络传输中心等部门负责。

汕尾市中级人民法院经一审审理认为，2007年7月4日，汕尾中行、汕尾有线电视以及汕尾广播电视台三方签订的协议书，约定汕尾有线电视必须按计划履行还款，汕尾广播电视台同意对汕尾有线电视向汕尾中行还款承担连带还款责任。汕尾广播电视台在协议书中承诺了连带责任保证，但因汕尾广播电视台属于公益性的事业单位，该保证担保行为违反了担保法的规定，因此，该连带责任保证条款的内容应属无效。汕尾有线电视向汕尾中行借款行为发生于2003年4月8日，在汕尾有线电视借款未能依约还款的情况下，汕尾广播电视台2007年7月4日才签订协议书承诺保证的，故不存在无效保证行为给债权人造成损失。故判决驳回了汕尾中行的诉讼请求。汕尾中行不服提起上诉。

广东省高级人民法院二审认为，二审诉讼争议的焦点是汕尾广播电视台为债务人汕尾有线电视提供保证是否有效以及汕尾广播电视台承当连带偿还责任的范围。关于汕尾广播电视台为债务人汕尾有线电视提供保证是否有效的问题。尽管汕尾广播电视台为市政府直属正处级公益性事业单位，但作为汕尾广播电视台的分支机构的广播中心、电视中心、广播电视网络传输中心可以从事广告、网络增资服务等商业经营行为，而这些行为的收费系经营性收费而非行政性收费，据此，汕尾广播电视台在主体性质上应为经营性事业单位，具有从事保证担保行为的资格，在汕尾广播电视台没有提供证据证明三方签订的《协议书》存在其他无效情形的情况下，应当认定汕尾广播电视台为汕尾有线电视提供的担保行为有效。

关于汕尾广播电视台承担连带偿还责任的范围。因《协议书》中关于汕尾广播电视台承担连带还款责任系双方当事人真实意思表示，内容也不违反法律、行政法规的强制性规定，依法应当发生法律效力，各方当事人应当按照合同的约定履行义务。因汕尾中院（2007）汕中法民二初字第29号民事调解书及三方《协议书》均确认了汕尾中行对债务人汕尾有线电视的有线电视服务收费权享有质权，同一债权既有保证又有物的担保的，保证人汕尾广播电视台应当在有线电视服务收费质权之外不能清偿部分对汕尾中行的债权承担连带清偿责任。综上，撤销原审判决，改判汕尾有线电视台在有线电视服务收费质权范围外承担还款责任。

# 深圳市规划和国土资源委员会诉平安银行营业部、深圳市建材集团有限公司拖欠地价款纠纷案

**案件提示**：国土部门以民事诉讼方式向土地使用者追收长期拖欠的土地出让金是否超过诉讼时效的认定问题。相关法律法规对此情形是否适用民事诉讼时效制度未作特别规定，但基于土地出让金的特殊性质，应当慎用诉讼时效制度，特别是在土地产权初始登记尚未办理的情况下不宜认定超过诉讼时效，防止土地使用者利用诉讼时效制度获取非法利益、损害国家和社会公共利益。由于土地出让金的收取及分配与国家和社会公共利益密切相关，人民法院在二审或审判监督程序中，对相关诉讼请求应主动予以审查，而不应限于当事人的上诉或再审请求范围。

上诉人（一审被告）：平安银行股份有限公司营业部（下称平安银行）。

被上诉人（一审原告）：深圳市规划和国土资源委员会（下称规划国土委）。

被上诉人（原审被告）：深圳市建材集团有限公司（下称建材集团）。

1992年10月12日，规划国土委与建材集团签订《土地使用合同书》及《协议书》，约定：规划国土委将一块土地出让给建材集团，建材集团向规划国土委交纳了地价款共计12124020元后，尚欠23182532元未付。2004年11月12日，深圳市中级人民法院（下称原审法院）依据案外人申请，裁定宣告建材集团破产还债。2005年5月26日，原审法院裁定将破产人建材集团所有的涉案华凯大厦15308.17平方米的房产作价抵偿债权人平安银行的债务，相关地价、税费和过户手续由平安银行自行办理，该裁定于2005年5月30日生效。2007年6月7日，规划国土委在报纸上刊登公告，通知建材集团限期缴清拖欠的地价款及相应利息。2008年12月15日，规划国土委向原审法院起诉，要求平安银行按其以物抵债所得物业的比例支付尚欠的地价款18335064.55元及利息，要求建材集团支付其余尚欠的地价款4847467.44元及利息。

原审法院一审认为：依照涉案《土地使用合同书》和《协议书》的约定，建材集团应于1992年12月3日前付清地价款，规划国土委于2007年公告催收早已超过两年诉讼时效，对其该部分诉讼请求应不予支持。此外，2005年5月26日，原审法院裁定将涉案华凯大厦部分房产以物抵债给平安银行，且认定相关地价、税费和过户手续由平安银行自行承担，因此，自该裁定于2005年5月30日生效之日起，平安银行负有补交相应地价款的义务，规划国土委向平安银行主张该部分地价款的诉讼时效，应从其知道或应当知道该以物抵债裁定存在之日起计。因平安银行未能举证证明规划国土委在本案诉讼发生之前已经知道或应当知道该事实，故规划国土委的该部分诉讼请求未超过诉讼时效、应予支持。故原审法院判决支持规划国土委对平安银行的诉讼请求，而驳回规划国土委对建材集团的诉讼请求。平安银行主张规划国土委对其的诉讼请求亦超过诉讼时效、应予驳回，故提起上诉。

广东省高级人民法院二审另查明：涉案土地及房产至二审期间尚未办理房地产权初始登记。

广东省高级人民法院二审认为：按照《国有土地出让转让暂行条例》第十四条、第十六条关于土地使用者未按时支付出让金的出让方有权解除土地出让合同以及土地使用者在支付全部出让金后方可办理土地产权初始登记手续的相关规定，本案中规划国土委一直未为涉案土地办理产权初始登记手续，说明规划国土委一直未放弃向土地使用者主张涉案地价款的权利。故平安银行关于诉讼时效的抗辩不能成立，其上诉请求应予驳回。此外，虽然各方当事人对原审法院以超过诉讼时效为由驳回规划国土委对建材集团的诉讼请求均未提起上诉，但考虑到国有土地出让是国有资源有偿使用的一种方式，土地出让金的收取及分配与国家和社会公共利益密切相关，参照最高人民法院《关于适用〈中华人民共和国民事诉讼法〉审判监督程序若干问题的解释》第三十三条关于人民法院对于涉及国家或社会公共利益的诉讼请求应主动审查的规定，对于一审判决的上述判项亦应依法予以纠正。故于2011年6月17日作出终审判决，对一审判决进行部分改判，支持规划国土委对两被告的诉讼请求。

# 华盈（香港）地产有限公司诉中国信达资产管理股份有限公司广东省分公司等债权纠纷案

**案件提示：** 本案涉及讼争房产如处于另案查封状态下，当事人要求交付房产并办证的诉请能否得到支持的问题。根据《中华人民共和国城市房地产管理法》第三十七条第一款第（二）项的规定，司法机关和行政机关依法裁定、决定查封或者以其他形式限制房地产权利的，该房产不得转让。在讼争房产处于限制转让的情况下，本案被告龙珠公司是无法交付房产并办理过户登记。被告龙珠公司在法律上和事实上均无法履行合同要求的交付房产和办证义务，因此，根据《中华人民共和国合同法》第一百一十条第一款第（一）项的规定，原告信达广东分公司的诉请应予驳回。

上诉人（原审第三人）：华盈（香港）地产有限公司（下称华盈公司）。

被上诉人（原审原告）：中国信达资产管理股份有限公司广东省分公司（下称信达广东分公司）。

被上诉人（原审被告）：珠海经济特区龙珠科技有限公司（下称龙珠公司）。

被上诉人（原审第三人）：珠海经济特区北岭实业发展总公司（下称北岭公司）。

原审第三人：中国建银投资有限责任公司（下称建银公司）。

2003年12月8日，建设总行第二营业部与龙珠公司签订《协议书》，该协议约定：龙珠公司将龙城大厦金龙阁一层商场、二层商场、三层商场及地库抵偿全部债务人民币3500万元；龙珠公司应在协议生效后90日内交付抵债房产，并完成房产过户手续。中国建设银行重组改制设立了建银公司，建银公司承继了建设总行第二营业部与龙珠公司于2003年12月8日《协议书》中的建设总行第二营业部的合同债权。2007年12月11日，建银公司与信达广东分公司签订《资产转让协议》定，将上述《协议书》中的权益转让给信达广东分公司。

另查明，本院于2007年10月9日作出的（2005）粤高法民一终字第355号民事判决书认定：1.北岭公司是诉争的龙城项目的合法开发商；2.华盈公司、北岭公司作为房屋的销售人，有义务协助龙珠公司办理房屋产权登记手续；

再查明：本案讼争房产除信达广东分公司在本案申请查封外，还有其他案件的查封。

2009年2月5日，信达广东分公司向珠海市中级人民法院提起诉讼，请求判令龙珠公司和华盈公司、北岭公司交付抵债房产及办理产权证；如不能交付房产，则赔偿损失。

珠海中院一审认为：本案系涉港商事合同纠纷，原审法院依法对案件有管辖权，应适用中华人民共和国内地实体法来处理本案纠纷。建设总行第二营部与龙珠公司于2003年12月8日签订的《协议书》合法有效，故龙珠公司有义务于2004年3月8日前将抵债房产交付给建银公司，并办理过户手续。但信达广东分公司直接请求华盈公司、北岭公司交付上述抵债房产的请求，没有法律依据。北岭公司及华盈公司仅有协助办理涉案的抵债房产产权证书的义务。由于涉案的以物抵债房产被其他法院予以查封，龙珠公司最终是否能够适当地履行涉案的以物抵债《协议书》还处于不确定状态，在龙珠公司不能交付上述抵债房产时龙珠公司应当如何承担责任是案件纠纷处理结果的后续问题，属另一法律关系。故判决：确认中国建设银行总行第二营业部与龙珠公司2003年12月8日签订的《协议书》有效，龙珠公司向信达广东分公司交付抵债房产并办理产权证书，华盈公司、北岭公司予以协助。华盈公司不服一审判决，提起上诉。

广东省高级人民法院二审认为：本案属涉港债权纠纷。当事人各方对原审法院行使管辖权和确定内地法律为解决争议的准据法均没有提出异议，依法应予确认。信达广东分公司以2003年12月8日的《协议书》作为依据向龙珠公司主张交付房产，从内容上来说是龙珠公司对之前所欠金钱债务偿还方式的一种特别约定，依法认定有效。龙珠公司应按合同约定履行，将房产交付给债权受让人信达广东分公司。但本案讼争房产不仅有龙珠公司作为财产保全担保物的查封还有其他申请人的查封。在该查封法律行为的法律效力依然存续的情况下，根据《中华人民共和国城市房地产管理法》第三十七条第一款第（二）项的规定，该房产不得转让。换言之，在房产限制转让的情况下，龙珠公司无法交付房产并将讼争房产办理过户登记在信达广东分公司名下。在这种过户的法律障碍客观存在的情况下，龙珠公司在法律上和事实上已无法履行合同。故信达广东分公司的诉讼请求，因查封法定阻却事由的存在，造成出卖人对过户义务的无法履行，根据《中华人民共和国合同法》第一百一十条第一款第（一）项的规定，该请求应予驳回。待查封取消后，当事人可再行主张权利。华盈公司上诉主张成立，本院予以支持。故于2011年8月11日作出终审判决：撤销珠海中院一审判决，驳回信达广东分公司的诉讼请求。

# 陈宝生诉中国农业银行股份有限公司普宁市支行储蓄存款合同纠纷案

**案件提示：**犯罪分子利用银行POS机划款处理系统的安全漏洞，在无须使用原始银行卡的情况下，通过POS机划款窃取储户存于银行的资金。银行作为经营金融业务的专业金融机构，其为方便储户和提高自身市场竞争力而设置POS机划款处理系统，应负有保证储户使用POS机存取款安全的义务，如POS机划款处理系统不能达到足以识别取款权利人以保证储户存款安全的目的，由此产生的交易风险由银行承担，储户可诉请银行按照储蓄存款合同承担支付责任，银行以银行卡内资金是由犯罪分子窃取，银行不应承担民事责任为由进行抗辩的，法院不予支持。

上诉人（原审被告）：中国农业银行股份有限公司普宁市支行（下称农行普宁支行）。

被上诉人（原审原告）：陈宝生

陈宝生是香港居民，2007年陈宝生在农行普宁支行办理了一张金穗通宝卡，并设置了密码。2009年10月29日陈宝生发现该卡在28日20时43分、44分先后被他人用POS机消费89万元和35万元，合计124万元。遂通过普宁的黄女士向普宁公安局报案，陈宝生也在30日到公安机关接受调查并出示香港往来通行证及金穗通宝卡原物。农行普宁支行对该卡进行挂失止付。

广东省普宁市公安局于2010年7月24日出具《证明》载明：据查陈宝生的银行存款系被犯罪嫌疑人张迪、张军等利用高科技手段在山东青岛市盗取。

山东省青岛市市南区人民法院（2010）南刑初字第121号刑事判决（已发生法律效力）查明：2009年10月，被告人赵迪、唐瑞军、楼天真、吉海军（二人在逃）预谋通过POS机划款窃取农业银行客户账户资金，赵迪、唐瑞军共同出资人民币3万元指使被告人张军租借他人农业银行P78型POS机一台。10月28日20时许，赵迪、唐瑞军、楼天真、吉海军在山东路金狮100宾馆内，由楼天真、吉海军操作POS机，输入陈某某、曹某某等9人农业银行卡卡号、密码等信息，通过银行转账手段，将9人银行卡中总额人民币192万余元转入张军所开设的农业银行账户。该刑事判决认定被告人赵迪、唐瑞军、张军冒用他人信用卡诈骗人民币192万元，数额特别巨大，其行为构成信用卡诈骗罪。

广东省揭阳市中级人民法院一审审理认为：陈宝生是香港居民，本案为涉港储蓄存款合同纠纷。由于双方当事人没有约定发生纠纷适用的法律，故依照最密切联系原则确定本案适用我国内地法律予以审理。陈宝生的金穗通宝卡存款被犯罪分子通过POS机转账取走124万元，是犯罪分子识破银行技术手段，窃取陈宝生存在银行的资金。银行在陈宝生没有出具原始银行卡的情况下进行兑付，履行合同时没有尽到实质审查以确保储户资金安全的义务，已构成违约。农行普宁支行辩称陈宝生的账户及密码输入都正确，转账行为符合银行业务管理办法。但银行卡及密码验证是储户交易缺一不可的条件，缺少任一条件，银行都不应兑付。至于农行普宁支行辩称犯罪行为的受害人是陈宝生而不是银行，因犯罪分子利用伪造银行卡窃取账户资金，该不法行为侵害的是银行金融资金，并非储户个人财产，储户请求银行支付卡内存款的依据是储蓄存款合同关系，银行依法为本案适格被告。银行承担责任后，有权要求侵权行为人承担侵权赔偿责任。故一审法院作出（2010）揭中法民三初字第1号民事判决：一、农行普宁支行于判决发生法律效力之日起十日内向陈宝生支付存款本金人民币124万元及利息（从2009年10月28日起至判决确定还款之日止按中国农业银行同期活期存款利率计）。二、驳回陈宝生的其他诉讼请求。广东高院二审认为：陈宝生在农行普宁支行办理金穗通宝卡，即与农行普宁支行形成了合法有效的储蓄存款合同关系，农行普宁支行负有保证陈宝生所存款项的安全并承担随时支付存款本金和利息的义务，陈宝生则应妥善保管好自己的银行卡和密码。本案陈宝生银行卡的124万元存款被划款窃取，是因犯罪分子赵迪等利用高科技手段和银行POS机划款处理系统的安全漏洞，在无须使用原始银行卡的情况下，通过POS机划款窃取了陈宝生存于农行普宁支行的资金。农行普宁支行作为经营金融业务的专业金融机构，其为方便储户和提高自身市场竞争力而设置POS机划款处理系统，对此其负有保证储户使用POS机存取款安全的义务。本案现有证据证明陈宝生的金穗通宝卡还在其本人手中，其卡内的存款却在异地（山东省青岛市）被他人用POS机转账盗取，可以认定农行普宁支行设置的POS机划款处理系统不能达到足以识别取款权利人以保证储户存款安全的目的，由此产生的交易风险应由农行普宁支行承担。银行卡是一种权利凭证，银行应当依据原始真实的银行卡来办理存取款，农行普宁支行在犯罪分子没有出具原始银行卡的情况下对陈宝生卡内存款进行兑付，也未尽到实质审查以确保储户资金安全的义务。银行卡有效交易的前提应是持有真实原始银行卡的持卡人。农行普宁支行根据《银行卡业务管理规定》第39条上诉认为“只要输入的密码与预先留存的密码一致，所进行的交易即视为其本人所为，而无须持有真实原始的银行卡”，是对《银行卡业务管理规定》第39条的片面理解。本案银行卡被转账盗取是系列存款被盗案件，本案没有证据显示陈宝生泄露了银行卡的密码。故判决驳回上诉，维持原判。

# 中国人民财产保险股份有限公司珠海市分公司诉宏丰船务有限公司、谢里夫斯威尔公司等海上货物运输合同纠纷案

**案件提示**：承运人的认定是提单运输纠纷案件中常见的审理难点，尤其是存在代签提单的情况时。若仅有提单表面"作为承运人的代理签发"之类的记载，而无该"承运人"确实存在，及签发人已取得代签提单的授权委托书或事后获得追认等证据，则不能认定签发人与提单记载的承运人之间存在有效的委托代理关系，故应由实际签发提单者承担提单项下的相关责任。海事赔偿责任限制为有关责任人的法定权利，在未设立海事赔偿责任限制基金的情况下，虽因事故债权总额等情况无法确定，导致难以在个案中直接实现赔偿责任的降低，但对责任人的该项权利仍应予确认，以免对其日后行使权利造成不利影响。

上诉人（原审被告）：宏丰船务有限公司（WANGFOONG SHIPPING LIMITED，简称"宏丰船务公司"）。

上诉人（原审被告）：谢里夫斯威尔公司（SHERRIFSVILLE CORPORATION）。

被上诉人（原审原告）：中国人民财产保险股份有限公司珠海市分公司（简称"人保珠海分公司"）。

原审被告：天野回漕店株式会社（AMANO KAISOTEN，LTD.，简称"天野会社"）。

原审被告：商船三井株式会社（MITSUI O.S.K.LINES，LTD.，简称"三井会社"）。

涉案货物为装载于一个40英尺普通集装箱内的1，507件继电器零件，自日本清水起运，目的港为中国珠海，途经香港转运。就涉案货物运输，天野会社于2008年2月6日作为承运人，签发了以共荣会社为托运人、香港共电公司为收货人、永得利公司为通知方和交货代理的SS1080056ZHU号AMANO海运单；同日，三井会社作为承运人，签发了以天野会社为托运人、永得利公司为通知方和收货人的MOLU217086052号MOL海运单。2月11日，货物运抵香港，永得利公司向三井会社发出传真，指定二程船公司为宏丰运输公司。2月17日，宏丰运输公司签发了WF5008033107号提单，当中记载的托运人为三井亚洲公司，收货人和通知方为珠海共电公司，承运船舶为"宏丰10"轮，卸货港和交货地为珠海，并注有"代表承运人宏丰船务公司签署"、"仅作为代理人"的字样。谢里夫斯威尔公司为"宏丰10"轮的所有人。2月18日，"宏丰10"轮于驶往珠海途中因钢索突然断裂、船舶严重摇摆，导致包括涉案货物在内的部分船载集装箱货物落水。宏丰运输公司以宏丰船务公司代理人的名义，向三井亚洲公司及其他客户发出事故通知。

人保珠海分公司为涉案货物全程运输的保险人，并于事故发生后向被保险人珠海共电公司赔付了货物损失人民币2785663.43元，珠海共电公司向其出具了《赔款收据及权益转让书》。人保珠海分公司遂提起本案代位追偿之诉，请求判令天野会社、三井会社、宏丰船务公司、谢里夫斯威尔公司承担连带赔偿责任。

广州海事法院一审认为：天野会社、三井会社分别签发的2份海运单均属不可转让的运输单证，在未被记载为海运单一方当事人的情况下，珠海共电公司不可能因受让海运单而成为一方当事人，故珠海共电公司与天野会社、三井会社之间不存在海上货物运输合同关系；且2份海运单均非全程海运单，涉案货损事故发生于香港至珠海途中，此不属于天野会社、三井会社的运输责任区段，故人保珠海分公司作为珠海共电公司的代位追偿人，依据上述2份海运单请求天野会社、三井会社承担连带赔偿责任，缺乏事实和法律依据，不予支持。宏丰运输公司以宏丰船务公司代理人的名义签发的WF5008033107号提单，应视为是宏丰船务公司签发的提单。依照《海商法》第七十一条的规定，宏丰船务公司签发了涉案提单，是涉案货物香港至珠海区段的承运人，珠海共电公司是提单的记名收货人，珠海共电公司与宏丰船务公司之间存在以提单为证明的海上货物运输合同关系。谢里夫斯威尔公司作为承运船舶"宏丰10"轮的所有人，依照《海商法》第四十二条第（二）项的规定，其为该运输区段的实际承运人。涉案货物在香港运往珠海的途中落海受损，该事故发生于宏丰船务公司、谢里夫斯威尔公司的运输责任期间内，两公司未举证证明货损原因属于承运人免责事由所致，故应认定两公司在涉案运输过程中未尽承运人、实际承运人应妥善、谨慎地装载、积载、运输、保管和照料所运货物之义务，对货损事故造成的损失均负有责任，应按《海商法》第六十三条的规定承担连带赔偿责任。涉案货物损失仅为人民币2512246.28元，宏丰船务公司、谢里夫斯威尔公司未举证证明事故还造成了其他损失，故其关于有权享受海事赔偿责任限制、人保珠海分公司的索赔金额只能按占涉案事故造成损失的比例从责任限额人民币5155677.55元中受偿的主张缺乏事实依据，不予支持。遂判决宏丰船务公司、谢里夫斯

威尔公司连带赔偿人保珠海分公司货物损失人民币2512246.28元及其利息，驳回人保珠海分公司对天野会社、三井会社的诉讼请求，驳回人保珠海分公司的其他诉讼请求。

宏丰船务公司、谢里夫斯威尔公司不服一审判决，提出上诉。

二审补充查明：除涉案货物外，涉案事故还造成乐金电子公司托运的6个集装箱等离子模组货物因落海或挤压而受损，人保广州分公司向乐金电子公司赔付货物损失后，向有关责任方提起代位追偿之诉。经（2010）粤高法民四终字第136号案终审判决，伊鹂鸶特航运深圳分公司、谢里夫斯威尔公司需连带赔偿人保广州分公司货物损失438604.22美元及其利息。此外，宏丰船务公司于一审、二审中均否认曾委托宏丰运输公司作为其代理人实施签署提单、发出事故通知等行为。宏丰船务公司、谢里夫斯威尔公司于二审中还共同确认："宏丰10"轮并未就涉案事故在中国大陆地区设立海事赔偿责任限制基金，是否在其他地区设立基金则不清楚。

广东省高级人民法院二审认为：本案中，并无证据显示宏丰船务公司曾委托宏丰运输公司办理代签提单、进行货损事故处理等有关事宜，宏丰船务公司亦否认宏丰运输公司为其代理人，一审判决仅以提单表面记载就认为宏丰运输公司代表宏丰船务公司签发该提单、宏丰船务公司为承运人，其事实依据不足，认定不当。在宏丰船务公司对宏丰运输公司以其名义签发提单等行为未予追认的情况下，根据《民法通则》第六十六条的规定，宏丰运输公司应自行承担签发提单的责任。宏丰船务公司既未通过签发提单等方式与托运人订立运输合同，亦未实际从事运输工作，故其并非涉案货物香港至珠海区段的承运人或实际承运人，无需承担涉案货损的赔偿责任。谢里夫斯威尔公司为货损发生区段的实际承运人，故应承担赔偿责任，在并无证据显示其存在不能享受责任限制情形的情况下，其有权依据《海商法》第二百零四条、第二百零七条第一款第（一）项的规定，就涉案货损享受海事赔偿责任限制。尽管涉案事故还导致其他货损情况发生，但其所引起的是否仅有人保广州分公司经另案确定债权和人保珠海分公司于本案确定的债权等两项非人身伤亡的赔偿请求，目前尚不能确定；相应地，"宏丰10"轮就涉案事故的赔偿限额计算、涉案事故引起的所有请求各自的性质及其具体数额、各项请求的数额在请求总额中所占比例及受偿顺序等均无法确定。故谢里夫斯威尔公司以两项已知货损赔偿请求作为涉案事故所引起的全部请求，并据此计算相关比例及其在本案中应赔偿货损金额的主张，事实依据不足且计算方法不当，不予支持。一审判决依据货物价值认定谢里夫斯威尔公司应承担的赔偿责任为人民币2512246.28元及其利息，此并无不当；但谢里夫斯威尔公司有权依照《海商法》的有关规定享受海事赔偿责任限制。遂改判由谢里夫斯威尔公司赔偿人保珠海分公司货物损失人民币2512246.28元及其利息，该公司有权按照《海商法》的相关规定就上述赔偿享受海事赔偿责任限制，并驳回人保珠海分公司对宏丰船务公司的诉讼请求；对一审判决的其他判项则予以维持。

# 黄艺玲诉湛江市国土资源局、湛江市人民政府收回国有土地使用权决定案

**案件提示**：*在涉及国有企业改制的案件中，改制后的企业及其法定代表人只能对经改制协议约定纳入改制范围并已实际移交的原国有企业财产主张权利，也只享有对该部分财产权利的行政诉权，而无权对未列入改制范围的国有资产主张权属和提起行政诉讼。*

上诉人（原审原告）：黄艺玲。

被上诉人（原审被告）：湛江市国土资源局、湛江市人民政府。

原审第三人：湛江市大地建设实业公司。

原审第三人：湛江市嘉庆房地产开发有限公司。

湛江市中级人民法院认定：1992年12月18日，湛江市大地建设实业公司（下简称大地公司）受让广州军区后勤部赤坎基地（下简称赤坎基地）一块土地，第二年大地公司领取了建设用地批准文件，并于1995至2000年期间办理了涉案土地6个国土证。其中，有近65亩的土地使用权转让给了案外人湛江市电力有限公司，大地公司还拥有131.6亩土地的使用权。后因大地公司只支付了部分土地款，被赤坎基地起诉而引起民事纠纷，大地公司败诉。2003年2月13日，嘉庆公司（下称嘉庆公司）与大地公司签订一份《兼并协议》约定，嘉庆公司兼并大地公司后，负担偿还大地公司的债权、债务，并对大地公司的财产归属进行移交，但涉案土地未列入移交范围内，亦没有将大地公司尚欠赤坎基地的土地转让款列入债务移交范围内。2004年3月20日，湛江市衡信资产评估事务所根据嘉庆公司的委托，对大地公司的资产进行评估，该评估报告亦未将该公司拥有的涉案土地纳入评估范围内。2004年5月8日，湛江市财政局作出《关于对大地公司全部资产评估项目予以核准的函》，认定大地公司净资产为人民币-189.067651万元。2004年9月28日，嘉庆公司与黄艺玲签订一份《参股经营兼并大地公司》的协议，约定黄艺玲出资670万元参与收购大地公司，并出任改制后的公司法人代表。2004年12月14日，湛江市财政局同意大地公司由嘉庆公司采取承担债务式兼并。2005年1月14日，大地公司变更为大地建设实业有限公司（下称大地有限公司），法人代表变更为黄艺玲。2007年10月11日，湛江市财政局认为大地公司隐瞒其拥有涉案土地使用权的事实，决定撤销《对大地公司资产确认的答复意见》。湛江市工商局随后作出了《关于撤销湛江市大地有限公司变更登记的决定》。

另查，1999年5月6日，大地公司与湛江市城市基本建设档案馆签订一份《协议书》约定，大地公司的经营、人事、财务划转湛江市城市基本建设档案馆管理。因大地公司在与赤坎基地的民事纠纷中败诉，2004年11月11日，湛江中院作出湛中法执字（2004）第131号协助执行通知书，查封了涉案土地使用权。2006年9月，湛江市国土局向湛江市城市基本建设档案馆作出《土地行政处罚告知书》、《土地行政处罚听证告知书》，认为涉案土地自1993年依法取得国有土地使用权以来，一直没有按批准用地时间和用途使用土地，闲置多年，拟对该地依法收回土地使用权。湛江市城市基本建设档案馆认为其不是主管部门，拒绝签收告知书。后国土局经请示湛江市人民政府同意，对湛江市城市基本建设档案馆作出《收回国有土地使用权决定书》，决定收回涉案土地。

湛江市中级人民法院经审理认为：一、嘉庆公司与大地公司签订兼并协议后，又与黄艺玲签订了《参股经营兼并大地公司》，约定由黄艺玲补给嘉庆公司前期贴息和补偿金共600万元，嘉庆公司原代大地公司垫支人民币670万元，黄艺玲分两期付清给嘉庆公司。嘉庆公司收到黄艺玲670万元后，协助黄艺玲办理大地公司印章、证照以及相关资料移交给黄艺玲。大地公司改制后，变更为大地建设有限公司，黄艺玲出任公司法人代表。嘉庆公司占10%股份，黄艺玲占90%股份组成。嘉庆公司收到黄艺玲670万元后，一个月内办妥大地公司工商执照变更手续，领取工商营业执照。在此之前经生效民事判决，确认赤坎基地与大地公司签订的《土地使用权转让协议书》有效，即：赤坎军民堤以北的131.6亩国有土地使用权转让给大地公司。因此，赤坎军民堤以北的131.6亩土地使用权是否应最后归属于改制变更之后的大地建设有限公司，在法律上与原告黄艺玲有利害关系，故原告黄艺玲与本案被诉的几个具体行政行为具有法律上的利害关系。此外，黄艺玲认为国土局、湛江市政府作出的具体行政行为侵犯了其合法权益，其有权依照上述法律规定，向人民法院提起诉讼。因此，原告黄艺玲依法具有主体资格。二、嘉庆公司与大地公司签订《嘉庆公司兼并大地公司协议》约定，嘉庆公司兼并大地公司后，并负担偿还大地公司的债权、债务。但对位于赤坎军民堤以北的131.6亩土地未列入移交范围，亦没有将大地公司尚欠赤坎基地的土地转让款列入债务移交内容。资产评估事务所作出的《大地公司全部资产报告书》也未将该公司拥有的位于赤坎军民堤以北的131.6亩土地纳入评估范围。湛江市财政局作出《关于对大地公司全部资产评估项目予以核准的函》，大地公司净资产为人民币

-189.067651万元。根据以上事实，嘉庆公司兼并大地公司后，原属于大地公司的赤坎军民堤以北的131.6亩土地，没有纳入兼并移交范围。三、国土资源部实施的《闲置土地处置办法》第二条规定：“本办法所称闲置土地，是指土地使用者依法取得土地使用权后，未经原批准用地的人民政府同意，超过规定的期限未动工开发建设的建设用地。”第四条规定：“……连续2年未使用的，经原批准机关批准，由县级以上人民政府无偿收回土地使用者的土地使用权；”涉案土地自1993年至2002年6月底止，大地公司仅给赤坎基地支付部分土地款引起诉讼，而被法院查封。因此，大地公司没有按批准建设用地时间和用途使用土地，也未向湛江市政府或土地行政主管部门申请延期开发建设时间，应属闲置土地，依法应予收回。四、嘉庆公司与大地公司签订《嘉庆公司兼并大地公司协议》后，湛江市城市基本建设档案不再是大地公司的主管部门。国土局向湛江市城市基本建设档案馆送达《土地行政处罚告知书》、《土地行政处罚听证告知书》、《收回国有土地使用权决定书》，程序有瑕疵。此外，关于湛江市人民政府批准国土局收回131.6亩土地使用权的批复问题。该份批复是内部函，属隶属关系上下级机关请示工作答复的函件。本案中，对外发生法律效力文书的署名机关是国土局，不是湛江市人民政府，该份函不具有可撤销内容。因此，原告黄艺玲的上述请求，应予以驳回。综上所述，国土局作出的《收回国有土地使用权决定书》具体行政行为合法，应予维持。经审判委员会讨论决定，依照《中华人民共和国行政诉讼法》第五十四条第一款、《最高人民法院关于执行〈中华人民共和国行政诉讼法〉若干问题的解释》第五十六条（四）项之规定，判决：一、驳回原告黄艺玲要求撤销被告湛江市国土资源局2006年12月21日作出湛国土资（执法）［2006］138号《收回国有土地使用权决定书》的具体行政行为的诉讼请求；二、驳回原告黄艺玲要求撤销被告湛江市人民政府2006年11月13日作出湛府函［2006］507号《关于赤坎军民堤以北131.6亩国有土地使用权有关问题的批复》的具体行政行为的诉讼请求；三、驳回原告黄艺玲要求确认被告湛江市国土资源局2006年12月21日在《湛江晚报》上刊登湛国土资（公告）［2006］274号《土地使用权注销公告》的具体行政行为违法的诉讼请求。

宣判后，黄艺玲不服上诉。

广东省高级人民法院认为，嘉庆公司以承担债务的方式兼并大地公司时，湛江市衡信资产评估事务所对大地公司的资产进行评估，该资产评估报告未将大地公司拥有的涉案土地使用权纳入评估范围，涉案土地也未纳入大地公司的财产移交范围，涉案土地使用权显然不属于湛江市大地有限公司的资产。《国务院办公厅转发国资委〈关于进一步规范国有企业改制工作实施意见〉的通知》第三条第（七）项规定：“没有进入企业改制资产范围的实物资产和专利权、非专利技术、商标权、土地使用权、探矿权、采矿权、特许经营权等资产，改制后的企业不得无偿使用；若需使用的，有偿使用费或租赁费计算标准应参考资产评估价或同类资产的市场价确定。”黄艺玲作为参股嘉庆公司兼并大地公司的自然人，只是作为大地公司改制并变更登记为大地有限公司后的股东和法定代表人，依法只能对大地有限公司拥有的财产权利享有权利和承担义务。涉案土地并未移交给改制后的大地有限公司，当然不能作为大地有限公司的财产，在大地公司被兼并后，涉案土地使用权依法仍应作为国有资产，大地有限公司无权对涉案土地主张权属，也不能无偿使用。因此，黄艺玲亦无权对涉案土地主张任何权属，市国土局作出的被诉湛国土资（执法）［2006］138号《收回国有土地使用权决定书》、在《湛江晚报》上刊登湛国土资（公告）［2006］274号《土地使用权注销公告》的行为，以及湛江市政府作出的府函［2006］507号《关于赤坎军民堤以北131.6亩国有土地使用权有关问题的批复》，均同黄艺玲没有法律上的利害关系。《最高人民法院关于执行〈中华人民共和国行政诉讼法〉若干问题的解释》第十二条规定：“与具体行政行为有法律上利害关系的公民、法人或者其他组织对该行为不服的，可以依法提起行政诉讼。”黄艺玲与被诉具体行政行为无法律上的利害关系，依法不具有提起本案诉讼的原告主体资格，原审法院受理黄艺玲的起诉不妥，依法应予以纠正。根据最高人民法院《关于执行〈中华人民共和国行政诉讼法〉若干问题的解释》第六十三条第（十五）项、第七十九条第（一）项之规定，裁定：一、撤销（2010）湛中法行初字第5号行政判决；二、驳回上诉人黄艺铃的起诉。

# 坩坞村民小组等诉新兴县人民政府土地变更登记纠纷案

**案件提示：**原属人民公社集体所有的土地经登记为乡（镇）一级农民集体所有［土地所有权登记在乡（镇）人民政府名下，实质上为代管］后，登记行为已经产生确定力。行政机关换发土地权属证书时，不得以该宗土地登记在乡（镇）人民政府名下为由，随意将土地所有权性质更改为国有。

上诉人（原审原告）：相塘村委会第一、二、三村民小组、坩坞村民小组。

被上诉人（原审被告）：新兴县人民政府。

被上诉人（原审被告）：新兴县国土资源局。

原审第三人：新兴县车岗镇人民政府。

1974年7月8日原车岗公社与相塘、坩坞生产队签订《关于车岗公社企业同相塘生产队兑换虾山仔决议》，约定由相塘、坩坞生产队将虾山仔交给车岗公社建设柴油机发电厂，车岗公社则由虾山仔变电站起拉电线到一队址及坩坞队址作为兑换条件。决议签订后，原车岗公社在虾山仔建成柴油机发电厂并依约定拉电线供电给相塘、坩坞生产队使用直至2000年左右柴油机发电厂停产。车岗镇政府（前身为车岗公社）在1988年4月向县国土局申领虾山仔的土地使用证，县国土局于1988年10月20日向车岗镇政府核发了NO.0174816号土地使用证，登记土地面积为7000平方米，土地性质为集体所有。车岗镇政府于2009年4月15日就其持有的NO.0174816号土地使用证向县国土局申请换证登记，县国土局经审查后核发了新府国用（2009）第000974号和新府国用（2009）第000977号国有土地使用证给车岗镇政府，登记土地面积共5845.8平方米，土地性质为国有土地。原告从拍卖行拍卖公告中获悉虾地仔的土地即将被拍卖后，前往国土部门查询才得知涉案土地已由新兴县车岗镇人民政府领取新府国用（2009）第000974号和新府国用（2009）第000977号国有土地使用证，遂以被告发证不合法并侵犯其合法权益为由提起行政诉讼。

云浮市中级人民法院一审认为，本案涉案土地“虾山仔”由车岗镇政府在1988年申请初始登记，原新兴县国土局核发的土地使用证的证号为NO.0174816号，该证未经法定程序认定无效之前仍为有效的土地权属证书。车岗镇政府于2009年就其持有的NO.0174816号土地使用证申请换发新证，被告核发新府国用（2009）第000974号和新府国用（2009）第000977号国有土地使用证的土地权属来源文件为NO.0174816号土地使用证，车岗镇政府是国家机关，其名下所有财产均属国有性质，而且该证的申请、登记表中记载的土地权属为“国有”，NO.0174816号土地使用证书上记载土地所有制性质为“集体”属笔误，被告核发两份新的国有土地使用证时将土地权属性质更正为“国有”是正确的。判决：驳回相塘村委会第一、第二、第三村民小组和坩坞村民小组的诉讼请求。

上诉人不服上诉。

广东省高级人民法院二审认为：1974年7月8日，车岗镇政府之前身车岗公社与相塘、坩坞生产队签订了《关于车岗公社企业同相塘生产队兑换虾山仔决议》，之后，双方均已按协议履行，涉案土地一直由镇（公社）企业所使用。1988年10月20日，县国土局向车岗镇政府颁发了NO.0174816号《土地使用证》，土地所有制性质一栏登记为“集体”。2009年4月15日，车岗镇政府申请换证登记，县政府为车岗镇政府核发新府国用（2009）第000974号和新府国用（2009）第000977号《国有土地使用证》，将土地性质变更登记为国有。原国家土地管理局（1995）国土（籍）字第26号《确定土地所有权和使用权若干规定》第二十三条规定：“乡（镇）或村办企事业单位使用的集体土地，《六十条》公布以前使用的，分别属于该乡（镇）或村农民集体所有；《六十条》公布时起至1982年国务院《村镇建房用地管理条例》发布时止使用的，有下列情况之一的，分别属于该乡（镇）或村农民集体所有：（一）签订过用地协议的（不含租借）；（二）经县、乡（公社）、村（大队）批准或同意，并进行了适当的土地调整或者经过一定补偿的；……”本案县政府2009年向车岗镇政府作出的两项发证行为，是对1988年发证行为的实质性变更登记，即将涉案土地性质从“集体”变更登记为“国有”，但在诉讼期间，县政府既未能举证证明将涉案土地的性质从“集体”变更登记为“国有”符合相应的法定条件，也未能举证证明车岗镇政府在1988年发证行为之后的合理期间内曾就登记内容提出过异议的事实，且县政府2009年两项变更登记发证行为违反了上述《确定土地所有权和使用权若干规定》第二十三条的规定，属认定事实不清，适用法律错误，依法应予以撤销。原审法院认为，车岗镇政府名下的所有财产均属国有性质，该镇政府原持有的NO.0174816号《土地使用证》上记载土地所有制性质为“集体”属笔误，县政府予以更正为“国有”正确，并据此判决驳回上诉人的诉讼请求，因缺乏事实根据和法律依据，判决不当，予以纠正。判决：一、撤销云浮市中级人民法院（2010）云中法行初字第03号行政判决；二、撤销新兴县人民政府新府国用（2009）第000974号和新府国用（2009）第000977号国有土地使用证；三、由新兴县人民政府重新作出具体行政行为。

# 林强申请恢复执行请示案

**案件提示**：省法院《关于中止执行案件恢复执行的规定（试行）》第六条关于"适用《1999规定》而裁定终结执行的案件，申请人可以申请恢复执行，但金融机构等申请执行人自行申请终结或其债权已核销的除外"的规定与财政部和银监会的有关规定冲突，不利于保护债权人的利益。金融机构对金融债权的核销行为是内部管理行为，是否核销债权与债务人无关，不能因贷款核销而豁免债务人的偿债义务。

复议申请人（申请执行人）：林强（债权受让人）。

被执行人：湛江市第四建筑工程有限公司。

被执行人：湛江市第四建筑工程公司装饰工程公司。

2003年2月10日，湛江市霞山区法院（以下简称霞山法院）对中国建设银行湛江市分行（以下简称湛江建行）诉湛江市第四建筑工程公司装饰工程公司（以下简称四建装饰公司）、湛江市第四建筑工程公司（后变更为湛江市第四建筑工程有限公司）借款合同纠纷一案作出〔2003〕霞经初字第26号民事判决：限四建装饰公司在判决生效后10日内，清偿借款本金5万元及利息给湛江建行；四建工程公司对上述债务承担连带清偿责任。

2003年4月15日，霞山法院立案受理湛江建行申请执行四建装饰公司和四建工程公司借款合同纠纷案（案号为：〔200]〕霞法执字第284号）。在执行过程中，湛江建行于2003年7月7日向霞山法院提出书面申请，申请书的内容为："经查被执行人无财产可供执行，现向你院提出请求终结执行，待后发现被执行人财产再申请你院强制执行"。霞山法院于2003年7月11日作出〔2003〕霞法执字第284号民事裁定，裁定〔2003〕霞经初字第26号民事判决终结执行。

林强于2009年9月8日受让上述债权后，于同年10月27日向霞山法院申请恢复执行及变更申请执行人。霞山法院于2009年11月10日裁定变更该案的申请执行人为林强，并于同年11月23日查封了四建工程公司的有关财产，于2010年3月17日向四建工程公司送达恢复执行通知书。

四建工程公司向霞山法院提出异议。霞山法院经审查认为，参照广东省高级人民法院（下称省法院）《关于中止执行案件恢复执行的规定（试行）》第六条关于"适用本院粤高法〔1999〕46号《裁定终结执行几类案件的暂行规定》（以下简称《1999规定》而裁定终结执行的案件，申请人可以申请恢复执行，但金融机构等申请执行人自行申请终结或其债务已核销的除外"的规定，本案终结不属于上述规定可以恢复执行的情形之一。原申请执行人虽然在申请书上写明"待后发现被执行人财产再申请法院强制执行"的内容，但并不影响本案已终结所产生的法律后果。现申请执行人林强要求恢复执行本案，霞山法院予以恢复，并采取了相应的执行措施，显然不符合法律的规定，本案依法不得再予恢复。该院依照《中华人民共和国民事诉讼法》第二百零二条和最高人民法院《关于适用〈中华人民共和国民事诉讼法〉执行程序若干问题的解释》第五条之规定，做出〔2010〕霞执异字第18号执行裁定：撤销该院于2009年11月30日作出的〔2003〕霞执字第284号恢字1号〔2009〕恢复执行通知书。

林强不服〔2010〕霞执异字第18号执行裁定，向霞山法院申请复议，霞山法院层报请示省法院。湛江中院审判委员会经讨论对本案形成两种倾向性意见：多数人意见认为，本案的债权已经核销，财政部门已补贴给银行，银行不能再向债务人追索。财政部门的规定是部分规章，只能参照适用，而不是适用，本案应适用省法院的《关于中止执行案件恢复执行的规定（试行）》第六条的规定。故应驳回林强的复议申请，维持霞山法院〔2010〕霞执异字第18号执行裁定；少数人意见认为，财政部《金融企业呆账核销管理办法》是部门规章，效力高于省法院的指导意见，本案应当适用财政部的上述规定。本案的债权没有被放弃，应裁定恢复执行，故撤销霞山法院〔2010〕霞执异字第18号执行裁定。

省法院经审查认为，本案的原申请执行人湛江建行在申请书上明确了"待后发现被执行人财产再申请法院强制执行"，由此可以看出，其真实意思是中止执行。该终结执行是在《关于不再适用〈1999规定〉的通知》下发之前做出的，应适用《1999规定》，如查实被执行人确有可供执行的财产，应裁定恢复执行。如不裁定恢复执行，则金融机构等当事人在《1999规定》的指引下申请终结执行的，之后又被《关于中止执行案件恢复执行的规定（试行）》剥夺申请恢复强制执行的权利，显然不合理。

虽然本案债权已经核销，但是本案的债权债务关系不属于《金融企业呆账核销管理办法》（2010年修订版）第二十五条第三款规定的债权债务完全终结的情形，所以原债权人湛江建行对已核销的呆账仍然享有继续追索和对已核销的呆账、贷款表外应收利息以及核销后应计利息等继续催收的权利。林强在受让该债权后自然就享有了追索权。显然，省法院《关于中止执行案件恢复执行的规定（试行）》第六条关于"适用《1999规定》而裁定终结执行的案件，申请人可以申请恢复执行，但金融机构等申请执行人自行申请终结或其债权已核销的除外"的规定与上述财政部和银监会的规定发生冲突，不利于保护债权人的利益。因此，本案不应适用《关于中止执行案件恢复执行的规定（试行）》第六条规定。湛江建行的核销是内部管理行为，是否核销本案债权与债务人无关，不能因贷款核销而豁免债务人的偿债义务。债权核销不应成为阻止恢复执行的理由。所以，应当撤销霞山法院〔2010〕霞执异字第18号执行裁定，恢复本案的执行。

# 中华全国工商业联合会不服广州中院执行裁定申请复议案

**案件提示**：对于社会团体基本账户中的银行存款，除其提供证据依法豁免执行的财产外，其余均为执行法院可依法执行的责任财产。

申请复议人（异议人、被执行人）：中华全国工商业联合会（以下简称全国工商联）。

申请执行人：中国信达资产管理股份有限公司广东省分公司。

被执行人：广东亿派服装有限公司。

被执行人：八达民生信用担保有限公司。

被执行人：河北八达集团有限公司。

广州市中级人民法院在中国信达资产管理股份有限公司广东省分公司申请执行广东亿派服装有限公司、八达民生信用担保有限公司、河北八达集团有限公司、全国工商联借款合同纠纷一案中，于2011年1月20日对全国工商联银行账户存款扣划1200万元、冻结300万元。

全国工商联对此不服，向广州中院提出执行异议，请求：撤销扣划、冻结行为，返还扣划的1200万元款项，解除冻结300万元。其主要理由是：（1）被扣划、冻结的账户系全国工商联的基本账户和办公用房建设资金的核算账户。该账户内存款不应予以执行。（2）全国工商联办公用房专项建设资金属于法定执行豁免范围。根据有关法律、法规，对涉及国家机关的财政经费、办公用房、车辆等财产予以执行豁免，即不得采取查封、扣押、扣划、冻结、拍卖等保全和执行措施。全国工商联在工商银行开立的账户资金属新办公楼建设专项资金，不属于预算外资金和自有资金范围，不能扣划冻结。（3）扣划、冻结建设资金实质上等同于强制执行全国工商联办公用房。导致国家安排的办公用房不能落实使用，直接限制了全国工商联法定职能和作用的发挥，其后果极其严重。

广州市中级人民法院经审查认为：（1）异议人作为一个作为独立民事主体，其基本账户是对外承担民事责任的平台，不属于财政预算内资金专户和预算外资金专户，执行法院冻结、扣划该账户内的款项符合法律规定。（2）异议人自认案涉账户是其基本账户，则该账户的资金应该包括了全国工商联日常经营转账及现金的收付等多种用途，异议人不能证明该账户的全部存款均是国家财政划拨用于建设办公用房的专用款项。（3）异议人办公楼建设项目中的大部分面积，实际用途并非异议人办公所需用房，而是属于合作单位面积分成、预留发展用房或自收自支事业单位用房等用途。除国家财政安排拨款建设的办公用房外，异议人办公楼项目的其他面积均应由各相关单位以其自有资金投入建设，这部分的资金显然不属于司法执行豁免范围。（4）执行法院冻结、扣划案涉账户的存款不等同于强制执行其办公用房，未致异议人行使法定职能受限。执行法院未整体冻结该账户，账户内大量资金仍可自由支配使用，执行法院的执行行为并未影响异议人正常的履行职能。（5）异议人引用有关规定认为对涉及国家机关财政经费、办公用房、车辆等财产予以执行豁免理由不成立。广州中院遂于2011年9月28日作出（2006）穗中法执字第395号之一执行裁定，裁定驳回中华全国工商业联合会的异议。

全国工商联不服裁定，向广东省高级人民法院申请复议。在执行复议审查期间，申请复议人全国工商联以其正与申请执行人进行协商和解为由，于2011年11月18日申请撤回复议。广东省高级人民法院经审查，于2011年11月29日作出（2011）粤高法执复字第104号执行裁定书，准许全国工商联撤回复议。

# 岑定佐、岑定满、梁坚荣和吴怡让执行申诉案

**案件提示**：对案外人在案件执行过程中对执行标的物提出的异议，执行法院应予受理，依法审查作出处理；因执行法院不受理案外人异议，案外人向执行法院的上一级法院申请执行监督，上级法院应立案监督，并纠正执行法院的错误，责令执行法院依法院审查案外人异议。

申请执行人：恩平富尧房地产发展有限公司。

被执行人：恩平市卫安实业总公司。

被执行人：恩平市卫生局。

被执行人：恩平市卫安酒店。

被执行人：恩平市卫发印刷实业公司。

被执行人：恩平市建信置业发展总公司。

执行申诉人：岑定佐、岑定满、梁坚荣和吴怡让等四人。

阳东县人民法院（下称阳东法院）在执行恩平富尧房地产发展有限公司（下称富尧房地产公司）申请执行恩平市建信置业发展总公司（下称建信公司）、恩平市卫安实业总公司、恩平市卫生局、恩平市卫安酒店、恩平市卫发印刷实业公司借款合同纠纷一案中，于2008年9月1日查封了建信公司位于恩平市江南长洲小区41.955亩国有土地使用权，并于2009年8月5日委托拍卖机构公开拍卖。经多次拍卖，上述国有土地使用权未能成交，阳东法院根据申请执行人富尧房地产公司的申请，于2010年12月27日作出（2008）东法执字第293号恢字1号之三执行裁定，将上述国有土地使用权扣除576平方米后交申请执行人抵偿债务。

之后，岑定佐、岑定满、梁坚荣和吴怡让等四人向阳东法院提出异议，认为阳东法院裁定以物抵债的土地之前被执行人已转让给其四人，虽然没有办理过户手续，但已付清土地转让款，土地使用权证原件亦由其四人持有。2011年3月30日，阳东法院向岑定佐、岑定满、梁坚荣和吴怡让等四人发出《不予受理案件通知书》，认为其四人提出的执行异议不符合立案条件，决定不予立案。

岑定佐、岑定满、梁坚荣和吴怡让等四人因阳东法院不受理其异议，遂向阳江市中级人民法院（下称阳江中院）申请执行监督。阳江中院经审查认为，阳东法院在拍卖土地多次未能成交的情况下，根据申请执行人的申请裁定将土地给申请执行人抵偿债务，在此期间岑定佐、岑定满、梁坚荣和吴怡让等四人没有提出执行异议，现其四人没有证据证明阳东法院上述执行行为在执行程序上有违法情形，因此阳江中院认为其四人申请执行监督的理由不成立，遂驳回其四人的执行监督申请。岑定佐、岑定满、梁坚荣和吴怡让等四人不服阳东法院和阳江中院的上述执行行为，向广东省高级人民法院（下称广东高院）申诉，广东高院立案审查。

广东高院经审查认为，阳东法院在作出以物抵债裁定之前，没有召集案件当事人和案外人进行听证，对有关案件事实和证据进行审查认定即作出裁定，程序上存在瑕疵。在阳东法院作出以物抵债裁定之后，案外人岑定佐、岑定满、梁坚荣和吴怡让等四人在该案执行过程中已向该院提出了异议，但阳东法院应予受理却没有受理，导致案外人无法通过案外人异议程序进行救济；案外人向阳江中院申请执行监督后，阳江中院又以案外人没有提出执行异议为由驳回案外人的监督申请，明显依据不足。此案来源为信访案件，为防止信访人重复信访，对其诉求应给予其救济途径。因此，应发函要求阳江中院监督阳东法院重新审查岑定佐、岑定满、梁坚荣和吴怡让等四人提出的案外人异议，并告知案外人对执行法院作出的处理决定不服可通过诉讼程序进行救济。

# 第三编

## 省法院工作

# 第一章 工作报告

## 广东省高级人民法院工作报告

### ——2012年1月24日在广东省第十一届人民代表大会第四次会议上

广东省高级人民法院院长 郑 鄂

各位代表：

我向大会报告省高级人民法院的工作，请予审议。并请省政协委员、列席人员提出意见。

过去的一年，是全省法院实现整体工作争当排头兵目标的冲刺年。我们按照省十一届人大四次会议决议的要求，以公平正义作为法院工作的生命线，组织全省法院开展“奋力实现排头兵目标”竞赛活动，充分发挥省法院的表率作用和指导监督职能，推动了全省法院各项工作的科学发展。

——全省法院办案质量、效率、效果取得持续进步。2011年，全省法院共受理各类案件1055341件，同比下降1.29%，其中新收1000031件，办结977311件，案件结收比为97.73%。取得了法定审限内结案率、一审服判息诉率、实际执行率上升，以及一审判决案件改判发回重审率、生效案件改判发回重审率、信访投诉率下降等“三升三降”的可喜进展。

——争当全国法院整体工作排头兵的目标基本实现。经过三年来的不懈努力，全省法院争当排头兵的18项主要质效指标全部达标。尤其是一审服判息诉率、民事一审调解撤诉率、实际执行率分别比2008年提高了4.23、18.36和15.10个百分点，反映办案综合质量水平的涉诉信访工作领先全国，人民群众来访从2008年的51496人次下降到20298人次，减少60.58%。据广东省省情调查研究中心“法院工作满意度”调查显示，人民群众对全省法院整体工作满意率为95.1%。

——省法院对下指导监督的职能逐步强化。各级党委、政府重视和加强诉前联调工作，社会对诉前化解矛盾纠纷认同度不断增强，使法院的审判质量效率进一步改善，服判息诉工作得到强化。全省法院一审收案增幅初步回落，一、二审案件质量不断提高，使省法院再审审查、执行监督案件明显下降。省法院全年新收各类案件15156件，结案15472件，案件结收比为102.08%；未结1189件，同比下降17.94%；法定审限内结案率92.93%，同比提高26.86个百分点，为省法院实现职能转变，强化对下级法院的指导监督创造了有利条件。

#### 一、紧紧围绕公平正义，依法履行各项司法职能

依法履行刑事审判职能。全省法院共审结各类刑事案件90433件，判处罪犯108099人，同比分别增长8.59%和4.54%。针对我省社会治安现状和群众关注的重点，突出依法严惩各类严重危害人民群众生命财产安全的犯罪，共审结故意杀人、抢劫、绑架等一审刑事案件32144件，判处罪犯43605人，其中判处五年以上有期徒刑直至死刑的占29.45%。突出依法打击各类严重破坏社会秩序、危害民生的犯罪，共审结黑社会性质组织、危险驾驶、生产销售不符合安全标准食品等一审刑事案件1157件2143人，切实维护社会稳定、保障人民权益。突出依法打击各类群体性经济犯罪，共审结集资诈骗、非法吸收公众存款、网络诈骗等一审刑事案件579件705人，维护了人民群众经济生活安全。保持对职务犯罪打击的高压态势，共审结贪污、贿赂、渎职等职务犯罪一审案件1278件1635人。正确把握宽严相济的刑事政策，在依法从严打击严重犯罪的同时，抓好对从轻、减轻、免予刑事处罚的准确适用，未成年人非监禁刑适用率从2008年的10.53%提高到50.20%。严格贯彻罪刑法定原则，依法对不构成犯罪的69名被告人宣告无罪。对刑事自诉案件和其他轻微刑事犯罪案

件，积极开展刑事和解工作，减少当事人之间的对抗，进一步化解积怨。

依法履行民商事审判职能。全省法院共审结各类民商事案件517750件，同比下降7.76%，解决诉讼标的1230.90亿元，同比增长14.97%。依法妥善化解婚姻、继承等家庭纠纷矛盾，注重依法保护妇女、儿童、老年人合法权益，共审结此类一审案件54513件，同比增长3.34%。依法妥善应对国家房地产调控政策引发的房地产案件新情况，平稳处理相关房地产买卖合同、按揭合同纠纷，共审结房地产开发经营合同纠纷一审案件11970件。依法妥善审理中小企业融资难导致的纠纷，引导规范企业融资，推动民间借贷合法化、规范化，审结民间借贷纠纷一审案件29917件。深圳中院一审审结全国首例证券公司破产案--大鹏证券破产案，取得了良好的法律效果和社会效果。依法审理知识产权民事纠纷案件，保护自主创新，促进科技进步，共审结此类一审案件15012件(约占全国的1/4)。依法审理涉外、涉港澳台民商事纠纷案件，维护公平交易投资环境，共审结此类一审案件7471件(约占全国的1/3)，审结海事海商一审案件662件。

依法履行行政审判职能。共审结各类行政案件10729件，同比下降1.30%。注重对行政行为的有效监督，省法院与有关部门联合下发有关通知，在深圳等七个市（区）联合将行政复议、行政诉讼纳入依法行政绩效考核体系，并建立行政首长出庭应诉机制，合力促进依法行政。依法开展国家赔偿审判，对46件受到国家机关职务侵害的案件当事人决定予以国家赔偿。依法审查非诉行政执行案件14624件，其中准予执行13615件，不予执行1009件。

依法推进执行工作。共执结各类案件244806件，执结标的462.14亿元。继续深化主动执行改革，强化主动调查取证和查控财产工作，建立劳动争议等案件的快速主动执行机制。全省90%的法院成立了执行指挥中心，进一步加强了对执行工作的统一指挥和协调，建立了首批专门处理执行突发事件和疑难复杂执行案件的执行法官专家库。深入开展反规避执行专项活动，借助媒体曝光“老赖”，形成打击赖债行为的高潮，加强对被执行人融资、经营、出境、高消费等活动的限制，有效促进了案件执结率的提高。如影视界名人邓某某作为案件被执行人赖债不还，在进行高消费行为时被广州中院依法当场司法拘留，引起积极的社会反响。大力推动建立执行征信系统，与银行、工商、户籍、房屋、车管等单位共享征信信息系统，压缩失信空间，加大对失信行为的惩戒力度。多措并举、多管齐下使破解执行难有了新进展，尽管全省法院执行案件数量较大（约占全国的1/9），但执行信访数量却大幅下降，由过去全国最多的省份之一，成为全国最少的省份之一。

## 二、紧紧围绕发展大局，着力彰显司法服务职能

积极服务幸福广东建设。省法院出台了为加快转型升级、建设幸福广东提供司法保障和司法服务的15项措施，要求并指导全省法院不断提高能动性，依法服务转型升级，促进富裕广东建设；依法保障社会民生，促进民生广东建设；严厉打击刑事犯罪，促进平安广东建设；努力化解社会矛盾，促进和谐广东建设；发挥规范指引功能，促进法治广东建设。广州、深圳、珠海法院针对南沙、前海、横琴的开发建设，开展了提供司法保障的相关专题调研。

积极参与社会建设。认真贯彻落实省委、省政府《关于加强社会建设的决定》，积极履行在加强社会建设中的重要职能。举全省法院之力，联动推进“平安大运”建设。深圳中院依托龙岗法院成立了“大运法庭”，设立大运会诉讼服务中心，依法及时审理涉大运案件。加大司法建议工作力度，及时将审判中发现的社会管理漏洞、问题反映给有关主管部门和单位，提出促进社会管理创新的意见和建议，全省法院共向行政机关、企事业单位发出司法建议1655份。针对我省加油站资质出租引发较多纠纷的情况，省法院开展专题调研，提出的司法建议得到了省政府高度重视。强化未成年人审判工作，推动未成年罪犯改造，深化少年审判机制改革，在全省法院建立起单独的未成年人刑事案件审判指导序列，潮州市建立了华南地区首个全国性预防青少年犯罪研究基地。积极探索推动社会延伸保护、帮教、社区矫正等工作。加大司法宣传力度，各级法院开展送法进社区、进乡镇、进企业活动4386次，开展法律咨询、校园普法等各类活动1520次。

积极推进大调解格局建设。强化诉调对接，推进诉讼调解与人民调解、行政调解、行业调解有效对接，依法对非诉讼调解进行司法审查和确认。基层法院全部设置了诉前联调工作室，在立案阶段引导当事人通过诉前联调化解矛盾，共受理纠纷72977件，成功调解53288件，约占3/4，有效发挥了从源头化解矛盾的作用。省法院以保险纠纷案件为突破口，联合保监局制定指导性意见，推动金融、保险等商事案件以调解方式解决。

积极拓展司法便民服务。构建以纠纷分流、矛盾化解为特色的“门诊式”诉讼服务中心，促使矛盾纠纷尽可能在立案阶段得到化解。积极推行网上预约立案、预约开庭、预约查档和电子送达等便民措施，在立案大厅设置案件查询系统，为当事人提供更加便捷的服务。通过向社区派驻“社区法官”、聘请“社区法官助理”、上门立案、巡回审判等措施，把司法服务延伸到最基层。强化司法救助工作，积极开展对刑事被害人及其家属的司法救助，为22778件案件中经济确有困难的当事人缓、减、免交诉讼费，减免金额达767.27万元。

积极办理再审案件。认真应对《民事诉讼法》修订后带来的省法院再审案件大幅增加的压力，精心组织清案工作，追求案结事了，集中清理超过18个月的再审积案。重视以调

解方式结案，妥善化解了多宗缠诉、缠访案件。自觉接受检察机关的法律监督，各级法院审结检察机关对生效裁判提出的抗诉案件451件，其中依法发回重审33件，改判95件，维持原判225件，撤回抗诉、民事调解、行政和解等其他处理98件。

三、紧紧围绕自身科学发展，深化改革推进创新

认真抓好已有改革创新成果的转化推广。对我省法院近年来创造的主动执行、执行指挥中心、系统党建工作指导、人大代表联络机制、隐性司法等改革创新品牌，着重抓落实、抓推广、抓完善。继续推进家事审判改革，全省家事审判合议庭扩展到15个法院，中山法院等试点单位引入人身安全保护令、探视抚养档案、心理指导矫治等新形式，促进婚姻家庭稳定与社会和谐。继续推进量刑规范化改革，研发了量刑规范化办案信息管理系统，进一步统一了刑事案件量刑标准。稳步推进依法开庭审理减刑假释案件，确保规范透明，共办理此类案件64944件。

积极推进小额速裁审判改革。为提高审判效率和减轻当事人诉累，按照最高法院的部署，逐步扩大小额速裁程序试点，对事实清楚、适用法律简单、争议标的不大的民事案件，在征得双方当事人同意的前提下，实行一审终审，并简化诉讼程序，快立、快审、快执，促进纠纷的快速化解。对适用小额速裁程序的案件，一律免收诉讼费，共办理此类案件1517件，结案1502件，结案率99.01%，其中调撤率达99.53%。

全面深化司法公开机制改革。省法院下发了《关于进一步推进司法公开的意见》及16个配套实施办法，率先将我省司法公开示范单位由最高法院指定的5个法院扩展到全省。建立司法信息公开申请、举报投诉和责任追究制度，尊重人民群众对司法的知情权与监督权。落实立案、庭审、执行、听证、文书、审务“六公开”的规定，逐步推动裁判文书上网公布、案件审限对外公开。利用门户网站、微博、手机短信等新载体推进司法公开，省法院和部分中院、基层法院开通了官方微博。深圳中院运用微博直播庭审，促使一部分案件在庭前调解撤诉，创造了司法公开促和解的经验。认真落实人民陪审员制度，全省共有3787名人民陪审员参与审理案件96773件，一审案件陪审率高于全国平均水平。

摸索启动业务分类指导、人员分类管理改革。针对全省法院长期存在地区间发展不平衡的问题，省法院实行分片分类指导，各业务部门成立分片联系指导小组，深入对口法院实地指导。立足法官队伍的职业化，制定了《广东法院人才队伍建设规划纲要》，探索建立管理、审判专业、审判辅助和司法政务等人才分类管理模式。在法官断层问题突出的欠发达地区基层法院，打破以审判庭为单位管理的格局，试行综合审判机制，努力解决办案力量不足的问题。

着力完善审判管理改革。全省法院信息化建设“08工程”全面完成，四级专线网络全线开通，科技管理手段直达人民法庭，通过网络实现了庭审直播、远程提讯，实现了对办案流程的实时监控。制定了全省统一的案件质量评查标准，建立案件质量评查专家库，聘请人大代表、政协委员作为特邀评查员。首次组织中院的资深法官对省法院各业务部门的680件案件进行了评查；全省法院共评查案件2851件，对其中有问题的4件案件予以整改。实行由审判管理部门归口负责审批审限延长、超审限预警和通报督办制度，审限内结案率提高到99.53%。明确以卷宗归档作为结案依据，统一办案效率考核标准。强化“判前辨法析理、判后释法答疑”工作，全省法院一审服判息诉率提升到87.68%，进京访的案访比保持全国最低水平，省法院的再审审查收案同比下降40.22%。

四、紧紧围绕树立司法形象，扎实抓好队伍建设

以思想政治教育为先导，提高队伍整体素质。在落实全国政法机关“发扬传统、坚定信念、执法为民”和全国法院“人民法官为人民”主题教育实践活动中，结合广东省情和法院实际，深入推进“群众观点大讨论”，着力解决好“为谁执法、为谁服务”的政治方向问题，组织10名优秀法官组成“群众在我心中”先进事迹报告团，在全省法院巡讲25场。努力创建广东法院“三联三化”系统党建模式，坚持“以党建带队建促审判”的工作思路。省法院与省委组织部联合印发《关于加强和改进全省法院系统党建工作的意见》，在全国率先建立地方党委和上级法院对党建工作的双重管理体制，增强法院党建工作的科学性。省法院首次建立班子成员参加中院党组民主生活会制度，对中院班子的组织和作风建设进行现场点评和指导。

以基层建设为重点，增强队伍整体司法能力。继续抓好由中院统一用编、招录、分配、待遇的“四统一”招录试点工作，面向社会公开招录初任法官到基层法院任职，在基层任满五年后再回中院工作。对部分招录人才困难的欠发达地区法院，取得省委组织部支持，调剂录用了44名应届大学生。省法院出台人才队伍建设规划纲要和教育培训干部规划，面向基层组织了各类业务培训约110期9100人次。加大对经济欠发达地区法院办案经费保障的帮扶力度，统一采购囚车120辆，调拨给107个法院，加强了基层物质装备保障。珠三角地区与欠发达地区法院结成50对帮扶对子，在物质支援、智力帮扶、文化共建上取得了积极效果。

以文化建设为主线，营造创先争优的良好氛围。出台《广东法院文化建设五年规划》，加强对全省法院文化建设的指导，结合岭南文化精髓，发展各具特色的法院文化，促进队伍整体素质的提高。深圳南山区法院建成国内首个“法律文化博物馆”，累计接待当事人和群众参观1.3万人次。4个法院被确定为全国法院文化建设示范单位，有3名优秀法官被评为“全国审判业务专家”，3个立案信访窗口荣获“全国青

年文明号"、"全国巾帼文明岗"。发挥先进典型的示范作用，推出了6个"全国模范（优秀）法院"、9名"全国模范（优秀）法官"、10名"全国法院办案标兵"，大力宣传林保南、陈光昶、罗仰龙、曹林等法官的先进事迹，在全国引起较大反响。

以党风廉政建设为关键，提升廉洁司法水平。抓好党风廉政建设和司法廉洁的各项法规、文件的学习，全面落实党廉工作报告、第一责任人述责、年度考核、监督检查，强化廉政责任。开发廉政档案信息管理系统，实行网上申报、动态管理，全面落实了法官的配偶子女从事律师职业任职回避制度。省法院设立的两个司法巡查组，在全面完成对中院巡查的基础上，开展整改情况"回头看"和党廉工作专项巡查，并对12个基层法院直接巡查。鼓励和支持各级法院自查自纠，全省法院共查处违纪违法案件21件26人，同比分别下降54.05%和43.18%。

各位代表：2011年全省法院取得的工作成绩，离不开省委的正确领导、省人大的依法监督、省政府和省政协及社会各界的大力支持，离不开人大代表、政协委员的理解和帮助。我们高度重视人大代表、政协委员的联络工作，全省法院共邀请17136名各级人大代表、政协委员参与"百案释法答疑"、"百场征求意见"活动5608场，征求到意见、建议153条，认真办理省"两会"期间省人大代表的建议和省政协委员的提案，办结回复率为100%。人大代表和政协委员提出的批评、意见和建议，是广东法院不断改进工作、实现科学发展的宝贵财富和强大动力。在此，我们衷心感谢各级人大代表、政协委员对法院工作的监督、理解和支持！

全省法院工作中还存在不少问题和困难，主要有：一是审判执行工作还不能完全适应广东经济社会发展的需要，特别是对一些新问题新情况的认识、研判还不够深入，维护社会稳定、促进案结事了的能力还有待进一步提高；二是一些司法改革创新措施落实不到位，内外部监督制约机制还不完善，审判质量和效率有待进一步提高；三是在畅通民意沟通渠道、争取人民群众对法院工作的了解和认同上还做得不够；四是极少数法院工作人员司法不公、违纪违法现象仍时有发生；五是案多人少、法官断层、人才流失、经费不足等仍然是制约法院科学发展的难题。为此，我们将立足自身，积极争取各方的支持，尽最大努力予以解决。

2012年，全省法院工作总的目标是：坚持以公平正义为核心、以人民满意为标准、以改革创新为动力，继续领潮争先，当好法院科学发展排头兵。总任务是：认真贯彻中央、最高法院和省委的重大部署，在履行司法职责上创新，进一步发挥审判职能在加强社会建设中的作用；在服务大局上创新，为我省加快转型升级、建设幸福广东提供更加有力的司法保障；在审判管理上创新，进一步提高公正司法水平；在司法保障上创新，进一步改善法院科学发展的物质基础；在能力作风上创新，进一步造就一支忠诚、为民、公正、廉洁的司法队伍。重点要抓好以下几项工作：

一是进一步履行好维护社会公平正义的审判职能，为广东经济社会发展大局提供优质司法服务。认真贯彻省委十届十一次全会精神，创新司法服务大局的方法，狠抓司法办案第一要务，提高办案质效，全力维护公平正义。推进诉讼诚信和社会诚信，凸显法院工作在加强社会建设和社会管理中的重要作用，为党的十八大和省第十一次党代会召开创造稳定和谐的司法环境和社会氛围。二是进一步解放思想，以改革创新推动全省法院各项工作再上新台阶。在全省法院部署开展"当好排头兵起步年"活动，进一步更新观念，找准突破口，深化改革、强化创新，着力破解全省法院在服务科学发展和加强自身建设中的难题。三是进一步增强群众观念，在司法服务民生上实现新发展。进一步加强对干警的群众观点教育，通过上下级法院队伍交流、锻炼，开展法官进社区、进村镇、进企业等活动，主动听取基层群众呼声。密切与群众的感情，办理好涉民生问题的案件，切实维护群众利益，让司法贴近百姓，更加惠民生、暖民心。四是进一步深化司法公开，在审判管理科学化方面取得新突破。加大司法公开力度，继续落实裁判文书上网等公开举措，充分运用科技手段向社会公开诉讼流程，借助社会力量监督审判管理、廉洁司法等制度的落实。邀请人大代表、政协委员参与"法院工作百场评查"、"改革创新百场座谈"活动。五是进一步深化法院文化建设和干部培训，推动队伍形象呈现新风貌。贯彻党的十七届六中全会精神，建设融汇社会主义法治理念和岭南文化特色的广东法院文化，加大干部培训的力度和深度，以文化建设促进队伍忠诚、为民、公正、廉洁核心价值观的进一步巩固。

各位代表：2012年，我们将继续认真接受人大代表的监督，积极争取社会各界及人民群众的理解和支持，公正廉洁、开拓创新，为我省加快转型升级、建设幸福广东，提供更加公正、高效、优质的司法服务和司法保障！

# 第二章　重要会议

## 听取媒体意见座谈会

1月4日，省法院邀请10家媒体召开了一次恳谈会，面对面接受媒体“挑刺”，听取媒体意见。

“不开茶话会，也不多说客套话，就是要听你们最想说的心里话，帮我们挑挑毛病。”院长郑鄂开场白很短，却很诚恳。

人民日报广东分社社长王楚说，“近年来，我明显感觉到当事人对法院的投诉数量在不断减少，一方面说明广东法治环境好了，另一方面也确实是广东法院2万多名法官和工作人员一件一件办下来的。但是我仍然觉得法院与媒体的沟通渠道还不够畅通，希望法院能考虑建立更快捷、更通畅的‘绿色通道’，便于社会希望通过媒体传达的讯息能在第一时间报给法院，帮助社会化解矛盾。”

南方日报社社长杨兴锋表示：“广东高院就召开这么一个听取媒体意见的座谈会，充分体现了法院工作的新风尚，充分展示了法院开明、开放、虚怀若谷的作风。总体来说，法院工作近三年来，实现了一年一大步的大跨越发展。这些成绩的取得一方面是法院自身的努力，但也与法院高度重视媒体监督、主动接受社会监督分不开。实践证明，法院工作越是重视媒体监督，司法舆论环境和氛围就越好！”

羊城晚报社总编辑刘海陵在会上谈到舆论对司法环境的影响时显得感慨良多：“媒体监督特别是以网络为代表的新媒体兴起，对司法工作的影响作用已经变得越来越明显，从‘许霆案’到‘深圳机场捡金案’，再到‘张氏兄弟为病母筹钱抢劫案’，社会舆论对法院、特别是主审此类案件的法官带来意想不到的压力。我们媒体也要换位思考，司法权威受到影响，最终受损的还是咱们老百姓。媒体自身的社会责任，就是维护社会公平正义！”

郑鄂指出：“近三年来，广东法院在建立主动执行工作机制破解执行难、提高民商事调解率促社会矛盾化解、提高均衡结案率等多方面取得了突破性的进展，在整体工作争当全国法院排头兵的目标上迈出了坚实的步伐。这些成绩的取得与媒体对法院工作的支持理解分不开，与良好的司法舆论环境离不开。所以，我们今年新年‘开门’的第一件事情就是听取媒体意见，真正发挥媒体在法院与人民群众之间的桥梁作用，以争取人民群众对法院工作的更多理解和支持，真正实现让人民群众满意。”

# 全省中级法院院长会议

1月12日至13日，省法院在六楼多功能厅召开全省中级法院院长会议。会议传达贯彻党的十七届五中全会、中央经济工作会议、全国政法工作会议和省委十届八次全会、全省政法工作的重要精神，深入分析面临的新形势新任务，明确了2011年全省法院工作的思路和重点。省法院院长郑鄂出席会议并作工作报告，省法院党组副书记、常务副院长陈华杰主持会议并做工作部署。省法院全体在家院领导出席会议，全省各中级法院院长，省法院副巡视员、审委会专职委员、各部门负责人，全省各中院办公室（研究室）主任共150人参加了会议。

郑鄂院长指出：全省法院2010年加速推进排头兵进程的计划基本实现，积累了宝贵经验。反映办案质量的指标持续向好，反映办案效率的指标显著突进，反映办案效果的指标明显改进，创新发展树立新品牌，队伍建设展现新面貌，服务保障增添新动力。2011年最终实现排头兵目标、进而促进长远发展，仍然面临严峻考验服务经济社会发展的任务更加繁重，争当全国法院排头兵的差距仍然较大，进一步提高审判管理水平的要求十分迫切，进一步创新发展法院工作的紧迫性越来越强，如何切实提高队伍能力和素质依然任重而道远。

郑鄂院长要求，深入开展“奋力实现排头兵目标年”竞赛活动，努力夺取争当排头兵的决定性胜利。明确竞赛活动的体系调整，抓好竞赛活动的组织领导，把握指标提升的科学方法，努力争取人民群众的认同，深入开展司法服务竞赛。履行好服务经济平稳较快发展的职能，履行好维护社会和谐稳定的职能，履行好保障和改善民生的职能，进一步深化调解、和解工作，深入开展审判管理竞赛，努力实现法院审判管理工作的新进展。

郑鄂院长强调：审判管理的实践教育我们进一步提高认识，抓好信息化管理的基础工作迫在眉睫，抓好领导干部的信息化应用是关键。深入开展改革创新竞赛，努力实现法院工作创新发展的新突破要把握好三个思路：以争取党委政府支持的思路推动新一轮改革创新，以由内向外稳健拓展的思路推动新一轮改革创新，以完善法院长效发展机制的思路推动新一轮改革创新。深入开展司法形象竞赛，努力实现队伍公正廉洁为民司法的新提升。进一步深化队伍政治素质建设，进一步深化队伍司法能力建设，进一步深化队伍党风廉政建设。

# 广东法院第二十二届学术讨论会暨表彰大会

3月30日至31日，“广东法院第二十二届学术讨论会暨表彰大会”在广州悦华大厦召开。广东省高级人民法院党组副书记、副院长凌祁漫、国家法官学院科研部主任金俊银、“广东法院第二十二届学术讨论会”获奖论文作者和获奖组织单位代表、各中院主管学术论文组织工作的院领导及部门负责人、省法院各业务庭室负责人共223人出席了会议。

大会由法官学院副院长王晓明主持。大会宣读了省法院党组书记、院长郑鄂同志的书面致辞。郑鄂院长在致辞中充分肯定了我省法院在参加“全国法院第二十二届学术讨论会”上取得的获奖论文篇数全国第一、获奖论文总分数全国并列第一的骄人成绩，并给予了高度赞扬，对论文作者和论文组织者表示衷心的感谢，对各位获奖作者表示热烈的祝贺。郑鄂院长勉励大家，要以去年的成绩为契机，虚心学习兄弟法院的先进经验和做法，全力以赴迎接今年全国法院第二十三届学术论文比赛，以更饱满的热情，更强有力的动员组织能力，更高水平的学术作品，再接再厉，再创佳绩，为广东法院争当全国法院排头兵再立新功。

开幕式后，省法院政治部副主任周玲宣读了“广东法院第二十二届学术讨论会”获奖作者名单及组织工作先进奖名单，大会对获奖论文作者和获奖组织单位举行了隆重的颁奖仪式。全省共有87名作者分别获得论文特等奖、一等奖、二等奖、三等奖和优秀奖，12个法院获得优秀组织奖。“广东法院第二十二届学术讨论会”获奖作者和获奖组织单位，是根据“全国法院第二十二届学术讨论会”的获奖情况，结合我省实际而评出。

在会议上，党组副书记、副院长凌祁漫在讲话中传达了最高法院在福州举办的“全国法院第二十二届学术讨论会”的主要精神，要求各级法院正确理解学术研究和审判实践的辩证关系、深刻认识学术研究对法院整体工作的促进作用，并对进一步加强全国法院第二十三届学术讨论会论文组织及相关工作进行了部署。凌祁漫副院长在讲话中强调：“学术讨论会进行的是学术论文的评比，但不仅仅是学术研究，更是一个法院整体工作的综合反映，是一个法院软实力的体现。”“我省法院要争当全国法院整体工作的排头兵，争当学术研究和理论创新方面的排头兵是基础和关键。学术理论研究不但不会成为法院审判工作的累赘，相反，对提高办案质量和促进审判效率有着不容忽视的推动作用。”

# 全省法院党建工作会议

4月18日，全省法院党建工作会议在河源召开。最高法院党组成员、政治部主任周泽民，最高人民法院政治部副主任于厚森，省法院党组书记、院长郑鄂，省委组织部副厅级组织员王叶敏，河源市委书记、市人大常委会主任陈建华，省法院党组副书记、常务副院长陈华杰，省法院党组成员、政治部主任聂式恢等出席会议。

周泽民主任在讲话中充分肯定广东法院系统党建工作取得的成效，指出广东法院党建工作认识到位、措施得力，走在了全国法院的前列，在全国率先联合省委组织部出台加强法院系统党建文件，对全国法院是个重大贡献，值得各地学习借鉴。王叶敏同志在讲话中指出，加强法院系统党建工作，是加强党对法院工作领导、落实依法治省、推进法治广东建设和加强法院队伍建设、提高司法为民水平的迫切需要，具有十分重大的现实意义。要求各级党委和组织部门要扎实推动，各级法院要真抓实干，形成各级党委、法院党委（党组）齐抓共管的法院系统党建工作格局。

郑鄂院长对深入推进全省法院系统党建工作作出六项部署：一是抓住机遇，切实树立系统党建工作指导主业意识。全省法院必须珍惜当前面临的全党深入开展“创先争优”活动、最高法院部署建立全国法院系统党建工作指导机制和省委组织部给予的良好政策等三大机遇，树立主业意识，积极履行配合党委抓好系统党建工作指导的职责。二是明确任务，切实实现“抓党建带队建促审判”的目的。上级法院要指导下级法院完善党的组织建设，建立和完善党员教育管理长效机制，开展机关党建先进经验交流，以开展创先争优活动为契机，充分发挥党员干部的模范作用，为建设公正高效权威的司法制度服务，实现指导下级法院提高“抓党建”的水平、发挥“带队建”的作用、实现“促审判”的目的。三是要勇于创新，不断提高法院系统党建工作指导的水平。各级法院要进一步解放思想，注重理论创新、实践创新、效果创新，丰富党建理论依据，关注、尊重、总结实践，接受效果检验。四是要正确处理“三个关系”，确保系统党建工作指导顺利开展。要正确处理好系统指导与党委领导的“条块结合”关系、上级法院与下级法院的“上下联动”关系、“一个中心两条线”的“整体推进”关系，全面提高党建工作的能力和水平。五是要坚持长短兼顾，突出结合“两项活动”抓党建指导。要重点围绕最高法院关于“认真学习贯彻十一届全国人大四次会议精神，扎实开展两项活动，有效推动三个提升”的工作部署，扎实开展创先争优和主题教育实践活动，有效推动队伍素质、审判质量、司法公信力三个提升。要扎实开展“奋力实现排头兵目标年”活动，推进达标竞赛活动，促进司法公开、廉洁司法，促进人大代表政协委员联络工作，夺取整体工作争当排头兵的决定性胜利。六是要坚持狠抓落实，加强党建工作检查考核。要统一建立党建工作台账，建立健全党建工作长效考核制度和下级法院党建工作述职制度，专项通报考核结果，落实党建工作责任制。

# 全省法院执行工作视频会议

4月20日上午，省法院召开全省法院执行工作视频会议。省法院党组成员、执行局局长许佩华同志出席会议并作重要讲话。会议由省法院执行局林秀雄副局长主持。省法院执行局全体人员在省法院主会场参加会议。全省各中院、基层法院及广州海事法院分管执行工作的院领导、执行局全体人员在分会场参加会议。

会议的主题是回顾总结2010年全年和2011年第一季度全省法院执行工作，分析当前面临的形势，明确了全省法院今年执行工作的任务，部署了当前和今后一段时期的执行工作。

许佩华局长在讲话中深入分析了当前执行工作面临的新形势、新任务。我省执行工作离“排头兵”的目标还有距离，执行工作中一些深层次的问题亟须解决。全省各级法院要着重抓好八个方面的执行工作，确保争当全国执行工作排头兵的目标如期实现。深入开展“达标竞赛”和“创建”活动。将排头兵目标竞赛活动和无执行积案先进法院创建活动有机结合起来，同步推进，既要实现竞赛活动执行各项考核指标的达标，又要实现在明年初全省有三分之一的法院被授予“无执行积案先进法院”称号的目标。全面落实执行公开，推动执行工作上新台阶。要通过公开案件办理、公开执行事务、公开法律文书、加强执行工作宣传等措施，加大执行公开力度，主动接受社会各界监督。扎实有效地开展反规避执行专项活动。要高度认识开展反规避执行工作的重要性，加强领导、精心组织、创新方法，坚决破除和制裁被执行人规避执行的各种行为。深入推进主动执行制度改革。要按照省法院的工作部署，大幅提升主动执行的比例。要在执行过程中充分发挥职权主义作用，使主动执行改革真正带来我省执行工作理念转变、作风改进和形象改善。加快省市两级执行指挥中心建设。今年执行指挥中心由重点建设转向建设与应用并重，由省法院一家建设转向省法院和中级法院共同建设。各中院、有条件的基层法院要积极推进区域查询系统建设，实现与当地国土、房产部门的数据联网，探索建立区域内联合执行、协作执行的工作模式，实现整合资源和快速反应的目的。进一步强化执行申诉信访工作，完善信访工作制度。继续推进执行申诉信访专门机构设置，配备专职人员加强与其他涉执行申诉信访部门和法院内部立案、审判之间的联系、沟通，努力形成多方联动化解执行申诉信访问题的新机制。积极推进社会诚信体系建设，综合治理执行难。各级法院要积极寻找对策，主动推动社会诚信体系建设。推动建立党委领导下的综合治理执行难的新格局，协调多方面力量共同解决执行难这一社会问题。进一步加强执行队伍的作风和廉政建设。要认真开展主题教育活动、向曹林同志学习活动。要进一步完善制度、堵塞漏洞，加强对执行款的管理，确保执行安全和执行款物安全。

# 全省法院2010年度重点调研课题验收、优秀调研成果评比暨2011年度重点调研课题评标会

5月16日，省法院在珠海召开会议，对全省法院2010年度重点调研课题成果进行验收，对全省法院2010年度优秀调研成果进行评比，并对全省法院2011年度重点调研课题进行了评标。

为了确保评审验收及评标工作公开公正，省法院组织成立了由省法院谭玲副院长任主任的评审委员会，并邀请了省委党校宋儒亮教授、中山大学法学院慕亚平教授、广东商学院法学院彭真军教授及省法院有关部门的负责人担任评委。评审委员会对本院各部门和各中院送评的83篇调研成果进行了评比，经过严格评审，共评定优秀调研成果共38篇，其中省法院刑四庭课题组撰写的《关于扩大我省非监禁刑适用的调研报告》等3篇获得一等奖，珠海中院课题组撰写的《关于充分发挥司法能动性、服务珠海经济社会发展的调研报告》等6篇获得二等奖，东莞市第一人民法院课题组撰写的《法院信息化管理应用平台的科学构建——以东莞第一法院信息化管理系统为分析对象》等9篇获得三等奖，省法院刑一庭课题组撰写的《关于统一全省法院刑事证据采信标准的调研报告》等20篇获得优秀奖。

评审委员会对15个中院和基层法院承担的全省法院2010年度10个重点调研课题进行了评审验收。经评审，共有14个课题成果通过验收，其中河源中院并华南师范大学课题组承担的《拓展窗口服务渠道不断满足人民群众司法需求的调研报告》等5个课题成果评定为优秀，中山中院课题组承担的《关于规范先予执行的调研报告》等9个课题成果评定为良好；另外1个课题成果由于完成情况未达标而暂缓通过，限期修改后再次提交验收。

评审委员会还对全省法院2011年度重点调研课题进行了评标。今年省法院围绕当前我省法院工作亟须解决的问题，共确定了《关于审理黑社会性质犯罪案件的调研》等10个重点调研课题，在全省法院进行招标。全省各级法院积极参与，踊跃申报，共有33个法院申报课题，其中深圳中院申报了5个课题，广州中院申报了3个课题，东莞中院、深圳市龙岗区法院、深圳市宝安区法院和佛山市南海区法院各申报了2个课题。经评审委员会评定，共有15个法院中标，其中广州中院中标3个课题，深圳中院中标2个课题。

# 全省法院刑事审判工作电视电话会议

7月8日，省法院召开全省法院刑事审判工作电视电话会议。会议的主要内容是传达全国法院刑事审判工作座谈会（重庆会议）精神，回顾总结全省法院2010年以来的刑审审判工作，安排部署2011年下半年的工作。参加此次会议的有：省法院李毅峰副院长、洪适权副院长、审委会刑专委委员和审管办、刑庭、立案庭、审监庭全体刑事审判人员，各中级法院、基层法院主管刑事审判工作的副院长、审委会委员和全体刑事审判人员。

会议由省法院审委会专职委员宾毅成同志主持。会议共有三项议程：一是由省法院刑一庭副庭长钟道春同志传达全国法院刑事审判工作座谈会（重庆会议）精神；二是省法院党组成员、副院长洪适权同志讲话；三是省法院党组成员、副院长李毅峰同志讲话。结合重庆会议精神，本次会议共提出了十一个方面的重要工作：一是抓好《刑法修正案（八）》的学习贯彻和相关调研工作；二是进一步贯彻落实党的死刑政策，加强对全省法院死刑案件审理工作的指导；三是进一步推动全省法院贯彻执行好宽严相济刑事政策；四是全面加强职务犯罪案件审判工作；五是强化监督指导工作，全面提升办案质量和效率；六是全面推进量刑规范化试行工作；七是抓好非监禁刑的适用和执行工作；八是积极参与社区矫正工作；九是加快推进远程视频开庭、提讯工作；十是加强审限内结案、均衡结案工作；十一是强化社会矛盾化解工作，完善绩效考核管理制度和案件质量评估指标体系，加强司法建议工作。

本次会议内容十分重要，需要与会的三级法院刑事审判人员认真学习，深刻理解会议精神，研究确定具体贯彻落实的措施，扎扎实实地把会议精神落到实处。以此次会议为契机，进一步提高全省法院刑事审判人员的执法水平，确保我省法院刑事审判工作圆满完成争当全国法院排头兵的目标任务！

# 全省中级法院院长工作会议

7月12日下午至15日上午，省法院在汕头市南澳县召开全省中级法院院长工作会议，会议听取了省法院、各中院上半年工作总结和下半年工作部署，学习贯彻胡锦涛总书记"七一"讲话精神、全国大法官研讨班及省委十届第九次全会精神，总结表彰和进一步部署"三件大事"，总结争当排头兵以来的进程、今年上半年全省法院工作，对照先进兄弟法院工作分析存在的差距和不足，研究部署今年下半年和今后一个时期的工作。省法院院长郑鄂出席会议并作重要讲话，省法院党组副书记、常务副院长陈华杰作工作报告，省法院全体院领导出席会议并围绕分管的工作发言。省法院副厅级干部、各部门主要负责人，全省各中院院长、办公室主任、研究室主任约120人参加会议。

郑鄂院长指出，这次会议是在"奋力实现年"过半之际，召开的承上启下的总结推进会，争当排头兵进入最关键阶段，争当服务大局排头兵取得可喜进展，争当公正司法排头兵取得可喜进展，争当改革创新排头兵取得可喜进展，争当科学管理排头兵取得可喜进展，争当队伍建设排头兵取得可喜进展。

郑鄂院长强调，争当排头兵还有差距，最大的、根源性的是观念上的差距，必须继续破除夜郎自大的观念，必须继续破除瞻前顾后的观念，必须继续破除浅尝辄止的观念，必须继续破除虎头蛇尾的观念，必须继续破除闭关自守的观念。

郑鄂院长要求，实现排头兵目标、促进长远科学发展，必须更加鼓足干劲，要有一股"虎劲"，要有一股"牛劲"，要有一股巧劲，要有一股韧劲，要有一股钻劲。不断破除观念障碍是争当排头兵、实现长远科学发展的战略前提。进一步解放思想、革新观念，进一步振奋精神、鼓舞干劲，更加高定位、高标准，更加勤奉献、重落实，确保如期实现排头兵目标，为广东法院长远科学发展美好的明天，加倍努力、奋斗不息！

# 全省法院案件质量管理排头兵电视电话会议

9月7日上午，省法院召开了全省法院争当案件质量管理排头兵电视电话会议。会议由省法院李毅峰副院长主持，省法院郑鄂院长、陈华杰常务副院长出席会议并作了重要讲话。省院其他院领导、审委会专职委员、各部门主要负责人、审判执行部门审判员以上干部以及审管办全体同志在省院主会场参加了会议。全省各中院及基层法院均设分会场，各中院及基层法院领导班子成员、各部门主要负责人、审判员在分会场参加了会议。

郑鄂院长在讲话中深入分析了加强案件质量管理工作对于奋力实现排头兵目标的重要意义，他指出，狠抓案件质量就抓住了司法工作的根本和基础，是回应人民群众司法需求的关键方法，是树立司法公信的必然要求，也是实现争当排头兵目标的基本途径。他要求，全省各级法院要切实发挥案件质量管理在“奋力实现年”中不可替代的作用，要把握宏观，切实发挥案件质量评估指标体系的导向作用；要立足微观，切实发挥案件质量评查的结果监督作用；要同步监控，切实发挥审判流程管理的程序规范作用。最后，郑院长强调，要以排头兵精神全力破解影响提高案件质量的司法难题，要在缓解人案矛盾、着力提高司法能力、加强执行力建设和完善审判权的监督制约机制上狠下工夫，务求实效。

陈华杰常务副院长在讲话中总结回顾了近年来我省法院加强案件质量管理工作取得的成绩和经验，通报了省法院开展案件质量评查的有关情况，深入分析了案件质量管理工作存在的不足，并就加强案件质量管理工作作出部署。此外，他还对清理长期未结案件工作提出了明确的要求。

# 全省诉前联调工作交流会

10月11日，省委政法委、省综治委、省法院在深圳联合召开全省诉前联调工作交流会。会议的主题是进一步学习贯彻省委关于加强社会建设的决定精神，总结我省前一阶段开展诉前联调工作情况，交流经验，部署全面完善诉前联调机制建设。会议由省委政法委副书记、秘书长朱穗生主持。省委常委、政法委书记梁伟发、省法院党组书记、院长郑鄂出席会议并作重要讲话。省委政法委、省社工委、省人大内司委、省政协社法委、省依法治省办、省法院、省检察院、省公安厅、省国家安全厅、省民政厅、省司法厅、省人力资源与社会保障厅、省国土厅、省建设厅、省卫生厅、省总工会、省妇联，省保监局、深圳保监局，广东人保、平安、太平洋保险公司等单位的负责同志，省综治五个督导组的组长以及珠三角九市党委政法委书记、综治办主任、中级法院院长和所辖各县（区、市）人民法院院长，深圳市各区党委政法委书记、综治办主任等150余人参加了会议。各地级以上市和珠三角各县（区、市）参照省主会场的参会人员分别在各地分会场参加了会议。人民日报、光明日报、法制日报、新华社、中新社等中央媒体和南方日报、羊城晚报、广州日报、南方电视台、南方网等省内媒体应邀派记者参加会议。谭玲副院长代表我院参加会议。

交流会会期一天。上午为珠三角九市深圳现场会，全体会议代表参观了宝安区法院和南山区法院的立案大厅（诉讼服务大厅）、诉前联调工作区等工作区域，实地观摩了两地诉前联调工作的具体运作流程，听取了该两院诉前联调工作汇报。在南山区法院，梁伟发等领导同志还与大学生志愿者进行亲切交谈，勉励他们在工作中要更加注重理论与实践相结合，更加注重贴近群众，实实在在为人民服务。之后代表集中开会，珠三角九市政法委书记分别汇报了各市诉前联调工作推进情况。下午召开全省电视电话会，深圳中院、广州越秀法院、惠州博罗县委、深圳宝安人力资源局、东莞公安交警支队石排大队、乐从钢铁贸易协会等六个单位在会上发言，分别介绍了本地区、本单位开展诉前联调工作的做法和经验。郑鄂院长对我省前一阶段开展诉前联调的工作情况进行总结，并对下一阶段工作开展提出要求。梁伟发书记发表重要讲话。

会议期间，与会代表普遍认为，诉前联调作为贯彻落实中央提出的“三项重点工作”，推动社会矛盾化解、社会管理创新的重要举措，对整合社会各方力量、建立矛盾纠纷多元调处机制，减少进入诉讼程序案件数量，实现社会矛盾纠纷的源头治理、建设幸福广东具有重大的现实意义；纷纷表示将以此次交流会为契机，继续探索完善本地诉前联调工作的机制、制度建设，充分发挥各领域的调解力量在大综治、大调解工作格局中的作用，合力构建和谐社会。

# 全省中级法院院长理论务虚会

12月7—8日，省法院召开全省法院院长理论务虚会，省法院党组提出，全省法院自2009年起开展为期三年的整体工作争当全国法院排头兵活动已近尾声，各项指标基本达标，群众对全省法院工作满意率达95.1%，在全国的排头兵地位认可度达92.7%。明年全省法院工作要从思想上、行动上及时从争当排头兵转变到当好排头兵这个新目标上来，抓住中央和最高院出台《法官职务序列设置暂行规定》、《人民法院工作人员分类管理制度改革意见》、《关于在部分地区开展解决“案多人少”问题改革试点工作的通知》的有利契机，抓住五个突破口推动司法改革，破解司法实践中的难题。

一是在履行职责上创新机制破难题。建立落实宽严相济刑事政策新机制，推动对部分案件试行诉辩交易，扩大刑事被害人救助幅度，完善民商事裁判标准尽量统一机制，破解群众误认为裁判不公、被害人家属上访闹访等难题；完善主动执行和执行指挥中心机制建设，推动社会诚信体系建设，推动对“赖债者”边控措施覆盖全国范围，破解执行难题。二是在服务大局上创新机制破难题。建立依法办案与服务大局相结合的业务经验总结指导机制，进一步推动诉前联调工作机制，优化三级法院司法职能定位，试行社会义工担任“调解法官”制度，缓解诉讼压力过大、诉讼调解力量不足难题；建立诉访分离和组建接访专家指导小组等机制，破解信访工作效果不好难题；创新司法便民工作机制，推广“门诊式”立案调解机制，破解群众认为诉讼成高、诉讼不便利难题。三是在审判管理上创新机制破难题。进一步完善办案质效评估机制、办案流程效率监控机制，完善司法公开机制，建立审判业务分类指导机制，发挥质效指标的科学导向性作用，破解不同审级、不同法院间司法标准差异过大的难题；建立信息化手段应用和升级发展机制，破解审判管理不到位、办案效率不高的难题。四是在司法保障上创新机制破难题。加强与财政、发改委等部门的联系沟通，积极推动法官员额制改和人员分类改革，建立综合审判机制，破解司法办案人力资源保障不足和财政保障不足难题。五是要在能力作风上创新机制破难题。建立干警工作激励机制，使个人绩效与提拔晋级更加科学挂钩，破解队伍编制不够、政治待遇不高等难题；创新党风廉政建设新机制，破解廉政教育监督针对性不够的难题；向社会公开行贿者名单，加大对影响司法公正的行贿者的打击力度，破解源头治理不力难题。

# “综合审判机制”试行工作会议

12月14日，省法院在阳西县法院召开广东法院“综合审判机制”试行工作会议，旨在推进人员分类管理改革，构建新的审判运行机制，破解部分欠发达地区法院法官短缺难题。省法院党组成员、政治部主任聂式恢同志出席会议并作讲话，阳江中院代院长赵菊花、阳西县委领导致辞，13个综合审判机制试行法院院长、试行法院所属中院领导，以及省法院政治部、办公室、审管办、研究室、行装处、宣传处有关负责同志参加了会议。

聂式恢主任充分肯定了阳西县法院推行“综合审判机制”改革的经验，指出，省法院在阳西县法院开展"综合审判机制"改革试点，整合了有限的审判资源，优化了人才组合，对于解决法官短缺问题，确保办案质量，提高办案效率起到了很好的作用，探索出了一条解决山区法官短缺问题的新方法、新路径。2010年12月，省法院下发通知，推广“阳西模式”并扩大改革试点工作。2011年7月，郑鄂院长专程考察了阳西县法院“综合审判机制”改革试点工作，给予了充分肯定。随后省法院召开了“综合审判机制”试点工作座谈会，郑鄂院长明确指出，完全可以大胆、稳妥、有效地在法官短缺问题突出的基层法院推行“综合审判机制”。

聂式恢主任就下一步如何推行“综合审判机制”试行工作提出了三点要求：一是统一思想，充分认识试行“综合审判机制”的重大意义。“综合审判机制”试点是贯彻中央和最高法院部署的需要，是欠发达地区法院解决“法官短缺”难题的有益方法，是贯彻落实全省中院院长理论务虚会精神的具体行动。各级法院一定要充分认识到试行“综合审判机制”改革的重要性和必要性，切实把推行“综合审判机制”工作作为一件关系全省法院审判队伍建设全局的大事来抓。二是明确任务，积极稳妥地推进"综合审判机制"试行工作。要明确改革任务。要把握方法步骤。这次改革试点将按试行准备、组织实施、评估完善三个阶段推进。要掌握运行模式。全面了解工作模式和流程，为顺利试行打下良好基础。要抓好关键环节。在推行“综合审判机制”过程中，一定要抓好定方案、抓选任、搞培训、强考核、重教育五个关键环节。三是高度重视，加强对“综合审判机制”试行工作的组织领导。要加强领导，争取支持。各试行法院一定要高度重视，尽快成立改革领导小组，制定工作方案，明确职责分工，落实责任人。各相关中院要加强指导，确保试行工作稳步、有序、顺利推进。“综合审判机制”试行必须紧紧依靠地方党委、人大、政府和组织人事部门的支持。内外兼顾，扩大效用。细化工作，确保稳定。加强总结，推动创新。

# 第一次全省法院外事暨司法协助工作会议

12月15日至16日，第一次全省法院外事工作暨司法协助工作会议在广州番禺召开。陈华杰常务副院长出席会议并致辞，番禺区政法委副书记陈景林代表番禺区委致辞，办公室卫俊儒主任代表省法院作了题为《服务司法职能，促进司法发展，努力开创我省法院外事工作新局面》的会议报告，省外办和省台办的相关部门领导参加会议并做了专题辅导报告。

我院相关部门的负责同志和21个中级法院以及铁路中级法院、海事法院主管外事工作的院领导、司法协助工作的负责人以及个别基层法院从事司法协助工作的负责人共约70人参加了会议。

这次会议是我省法院第一次专门就外事工作和司法协助工作举行的重要会议。会议的主要任务是：传达2011年11月全国法院外事工作座谈会会议精神；通报我省法院外事工作及司法协助工作具体情况及下一步工作思路；认真学习中央关于外事工作新的政策和规定，学习司法协助工作的具体规定；认真分析国际国内形势发展对法院外事工作提出的新要求，进一步推动我省法院外事工作服务司法职能、促进司法发展，努力开创我省法院外事工作新局面。

# 征求各民主党派、工商联、无党派人士工作意见建议座谈会

12月29日下午，省法院召开各民主党派、省工商联、无党派人士工作意见建议座谈会。民建中央副主席、民建广东省委主委、全国人大代表宋海，省委统战部副部长、省人大代表唐晓萍，民盟中央副主席、民盟省委会主委，全国政协常委、省政协副主席温思美，致公党中央副主席、致公党省委会主委，全国人大代表、省政协副主席王珣章等来自省民革、民盟、民建、民进、农工党、致公党、九三学社、台盟、工商联和省委统战部等各条战线的代表们参加了座谈会。省法院党组书记、院长郑鄂在会上通报了2011年广东法院工作情况，并邀请与会人士观看了“广东法院司法公开专题短片”，认真征求对法院工作的意见和建议。会议由省法院党组副书记、常务副院长陈华杰主持，省法院副厅级干部、纪检组副组长、政治部副主任、执行局副局长、各部门主要负责同志参加了会议。

郑鄂院长在会上指出，广东法院近几年来的工作所取得成绩离不开各民主党派、省工商联、无党派人士的监督、关心、帮助和支持，在接下来的工作中将继续坚持和完善沟通联络机制，认真梳理吸收意见和建议，加强与各条战线的司法合作，为广东经济社会发展大局提供良好的司法保障，为维护社会公平正义做出应有贡献。

# 第三章　重大活动

## 1月

4日　上午，省法院在广东法官（培训）学院召开与省内主要媒体负责人座谈会。省法院党组书记、院长郑鄂出席座谈会并讲话，省法院党组副书记、常务副院长陈华杰主持会议。

5日　最高人民法院副院长熊选国一行6人抵达广州，视察南沙区法院。6日，熊选国副院长一行与部分在粤全国人大代表、政协委员座谈。省法院副院长李毅峰主持座谈，最高法院刑二庭庭长裴显鼎、刑三庭副庭长朱和庆、监督办副主任张天若，参加了座谈。

6日　第一次全国民事再审审查工作会议在广州召开。最高法院院长王胜俊对会议的召开作出重要批示，最高法院党组副书记、常务副院长沈德咏通过视频讲话提出工作要求，最高法院副院长苏泽林出席会议并作工作报告，省法院长郑鄂出席开幕式并致辞，省法院党组副书记、副院长凌祁漫代表我省法院在会上作经验介绍。

11日　省法院在广东法官（培训）学院承办了广东省女政法工作者联谊会活动。省法院党组书记、院长郑鄂同志出席会议并致辞。省法院副院长、省女政法工作者联谊会副会长谭玲主持了联欢会的领导讲话议程。省妇联副主席徐春莲、巡视员杨洁芝，省法院党组成员、政治部主任聂式恢，党组成员、执行局局长许佩华出席了会议。

12—13日　省法院在六楼多功能厅召开全省中级法院院长会议。省法院党组书记、院长郑鄂出席会议并作工作报告，省法院党组副书记、常务副院长陈华杰主持会议并做工作部署。

19日　上午，省委组织部与省法院联合调研组在广州召开征求《关于加强和改进全省法院系统党建工作的意见》意见座谈会。省法院党组成员、政治部主任聂式恢出席会议。

21日　上午，省法院在六楼多功能厅召开“两会”联络员工作会议。省法院党组副书记、常务副院长陈华杰出席会议并讲话。

## 2月

12日　上午，省法院在六楼多功能厅举行2011-2012年度党风廉政建设责任书签订仪式。省法院党组书记、院长郑鄂和在家院领导班子成员出席仪式，省法院党组成员、纪检组组长贾永庆主持仪式。

12日　上午，省法院在六楼多功能厅召开“全省法院以司法公开为平台大力推进司法作风和党风廉政建设大会”。省法院党组书记、院长郑鄂出席会议并讲话，党组书记、常务副院长陈华杰主持会议，省法院全体在家院领导在省法院主会场参加了会议。

14日　上午，省法院在六楼多功能厅召开“推进司法公开工作再动员、再部署会议”。省法院党组副书记、副院长凌祁漫主持会议并讲话，省法院党组成员、纪检组组长贾永庆，政治部主任聂式恢出席会议并讲话。

16日　新疆高院党组书记王记文一行来粤考察。上午，省法院院长郑鄂，党组副书记、常务副院长陈华杰，党组成员、政治部主任聂式恢等与王记文书记一行在省法院五楼党组会议室进行座谈。

21—22日　国家知识产权局专利复审委员会主任杨光一行4人到省法院考察、交流。省法院副院长徐春建与杨光主任一行进行座谈。

23日　上午，省法院党组书记、院长郑鄂接见了我省4名全国优秀法院院长、5名全国优秀法官、9名全国法院办案标兵代表。省法院全体在家院领导参加了接见。

下午，省法院召开司法公开示范法院工作开展情况汇报座谈会。省法院党组副书记、副院长、司法公开领导小组组长凌祁漫，省法院党组成员、政治部主任、司法公开领导小组副组长聂式恢出席会议。

28日　省法院党组成员、执行局局长许佩华代表省法院与人民银行广州分行共同签署了《广东省高级人民法院、中国人民银行广州分行〈关于信息共享事宜的合作备忘录〉》。这是省法院与人民银行广州分行在信息共享、执行联动工作方面取得的又一重大新进展，也是我院以排头兵标准进一步推进执行公

开的一项创新举措，再次开创了全国先河。

## 3月

1日　下午，省法院司法公开工作领导小组办公室邀请中山大学法学院院长徐忠明、副院长丁力到省法院就司法公开工作进行座谈。省法院党组副书记、副院长凌祁漫出席了会议。

4日　下午，省法院召开司法公开工作领导小组第二次工作会议。党组副书记、副院长凌祁漫同志主持会议并讲话，省法院党组成员、纪检组组长贾永庆，党组成员、政治部主任聂式恢出席会议并做了讲话。

8日　省法院副院长谭玲到家事审判合议庭试点单位之一的珠海市香洲区法院，开展对家事审判合议庭试点一年来的总结调研活动。

10—11日　省法院在广东法官（培训）学院召开全省法院司法警察2011年度工作会议。省法院党组成员、副院长李毅峰出席会议并作讲话。

14日　法官学院召开广东省未成年人非监禁刑配套工作体系座谈会。团省委书记、省综治委预防青少年违法犯罪工作领导小组副组长陈东，团省委副书记、省综治委预防办主任陈宏宇，省司法厅党委副书记、巡视员王承魁，省关工委副主任刘林松出席会议。省法院党组副书记、常务副院长、少年法庭指导小组组长陈华杰，省法院党组成员、副院长、少年法庭指导小组副组长洪适权出席会议并讲话。

15日　国务院法制办协调司司长青锋一行在省政府法制办领导的陪同下，莅临省法院就“行政机关参与民事经济活动，参加民事和行政诉讼，执行人民法院生效裁判的基本情况”进行调研。省法院副院长徐春建主持汇报会并作工作汇报。

17日　下午，省法院召开援疆工作协调会。会议具体部署和细化我省法院对口支援新疆工作，并对落实《广东高院对口支援新疆喀什农三师法院工作总体方案》进行了研究。省法院副院长刘恒军出席会议并讲话，党组成员、政治部主任聂式恢主持会议。

20日　省法院与中国政法大学在北京联合举办“关于规范与完善民事再审审查程序的调研”专家论证会。中国政法大学教授、中国法学会民事诉讼法学研究会秘书长宋朝武主持会议。

21日　上午，台湾高雄第一科技大学法科所副所长王劲力一行13人拜会省法院。王劲力一行在省法院四楼五法庭旁听了民三庭公开开庭审理韩国现代IT有限公司诉韩国现代综合商事株式会社、深圳市创见现代电器有限公司商标许可合同纠纷上诉案。

22日　下午，省法院召开涉台审判指导委员会第一次会议。会议对近期台商反映的相关涉台法律问题进行专题研究。省法院副院长徐春建主持会议并讲话。

23—24日　最高人民法院刑五庭高贵君庭长一行八人莅临广东进行刑事审判专项调研。省法院院领导、刑庭庭领导与高贵君庭长一行在广东法官（培训）学院举行座谈。法院副院长李毅峰出席会议并代表省法院对2010年刑事审判工作的总体情况进行了汇报，省法院副院长洪适权出席会议。

24—29日　最高人民法院副院长景汉朝一行来粤调研指导。3月24日上午，景汉朝副院长一行在省法院党组副书记、副院长凌祁漫等领导同志的陪同下到萝岗法院出席“司法公开示范法院”授匾仪式（广东）暨工作汇报会”。景汉朝副院长为获得“全国司法公开示范法院”称号的广东省五家法院颁发了“司法公开示范法院”牌匾。省法院党组副书记、副院长凌祁漫主持会议。

24日　吉林高院考察组一行四人到省法院执行指挥中心参观考察。省法院党组成员、执行局局长许佩华陪同参观并向吉林高院考察组的同志介绍了执行指挥中心情况。

25日　中国女法官协会会长王秀红、秘书长齐淑奎莅临中山中院，对试点一年来的全省家事审判合议庭工作进行总结调研。省法院副院长谭玲率省法院调研组成员与王秀红会长一行在中山中院举行座谈会。

25—29日　景汉朝副院长一行到河源调研涉诉信访工作。28日，景汉朝副院长一行与我省法院的代表召开涉诉信访工作座谈会。省法院党组副书记、副院长凌祁漫主持会议并讲话。

28日至4月1日　省法院司法巡查组对肇庆法院进行专项巡查。

29日　上午，省法院召开了全省法院司法警察岗位大练兵活动电视电话会议。省法院副院长李毅峰出席会议并作动员讲话。

29日至4月1日　全国人大常委会法工委副主任王胜明一行，就民事诉讼法修改工作到广东广州、汕头进行专题调研。最高人民法院副院长奚晓明、福建省高级人民法院院长马新岚、广东省高级人民法院副院长谭玲等陪同调研。3月30日上午，调研组在广东法官（培训）学院召开修改民事诉讼法调研座谈会。省法院党组副书记、副院长凌祁漫主持会议，省法院副院长谭玲出席会议并作主题汇报。会后，省法院党组书记、院长郑鄂会见了调研组一行。3月31日上午，调研组在汕头中院召开修改民事诉讼法调研座谈会。省法院副院长谭玲出席会议，汕头市人大常委会副主任钟展南主持会议，汕头中院院长林平出席会议并作主题汇报。

30日　上午，广东首个“诉前联调工作室”在江门市新会区正式揭牌。省法院副院长洪适权出席揭牌仪

式。

30—31日　省法院在广东法官（培训）学院召开广东法院第二十二届学术讨论会暨表彰大会。省法院党组书记、院长郑鄂为会议发来书面致辞，省法院党组副书记、副院长凌祁漫出席会议并讲话。

31日至4月1日　中国法学会审判理论研究会涉外专业委员会第二次会议暨涉外（港澳台）民商事关系的法律适用研讨会在广东惠州召开。最高法院副院长万鄂湘出席会议并发表讲话，涉外专业委员会主任、省法院院长郑鄂出席会议并作涉外专业委员会工作报告，省法院副院长徐春建主持研讨会开幕仪式作并作专题发言。

## 4月

1日　下午，美国微软公司负责全球知识产权保护法律实务的副总法律顾问大卫费恩先生（David Finn）一行四人拜会省法院，与省法院民三庭和办公室的部分同志进行了座谈。

8日　上午，省法院与部分省直机关单位代表在广东法官（培训）学院进行了座谈。会议听取了省直机关参会代表关于司法建议工作的意见和建议，并对进一步搞好司法建议调研工作进行了具体部署。省法院副院长徐春建主持会议并讲话。

8日　江苏省高级人民法院副院长屈建国一行来省法院考察、学习。上午，省法院领导及相关部门负责人与屈副院长一行座谈，省法院党组副书记、常务副院长陈华杰主持会议。下午，省法院副院长刘恒军出席会议。

12日　上午，澳门廉政公署专员冯文庄先生、助理专员兼反贪局局长关冠雄先生等一行八人访问省法院。省法院党组书记、院长郑鄂在六楼会议室会见了访问团一行。省法院副院长李毅峰，省法院党组成员、纪检组组长贾永庆参加会见。

20日　上午，省财政厅党组书记、厅长曾志权一行到省法院调研，与省法院进行座谈。省法院党组书记、院长郑鄂、省法院党组副书记、副院长凌祁漫、省法院副院长李毅峰出席座谈会，省法院党组副书记、常务副院长陈华杰主持会议。

## 5月

5—6日　省法院在珠海召开全省法院2010年度重点调研课题验收、优秀调研成果评比暨2011年度重点调研课题评标会。

5—19日　省法院全体院领导带队分片到全省23个中级人民法院及所辖部分基层法院进行调研指导。

6—12日　省法院党组书记、院长郑鄂率党组成员、政治部主任聂式恢等一行赴汕尾、揭阳、梅州三地进行调研。

11—19日　省法院党组副书记、常务副院长陈华杰一行赴惠州、深圳两地法院调研两地法院贯彻落实全省法院第一季度工作情况分析暨重点工作推进视频会情况。

10—11日　广东海事审判沟通协调工作会议在广州大学城召开。最高人民法院民四庭刘贵祥庭长、省法院副院长徐春建、广州海事法院院长刘年夫出席会议并讲话。

11日　下午，省直机关工委副书记姚楚旋在省直机关工委研究室钟国辉主任陪同下到省法院调研指导“创先争优促发展”主题实践活动开展情况。

13日　上午，省法院司法公开工作领导小组办公室召开第二次司法公开示范法院工作汇报会。省法院党组副书记、副院长、司法公开工作领导小组组长凌祁漫出席会议并讲话。

23日　上午，西藏林芝地区中级人民法院党组书记、院长向巴次仁一行到省法院协调对口援藏工作。省法院党组书记、院长郑鄂、常务副院长陈华杰、政治部主任聂式恢出席座谈会。

24日　上午，广铁（集团）公司党委副书记、纪委书记、政法委书记徐凌一行到省法院协商广州铁路法院管理体制改革工作。省法院党组书记、院长郑鄂出席座谈会并讲话，广州铁路运输中级法院院长田凤云、副院长龙万等参加座谈会。

26日　上午，省司法厅副厅长梁震一行来省法院调研。省法院党组副书记、常务副院长陈华杰主持座谈会，副院长洪适权、谭玲，党组成员、政治部主任聂式恢出席座谈会。

27日　省法院党组书记、院长郑鄂率调研组一行到江门市新会区、江海区、鹤山市法院就“诉前联调工作室”工作情况和基层法院信息化建设工作等进行调研。郑院长还会见了江门市委陈继兴书记、市委政法委欧钜明书记和市委秘书长黄悦胜同志等领导，江门中院党组书记、院长江基云，副书记、常务副院长赵菊花等陪同调研。

30日　省法院在六楼多功能厅举办全省法院未成年人刑事审判暨非监禁刑正确适用视频培训班。省法院常务副院长陈华杰、副院长洪适权以及省综治委预防青少年违法犯罪工作领导小组办公室主任、团省委副书记陈宏宇出席培训班并作讲话。

## 6月

1—2日　省法院在广州召开全省法院研究室工作会议。

省法院副院长谭玲出席会议并讲话。

2日　下午，中纪委派驻最高人民法院纪检组副组长周小莹一行三人到省法院对广东法院廉政档案等纪检监察工作开展情况进行调研指导。院党组成员、纪检组组长贾永庆出席座谈。

2日　下午，最高人民法院执行局局长卫彦明一行三人到省法院考察调研执行工作。省法院党组成员、执行局局长许佩华出席座谈会并讲话。6月3日，卫局长赴深圳中院继续考察执行工作，并与深圳中院的相关人员进行了座谈。省法院党组成员、执行局局长许佩华陪同考察。

3日　上午，省法院在六楼多功能厅召开全省法院执行款管理专项整治活动视频会议。省法院党组成员、纪检组组长贾永庆出席会议并作讲话，省法院党组成员、执行局局长许佩华主持会议并作讲话。

7—15日　省法院党组书记、院长郑鄂率省法院院领导、办公室、审管办、研究室、信息中心负责人及全省23个中级法院院长组成的考察团赴江苏、上海、山东三省市法院考察学习。共走访、参观3个高院，14个中院和3个基层法院，召开9场座谈会，近300人次参会。此次考察是我省法院有史以来组成的规格最高、规模最大、范围最广的考察活动。

8—10日　省法院在中山举办广东省“珠三角”地区法院行政审判业务培训班。省法院副院长刘恒军出席培训班。

10日　下午，省政法网办主任索健元率队到省法院调研政法网一期工程建设情况。省法院党组副书记、副院长凌祁漫出席座谈会并讲话。

15—17日　最高法院监督工作办公室主任刘京香率队到广东对人民法院自觉接受监督工作开展专项检查调研。16日上午，最高法院在广东法官（培训）学院召开自觉接受监督工作专项检查调研座谈会。省法院党组副书记、常务副院长陈华杰在座谈会后会见了各位与会代表。16日下午至17日，调研组还分赴惠州、佛山两地法院，并与法院代表进行了座谈。

17日　下午，省法院在六楼多功能厅召开2011年度案件质量评查工作动员会议。省法院常务副院长陈华杰出席会议并讲话。省人大代表乔丽媛及省政协委员曾添贵、刘涛作为省法院案件质量评查活动的“特邀评查员”参加会议。

21—25日　最高法院在广东法官（培训）学院举办全国法院纪检监察业务培训班。开班仪式由最高法院纪检组副组长周小莹主持，最高法院党组成员、纪检组组长张建南，最高法院纪检组副组长、监察室主任任卫华出席，省法院党组书记、院长郑鄂，中共广东省纪委副书记丘海等出席开班仪式并致辞。

21日下午至22日　省法院党组书记、院长郑鄂率省法院有关部门负责人到深圳法院调研考察。调研考察期间，省法院院长郑鄂拜访了省委常委、深圳市委书记王荣，就法院工作交换了意见，并与深圳市委常委、龙岗区委书记蒋尊玉及深圳中院、龙岗区有关领导和龙岗法院领导班子成员，就法院工作服务大局、提升社会认同度等问题进行交流。

22—23日　最高法院办公厅副巡视员李书明率最高法院、公安部安保工作联合督查组到广东法院检查安保工作。省法院党组副书记、常务副院长陈华杰出席会议并讲话。

22日　下午，省法院举行建党九十周年党史专题学习辅导会。广东省党史宣讲团副团长、省委宣传部讲师团团长曾凡光同志作题为“中国共产党建党90周年的辉煌成就与历史启示”党史专题学习辅导。省法院党组副书记、常务副院长陈华杰同志主持会议并讲话，党组副书记、副院长凌祁漫，副院长徐春建，党组成员、政治部主任聂式恢出席会议。

23日　上午，应省法院副院长徐春建邀请，深圳团省人大代表文焕一行就审判工作来省法院交流座谈。

27—29日　省法院党组副书记、副院长凌祁漫一行14人赴常州考察学习。

27日至7月1日　省法院两个司法巡查组分别在湛江、茂名两地，对中院第一轮司法巡查的整改落实情况进行“回头看”，对党风廉政建设责任制和今年重点工作落实情况进行专项巡查。

28日　下午，省法院在六楼多功能厅举行“学党史、跟党走”党史知识竞赛决赛。党组副书记、常务副院长陈华杰，副院长徐春建、洪适权，党组成员、纪检组组长贾永庆，党组成员、政治部主任聂式恢，党组成员、执行局局长许佩华出席竞赛现场并为获奖的代表队颁发了奖杯和荣誉证书。

省法院在六楼多功能召开庆祝中国共产党成立90周年暨表彰大会。会议表彰了6个先进基层党组织、59名优秀共产党员、17名优秀党务工作者。省法院党组书记、院长郑鄂出席会议并作重要讲话，党组副书记、常务副院长陈华杰主持会议，副院长徐春建、洪适权，党组成员、纪检组组长贾永庆，党组成员、执行局局长许佩华出席会议，党组成员、政治部主任聂式恢出席会议并宣读表彰决定。

29日　下午，省法院党组书记、院长郑鄂到省法院信息中心调研指导全省法院信息化建设“08工程”工作。

30日　上午，省法院参加广东省铁路法院检察院管理体制改革移交框架协议签订仪式。省法院党组副书记、常务副院长陈华杰，省检察院党组副书记、常务副检察长陈武、广铁（集团）公司董事长、党委书记徐啸明分别代表省法院、省检察院、广铁（集

团）公司在移交框架协议上签字。省委副秘书长刘日知和广铁（集团）公司徐董事长分别代表接收方和移交方作讲话。省委政法委副秘书长李柏阳、省铁路法院检察院管理体制改革联席会议各成员单位领导以及广铁两级法院、检察院领导出席签订仪式。省编办副主任陈雄贵主持仪式。

下午，省法院参加“听党话为人民”省直政法机关领导干部“发扬传统、坚定信念、执法为民”主题教育实践活动诗朗诵比赛。省法院领导班子朗诵了诗歌《听党指挥司法为民》，“忠于党，忠于人民，忠于宪法和法律”的铮铮誓言充分表达了人民法院跟党走的坚定信念和为人民司法的不变情怀。省法院诗朗诵荣获第三名，省委常委、政法委书记梁伟发为获奖的单位颁发了荣誉证书并作重要讲话。省委政法委、省法院、省检察院、省公安厅、省国家安全厅、省司法厅领导班子成员共六支队伍参加了比赛。

## 7月

1日　省法院在佛山召开全省部分中级法院加强职务犯罪及涉外犯罪案件审判工作座谈会。省法院副院长李毅峰出席会议并作重要讲话。

1—2日　省法院院长郑鄂到韶关法院调研。调研期间，省法院党组书记、院长郑鄂会见了韶关市委书记、市人大常委会主任郑振涛，市委副书记林耀明，市委常委、政法委书记赖日先等地方党政领导，双方就法院工作的科学发展交换意见。

6日　广西高院副院长林金文带领广西法院涉外商事海事审判考察组一行八人来省法院考察、学习。省法院与考察组举行座谈，重点介绍了我省信用证纠纷案件的审理情况。省法院副院长徐春建出席并主持座谈会。

8日　省法院召开全省法院刑事审判工作电视电话会议。省法院副院长李毅峰、洪适权在省法院主会场出席会议并讲话。

12—15日　省法院在汕头市南澳县召开全省中级法院院长工作会议。省法院党组书记、院长郑鄂出席会议并作重要讲话，省法院党组副书记、常务副院长陈华杰作工作报告，省法院全体院领导出席会议并围绕分管的工作发言。省法院副厅级干部、各部门主要负责人，全省各中院院长、办公室主任、研究室主任约120人参加会议。

19日　上午，广东省妇联副主席徐春莲一行来省法院座谈。省法院副院长谭玲主持座谈会并讲话。

20日　下午，省法院召开全院各部门党支部书记会议。党组成员、政治部主任、机关党委书记聂式恢出席会议并讲话。

20—22日　省法院党组书记、院长郑鄂、副院长洪适权一行到湛江、阳江两地法院调研。调研期间，郑鄂院长会见了湛江市委书记刘小华，市委副书记、政法委书记严植婵，阳江市委副书记、纪委书记丘志勇，就法院工作科学发展交换意见。

22日　上午，云南省高级人民法院考察组一行七人来省法院执行指挥中心参观考察。党组成员、执行局局长许佩华出席座谈会。

30日至8月3日　最高法院立案二庭副庭长曹巍一行来粤调研民事再审审查工作。8月1日上午，调研组与省法院、部分中院在广东法官（培训）学院举行调研座谈会。省法院党组副书记、副院长凌祁漫会见了调研组一行，并与曹巍副庭长等就再审审查工作进行了讨论和交流。8月2日，调研组赴深圳等法院开展调研活动。

## 8月

1日　上午，省法院在六楼多功能厅召开复转军人座谈会。省法院党组副书记、常务副院长陈华杰出席会议并代表省法院党组和郑鄂院长对全院复转军人致以节日问候。省法院副院长刘恒军，党组成员、纪检组组长贾永庆，党组成员、政治部主任聂式恢出席会议。

2日　上午，美国专利商标局新任副局长特里萨女士、美国驻华大使馆知识产权官员等一行七人拜会省法院。省法院副院长徐春建接见了访问团一行，并与访问团举行座谈会。

4—5日上午　省法院在深圳市龙岗区召开部分中级法院知识产权审判工作座谈会。省法院副院长徐春建出席会议并讲话。

5日　下午，省法院党组副书记、副院长凌祁漫率队到深圳督导深圳法院迎“大运”信访维稳工作。

省法院在六楼多功能厅开展观看廉政纪律教育片活动。活动共播放《清正为民写忠诚》、《暴风雨中的忏悔——皮黔生渎职受贿案警示录》、《欲盖弥彰——刘志华腐败案警示录》三部廉政纪律教育片。省法院院领导及全院干警参加活动。

8日　下午，省人力资源和社会保障厅副厅长杨红山一行四人来省法院调研高温津贴的有关法律适用问题。省法院副院长谭玲与杨红山副厅长一行举行座谈会。

8日　省法院在江门开平市召开全省部分中级法院涉外商事海事审判工作座谈会。省法院副院长徐春建出席会议并讲话。

11日　上午，省法院召开机关纪委党风廉政建设工作

会议。省法院党组成员、纪检组组长贾永庆出席会议并讲话。

下午，省法院在广东法官（培训）学院召开法院立案信访窗口监督员座谈会。省法院党组副书记、副院长凌祁漫出席座谈会并讲话。

12日　上午，省法院召开法院微博工作座谈会。省法院党组副书记、常务副院长陈华杰出席会议并讲话。

15日　下午，省法院召开全省法院量刑规范化办案系统培训暨阶段总结视频会。省法院副院长洪适权出席会议并讲话。

16日　上午，省法院在六楼多功能厅召开广东法院“大审判机制”试点工作座谈会。省法院院长郑鄂出席会议并作重要讲话，省法院党组副书记、常务副院长陈华杰主持会议，党组成员、政治部主任聂式恢出席会议。

下午，省法院举行广东法院“群众在我心中”先进事迹报告团首场报告会。报告团由全省法院近年涌现出来的优秀法官中的10名杰出代表组成。省法院党组书记、院长郑鄂出席会议并讲话，省法院党组副书记、常务副院长陈华杰主持会议，省法院全体在家院领导参加会议。

18日　下午，省法院在人民银行广州分行总部与人民银行广州分行及八家商业银行召开座谈会。省法院党组成员、执行局局长许佩华，人民银行广州分行党组副书记、副行长牛晓闽，以及工商银行广东省分行、农业银行广东省分行、中国银行广东省分行、交通银行广东省分行、招商银行广州分行、广州银行、广州农村商业银行等各商业银行相关负责人参加座谈会。

18—19日　省法院邀请扶贫点连南必坑村小学师生代表30余人到广州参观学习。

18—25日　应台湾两岸经贸交流权益促进会的邀请，省法院党组副书记、常务副院长陈华杰率广东省法官协会代表团赴台湾进行考察交流。

22日　上午，省法院召开贯彻落实最高法院制定的涉诉信访“五项制度”专题会议。省法院党组副书记、副院长凌祁漫主持会议并讲话。

22日　下午，省法院在广东法官（培训）学院召开全省法院涉诉信访案件交办会。省法院党组副书记、副院长凌祁漫出席会议并讲话。

23—26日　省法院在广东法官（培训）学院举办2011年全省法院商事审判业务培训班。省法院副院长霍敏出席开班仪式并讲话。培训期间，最高法院民二庭副庭长刘竹梅给培训班授课。

24日　下午，省法院党组书记、院长郑鄂为省法院全院干警讲授了一堂题为《树立群众观点、增强自律意识，为我省法院争当科学发展排头兵筑牢党廉建设基础》的党课。省法院党组成员、副院长李毅峰主持党课，省法院全体在家院领导出席党课。

28—31日　省法院在广东法官（培训）学院举办全省涉外商事审判业务培训班。省法院副院长徐春建出席培训班结业仪式并讲话。

30日　省法院在深圳召开推进全省法院执行指挥中心建设现场会。省法院党组成员、执行局局长许佩华主持会议。

31日　新疆维吾尔自治区高级人民法院生产建设兵团分院副院长王立文同志一行7人到省法院考察。省法院副院长刘恒军出席座谈会。会后，考察团一行赴东莞、珠海、深圳等地考察。

## 9月

4—7日　省法院在广东法官（培训）学院举办“全省法院知识产权审判业务培训班”。省法院副院长徐春建出席开班仪式并作动员讲话。

6日　下午，省法院在六楼多功能厅（广东分会场）参加最高人民法院召开的全国法院监督联络工作电视电话会议。省法院党组副书记、常务副院长陈华杰在广东分会场参加会议并作经验介绍。省法院党组成员、政治部聂式恢主任在广东分会场参加会议。

7日　上午，省法院在六楼多功能厅召开全省法院案件质量管理工作电视电话会议。省法院党组书记、院长郑鄂、党组副书记、常务副院长陈华杰出席会议并讲话。省法院副院长李毅峰主持会议。省法院全体在家院领导出席会议。

21日　上午，省法院联合广州中院、番禺区法院在番禺区法院八楼会议室开展“双百活动”，征求驻穗省人大代表、政协委员意见。省法院党组成员、政治部主任聂式恢出席活动并与代表亲切交流。

22日　上午，泰国最高法院原副院长、泰国上诉法院资深法官隆洛.宁棱翁先生率泰国上诉法院代表团一行30人礼节性拜会省法院。省法院副院长徐春建在六楼多功能厅与代表团一行会谈。

25—30日　省法院副院长徐春建带领讲师团一行9人到新疆授课。

26日　上午，“全省基层法院领导班子成员培训班”在广东法官（培训）学院正式开班。省法院党组成员、副院长刘恒军，党组成员、政治部主任聂式恢出席开班仪式。

下午，省法院在六楼多功能厅（广东分会场）参加最高法院召开的贯彻落实中央政法委继续化解进京访案件交办会精神电视电话会议。省法院党组成员、副院长霍敏在广东分会场参加会议。

27—28日　全国部分地区法院司法改革座谈会在惠州市召

开。最高法院司法改革办公室副主任蒋惠岭主持会议。省法院副院长谭玲出席会议并讲话，惠州市委常委、政法委书记李达文代表市委、市政府到会并致辞。广东、北京、上海、辽宁等近二十个省市地区的高级法院和中级法院分管司法改革工作的院领导和部门领导参加了会议。

## 10月

10日　上午，省法院在六楼多功能厅（省法院分会场）参加最高法院召开的深入开展社会主义法治理念再学习再教育电视电话会议。省法院全体在家院领导在省法院分会场参加会议。

10日　省法官协会、省法学会审判理论研究会民商事专业委员会和省法院共同举办的全省法院侵权责任法实务研讨会在广州召开。省法院副院长、省法官协会副会长谭玲到会致辞。

10日　下午，省法院与海关总署广东分署行政诉讼工作首次联席会议在广东法官（培训）学院召开。省法院党组成员、副院长刘恒军，海关总署广东分署副主任陈建文出席会议并参加《广东省高级人民法院与海关总署广东分署关于建立行政诉讼互联互动机制的意见》签署仪式。

11日　上午，省法院与中山大学在省法院六楼会议室召开座谈会。省法院副院长徐春建主持会议并讲话。中山大学副校长陈春声参加会议并讲话。

11日　省委政法委、省综治委、省法院在深圳联合召开全省诉前联调工作交流会。省委常委、政法委书记梁伟发，省法院党组书记、院长郑鄂出席会议并作重要讲话。

11—16日　最高法院“清案工作和案件评查”检查组一行四人到省法院及珠海、中山等地法院进行检查。11日上午，检查组与省法院在五楼党组会议室召开座谈会。省法院党组副书记、常务副院长陈华杰向检查组汇报我省法院有关工作情况。12日至15日，检查组前往珠海、中山等地法院开展检查。16日下午，检查组一行在广东法官（培训）学院与省法院座谈，省法院院长郑鄂向检查组汇报广东法院有关工作情况，检查组一行向省法院反馈了检查情况。省法院党组副书记、常务副院长陈华杰参加汇报。

12日　招商局集团（香港）有限公司执行董事袁武率香港特别行政区第十一届全国人大代表团一行19人到省法院视察。省法院党组副书记、常务副院长陈华杰、副院长徐春建参加座谈会。

13—14日　省法院在本院六楼多功能厅举办2011年全省高级、中级法院刑事审判业务培训班（视频）。最高法院刑五庭副庭长马岩、省法院副院长李毅峰出席培训班。

18—19日　江苏高院党组副书记、副院长周继业率江苏法院考察团一行11人来省法院考察学习。省法院副院长李毅峰参加座谈。

20日　省法院在六楼多功能厅举办全省法院司法建议工作视频会议暨培训班。省法院院长郑鄂出席会议并讲话。省法院副院长谭玲出席会议。

23—25日　最高法院司法警察岗位大练兵活动考核组对我省法院司法警察岗位大练兵活动进行了考核验收。省法院党组成员、副院长李毅峰参加会议并汇报工作。

24日　省档案局监督指导处带领省安全厅、省公安厅、省司法局等九家省直单位的档案管理评估人员，对省法院的档案进行检查、评估。省法院党组副书记、常务副院长陈华杰与检查组一行进行深入交流，并向检查组通报省法院档案工作现状及下一步计划。

31日　下午，广西高院纪检组组长罗诗汉等一行九人前来省法院学习考察。省法院副院长霍敏主持会议。

## 11月

3—4日　最高法院人民咨询委员会第28次会议在深圳召开。最高法院党组副书记、常务副院长沈德咏出席会议并讲话。最高法院咨询委员会主任、全国人大内司委副主任姜兴长主持会议。省委常委、政法委书记梁伟发出席会议并致辞。省法院党组书记、院长郑鄂出席会议并致辞。

8日　省法院、省检察院在广东法官（培训）学院联合召开座谈会。省法院副院长霍敏、省检察院副检察长王学成出席会议并讲话。

8—18日　省委第三巡视组由梁自荣带队一行5人进驻省法院进行为期两周的巡视回访。8日上午，巡视组听取了省法院党组的工作汇报，省法院党组副书记、常务副院长陈华杰同志代表院党组汇报了2008年以来省法院的工作情况。全体在家院领导参加汇报会。14日上午，巡视组到省法院执行指挥中心巡视考察并召开座谈会。15日至17日，巡视组到珠海中院、惠州中院调研。18日上午巡视组在省法院召开机关干警座谈会。

10日　上午，省法院在六楼多功能厅（广东分会场）参加最高法院召开的反规避执行专项活动经验交流电视电话会议。省法院党组成员、执行局局长许佩华。

11日　下午，省法院在六楼多功能厅（广东分会场）参加最高法院召开的詹红荔同志先进事迹报告会。省法院全体在家院领导参加会议。

15日　下午，省委常委、省纪委书记黄先耀一行到省

法院视察工作。省法院党组副书记、常务副院长陈华杰主持座谈会并代表党组汇报省法院工作情况。省纪委副书记丘海、省纪委常委、秘书长王兴宁，省纪委常委、省监察厅副厅长曾庆荣同志、省纪委三室主任王军耀同志等陪同视察。

15—16日　省法院在深圳市龙岗区召开了珠三角地区法院信息化建设工作会议。最高院行装局副局长吴少军参加会议并讲话。省法院副院长刘恒军参加会议并讲话。

17日　省审判理论研究会及行政审判理论专业委员会、省法官协会、惠州中院在惠州市联合召开“广东省审判理论研究会行政审判理论专业委员会2011年年会”。

17日　上午，澳门特别行政区检察院何超明检察长一行5人拜访省法院。省法院党组书记、院长郑鄂在六楼会议室会见了访问团一行。省法院副院长霍敏、谭玲参加会见。省检察院相关负责人陪同访问。

23—24日　全省部分法院廉政风险防控工作座谈会在阳江召开。

## 12月

2—5日　应香港高等法院执达事务组的邀请，省法院党组成员、执行局局长许佩华率省法院、深圳法院执行法官代表团赴香港进行民事执行制度考察交流。

6日　下午，省法院召开“四费”（诉讼费、政法转移支付资金、诉讼费统筹款、执行款）检查工作汇报会。省法院副院长刘恒军出席会议并讲话。省法院党组成员、纪检组组长贾永庆主持会议。省法院党组成员、执行局长许佩华出席会议并讲话。

6—7日　最高人民法院副院长奚晓明一行到广东法院视察。6日上午，奚晓明副院长一行到省法院参加全国人大代表《公正司法》专题视察座谈会。省人大常委会副主任邓维龙参加座谈会。省法院党组书记、院长郑鄂参加会议并向全国人大代表通报我省法院工作建设情况。省法院党组副书记、常务副院长陈华杰主持会议。6日下午，奚晓明副院长一行视察广州南沙区人民法院，省法院副院长徐春建陪同。

7日　下午，省法院在六楼多功能厅召开新闻发布会。会议宣布省法院司法公开进展情况及全省法院争创排头兵基本情况。省法院党组副书记、常务副院长陈华杰出席会议并发言。

7日下午至8日　省法院在广东法官（培训）学院召开全省中级法院院长理论务虚会。省法院党组副书记、常务副院长陈华杰主持会议并作动员讲话。8日下午进行总结会，省法院院长郑鄂出席会议并讲话，省法院党组副书记、常务副院长陈华杰主持会议。

9日　上午，省法院在六楼多功能厅召开全省法院司法公开总结推进视频会。省法院党组书记、院长郑鄂出席会议并讲话。省法院党组副书记、常务副院长陈华杰主持会议。

9—10日　海军南海舰队原副司令员侯月喜少将率领省十一届人大解放军代表团一行十二人赴清远视察清远市中院和清新县法院的工作。省法院副院长李毅峰全程陪同视察。

14日　省法院在阳西县法院召开全省法院“综合审判机制”试行工作会议。省法院党组成员、政治部主任聂式恢出席会议并讲话。

15—16日　省法院召开第一次全省法院外事工作暨司法协助工作会议。省法院党组副书记、常务副院长陈华杰出席会议并致辞。

15—16日　省法院在花都广州法院培训中心召开2011年度廉政监察员工作座谈会。省法院党组成员、纪检组组长贾永庆出席会议并讲话。

15—16日　省法院与人民银行广州分行联合召开金融债权案件执行情况分析和对策专题调研座谈会。省法院党组成员、执行局局长许佩华出席会议并代表我院与人民银行广州分行等银行签署《通过网络集中查询被执行人银行存款工作纪要》。

23日　上午，省法院保密委在五楼党组会议室召开院保密委扩大会议。省法院党组副书记、常务副院长、院保密委员会主任陈华杰出席会议并讲话。

29日　下午，省法院在广东法官（培训）学院召开各民主党派、省工商联、无党派人士工作意见建议座谈会。民建中央副主席、民建广东省委主委、全国人大代表宋海，省委统战部副部长、省人大代表唐晓萍，民盟中央副主席、民盟省委会主委，全国政协常委、省政协副主席温思美，致公党中央副主席、致公党省委会主委，全国人大代表、省政协副主席王珣章等来自省民革、民盟、民建、民进、农工党、致公党、九三学社、台盟、工商联和省委统战部等各条战线的代表们参加了座谈会。省法院党组书记、院长郑鄂在会上通报了2011年广东法院工作情况。省法院党组副书记、常务副院长陈华杰主持会议。

▲4月12日，澳门廉政公署专员冯文庄先生、助理专员兼反贪局局长关冠雄先生等一行访问省法院。省法院党组书记、院长郑鄂会见了访问团一行。省法院副院长李毅峰，省法院党组成员、纪检组组长贾永庆以及相关庭室领导参加会见。

▲10月12日，招商局集团（香港）有限公司执行董事袁武率香港特别行政区第十一届全国人大代表团一行19人到省法院视察。省法院党组书记、院长郑鄂亲切接见了代表团。

▲11月17日，澳门特别行政区检察院何超明检察长一行拜访省法院。省法院党组书记、院长郑鄂会见了访问团一行。省法院副院长霍敏、谭玲参加会见。

▲9月22日，泰国最高法院原副院长、泰国上诉法院资深法官隆洛·宁棱翁先生率泰国上诉法院代表团一行30人礼节性拜会省法院。省法院副院长徐春建在与代表团一行会谈。

▲3月22日，台湾高雄第一科技大学法科所师生访问省法院。

▲4月1日，美国微软公司负责全球知识产权保护法律实务的副总法律顾问大卫费恩先生（David Finn）一行四人拜会省法院，与省法院相关部门领导同志进行了座谈。

▲1月6日，最高法院熊选国副院长一行与部分在粤全国人大代表、政协委员座谈。

▲1月5日至7日，由最高法院主办，省法院协办的第一次全国民事再审审查工作会议在广州召开。

▲6月2日，最高法院执行局长卫彦明一行到省法院调研执行工作。

▲6月15日至17日，最高法院监督工作办公室主任刘京香率队到广东对人民法院自觉接受监督工作开展专项检查调研。

▲6月22日至23日，最高法院办公厅副巡视员李书明率最高法院、公安部安保工作联合督查组到广东法院检查安保工作。省法院党组副书记、常务副院长陈华杰出席会议并讲话。

▲7月30日，最高法院立案二庭副庭长曹巍一行来粤调研民事再审审查工作。

▲10月11日，最高法院“清案工作和案件评查”检查组一行到省法院及珠海、中山等地法院进行检查。

▲2月16日，新疆高院党组书记王记文一行来粤考察。

▲5月23日，西藏林芝地区中级院党组书记、院长向巴次仁一行到省法院协调对口援藏工作。省法院党组书记、院长郑鄂，党组副书记、常务副院长陈华杰，政治部主任聂式恢出席座谈会。

▲7月6日，广西高院副院长林金文率广西法院涉外商事海事审判考察组一行到广东省法院考察。

▲10月18日，江苏高院党组副书记、副院长周继业率江苏法院考察团一行到省法院考察学习。

▲1月17日，省法院在六楼多功能厅隆重召开2010年度总结表彰大会。

◄1月11日，省法院承办广东省女法官协会第三届理事会第三次会议。

►2月21日，省委政法委在佛山南海区召开诉前联调工作调研座谈会。省委常委、政法委书记梁伟发，省法院党组书记、院长郑鄂，省司法厅厅长陈伟雄出席会议并作讲话。

▲2月23日，省法院党组书记、院长郑鄂亲切接见了我省全国优秀法院、全国优秀法官、全国法院办案标兵代表，并合影留念。省法院院领导陈华杰、凌祁漫、李毅峰、徐春建、洪适权、聂式恢一同参加接见。

▲3月17日，省法院召开援疆工作协调会。

▲3月22日，省法院召开涉台审判指导委员会第一次会议。对近期台商反映的相关涉台法律问题进行专题研究。

▲6月29日，省法院隆重召开庆祝中国共产党成立90周年暨表彰大会。

▲省法院在六楼多功能厅举行“学党史、跟党走”党史知识竞赛决赛。

►7月19日，广东省妇联副主席徐春莲一行到省法院座谈。省法院副院长谭玲出席了座谈会。

◄11月15日，省委常委、省纪委书记黄先耀一行到省法院视察工作。省法院党组副书记、常务副院长陈华杰主持座谈会并代表党组汇报省法院工作情况。

►12月9日，省法院召开全省法院司法公开总结推进视频会，省法院党组书记、院长郑鄂及全体在家院领导出席会议。

# 第四章　重要文件

## 广东省高级人民法院关于印发《关于当事人及其诉讼代理人、辩护人约见法官的若干规定》的通知

粤高法发［2011］4号

全省各级人民法院、广州海事法院、广州铁路运输两级法院：

《广东省高级人民法院关于当事人及其诉讼代理人、辩护人约见法官的若干规定》经本院党组讨论通过，现印发给你们，请认真贯彻执行。

特此通知。

二〇一〇年十二月三十一日

## 广东省高级人民法院关于当事人及其诉讼代理人、辩护人约见法官的若干规定

为依法保护当事人的合法权益，保证法官正确履行职责，规范法官与当事人或其诉讼代理人的沟通渠道，加强司法公开，维护司法公正，促进司法廉洁，构建和谐的诉讼关系，制定本规定。

**第一条**　本规定所称约见，是指刑事案件被告人、被害人及其近亲属，民事、行政、国家赔偿及执行案件的当事人，以及他们的辩护人、诉讼代理人，对正在审理或执行的案件，在庭审或听证程序以外，提出向审判、执行人员当面反映情况的申请，由人民法院按规定安排法官会见申请人的诉讼活动。

**第二条**　符合下列情形之一的，可以提出约见申请：

（一）在审判或执行程序中有调解或和解意向的；

（二）在审判或执行程序中，因情况紧急，需要申请财产保全、证据保全或者采取执行措施的；

（三）庭审或听证后、宣判前，发现可能影响案件裁判的新证据而需要申请再次开庭或听证的；

（四）认为执行措施不当，要求当面解释的；

（五）其他对审判或执行有重大影响的情形。

**第三条**　申请约见法官，可以到法院指定的约见窗口填写《约见法官申请表》，也可以通过信件、电话、传真或广东法院网提出约见申请。

申请约见应写明申请人名称及联系地址、电话、案号、

约见法官的姓名及所在部门、申请约见的理由等。

通过电话申请约见的，工作人员应详细记录前款所述事项。

**第四条** 各级法院应在约见窗口安排专人负责约见申请的接收、转递和会见场所的安排，公开约见法官的流程、联系电话、传真号码和网址，安排专门的会见场所。

**第五条** 是否接受约见由被申请约见的法官所在部门决定。

申请理由符合本规定第二条规定，且因该事由第一次提出约见申请的，一般应安排会见；不符合规定事由，或虽符合但已会见过的，报所在部门负责人批准不予会见，并向申请人说明不接受约见的理由。

**第六条** 申请人前往法院申请约见的，约见窗口收到约见申请表后，应当即通知被申请约见法官的所在部门。

需要安排会见的，一般应在当天进行。因特殊原因不能安排当天会见的，应向申请人说明原因，并另行通知会见时间和地点。

**第七条** 通过信件、电话、传真或网络提出约见申请的，约见窗口应在收到申请的2日内将有关材料交被申请约见法官的所在部门。相关部门应在2日内决定是否接受约见，并将会见的时间和地点通知申请人。

**第八条** 法官会见申请人，应在规定的场所进行，会见内容由书记员做好记录，交申请人签名后归入案卷。

**第九条** 对于审查约见申请及会见过程中发现紧急、重大、敏感情况的，应及时报告院、庭领导和信访、应急部门。

**第十条** 各级法院纪检监察部门负责检查、督促本规定的实施工作。

会见申请人的情况应纳入法官个人和部门考核范围。

**第十一条** 本规定自2011年1月1日起在全省各级法院实行。

# 广东省高级人民法院<br>关于印发《关于广东法院在整体工作上争当<br>全国法院排头兵的指导意见（修正稿）》的通知

粤高法发［2011］5号

全省各级人民法院、广州海事法院、广州铁路运输两级法院：

自从2009年《广东省高级人民法院关于广东法院在整体工作上争当全国法院排头兵的指导意见》下发以来，对全省法院工作的全面发展发挥了极为重要的促进作用。但与此同时，随着全省法院工作的深入发展，该意见中的一些要求、提法需要做进一步的修改、完善。为此，在广泛征求意见的基础上，省法院党组经过认真研究，制定了《广东省高级人民法院关于广东法院在整体工作上争当全国法院排头兵的指导意见（修正稿）》。现将意见印发给你们，请认真执行，实施中有何问题，请层报我院。

二○一一年一月十一日

# 广东省高级人民法院关于广东法院在整体工作上争当全国法院排头兵的指导意见（修正稿）

为深入学习实践科学发展观，全面践行党的事业至上、人民利益至上、宪法法律至上的指导思想，根据省委、省政府《关于争当实践科学发展观排头兵的决定》，确保2011年底全省法院在整体工作上争当全国法院排头兵，特制定本意见。

## 一、指导思想和任务要求

1. 指导思想：以科学发展观为指导，深入落实“三个至上”指导思想的要求，以服判息诉、案结事了为审判执行工作的硬道理，以增强司法能力为法院队伍建设的硬任务，以让人民满意、人大代表满意为衡量法院工作成效的硬标准，立足我省，放眼全国，坚持解放思想、改革创新，全面推进各项审判执行工作及其他法院工作，完善监督管理机制，充分发挥司法职能作用，切实提高公正司法水平，在整体工作上争当全国法院排头兵，并为我省争当实践科学发展观排头兵提供公正高效权威的司法保障。

2. 任务目标：高举中国特色社会主义伟大旗帜，争当坚定方向、服务大局的排头兵；全面推进各项审判执行工作，争当审判执行工作的排头兵；进一步满足人民群众的司法需求，争当司法为民的排头兵；加大各项法院工作机制改革力度，争当改革创新的排头兵；增强各级法院及其法官、其他工作人员的司法能力，争当队伍建设的排头兵；切实维护基层司法权威，争当基层工作的排头兵。

3. 总体要求：

(1) 对已经处在全国领先地位的各项工作，要总结深化，并继续保持和发挥原有优势，扩大领先优势；

(2) 对尚处在中游的各项工作，要明确目标，找准突破口，抓紧赶超领先法院；

(3) 对还处在落后地位的各项工作，要认真查找问题，剖析原因，强化措施，下大力气解决好“瓶颈”和“短板”，确保不拖全省法院的后腿。

4. 省法院各部门都要按照排头兵的要求，制定细化各项工作的具体目标和措施，并狠抓落实，同时要按照各自分工，明确监督指导职责，加强对所管辖的各条“线”的指导督促、监督落实的职责。

5. 各中院和基层法院要结合本地工作实际，深入分析形势，明确任务目标，深入分析本地工作实际，精心组织，周密部署，采取扎实有效工作措施并狠抓落实，确保各项目标的实现。

## 二、确保争当坚定方向、服务大局的排头兵

6. 高举中国特色社会主义伟大旗帜，深入落实科学发展观，不断增强法院工作为大局服务的理念。

——继续高举中国特色社会主义伟大旗帜，坚定走中国特色社会主义道路，准确把握中国特色社会主义事业建设者和捍卫者的职责定位，实现法院工作自身的科学发展。

——深入开展学习实践科学发展观活动、“大学习、大讨论”活动和“人民法官为人民”主题实践活动，解决好法院自身科学发展的问题，确保法院工作与我省经济社会的发展相适应。

——从2009年开始，各级法院党组每年要围绕贯彻落实科学发展观和服务大局，带头深入查找影响和制约本院工作发展的问题。各中院每年至少确定5个重点调研课题，及时提出加强和改进工作的思路和措施。

7. 牢固树立“三个至上”指导思想，坚定法院工作正确的政治方向。

——深入抓好“三个至上”指导思想的学习教育，切实把“三个至上”指导思想落实为各级法院及其广大法官、其他工作人员的行动指针，防止和纠正机械司法、孤立办案的观点，确保法院工作不断向前发展。

——坚定法院工作正确的政治方向，切实认清我国与西方国家是本质不同的两种政治制度、两种法治道路，全面把握法院工作的政治性、人民性和法律性的统一，认真履行好中国特色社会主义事业建设者和捍卫者的职责。

8. 以“三项硬要求”为标准，促进各项法院工作又好又快发展。

——认真开展“三项硬要求”教育活动，充分认识服判息诉、案结事了、增强司法能力和让人民满意、人大代表满意对法院工作实现科学发展的重大意义。

——各级法院要围绕落实“三项硬要求”，提出明确具体的工作目标和措施，确保“三项硬要求”能够落到各项法院工作的实处，实现又好又快发展。

——要通过解决好执行难、申诉难和案多人少、经费保障不足、法官断层等困扰法院工作发展的各种实际问题，实现法院工作自身的科学发展。

9. 充分发挥司法职能作用，为我省争当实践科学发展观排头兵提供公正高效权威的司法保障。

——深入学习贯彻省委、省政府《关于争当实践科学发

展观排头兵的决定》精神，认真执行省法院下发的《关于贯彻省委、省政府〈关于争当实践科学发展观排头兵的决定〉的实施意见》，深刻领会“八个必须、八个解放出来”的深刻内涵，狠抓法院工作改革创新，为我省争当实践科学发展观排头兵提供有力的司法保障。

——努力把法院工作放在党和国家工作全局中来谋划和推进，围绕中央、省委和本地党委做出的各项重大决策部署，要紧密结合工作实际，及时制定具体实施意见，并抓好贯彻落实。建立健全重大事项向党委的请示报告制度，积极请求党委帮助法院解决工作和自身发展中遇到的困难和问题。从2009年开始，各级法院向党委、人大的专项报告每年不得少于2件。

10. 积极争取人大、政府和政协的重视和支持，努力使法院工作更好地服务于全局发展。

——认真落实全方位、全覆盖、制度化、经常化的人大代表、政协委员联络机制，自觉接受人大和人民群众的监督。各级法院每年向人大所作的工作报告赞成率达到90%，邀请各级人大代表、政协委员参与联络活动至少5次。

——建立健全重大事项向政府通报制度，主动加强与政府的沟通，争取政府对法院工作的理解与支持。各中院针对审判执行中发现的问题，每年向有关政府部门至少提出3个司法建议，促进政府依法行政。

11. 大力加强法院宣传工作，推动社会的法治化进程。

——各级法院要通过加强对所办理的各种案件的宣传报道，扩大审判执行工作的社会效果，提高人民群众的法律意识，促进他们运用法律维护自身合法权益，并合法地表达诉求，从而推动社会的法治化进程，促进依法治省工作的深入开展。到2011年底，公众对法院工作的满意度达到80%。

——到2011年底，各级法院都要建成自己的门户网站，及时发布司法信息，方便人民群众更加全面地了解法院工作。

### 三、确保争当审判执行工作的排头兵

12. 牢牢把握服判息诉、案结事了的硬道理，全面推进各项审判执行工作。

——全省法院要牢固树立起服判息诉、案结事了是审判执行工作硬道理的观念，在审判执行工作中最大限度地实现法律效果与政治效果、社会效果的有机统一，有效化解各类矛盾纠纷，推动审判执行工作又好又快发展。

——到2011年底，全省法院审判执行工作应达到的主要公正指标：上诉案件发改率不超过4%，一审裁判正确率达到98%，生效案件发改率不超过0.1%，一审案件陪审率达到35%。

——到2011年底，全省法院审判执行工作应达到的主要效率指标：年度结案率达到93%，结案均衡度达到0.65，结收案比达到100%，法定审限内结案率达到99%。

——到2011年底，全省法院审判执行工作应达到的主要效果指标：一审民事案件调解、撤诉率达到60%，调解案件当事人自动履行率达到80%，再审申请率不超过1%，执行标的到位率达到60%。

13. 加强立案工作，不断提高立案质量和服务水平。

——统一立案标准以及适用于不同审级法院的立案规范，到2011年底，立案变更率不超过0.4%。

——推行诉调对接，2009年底前所有基层法院、人民法庭都要在立案窗口设立人民调解室，力争通过人民调解在诉前解决。

——推行资深法官从事立案工作，在立案时，综合考虑法律、政策、是否适合法院处理等因素，切实把好立案关。

14. 贯彻执行宽严相济的刑事政策，加大非监禁刑的适用力度。

——针对现阶段我省刑事犯罪的高发态势，对故意伤害、抢劫、杀人、绑架、爆炸等严重危害社会治安、严重影响人民群众安全感的犯罪，以及涉及黑社会性质组织的重大恶性犯罪，要毫不手软地严厉惩处，该判处死刑的判处死刑。严格执行死刑案件各项程序，严格死刑量刑标准，最高法院对我省法院的死刑判决非事实、证据及适用法律、政策原因核准率达90%以上。

——准确把握宽严相济刑事政策，既依法严厉打击犯罪，同时对具有法定、酌定从宽情节的罪犯依法从宽处罚，到2011年底，非监禁刑适用率达到20%，未成年人罪犯非监禁刑适用率达到25%。

15. 深入贯彻执行修改后的民诉法，努力化解各类矛盾纠纷。

——全省三级法院按照修改后的民诉法的要求，做好民事审判职能的重新布局以及内设机构和人员的调整，继续下放知识产权和涉外涉港澳台民商事案件的管辖权。到2010年，省法院原则上不再直接受理一审民事案件。

——加大适用简易程序的力度，特别是对案情简单的婚姻家庭、劳动争议、小额钱债等不存在重大争议的民事案件，尽可能地适用简易程序进行审理。

16. 加强行政审判工作，推进行政和解。

——加强对涉及土地征用、拆迁补偿、社会保障、环境保护、资源利用等群体性行政案件的审判，防止矛盾激化，增进人民群众与行政机关的互相理解与信任。

——积极推广以协调和解方式解决争议，真正做到案结事了。到2011年底，一、二审行政案件和解撤诉率达到35%。

——结合案件审判过程中发现的问题，积极向相关行政部门提出司法建议，促进行政部门改进工作，规范执法行为。

17. 加强审判监督和申诉信访工作，减少申诉、信访案件。

——严格执行修改后的民诉法关于申请再审案件审查“上提一级”的规定，切实加强申请再审审查工作，增强审查工作的权威性。对不符合立案条件的，要做好解释说明和释法答疑工作，努力减少申诉、信访案件数量。

——加强再审工作，坚持依法纠错、依法改判，切实维护司法权威，努力提高再审调解撤诉结案的比率。

——继续做好申诉、信访工作，深入开展重点信访案件排查工作，加大对重信重访的专项治理和彻底解决。到2011年底，信访投诉率不超过1.5%。

18. 深入开展执行治理，努力解决执行难问题。

——转变执行工作理念，省法院执行局要从以办案为主转变到以指导、监督、督促和支持下级法院执行工作为主、要从片面追求结案率转变为追求案结事了、要从机械执行转变为和谐执行、要从因循守旧的观念转变为开拓进取的观念、要从法院孤军奋战转变为紧紧依靠党委、要从单纯依靠法院有限的强制力转变为重视和依靠执行联动机制，为执行工作的发展提供新动力。

——2009年是全省法院“执行治理年”。要加大执行力度，强化执行权威，结合开展集中清理执行积案活动，切实解决一批“骨头案”、“老大难”案件。到2011年底，实际执行率达到75%，正常期限内执结率达到99%，执行和解率达到10%。

——完善法院内部执行管理体制，执行裁决权与实施权分开行使，加强执行监督，切实杜绝执行乱。特别要规范中止执行，中止执行不作为结案统计。省法院加强对各中院和基层法院执行工作的统一管理、统一协调。

## 四、确保争当司法为民的排头兵

19. 始终坚持把人民利益放在法院工作的首位。

——全省法院要把人民满意作为开展工作的出发点和落脚点，实现好、维护好、发展好最广大人民群众的根本利益，努力解决好人民群众最关心、最直接、最现实的司法需求，以此赢得人民群众的信任和人大代表的支持。

20. 不断满足人民群众平等利用司法的新要求新期待。

——对因经济确有困难而打不起官司的当事人，只要符合法律规定的诉讼费用减、缓、免条件的，必须予以减、缓、免，切实使其打得起官司。

——对法律规定应当指定辩护人的刑事被告人，必须予以指定，并督促指定辩护人切实履行好辩护职责。

——积极探索建立诉后司法救助制度，推进对刑事被害人和申请执行人的国家救助制度的建立和完善。

21. 不断满足人民群众实现公平正义的新要求新期待。

——全面加强对社会关键矛盾的处理和化解，如多发的征地拆迁纠纷、劳资纠纷、医患纠纷以及追索赡养费、抚养费、医疗费用、人身损害赔偿等严重影响当事人生产、生活的案件，实行优先立案、优先审理、优先执行。

22. 不断满足人民群众对司法的便民、利民、亲民的新要求新期待。

——围绕维护人民群众的知情权，全面推行“一站式”立案，对当事人提交的材料不符合立案条件的，要一次性告知需补充的各种材料，不属本院或法院管辖的，告知有权管辖的相应法院或部门。到2011年底，各级法院立案信访窗口建设全面完成。

——积极开展巡回审判，以让人民群众看得见、摸得着、听得懂的方式，在旅游风景区、集贸市场、农家院落、田间地头对事关人民群众切身利益的纠纷案件进行就地审理，切实维护好消费者、工人、农民等基层群众的根本利益，拉近司法与人民的距离。

23. 不断满足人民群众快捷诉讼的新要求新期待。

——对于小额钱债诉讼或者案情简单、争执轻微的纠纷，探索实行方便、快捷、灵活的速裁方式，由速裁法庭进行审理。

——进一步扩大简易程序适用范围，切实做到简案简审，繁案精审，确保人民群众及时实现合法权益，切实减轻当事人诉累，降低诉讼成本。到2011年底，一审简易程序适用率达到70%。

24. 不断满足人民群众及时实现债权的新要求新期待。

——推行执行案件的繁简分流，实行对被执行人在媒体曝光、上网公布赖债者名单、限制被执行人高消费、对被执行人财产悬赏举报、强制审计等执行方法，确保及时实现债权。

——积极探索主动执行、服务群众、便民利民的执行工作新方法、新措施，由“被动执行”改为“主动执行”，开展法律文书一旦生效即由审判庭直接交付执行局执行的工作。

——加快执行联动机制建设，推动建立解决执行难联席会议机制，及时发现和解决执行联动工作中存在的困难，督促各联动部门按照职责要求做好工作。

## 五、确保争当改革创新的排头兵

25. 明确改革创新的指导思想。

——要认真贯彻中央和最高法院关于深化司法体制和工作机制改革的意见。

——要以“三个至上”为指导，以满足人民群众的司法需求为目标，以建立更全面完善的、符合司法工作规律的法院内部管理机制为突破口，积极稳妥地推进各项改革措施。

——要紧密联系国情、省情，围绕人民群众的司法需求，加强司法理论研究，推出一批在全国有影响的研究成果和改革创新措施，以推动全省法院各项工作的科学发展。

26. 研究探索案结事了新机制。

——加强判前说法说理、判后释法答疑工作，使当事人赢得清清楚楚，输得明明白白，对判决心服口服。到2011年底，上诉率不超过20%，当事人自动履行率达到55%。

——加强刑事和解工作，对具有和解可能的案件，要尽最大努力促成刑事和解或附带民事部分的调解，当事人或家属对审判有抵触情绪的，要耐心细致地做好沟通疏导和判后答疑工作。

27. 加强诉前调解机制建设。

——建立立案调解工作新机制，设立配备专门人员的立案调解中心，尽量使矛盾纠纷在进入诉讼前得到化解，一审

民事案件庭前调解、撤诉率达到40%。

——完善多元化纠纷解决机制，加强与人民调解委员会、仲裁委员会、劳动争议仲裁委员会等纠纷解决机构的协调与沟通，统一各自适用法律的标准。

28. 加强诉讼调解工作。

——深入开展调解和解工作，落实“调解优先、调判结合”和“全程、全员、全面”调解原则，将调解和解工作贯穿于立案、一审、二审、再审、执行、信访等全过程。

——建立科学的调解激励机制，通过对调解结案的案件在诉讼费用的负担等方面给予优惠措施，鼓励当事人调解。

——开展调解竞赛活动，增强法官的调解意识，以实际行动推进服判息诉、案结事了。

29. 深入推进“阳光审判”工程。

——全面落实公开开庭审理制度，积极发挥庭审功能，努力提高二审案件公开开庭审理的比例，到2011年底，二审开庭审理率达到25%。能当庭认证的一律当庭认证，能当庭宣判的一律当庭宣判。

——对群众广泛关注、有较大社会影响或者有利于社会主义法治宣传教育的案件，邀请人大代表、政协委员旁听，方便对审判工作的监督。

——全面推广“法院开放日”活动，各中院和基层法院每个季度确定1天为法院开放日，向社会发布公告，欢迎群众前来参观法庭、法官办公室、立案大厅等审判活动场所。

30. 深入推进“阳光执行”工程建设。

——认真推行“执行日志”公开，2010年实现把立案、承办法官和合议庭、采取的执行措施、执行款到账、财产分配、结案等信息录入“执行日志”，上网公布，方便当事人查阅。

——全面推广“执行局长接待日”活动，由执行局长、副局长接待当事人来访，通报案件执行进展情况，答复当事人提出的问题。

31. 创新和加强审判管理工作。

——2009年是全省法院“审判管理年”。到2011年底，全省法院建成具有广东特色的“全方位、立体化、规范化、现代化”四位一体的审判管理体系，实现审判质量、效率、效果与形象四个要素的有机统一。

——强化审判质量管理，建立健全案件质量定期评查、专项评查、重点评查基本制度，加强评查情况的分析研判，建立评查结果通报点评、专题报告和纳入奖惩激励的运用机制，规范审判活动，提高审判质量。

——建立健全审判绩效考评体系，建立法官审判业绩个人档案，每年的考评结果作为法官评定等级、评先授奖、晋职晋级以及上级法院遴选法官的主要依据。把对案件的申诉、信访情况，纳入到审判绩效考核体系，强化预防和减少申诉、信访案件发生的意识，从源头上减少申诉、信访案件的数量。

——完善院、庭长对案件监督管理的制度，各中院和基层法院要根据自身实际，制定本院院、庭长参审案件的比率目标。

——加强司法统计工作机制建设，重视司法统计工作在法院管理中的基础性地位。

32. 统一案件裁判尺度，提高全省法院的司法公信力。

——切实提高案件的审判质量，尽量统一全省法院案件的裁判尺度，大力推进刑事案件量刑规范化工作，贯彻执行省法院下发的规范民商事审判自由裁量权的指导意见，规范法院自由裁量权的行使。

——加强案件改判和发回重审沟通机制建设，规范二审和再审改判和发回重审的标准，切实提高司法公信力，维护司法权威。

33. 积极推行裁判文书改革，增强裁判文书说理性。

——增强裁判文书说理性，在深入分析当事人诉辩意见的基础上，充分论述作出裁判的理由，重点做好对事实认定和法律适用的法、理、情的论述。到2011年底，裁判文书抽查错误率应控制在0.03%以下（按字数计算）。

——从2009年开始，推行判决书附录相关法律条文，全面推行裁判文书公开上网。

34. 大力加强改革创新的调研和理论研究工作。

——围绕满足人民群众日益增长的司法需求、方便群众诉讼、有效保护群众利益等，着重做好改革创新的调查研究工作，推出一批有分量的改革创新成果，不断推进各项审判工作机制、执行工作机制和法院管理工作机制的完善。

——围绕司法体制和工作机制改革，审判执行工作中出现的新情况、新问题，大力加强审判理论研究，为法院改革和各项审判执行工作提供理论支持。各中院每年在省级以上报刊上至少发表3篇审判理论或审判业务研究论文（含调研报告）。

### 六、确保争当队伍建设的排头兵

35. 大力加强法院领导班子建设。

——加强党组中心组理论学习，着力提高领导干部把握法院工作规律、依法服务大局和科学决策、有效管理、创新发展的能力。

——加强对下级法院领导班子的协管力度，积极协助地方党委，坚持从符合法官法规定的任职条件、政治素质好、政策水平高、工作作风硬、领导能力强、熟悉法院工作的同志中选配院长和副院长，并共同确定下级法院领导班子后备干部人选名单。

——加强对领导班子的考核评价，进一步完善领导班子成员述职、民主测评、个别谈话等程序，实现对领导班子考核的制度化、规范化。

36. 建设审判业务专家队伍，实现法官队伍建设的良性发展。

——逐步建立各级法院的审判业务专家库。

建立聘请退休老法官制度，充分发挥他们的作用，协助做好接待信访、督办案件等工作。

——加强对法官中的先进典型的培育和宣传。

37. 加强队伍的专业素质和司法能力建设。

——大力加强学习型法院建设和法院文化建设，切实增强广大干警认识和把握大局、认识和把握社会矛盾、认识和把握社情民意、认识和把握法律精髓的能力，着力培养造就一批品德高尚、业务精湛、有高深法学理论水平和丰富审判实践经验的审判业务专家，鼓励广大干警攻读法律硕士、博士学位。各级法院干警每年参加政治学习和业务培训的时间不少于50个小时。

——到2011年底，全省法院干警中具有本科或以上学历的应达到80%。

——实行新进人员到基层锻炼制度和新任部门领导担任信访督查员制度，进一步加大从具有基层工作经验的人员中选拔干部的力度，切实增强广大干警了解社情民意、处理社会问题和复杂局面的能力。

——广泛开展庭审观摩、“调解竞赛”和裁判文书评比等活动，提高广大法官驾驭庭审能力、调解能力和运用语言的能力。

38.进一步完善干部人事管理制度。

——不断深化干部人事制度改革。建立民主、公开、竞争、择优及符合法院工作特点的干部选拔任用工作机制，进一步畅通上下交流、平级交流、岗位轮换和向党委组织部门推荐使用干部的渠道。

——推进人民法院工作人员的分类管理，建立符合审判工作规律和法官职业特点的人事管理机制。

——完善法院工作人员的考评办法，统一法官绩效考评的标准和程序，合理利用考评结果，充分发挥考评工作的激励和导向作用，实现以绩效考评促进工作科学发展的目的。

39. 大力加强司法廉政建设。

——2009年是全省法院的“廉政警示教育年”。坚持标本兼治、综合治理、惩防并举、注重预防的方针，认真贯彻落实《建立健全惩治和预防腐败体系2008-2012年工作规划》，进一步建立健全全省法院惩治和预防腐败体系。

——试行省法院巡视制度，按每三年对全省各中院巡视一遍的目标，加大对中院领导班子的监督力度。

——健全纪检监察机构，加大监督检查力度，坚决查处各类违法违纪案件，以清廉公正高效树立司法权威。

40. 坚持和落实从优待警。

——认真贯彻执行中央和省委关于加强两院工作的决定，落实好法院干警的工资、职级及各项福利待遇。

——建立健全相关工作制度，维护法官的职业安全，保障法官的名誉、人身及财产不受非法侵害。

——健全和完善干警扶助金制度，加大对特别困难干警的扶助力度。

——健全和完善符合法官职业特点的休假疗养制度。

### 七、确保争当基层工作的排头兵

41. 树立基层的司法权威，确保基层成为化解矛盾、维护稳定的重要防线。

——进一步提高对基层工作重要性的认识，按照“精力向基层集中、力量向基层加强、政策向基层倾斜、工作向基层贴近”的工作思路，继续面向基层、帮助基层、服务基层、建设基层，维护基层的司法权威。

——不断完善“结对帮扶”机制，继续创新帮扶方式方法，进一步落实各项措施，推动欠发达地区基层法院建设的快速发展，逐步实现全省法院共同进步、均衡发展。

——继续加大对基层的指导力度，建立指导基层工作的长效机制。省法院和中级法院应坚持院党组成员挂点基层法院制度，及时了解和掌握基层动向，切实帮助基层解决实际困难和问题，提高工作的针对性和有效性，支持和促进基层工作协调健康发展。

——强化对基层的业务指导。省法院和中级法院要设立业务指导小组，坚持点上指导与面上指导相结合、集中指导与个别指导相结合，不断拓展和完善指导形式，提高基层审判业务水平。

42. 以提高基层办案能力和水平为核心，探索建立推进基层司法能力建设新机制。

——健全基层工作考核制度，逐步完善考核指标体系，增强考核的公正性和科学性，努力营造争先创优的良好氛围。

——健全基层法院与基层民间调解组织的协作制度。基层法院应指派专人指导人民调解工作，及时提供咨询解答，促进人民调解工作水平的提高；人民法庭要设立人民调解室。

——在全省范围内建立基层协助执行网络，加强具体业务指导，争取基层政府组织和群众自治组织的支持，推动执行难问题的解决。

43. 加强基层司法管理和人民法庭建设。

——不断完善基层法院内部管理机制，强化基层法院和人民法庭的规范化管理，促进基层工作高效运转。确有需要的地方，应当增设人民法庭。

——加大人民法庭的建设力度，严格执行《广东省人民法庭工作规范》，按照“四统一”的要求，建立健全制度，提高人民法庭的管理水平；根据“公正、有序、简约、便民”的要求，规范人民法庭的庭审活动，树立人民法官的良好形象。

——到2011年底，各中院要建立健全值班应急专职工作机构，理顺重大突发事件信息编报职能等要求。各基层法院、人民法庭要设立值班应急、安全保卫专职工作岗位，严格按照最高法院规定配备法警。

44. 继续狠抓基层物质保障工作，促进区域协调平衡发展。

——大力推动经费保障体制改革，建立基层经费保障机制。省法院要积极争取省财政支持，搞好诉讼费统筹支援欠发达地区法院的工作，争取地方党委、政府支持法院的经费

保障和物质装备、基础设施建设。

——全面推进“审判法庭装备规范化建设工程”。至2011年底前，全省基层法院审判法庭应按照《广东法院审判法庭装备配置标准》要求配齐专用设备，使专用设备配置标准化、规范化。

45. 全力推进基层信息化建设，充分利用现代科技手段为审判工作服务。

——按照《广东法院信息化建设五年规划（2008-2012)》确定的目标，以“强行入轨、强力推进”为工作方针，用三年左右时间，全面实施“广东法院信息化建设08工程”，完善全省法院信息化基础建设，推进审判执行等各类信息化业务系统的深层次应用。

——到2011年底，基本形成覆盖包括基层法院和人民法庭在内的完善的全省法院计算机网络系统，强化信息资源的高度共享，实现审判执行业务的网上流程，促进系统功能的充分利用。各级法院全面实现对案件的网上流程管理，信息录入抽查差错率低于0.03%。计算机网络信息安全保障体系基本建成，实现对全体会法院管理系统和网络的远程运维管理。

——推动科技法庭建设。到2010年底，珠三角地区法院基本完成覆盖两级法院和人民法庭的科技法庭建设。到2011年6月，各级法院必须至少建成1个科技法庭。

### 八、加强组织领导，确保深入推进，取得实效

46. 各级法院要切实加强对有关工作的组织领导，成立排头兵工作领导小组，由一把手担任组长，并根据各项目标要求，结合实际确定工作任务，制定具体工作方案。

47. 省法院和各中院要成立考核评审小组，每年由上级法院对下级法院的达标情况进行考核并纳入年度考评，针对存在问题及时提出并实施整改措施，确保目标的早日实现。

48.各级法院要全力营造争当排头兵的氛围，做好对有关工作的总结宣传，确保排头兵工作得到深入推进，并取得实效。

# 关于印发《广东法院文化建设规划（2011-2015)》的通知

粤高法发［2011］15号

全省各级人民法院、广州海事法院、广州铁路运输两级法院：

现将《广东法院文化建设规划（2011-2015)》印发给你们，请结合各自实际，认真贯彻执行。执行中有何问题请及时报告我院政治部教育处。

二〇一一年一月二十八日

# 广东法院文化建设规划（2011-2015）

为深入贯彻落实中央、最高人民法院和省委关于加强文化建设的战略部署，进一步推进全省法院文化建设，用先进的法院文化指导和促进法院各项工作科学发展，全面提高广大干警的思想境界、职业操守和人文素养；增强司法能力，弘扬司法文明，提升司法形象，全面推进“三项重点工作”，努力实现和保持在整体工作上争当全国法院排头兵的目标，结合全省法院实际，制定本规划。

### 一、指导思想和主要任务

高举中国特色社会主义伟大旗帜，以邓小平理论和“三个代表”重要思想为指导，深入贯彻落实科学发展观，坚持社会主义核心价值体系和社会主义法治理念；坚持“三个至上”指导思想，落实“为大局服务，为人民司法”工作主

题，弘扬“解放思想、先行先试、开拓进取、领潮争先”的新时期广东文化精髓?坚持凸显法治、以人为本、循序渐进、突出特色原则，整体规划，全力推进，努力建设具有广东特色的法院先进文化，为推进“三项重点工作”、实现和保持整体工作上争当全国排头兵目标提供精神动力、智力支持和文化支撑。

二、总体目标和具体要求

力争用五年时间，充分运用先进文化的力量强化价值观念、打牢思想基础、激发队伍活力、宣传法院工作、树立法院形象，使法院文化建设成为传承司法文明的载体、展示司法形象的平台、促进司法工作的动力，打造出一批体现法治精神和时代特色的文化建设示范法院。各级法院要按照本规划要求，努力把本院建设成为文化建设示范法院。到2015年，各中级法院辖区内的省级以上文化建设示范单位至少要达到30%以上。

（一）总体目标

——司法核心价值观全面落实。牢牢把握法院文化建设的正确政治方向，全面落实“公正、廉洁、为民”司法核心价值观，用司法核心价值观全面统领审判执行、司法管理、队伍建设等各项法院工作，促进人民法院良好司法形象大幅提升、公信力和权威性不断增强。

——文化软实力作用全面突显。法院文化的渗透力、辐射力和影响力大幅增强，法院文化武装人、引导人、塑造人、鼓舞人的作用充分发挥，法院队伍的凝聚力和战斗力不断提升，创先争优意识不断增强，为推动“三项重点工作”和争当全国法院排头兵提供强大动力源泉。

——文化内容和载体不断丰富。以法院精神文化引领制度文化、行为文化、物质文化协调发展。文化内容不断丰富，文化载体不断拓展，文化建设更加贴近法官和基层的要求，更加符合审判执行工作、法院自身科学发展和人民群众的需求。

——文化建设整体水平大幅提高。各地法院因地制宜，量体裁衣，结合岭南文化精神和广府、潮汕、客家等地域传统文化特色，发展各具特色的法院文化，促进全省法院文化建设形成百家齐鸣、各放异彩的新局面，大力推进全省法院文化建设整体水平大幅提高，力争在全国处于领先地位。

（二）具体要求

1. 践行司法核心价值观

——建立共有精神家园。结合党建工作及深化司法核心价值观的贯彻落实，促使广大干警自觉践行司法核心价值观，将司法核心价值观作为共同价值追求和行动指南。围绕落实司法核心价值观，结合本地本院情况，提炼法院精神，倡导院兴我荣的集体主义精神。培养司法职业心理，锻造干警积极乐观、奋发向上、稳重果敢的意志品质。构建理论研究平台，每年确定1–2个弘扬法院先进文化的课题开展调研，为不断提高司法核心价值观的实践水平提供理论基础。

——践行公正高效理念。牢固树立“服判息诉，案结事了是审判执行工作的硬道理”，公正、高效办理每一宗案件，努力实现法律效果、社会效果和政治效果的统一。

——加强审判管理。加强对审判工作的组织、领导、指导、评价、监督和约束，合理安排审判工作，严格规范司法程序，科学考评审判质效，有效整合司法资源，确保公正高效。各级法院要积极争取有关部门的大力支持，尽快设立审判管理专门机构。

——加强司法政务管理。坚持以服务审判为目标，完善办公、文秘、装备、后勤等司法政务管理制度，优化工作流程，规范工作程序，建设和谐机关和节约型机关。

——加强队伍廉政建设。坚持标本兼治、综合治理、惩防并举、注重预防工作方针，推进反腐倡廉创新，努力构建不愿为、不能为、不敢为、不必为的预防司法腐败机制。推行廉政文化进机关、进支部、进法庭、进办公室、进网络、进家庭。推行廉政风险排查、廉政承诺制度，落实一岗双责制度、廉政监督员制度。每年开展一次“一场廉政专题辅导、一次思廉读书活动、一场教育专题片、一次家庭助廉活动”的廉政教育“四个一”活动；定期组织本院各部门举办“向党保证、向人民承诺、让家庭放心”组织生活会。

——落实司法为民措施。牢固树立能动司法理念，坚持使民利民宗旨，坚持求真务实作风，实施扎实有效的司法惠民措施。深入开展调解工作，推行“社区法官”、“诉调对接”模式，探索建立法官为社会提供志愿服务制度。到2015年，各基层法院、人民法庭要在立案窗口设立人民调解室，力争30%以上的案件能够通过人民调解在诉前解决。

——建设开放型法院。推行司法公开，深入开展“司法公开活动月”活动，扎实开展司法公开示范单位创建工作。推进“阳光审判”工程，落实公开开庭审理制度。推进“阳光执行”工程，实行执行日志公开，推行执行联动机制，创新主动执行措施，推广见证执行活动和执行局长接待日活动。推广法院开放日活动，各中院和基层法院每个季度确定1天为法院开放日组织群众参观庭审和办公。完善全方位、全覆盖、经常化的人大代表、政协委员联络工作机制和民意沟通机制，充分重视和落实人大代表、政协委员的意见和建议。每个法院每年至少安排2件案件邀请人大代表、政协委员观摩庭审。

——加强立案、信访文明窗口建设。认真落实《关于全省法院在“人民法官为人民”主题实践活动中进一步加强立案信访窗口建设的实施意见》。到2012年，各级法院要建设起方便群众、功能齐全的“一站式”立案信访服务大厅，努力实现将窗口服务“向人民法庭延伸、向社区延伸、向行业管理组织、群众自治组织延伸、向综治信访维稳中心和政府职能部门延伸、向网络延伸”的五项功能延伸。

2. 加强司法职业修养

——强化职业道德建设。严格贯彻执行《法官法》、《法官职业道德基本准则》、《法官行为规范》以及“五个严禁”、“八个坚持、八个反对”等纪律要求，着力培养以公

平正义、廉洁为民为核心的司法职业道德。积极探索建立司法职业道德评价体系。

——增强干警司法良知。深入开展司法良知教育，以增强干警对人民群众的深厚感情、对法律的忠诚、对公平正义的信仰与追求为目标，努力营造崇尚和遵守司法职业道德的文化氛围。

——规范日常司法行为。规范庭审行为和窗口部门办事规程，推行文明接待制度、服务承诺制度、首接负责制度，促进干警服务意识、规范意识、公正意识的提高。到2015年3各中级法院辖区内立案信访窗口的先进单位、“青年文明号”单位的比例要超过30%。

——展示文明司法风貌。严格贯彻执行《人民法院文明用语基本规范》、《广东法院文明用语和职业忌语.，设立司法形象“风采镜”、司法礼仪“监督箱”，切实抓干警仪容仪表、基本礼仪、文明用语的规范和养成。各中级法院每年要在辖区内举办一次司法礼仪培训教育活动。

3. 创建学习型法院

——建立组织推动机制，深化党组中心组理论学习制度，院领导要带头学习，发挥示范作用，大兴学习之风。各级法院每个季度至少组织一次党组中心组理论学习活动。

——广泛开展“读书·思考·进步”活动，引导干警多读书、读好书、用好书，使读书成为习惯，成为提高工作能力的重要途径。

——构建人文修养教育和提高平台，各中级法院要在辖区内定期举办哲学、历史、文学、艺术等讲座、诗书画影作品展览等活动，每年不少于3次。

——要进一步建立健全学习制度，积极探索和推行学分制考核管理制度，努力形成促进学习的长效机制。

4. 强化教育培训工作

——加强思想政治教育。省法院将开办院长、庭长等领导干部以及人民法庭干警主题教育培训班，将司法核心价值观学习教育抓牢抓实。

——加强领导干部培训。5年内，省法院将举办5期法院领导干部素能提升专题培训。2011至2012年，省法院集中开展基层法院副院长专题培训。中级法院要对辖区法院的中层干部轮训一遍。5年内，三级法院领导干部、人民法庭庭长参加脱产培训时间累计应在3个月以上，新任职领导干部在任职前或任职后1年内接受不少于1个月的业务素能培训为决策能力培训。省法院将加强对政工干部和党务干部的培训力度。

——加强基层法院干部培训。面向基层实行“订单式”教育培训机制，满足实用性，体现实践性。各中级法院要在5年内将辖区法院审判、执行、信访干部为主体的业务干部轮训一遍。加大对粤西、粤北和经济欠发达地区法院干部教育培训的政策倾斜。珠三角地区法院通过“结对帮扶”加强与欠发达地区法院教育培训的合作力度。

——加强学历学位教育。进一步改善法院队伍的学历、学位结构和专业知识结构。到2015年底，全省法院本科学历干警要达到90%以上；珠三角地区法院研究生学历学位的法官争取达到25%以上，其他地区的研究生学历学位法官争取达到15%以上。

——加强新领域专才培训。在构建大陆与台湾两岸经济合作框架、深化内地与港澳合作关系、加快转变经济发展方式、建设幸福广东的新形势下，为应对我省法院审判和执行工作面临的新情况、新问题，有计划、前瞻性地开展新情况、新问题、新领域法律应用的教育培训，积极培养专家型人才和业务骨干。省法院每年举办20期左右的专题培训班，培训6000名左右业务骨干。

5. 加强文化宣传工作

——加强培树先进典型。深入开展向“人民的好法官”张林武、全国优秀法官林保南等先进典型学习活动，积极挖掘身边的先进人物和事迹，推出一批站得稳、叫得响的先进典型。

——健全司法新闻宣传工作机制。建立与新闻媒体沟通交流机制，主动向媒体通报法院重大活动和重大措施，在报刊、广播、电视和互联网，设立宣传法院文化的专栏，充分宣传法院先进人物和先进事迹。各级法院每年要组织召开新闻单位座谈会、联席会，与新闻媒体建立良好互动关系。

6. 加强文化氛围建设

——按照外观庄重、布局规范、功能齐全、设施先进的要求，规划和建设法院大楼。积极打造表象文化，在立案大厅、审判法庭等公共场所悬挂“三个至上正、廉洁、为民”、“忠诚司法事业、保证司法公正、保持司法廉洁、坚持司法为民、维护司法形象”、“忠诚坚定、公正司法、高效办案、清正廉洁、一心为民、严守纪律、敬业奉献、加强修养”等体现法院指导思想、工作主题、道德准则、行为规范的文字标示，制作成标牌悬挂张贴在法院办公区域和公众服务区域的醒目位置。结合当地传统文化习俗，在审判法庭等公共场所展示倡导息诉罢访、共建和谐的书法、绘画等艺术作品。

——打造文化长廊。利用办公楼大厅、走廊、接待室、电梯等公共区域，精心打造“文化长廊”、“文化墙代精神和法官风貌，具备思想性、艺术性和观赏性的文艺作品。各级法院要在2012年前至少建成一条”文化长廊在投入资金和建设规模上要更大一些。

——加强图书馆（室）建设。各级法院要设立图书馆（室），人民法庭要设立“人民法庭书架”、“法官书架”，为广大干警工作和学习提供良好条件。到2015年前，珠三角地区中级法院图书馆藏书应达到人均100册，其他地区中级法院应达到人均80册；基层法院应达到人均70册，经济欠发达地区基层法院应达到人均50册。

——加强院史（荣誉）室建设。到2013年前，各中级法院和50%的基层法院要完成院史（荣誉）室建设；到2015年前，各基层法院要全部完成院史（荣誉）室建设。

——加强三级法院局域网和门户网站建设。要管理和运用好内外网站，在网站上开设法院文化建设专栏，为广大干警加强学习交流提供平台，为人民群众了解法院工作提供窗口。到2015年，各级法院要将自身网站建设成为展示和交流的重要载体。

——组建文体协会。成立各类文体协会，定期开展法官宣誓、演讲征文等特色活动，打造一批凸显法治精神、反映广东特色、展示法官风采的文艺精品，切实增强法院文化的感染力和辐射力。

7. 加强干警人文关怀

——实行“从优待警”原则。推行扶助金制度，帮助干警解决生病就医、小孩入学等生活困难，定期组织干警体检，关心干警的身心健康。切实落实干警休假制度，领导干部带头执行。

——探索心理疏导的有效途径。举办心理知识讲座、开通心理咨询热线，缓解干警身体和心理压力，促进干警形成积极乐观、理性平和、健康向上的心态。各中级法院要针对本地区法院干警的心态情况，探索一套行之有效的心理疏导方法。

8. 促进和谐社会构建

——积极参与文化强省建设。通过发挥司法职能、强化司法宣传，增强法院文化的感召力和辐射力，指引广大人民群众自觉形成尊崇法律、追求正义、诚实信用、从善如流的良好社会风气，努力把法院文化塑造成文化强省的响亮品牌，为加快转变经济发展方式、建设文化强省和幸福广东、构建和谐社会作出更大贡献。

### 三、组织领导和实施措施

（一）高度重视，齐抓共建。各级法院党组要用战略思想、开放视野、发展观点谋划法院文化建设工作，坚持将文化建设摆在更加突出的位置，作为一把手工程，以抓好审判执行工作的力度抓好文化建设。各级法院要成立文化建设领导小组，一把手亲自挂帅负责指挥指导，常务副院长、政工部门负责人等党组成员负责抓具体落实。建立院长统揽全局、政工部门牵头抓总，纪检监察、机关党建、调研宣传、行政管理等职能部门协调配合，工会、妇委会、共青团、法官协会及文体协会积极发挥作用的工作机制。

（二）争取纳入当地文化建设总体布局。各级法院在推进文化建设中，要紧密配合当地党委和政府的文化建设总体布局，使法院文化成为各地实施文化强省战略的重要组成部分。要牢牢抓住当前各地正在部署文化强省战略的重大机遇，争取当地党委和政府对法院文化建设在人力、物力上的更大支持。

（三）建立长效工作机制。各级法院要坚持把法院文化建设作为一项基础性、长期性工程来抓。要根据本单位实际情况，制订文化建设的长远规划和近期目标，稳步扎实推进各个阶段工作。建立定期研究制度和考核制度，结合法院总体工作形势，每年制定要点，明确工作措施和落实部门，年底严格考核，确保取得阶段性成果。要解决好制度保障，落实各项指导、监督、检查措施。上级法院在对下级法院进行综合考核中，要加大对文化建设考核的分量，充分发挥考核的导向作用和促进作用。

（四）加大财力人力投入。要解决好物质保障，拨出必要经费用于建设法院文化场所、设施和开展文体活动。有条件的法院要加大经费倾斜力度，使投入比例逐年提高，确保文化建设的品位和档次不断提升。实施文化建设人才工程，加强人才梯队建设，建立健全引才引智机制，吸引和选拔精英人才到文化岗位工作。要加强文化工作者培训力度，努力建立一支素质优良、业务精通的文化工作者队伍。

（五）发挥典型示范作用。要总结推广各地法院文化建设的新鲜经验，树立先进榜样。省法院将继续推出法院文化建设示范单位，积极向全省法院推广各地的新鲜经验。各地法院也要适时推出本地区文化建设示范单位，以点带面，整体推进法院文化建设工作全面发展。要加强对先进单位的宣传和推广，通过新闻媒体、法院门户网、内网、内部刊物等信息平台加强宣传发动，充分调动各级法院和广大干警参与文化建设的积极性、主动性和创造性。

# 关于印发《广东省高级人民法院关于非诉讼调解协议司法确认的指导意见》的通知

粤高法发［2011］16号

全省各级人民法院、广州海事法院、广州铁路运输两级法院：

现将《广东省高级人民法院关于非诉讼调解协议司法确认的指导意见》印发给你们，供办案时参考。如在执行过程中遇到问题，请及时报告我院民一庭。

二〇一一年二月十六日

# 广东省高级人民法院关于非诉讼调解协议司法确认的指导意见

为建立健全诉讼与非诉讼矛盾处理衔接机制，充分发挥非诉讼调解组织化解社会矛盾和纠纷的重要作用，维护社会和谐稳定，促进经济平稳发展，根据《中华人民共和国民事诉讼法》、《中华人民共和国人民调解法》、最高人民法院《关于建立健全诉讼与非诉讼相衔接的矛盾纠纷解决机制的若干意见》、《关于审理涉及人民调解协议的民事案件的若干规定》等有关法律法规和司法解释的规定，结合我省实际，制定本意见。

1. 建立非诉讼调解协议司法确认机制，旨在发挥人民法院审判权的规范、引导与监督作用，鼓励和支持行政机关、社会组织、行业协会、企事业单位等非诉讼调解组织积极参与调解工作，做好诉讼与非诉讼矛盾处理机制的有效衔接。

2. 对于属人民法院主管范围的民事纠纷在非诉讼调解组织主持下达成调解协议后。当事人可向有管辖权的人民法院申请确认调解协议效力，人民法院依法审查后对符合条件的可出具民事调解书予以确认。

3. 非诉讼调解协议司法确认工作应遵循合法、自愿、高效、便民的原则。

4. 当事人申请司法确认的，应当共同向有管辖权的人民法院申请。一方当事人提出申请，另一方当事人表示同意的，视为双方当事人共同提出申请。

当事人住所地、调解协议签订地、调解协议履行地、标的物所在地、非诉讼调解组织所在地的人民法院均有管辖权，但不得违反《中华人民共和国民事诉讼法》关于专属管辖、级别管辖的规定。

5. 当事人申请司法确认的，应向人民法院提交以下材料：

（1）司法确认申请书；

（2）非诉讼调解组织主持调处达成的调解协议原件及复印件；

（3）当事人的个人身份证明或企业法人营业执照、组织机构代码证原件及复印件；

（4）证明案件相关事实的材料原件及复印件；

（5）委托他人代为申请的授权委托书；

（6）人民法院要求提交的其他材料。

人民法院可制作《非诉讼调解协议司法确认申请书》示范文本，方便当事人申请。

6. 人民法院收到当事人的司法确认申请后，应当及时审查。材料不齐全的，人民法院应当一次性告知当事人补齐。

材料齐备或经补齐的，人民法院应自收齐材料之日起2

日内予以立案，编排统一案号，并及时向当事人送达案件受理通知书。

7. 当事人申请司法确认具有下列情形之一的，人民法院不予受理：

（1）非诉讼调解协议内容超出人民法院民事案件受理范围；

（2）有一方当事人不同意司法确认；

（3）属于人民法院适用特别程序、公示催告程序和破产还债程序审理的案件；

（4）涉及当事人身份关系确认的；

（5）涉及是否追究当事人刑事责任的；

（6）非诉讼调解组织不合法的；

（7）其他不宜由人民法院受理的情形。

经人民调解委员会调解达成的调解协议后，双方当事人自调解协议生效之日起三十日后才向人民法院申请司法确认的，人民法院可以受理。

8. 对不属于本院管辖的案件，人民法院应告知当事人向有管辖权的人民法院申请。

9. 人民法院审理非诉讼调解协议司法确认案件，原则上参照适用《中华人民共和国民事诉讼法》有关简易程序的规定，由审判员一人独任审查，必要时也可以组成合议庭进行审查。

人民法院认为必要时，可组织当事人进行听证，各方当事人或其法定代理人、诉讼代理人应同时到场。

10. 人民法院审查时应告知双方当事人及其代理人享有申请审判人员回避的权利，并询问双方当事人是否理解所达成协议的内容，是否接受调解协议产生的法律后果，是否愿意由人民法院通过司法确认程序赋予该协议强制执行的效力。

11. 当事人申请司法确认具有下列情形之一的，人民法院不予确认：

（1）不是当事人的真实意思表示；

（2）违反法律、行政法规的强制性规定；

（3）侵害国家利益、社会公共利益或违背社会公序良俗的；

（4）侵害案外人合法权益的；

（5）以合法形式掩盖非法目的的；

（6）标的物不属于当事人自由处分的；

（7）调解协议内容不明确导致无法确认和执行的；

（8）非诉讼调解组织、调解人员存在强迫调解或者有其他严重违反职业道德准则行为的；

（9）存在人民法院认为不适宜司法确认的其他情形的。

12. 人民法院根据案件审理需要，可调取非诉讼调解组织留存的相关材料，或邀请相关工作人员说明调解时的具体情况。

13. 人民法院对司法确认案件应及时进行审查，如非诉讼调解协议不存在无效或可变更、可撤销情形的，应当及时制作民事调解书予以确认。

民事调解书应如实记载非诉讼调解协议的内容。如非诉讼调解协议部分条款书写不规范、不具体，人民法院可在征得当事人同意后，在不改变非诉讼调解协议内容原意的情况下进行规范化处理。规范处理后的协议内容在交当事人签字认可后，人民法院可据此协议制作民事调解书。

14. 人民法院经审查认为当事人申请不符合法院受理条件或司法确认条件的，应及时制作不予受理或不予确认通知书，并及时送达双方当事人。

15. 当事人撤回司法确认申请的，人民法院应予以准许，并及时通知相关当事人。

16. 人民法院根据案件需要组织当事人进行听证，一方当事人及其代理人无故缺席的，按照撤回司法确认申请处理。

人民法院组织当事人听证的，要制作相关笔录，并交当事人及其代理人签字确认。

17. 人民法院审理非诉讼调解协议司法确认案件应自案件受理之日起7日内审结。

18. 非诉讼调解协议经人民法院审查确认后即具有法律效力。当事人拒绝签收民事调解书的，不影响调解协议的效力。

19. 人民法院不予受理、不予确认、当事人撤回司法确认申请或者按自动撤回申请处理的，当事人可就原纠纷提起诉讼。经审查符合受理条件的，人民法院应依法予以受理。当事人向人民法院起诉请求变更、撤销非诉讼调解协议，或者请求确认调解协议无效的，按照《最高人民法院关于审理涉及人民调解协议的民事案件的若干规定》的有关规定处理。

20. 人民法院审理非诉讼调解协议司法确认案件可不收取案件受理费。

21. 人民法院审理非诉讼调解协议司法确认案件，应纳入审判流程管理系统。非诉讼调解协议司法确认案件的案号表述为“［××××］××法民确字第××号”。

22. 人民法院应指定专人负责司法确认工作，并与辖区内非诉讼调解组织加强联系，交流信息、交换意见、规范运作。

23. 人民法院应加强对司法确认工作的检查监督，不定期进行检查考评，提高司法确认水平。

二〇一一年二月十六日

# 关于印发《广东省高级人民法院关于进一步加强未成年人刑事审判工作的指导意见》的通知

粤高法发［2011］18号

全省各级人民法院、广州铁路运输两级法院：

现将《广东省高级人民法院关于进一步加强未成年人刑事审判工作的指导意见》印发给你们，请认真贯彻执行。执行中遇到的问题，请及时报告我院少年法庭工作办公室。

特此通知。

二〇一一年三月二日

# 广东省高级人民法院关于进一步加强未成年人刑事审判工作的指导意见

为了进一步发挥未成年人刑事审判的职能作用，不断开创我省未成年人刑事审判工作新局面，根据《中华人民共和国未成年人保护法》、《中华人民共和国预防未成年人犯罪法》等法律以及最高人民法院有关司法解释的精神，结合我省实际情况，经省法院党组讨论决定，对我省今后一个时期加强未成年刑事审判工作提出如下意见：

## 一、高度重视未成年人刑事审判工作

1. 未成年人是国家和民族的未来与希望，未成年人犯罪问题已成为影响我省和谐社会构建的一个不容忽视的因素。各级法院应当认识到维护未成年人合法权益，预防、矫治未成年人犯罪，保障未成年人健康成长，是人民法院的重要职责之一。当前和今后一个时期，各级法院应当增强能动司法意识，积极探索创新，不断加强未成年人刑事审判工作。

2.各级法院应当从实践“三个至上”工作指导思想、落实科学发展观、建设和谐社会的高度，充分认识加强未成年人刑事审判工作的重要性和必要性，积极探索最有利于未成年人和适合未成年人身心特点的审判方式，依法、及时审理好未成年人刑事案件，切实保护未成年人的合法权益。

3.各级法院要坚持“教育、感化、挽救”的方针和“教育为主，惩罚为辅”的基本原则，继续转变刑罚观念，摆脱片面的重刑思想，坚决走出“敢于依法从严，不敢依法从宽”的误区，克服担心未成年罪犯重新犯罪影响法院形象和权威而不敢适用非监禁刑的畏难思想。对未成年罪犯，可定罪可不定罪的，不定罪；可判处刑罚可不判处刑罚的，不判处刑罚；可适用监禁刑可适用非监禁刑的，适用非监禁刑。要解决好适用非监禁刑与审前羁押措施的关系，对于罪行较轻，符合非监禁刑适用条件但审前未取保候审的罪犯，应适用非监禁刑，不应用短期自由刑代替非监禁刑的适用。

4. 各级法院应当简化对未成年罪犯适用非监禁刑案件的审批程序，对未成年被告人适用非监禁刑的，应结合犯罪主体的年龄、性别、一贯表现、罪过形式、犯罪动机、手段、是否初犯、偶犯、有无悔罪表现以及社会认同程度等因素进行综合考量。

5. 全省法院对未成年人刑事案件，应当统一编“少刑”案号。有条件的法院可以根据实际情况由未成年人刑事审判机构审理被害人系未成年人的刑事案件。

## 二、逐步建立健全组织机构

6. 全省各级法院应当进一步加强对未成年人刑事审判工作的组织领导和业务指导，逐步建立健全未成年人刑事审判机构，为未成年人刑事审判工作全面、健康发展创造良好条

件。

7. 广东省高级人民法院设未成年人刑事案件合议庭，在少年法庭指导小组指导下集中审理本院受理的未成年人刑事上诉和复核案件，同时负责指导全省未成年人刑事审判工作。

8. 中级人民法院设“少年法庭指导小组”，组长由副院长担任，小组成员包括涉及未成年案件的相关审判庭和行政部门负责人。少年法庭指导小组下设“少年法庭工作办公室”，负责本辖区内未成年人刑事审判的日常指导工作，深入研究少年司法工作规律和理念，总结和推广未成年人刑事审判工作经验，探索加强未成年人刑事审判工作的新举措。

9. 中级人民法院、基层人民法院应当根据未成年人刑事案件的审判需要，逐步完善未成年人刑事案件审判机构建设，应建立独立建制的少年刑事审判庭或者建立专门合议庭。

10. 全省各级人民法院未成年人刑事审判机构的设立、变更情况，应当逐级报告广东省高级人民法院少年法庭工作办公室。

三、不断加强队伍建设

11. 各级法院应当加强未成年人刑事审判队伍建设，着力建立一支高素质稳定的未成年人刑事审判队伍，着重选拔政治素质高、业务能力强、熟悉未成年人身心特点和善于做未成年人思想教育工作的法官，负责审理未成年人刑事案件。同时加强未成年人刑事审判法官的培训工作，不断提升队伍的整体素质。

12. 各级法院应当邀请共青团、妇联、工会、关心下一代工作委员会、教育等单位和机构熟悉未成年人身心特点、热心未成年人工作、具备一定的青少年教育学和心理学知识的人员担任未成年人刑事案件的人民陪审员。

13. 各级法院应当制定科学全面的未成年人刑事审判绩效考核指标，根据本地区未成年人刑事审判工作实际，将庭审以外的延伸帮教、参与社会治安综合治理等工作纳入未成年人刑事审判法官绩效考核的范围。

四、进一步完善和创新各项工作制度

14. 建立和完善分案审理制度。各级法院对未成年人与成年人共同犯罪案件，一般应当分案审理，但是具有下列情形之一的，可以不分案审理：

（1）未成年人系犯罪集团的组织者或者其他共同犯罪中的主犯的；

（2）案件重大、疑难、复杂，分案起诉可能妨碍案件审理的；

（3）涉及刑事附带民事诉讼，分案起诉妨碍附带民事诉讼部分审理的；

（4）其他不宜分案起诉情形的。对不宜分案审理的案件，对未成年被告人应当采取适当的保护措施。

15. 完善庭前社会调查制度。省内籍未成年罪犯的庭前社会调查工作由当地社区矫正工作部门负责。各级法院可以委托团委、妇联、工会等有关社会组织或个人对外省籍未成年罪犯进行庭前社会调查。对社区矫正工作部门或法院委托的社会组织或个人出具的社会调查报告，各级法院应当全面审查并进行庭审质证，作为法庭教育、量刑和判后跟踪帮教的参考。必要时法院可以自行调查。

16. 完善圆桌审判制度。各级法院应设立专门的圆桌法庭，以较宽松的形式取代审判席高高在上的法庭设置，专门用于审理未成年被告人轻微犯罪和过失犯罪案件，以缓和庭审气氛，减轻未成年被告人的心理压力，更加有效地开展庭审和法庭教育工作。积极探索采取变音设备、单面透视玻璃等设施，全面保护未成年人被告人、被害人和证人的合法权益。

17. 完善法庭教育制度。各级法院应当在法庭调查和辩论终结后，组织未成年被告人近亲属、教师、社区帮教人员等有利于教育、感化、挽救未成年被告人的人员对未成年被告人进行法庭教育，注重剖析未成年被告人犯罪的原因、分析犯罪的社会危害性和是否应当受刑罚处罚，帮助未成年被告人认罪伏法、改过自新。

18. 完善判后跟踪帮教制度。各级法院对在未成年犯管教所服刑或者接受社区矫正的未成年罪犯，应当定时开展跟踪帮教工作。

19. 完善心理评估干预制度。各级法院应当对涉案未成年人进行心理疏导，帮助消除不良心理和情绪。具备条件的法院可以委托专业机构建立心理测评和辅导机制，提出专业评估意见，为正确适用非监禁刑和对未成年罪犯进行个性化矫治提供科学参考。

20. 完善未成年人案件“绿色通道”制度。各级法院应努力提高办理未成年人刑事案件的效率，对未成年人案件实行优先立案、优先排期开庭和优先审理，快审快结，缩短各个诉讼环节的工作时间，尽可能减少刑事诉讼对未成年人的不利影响。

21. 探索建立合适成年人制度。对未成年被告人法定代理人无法或不宜参加庭审或讯问的，可以经未成年被告人同意或按其意愿通知其他关系密切的亲属朋友、社会工作者、教师、律师等合适成年人参加庭审或讯问，以缓解我省未成年被告人法定代理人出庭率较低的问题，增强庭审教育效果。

22. 探索建立前科消灭制度。各级法院对未成年罪犯的档案应严格保密，非经主管副院长审批不得查阅；对轻微犯罪的未成年人，可与公安、检察、司法和政法委等部门联合试行轻罪记录消灭制度，尽量减少犯罪对未成年罪犯就学和就业的影响。

五、努力构建未成年人刑事审判配套工作机制

23. 各级法院应当加强与同级预防青少年违法犯罪工作领导小组、公安机关、人民检察院、司法行政机关的沟通和配合，积极建立和完善“政法一条龙”工作机制，形成有效预防、矫治和减少未成年人违法犯罪的合力。

24. 各级法院应当加强与当地公安、检察机关的沟通和配合，积极采取有效措施，提高诉前对可能适用非监禁刑的未成年犯罪嫌疑人，采取取保候审、监视居住等非羁押强制措施的比例?为扩大适用非监禁刑奠定基础。

25. 各级法院应当加强与司法行政机关的沟通和配合，推动社区矫正工作部门逐步扩大社区矫正对象的范围，将在本地具备一定监管条件的外地籍犯罪嫌疑人、被告人、罪犯纳入社区矫正范围，可以联合社区矫正工作部门探索采用电子监控装置对外地籍非监禁刑罪犯进行监管，为扩大非监禁刑适用创造条件。

26. 各级法院应当在党委政法委的领导、协调下，加强与有关职能部门、社会组织和团体的协调配合，推动制定本地区关于未成年罪犯，特别是外地未成年罪犯的社会调查、心理干预、复学安置、非监禁刑判后帮教监管等问题的规范性文件。

六、其他

27. 各级法院对外地籍未成年罪犯应当平等地适用非监禁刑，采取尽可能的办法通知其法定代理人到庭，对在我省有经常居住地，或者有学校愿意接受就学和协助监管的，或者有社区、街道或法人愿意接收和协助监管的，或者犯罪地建有监管基地可以接收监管的，或者提供保证人进行担保的外地籍被告人，应当视为具备监管条件，依法适用非监禁刑。

28. 各级法院应当大力推动未成年人刑事案件和解工作。对于自诉案件和侵犯公民个人权利、可能被判处三年有期徒刑以下刑罚的公诉案件，要充分调动被告人、被害人所在单位、社区基层组织、辩护人、诉讼代理人等各方力量促进和解，引导双方以赔礼道歉、赔偿物质损失、履行特定义务等多种形式达成谅解，以加强刑事和解工作，扩大对未成年罪犯适用非监禁刑。

29. 各级法院应当大力推动未成年人刑事案件被害人司法救助工作。对遭受犯罪行为侵害、无法及时获得有效赔偿、生活陷入困境的未成年人刑事案件被害人及其近亲属，各级法院应当及时给予适当经济资助，充分发挥刑事被害人司法救助对非监禁刑适用的积极作用。

30. 没有充分证据证明未成年被告人犯罪时已经达到刑事责任年龄的，应当依法作出有利于未成年被告人的认定和处理。

31. 对未成年人刑事案件的裁判文书3各级法院要采取易于为未成年人所理解和接受的用语。充分说理，体现对未成年人的关爱、教育；同时，应将庭前社会调查的情况写入裁判文书，在论述部分应当结合查明的未成年被告人的成长经历，剖析未成年被告人走上犯罪道路的主客观方面的原因。

32. 大力加强宣传工作。各级法院应当把加强未成年人刑事审判宣传工作作为提升人民法院形象的重要途径来抓，广泛宣传全省未成年人刑事审判的经验做法、典型案例和优秀法官事迹等，彰显未成年人刑事审判在保护未成年人合法权益、维护社会稳定、促进社会和谐方面的作用和成效，增进社会各界、人民群众对未成年人刑事审判的理解和支持，在全社会营造起共同保护未成年人合法权益的法制环境和氛围。

33. 设立未成年人刑事审判工作专项经费。各级法院应当为未成年人刑事审判的庭前社会调查、心理干预、司法救助、判后跟踪帮教、聘任人民陪审员、法制宣传教育和参与社会治安综合治理等工作提供经费保障。

# 关于印发《关于依法正确适用和执行非监禁刑的指导意见（试行)》的通知

粤高法发［2011］21号

全省各级法院、检察院、公安机关、国家安全机关、司法行政机关：

根据法律和司法解释的有关规定，结合我省实际情况，经省公、检、法、安、司五家研究，制定了《关于依法正确适用和执行非监禁刑的指导意见（试行)》，现印发给你们，请参照执行。

二〇一一年五月五日

# 关于依法正确适用和执行非监禁刑的指导意见（试行）

为深入推进和谐社会建设，积极化解矛盾，全面贯彻宽严相济刑事政策，充分发挥刑罚的社会整治功能，确保非监禁刑的正确适用和执行，促进社会和谐稳定，根据法律和司法解释的有关规定，结合我省的实际情况，现就依法正确适用和执行非监禁刑的有关问题，提出如下意见供参照执行：

【指导思想】

一、非监禁刑的适用和执行是深入推进社会矛盾化解战略部署、全面贯彻宽严相济刑事政策的具体体现。能够避免罪犯间交叉感染，减少再犯可能性，有利于罪犯重新回归社会，缓解羁押场所的监禁压力，降低行刑成本，节省司法资源，避免罪犯的家庭稳定性遭受过大影响，减少社会对立面，最大限度地化消极因素为积极因素，促进社会和谐稳定。

二、人民法院、人民检察院、公安机关、国家安全机关、司法行政机关要各司其职，相互配合，准确把握社会治安形势。非监禁刑的适用和执行要坚持惩罚犯罪与化解矛盾并重、法律效果与社会效果并重的原则，以有利于社会和谐稳定为目的，结合不同时期、不同地区的实际情况区别对待。

【适用原则】

三、非监禁刑的适用，应坚持罪责刑相适应原则，以判断犯罪主体的再犯可能性即是否不致再危害社会为核心内容，除了根据犯罪的事实、性质、情节和对于社会的危害程度，还应当结合犯罪主体的年龄、性别、一贯表现、罪过形式、犯罪动机、手段，是否初犯、偶犯，有无悔罪表现以及社会效果等因素，进行综合考量后作出裁判。

【适用范围】

四、对于主观恶性不深、人身危险性较小、社会危害性不大的初次犯罪、偶然犯罪、过失犯罪等犯罪情节较轻、有悔罪表现、没有再犯罪的危险、不致对所居住社区造成重大不良影响的被告人，符合下列条件之一的，可以适用缓刑或者判处管制、单处罚金、剥夺政治权利或驱逐出境等非监禁刑：

1. 所犯罪行的量刑幅度在三年以下有期徒刑、拘役、管制或单处罚金、剥夺政治权利、驱逐出境的；

2. 所犯罪行的量刑幅度在三年有期徒刑以上刑罚，但具有从轻或减轻处罚情节7可以被判处三年以下有期徒刑、拘役、管制或单处罚金、剥夺政治权利、驱逐出境的。

【适用条件】

五、下列犯罪主体，属于适用非监禁刑的主要对象：

1. 未成年人或在校青少年；

2. 聋哑人、盲人等残疾人，精神病人；

3. 老年人、怀孕或哺乳期妇女；

4. 具备监管、帮教条件且愿意接受监管、帮教的。

六、被告人具有下列情形之一的，视为犯罪情节较轻：

1. 犯罪中止、犯罪预备、犯罪未遂的；

2. 防卫过当或避险过当的；

3. 过失犯罪的；

4. 具有可宽恕的犯罪动机或原因的；

5. 犯罪手段、方法不残忍、不恶劣，未造成严重后果的；

6. 告诉才处理的；

7. 从犯、胁从犯；

8. 初犯、偶犯；

9. 具有其他从宽处罚情节的。

七、被告人具有下列情形之一的，视为有悔罪表现：

1. 自首或立功的；

2. 努力采取措施挽救损害或防止损害扩大的；

3. 主动退赃的；

4. 积极赔偿损失的；

5. 向被害人真诚赔礼道歉的；

6. 具有其他悔罪表现的。

八、被告人具有下列情形之一的，视为没有再犯罪的危险：

1. 犯罪中止、防卫过当、避险过当和过失犯罪等主观上没有再犯故意或失去作案动机的；

2. 失去作案能力、作案条件，客观上没有再犯可能性的；

3. 一贯表现良好或具备监护、帮教条件的未成年人、在校青少年。

九、被告人所居住社区的居民没有联名要求严惩被告人的，视为适用非监禁刑对所居住社区没有重大不良影响。

十、被告人具有下列情形之一的，视为具备监管（监护）、帮教条件：

1. 在我省有经常居住地的；

2. 未成年人或在校青少年犯罪，其父母、学校愿意承担监护、帮教义务的；

3. 犯罪地建有监管、帮教基地可以接收罪犯的；

4. 有社区、街道或者公司、企业等合法单位愿意接收和协助监管、帮教的；

5. 保证人自愿承担协助监管、帮教义务，同时提供保证金进行担保的。

十一、对本地户籍和外地户籍的被告人，应依照适用法律上一律平等的刑法原则决定刑罚。被告人的户籍地，不影响非监禁刑的适用。

十二、被告人在判决前的实际羁押时间，不影响对其适用非监禁刑。

【应当适用情形】

十三、对于未成年人或在校青少年犯罪，坚持“教育为主、惩罚为辅”的原则和“教育、感化、挽救”的方针进行处理。能不羁押的，尽量不羁押；能不起诉的，尽量不起诉；能不判处刑罚的，尽量不判处刑罚；能不适用监禁刑的，尽量适用非监禁刑。

对其中不符合《最高人民法院关于审理未成年人刑事案件具体应用法律若干问题的解释》第十七条规定免予刑事处罚情形，但符合本意见第四条之规定情形的未成年人，不存在刑法第七十四条规定情形的，应当适用非监禁刑。

对于十八周岁以上二十五周岁以下的在校青少年，符合本意见第四条之规定，具有下列情形之一，且不存在本意见禁止适用、限制适用情形的，应当适用非监禁刑：

1. 初次犯罪的；

2. 积极退赃或赔偿被害人经济损失的；

3. 具备监护、帮教条件的；

4. 过失犯罪的；

5. 具有其他从宽处罚情节的。

十四、对于怀孕的妇女和已满七十五周岁的人，符合本意见第四条之规定，且不存在刑法第七十四条规定情形的，应当适用非监禁刑。

对于聋哑人、盲人等残疾人，精神病人，不满七十五周岁的老年人，哺乳期妇女犯罪，符合本意见第四条之规定，具有下列情形之一，且不存在本意见禁止适用、限制适用情形的，应当适用非监禁刑：

1. 防卫过当、避险过当或过失犯罪的；

2. 犯罪中止、犯罪预备或犯罪未遂的；

3. 从犯、胁从犯；

4. 具有自首或立功表现的；

5. 具有其他法定从宽处罚情节的。

十五、对于本意见第十三、十四条规定以外的人员犯罪，符合本意见第四条之规定，具有下列情形之一，且不存在本意见禁止适用、限制适用或谨慎适用情形的，应当适用非监禁刑：

1. 犯罪中止的；

2. 防卫过当、避险过当或过失犯罪后，积极抢救伤者、挽回损失、努力防止损失进一步扩大或尽力补偿的；

3. 自首并且立功的；

4. 具有自首或立功表现的胁从犯；

5. 具有自首或立功表现，且获得被害方谅解的从犯。

【优先适用情形】

十六、符合本意见第四条之规定，具有下列情形之一，且不存在本意见禁止适用、限制适用情形的，应当优先适用非监禁刑：

1. 防卫过当、避险过当或犯罪中止的；

2. 过失犯罪的；

3.标准自首的；

4. 具有重大立功表现的；

5. 胁从犯；

6. 十八周岁以上二十五周岁以下的在校青少年犯罪的；

7. 聋哑人、盲人等残疾人，精神病人，不满七十五周岁的老年人，哺乳期妇女犯罪，具有酌定从宽处罚情节的；

8. 如被判处监禁刑，家有十六周岁以下未成年子女或七十周岁以上老人无人照顾的；

9. 具有退赃、赔偿损失、赔礼道歉等悔罪表现，获得被害方谅解或国家、集体、社会利益损失得以弥补的；

10. 告诉才处理的犯罪，被告人积极弥补损失的；

11. 愿意接受监管、帮教，具备社区矫正监管、帮教条件，且不存在本意见谨慎适用情形的被告人。

【可以适用情形】

十七、符合本意见第四条之规定，具有下列情形之一，且不存在本意见禁止适用情形的，可以适用非监禁刑：

1. 犯罪预备、犯罪未遂的；

2. 以自首论的；

3. 具有一般立功表现的；

4. 从犯；

5. 聋哑人、盲人等残疾人，精神病人，不满七十五周岁的老年人，哺乳期妇女犯罪的；

6. 具有可宽恕的犯罪动机或原因的；

7. 犯罪手段、方法不残忍、不恶劣，未造成严重后果的；

8. 具有退赃、赔偿损失、赔礼道歉等悔罪表现的；

9. 告诉才处理的；

10. 初犯、偶犯；

11. 经济犯罪、单位犯罪，未造成恶劣影响的。

【谨慎适用情形】

十八、具有下列情形之一的，应当从严控制、谨慎适用非监禁刑：

1. 主犯；

2. 教唆犯；

3. 所犯罪行本应判处十年以上有期徒刑但被减轻处罚的；

4. 国家工作人员职务犯罪被减轻处罚的；

5. 因同类行为受过劳动教养等治安处罚两次以上的。

【限制适用情形】

十九、具有下列情形之一的，一般不宜适用非监禁刑：

1. 拒不认罪的；

2. 数罪并罚的；

3. 再次故意犯罪的；

4. 所犯罪行本应判处无期徒刑以上刑罚但被减轻处罚的；

5. 危害国家安全的犯罪；

6. 黑社会性质的组织犯罪；

7. 爆炸、放火、恐怖活动、劫持公共交通工具等故意危害公共安全的犯罪；

8. 故意杀人、抢劫、强奸、绑架等严重侵犯公民人身权利的暴力犯罪；

9. 走私、贩卖、运输、制造毒品和危害食品、药品安全等毒害公民健康的犯罪；

10. 与危害公共安全，危害食品、药品安全相关的职务犯罪；

11. 拒不退赃、赔偿损失的财产型犯罪和破坏环境资源的犯罪；

12. 被害人或其家属反应强烈、可能激化矛盾的；

13. 社会影响恶劣的。

【禁止适用情形】

二十、具有下列情形之一的，不得适用非监禁刑：

1. 累犯；

2. 犯罪集团的首要分子；

3. 在危害国家安全犯罪、恐怖活动犯罪、黑社会性质的组织犯罪中的主犯；

4. 毒品再犯；

5. 职务犯罪中所涉及财物属于国家救灾、抢险、防汛、优抚、救济款物且情节严重的罪犯。

【其他适用规定】

二十一、非监禁刑的正确适用，除了充分发挥缓刑、管制等刑罚功能外，还应充分发挥财产刑的功能。对于符合法律和本意见有关规定且具备执行条件的，可以依法单处罚金。对于法律规定并处罚金的，适用缓刑、管制时应当并处罚金。

【适用程序】

二十二、侦查机关、人民检察院在侦查、批捕、起诉阶段，对符合非监禁刑适用范围的犯罪嫌疑人、被告人，如果采取取保候审、监视居住等非羁押性强制措施足以防止发生社会危险性，且不影响刑事诉讼正常进行的，一般不应采取羁押措施，可以取保候审或监视居住。对符合非监禁刑适用范围的未成年人或在校青少年，原则上应予取保候审或监视居住。

人民法院在审判阶段，对在押被告人依法可能适用非监禁刑的，一般应变更强制措施，可以取保候审或监视居住。

二十三、侦查机关在侦查阶段应当收集反映犯罪嫌疑人的人身危险性大小的证据材料。当犯罪嫌疑人是未成年人时，侦查机关还应当通知司法行政机关开展社会调查。

二十四、人民检察院在审查起诉阶段应当认真审查反映犯罪嫌疑人的人身危险性大小的证据材料，发现缺少有关证据材料的，可以要求侦查机关提供，侦查机关应当提供。当犯罪嫌疑人是未成年人时，人民检察院应当要求侦查机关提供司法行政机关出具的社会调查报告。

人民检察院可以对被告人的人身危险性和再犯可能性进行评估，并提出是否适用非监禁刑的量刑建议。当被告人是未成年人时，人民检察院应当提出是否适用非监禁刑的量刑建议。

二十五、人民法院在审判阶段认为对被告人可能适用非监禁刑的，可以通知司法行政机关进行社会调查。当被告人是未成年人时，人民检察院移送起诉的证据材料中缺少社会调查报告的，人民法院可以要求人民检察院提供，人民检察院应当提供。

人民法院应当将司法行政机关出具的社会调查报告作为量刑参考。

二十六、司法行政机关收到侦查机关、人民检察院或人民法院的通知后，应当在十五天之内，对犯罪嫌疑人、被告人日常遵纪守法情况、家庭结构、社会关系和经济状况，以及被害方和社区群众对其回当地服刑接纳程度、社区矫正监管帮教条件等进行调查了解，完成社会调查工作并出具书面报告；无法进行社会调查或无法在规定期限内完成社会调查的，应当出具书面说明。

二十七、对自报身份的被告人，如户籍地公安机关复函证明该地无此人的，不得适用非监禁刑，但被告人能够证明其自报身份属实的除外。

二十八、自人民法院委托司法行政机关进行判前社会调查之日起，审理期限中止计算，社会调查的时间不计入审理期限。司法行政机关调查完毕提交书面评估意见给法院之后，继续计算审理期限。

二十九、对符合非监禁刑适用范围的被告人，人民法院可以听取控辩双方的量刑建议，通过法庭审理引入量刑辩论程序，引导控辩双方就是否适用非监禁刑进行举证、质证和辩论。对于没有证据证明被告人是累犯的，应推定不是累犯，可以对其适用非监禁刑。

三十、对可能适用非监禁刑的案件，人民法院要开展和解工作，适度引导双方以赔礼道歉、赔偿经济损失、履行特定义务等多种形式达成谅解，或者对无法及时获得赔偿、生活陷入困境的刑事被害人及其近亲属给予适当的救助，妥善化解社会矛盾。

三十一、人民法院对以下案件适用非监禁刑，应当提交审判委员会讨论决定或经主管院长审批同意：

1. 所犯罪行本应判处十年有期徒刑以上刑罚但被减轻处罚的；

2. 国家工作人员职务犯罪被减轻处罚的。

对于其他案件，适用普通程序的，合议庭意见一致时，有权决定适用非监禁刑；合议庭意见不一致时，应当报经主管庭长审批同意；主管庭长意见与合议庭多数意见不一致时，应当提交审判委员会讨论决定。适用简易程序的，独任审判员有权决定对被告人适用非监禁刑。

三十二、对于可能单处罚金的案件，人民法院要根据案情及被告人的经济情况，依法确定罚金数额，并在判决前要求被告人及其家属预缴一定数额的罚金或提供财产担保，以确保罚金刑的实际履行。

三十三、对于可能适用非监禁刑的案件，可以由被告人同时提出保证人和交纳保证金，保证被告人解除监禁后遵守有关规定、不致再危害社会。被告人、保证人应在判决前交纳保证金、签订保证书。人民法院在判决生效后应将保证书副本送达执行地公安机关，由执行地公安机关联系保证人落实具体担保义务。被保证人有违规行为或者保证人不履行保证义务的，没收保证金上缴国库，并对保证人处以罚款。

【执行程序】

三十四、对被判处独立适用驱逐出境刑罚的外国人，人民法院应当自该判决生效之日起十五日内，将对该犯的刑事判决书、执行通知书的副本交付所在地省级侦查机关，由省级侦查机关指定的侦查机关执行。负责具体执行的侦查机关、应当按照交付机关确定的期限立即执行。如有特殊情况，需要延期执行的，报省级侦查机关核准。

三十五、对被单处罚金的罪犯，在裁判生效后，由一审人民法院负责执行。

三十六、对被判处管制、宣告缓刑、单处剥夺政治权利的本省籍罪犯，由罪犯户籍地或居住地公安机关、司法行政机关依法实行社区矫正；对被判处管制、宣告缓刑、单处剥夺政治权利的非本省籍罪犯，由犯罪地公安机关、司法行政机关依法实行社区矫正。

对罪犯的监管可以采用限定活动区域、责令定期报到或通过电子设备监控行踪、随时监督考察的方法进行。

三十七、对被判处管制、宣告缓刑或单处剥夺政治权利的罪犯，人民法院应当告知其必须按时到执行地公安机关、司法行政机关报到以及不按时报到应承担的法律后果，由罪犯本人在《接受社区矫正告知书》上签字。告知书一式四份，一份交罪犯本人，一份送达执行地公安机关，一份送达执行地司法行政机关，一份由告知机关存档。

三十八、对被判处管制、宣告缓刑或单处剥夺政治权利的罪犯，人民法院应当将裁判文书、执行通知书和接受社区矫正告知书送达执行地公安机关、司法行政机关，并抄送检察机关。

执行地公安机关、司法行政机关应当在收到有关文书之日起三日内与罪犯见面并实施监管，对下落不明的，应当及时查找。

检察机关应当及时对非监禁刑的执行情况进行法律监督。

三十九、人民法院认为必要时，可以通知罪犯户籍地或犯罪地公安机关、司法行政机关参加当庭宣判，当场移交罪犯和办理相关手续。

四十、对被判处管制、宣告缓刑或单处剥夺政治权利的罪犯，司法行政机关应纳入社区矫正，加强监管教育，并定期向人民法院通报和反馈社区服刑人员的改造情况。

四十一、对未成年人或在校青少年犯罪的档案要严格保密，建立犯罪记录限制公开制度。

【撤销程序】

四十二、被判处管制、单处剥夺政治权利的罪犯，在社区服刑期间，犯新罪、有漏罪的，依法实行数罪并罚；违反有关规定的，由执行地司法行政机关提出建议，执行地公安机关给予警告、治安处罚。

四十三、被宣告缓刑的罪犯在缓刑考验期限内有下列情形之一的，由执行地公安派出所与司法所协商后，逐级报请与原裁判人民法院同级的公安机关提出撤销缓刑建议书和相关证据，人民法院作出裁定撤销缓刑：

1. 人民法院已书面告知罪犯应当按时到执行地公安机关、司法行政机关报到，罪犯未在规定的时间内报到，脱离监管三个月以上的；

2. 未经考察机关批准擅自离开所居住的市、县或者迁居，脱离监管三个月以上的；

3. 擅自解除或破坏电子监控设备的；

4. 未按照考察机关的规定报告自己的活动情况，经过二次教育仍然拒不改正的；

5. 违反法律、行政法规或者国务院有关部门关于缓刑的监管规定，或者违反法院判决中的禁止令，情节严重的；

6. 被行政拘留或劳动教养的。执行地司法所认为应当提议撤销缓刑但公安派出所没有提议的，应报请区县司法局与同级公安机关、人民检察院会商决定是否提议撤销缓刑。公安机关撤销缓刑的建议书副本应当抄送同级人民检察院。被宣告缓刑的罪犯在缓刑考验期内犯新罪、有漏罪的，由审判新罪的人民法院在审判新罪时，对原判决、裁定宣告的缓刑予以撤销，并通知原宣告缓刑的人民法院和执行机关。

四十四、人民法院不同意撤销缓刑的，将卷宗退回，书面通知提议的公安机关，并抄告同级人民检察院。

四十五、执行地公安机关收到撤销缓刑的裁定后，应及时将罪犯送交监狱或者看守所收押执行。人民法院撤销缓刑的裁定书副本应当抄送执行地人民检察院监所检察部门。

【附则】

四十六、各有关单位要建立健全工作绩效考评机制，对正确适用和执行非监禁刑工作中表现突出的人员，要给予适当的表彰、奖励，以提高工作人员的积极性。

四十七、本意见中所提的“非监禁刑”包括缓刑、管制、单处罚金、剥夺政治权利或驱逐出境等刑罚种类和措施。

四十八、本意见中所提的“经常居住地”，是指居住满

一年以上的固定住所。

四十九、本意见中所提的“监管”，是指在监狱、看守所等监禁场所以外，不采取羁押措施的监督管理行为。

五十、本意见中所提的“非本省籍”被告人人、外国籍被告人、无国籍被告人。

五十一、本意见中所提的“老年人周岁”以上的人；“在校青少年”，是指在校读书的、犯罪时年龄在二十五周岁以下的人。

五十二、本意见中所提的“日”，含节假日、休息日，“以上”、“以下”、“之内”、“不超过”，均包括本数。

五十三、执行本意见过程中，如遇本意见没有明确的其他情况或新情况、新问题，由相关机关结合本地实际情况协商办理；无法达成统一意见的，各自请示会签机关协调办理。

五十四、本意见自2011年6月1日起执行。

# 关于印发《关于进一步建立和完善办理未成年人刑事案件适用非监禁刑工作体系的实施细则（试行）》的通知

粤高法发［2011］22号

全省各级综治委预防青少年违法犯罪工作领导小组、法院、检察院、公安机关、司法行政机关、共青团组织：

为贯彻中央综治委预防青少年违法犯罪工作领导小组、最高人民法院、最高人民检察院、公安部、司法部、共青团中央联合签署的《关于进一步建立和完善办理未成年刑事案件配套工作体系的若干意见》和落实宽严相济刑事政策，结合我省办理未成年人刑事案件适用非监禁型的实际，广东省综治委预防青少年违法犯罪工作领导小组、广东省高级人民法院、广东省人民检察院、广东省公安厅、广东省司法厅、共青团广东省委员会联合制定了《关于进一步建立和完善办理未成年人刑事案件适用非监禁型工作体系的实施细则（试行）》，现印发给你们，请认真贯彻执行。

二〇一一年三月二十九日

# 关于进一步建立和完善办理未成年人刑事案件适用非监禁刑工作体系的实施细则（试行）

对未成年人依法正确适用非监禁刑，是维护改革发展稳定大局和构建幸福广东的必然要求。为贯彻中央综治委预防青少年违法犯罪工作领导小组、最高人民法院、最高人民检察院、公安部、司法部、共青团中央联合签署的《关于进一步建立和完善办理未成年人刑事案件配套工作体系的若干意见》和落实宽严相济刑事政策，形成预防青少年违法犯罪及矫正的合力，结合我省办理未成年人刑事案件适用非监禁刑的实际，制定本实施细则。

【指导思想】

一、省预防青少年违法犯罪工作领导小组是办理未成年

人刑事案件非监禁刑工作的综合协调机构，应当定期主持召开未成年人司法工作联席会议，督促全省司法机关认真履行职责，共同研究协调解决对未成年被告人适用非监禁刑存在的问题和困难，并协调有关部门和社会组织做好被适用非监禁刑的未成年罪犯的矫正和就学、就业及生活保障等问题。

二、全省各级公安机关、人民检察院、人民法院、司法行政机关应当在省预防青少年违法犯罪工作领导小组的领导、协调下，坚持“教育为主，惩罚为辅”的原则，实行“教育、感化、挽救”的方针，加强办理未成年人刑事案件非监禁刑适用工作各环节的衔接和配合，进一步建立、健全配套工作制度，努力构建具有广东特色、互相配合、协调联动的工作机制。

三、共青团组织应当积极协助司法行政机关开展社会调查和判后监管、帮教工作。

四、办理未成年人刑事案件，应当在保证办理案件质量的前提下，依法从快办理，减少刑事诉讼对未成年人的不利影响。

【适用原则】

五、对未成年被告人适用非监禁刑，应坚持罪责刑相适应原则，以判断犯罪主体的再犯可能性即是否不致再危害社会为核心内容，除了根据犯罪的事实、性质、情节和对于社会的危害程度，还应当结合犯罪主体的年龄、性别、一贯表现、罪过形式、犯罪动机、手段、是否初犯、偶犯、有无悔罪表现以及社会认同程度等因素，进行综合考量后作出裁判。

【适用范围】

六、对未成年被告人适用非监禁刑，应比照成年被告人适当放宽适用条件。符合下列条件之一的，可以适用缓刑或者判处管制、单处罚金、剥夺政治权利或驱逐出境等非监禁刑：

1. 所犯罪行的法定刑幅度在五年以下有期徒刑、拘役、管制或单处罚金、剥夺政治权利、驱逐出境的；

2. 所犯罪行的法定刑幅度在五年以上有期徒刑，但具有法定或酌定从轻、减轻处罚情节，可能被判处三年以下有期徒刑、拘役、管制或单处罚金、剥夺政治权利、驱逐出境的。

对于犯罪时十八周岁以上二十五周岁以下的在校学生，应参照关于对未成年罪犯适用非监禁刑的规定处理。

【适用条件】

七、未成年被告人具有下列情形之一的，视为犯罪情节较轻：

1. 具有可宽恕的犯罪动机或原因的；

2. 初犯、偶犯；

3. 犯罪中止、犯罪预备、犯罪未遂的；

4. 防卫过当或避险过当的；

5. 过失犯罪的；

6. 犯罪手段、方法不残忍、不恶劣，未造成严重后果的；

7. 告诉才处理的；

8. 从犯、胁从犯；

9. 具有其他从宽处罚情节的。

八、未成年被告人具有下列情形之一的，视为有悔罪表现：

1. 自首或立功的；

2. 努力采取措施挽救损害或防止损害扩大的；

3. 主动退赃的；

4. 积极赔偿损失的；

5. 向被害人真诚赔礼道歉的；

6. 具有其他悔罪表现的。

九、未成年被告人具有下列情形之一的，视为没有再犯罪的危险：

1 . 犯罪中止、防卫过当、避险过当和过失犯罪等主观上没有再犯故意或失去作案动机的；

2. 失去作案能力、作案条件，客观上没有再犯可能性的；

3. 一贯表现良好或具备监护、帮教条件的。

十、未成年被告人所居住社区的居民没有联名要求严惩被告人的，视为适用非监禁刑对所居住社区没有重大不良影响。

十一、未成年被告人具有下列情形之一的，视为具备监管（监护）、帮教条件：

1. 在我省有经常居住地的；

2. 其父母、学校愿意承担监护、帮教义务的；

3. 犯罪地建有监管、帮教基地可以接收罪犯的；

4. 有社区、街道或者公司、企业等合法单位愿意接收和协助监管、帮教的；

5. 保证人自愿承担协助监管、帮教义务，同时提供保证金进行担保的。

十二、对本省籍、非本省籍和身份不明的未成年被告人，应依照适用法律上一律平等的刑法原则决定刑罚。未成年被告人的户籍地，不影响非监禁刑的适用。

十三、未成年被告人在判决前的实际羁押时间和未成年人身份不明，不影响对其适用非监禁刑。

【应当适用情形】

十四、对于未成年人犯罪，对其中不符合《最高人民法院关于审理未成年人刑事案件具体应用法律若干问题的解释》第十七条规定免予刑事处罚情形，可能被判处五年以下有期徒刑刑罚的犯罪分子，同时符合下列条件的，应当适用非监禁刑：

（一）犯罪情节较轻；

（二）有悔罪表现；

（三）没有再犯罪的危险；

（四）宣告缓刑对所居住社区没有重大不良影响。

【优先适用情形】

十五、对于符合本意见第十四条规定的四种情形之一，且不存在本意见禁止适用、谨慎适用情形的未成年被告人，应当优先适用非监禁刑。

【谨慎适用情形】

十六、对于具有下列情形之一的未成年被告人，应当从严控制、谨慎适用非监禁刑：

1. 情节严重的主犯；

2. 情节严重的教唆犯；

3. 所犯罪行本应判处十年以上有期徒刑但被减轻处罚的。

【禁止适用情形】

十七、未成年被告人，是犯罪集团的首要分子的，不得适用非监禁刑。

【适用程序】

十八、公安机关、人民检察院、人民法院、司法行政机关应当按要求设立指导办理未成年人刑事案件的专门机构和具体办理未成年人刑事案件的专门机构，条件不具备的，应当指定专人办理。

司法行政机关应当积极发展社区矫正社会工作者队伍和志愿者队伍，逐步形成专群结合的高素质队伍。

十九、公安机关办理未成年人刑事案件，对未成年人应当优先考虑适用非羁押性强制措施。羁押性强制措施应依法慎用，比照成年人严格适用条件。对犯罪情节轻微、如实供述犯罪事实、悔罪表现好、人身危险性较小、没有逃避审判风险的未成年犯罪嫌疑人，一般应采取取保候审或监视居住措施。办理未成年人刑事案件不以拘留率、逮捕率或起诉率作为工作考核指标。

二十、人民检察院办理未成年人刑事案件，应依法少捕慎诉。对于依法可不监禁的犯罪嫌疑人、被告人，可以不批准逮捕或变更强制措施为取保候审或监视居住。对不需要定罪处罚的犯罪嫌疑人，可以不予起诉。办理未成年人刑事案件不以批捕率、起诉率作为工作考核指标。

二十一、办理未成年人刑事案件应当开展社会调查。社会调查由未成年犯罪嫌疑人、被告人户籍所在地或居住地的司法行政机关社区矫正工作部门负责。公安机关在对未成年人刑事案件立案后，应及时通知司法行政机关社区矫正工作部门开展社会调查。社区矫正工作部门应当及时出具庭前社会调查报告。

社区矫正工作部门应当对未成年犯罪嫌疑人的性格特点、家庭情况、社会交往、成长经历、是否具备有效监护条件或者社会帮教措施，以及涉嫌犯罪前后表现等情况进行调查，并对是否可以适用非监禁刑进入社区改造提供书面评估意见。对因犯罪嫌疑人不讲真实姓名、住址、身份不明，无法进行社会调查的，社会调查机关应当作出书面说明。

对在本省犯罪的非本省籍未成年犯罪嫌疑人、被告人，有条件的社区矫正组织可对经常居住地在本地、读书或就业在本地或者家庭成员在本地的被告人开展社会调查。

二十二、公安机关在办理未成年人刑事案件时，除了收集关于定罪量刑的证据外，应当收集有关犯罪嫌疑人办案期间表现或者是否具有逮捕必要的证据。办案期间表现、社会调查报告或无法进行社会调查的书面说明应随案移送，作为公安机关决定是否提请批捕和移送起诉、检察机关决定是否不批准逮捕、是否提起公诉和提出是否适用非监禁刑量刑建议、人民法院决定是否适用非监禁刑、司法行政机关决定教育矫治措施的参考。

二十三、公安机关、人民检察院、人民法院、司法行政机关应当对涉案未成年人进行心理疏导，帮助消除不良心理和情绪。具备条件的单位可以委托专业机构建立心理测评和辅导机制，提出专业测评意见，为正确适用非监禁刑提供科学参考。

二十四、公安机关在办理未成年人刑事案件时，应当查清未成年犯罪嫌疑人作案时的实际年龄，特别应将未成年犯罪嫌疑人是否已满十四、十六、十八周岁的临界年龄，作为重要案件事实予以查清。

人民法院对于未成年被告人年龄证据缺失或不充分的，应当通知人民检察院补充提供或调查核实，人民检察院认为需要进一步补充侦查向人民法院提出建议的，人民法院依法可以延期审理。人民检察院侦查完毕移送人民法院后，人民法院重新计算审限。

未成年犯罪嫌疑人、被告人不讲真实姓名、地址，难以查明其实际年龄的，应当委托有资质的机构进行骨龄鉴定。对于没有充分证据证明未成年犯罪嫌疑人、被告人作案时已经达到法定刑事责任年龄且确实无法查清的，公安机关、人民检察院和人民法院应当依法作出有利于未成年犯罪嫌疑人、被告人的认定和处理。

二十五、对于自报姓名的未成年犯罪嫌疑人，公安机关应当发函至未成年犯罪嫌疑人自报住所地或户籍所在地公安机关，随函附上未成年犯罪嫌疑人的全身及两寸免冠头像照片，调查核实犯罪嫌疑人的真实身份、家庭成员或其他合法监护人的实际监管能力以及有无违法犯罪记录等情况。

二十六、公安机关对被羁押的未成年人应当与成年人分别关押、管理，有条件的看守所可以设立专门的未成年人监区，对被羁押的未成年人区分被指控犯罪的轻重、类型分别关押、管理。

二十七、对未成年人与成年人共同犯罪案件，公安机关应当将未成年人与成年人分案移送审查起诉，人民检察院应当分案提起公诉。人民法院对人民检察院分案起诉的案件，一般应当分案审理。对应当分案起诉而未分案起诉的案件，人民法院可以向检察机关提出建议。

二十八、公安机关分案移送审查起诉的，应当分别制作起诉意见书，复制与未成年犯罪嫌疑人犯罪事实相关的全部案卷材料移送人民检察院。人民检察院分案提起公诉的，应当分别制作起诉书、证据目录、证人名单，分别提供主要证

据复印件，将有效证明该未成年人年龄的材料作为主要证据复印件之一移送人民法院。

二十九、公安机关对共同犯罪中的未成年人与成年人分案移送审查起诉的，一般应当同时移送同一人民检察院，并将分案办理情况在起诉意见书中列明。

人民检察院对共同犯罪中未成年人与成年人分案提起公诉的，一般应当同时移送同一人民法院，并将分案办理情况在起诉书中列明。

人民检察院认为需要补充侦查的共同犯罪案件，如果补充侦查的事实不涉及未成年犯罪嫌疑人所参与的犯罪事实，不影响对未成年犯罪嫌疑人提起公诉的，应当对未成年犯罪嫌疑人先予提起公诉。

三十、未成年人与成年人共同犯罪案件具有下列情形之一的，可以不分案办理：

（一）未成年人系犯罪集团的组织者或者其他共同犯罪中的主犯的；

（二）案件重大、疑难、复杂，分案起诉可能妨碍案件审理的；

（三）涉及刑事附带民事诉讼，分案起诉妨碍附带民事诉讼部分审理的；

（四）具有其他不宜分案起诉情形的。

不分案办理的案件，对未成年犯罪嫌疑人、被告人应当采取适当的保护措施。

三十一、公安机关、人民检察院、人民法院在办理未成年刑事案件时，应当结合具体案情，根据涉案未成年人的特点，邀请涉案未成年人的法定代理人或其他成年亲属、老师、社会矫正机构人员等参与开展有针对性的教育、感化和挽救工作，帮助涉案未成年人认识犯罪的主客观原因、犯罪行为的社会危害性和应当受到刑罚处罚的必要性，促使其认罪悔罪。

三十二、公安机关、人民检察院、人民法院应当推动未成年犯罪嫌疑人、被告人与被害人之间的和解，并将未成年犯罪嫌疑人、被告人赔偿被害人的经济损失、取得被害人谅解等情况作为适用非监禁刑的参考情节。

三十三、对未成年人犯罪案件，人民检察院应当向人民法院提出是否适用缓刑的量刑建议。

人民检察院建议人民法院适用缓刑的，应当提供证实未成年被告人能够获得有效监护、帮教的书面材料。

三十四、人民法院在定罪量刑时应当充分考虑裁判结果是否有利于未成年被告人的教育和矫正。能不判处刑罚的，应尽量不判处刑罚；能不适用监禁刑的，应尽量适用非监禁刑。刑法规定应当并处罚金或附加剥夺政治权利的，应当依法从轻或减轻判处；刑法规定可以并处罚金或附加剥夺政治权利的，一般不判处罚金或附加剥夺政治权利。

人民法院在审判阶段，对在押未成年被告人依法可能适用非监禁刑的，一般应变更强制措施，可以取保候审或监视居住。

三十五、人民法院开庭审理可能适用非监禁刑的未成年人刑事案件，应当采取“圆桌审判”的方式一，寓教于审、惩教结合。

三十六、对符合非监禁刑适用范围的未成年被告人，人民法院可以听取控辩双方的量刑建议，通过法庭审理引入量刑辩论程序，引导控辩双方就是否适用非监禁刑进行举证、质证和辩论。对没有证据证明被告人可能再犯的，视为确实不致再危害社会，可以对其适用非监禁刑。

三十七、对于可能单处罚金的案件，人民法院要根据案情及未成年被告人的经.济情况，依法确定罚金数额。

三十八、人民法院对所犯罪行应判处十年有期徒刑以上刑罚但被减轻处罚的未成年被告人适用非监禁刑，应当提交审判委员会讨论决定或经主管院长审批同意。

对于其他案件，适用普通程序的，合议庭意见一致时，有权决定适用非监禁刑；合议庭意见不一致时，应当报经主管庭长审批同意；主管庭长意见与合议庭多数意见不一致时，应当提交审判委员会讨论决定。适用简易程序的，独任审判员有权决定对未成年被告人适用非监禁刑。

三十九、对被适用非监.禁刑的未成年罪犯，人民法院可以向未成年罪犯及其监护人发出监管令，要求未成年罪犯及其监护人在一定的期限内，必须遵守和履行某些限制性规定。

四十、对被适用非监禁刑的未成年罪犯，人民法院可以根据未成年罪犯的具体情况，在判决书后附“法官寄语”对未成年罪犯进行教育、劝诫和勉励。

四十一、人民法院依法对未成年被告人适用缓刑的，应当在判决生效后及时将有关法律文书送达未成年人户籍，所在地或居住地的司法行政机关社区矫正工作部门和公安机关。

对适用缓刑的本省籍未成年罪犯，人民法院应做好与社区矫正工作部门、公安机关的衔接工作，并协助社区矫正工作部门开展判后回访、跟踪帮教工作，了解未成年罪犯的帮教和监管情况，保证未成年罪犯得到有效的监管、帮教。

对符合适用缓刑条件的非本省籍未成年被告人，人民法院应主动与其家庭、所在学校以及户籍所在地、居住地或审判地的社会矫正机构、公安机关、共青团、居委会、村委会等部门联系，在落实监管、帮教措施后，尽量适用缓刑。

四十二、司法行政机关要认真指导管理社区矫正工作，切实履行对未成年罪犯判后监管、帮教的职责，应当根据犯罪类型和风险等级，探索分类一矫正方法。

对非本省籍未成年罪犯，具备条件的司法行政机关和公安机关，可以采用限定活动区域、责令定期报到、责令提供保证人或交纳保证金、责令参加公益性社区服务、责令在非监禁刑矫正基地就业或就学、通过电子设备监控行踪等方法进行监管和帮教。

四十三、预防青少年违法犯罪工作领导小组应积极协调有关部门，帮助司法行政机关建立社区矫正社会工作者队伍

和志愿者队伍，建立未成年罪犯非监禁刑矫正基地、落实庭前调查和判后监管、帮教措施。

四十四、共青团组织应充分发挥志愿者服务队的作用，在接受司法行政机关委托时，积极协助司法行政机关开展社会调查，出具社会调查报告，对是否可以适用非监禁刑提出量刑意见，并对被适用非监禁刑的未成年罪犯进行跟踪帮教。

四十五、对未成年罪犯的非监禁刑档案应严格保密，建立档案的有效管理制度；对适用非监禁刑的未成年人，有条件的地区可以试行犯罪记录消灭制度。非有法定事由，不得公开未成年人被刑事立案、采取刑事强制措施、不起诉或被适用非监禁刑的记录。

【附则】

四十六、公安机关、人民检察院、人民法院应当充分利用各种媒体平台，大力宣传对未成年被告人适用非监禁刑对维护社会和谐稳定的积极作用，宣传好经验，好做法和取得的社会效果，增进人民群众的了解和支持，营造良好的社会氛围。

四十七、公安机关、人民检察院、人民法院、司法行政机关应当选任政治、业务素质好，熟悉未成年人特点，具有犯罪学、社会学、心理学、教育学等方面知识的人员办理未成年人刑事案件，并建立科学的管理、考核、激励机制，提高相关人员的专业水平。探索建立不同于办理成年人刑事案件的工作绩效指标体系，对办理未成年人刑事案件的专门人员根据具体工作内容进行单独考核。

四十八、对未成年罪犯执行和撤销非监禁刑的程序参照《关于依法正确适用和执行非监禁刑的指导意见》中关于执行和撤销非监禁刑的程序执行。

四十九、本细则中所提的“非监禁刑”包括缓刑、管制、单处罚金、剥夺政治权利或驱逐出境等刑罚种类和措施。

五十、本细则中所提的“经常居住地”，是指居住满一年以上的固定住所。

五十一、本细则中所提的“监管”，是指在监狱、看守所等监禁场所以外，不采取羁押措施的监督管理行为。

五十二、本细则中所提的“非本省籍”，包括外省籍、外国籍和无国籍三种情形。

五十三、执行本细则过程中，如遇本意见没有明确的其他情况或新情况、新问题，由相关机关结合本地实际情况协商办理；无法达成统一意见的，各自请示会签机关协调办理。

五十四、本细则自2011年6月1日起施行。

# 关于印发《关于犯罪嫌疑人、被告人取保候审疾病鉴定工作的实施意见》的通知

粤高法发〔2011〕24号

全省各级人民法院、人民检察院、公安局，广州铁路运输两级法院、检察院、公安局：

为规范犯罪嫌疑人、被告人因严重疾病取保候审工作的程序，确保犯罪嫌疑人、被告人取保候审疾病鉴定工作依法、科学、有序地进行，根据《中华人民共和国刑事诉讼法》等有关法律规定，省法院、省检察院、省公安厅联合制定了《关于犯罪嫌疑人、被告人取保候审疾病鉴定工作的实施意见》，现印发给你们，请认真贯彻执行。执行中遇到的问题，请及时层报省法院、省检察院、省公安厅。

二〇一一年三月五日

# 关于犯罪嫌疑人、被告人取保候审疾病鉴定工作的实施意见

**第一条** 为规范犯罪嫌疑人、被告人因严重疾病取保候审工作的程序，确保犯罪嫌疑人、被告人取保候审疾病鉴定工作依法、科学、有序地进行，根据《中华人民共和国刑事诉讼法》等有关法律规定，制定本实施意见。

**第二条** 犯罪嫌疑人、被告人取保候审疾病鉴定工作应遵循合法原则，公平、公正原则，维护犯罪嫌疑人、被告人合法权利原则，以及诉讼效率原则进行。

**第三条** 对应当或已经被逮捕，但身患严重疾病的犯罪嫌疑人、被告人，继续关押将延误其治疗，可能使其身体健康状况严重恶化，生活不能自理甚至有死亡危险的，人民法院、人民检察院及公安机关可以决定取保候审。

**第四条** 对下列犯罪嫌疑人、被告人，不宜取保候审：(一) 为逃避侦查、起诉、审判自伤自残的；(二) 社会影响恶劣，取保候审易造成群众误解，影响社会稳定的；(三) 其他不宜取保候审的。

**第五条** 犯罪嫌疑人、被告人及其法定代理人、近亲属或委托的律师可依法定程序向办案机关提出取保候审申请。提出申请时，应一并提交犯罪嫌疑人、被告人病历、病史记录、看守所医疗部门出具的治疗意见等材料。

看守所在履行职务时发现犯罪嫌疑人、被告人符合本意见第二条情形的，应由看守所医疗部门出具治疗意见，并及时报告办案机关。

**第六条** 办案机关在审查申请后认为犯罪嫌疑人、被告人符合本意见第三条情形的，或在办案中发现犯罪嫌疑人、被告人符合本意见第三条情形的，应对犯罪嫌疑人、被告人进行疾病鉴定。

**第七条** 办案机关在送交鉴定前，应出具《犯罪嫌疑人(被告人) 取保候审疾病鉴定委托书.，委托书应注明犯罪嫌疑人、被告人的身份情况、鉴定目的及要求等，并附加必要的病情资料。

**第八条** 办案机关应委托省级人民政府指定的有鉴定资质的医院对犯罪嫌疑人、被告人进行疾病鉴定。进行鉴定的时间和医院在鉴定结论作出前应当保密。被委托的医院因技术原因无法鉴定的，应出具书面情况说明。

**第九条** 看守所民警将犯罪嫌疑人、被告人押送至鉴定医院进行鉴定。送押前由监所派驻检察人员对犯罪嫌疑人、被告人身份的真实性进行审查。带押民警应持本人工作证、单位介绍信、《犯罪嫌疑人 (被告人) 取保候审疾病鉴定委托书》。

**第十条** 在送交鉴定时，带押民警需告知鉴定人对鉴定应当承担的法律义务和责任；告知鉴定人与被鉴定的犯罪嫌疑人、被告人有亲属关系及其他利害关系的，应当回避。

**第十一条** 鉴定人在进行鉴定时，应认真核对犯罪嫌疑人、被告人身份情况。必要情况下，可对被鉴定人进行DNA鉴定以确认身份。进行CT、B超、心电图等影像检查时，带押民警应亲自在场，医院检查人员应核对被鉴定人的照片及姓名。

采集血、尿等标本时，医务人员应向带押民警交代标本的采集条件，如饮食控制、空腹、服药禁忌以及运动和生理变化等情况的影响，标本采集过程应由带押民警现场监督。

所有检查项目的报告单，均应为一式三联，由被鉴定人、检查医生、带押民警共同签名。

**第十二条** 鉴定意见应明确具体，内容应包括委托单位、送检人、被鉴定人情况，检验过程、检验结果，疾病诊断，治疗方案和医疗期限建议等内容，并附检、化验单等病例档案。鉴定意见必须由鉴定人签名 (章)，并加盖医院公章。如遇鉴定意见有争议的，由鉴定医院召集相关科室会诊后做出最终结论，并由主管院长签署意见后加盖医院公章。

**第十三条** 对于鉴定意见，办案机关应当进行审查，认为依据鉴定意见足以作出取保候审决定的，应当依法定程序对犯罪嫌疑人、被告人取保候审；认为鉴定意见不能作为决定取保候审依据的，应当作出不予取保候审的决定，或另行委托其他医院进行重新鉴定。

**第十四条** 用作取保候审决定依据的鉴定意见，办案机关应当告知犯罪嫌疑人、被告人。

**第十五条** 负责执行的公安机关对因疾病取保候审的犯罪嫌疑人、被告人进行跟踪考察，了解被取保候审人病情恢复情况。对于经治疗痊愈或病情基本好转，恢复收押无身体危险且有继续收押必要的，应予以收押。

**第十六条** 人民法院、人民检察院、公安机关、鉴定医院人员在取保候审疾病鉴定工作中违反了法律规定，帮助犯罪嫌疑人、被告人弄虚作假的，应当承担法律责任。

**第十七条** 本实施意见自下发之日起施行。

# 关于印发《广东省高级人民法院关于在全省法院进一步推进司法公开的意见》的通知

粤高法发［2011］26号

全省各级人民法院、广州海事法院、广州铁路运输两级法院：

现将《广东省高级人民法院关于在全省法院进一步推进司法公开的意见》印发给你们，请认真贯彻执行。执行过程中遇到的问题，请及时报告我院司法公开工作领导小组办公室（立案一庭）。

二〇一一年四月十五日

# 广东省高级人民法院
# 关于在全省法院进一步推进司法公开的意见

为认真执行宪法和法律规定的司法公开原则，贯彻落实最高人民法院制定的《关于司法公开的六项规定》和《司法公开示范法院标准.，进一步推动全省各级法院开展司法公开工作，全面提高司法公开工作水平，结合广东法院实际，制定本意见。

一、总体要求

1. 坚持以邓小平理论、“三个代表”重要思想为指导，深入贯彻落实科学发展观，努力践行社会主义法治理念，围绕“为大局服务、为人民司法”工作主题，以“人民法官为人民”主题实践活动为载体，以实现司法公正为目标，以不断满足人民群众对司法公开的新要求、新期待为着力点，以改革创新为动力，大力拓宽司法公开的广度和深度，进一步加强和完善司法公开工作，以公开促公正，以公正立公信，以公信树权威，全面促进法院工作的科学发展。

2. 通过深入持久地开展司法公开工作，不断提高对司法公开的认识，切实增强司法公开的积极性、自觉性和主动性，建立健全司法公开的各项工作制度，形成信息完整、渠道畅通、机制健全、监督有力、服务到位的司法公开长效工作机制，推动阳光司法，规范司法行为，全面提高全省各级法院司法公开工作水平，努力争当全国法院司法公开工作排头兵。

3. 推进司法公开应当遵循以下原则：

(1) 依法公开。严格执行法律和司法解释规定的公开范围，除涉及国家秘密、审判秘密、商业秘密和个人隐私等，其他事项一律予以公开。

(2) 及时公开。严格遵守法律规定的公开时限，在法定时限内及时、完整地公开司法工作信息；法律没有规定公开时限的，应当在合理时间内予以公开。

(3) 全面公开。以公开为原则、不公开为例外，围绕立案、庭审、执行、听证、文书、审务公开等六个方面，全面、完整地公开人民法院司法工作各个重要环节的相关信息，切实保障人民群众对法院工作的知情权、参与权、表达权和监督权。

(4) 规范公开。严格执行和遵守司法公开的制度和程序，切实防止无序公开和选择性公开，进一步加强司法公开的统筹规划和配套实施。

4. 在认真贯彻落实最高人民法院制定的《司法公开示范法院标准》的基础上，全省各级法院特别是示范法院要紧密

结合本院、本地实际，通过问卷调查、征求意见等各种形式，深入了解人民群众和诉讼参与人对司法公开的需求，不断总结经验、开拓思路、创新方式方法，特别要在完善庭审公开、听证公开、审限公开、执行公开的制度和合议庭、审判委员会工作公开的机制，创新司法公开形式，加强司法公开请求权的保障机制建设等方面取得重大进展。

二、公开内容

（一）立案公开

5. 全面公开与保障当事人诉讼权利有关的立案工作各个主要环节的信息；实时公开各类案件的收、结、存案情况。

6. 公开本院管辖各类案件的立案条件、举证要求、办理流程、诉讼文书样式、诉讼费用标准、缓减免交诉讼费用的程序和条件、当事人的诉讼权利和义务、诉讼风险提示以及主动执行制度、非诉讼纠纷解决方式、服务承诺、便民利民措施和在互联网公布裁判文书等内容。

7. 设置导诉台，配备专门的导诉人员，提供导诉服务，做好诉讼指引、案件查询、法律咨询等辅助性工作，热情为当事人进行诉讼活动提供信息公开服务。

8. 当事人的起诉材料或手续不全的，一次性全面告知当事人应当提交的材料和手续；能够当场补齐的，应当指导当事人当场补齐。

9. 适用普通程序的民事案件，应当在受理和应诉通知书中将审判程序和诉讼权利义务告知当事人；适用简易程序转为普通程序的民事案件，应当在作出决定后及时将事实和法律依据书面告知当事人。

10. 依法不予立案受理的案件，应当制作不予受理裁定书、不予受理再审申请通知书、驳回再审申请裁定书、驳回申诉通知书等法律文书，说明法律依据和理由，告知当事人有关的诉讼权利，并及时送达当事人。

11. 采取诉前财产保全措施后，应当及时将保全财产范围、期限以及申请续期保全的权利和义务书面告知当事人。

12. 完善缓、减、免交诉讼费用的申请办理制度，公开准予或不准予缓、减、免交诉讼费用申请的理由和依据。当事人不服的，可以书面向作出决定的法院提出异议，作出决定的法院应当自收到异议之日起七日内审查完毕。异议成立的，撤销并改正原决定；异议不成立的，通知驳回。

13. 实时公开受理案件的案号、日期、案由、当事人姓名或名称、审判流程节点、承办法官和其他合议庭成员、书记员姓名和联系电话等信息。

14. 公开信访工作规范和流程，公布人民群众来信来访的登记信息、办理期限和处理结果，定期公布法院接访领导干部的姓名、职务以及接访时间、地点等信息。

（二）庭审公开

15. 依法应当公开审理的案件一律公开审理，在开庭三日前公布案号、案由、当事人姓名或名称、合议庭成员姓名、开庭时间和地点等信息。

16. 积极推行二审案件公开开庭审理，逐步提高二审案件公开开庭的比率。

二审民事案件决定进行书面审理的，应当告知并征求双方当事人意见。双方当事人同意书面审理的，可以进行书面审理；双方当事人不同意书面审理，要求公开开庭的，应当公开开庭审理；一方当事人不同意书面审理，要求公开开庭并有正当理由的，应当公开开庭审理。

未公开开庭审理的二审民事案件，在书面审理过程中认为需要公开开庭审理的，应当及时组织公开开庭审理。

17. 公开开庭审理的案件，应当严格按照相关法律和司法解释的规定，向当事人、其他诉讼参与人告知诉讼权利和义务及其他相关事项。

18. 案件不公开审理的，应当告知不公开审理的理由和法律依据。

19. 完善庭审旁听制度，实行有序开放、有效管理。依法对案件进行公开开庭审理的，应当允许旁听。因法庭坐席不足而无法满足所有旁听要求的，应当优先保证当事人近亲属的需要，并可以通过发放旁听证的方式确定旁听人员，或者通过电视、互联网直播、转播案件庭审实况等途径满足公众的旁听需求。

20. 建立健全新闻媒体旁听和报道庭审制度，为新闻媒体旁听和报道庭审提供便利条件。有条件的法院可以在法庭内设立媒体记者旁听席，在不影响审判活动的前提下，经审判长允许，媒体记者可以做必要的记录、录音，在法庭调查之前进行摄影、录像。

21. 人大代表、政协委员或者有关方面关注的案件，除法律规定不允许公开审理外，一律公开开庭审理，可以邀请人大代表、政协委员或者有关方面代表旁听，并在庭审中将关注的有关情况向当事人公开。

公众关注、有重大影响案件的相关信息应当适时公开，公开审理的，可以根据案件情况邀请人大代表、政协委员、司法监督员以及有关行政机关、社会团体、学校和其他企事业单位派人旁听。

22. 证据应当在法庭上组织双方当事人进行质证、认证。书证、物证、视听资料、鉴定结论等应当当庭出示；对书证、物证、视听资料、鉴定结论一般应当当庭认证。未经质证的证据，不得作为认定事实和裁判的依据。

23. 规范证人、鉴定人等出庭作证的程序，努力提高证人、鉴定人等出庭的比率。除法律和司法解释规定可以不出庭的情形外，应当通知证人、鉴定人等出庭作证。具备条件的法院应当积极推进证人、鉴定人等远程视频作证，努力破解证人、鉴定人等出庭作证难的问题。

24. 必要时，案件承办法官和合议庭成员可以当庭对证据的合法性、客观性、关联性进行阐明，依据案件事实和当事人情况行使好释明权，让当事人对诉讼结果有合理的预期。

25. 大力推动科技法庭建设，努力实现凡开庭审理的案件，对庭审活动进行全程同步录音、录像，建立庭审资料电

子数据库。当事人、利害关系人和有关单位可以按照相关规定申请查阅、复制案件庭审视听资料。

26. 案件在审理期间，因当事人申请或者法院依职权决定进行评估、鉴定、审计、现场勘验，或者法院需要依职权进行调查取证的，应当事先征求双方当事人意见；双方当事人对其必要性以及方式、方法、范围等有争议的，应当通过必要的审议或者听证程序后作出决定，并将决定及其理由及时告知当事人。

27. 建立健全法官约见制度，约见法官的流程、联系电话和传真、会见场所等信息应当对外公布，法院对约见申请应当及时受理。申请约见理由正当的，应当及时作出安排。

28. 案件未能在法定期限内审结的，应当在法定期限届满七日前将延长审限的情况及其理由以书面或口头形式告知当事人。口头形式告知的，应当记录在案。当事人有异议的，可以申请复议。合议庭应当进行审议，在法定期限届满前作出决定并告知当事人。

29. 案件因法定事由中止诉讼的，应当及时作出并送达中止诉讼裁定书。中止诉讼由当事人提出的，应当及时审议并作出决定。决定中止的，应当及时送达裁定书；决定不中止的，应当以口头或书面形式将决定及其理由及时告知当事人。口头告知的，应当记录在案。

（三）执行公开

30. 公开执行案件的立案标准、收费标准、执行风险、执行规范、执行程序等信息。在执行案件信息查询系统中公开立案信息、当事人情况、被执行人财产信息、执行过程中形成的法律文书、执行中止情况和理由、结案信息、执行异议信息以及变更、追加被执行人阶段的听证信息等内容。

31. 执行案件承办法官的信息应当公开，当事人有权申请回避；执行案件信访接待人员以及接访的时间、地点等信息应当公开。

32. 法院采取查封、扣押、冻结、划拨等重大措施后，应当及时将有关情况告知双方当事人。案件执行中委托评估、拍卖或者变卖的，应当向当事人和利害关系人公开评估、拍卖或者变卖的过程和结果。执行款项的收取和发放，执行标的物的保管，以及执行中的其他重大进展，应当及时告知当事人。

33. 公开听证的执行案件允许旁听；公众关注、有重大影响的执行案件，应当根据旁听人数尽量安排合适的听证场所；每年应当选择一定数量的执行案件进行听证直播；定期或者不定期邀请人大代表、政协委员和有关单位、社会团体的代表旁听执行听证。

34. 未在规定期限内将案件执结，需要延长执行期限的，应当在规定期限届满七日前将相关情况及其理由以书面或者口头方式告知申请执行人。

35. 定期公布不履行义务的被执行人的基本情况、财产状况、执行标的等信息，并将信息提供给有关人民银行等单位纳入社会征信系统，向社会公开。

在执行案件信息查询系统中设立举报信箱，公布举报电话，方便当事人及社会公众举报被执行人及其财产线索。

36. 执行法律文书应当说理公开、依据公开、权利救济方式公开，对有需要的案件当事人进行释法答疑。

在法院门户网站设立专门的执行法律文书公开栏目，除按照有关规定不予上网公布的以外，应当将执行过程中形成的法律文书上网公布。

（四）听证公开

37. 法律没有规定开庭审理程序，涉及当事人或者案外人重大权益的案件，除依法不能公开以外，应当组织公开听证。

38. 组织听证应当公告听证事由、时间、地点、听证法官、听证参加人及其权利义务、听证程序等信息。公开听证的案件允许旁听，旁听听证的程序可参照旁听庭审的程序执行。

39. 完善再审审查案件公开听证制度，公开再审审查案件听证的条件和范围，逐步提高再审审查案件公开听证的比率。

40. 涉及人数众多、群众反映强烈、多次重复上访、缠访闹访以及在社会上有重大影响的涉诉信访案件，应当组织公开听证，充分听取信访人的意见和理由，加大公开质证、公开答复的力度，努力提高信访案件的办理透明度。

41. 侵权损害后果争议较大、赔偿方式或者赔偿数额分歧较大、赔偿数额巨大、公众关注以及当事人要求、人民法院认为确有必要举行听证的司法赔偿案件，应当组织公开听证。

42. 案外人异议、申请不予执行仲裁裁决、变更或者追加被执行主体、中止或者终结执行、多个债权人申请参与分配的，以及执行复议、执行监督、执行督促、执行申诉等案件办理中的重大执行事项，应当组织公开听证。执行听证中涉及的证据应当在法庭上组织当事人进行质证、认证；能当庭认证的，应当当庭认证；并逐步提高证人、鉴定人等参加执行听证的比率。

43. 减刑、假释案件采取开庭审理、书面审理与听证相结合的方式。职务犯罪案件，尤其是罪犯原为县处级以上领导干部的减刑、假释案件，一般应当开庭审理。对故意杀人、故意伤害、抢劫等严重危害社会治安的暴力犯罪分子、有组织犯罪案件中的首要分子、其他主犯以及其他有重大影响案件的罪犯进行减刑、假释，原则上也要进行开庭审理或者组织公开听证。

书面审理的案件，拟裁定减刑、假释的，应当在羁押场所公示拟减刑、假释人员名单，接受羁押场所干警和其他在押罪犯的监督。

（五）文书公开

44. 严格规范裁判文书及其他法律文书的制作格式和要求。裁判文书应当充分表述当事人的诉辩意见、法院调查取证和回避等程序的处理过程，以及依据和证据的采信理由、

事实的认定、适用法律的推理与解释过程、裁判结果、有关决定等实体事项，做到说理公开，并对权利救济方式做出明确的提示。

45. 严格执行公开宣判制度。对公开审理或不公开审理的案件，一律在法庭或者通过其他方式公开宣判。凡合议庭决定定期宣判的案件，应当提前通知当事人和其他诉讼参与人按时到庭。按照一审程序宣判的，应当同时告知当事人上诉期限、权利等事项，宣判后应当立即送达裁判文书。

46. 案件宣判后，承办法官以及合议庭应当针对当事人的疑惑开展释疑工作，运用法理、事理、情理结合的方法，说明程序的合法性和结果的公正性，促使当事人息诉服判。

47. 建立健全裁判文书公开制度，积极推行裁判文书上网公开工作。在法院门户网站设立专门的裁判文书公开栏目，除按照有关规定不予上网公布的裁判文书以外，应当将各类案件公开宣判的裁判文书上网公布。当事人不同意在互联网公开裁判文书并有正当理由的，可以不予公开。

裁判文书在公开前，应当先行删去或模糊处理当事人及其他诉讼参与人的家庭住址、通讯方式、身份证号码、银行账号等个人信息，对涉及商业秘密以及其他不宜在互联网公开的内容，应当进行相应的技术处理。

48. 指定专门机构和专门人员管理裁判文书上网公布工作，监督管理上网公布的文书数量、质量和信息安全等问题，并建立相应的管理制度；注意收集社会各界对裁判文书的意见和建议，并及时加以改进。

49. 根据法制宣传、法学研究、案例指导、统一裁判标准等需要，集中编印、刊登各类裁判文书，或者通过案例数据库、出版物等形式多渠道公开裁判文书，充分发挥案例资源的效用。

（六）审务公开

50. 为立案、审判、执行工作提供服务，或者与立案、审判、执行工作有关的各类事务性工作，实行全面公开。

51. 逐步完善合议庭合议案件的工作机制。对人大代表、政协委员或者有关方面关注的案件，可以邀请人大代表、政协委员和有关单位代表旁听合议庭合议，旁听人员应当遵守有关保密的规定。

52. 逐步完善审判委员会讨论案件的工作机制。案件需要提请审判委员会讨论的，应当在上会前向当事人书面宣布审判委员会委员名单，当事人有权申请回避。

逐步扩大审判委员会讨论案件的旁听范围。审判委员会讨论案件可以根据实际情况邀请原合议庭或者原审法院派人列席旁听。审判委员会讨论社会关注、有重大影响的案件，法院可以邀请人大代表、政协委员或有关单位派人列席旁听，人大代表、政协委员也可以向法院申请列席旁听，列席旁听人员应当遵守有关保密的规定。

经审判委员会讨论决定作出的裁判，应当在裁判文书中载明参加讨论的审判委员会委员名单。

53. 研究制定重要的审判指导性意见，应当广泛征求有关单位、行业协会、社会公众和法律专家的意见；有关意见制定后，应当及时向社会公布。

54. 审判管理机构开展案件质量评查活动，可以根据工作需要邀请人大代表、政协委员担任特约评查员，案件质量评查结果对外公布。

55. 依法公开诉讼档案。允许当事人、诉讼代理人和公众查询诉讼档案，按照有关规定查阅和复印相关卷宗材料。积极推进诉讼档案电子化，为当事人和诉讼代理人远程异地查阅电子诉讼档案提供服务平台。

56. 公开司法鉴定、评估、拍卖机构的选定条件与程序，及时向社会公布选定的具有相应资质的鉴定、评估、拍卖机构名单。

57. 严格执行最高人民法院关于“五个严禁”说情干扰等有关规定，对违反审判、执行工作纪律的处理情况予以公开，切实保护当事人的诉讼权利和公众的知情权、监督权。

58. 公开法院的基本情况、管理制度和审判业务部门的审判职能、人员状况等信息公开法院各种规范性文件、审判指导意见、非涉密司法统计数据及其分析报告；公开法院重大工作举措、重大案件的审判情况、重要研究成果以及重大活动部署等。

59. 公开法院院领导、部门领导、法官及其他干部的岗位调整、任职、免职、交流等动态信息，以及法官选拔、任职和人员招录等方面的规定。

60. 建立健全法院内部公开制度，对不属于司法公开内容的法院其他工作及事务，可以在法院内部公开，构建法院内部的制约和监督机制。

三、公开方式

61. 大力拓宽司法公开渠道，积极创新信息公开的方式方法，构建全方位、多元化、实时性的司法公开平台。以立案信访窗口、法院门户网站为基本平台，充分利用宣传公告栏、多媒体视频、互联网、广播电视、纸质和电子刊物等载体，向社会公众和当事人全面公开法院工作和案件信息。

62. 不断推进立案信访窗口建设，在立案信访场所放置各类诉讼指引资料；张贴公布工作流程、收费标准、服务承诺和法官及其他工作人员的相关信息；设置显示屏、电子触摸屏等便于查询的电子设施，方便社会公众和当事人进行查询。

63. 大力加强司法公开网络平台建设，实行一院一网站，每个法院都要建立自己的门户网站，需要公开的信息都应当在网站公布。法院门户网站应当设置案件查询功能，方便当事人查询案件信息和办理进度；登载法律法规、司法解释和法院制定的规范性文件，以及其他对外公开的资料，方便社会公众和当事人查询、阅读和免费下载。

64. 充分利用法院年鉴和自办杂志，以及公开出版发行的各种书刊，多渠道公开法院工作动态。

65. 进一步完善新闻发言人制度。建立与媒体及其主管部门固定的沟通联络机制，定期或不定期举行新闻发布会、

通气会、座谈会或研讨会，及时发布信息，回应社会关注。

66. 定期组织“公众开放日”活动，在开放日五日前通过法院网站或报刊、电视、广播等媒体发布公告，公开开放日的时间、主要内容，接受社会公众预约，加强与民意的沟通互动，提高社会公众对法院工作的感性认识。

67. 不断深化人大代表、政协委员联络工作，努力拓宽和创新联络工作的渠道和方式方法，进一步发挥人大代表、政协委员联络工作对司法公开的促进作用。

定期或不定期组织人大代表、政协委员参加庭审旁听、执行见证、释法答疑、信访评议等各种诉讼活动。健全完善人大代表、政协委员联络信息平台，及时向人大代表、政协委员通报法院的工作情况。聘请人大代表、政协委员担任法院监督员，接受人大代表、政协委员的监督。

68. 建立健全法院工作发布制度，对社会关注的审判、执行领域以及专项审判、执行工作发布审判、执行工作白皮书。

69. 建立健全案例发布制度，定期或不定期公布典型案例，逐步建立广东法院典型案例数据库。

70. 积极创造进行庭审网络、电视直播的条件，每年选择一定数量的案件进行庭审直播。

71. 充分利用现代信息技术，通过在线访谈、论坛、博客、微博、QQ空间、手机短信、语音查询等形式，不断创新信息公开和征集民意的方式方法。

72. 建立健全信访接访制度，完善判后答疑机制，通过接访、答疑等活动进一步提高法院工作的公开透明度。

四、保障机制

73. 切实加强司法公开的组织领导，把司法公开工作作为一项重要、长期的任务摆在突出位置，坚持不懈地抓实抓好。法院主要领导要亲自统筹、规划和部署司法公开各项工作，指定专门机构负责落实、协调司法公开的具体事务，建立分工协作、各负其责的长效工作机制。

74. 建立司法公开的物质保障机制。加大对立案信访窗口、服务大厅、法院门户网站和其他信息公开平台的建设力度，切实改善司法公开的物质条件，不断提高司法公开的物质保障水平。

75. 建立司法公开考核评价机制。按照《司法公开示范法院标准.，科学设定考核分值，制定相关评分标准，对全省各级法院开展司法公开工作进行考评，并作为评价法院整体工作的一项重要指标。

76. 建立司法公开督促检查机制。上级法院应当对辖区内下级法院的司法公开工作进行指导，定期组织专项检查，评估工作开展情况，通报检查结果。

77. 对当事人、社会公众、媒体记者以及有关单位提出的司法信息公开请求，有关法院应当及时受理，不同意公开的，应当在五日内书面答复，对不公开的理由作出解释。当事人、社会公众、媒体记者及有关单位有异议的，可以向上一级法院申诉。上一级法院应当受理并进行审议，必要时可以举行听证会，并在三十日内公开处理决定及其理由。

78. 建立司法公开举报投诉机制。在法院门户网站和立案信访大厅设立举报投诉电话、信箱和电子邮箱，公布举报投诉的范围和方式，安排专人对当事人和社会公众反映的问题进行核查并反馈处理结果。对实名举报的，应给予书面回复。

79. 建立司法公开责任追究机制。对当事人、社会公众、媒体反映有关法院或者有关人员落实司法公开制度方面存在的问题应当进行核查，对于违反司法公开相关规定并损害当事人合法权益，造成严重后果的，应当按照有关规定进行严肃查处。

五、其他

80. 全省各级法院应参照本意见制定具体的实施意见。

81. 本意见由广东省高级人民法院负责解释，自公布之日起施行。本院以前发布的相关规定与本意见不一致的，以本意见为准。

# 关于印发《广东省高级人民法院关于加强执行信访申诉工作的若干规定（试行）》的通知

粤高法发［2011］28号

全省各级人民法院、广州海事法院、广州铁路运输两级法院：

《广东省高级人民法院关于加强执行信访申诉工作的若干规定（试行）》（以下简称《规定》）已经讨论通过并在本院试行。现印发给你们，请参照《规定》并结合本地实际，建立健全执行信访申诉工作制度，切实抓好执行信访申诉工作。为此，提出如下意见：

一、要提高认识。最高人民法院近期召开电视电话会议，对推行五项制度、加强涉诉信访源头治理提出具体要求。省法院党组高度重视执行信访申诉工作，郑鄂院长多次强调要采取有效措施解决执行信访问题。执行信访申诉情况在一定程度上是执行工作的“体温计”、明青雨表口各级法院要高度重视，认真贯彻落实去年全省法院执行工作会议精神和全省法院执行工作座谈会片会精神，把执行信访申诉工作摆上重要议事日程，妥善解决执行信访问题。

二、要强化时限。执行法院处理初信初访要确定时限，一般问题的三十日内、较复杂的六十日内、重大疑难的六个月之内答复信访人，把执行信访遏制在萌芽、化解在基层；编立执行申诉案件的，应当在六个月内结案。对上级法院转办的信访件，要妥善处理，防止重复信访、越级信访；交办的信访件，要在上级法院指定期限内答复信访人；督办的信访件，要在限期内处理并报告上级法院；经过监督的，要坚决贯彻落实监督意见。要通过强化工作时限，防止和杜绝久拖不办、推诿扯皮、应付了事的现象。

三、要规范流程。在开展执行信访申诉工作中，要坚持有信必处、有访必接、有案必立、有果必复；积极协调执行、立案、信访等有关机构，结合实际建章立制，规范接待来访、处置来信、审查立案、申诉办理、报结归档等重点环节的流程管理，并通过信息化技术手段建立信访台账，加强统计分析，提高管理效率。各地出台有关执行信访申诉工作制度的，要及时上报省法院执行局。

四、要加强考核。根据《规定》，省法院将定期通报各地信访量、申诉率、督办回复率等情况，并对信访率和化解率进行排位，排位结果纳入各地社会治安综合治理目标责任考核。各地要采取有效措施切实减少到省法院信访的数量，对于省法院已立执行申诉案件的要积极化解信访矛盾促成息诉罢访，确保在排位考核中取得好成绩。

五、要落实责任。执行信访申诉实行分级负责、属地管理，各中级法院对辖内法院执行信访申诉工作负有督促检查、指导协调、调查分析、情况通报等管理职责。根据《规定》，省法院实行案件挂牌督办、信访重点整治、信访责任倒查等制度，并赋予执行信访申诉机构责任追究建议职责。对于工作不落实、问题较突出、后果较严重的典型，将严肃追究责任。

二〇一一年五月十日

# 广东省高级人民法院关于加强执行信访申诉工作的若干规定（试行）

## 第一章　总　　则

**第一条**　为落实司法为民理念，加强执行信访申诉工作，规范本院执行申诉案件办理流程，切实保障当事人的合法权益，根据《中华人民共和国民事诉讼法》和最高人民法院的有关规定，并参照国务院《信访条例》，结合本院的工作实际，制定本规定。

**第二条**　开展执行信访申诉工作，应确保机构人员到位，制度规范健全，流程运转顺畅，实现执行信访总量、重复信访和越级信访逐步下降，执行信访化解率和息访率逐步上升。

**第三条**　本规定所称的执行信访是指，执行案件当事人或与执行案件、执行标的有利害关系的人，对执行裁决或其他执行行为不服的来信来访。

本规定所称的执行申诉是指，执行信访材料经审查批准予以立案的执行申诉案件。

**第四条**　本院执行局内设执行信访申诉机构，负责审查执行信访材料，办理执行申诉案件?对全省法院执行信访申诉工作进行交办转办、督促检查、指导协调、调查分析、情况通报、建议责任追究等管理。

机构成立前，由执行局指定内设机构负责信访申诉工作。

**第五条**　执行信访申诉实行分级处理原则?本院主要办理涉及本院和中级法院执行案件的信访申诉以及上级有关部门转办、交办、督办的信访申诉。

**第六条**　涉及执行信访，统一由执行信访申诉审查机构审查和办理。

**第七条**　执行信访申诉工作应当公开接访时间、办理流程、立案条件、进展结果等3坚持有信必处、有访必接、有案必立、有果必复，并采取措施方便有关当事人查询办理情况。

**第八条**　执行信访申诉以形式审查为主，一般不提出具体的实体处理意见。

**第九条**　执行信访审查应当区别情形，按照有关规定转处或转立有关案件。

**第十条**　执行信访符合本规定条件的，编立执行申诉案件，纳入案件流程系统管理考核。

## 第二章　执行信访办理

### 第一节　来　　访

**第十一条**　执行信访申诉机构每个工作日指定专人负责接访。

**第十二条**　执行接访实行首问负责制，即接访人对执行来访事项负责，向来访人公开联系电话，及时答复来访人进展情况，直至来访事项经审批指定其他人员承办时止。

**第十三条**　执行来访均由立案机构编立“执访字”号并录入当事人基本情况。接访人根据流程系统要求录入办理情况等相关内容。

**第十四条**　接访人区别来访情况按以下方式处理：(一) 来访事项不属执行业务，告知本院信访办另行安排接访人；

(二) 来访事项较为复杂或涉及多个部门业务不能即时办结的，接收来访材料转按来信程序处理；

(三) 来访事项理据不足或正在办理之中，做好来访人释法答疑工作，来访人不愿息诉罢访的，收下来访材料转按来信程序处理；

(四) 来访事项根据分级处理原则应交由下级法院办理的，告知来访人到有关法院信访F确有必要时，向来访人出具信访介绍函；

(五) 来访事项符合执行异议、执行复议、执行监督等各类执行案件立案条件的，告知来访人备齐有关材料向立案窗口申请立案；

(六) 来访事项符合本规定执行申诉案件立案条件的，告知来访人备齐材料直接递交或邮寄接访人申请立案；(七) 来访事项属已按信访终结程序处理完毕的，告知来访人根据有关规定不登记、不交办。

**第十五条**　接访人应当一次性告来访人应当递交或补交有关材料，避免来访人多次往返。

**第十六条**　一般执行接访即接即办，即办即结，较复杂的在三日内、重大疑难的接记人在五日内处理完毕。

**第十七条**　接访人对接访事项处理完毕的，在流程管理系统录入处理情况并直接结案。

### 第二节 来 信

**第十八条** 上级部门或相关机关转办、交办、督办的执行信访件，本院有关领导收到的执行信访件，执行局及其他有关部门收到的执行信访件，接待来访收下的有关材料，以及其他各种渠道寄、交、转到本院的执行信访材料，统一汇集到执行信访申诉机构处理。信访材料中已明确依法申请编立各类执行案件的，应由收件部门直接交立案机构审查立案。

**第十九条** 执行信访申诉机构指定专人审查执行来信。接访材料一般由接访人直接审查提出处理意见。来信审查以书面审查为主，必要时可电话向来信人或执行法院了解有关情况。

**第二十条** 所有执行来信由执行机构编立“执信字”号。审查人根据流程管理系统要求录入办理情况等相关内容。

**第二十一条** 审查来信按以下方式处理：

（一）来信事项不属执行业务，转有关部门办理；

（二）来信事项涉及多个部门业务，提出主办部门、协办部门，并对涉及执行业务提出处理意见，转本院信访办处理；

（三）来信事项理据明显不足或有关法院正在办理之中，函转有关中级法院阅处；

（四）来信事项本院正在处理之中，转有关承办人处理和答复；

（五）来信材料符合本规定执行申诉立案条件的，交立案机构立案；

（六）来信材料符合执行异议、执行复议、执行监督等各类执行案件立案条件的，移送有关材料到立案机构审查立案；

（七）来信反映属于已按信访终结程序处理完毕的事项，或来信人不明、反映问题不明确，不予转办、不予处理。

**第二十二条** 审查人对执行来信提出审查处理意见后，层报有关领导审批。

**第二十三条** 审查人一般应在来信收件后七日内提出审查处理意见，十五日内办结。

**第二十四条** 来信处理意见经审批后，来信人联系方式明确的，审查人可口头或书面告知来信人。

**第二十五条** 来信处理完毕后，报经处领导审批结案。

## 第二章 执行申诉办理

### 第一节 管 辖

**第二十六条** 执行申诉案件实行属地和分级管辖。

**第二十七条** 本院主要管辖下列执行申诉案件：

（一）对本院或各中级法院的执行案件不服的执行申诉；

（二）对基层法院执行案件不服，向所属中级法院信访申诉未果，或对中级法院申诉处理结果不服的执行申诉；

（三）最高人民法院和其他有关领导机关交办、督办和转办的执行申诉；

（四）在全省范围内有重大影响的执行申诉；

（五）其他认为应由本院管辖的执行申诉案件。

### 第二节 立 案

**第二十八条** 执行申诉案件由执行信访申诉机构审查决定，交立案机构办理立案手续。立案机构不同意立案的，可说明理由后退回执行机构重新审查。

**第二十九条** 决定编立执行申诉案件的，执行信访申诉机构应将审查呈批表、申诉材料等立案材料，一并移交立案机构办理立案手续。

**第三十条** 立案机构应在收到立案材料后五日内，办理立案手续并将材料移送执行信访申诉机构。

**第三十一条** 编立执行申诉案件应当符合以下条件：

（一）申诉人为执行案件当事人或与执行案件、执行标的有利害关系的其他人；

（二）申诉人申诉内容为对执行裁决或其他执行行为不服等情况提出的申诉；

（三）申诉人提出执行申诉的，一般应提交以下材料：

(1) 执行申诉书（当事人名称、请求事项、事实和理由）；

(2) 证明执行不力、执行不公、执行违法的法律文书以及其他相关材料；

(3) 申诉人身份证明；

(4) 证明申诉人与执行案件、执行标的有利害关系的材料；

(5) 其他需要提交的材料。

**第三十二条** 下列情况，不编立执行申诉案件：

（一）与本案无利害关系的人提出的信访申诉；

（二）无证据证明执行违法、执行不力、执行不公，或申诉人申诉理由明显不能成立；

（三）被驳回申诉、终结申诉程序结案后又以同一事实和理由继续申诉的；

（四）不属人民法院管辖或不属本院管辖的申诉信访；

（五）信访申诉人不按要求提交材料的；

（六）其他不予立案的情形。

不予立案的，可将有关申诉材料转有关执行法院或其他部门阅处，并视情形口头或书面告知申诉人。

### 第三节 办 理

**第三十三条** 立案后，执行申诉案件承办人可根据案件情况通知当事人。

**第三十四条** 办理执行申诉案件可以根据案件需要采取以下措施：

（一）接访申诉人。接访的形式包括面谈或者电话谈话，重点了解申诉人的请求事项、事实和理由、主要依据，接访记录应当入卷。

（二）听取执行法院汇报。执行法院口头或书面汇报案件的执行情况，并针对申诉内容提出处理意见。

（三）走访调查核实有关情况。向执行法院调取涉案执行案件的有关材料，走访有关部门或有关当事人、案外人，进一步核实、了解有关情况。

（四）举行申诉听证会。听取申诉人、利害关系人对申诉内容的意见，必要时可以邀请有关人大代表、政协委员或有关基层组织相关人员参与听证。

（五）撰写审查报告。审查报告应列明案件的来由及审查经过、申诉人及执行案件当事人的基本情况、申诉人的申诉请求及理由、执行法院的意见、调查核实的有关情况、承办人的处理意见。

（六）合议庭合议。执行申诉案件重大、疑难或复杂的，应当提交合议庭合议。

（七）报批处理意见。承办人提出的或经合议庭合议的处理意见，应层报处、局领导审批。

（八）向申诉人反馈处理意见。应根据不同处理意见，书面或口头向申诉人反馈处理意见。

（九）报告执行申诉处理结果。对于上级机关和领导交办、转办、督办的案件，应书面或口头报告执行申诉处理结果。

### 第四节　结　　案

**第三十五条** 执行申诉案件的结案方式为：

（一）转办：申诉理由不能成立，向下级法院发执行申诉转办函由其阅处，或申诉事项应转由其他部门办理。

（二）交办：申诉有一定事实和理由的，或申诉件属上级机关交办的，向下级法院发执行申诉交办函，要求下级法院限期处理执行申诉并适复申诉人，必要时抄报本院。

（三）督办：经过交办后申诉人重复信访的，或申诉件属上级机关督办的，向下级法院发执行申诉督办函，要求下级法院限期处理并向本院报告处理结果。

（四）驳回申诉：申诉人与执行案件或执行标的无利害关系的，或申诉人反映的执行问题正在交办之中的，经告知后申诉人拒不同意按法定途径行使权利救济，以及其他申诉事实不存在、理由不成立、缺乏法律依据等情形，书面或口头通知申诉人驳回申诉。

（五）息诉罢访：申诉人因诉请事项正在处理或得到解决表示满意的，或虽未解决但表示不再申诉信访，执行法院报告申诉问题已顺利处理，以及其他申诉人息诉罢访的情形。

（六）终结申诉：申诉人确查无下落或死亡的，申诉人诉请事项已依照法律或有关政策解决但不同意息诉罢访的？以及其他应当终结申诉的情形，依照有关法规、上级机关和本院规定的实行信访终结机制处理。

（七）其他结案方式，即除以上八种类型的其他结案方式。

**第三十六条** 结案时，承办人应当将处理结果录入管理系统并办理报批手续。

**第三十七条** 执行申诉案件应在六个月内办结，需延长期限的应层报批准。

**第三十八条** 办理结案审批后，应按照有规定将案卷材料及时归档。

## 第四章　执行信访申诉管理

### 第一节　挂牌督办

**第三十九条** 为确保重大敏感或久拖不结的执行申诉案件得以切实解决，实行重点申诉案件挂牌督办。

**第四十条** 下列执行申诉案件一般应当挂牌督办：

（一）上级机关确定的挂牌督办案件；

（二）在全省范围内有重大影响的执行申诉案件；

（三）社会各界关注的申诉案件；

（四）经本院多次交办、督办而长期未能息诉息访案件，或不执行本院执行监督意见情况严重的；

（五）其他应当列入挂牌督办的执行申诉案件。

**第四十一条** 挂牌督办案件由执行信访申诉机构提出，报经执行局局长同意。

**第四十二条** 确定申诉案件挂牌督办后，执行信访申诉机构通报全省并通知执行法院。

**第四十三条** 本院采取暇时办结、定期催报、调查核实、听取汇报等方式进行督办。

**第四十四条** 挂牌督办案件按以下方式结案：

（一）剔除挂牌督办：对重复登记或不属于本辖区的案件，有充足书面材料证明的，报决定挂牌督办机关核准后，剔除挂牌督办。

（二）息诉罢访：对申诉人签订了息诉罢访保证书或问话笔录或电话录音，表示不再申诉信访，作息诉罢访结案。

（三）终结申诉：按有关规定符合信访终结条件。

（四）上级机关和省法院规定的其他结案方式。

### 第二节　通报排名

**第四十五条** 本院执行信访申诉机构根据执行信访申诉的情况，一般在每季度的第一个月对上一季度执行信访申诉情况进行通报。

**第四十六条** 通报的主要内容为，以地级以上市为统计

单位、本院收到的来自各地法院的来信来访数量、执行申诉案件立案数、督办案件回复率、挂牌督办案件数量以及信访申诉排名等情况。

**第四十七条** 对各地法院以地及以上市法院为排名单位，本院对以下两项指标排名并进行通报：

（一）执行信访率排位表，即执行信访数与执行案件收案数比例的排位表，本院按照来自各地的执行信访数与各地同期执行案件收案数之比从低到高排位。

（二）执行申诉化解率排位表，即执行申诉案件中息诉罢访的结案数与同期执行申诉件结案数比例的排位表，本院根据来自各地的执行申诉息诉罢访结案数与来自各地的执行申诉案件收案数之比从高到低排位。

**第四十八条** 执行信访申诉通报一般在《广东执行》刊登，并同时在全省法院综合信息网上发布。

**第四十九条** 执行信访率和执行申诉化解率排位结果纳入各地年度社会治安综合治理目标责任考核。执行信访率每年排位在后三位的地区，在社会治安综合治理考核中扣除适当分值；执行申诉化解率每年排位在前三位的地区，在社会治安综合治理考核中增加适当分值。

### 第三节 重点整治

**第五十条** 有下列情形之一的地区，本院可确定为执行申诉信访工作重点整治地区：

（一）执行信访率连续三次排名后三位的；

（二）执行申诉化解率连续三次排名后三位的；

（三）因执行信访申诉处理不当，多次引发群体访、越级访、激化访或其他重大不良后果的；

（四）执行申诉信访工作推进缓慢，制度不健全、规章不落实、办案不规范、人员不到位。

**第五十一条** 确定重点整治地区，由执行信访申诉机构提出意见，报执行局局务会研究同意后，向有关中级法院发出执行信访申诉重点整治通知书。

**第五十二条** 对于被确定为重点整治的地区，视情况采取下列措施：

（一）执行信访申诉机构指定专人进行跟踪督促，重点整治地区定期向本院汇报整改情况；

（二）本院对重点整治地区予以通报批评；

（三）经过整改有关问题仍未解决的，对主管执行工作的领导在全省法院范围内进行通报批评，并视情形取消该院年度评优资格。

（四）在整治过程中发现相关人员存在信访责任的，依照有关规定追究责任人责任。

### 第四节 信访责任

**第五十三条** 本院在办理执行信访申诉案件中，发现有关问题实行责任倒查。因执行不力、违法执行或裁决错误导致信访申诉事项发生的，对责任人和责任单位予以批评；造成严重后果的，建议有关机关对责任人和责任领导给予纪律处分。

**第五十四条** 有下列情形之一的，本院对相关人员和单位可以采取通报批评，建议取消年度评先资格、建议调整工作岗位等措施，并可视情况会同法院纪检监察部门追究责任人员和主管人员的法纪责任：

（一）在执行申诉排名通报中经常排名落后的；

（二）对于初次申诉问题查处不力，有错不纠，纠而不果，造成重复上访、越级上访的；

（三）不执行上级法院交办、督办、监督要求的；

（四）推诿、拖延申诉事项办理或未在规定期限内办结申诉事项的；

（五）对于重大信访申诉事项和申诉信息隐瞒、谎报、缓报，或者授意他人隐瞒、谎报，造成严重后果的；

（六）其他严重不负责任的行为。

## 第五章 附 则

**第五十五条** 本规定由本院执行局负责解释，自公布之日起施行。

# 关于印发《广东省高级人民法院关于为“加快转型升级，建设幸福广东”提供司法保障和司法服务的若干意见》的通知

粤高法发［2011］29号

全省各级人民法院、广州海事法院、广州铁路运输两级法院：

今年1月，省委十届八次会议提出了加快转型升级，建设幸福广东战略目标。为切实推动法治广东建设，为加快转型升级，建设幸福广东日提供优质高效的司法保障和司法服务，我院制定了《广东省高级人民法院关于为“加快转型升级，建设幸福广东”提供司法保障和司法服务的若干意见》，现印发给你们，请遵照执行。执行中有何问题，请及时报告我院。

二〇一一年五月二十六日

# 广东省高级人民法院关于为“加快转型升级，建设幸福广东”提供司法保障和司法服务的若干意见

今年1月，省委十届八次会议提出了加快转型升级，建设幸福广东战略目标，明确了我省今年及今后一个时期的发展方向；会议还通过了《法治广东建设五年规划（2011~2015年)》，提出了法治广东建设的目标任务。为切实推动法治广东建设，为加快转型升级，建设幸福广东提供优质高效的司法保障和司法服务，现结合我省法院工作实际，制定如下指导意见。

## 一、不断强化大局意识，提高服务保障自觉性

1. 提高认识，切实增强服务保障“加快转型升级、建设幸福广东”的政治责任感和历史使命感。加快转型升级，建设幸福广东，是省委深入贯彻落实科学发展观，准确把握国际国内形势，结合我省工作实际作出的重大战略部署。全省各级法院要组织干警深入开展大学习、大讨论活动，充分认识呻口快转型升级，建设幸福广东口的重大意义，深刻领会具体内涵和精神实质，不断增强大局意识，以服务保障“加快转型升级，建设幸福广东”作为政治责任和历史使命，以深入开展争当排头兵日奋力实现年强赛活动为抓手，深化改革创新，能动发挥职能作用，努力为“加快转型升级、建设幸福广东”创造良好的法治环境。

## 二、依法服务转型升级，促进富裕广东建设

2. 妥善审理涉及经济结构调整纠纷案件，促进经济结构优化。认真研究《珠江三角洲地区改革发展规划纲要》、《横琴总体开发规划》、《前海深港现代服务业合作区总体发展规划》实施对司法工作影响，积极发挥法院职能作用，探索在相关上述地区设立商事、知识产权等专业法庭F保障上述规划落实。依法审理产业转移过程中发生的企业退出、园区建设等各类案件，推动产业转移。依法审理涉及新能源、新材料、新技术等新兴产业纠纷案件，促进产业升级。妥善审理创业投资、风险投资等新类型案件，促进资本高效运转。妥善审理涉外商事海事纠纷案件，保障促进我省外向型经济和海洋经济发展。

3. 妥善审理知识产权纠纷案件，保护激励自主创新。发挥知识产权司法保护在知识产权保护体系中的主导作用，使人民群众的创造愿望得到尊重，创造能力得以发挥，创造成果得到保护。加大对核心技术的保护力度，促使知识产权在我省企业经营中的所占比例和所起作用不断增大。加大对作

品、音像制品等表达性知识产权的保护力度，培育低能耗、无污染、高收益的文化产业。加强展会知识产权司法保护，增强展会产业竞争力。正确处理知识产权保护和鼓励竞争之间的关系，保护和激励知识创新。

4. 妥善审理环境纠纷案件，促进生态文明和生态和谐。依法审理涉及环境污染的民事、行政案件，促进绿色经济发展，推进资源节约型和环境友好型社会建设。妥善审理城市社区新建垃圾焚烧厂、垃圾站、变电站引发的纠纷案件，防止因矛盾激化引发群体性事件。依法支持带有环境公益性质的诉讼，促进环境保护水平提高。加强当前环境公益诉讼呼声渐高背景下对法院工作可能产生影响的研究，提高环境司法保护水平。在环保纠纷案件数量较多的法院设立环保法庭、环保巡回法庭或环保合议庭，加强环保司法保护力度。

三、依法保障社会民生，促进民生广东建设

5. 妥善审理医疗、食品药品安全及消费者权益纠纷案件，保护人民群众健康安全和消费权益。正确认定医疗事故鉴定报告的效力，依法认定不构成医疗事故情形下的医疗过错行为，切实维护受害人及其家属的合理诉求。依法审理制造、运输、销售伪劣食品、药品等违法犯罪案件，严厉打击危害儿童身体健康、涉及人数众多、后果严重的上述违法犯罪行为。依法审理因食品药品安全引起的损害赔偿纠纷案件，对因食品药品安全问题引起的精神损害赔偿，应合理支持。严厉打击食品药品监管过程中的渎职犯罪行为，促进提高食品药品安全监管水平。妥善审理各类侵犯消费者权益的纠纷案件，切实保护消费者的合法权益。

6. 妥善审理劳动争议纠纷案件，保障劳动者合法权益。深入开展司法进企业的雷动，提高企业依法用工、劳动者依法维权意识，推动建立和谐稳定的劳动关系。开辟劳动纠纷案件珠色通道口采取优先立案、先予执行、适当提前介入等手段，切实维护劳动者合法权益。加强与劳动争议仲裁部门沟通协调，统一裁判尺度，提高服判息诉率。在劳动争议案件较多的地方设立专门的劳动争议庭或合议庭，提高审判质量效率。支持推行企业工资集体协商制度，适时发布劳动争议白皮书，不断优化用工环境，推动解决珠三角地区企业口有工荒口可题。

7. 妥善审理涉房地产纠纷案件，维护人民群众居住权益。认真研究《固有土地上房屋征收与补偿条例》实施后对法院工作的影响，及时制定下发指导意见，妥善化解固有土地上房屋征收补偿矛盾纠纷。依法审理集体土地征收与房屋拆迁等案件，保护失地农民和被征收入的合法利益。妥善化解房地产开发商擅自改变规划、不披露市政规划等行为引发的矛盾纠纷案件，促进城市社区和谐稳定。认真研究房地产宏观调控政策引发的房地产纠纷案件的新情况、新问题，妥善审理购房者解除合同、虚假离婚、房产赠与等纠纷案件，保障调控政策有效实施。

四、严厉打击刑事犯罪，促进平安广东建设

8. 严厉打击严重危害社会治安的违法犯罪，维护社会稳定有序。认真贯彻落实茧严相济哟刑事政策，严厉打击恐怖活动、法轮功等反动邪教以及带有“黑社会”性质的有组织犯罪，保障经济社会生活有序运转。严厉打击醉驾、恶意欠薪、非法买卖人体器官等新类型犯罪，着力保护民生。严厉打击销售假药、环境污染等犯罪，保护人民群众生命健康。妥善处理群体性纠纷，正确区分合理性诉求和无理滋事行为；对未成年犯、满75周岁的老年犯，依法从宽轻判。逐步扩大适用非监禁刑，最大限度减少社会对立面。协助加强帮教管理和社区矫正，预防和减少再犯罪。

9. 积极参与社会治安综合治理，促进社会治安防控体系建设。认真贯彻落实省委政法委关于社会管理创新、维护稳定创新、执法监督创新、队伍管理创新型项创新理求，创新工作机制，提高服务保障平安广东的能力和水平。指导参与“无诉讼社区”建设，努力将矛盾纠纷化解在社区、消灭在基层。借鉴服务保障口平安亚运口成功经验，设立“大运”法庭，建立健全工作机制，为平安大运日提供良好的司法服务和司法保障。

五、努力化解社会矛盾，促进和谐广东建设

10. 坚持调解和解优先，积极参与综治信访维稳二级平台建设。深化日全程、全员、全面调解，将调解申请再审率、自动履行率等指标纳入调解工作评价考核体系，促进案结事了。建立健全特约调解员队伍和调解组织，充分发挥民间调解的作用。加强与银行、保险等部门的合作，逐步解决商事纠纷案件调解难问题。强化调解激励机制，制止打击虚假调解行为，引导调解工作科学发展。加强与综治信访维稳县级平台协作，在基层法院立案庭设立诉前联调工作室，推动诉前联调工作。依法及时对非诉讼调解协议予以司法确认，推进诉调无缝对接。

11. 加强涉诉信访工作，切实从源头预防和化解社会矛盾。建立重大事项社会稳定风险评估机制，对可能引发群体性事件、恶性事件的纠纷案件进行预警。加强预案机制建设，增强对突发事件的反应和处置能力。对可能引发社会不稳定的案件纠纷，建立由院领导包案处理的责任机制。建立吗成信约期制度口有效减轻当事人诉累。配合省委政法委积极开展“百万案件大评查”雷动，认真查找问题，强化责任倒查。完善健全涉诉信访终结机制，逐步规范重复上访、无理缠访等问题。

六、发挥规范指引功能，促进法治广东建设

12. 妥善审理行政纠纷案件，推进依法行政。依法审理好涉及社会民生的行政案件，切实维护行政相对人合法权益。创新行政审判工作机制，探索行政案件简易审，快速有效化解纠纷。完善和推广行政首长出庭应诉机制，增强领导责任意识。推广以协调调解方式处理行政纠纷案件，促进官民和谐。继续开展行政审判白皮书活动，推动政府提高依法行政能力。推动设立广东法治指数，评价指标体系，推进法治广东建设。

13. 健全执行工作机制，推动建立社会诚信体系。深化完善主动执行机制，进一步提高执行效率。深入推进执行指挥中心建设，建立快速反应执行机制。建立健全执行联动机制，形成执行合力。合理运用罚款、拘留、拒不执行生效裁判文书罪等强制性手段，强化执行威慑力。深入开展反规避执行专项活动，加大对日老赖，出事人的曝光和惩处力度，增加其失信成本。加强与公安、检察、纪检、国土、房管、工商、税务、银行等部门的协调，推动建立征信数据库。妥善审理执行涉及行政部门的案件，强化行政部门守法守信意识。以审判执行工作为突破口，推动我省社会信用体系、财产登记和公示体系以及社会协助执行体系建设。

14. 加强司法公开和宣传，推动提高法治意识。全面落实司法公开，充分利用法院网络平台，及时公布人民群众关心的热点案件信息，重大案件采取电视直播或网络直播等形式公开；有条件的法院和法庭，可以尝试开通微博、QQ群等新媒介，加强与人民群众沟通力度。充分利用法院信息和司法统计数据，加强对“加快转型升级、建设幸福广东”过程中可能涉及的法律问题的分析和研判，及时向党委政府提出司法建议。结合《法治广东建设五年规划（2011-2015年）》工作要点，扎实开展法制宣传工作，进一步提高人民群众法治意识。

七、不断加强自身建设，确保实现公平正义

15. 强化管理与创新，深入推进司法公正。落实立案、庭审、执行、听证、文书、审务公开，以公开促公正。全面推行量刑规范化，建立健全案例指导制度，规范民商事自由裁量权。做好小额速裁试点工作，大力推行民事、刑事案件简易审，以改革促公正。大力推行结案均衡、归档报结，加强法院信息化建设和管理水平，以管理促公正。深入开展嚷扬传统，坚定信念，执法为民主题实践活动，严格落实最高法院《关于对配偶子女从事律师执业的法院领导干部和审判执行岗位法官实行任职回避的规定（试行）》等规定，以廉政促公正。

# 广东省高级人民法院<br>关于印发《广东省2011年度人身损害赔偿计算标准》的通知

粤高法发［2011］33号

全省各级人民法院、广州海事法院、广州铁路运输两级法院：

根据国家统计局广东调查总队、广东省统计局公布的2010年度统计数据及有关规定，现将《广东省2011年度人身损害赔偿计算标准》印发给你们。请依照《中华人民共和国侵权责任法》、最高人民法院《关于审理人身损害赔偿案件适用法律若干问题的解释》、最高人民法院《关于适用〈中华人民共和国侵权责任法〉若干问题的通知》等有关规定，计算各类民事侵权案件的人身损害赔偿数额。对于在本标准公布前本年度已审结的一审或二审案件，如适用了2010年度计算标准的，二审或再审不再作调整。

二〇一一年六月八日

# 广东省2011年度人身损害赔偿计算标准

<table>
<tr><th>序号</th><th colspan="3">项　目</th><th>标　准</th><th>说　明</th></tr>
<tr><td rowspan="4">一</td><td rowspan="4">城镇居民人均可支配收入(元/年)</td><td>计划单列市</td><td>深圳</td><td>32380.86</td><td rowspan="4"></td></tr>
<tr><td rowspan="2">经济特区</td><td>珠海</td><td>25381.58</td></tr>
<tr><td>汕头</td><td>15178.59</td></tr>
<tr><td colspan="2">一般地区</td><td>23897.80</td></tr>
<tr><td>二</td><td colspan="3">农村居民人均纯收入（元/年）</td><td>7890.25</td><td></td></tr>
<tr><td rowspan="4">三</td><td rowspan="4">城镇居民人均消费性支出(元/年)</td><td>计划单列市</td><td>深圳</td><td>22806.54</td><td rowspan="4"></td></tr>
<tr><td rowspan="2">经济特区</td><td>珠海</td><td>20369.83</td></tr>
<tr><td>汕头</td><td>13218.23</td></tr>
<tr><td colspan="2">一般地区</td><td>18489.53</td></tr>
<tr><td>四</td><td colspan="3">农村居民人均年生活消费支出（元）</td><td>5515.58</td><td></td></tr>
<tr><td rowspan="4">五</td><td rowspan="4">城镇.、国有单位在岗职工平均工资（元/年）</td><td>计划单列市</td><td>深圳</td><td>79734</td><td rowspan="4"></td></tr>
<tr><td rowspan="2">经济特区</td><td>珠海</td><td>65945</td></tr>
<tr><td>汕头</td><td>32592</td></tr>
<tr><td colspan="2">一般地区</td><td>45687</td></tr>
<tr><td>六</td><td colspan="3">住宿费（元/天）</td><td>150</td><td>省财政厅“粤财行［2007］229号”文规定</td></tr>
<tr><td>七</td><td colspan="3">伙食补助费（元/天）</td><td>50</td><td>省财政厅“粤财行</td></tr>
</table>

续上表

| | | | 行　　业 | 元/年 | |
|---|---|---|---|---|---|
| 八 | 国有同行业在岗职工年平均工资 | (一) | 农、林、牧、渔业 | 14581 | |
| | | | 1. 农业 | 11200 | |
| | | | 2. 林业 | 16654 | |
| | | | 3. 畜牧业 | 37292 | |
| | | | 4. 渔业 | 20844 | |
| | | | 5. 农、林、牧、渔服务业 | 17249 | |
| | | (二) | 采矿业 | 49908 | |
| | | | 1. 煤炭开采和洗选业 | 24811 | |
| | | | 2. 石油和天然气开采业 | 64733 | |
| | | | 3. 黑色金属矿采选业 | 64800 | |
| | | | 4. 有色金属矿采选业 | 34444 | |
| | | | 5. 非金属矿采选业 | 33817 | |
| | | | 6. 其他采矿业 | 29143 | |
| | | (三) | 制造业 | 45305 | |
| | | | 1. 农副食品加工业 | 13033 | |
| | | | 2. 食品制造业 | 39399 | |
| | | | 3. 饮料制造业 | 24375 | |
| | | | 4. 烟草制品业 | 195194 | |
| | | | 5. 纺织业 | 17380 | |
| | | | 6. 纺织服装、鞋、帽制造业 | 16080 | |
| | | | 7. 皮革、毛皮、羽毛（绒）及其制品业 | 22692 | |
| | | | 8. 木材加工及竹、藤、棕、草制品业 | 19794 | |
| | | | 9. 家具制造业 | 20941 | |
| | | | 10. 造纸及纸制品业 | 32547 | |
| | | | 11. 印刷业和记录媒介的复制 | 34905 | |
| | | | 12. 文教体育用品制造业 | 20045 | |
| | | | 13. 石油加工. 炼焦及核燃料加工业 | 73951 | |
| | | | 14. 化学原料及化学制品制造业 | 35942 | |
| | | | 15. 医药制造业 | 33380 | |
| | | | 16. 化学纤维制造业 | 38000 | |
| | | | 17. 橡胶制品业 | 28173 | |
| | | | 18. 塑料制品业 | 17742 | |
| | | | 19. 非金属矿物制品业 | 20813 | |
| | | | 20. 黑色金属冶炼及压延加工业 | 16965 | |
| | | | 21. 有色金属冶炼及压延加工业 | 45076 | |
| | | | 22. 金属制品业 | 50486 | |
| | | | 23. 通用设备制造业 | 37658 | |

续上表

| | | | 行　　业 | 元/年 | |
|---|---|---|---|---|---|
| 八 | 国有同行业在岗职工年平均工资 | （三） | 24. 专用设备制造业 | 29791 | |
| | | | 25. 交通运输设备制造业 | 61787 | |
| | | | 26. 电气机械及器材制造业 | 39241 | |
| | | | 27. 通信设备、计算机及其他电子设备制造业 | 36830 | |
| | | | 28. 仪器仪表及文化、办公用械制造业 | 24427 | |
| | | | 29. 工艺品及其他制造业 | 19357 | |
| | | | 30. 废弃资源和废旧材料回收加工业 | 6909 | |
| | | （四） | 电力、燃气及水的生产和供应业 | 58133 | |
| | | | 1. 电力、热力的生产和供应业 | 63534 | |
| | | | 2. 燃气生产和供应业 | 57615 | |
| | | | 3. 水的生产和供应业 | 39035 | |
| | | （五） | 建筑业 | 38565 | |
| | | | 1. 房屋和土木工程建筑业 | 34000 | |
| | | | 2. 建筑安装业 | 41476 | |
| | | | 3. 建筑装饰业 | 34763 | |
| | | | 4. 其他建筑业 | 126748 | |
| | | （六） | 交通运输、仓储和邮政业 | 50349 | |
| | | | 1. 铁路运输业 | 66909 | |
| | | | 2. 道路运输业 | 30688 | |
| | | | 3. 城市公共交通业 | 43637 | |
| | | | 4. 水上运输业 | 113302 | |
| | | | 5. 航空运输业 | 76444 | |
| | | | 6. 管道运输业 | | |
| | | | 7. 装卸搬运和其他运输服务业 | 59085 | |
| | | | 8. 仓储业 | 40191 | |
| | | | 9. 邮政业 | 45459 | |
| | | （七） | 信息传输、计算机服务和软件业 | 71736 | |
| | | | 1. 电信和其他信息传输服务业 | 71276 | |
| | | | 2. 计算机服务业 | 70600 | |
| | | | 3. 软件业 | 93214 | |
| | | （八） | 批发和零售业 | 40259 | |
| | | | 1. 批发业 | 44116 | |
| | | | 2. 零售业 | 27139 | |
| | | （九） | 住宿和餐饮业 | 30588 | |
| | | | 1. 住宿业 | 31533 | |
| | | | 2. 餐饮业 | 27179 | |

续上表

| | | | 行　　业 | 元/年 | |
|---|---|---|---|---|---|
| 八 | 国有同行业在岗职工年平均工资 | （十） | 金融业 | 107405 | |
| | | | 1. 银行业 | 106705 | |
| | | | 2. 证券业 | 246103 | |
| | | | 3. 保险业 | 64513 | |
| | | | 4. 其他金融活动 | 127863 | |
| | | （十一） | 房地产业 | 39077 | |
| | | | 其中：1. 房地产开发与经营业 | 48649 | |
| | | | 2. 物业管理 | 35143 | |
| | | | 3. 房地产中介服务 | 40073 | |
| | | （十二） | 租赁和商务服务业 | 35434 | |
| | | | 1. 租赁业 | 44990 | |
| | | | 2. 商务服务业 | 35421 | |
| | | （十三） | 科学研究．、技术服务和地质勘查业 | 72138 | |
| | | | 1. 研究与试验发展 | 61220 | |
| | | | (1) 自然科学研究与试验发展 | 49114 | |
| | | | (2) 工程和技术研究与试验发展 | 72083 | |
| | | | (3) 农业科学研究与试验发展 | 53464 | |
| | | | (4) 医学研究与试验发展 | 58489 | |
| | | | (5) 社会人文科学研究与试验发展 | 69135 | |
| | | | 2. 专业技术服务业 | 80956 | |
| | | | 其中：(1) 气象服务 | 57211 | |
| | | | (2) 地震服务 | 67008 | |
| | | | (3) 海洋服务 | 69081 | |
| | | | (4) 测绘服务 | 57402 | |
| | | | (5) 技术检测 | 62550 | |
| | | | (6) 环境监测 | 51283 | |
| | | | (7) 工程技术与规划管理 | 95767 | |
| | | | 3. 科技交流和推广服务业 | 56721 | |
| | | | 4. 地质勘查业 | 48658 | |
| | | （十四） | 水利、环境和公共设施管理业 | 32193 | |
| | | | 1. 水利管理业 | 30941 | |
| | | | 2. 环境管理业 | 28116 | |
| | | | 3. 公共设施管理业 | 41893 | |
| | | （十五） | 居民服务和其他服务业 | 39335 | |
| | | | 1. 居民服务业 | 41202 | |
| | | | 2. 其他服务业 | 34788 | |

续上表

| | | | 行　　业 | 元/年 | |
|---|---|---|---|---|---|
| 八 | 国有同行业在岗职工年平均工资 | （十六） | 教育 | 43579 | |
| | | | 其中：1. 初等教育 | 36704 | |
| | | | 2. 中等教育 | 43452 | |
| | | | 3. 高等教育 | 74641 | |
| | | （十七） | 卫生、社会保障和社会福利业 | 53503 | |
| | | | 1. 卫生 | 53712 | |
| | | | 2. 社会保障业 | 51278 | |
| | | | 3. 社会福利业 | 47004 | |
| | | （十八） | 文化、体育和娱乐业 | 54153 | |
| | | | 1. 新闻出版业 | 58547 | |
| | | | 2. 广播、电视、电影和音像业 | 58038 | |
| | | | 3. 文化艺术业 | 47034 | |
| | | | 4. 体育 | 56323 | |
| | | | 5. 娱乐业 | 39687 | |
| | | （十九） | 公共管理和社会组织 | 53897 | |
| | | | 其中：1. 中国共产党机关 | 56924 | |
| | | | 2. 国家机构 | 53707 | |
| | | | 3. 人民政协和民主党派 | 71716 | |
| | | | 4. 群众社团. 社会团体和宗教组织 | 55654 | |

# 转发《最高人民法院最高人民检察院公安部司法部印发〈关于对判处管制、宣告缓刑的犯罪分子适用禁止令有关问题的规定（试行）〉的通知》的通知

粤高法发［2011］35号

全省各级法院、检察院、公安局、司法局：

近日，最高人民法院、最高人民检察院、公安部、司法部联合制发了《关于对判处管制、宣告缓刑的犯罪分子适用禁止令有关问题的规定（试行）》。现将该文件转发给你们，请认真组织学习，并结合工作实践贯彻执行。执行情况及遇到的问题，请分别及时报告省法院、省检察院、省公安厅、省司法厅。

二〇一一年六月十八日

# 最高人民法院最高人民检察院公安部司法部印发《关于对判处管制、宣告缓刑的犯罪分子适用禁止令有关问题的规定（试行)》的通知

法发［2011］9号

各省、自治区、直辖市高级人民法院、人民检察院、公安厅(局) 飞司法厅（局)，解放军军事法院、军事检察院、总政治部保卫部，新疆维吾尔自治区高级人民法院生产建设兵团分院、新疆生产建设兵团人民检察院、公安局飞司法局：

现将《关于对判处管制、宣告缓刑的犯罪分子适用禁止令有关问题的规定（试行)》印发给你们，请认真遵照执行。执行情况及遇到的问题请分别及时报告最高人民法院、最高人民检察院、公安部、司法部。

二〇一一年四月二十八日

# 最高人民法院最高人民检察院公安部司法部《关于对判处管制、宣告缓刑的犯罪分子适用禁止令有关问题的规定（试行)》

为正确适用《中华人民共和国刑法修正案（八)》，确保管制和缓刑的执行效果，根据刑法和刑事诉讼法的有关规定，现就判处管制、宣告缓刑的犯罪分子适用禁止令的有关问题规定如下：

**第一条** 对判处管制飞宣告缓刑的犯罪分子，人民法院根据犯罪情况，认为从促进犯罪分子教育矫正、有效维护社会秩序的需要出发，确有必要禁止其在管制执行期间\缓刑考验期限内从事特定活动，进入特定区域、场所，接触特定人的，可以根据刑法第三十八条第二款飞第七十二条第二款的规定，同时宣告禁止令。

**第二条** 人民法院宣告禁止令，应当根据犯罪分子的犯罪原因、犯罪性质飞犯罪手段、犯罪后的悔罪表现\个人一贯表现等情况，充分考虑与犯罪分子所犯罪行的关联程度，有针对性地决定禁止其在管制执行期间飞缓刑考验期限内“从事特定活动，进入特定区域、场所，接触特定的人”的一项或者几项内容。

**第三条** 人民法院可以根据犯罪情况，禁止判处管制飞宣告缓刑的犯罪分子在管制执行期间、缓刑考验期限内从事以下一项或者几项活动：

（一）个人为进行违法犯罪活动而设立公司飞企业飞事业单位或者在设立公司、企业飞事业单位后以实施犯罪为主要活动的，禁止设立公司、企业、事业单位；

（二）实施证券犯罪、贷款犯罪、票据犯罪飞信用卡犯罪等金融犯罪的，禁止从事证券交易、申领贷款、使用票据或者申领、使用信用卡等金融活动；

（三）利用从事特定生产经营活动实施犯罪的，禁止从事相关生产经营活动；

（四）附带民事赔偿义务未履行完毕，违法所得未追缴、退赔到位，或者罚金尚未足额缴纳的，禁止从事高消费活动；

（五）其他确有必要禁止从事的活动。

**第四条** 人民法院可以根据犯罪情况，禁止判处管制、宣告缓刑的犯罪分子在管制执行期间飞缓刑考验期限内进入以下一类或者几类区域、场所：

（一）禁止进入夜总会、酒吧、边厅飞网吧等娱乐场所；

（二）未经执行机关批准，禁止进入举办大型群众性活

动的场所；

（三）禁止进入中小学校区、幼儿园园区及周边地区，确因本人就学、居住等原因，经执行机关批准的除外；

（四）其他确有必要禁止进入的区域、场所。

**第五条** 人民法院可以根据犯罪情况，禁止判处管制、宣告缓刑的犯罪分子在管制执行期间、缓刑考验期限内接触以下一类或者几类人员：

（一）未经对方同意，禁止接触被害人及其法定代理人、近亲属；

（二）未经对方同意，禁止接触证人及其法定代理人、近亲属；

（三）未经对方同意，禁止接触控告人飞批评人、举报人及其法定代理人、近亲属；

（四）禁止接触同案犯；

（五）禁止接触其他可能遭受其侵害飞滋扰的人或者可能诱发其再次危害社会的人。

**第六条** 禁止令的期限，既可以与管制执行、缓刑考验的期限才有间，也可以短子管制执行、缓刑考验的期限，但判处管制的，禁止令的期限不得少于三个月，宣告缓刑的，禁止令的期限不得少于二个月。

判处管制的犯罪分子在判决执行以前先行羁押以致管制执行的期限少于三个月的，禁止令的期限不受前款规定的最短期限的限制。禁止令的执行期限，从管制飞缓刑执行之日起计算。

**第七条** 人民检察院在提起公诉时，对可能判处管制、宣告缓刑的被告人可以提出宣告禁止令的建议。当事人、辩护人、诉讼代理人可以就应否对被告人宣告禁止令提出意见，并说明理由。

公安机关在移送审查起诉时，可以根据犯罪嫌疑人涉嫌犯罪的情况，就应否宣告禁止令及宣告何种禁止令，向人民检察院提出意见。

**第八条** 人民法院对判处管制、宣告缓刑的被告人宣告禁止令的，应当在裁判文书主文部分单独作为一项予以宣告。

**第九条** 禁止令由司法行政机关指导管理的社区矫正机构负责执行。

**第十条** 人民检察院对社区矫正机构执行禁止令的活动实行监督。发现有违反法律规定的情况，应当通知社区矫正机构纠正。

**第十一条** 判处管制的犯罪分子违反禁止令，或者被宣告缓刑的犯罪分子违反禁止令尚不属情节严重的，由负责执行禁止令的社区矫正机构所在地的公安机关依照《中华人民共和国治安管理处罚法》第六十条的规定处罚。

**第十二条** 被宣告缓刑的犯罪分子违反禁止令，情节严重的，应当撤销缓刑，执行原判刑罚。原作出缓刑裁判的人民法院应当自收到当地社区矫正机构提出的撤销缓刑建议书之日起一个月内依法作出裁定。人民法院撤销缓刑的裁定一经作出，立即生效。

违反禁止令，具有下列情形之一的，应当认定为“情节严重”（一）三次以上违反禁止令的；（二）因违反禁止令被治安管理处罚后，再次违反禁止令的；（三）违反禁止令，发生较为严重危害后果的；（四）其他情节严重的情形。

**第十三条** 被宣告禁止令的犯罪分子被依法减刑时，禁止令的期限可以相应缩短，由人民法院在减刑裁定中确定新的禁止令期限。

# 关于印发《广东省高级人民法院广东省工商业联合会关于开展诉调衔接工作的意见》的通知

粤高法发［2011］36号

全省各级人民法院、各级工商业联合会，广州海事法院、广州铁路运输两级法院：

现将《广东省高级人民法院广东省工商业联合会关于开展诉调衔接工作的意见》印发给你们，请结合实际认真贯彻执行。执行中遇到问题请及时报告省法院民一庭和省工商联调解仲裁中心。

二〇一一年八月四日

# 广东省高级人民法院　广东省工商业联合会关于开展诉调衔接工作的意见

粤高法发〔2011〕36号

为贯彻落实《中共中央国务院关于加强和改进新形势下工商联工作的意见》（中发〔2010〕16号）和《最高人民法院关于建立健全诉讼与非诉讼相衔接的矛盾纠纷解决机制的若干意见》（法发〔2009〕45号）精神，进一步推进商会调解与诉讼调解相衔接，促进纠纷化解，增进社会和谐，特制定本意见。

一、衔接方式

（一）诉前调解衔接

1. 对于未经工商联调解的非公有制经济主体之间，非公有制经济主体与公有制经济主体、其他社会组织以及自然人之间的民商事纠纷，人民法院（含人民法庭，下同）在立案前，经双方当事人同意，可将案件委托工商联组织进行调解。

2. 双方当事人均同意诉前委托调解的，应当在《诉前委托工商联调解建议书》（附件1、2）上签字确认。人民法院应当及时将《委托调解函》（附件3）和有关材料移交工商联。一方或双方当事人不同意委托调解或者自人民法院委托之日起15日内不能达成调解协议的，人民法院应当依法及时立案。

3. 人民法院根据广东省社会治安综合治理委员会《关于建立诉前联调工作机制的意见》的有关规定，邀请当地工商联参与诉前联调工作的，各级工商联应当积极配合。

4. 经工商联调解达成协议的，当事人可共同向人民法院申请司法确认。

（二）诉中调解衔接

1. 对于非公有制经济主体之间，非公有制经济主体与公有制经济主体、其他社会组织以及自然人之间的民商事纠纷案件，经双方当事人同意，人民法院可以在立案后委托工商联进行调解。人民法院应当及时将《委托调解函》（附件3）和有关案卷材料移交工商联。自人民法院委托之日起30日内不能达成调解协议的，人民法院应当及时审理。委托调解期间可不计入案件审理期限。

当事人双方均同意诉中委托调解的，应当在《委托工商联调解建议书》（附件4）上签字确认。

2. 人民法院在案件审理过程中可以邀请工商联参与诉讼调解。人民法院应当及时将《协助调解函》（附件5）送达给工商联。工商联可以自行派员，也可以根据案件具体情况，协调相关单位派员参与诉讼调解。

3. 达成调解协议的，当事人可以申请撤诉或申请人民法院审查后制作确认决定书。调解不成的，人民法院应当及时裁判。

4. 工商联对接受诉前和诉中委托调解的案件，应当就其调解结果制作《委托调解情况复函》（附件6），并及时将有关案件材料送回委托调解的人民法院。

（三）执行衔接

1. 经工商联调解达成的具有明确民事权利义务内容、由双方当事人签字或盖章确认的调解协议，具有民事合同性质。工商联应当告知当事人可以向人民法院申请司法确认或者按照《中华人民共和国公证法》的规定申请公证机关依法赋予强制执行效力。调解协议司法确认的具体办法按照《广东省高级人民法院关于非诉讼调解协议司法确认的指导意见》和《广东省高级人民法院关于规范诉前联调司法确认案件办理工作有关问题的通知》的相关规定执行。债务人不履行或不适当履行经司法确认的调解协议内容或者具有强制执行效力的公证文书的，债权人可依法向有管辖权的人民法院申请强制执行。

2. 当事人持已生效的调解协议向人民法院申请支付令，经审查符合《中华人民共和国民事诉讼法》第一百九十一条规定条件的，人民法院应当予以支持，并按照《中华人民共和国民事诉讼法》第十七章的规定执行。

二、工作保障

（一）工作人员安排

1. 人民法院、工商联应当指定工作人员负责诉调衔接工作，并做好与相关部门的沟通和协调。工商联在必要时可邀请人民法院指派审判经验丰富的法官协助开展调解和有关业务培训。

2. 人民法院对于政治素质高、具有一定法律政策水平和调解工作经验的工商联工作人员，符合人民陪审员法定条件的，可以依法提请任命为人民陪审员。

（二）信息通报交流制度

1. 人民法院和工商联要及时互相通报调解衔接工作情况。工商联应填写《工商联调解案件情况登记表》（附件7），并定期抄送人民法院。

2. 对经工商联调解未能达成调解协议、当事人起诉到人民法院的案件，工商联要及时向人民法院通报原调解工作的有关情况。

3. 人民法院审理涉及不履行经工商联调解达成的调解协议而提起诉讼的案件，要及时将生效裁判文书通报工商联。

4. 经司法审查不予确认的调解协议，人民法院要及时将不予确认的原因、案件审理中发现的问题及有关调解建议通报工商联。

三、本意见自下发之日起施行。

二〇一一年八月四日

# 关于印发《广东省高级人民法院关于审理建设工程施工合同纠纷案件若干问题的指导意见》的通知

粤高法发［2011］37号

全省各级人民法院、广州海事法院、广州铁路运输两级法院：

现将《广东省高级人民法院关于审理建设工程施工合同纠纷案件若干问题的指导意见》印发给你们，请结合实际认真贯彻执行。执行中遇到问题请及时报告我院民一庭。

二〇一一年七月二十六日

# 广东省高级人民法院关于审理建设工程施工合同纠纷案件若干问题的指导意见

为正确审理建设工程施工合同纠纷案件，根据《中华人民共和国合同法》、最高人民法院《关于审理建设工程施工合同纠纷案件适用法律问题的解释》、最高人民法院《关于民事诉讼证据的若干规定》等有关规定，结合我省审判实际，制定本意见。

一、工程欠款纠纷案件中，发包人以建设工程质量不符合合同约定为由主张付款条件未成就的，可以作为抗辩处理。

发包人以建设工程质量不符合合同约定为由，请求承包人承担违约责任的，应当提起反诉。

二、最高人民法院《关于审理建设工程施工合同纠纷案件适用法律问题的解释》第二十一条规定的“实质性内容不一致”主要指的是工程计价标准、工程质量标准等主要条款内容差距较大。建设工程施工过程中，当事人以补充协议等形式约定的正常的工程量增减、设计变更等，一般不认定为“实质性内容不一致”。

三、经过招投标程序订立的建设工程施工合同与当事人另行订立的“实质性内容不一致”的建设工程施工合同都被认定为无效的，参照当事人实际履行的合同结算工程价款。

四、建设工程施工合同约定以政府相关文件的规定作为结算标准和依据，不能因该文件被修改、撤销或失效而否定合同相关条款的效力。当事人主张按合同约定结算工程价款的，应予支持，但符合《最高人民法院关于适用〈中华人民共和国合同法〉若干问题的解释（二）》第二十六条规定的除外。

五、建设工程施工合同约定工程款实行固定价，如建设工程尚未完工，当事人对已完工工程造价产生争议的，可将争议部分的工程造价委托鉴定，但应以建设工程施工合同约定的固定价为基础，根据已完工工程占合同约定施工范围的比例计算工程款。当事人一方主张以定额标准作为造价鉴定依据的，不予支持。

六、当事人于诉前或者诉讼中共同选定具有相应资质的鉴定机构对建设工程进行造价鉴定并出具了鉴定结论，一方当事人要求重新进行鉴定的，不予支持，但有证据证明该鉴定结论具有最高人民法院《关于民事诉讼证据的若干规定》第二十七条第一款规定的情形除外。

七、人民法院委托司法鉴定机构进行工程造价鉴定的，应当对当事人提交的鉴定材料进行质证，并将鉴定材料和质证意见移送鉴定机构。人民法院不得将鉴定材料的质证和审核认定工作交由鉴定机构完成。

鉴定机构出具鉴定报告初稿和定稿后，人民法院应当组织当事人进行质证。

八、承包人请求发包人支付工程款，发包人主张对其已经向实际施工人支付的工程款进行抵扣的，应予支持，但发包人未经承包人同意向实际施工人支付的超出其应得工程款以外的部分除外。

九、建设工程施工合同明确约定发包人收到竣工结算文件后，在约定期限内不予答复，视为认可竣工结算文件的，按照约定处理。建设工程施工合同没有约定或者约定不明，承包人请求参照建设部《建设工程施工发包与承包计价管理办法》第十六条的规定，或者依据建设部制定的建设工程施工合同格式文本（1999年版）通用条款第33条第3款的约定处理的，不予支持。

十、发包人在合同约定的审核结算期限届满后，以承包人提交的竣工结算文件不完整为由拒绝结算，承包人请求从合同约定的审核结算期限届满之次日起计算工程款利息的，应予支持，但建设工程施工合同另有约定的除外。

十一、建设工程施工合同约定的违约金低于或者过分高于造成的损失的，经当事人申请，人民法院可以根据《中华人民共和国合同法》第一百一十四条第二款和《最高人民法院关于适用〈中华人民共和国合同法〉若干问题的解释（二）》第二十八条、第二十九条的规定予以调整。

发包人未依约支付工程款给承包人造成的损失，如发包人无法证明承包人实际损失的，可以推定为以未付工程款为基数，参照中国人民银行规定的金融机构同期同类贷款利率计算的利息。

承包人逾期竣工给发包人造成的损失，如承包人无法证明发包人实际损失的，可以推定为迟延期间内按建设工程所在地同期同类指导租金标准计算的租金。对于道路、桥梁等无法参照指导租金标准计算实际损失的建设工程，如承包人无法证明发包人实际损失的，可以推定为以发包人已付工程款为基数，参照中国人民银行规定的金融机构同期同类贷款利率计算的利息。

十二、合作开发房地产合同一方当事人作为发包人与承包人签订建设工程施工合同，承包人请求合作开发房地产合同的其他当事人对施工合同债务承担连带责任的，应予支持。

当事人签订名为合作开发房地产实为土地使用权转让等其他性质的合同，一方当事人与承包人签订建设工程施工合同，承包人请求其他当事人对施工合同债务承担连带责任的，不予支持，但承包人有理由相信当事人之间为合作开发房地产合同关系的除外。其他当事人承担责任后，有权向发包人追偿。

十三、合作开发房地产合同当事人设立具有法人资格的项目公司，项目公司与承包人签订建设工程施工合同，承包人要求合作开发房地产合同各方当事人对施工合同债务承担连带责任的，不予支持。但公司股东存在滥用公司法人独立地位和股东有限责任、虚假出资、抽逃出资等情形的，依照《中华人民共和国公司法》等有关法律、行政法规的规定处理。

十四、挂靠人以被挂靠人的名义与发包人订立建设工程施工合同，被挂靠人与挂靠人应当对施工合同债务承担连带责任，但建设工程施工合同明确约定被挂靠人不承担责任的除外。

十五、承包人将建设工程施工合同约定的工程款债权依法转让，债权受让方主张其对建设工程享有优先受偿权的，可予支持。承包人在转让工程款债权前与发包人约定排除优先受偿权的，该约定对承包人以外的实际施工人不具有约束力。

二〇一一年七月二十六日

# 关于印发《广东省高级人民法院关于进一步加强职务犯罪审判工作的若干意见》的通知

粤高法发［2011］38号

全省各级人民法院、广州铁路运输两级法院：

现将广东省高级人民法院关于进一步加强职务犯罪审判工作的若干意见》印发给你们，请严格贯彻落实。执行中遇到的新情况、新问题，请及时层报我院刑二庭。

特此通知。

二〇一一年七月三十日

# 广东省高级人民法院<br>关于进一步加强职务犯罪审判工作的若干意见

2011年5月，全国刑事审判工作座谈会在重庆召开。会议总结了近年来全国各级法院审理职务犯罪案件的基本情况，深入分析了当前职务犯罪审判工作面临的形势和任务，对当前和今后一个时期开展职务犯罪审判工作提出了具体要求。为贯彻落实会议精神，进一步加强我省的职务犯罪审判工作，结合我省实际，特提出如下意见：

## 一、切实增强政治意识和大局意识，充分认识职务犯罪审判工作的重要性

1. 进一步增强政治意识。依法惩治职务犯罪是加强党风廉政建设和深入开展反腐败斗争的重要组成部分。人民法院职务犯罪审判工作，是对腐败分子的最终处理结果，历来是社会关注的焦点。各级法院要从讲政治的高度?充分认识做好职务犯罪审判工作的重要性，始终将之作为一项重大政治任务抓紧抓好。

2. 进一步增强大局意识。职务犯罪审判工作必须在党和国家工作大局下开展，为党和国家工作大局服务。要始终坚持党的领导。各级法院要把职务犯罪审判工作置于党的统一领导之下，充分依靠党委“总揽全局、协调各方”的政治优势，将职务犯罪审判中遇到有关部门配合或者发生意见分歧时也应及时提请党委出面协调。要不断提高广大法官把握大局、把握社会矛盾、把握社情民意的能力和水平。处理每一宗职务犯罪案件，都要注意把握中央的方针政策和国内国际形势，都要自觉地从有利于大局的高度去思考和研判。

## 二、全面正确把握宽严相济刑事政策，确保职务犯罪审判工作取得良好的法律效果和社会效果

3. 全面辩证地理解宽严相济的刑事政策，做到“宽严适度”。对确有法定、酌定从宽情节的，要敢于依法从宽处理，但不能突破法律规定随意从宽处理。必须注意把从宽处理与民意基础紧密联系起来，严格掌握职务犯罪中非监禁刑的适用，避免造成负面社会影响。对于刑法和相关司法解释未对定罪量刑标准，特别是未对情节严重、情节特别严重作出具体规定的，要综合全案情节并参考相近罪名和有关判例，认真负责地进行分析研判，不能简单地以没有法律依据为由将可以定罪的案件作无罪处理，将情节特别严重的犯罪以轻罪处理。

4. 准确把握打击重点。对犯罪动机、手段等情节恶劣，危害后果严重，社会影响大的职务犯罪案件，要坚决依法从严惩处。要针对人民群众反映强烈的突出问题，严厉打击严重损害群众经济权益、政治权益和人身权利的职务犯罪；严肃惩处侵占各种惠民补贴、土地补偿、扶贫救灾、移民安置等专项资金以及擅自处置集体资产资源、侵吞集体收益的职务罪犯；严肃惩处食品药品质量、安全生产、群众的职务罪犯；严肃惩处违规征地拆迁、侵害群众人身权利的职务罪犯。

5. 牢固树立渎职也是腐败的观念，进一步加大对渎职犯罪的惩处力度。对于国家机关工作人员犯渎职罪并收受贿赂，同时构成受贿罪的，除刑法另有规定外，应以渎职罪和受贿罪数罪并罚。渎职犯罪中的经济损失应以立案时确定的为准，对于立案后犯罪分子及其亲友自行挽回的经济损失，司法机关或犯罪分子所在单位及其上级主管部门挽回的经济损失或者因客观原因减少的经济损失，依法不予扣减，但可以作为量刑情节予以考虑。

6. 继续加大对行贿犯罪的打击力度。要严把行贿犯罪的定罪关。行贿犯罪中的“不正当利益”既包括利益本身不正当，也包括利益本身正当，但谋取利益的手段不正当。违反地方政策和地方规章的利益也属于不正当利益，违反行业规范的规定提供帮助或方便条件的亦属于不正当手段。要严把行贿犯罪的量刑关，依法从严控制对行贿犯罪的缓、免刑适用。

7. 注重赃款追缴和财产刑的适用，加大对职务犯罪分子的经济制裁力度。凡刑法规定“可以并处”财产刑的，原则上均应依法判处财产刑。切实力口大财产刑的执行力度，确保刑罚的严厉性和惩罚功能得以实现。被告人的具体退赃情况在量刑时可予以考虑。

## 三、坚持严格司法，切实维护法制统一

8. 严格执行法律规定，坚决维护国家法律的统一实施。对于刑法、司法解释及我省相关指导意见对定罪量刑数额标准有明确规定的，必须在上述规定的框架内准确定罪量刑，不得以立法滞后为由在法律规定的框架之外擅自突破贪污、受贿等职务犯罪案件的定罪量刑标准。

9. 严格规范自首、立功等量刑情节的认定。要严格依照刑法及相关司法解释的规定，依法审查、准确认定被告人的自首、立功等量刑情节，不能人为地放宽认定标准。对于公诉机关提出被告人具有自首、立功等情节的案件，应要求办案机关移送案卷时予以说明并移交相关证据材料。对于其中没有相关证据材料印证的，应当依法不予认定。被告人在接

到办案机关电话通知后到指定地点交代办案机关已经掌握的犯罪事实的，因不具备自动投案要件，依法不能认定为自首。

10. 严格规范缓、免刑的适用，着力解决职务犯罪缓、免刑适用比例偏高问题。要严格依照刑法关于缓、免刑适用的一般规定和最高人民法院有关司法解释对职务犯罪缓、免刑适用的具体要求，结合案件实际情况，依法准确对被告人适用缓、免刑。各级法院不得在法律规定的框架之外擅自制定或实际掌握职务犯罪缓、免刑的适用标准。要严格执行刑法修正案（八）关于减轻处罚的规定，对于被告人具有一个或者数个减轻处罚情节需要减轻处罚的职务犯罪案件，只能在法定量刑幅度的下一个量刑幅度内判处刑罚，绝不能为适用缓、免刑而擅自突破上述规定。对被告人减轻处罚后适用缓、免刑的，应从严掌握。

11. 统一裁判尺度，确保不同地区职务犯罪案件量刑相对平衡。

要细化量刑标准，对于个人贪污、受贿数额在600万元以上，无法定减轻情节的，一般可考虑判处无期徒刑以上刑罚。对于十年有期徒刑以上刑罚的具体掌握，各级法院应严格依照省法院的相关指导意见，结合案件具体情况，准确对被告人裁量刑罚。对于案件事实相互关联的被告人在不同地区审理的，上级法院要及时指导一审法院做好审理工作，确保事实认定一致、刑罚裁量平衡。

### 四、建立健全工作机制，不断提升职务犯罪审判工作的管理水平

12. 建立职务犯罪缓、免刑报上级法院审查平衡机制。为从程序上和工作机制上确保缓、免刑的规范适用，对于一审法院拟对被告人适用缓、免刑的贪污、受贿类职务犯罪案件，必须经审判委员会讨论决定后，书面报请上一级法院审查平衡。对于基层法院审理的有较大影响或省法院指定管辖的职务犯罪案件，拟判处缓、免刑的，还应层报省法院审查平衡。

一审法院报送上级法院审查平衡时，必须确保案件事实清楚，证据确凿。对于报送审查的案件，应出具报请审查报告并附法院副卷。基层法院层报省法院审查时，中级法院亦应出具明确意见。上级法院对于下级法院报送案件的审查，可参照内审请示案件的办理程序进行。上级法院对于案件的处理结果，一般应在一个月内以复函形式答复一审法院。

13. 进一步健全重大职务犯罪案件管理制度。对于重大职务犯罪

已经对案件实行信息化管理的法院，应在管理系统中专门设置重大职务犯罪案件管理模块。对于案件审理过程中的重大、敏感、疑难问题，应及时报告同级党委并层报省法院，不得拖延报告和隐瞒不报。对涉及国家安全、外交、宗教、社会热点问题和在全省有重大影响的案件以及省委关注的其他重大案件，由省法院及时报告最高法院。审理重大职务犯罪案件，合议庭要制作审判预案，对庭前准备、庭审安全、保密、宣传报道等工作要充分准备，确保审理工作顺利开展。

14. 进一步规范内审请示制度。下列职务犯罪案件应报上一级法院内审：（1）中央、最高人民法院、省委和省法院关注的案件；（2）在本省、市乃至全国或国际上有较大影响的案件；（3）案情疑难、复杂的案件；（4）易引发媒体炒作的案件。对于其中第（1）、（2）项所列案件及案情特别疑难、复杂的案件，经省法院同意后，还应及时层报省法院内审。对于案件审理中具体运用法律的问题，可以向上级法院请示，但仅对量刑分歧意见较大，或审委会意见一致的，一般不得作为请示案件报送。

各级法院报送的内审请示案件必须事实清楚，证据确凿。报送内审请示应有正式请示报告并附案情报告和案卷。报告中要写明中、基层法院审委会的意见，如果审委会、政法委有不同意见，也应写明各自倾向性的意见。省法院、各中级法院受理内审请示案件，应经分管院领导同意后，由庭长指定承办人办理。对内审请示案件的核报告后经合议庭评议，提出拟处意见层报庭长、院长审核。办理内审请示案件不提审被告人，不调查取证，必要时可以要求原审法院派员汇报案件事实证据中存在争议的问题。对内审请示案件的处理结果，应以批复、复函的形式答复提出请示的法院。

15. 进一步完善沟通协调机制。各级法院要进一步增强与纪检监察部门、检察机关的沟通联系9及时交流相关案件的进展情况和处理意见，争取通过共同研究，对办案过程中遇到的问题达成共识。要注意法院裁判意见与纪检监察部门党纪、政纪处分意见的有机衔接，对于事实认定和法律适用认识不一致的，要及时与纪检监察部门交换意见。对于检察机关已经取保候审的案件，法院认为起诉后有可能判处实刑的，可向检察机关提出变更强制措施的建议。对于案件审理过程中，发现侦查环节存在不足，需要加以改善的，可以个案的形式，将情况及时通报案件侦查部门和公诉部门，从源头上确保刑事审判的质量。

16. 进一步改进提前介入工作。除同级党委明确要求提前介入的以外，法院一般不宜主动提前介入案件。对于同级党委明确提出介入要求的，各级法院要在坚持法定职能分工的基础上，积极、稳妥地做好相关工作，及时协助有关单位解决案件事实证据问题，确保案件进入审判程序后能够依法及时审结。法院提前介入案件审查，仅限于就案件的事实认定、证据收集、法律适用等疑难问题向办案单位提出意见和建议，确保案件进入审判程序后不因事实、证据提出处理意见，更不参与案件前期的查处工作。

17. 进一步完善上下级法院的监督指导机制。上级法院在加强审级监督的同时要强化对下级法院审理职务犯罪案件的业务指导。要推动职务犯罪案例库的建设，各级法院应及时将本院办理的典型案件以及上级法院发回重审、改判案件录入数据库。各中级法院应及时对发回重审、改判案件进行分析，指出原审存在的错误或不足，并定期汇编下发辖区法

院。

18. 进一步健全指定管辖制度。各级法院要严格执行关于职务犯罪案件指定管辖的有关规定，确保职务犯罪案件得到及时、公正处理。地方县处级以上干部、政法干部涉嫌职务犯罪的案件均应交由上级法院指定异地管辖。其中，由基层法院一审审理的案件，交由中级法院指定管辖；由中级法院一审审理的案件以及法院干警涉嫌职务犯罪的案件，交由省法院指定管辖。

下列案件应由中级法院一审：(1) 厅级干部涉嫌职务犯罪的案 {牛；(2) 县级以上党委、政府、人大、政协的领导班子成员涉嫌职务犯罪的案件；(3) 各级公安、检察、法院、司法、国家安全机关领导班子成员涉嫌职务犯罪的案件；(4) 贪污、受贿数额在300万元以上的案件；(5) 因案情疑难、复杂，或具有较大社会影响，不宜在基层法院一审的。对于上述案件，检察机关向犯罪地或被告人所在地基层法院提起公诉的，相关法院应当及时向上一级法院提出另行指定管辖的申请并说明理由，不得自行立案受理。

19. 建立干扰办案报告制度。各级法院应及时建立干扰办案报告制度，支持办案法官排除案外因素干扰，必要时应当报告党委，争取党委支持。

20. 逐步规范业务归口工作。各级法院要按照最高人民法院的要求，切实规范业务归口工作，即由同一个刑事审判庭负责审判和监督指导职务犯罪案件。只有一个刑事审判庭的法院，审判职务犯罪案件的组织和人员也应相对固定。要注重选优配强审判力量，选择政治素质好、业务能力强、经验丰富、有责任心的法官从事职务犯罪审判工作，不断提高职务犯罪审判队伍的专业化水平。

21. 进一步加强宣传报道工作。各级法院要健全案件信息发布制度，规范发布程序和发布渠道。做到审判工作与舆论引导同步部署，及时发布权威信息，有效引导社会舆论。各中级法院相关业务部门要主动与本院宣传部门就职务犯罪案件审理中的重大事项沟通协调，配合做好宣传报道工作。要做好案件报道管理工作，严肃宣传纪律，未经批准，个人不能随意接受媒体采访，不得擅自向媒体提供有关案件情况。重大、敏感案件的新闻报道要层报最高人民法院。对于隐瞒案件信息或者发布不准确信息、延误舆论引导时机、造成重大负面影响的，要追究相关责任人员的责任。

# 关于印发《广东省高级人民法院关于执行异议诉讼案件受理与审理的指导意见（试行）》的通知

粤高法发［2011］43号

全省各级人民法院、广州海事法院、广州铁路运输两级法院：

《广东省高级人民法院关于执行异议诉讼案件受理与审理的指导意见（试行）》已于2011年8月29日经省法院2011年第68次审判委员会讨论通过。现予印发，请认真贯彻执行。执行中遇到的情况和问题，请及时层报省法院研究室。

特此通知。

二〇一一年八月三十一日

# 广东省高级人民法院<br>关于执行异议诉讼案件受理与审理的指导意见（试行）

为进一步规范执行异议诉讼案件的受理和审理工作，统一司法标准，维护当事人的合法权益，依照《中华人民共和国民事诉讼法》、《最高人民法院关于适用〈民事诉讼法〉执行程序若干问题的解释》和《诉讼费用交纳办法》等规定，结合我省法院审判和执行工作实际，制定本意见。

**第一条** 本意见所称的执行异议诉讼包括执行过程中案外人提起的执行异议诉讼，申请执行人提起的许可执行诉讼，债权人或者被执行人提起的执行分配方案异议诉讼，以及被执行人提起的执行异议诉讼。

**第二条** 对先予执行的裁定不服的，案外人可以依照《中华人民共和国民事诉讼法》第二百零四条规定提出执行异议；案外人、当事人对执行异议裁定不服的，可以依照该规定向人民法院提起诉讼。

**第三条** 人民法院对案外人依照《中华人民共和国民事诉讼法》第二百零四条规定提出的执行异议所作出的裁定，应当在裁定书中告知“如不服本裁定，认为原判决、裁定错误的，依照审判监督程序办理；与原判决、裁定无关的，可以自裁定送达之日起十五日内向本院提起诉讼”。

案外人、当事人自裁定送达之日起十五日后才向人民法院提起诉讼的，依照《中华人民共和国民事诉讼法》第七十六条规定处理。

**第四条** 案外人对执行标的提出异议，人民法院裁定中止对该标的执行，被执行人不服的3可以依照《中华人民共和国民事诉讼法》第二百零四条规定，以案外人为被告、申请执行人为第三人提起执行异议诉讼；被执行人同时反对申请执行人请求的，以案外人和申请执行人为共同被告提起执行异议诉讼。

**第五条** 执行异议诉讼由执行法院管辖。委托执行的，由受托法院管辖；指定执行的7由受指定法院管辖。执行法院不能以违反级别管辖、专属管辖、专门法院管辖为由，将案件指定或移送其他法院管辖。

**第六条** 同一执行标的被多个法院轮候查封、扣押、冻结的，对该执行标的提起的执行异议诉讼，由最先查封、扣押、冻结的法院管辖。

**第七条** 执行异议诉讼案件根据争议的民事法律关系性质编立相应的民事案号。

执行异议诉讼案件的案由可根据诉讼的主体和性质分别确定为“案外人执行异议之诉”、“申请执行人执行异议之诉”和“执行分配方案异议之诉”；对被执行人提起的执行异议诉讼的案由，可直接确定为“执行异议之诉”。

**第八条** 案外人提起执行异议诉讼，应当对执行标的主张实体权利，同时提出对执行标的停止执行的请求。

申请执行人提起许可执行诉讼，应当主张被执行人对执行标的享有实体权利，同时提出许可对执行标的执行的请求。被执行人提起执行异议诉讼，应当主张自己对执行标的享有实体权利，同时提出许可或停止执行的请求。债权人或被执行人提起分配方案异议诉讼，应当明确提出自己赞成的分配方案并按该方案进行分配的请求。诉讼请求不符合要求的，人民法院应当释明。

**第九条** 审理执行异议诉讼案件按照相应民事案件的一、二审程序及审理期限进行。

**第十条** 不同主体就同一执行标的分别提起执行异议诉讼的，人民法院应当合并审理。

**第十一条** 没有被列为被告或第三人的被执行人、债权人，人民法院应当通知其作为无独立请求权的第三人参加诉讼。

**第十二条** 人民法院应当全面审理各方的诉讼主张。案外人和当事人执行异议诉讼请求成立的，应当作出确认实体权利的判决，以及停止执行或许可执行的判决；执行分配方案异议诉讼请求成立的，应当在判决主文中写明人民法院支持的分配方案。诉讼请求成立的，还应一并判决撤销原执行异议裁定。诉讼请求不成立的，应当判决驳回诉讼请求。部分诉讼理由成立的，人民法院应根据诉讼标的是否可分，以及该理由能否阻却执行等情况作出判决。

**第十三条** 人民法院审理案外人执行异议诉讼期间，案外人提供充分、有效的担保，或者人民法院认为案外人的诉讼请求确有理由的，应当裁定停止对执行标的进行处分。裁定停止对执行标的进行处分的，人民法院应当维持执行标的的现状，不得解除查封、扣押、冻结。

**第十四条** 争议财产已经在执行过程中被人民法院查封、扣押、冻结的，案外人应当依照《中华人民共和国民事诉讼法》第二百零四条规定主张权利，不得另行提起普通的民事诉讼。已经受理的，应当驳回起诉。

执行异议诉讼终结后，案外人、当事人基于同一法律关系另行提起普通民事诉讼的，人民法院不予受理。

**第十五条** 争议财产在人民法院采取执行措施查封、扣押、冻结前，有管辖权的人民法院已经作为普通民事案件受理的，案外人据此请求执行法院中止或者暂缓执行，执行法院应当予以支持。

**第十六条** 本意见所称的案外人，是指执行当事人以外，认为人民法院对财产的执行侵害其实体权利，而对执行标的主张权利并请求停止执行该标的的公民、法人和其他组织。

**第十七条** 《中华人民共和国民事诉讼法》第二百零四条所称的“原判决、裁定”，是指作为执行依据的生效裁判；所称的“与原判决、裁定无关判确权或确定要转让、交付的特定财产的情形。

**第十八条** 案外人提起执行异议诉讼，应当根据其诉讼请求的标的额，按照《诉讼费用交纳办法》规定的财产案件收费标准交纳案件受理费。其他类型的执行异议诉讼案件按非财产案件交纳案件受理费。第十九条本意见自2011年10月1日起试行。

# 关于印发《广东省高级人民法院关于审理保险合同纠纷案件若干问题的指导意见》的通知

粤高法发［2011］44号

全省各级人民法院、广州海事法院、广州铁路运输两级法院：

《广东省高级人民法院关于审理保险合同纠纷案件若干问题的指导意见》已于2011年7月22日由我院审判委员会2011年第51次会议通过，现印发给你们。请认真组织学习，深入贯彻落实。各地在执行本指导意见时如遇到问题，请及时层报我院。

二〇一一年九月二日

# 广东省高级人民法院关于审理保险合同纠纷案件若干问题的指导意见

为正确审理保险合同纠纷案件，统一裁判尺度，根据《中华人民共和国保险法》（以下简称《保险法》）、《中华人民共和国合同法》等法律、行政法规规定，结合审判实践，制定本指导意见。

## 一、保险合同的成立与生效

1. 保险人尚未出具保险单或其他保险凭证，但已接受投保单或收取保险费的，被保险人主张保险合同成立的，人民法院可予支持。但人身保险合同保险人需要等待体检结果或者合同另有约定的除外。

2. 财产保险合同约定以投保人交付保险费作为合同生效条件的，投保人已交付部分保险费但未交足的，被保险人主张保险人按已交保险费与应交保险费的比例承担保险责任的，人民法院应予支持。但保险人在保险事故发生前已书面通知投保人解除合同的除外。

财产保险合同未约定以投保人交付保险费作为合同生效条件，投保人未按约定交付保险费，保险人主张解除保险合同的，人民法院应予支持。在保险合同解除前发生保险事故，保险人以投保人拖欠保险费为由主张免除保险责任的，

人民法院不予支持，但保险人可在应向被保险人支付的保险金中扣减欠交的保险费。保险合同另有约定的从其约定。

3. 保险人对不属于保险责任范围内的事故予以赔付保险金的行

为不应作为认定变更保险合同的依据，保险人请求返还所赔付保险金的，人民法院应予支持。

二、保险合同中投保人的告知义务及保险人的提示、说明义务

4. 对于不属于投保人知道或应当知道的情况，保险人以投保人未履行如实告知义务为由主张解除合同或免除责任的，人民法院不予支持。

5. 人身保险合同的投保人以保险人指定有关机构对其进行体检为由，主张免除其如实告知义务的，人民法院不予支持。

6. 保险法第十六条第二款规定的投保人违反如实告知义务而未告知保险人的事实，应当是足以影响保险人决定是否同意承保或者提高保险费率的重要事实，保险人对此应负举证责任。

保险法第十六条第五款规定的投保人因重大过失未履行如实告知义务的，未履行告知义务的有关事项与保险事故没有直接因果关系，保险人以投保人未尽如实告知义务为由拒绝承担保险责任的，人民法院不予支持。

7. 保险合同订立或效力恢复时，投保人、被保险人的如实告知义务应以保险人书面（包括投保单、风险调查问卷或其他书面形式）询问为限。

8. 保险合同约定的免赔率、免赔额、等待期、保证条款以及约定当投保人或被保险人不履行义务时，保险人全部或部分免除赔付责任的条款不属于保险法第十七条规定的“免除保险人责任的条款”。

9. 保险人责任免除条款内容明确、具体，没有歧义，并已经使用黑体字等醒目方式或以专门章节予以标识、提示的，且投保人或被保险人以书面明示知悉条款内容的，应认定保险人履行了责任免除条款的提示义务。航空意外险等手撕式保单不需要投保人填写投保书的除外。

保险人履行明确说明义务，原则上应当达到普通人通常情况下能够明白地知晓免责条款的内容、涵义和法律后果的程度。

投保人或被保险人就同一保险标的、同一险种向同一保险人再次或多次投保，且有证据证明保险人曾经履行过明确说明义务，被保险人以本次投保中保险人未履行明确说明义务为由主张保险人责任免除条款无效的，人民法院不予支持。

10. 被保险人按照保险法第五十二条的规定履行通知义务后，保险人与投保人就保险费调整不能达成一致意见的，保险人主张解除保险合同的，人民法院应予支持。但保险合同解除前非因保险标的危险程度显著增加发生保险事故的，被保险人主张保险人依照原保险合同承担保险责任的，人民法院应予支持。

三、保险利益

11. 人身保险合同订立时，投保人对被保险人具有保险利益，但保险事故发生时不具有保险利益，保险人以此为由主张保险合同无效的，人民法院不予支持。

12. 财产保险合同的被保险人存在下列情形的应认定其具有保险利益：

（1）对保险标的享有物权；

（2）对保险标的享有债权；

（3）保险标的系其依法应当承担的民事赔偿责任；

（4）对保险标的享有其他合法权益。

财产保险合同中不同投保人对同一保险标的分别投保的，保险事故发生时，应按照各被保险人对保险标的分别具有的保险利益大小，判断保险人对各被保险人所应承担的保险责任。对被保险人向保险人提出的超出自己保险利益范围的索赔请求，人民法院不予支持。

13. 保险事故发生后，如保险标的系被保险人违法取得或保险标的违法，保险人主张认定被保险人没有保险利益的，人民法院应予支持；如保险标的系被保险人善意取得的财产，被保险人主张认定其具有保险利益的，人民法院应予支持。

14. 保险合同有效期间，保险标的转让的，保险标的受让人主张自保险标的所有权发生转移之日起承继被保险人的权利义务的，人民法院应予支持。

保险标的转让后，未及时通知保险人，保险人以保险标的的转让未及时通知、被保险人与受让人不同为由主张不承担保险责任的，人民法院不予支持。但因保险标的转让导致危险程度显著增加而发生保险事故的除外。

15. 保险金额超出保险价值，保险人主张保险金额超出保险价值部分无效的，人民法院应予支持。投保人主张保险人退还多余部分保险费的，人民法院应予支持。

四、保险理赔

16. 投保人或被保险人虽违反合同义务，但其能举证证明未增加保险风险或影响理赔处理，保险人以投保人、被保险人违反合同义务为由拒赔的，人民法院不予支持。但保险合同另有约定的除外。

17. 多个原因造成保险事故，其中有承保风险又有非承保风险的，被保险人主张保险人按承保风险占事故原因的比例或程度承担保险责任的，人民法院应予支持。

18. 除保险合同另有约定外，责任保险索赔期限从被保险人知道或应当知道责任被确定之日起算。

19. 责任保险的被保险人给第三者造成损害，第三者以保险人为被告或以保险人与被保险人为共同被告直接请求保险人赔偿保险金的，人民法院应予受理。如果第二者起诉时被保险人尚未向保险人提出直接向第三者支付保险金的书面申请的，视为构成保险法第六十五条第二款规定的“被保险人怠于请求”，人民法院可支持第二者的请求。

20、责任保险合同或人身保险合同对医疗费用赔付标准

有约定的，从其约定。没有约定或约定不明的，一般应参照当地社会医疗保险主管部门规定的医疗报销标准确定。因治疗确需使用标准以外的药品，被保险人主张列入保险赔付范围的，人民法院应予支持，但保险人能够举证证明上述药品不属于治疗必需药品的除外。

21. 责任保险合同保险事故发生后，被保险人与第三者协商确

定的赔付数额未经保险人书面同意，被保险人主张按照协商确定的赔付数额认定保险人应承担的保险责任而保险人又不予认可的，人民法院不予支持。

22. 被保险人与保险人在诉讼中对保险事故原因或损失有争议的，如保险合同约定或者保险事故发生后双方同意由相应保险公估机构或其他中介机构对保险事故原因进行鉴定或损失评估，该保险公估机构或中介机构作出的鉴定结论应作为人民法院确定事故原因和损失的依据。双方对鉴定机构没有约定的，人民法院在诉讼中指定的鉴定机构所作出的鉴定结论应作为确定事故原因和损失的依据。

23. 保险事故发生后，精神损害赔偿部分不属于财产保险合同的保险范围，保险人主张不予赔付的，人民法院应予支持。但保险合同另有约定的除外。

24. 财产保险合同中，保险事故发生后，被保险人起诉侵权人而未实际获得赔偿或赔偿不足的，被保险人就未获得赔偿部分向保险人主张赔付的，人民法院应予支持。但保险人的赔付责任以被保险人未获得的实际赔偿额或保险金额为限。

25. 车辆保险中，保险人因投保人或被保险人在保险事故发生后未依照保险合同约定及时通知相关部门而主张不予赔付的，人民法院应予支持。但投保人或被保险人能举证证明未及时履行通知义务不影响保险事故责任认定的除外。

## 五、保险合同解释

26. 对保险合同条款发生争议的用语属于专业术语的，应当按照其在专业上所具有的意义加以解释。

27. 保险人与投保人、被保险人以及受益人对保险合同的格式条款存在争议时，应从保险合同的用词、相关条款的文义、合同目的、交易习惯以及诚实信用原则，认定条款的真实意思；按照上述方法仍有两种以上解释的，应作出有利于被保险人和受益人的解释。

28. 保险合同非格式条款与格式条款不一致的，以非格式条款为准；特别约定条款与一般条款不一致的，以特别约定条款为准；书面约定与口头约定不一致的，以书面约定为准。

29. 投保单与保险单、其他保险凭证不一致的，以保险单、其他保险凭证的内容为准。但保险人未将保险单或其他保险凭证送达给投保人，或投保人在收到保险单或其他保险凭证后已提出异议，保险人仍同意承保的，以投保人填写的投保单记载内容为准。

30. 保险合同内容采用多种记载方式或者出现多个落款日期，按以下规则进行解释：

(1) 时间在后的约定优于时间在前的约定；

(2) 手写的约定优于打印的约定；

(3) 如有批单的，批单优于正文；既有力口贴批注也有正文批注的，力口贴批注优于正文批注。

## 六、财产保险合同的代位追偿

31. 因第三者对保险标的的损害而造成保险事故的，保险人作出赔偿后，保险人以自己名义提起诉讼行使代位追偿权向第三者请求赔偿的，人民法院应予支持。保险人在诉讼中对自己享有的代位追偿权负有举证责任。

《保险法》第六十二条规定的“被保险人的家庭成员”包括配偶、父母、子女、兄弟姐妹、祖父母、外祖父母、孙子女、外孙子女等具有法定继承关系的近亲属，及其他与被保险人共同生活的具有抚养、用营养或扶养关系的人等。

32. 保险人行使代位追偿权时，被保险人已经向第三者提起诉讼的，经被保险人同意，保险人可以向受理法院提出变更当事人的请求，代位行使被保险人对第三者请求赔偿的权利。

33. 投保人在投保前与第三者约定放弃对造成保险事故的第二者行使赔偿请求权的，应在保险合同订立时书面告知保险人。

投保人履行告知义务后，保险人仍同意承保的，保险人又以投保人放弃对该第三者行使赔偿请求权为由拒绝支付保险赔偿金的，人民法院不予支持。

投保人未履行告知义务，保险人请求解除保险合同的，人民法院应予支持。保险人以此为由拒绝赔付保险金的，人民法院应予支持；保险人就已经赔付的保险金主张被保险人返还或向第三者追偿的，人民法院应予支持。

34. 保险人代位追偿权行使的范围，仅限于其实际支付的保险赔偿金。

35. 被保险人向第三者行使赔偿请求权的诉讼时效期间中止、

中断的，保险人代位追偿权的诉讼时效期间也相应地中止、中断。

## 七、其他

36. 保险事故发生后，被保险人或受益人未向保险人要求理赔即向法院提起诉讼的，人民法院可告知原告向保险人要求理赔，但不得以被保险人或受益人未经理赔程序为由不受理案件。

37. 保险事故发生后，被保险人起诉侵权人并获得生效判决确认的赔偿债权未获得执行，被保险人依保险合同起诉保险人的，人民法院应予受理。

38. 本指导意见自印发之日起施行，本院2008年5月19日印发的《关于审理保险纠纷案件若干问题的指导意见。（粤高法发［2008］10号）同时废止。

# 关于印发《关于办理假冒伪劣烟草专卖品刑事案件适用法律的若干意见》的通知

粤高法发［2011］47号

全省各级人民法院、人民检察院、公安局、烟草专卖局、打假办，广州铁路运输两级法院、检察院，广州铁路公安局：

现将广东省高级人民法院、广东省人民检察院、广东省公安厅、广东省烟草专卖局、广东省打假办联合制定的《关于办理假冒伪劣烟草专卖品刑事案件适用法律的若干意见》印发给你们，请认真贯彻执行。执行中遇到的问题，请及时向各自上级主管部门报告。

二〇一一年十月十二日

# 关于办理假冒伪劣烟草专卖品刑事案件适用法律的若干意见

为深入贯彻最高人民法院、最高人民检察院《关于办理非法生产、销售烟草专卖品等刑事案件具体应用法律若干问题的解释》（以下简称《解释》）精神，确保依法办理非法生产、销售烟草专卖品刑事案件，结合我省实际，现就办理该类案件中适用法律的若干问题提出如下意见：

**第一条** 共同犯罪是实施非法生产、销售烟草专卖品犯罪的主要表现形式，办理该类案件时，侦查机关应当全面收集证明犯罪嫌疑人主、从犯地位的证据。检察机关在提起公诉时可对各犯罪嫌疑人的主、从犯地位提出意见。审判机关必须遵循刑法关于共同犯罪的一般理论和处断原则，结合案件具体情况，充分考虑到犯意提起、人员纠集、组织指挥、具体分工、出资及获利情况，根据各被告人在共同犯罪中的地位、作用，准确区分主从犯。

**第二条** 非法生产、销售烟草专卖品犯罪的主要投资者、组织管理者，均应认定为主犯；在生产、销售环节起主要作用的技术工人、销售人员，以及专门从事运输假冒伪劣烟草专卖品犯罪活动的犯罪集团的组织、领导者，也应认定为主犯。

受雇佣参与犯罪的一般管理人员、运输人员、仓管员及其他工作人员，如果只领取少量报酬，未直接参与分赃或利益分配，在共同犯罪中起次要或者辅助作用的，应认定为从犯。

**第三条** 在办理非法生产、销售烟草专卖品犯罪时，应切实贯彻宽严相济的刑事政策。对主犯和累犯该批捕的要坚决依法批捕，该重判的要坚决依法重判；对初犯、偶犯及其他依法具有从轻、减轻处罚情节的被告人，应依法从宽处理，没有逮捕必要的，可以不适用逮捕措施，具备条件的可依法作不起诉处理或者适用缓刑等非监禁刑。

**第四条** 对于实施非法生产、销售烟草专卖品犯罪，依法可判处拘役、三年以下有期徒刑的未成年人，如果犯罪情节较轻、有悔罪表现、没有再犯罪的危险、宣告缓刑对所居住社区没有重大不良影响的，应当宣告缓刑。

**第五条** 明知他人实施非法生产、销售烟草专卖品等犯罪行为，而为其提供运输服务的，应当按照共犯追究刑事责任。运输假冒伪劣烟草专卖品主观故意中的“明知”，是指行为人知道或者应当知道所运输的物品系假冒伪劣烟草专卖品的行为.具有下列情形之一，并且犯罪嫌疑人、被告人不能做出合理解释的，可以认定其“应当知道”，但有证据证明

确属被蒙骗的除外：

（一）以夹带、藏匿、伪装等高度隐蔽的方式运输假冒伪劣烟草专卖品的；

（二）为获取明显高于市场价或不等值的报酬而运输假冒伪劣烟草专卖品的；

（三）使用套牌车辆运输、车上存放多副车牌或在运输过程中更换车牌以逃避检查的；

（四）为运输车辆提供沿途保护的；

（五）参与运输假冒伪劣烟草专卖品，曾经受过刑事处罚或者两次以上行政处罚的；

（六）以隐蔽的方式装卸、交接烟草专卖品，明显违背合法物品惯常交接方式的；

（七）执法人员检查时，有逃跑、丢弃或逃避、抗拒检查等行为，在其运输的物品中查获烟草专卖品的。

**第六条** 单位实施非法生产、销售烟草专卖品犯罪的，依法对单位判处罚金，并对其直接负责的主管人员和其他直接责任人员按照刑法的有关规定判处刑罚。

单位犯罪，适用与自然人被告同样的定罪量刑标准。

**第七条** 审理非法生产、销售烟草专卖品刑事案件，应当依法适用罚金刑。对共同犯罪案件?应根据各被告人的地位、作用，判处与其罪行相适应的罚金。

**第八条** 适用刑法第一百四十条、第二百一十三条、第二百一十四条、第二百一十五条及第二百二十五条对共同犯罪进行处罚时，对各共同犯罪人判处罚金的总额，一般不应超过刑法规定的罚金数额的最高限额。

**第九条** 对假冒伪劣烟草专卖品的鉴定结论应当由国务院产品质量监督管理部门和省级人民政府产品质量监督管理部门指定的烟草质量检测机构出具，鉴定结论表述应当全面、具体和明确。

由烟草生产企业或其授权的相关单位出具的鉴定结论，经前款所列有权鉴定机构转化的，可以作为定案证据。鉴定结论不符合上述要求的，办案机关应当要求有关部门重新出具。

**第十条** 查获的卷烟、雪茄烟等烟草专卖品中真假混同的，必须进行区分，对涉假部分依法定罪处罚，但是无专卖专营许可证非法经营烟草专卖品，构成非法经营罪的，应全额算入犯罪数额。

被告人、犯罪嫌疑人或者辩护人以未作上述区分为由，向侦查机关、人民检察院或者人民法院提出重新鉴定申请，经审查属实的3应同意重新鉴定。

**第十一条** 侦查机关应注意全面收集与犯罪事实相关的证据，特别是对于证明犯罪嫌疑人犯罪数额的证据，应及时加以固定。

**第十二条** 虽未在现场查获假冒伪劣烟草专卖品等实物?但销售记录等书证与犯罪嫌疑人供述、证人证言能相互印证的，对该事实可依法予以认定。只有销售记录，没有其他证据相印证的，对该事实依法不能认定。

因烟草专卖品已出口境外或其他原因导致证明行为人生产、销售假冒伪劣烟草专卖品品种、数量的关键证据缺失的，应根据现有证据作出有利于犯罪嫌疑人、被告人的处理。现有证据无法证明其行为构成犯罪的，应依法作不捕、不诉或无罪处理。

**第十三条** 假冒伪劣卷烟、雪茄烟等烟草专卖品尚未销售，货值金额达到刑法第一百四十条规定的销售金额定罪起点数额标准三倍以上，或者销售金额未达到五万元，但与未销售货值金额合计达到十五万元以上的，无论是既生产又销售，还是单纯为他人加工假冒伪劣卷烟、雪茄烟等烟草专卖品，从中收取加工费的犯罪行为，均应以生产、销售伪劣产品罪（未遂）定罪处罚。

依照前款规定对被告人定罪处罚时，应先根据被告人的未销售货值金额和刑法第一百四十条的规定选择相应的量刑档次，再考虑被告人的未遂情节，按照刑法关于未遂犯的处罚原则予以处理。

上述行为同时构成侵犯知识产权犯罪、非法经营罪的，依照处罚较重的规定定罪处罚。

**第十四条** 鉴于为他人加工假冒伪劣卷烟、雪茄烟等烟草专卖品，仅从中收取加工费的犯罪行为只是生产、销售假冒伪劣烟草专卖品的中间环节，审理该类案件时，如现有证据不能认定行为人明知生产的假冒伪劣卷烟为何种品牌的，可根据案件实际情况，按照原料、辅料等生产成本加上加工费的方式确定货值金额。

**第十五条** 对于生产假冒伪劣烟草专卖品注册商标标识，构成非法制造注册商标标识罪的行为，凡已印刷出商标标识的主要图案或文字的?均应视为犯罪既遂。

**第十六条** 非法生产、拼装烟草专用机械，虽未组装成整机，但主要专卖零配件齐全的，应按整机估价；整机或按整机认定以外的其他零配件，不计入销售（货值）金额，但可以作为量刑情节的考虑依据之一。

在生产假冒伪劣烟草专卖品现场查获的烟丝、卷烟纸、滤嘴棒等原辅材料，应当按规定估价，一并计入销售（货值）金额。

**第十七条** 对于具有重大影响的非法生产、销售烟草专卖品刑事案件，在当地审判不能排除影响公正审判因素的，相关法院应当及时报请省高级人民法院指定异地管辖。

**第十八条** 本意见所称烟草专卖品是指卷烟、雪茄烟、烟丝、复烤烟叶、烟叶、卷烟纸、滤嘴棒、烟用丝束、烟草专用机械。

对于前款所列之外，与假冒伪劣烟草专卖品的生产、销售有关的物品是否属于烟草专卖品的问题，办案机关应与法定鉴定机构联系，并由其出具书面意见。

**第十九条** 《解释》颁布前发生的犯罪行为，.解释》颁布后尚未处理或正在处理的案件，按照从旧兼从轻的原则处理。本意见与现行法律或者司法解释相抵触的，以现行法律、解释为准。

# 关于印发《广东省高级人民法关于加强和规范全省法院司法建议工作的若干意见》的通知

粤高法发［2011］48号

全省各级人民法院、广州海事法院、广州铁路运输两级法院：

现将《广东省高级人民法院关于加强和规范全省法院司法建议工作的若干意见》印发给你们，请认真贯彻执行。执行中遇有问题，请及时层报省法院研究室。

二〇一一年九月二十九日

# 广东省高级人民法院关于加强和规范全省法院司法建议工作的若干意见

为充分发挥全省法院审判职能，更好地履行人民法院在服务和参与社会建设中的重要职责，进一步加强和规范司法建议工作，根据.人民法院组织法》和最高人民法院《关于人民法院加强法律实施工作的意见》的相关规定，以及最高人民法院《关于进一步加强司法建议工作为构建社会主义和谐社会提供司法服务的通知》，结合全省法院工作实际，制定本意见。

**第一条** 司法建议工作是人民法院审判职能不可或缺的重要组成部分，是能动司法的具体体现，是服务大局的重要方式。全省各级法院要切实提高认识，高度重视并采取有力措施加强此项工作，不断提高工作质量和水平，促进我省法院司法建议工作的科学发展。

**第二条** 司法建议应当紧密结合审判实践，紧扣党委政府的中心工作，围绕社会矛盾化解和社会管理创新，密切关注人民群众切身利益，高度重视社会管理热点问题。发现有下列情形之一的，应当提出司法建议：

（一）存在影响社会稳定隐患，可能引发群体性事件，需要做好处置预案的；

（二）与创新社会管理、服务人民群众密切相关，需要建立完善相关机制的；

（四）发现涉嫌违法犯罪行为而没有被查处的，或者有违纪行为未处理的；

（五）发现有关行政执法机关和其他司法机关在行使职权过程中存在问题的；

（六）其他有必要提出司法建议情形的。

**第三条** 各级法院提出司法建议，应积极主动、及时准确、科学规范、合理可行。司法建议一律以法院名义发送，统一编号，任何内设机构和个人不得以自己的名义发出司法建议。

**第四条** 司法建议的事项，应明确具体，有针对性和操作性。个案司法建议应针对个案中发现的问题，一案一建议或一案多建议；类案司法建议应针对某类案件反映出的共性问题，多案一建议；宏观司法建议应针对某一阶段经济社会发展中存在的突出问题，提出综合性司法建议。

**第五条** 司法建议一般应由独任审判员、合议庭或法院相关职能部门提出。院、庭领导履行监督指导职责。审判管理部门开展案件质量评查过程中，发现漏发司法建议的应建议补发。

**第六条** 司法建议一律采用书面形式。司法建议书一般包括法院名称、司法建议书名称、文件编号、主送单位名称、司法建议书正文、回复要求、联系人及联系方式、院印和日期；如需抄送主送单位主管部门或其他有关单位的，需列明抄送单位全称。

**第七条** 司法建议书正文一般包含以下内容：

（一）案件或调研情况简介；

（二）发现的问题；

（三）原因分析；

（四）具体建议及依据；

（五）其他需说明的事项。

**第八条** 个案、类案司法建议书一般应由独任审判员、合议庭或所在的审判执行部门负责起草3宏观司法建议书一般由有关综合部门负责起草，由院长或主管副院长签发。重大司法建议，应报请本院审判委员会审定。

**第九条** 司法建议书应同时告知对所提建议的整改及书面反馈要求，反馈期限一般可确定为一至两个月。司法建议书发出后，提出司法建议的部门应采取主动联系等形式加以督促，做好后续沟通协调工作，推动司法建议落实。

**第十条** 司法建议一般应向其同级或下一级党政机关或企事业等单位发出。必要时可一并抄送被建议单位的主管部门、上级领导机关。确需向上级党政机关等单位提出的，应逐级报请上级法院发出司法建议。

**第十一条** 全省各级法院研究室负责司法建议工作的统筹协调、管理监督、检查指导、总结推广等工作?及时研究提出加强和改进司法建议工作的意见和建议，充分发挥司法建议的社会效益。

各级法院研究室应指定专人负责对本院司法建议工作的统筹协调，确保司法建议的统一性、权威性。各业务部门提出的司法建议，在呈报主管副院长审批后，及时送研究室备案。

**第十二条** 省法院在全省法院自动化办公系统中增加司法

建议工作相关操作系统，各级法院司法建议的撰写、报送、审批、备案、统计等工作?均通过电子平台完成。各级法院必须按照要求做好相关工作，促进司法建议工作的信息化管理。

**第十三条** 省法院和各中院定期组织开展优秀司法建议评选活动，对开展司法建议工作突出的单位和个人，给予专门表彰和奖励。定期组织开展司法建议制作专项培训，提升司法建议的制作水平。省法院对司法建议工作实行通报制度，以各中院为单位，每季度向全省法院通报司法建议工作情况。

**第十四条** 省法院将司法建议工作纳入对各中院的综合考核范围，纳入对审判执行部门及法官的绩效考核范围。各中院和基层法院也应将司法建议工作纳入考核范围。

**第十五条** 各级法院应当积极争取地方党委、人大和政府对司法建议工作的支持，加强与新闻媒体的联系沟通，加大对司法建议工作的正面宣传，提升司法的公信力和影响力。

附件：（略）

# 关于印发《广东省高级人民法院关于审理住宅物业服务纠纷案件若干问题的指导意见》的通知

粤高法发［2011］49号

全省各级人民法院、广州海事法院、广州铁路运输两级法院：

现将《广东省高级人民法院关于审理住宅物业服务纠纷案件若干问题的指导意见》印发给你们，请结合实际认真贯彻执行。执行中遇到问题请及时报告我院民一庭。

二〇一一年十月十二日

# 广东省高级人民法院关于审理住宅物业服务纠纷案件若干问题的指导意见

为正确审理住宅物业服务纠纷案件，依法保护当事人的合法权益，根据《中华人民共和国民法通则》、《中华人民共和国合同法》、《中华人民共和国物权法》、《中华人民共和国民事诉讼法》、《物业管理条例》、《广东省物业管理条例》、最高人民法院《关于审理物业服务纠纷案件具体应用法律若干问题的解释》等有关法律、行政法规和司法解释的规定，结合我省审判实际，制定本意见。

一、关于诉讼主体

1. 业主委员会作为当事人，就物业服务有关事项代表全体业主进行诉讼，法律后果由全体业主承担。

业主委员会起诉、应诉、提起反诉、上诉、撤诉，变更、放弃或者承认诉讼请求，进行和解、调解等诉讼行为的，应当向人民法院提交业主大会的授权决定。

2. 涉及全体业主共同利益的事项，由业主委员会作为原告进行诉讼。但具有本意见第10条至第13条规定的情形之一，有直接利害关系的业主可以书面请求业主委员会向人民法院提起诉讼；业主委员会明确表示不提起诉讼，或者自收到请求之日起六十日内未提起诉讼，或者情况紧急、不立即提起诉讼将会使有直接利害关系的业主或全体业主的共同权益受到难以弥补的损害的，有直接利害关系的业主在不增加其他业主义务或负担的前提下可以自己的名义直接向人民法院提起诉讼。

未成立业主委员会的，有直接利害关系的业主可以自己的名义直接向人民法院提起诉讼。

仅涉及单个业主或者部分业主权益的，单个业主或者部分业主可作为原告提起诉讼。

3. 符合下列情形之一的，物业使用人可以作为诉讼当事人参加诉讼：

(1) 物业使用人与物业服务企业直接签订物业服务合同引起的纠纷；

(2) 物业使用人因违反物业服务合同或法律、行政法规、管理规约引起的纠纷；

(3) 其他与物业使用人有直接利害关系的情形。

物业使用人作为当事人参加诉讼的，人民法院可依《中华人民共和国民事诉讼法》第一百一十九条的规定通知业主参加诉讼。

二、关于物业服务合同无效的认定与处理

4. 具有下列情形之一的物业服务合同或有关合同条款应当认定为无效：

(1) 建设单位未依照《物业管理条例》第二十四条第二款的规定选聘物业服务企业的；

(2) 物业服务企业违反《物业管理条例》第三十二条第二款的规定，在起诉前没有取得相应物业管理资质的；

(3) 业主委员会违反《物业管理条例》第十二条第三款的规定，没有取得业主.大会的授权决定或未按业主大会授权决定的内容签订物业服务合同，且在起诉前未取得业主大会或者专有部分占建筑物总面积过半数同时占总人数半数以上的业主追认的；

(4) 建设单位违反《合同法》第四十条的规定，在与业主签订的商品房预售合同中约定排除业主选择物业服务企业或商定物业费的权利的；

(5) 其他违反法律、行政法规强制性规定的情形。

5. 物业服务合同被认定无效，物业服务企业已提供物业服务的，如合同无效主要是由物业服务企业或建设单位的过错造成，可根据物业服务企业提供的服务项目和服务质量，参照当地政府部门制定的指导价计算物业费。但双方约定的物业费低于该指导价的，按合同约定支付物业费；如合同无效主要是由业主方的过错造成，可按合同约定支付物业费。

三、关于物业费纠纷的处理

6. 业主应自房屋交付之日起支付物业费。

房屋已具备交付条件，业主无正当理由拒绝办理房屋交付手续的，应当自建设单位通知其办理交付手续的期限届满之次日起支付物业费。当事人另有约定的，从其约定。

7. 物业服务企业与业主委员会或者业主虽未签订书面物业服务合同，但业主事实上已接受了物业服务，物业服务企业请求业主支付相应的物业费的，可予支持。双方没有约定物业费的支付标准和支付方式的，可根据物业服务企业提供的服务项目和服务质量，并参照当地政府部门制定的指导价

计算物业费。

8 .业主拖欠物业费，物业服务企业可请求业主按照合同约定支付滞纳金。

当事人约定的滞纳金数额超过迟延支付物业费造成损失的百分之三十的，业主可依照《合同法》第一百一十四条第二款的规定请求适当减少。迟延支付物业费造成的损失可推定为以拖欠的物业费总额为基数，参照中国人民银行规定的金融机构同期同类贷款利率计算的利息。

9. 2009年10月1日以后，物业服务企业收取的物业费超出当地政府部门制定的指导价的，业主以物业服务企业违规收费为由提出抗辩或者请求退还超出部分的物业费的，应予支持。但物业服务企业的收费标准已经当地价格行政主管部门核定的除外。

物业服务收费根据有关规定实行市场调节价的，不适用前款规定。

四、关于民事责任的承担

10. 物业服务企业具有下列行为之一的，应承担违约责任：

（1）对共用部位、共用设施设备维护管理不善的；

（2）对物业管理区域内的卫生、绿化、公共秩序等未尽到管理职责造成物业区域环境恶化的；

（3）有其他不履行合同义务行为的。

11. 物业服务企业未经业主同意擅自经营共用部位、共用设施设备，或者未经业主同意搭建构筑物、设置广告牌、停车位等进行营利活动，或者有其他侵害业主共同权益的行为的，应当停止侵害、排除妨碍、恢复原状、赔偿损失、返还收益。

12. 物业服务企业未按《物业管理条例》第二十八条、第二十九条的规定履行查验和接受资料义务，造成物业共用部位、共用设施设备的缺陷未能及时发现，导致业主不能在法定或约定期限内向建设单位主张权利而遭受损失的，物业服务企业应承担相应的赔偿责任。

13. 物业服务企业未按物业服务合同的性质、目的及通常标准履行必要的报告、通知或者提示等义务，造成业主权益损害的，物业服务企业应依其过错大小承担相应的赔偿责任。

14. 物业服务企业无正当理由侵扰业主的生活或宣扬、披露业主的隐私，造成业主相关权益损害，业主可以请求其停止侵害、赔偿损失、恢复名誉。

15. 业主拒绝为物业服务企业提供必要的协助，使物业服务企业无法全面、适当履行物业服务合同，物业服务企业可以此作为其未能完全履行合同义务的抗辩事由，请求减轻或免除责任。

16. 业主违反物业服务合同或法律、行政法规、管理规约，实施妨害物业服务的行为，业主委员会或物业服务企业可请求业主承担停止侵害、排除妨碍、恢复原状等民事责任。

物业服务企业对业主或物业使用人违反物业服务合同或法律、行政法规、管理规约的行为采取“罚款”措施，业主或物业使用人

请求物业服务企业返还该款项的，应予支持。但“罚款”性质实为违约金的，按照《中华人民共和国合同法》第一百一十四条的规定处理。

17. 物业服务合同对财物保管有约定的，从其约定。

物业服务合同对财物保管没有约定，物业服务企业已尽必要的安全保障义务的，物业服务企业不承担赔偿责任。

18. 物业服务企业对业主或物业使用人的专用停车位或者停放在住宅小区的其他车辆收取物业费或者保管费，如发生车辆毁损、丢失的，按照《中华人民共和国合同法》第三百七十四条关于有偿保管合同的规定处理。

物业服务企业对停放在住宅小区内的车辆没有收取费用，但采取发卡、登记等管理措施的，应当认定形成无偿保管合同关系，如发生车辆毁损、丢失的，按照《中华人民共和国合同法》第三百七十四条关于无偿保管合同的规定处理。

物业服务企业对停放在住宅小区内的车辆没有收取费用，也没有采取发卡、登记等管理措施，如果发生车辆毁损、丢失的，应根据物业服务企业是否尽到安全保障义务及其过错程度确定其应否承担赔偿责任及责任的大小。

车辆所有人或使用人对车辆毁损、丢失也存在过错的，可减轻或免除物业服务企业的赔偿责任。

19. 因共用部位、共用设施设备存在不安全因素导致业主、物业使用人或第三人受到人身、财产损害，物业服务企业不能证明自己没有过错的，应当承担相应的民事责任。

20. 业主、物业使用人或其他合法进入住宅小区者在物业服务区域内因第三人的行为遭受人身、财产损害，有证据证明物业服务企业未尽到安全保障义务，受害人请求物业服务企业赔偿损失的，可根据物业服务企业的过错大小、收费标准等因素，合理确定物业服务企业的赔偿责任。

21. 业主拖欠物业费，物业服务企业擅自采取停水、电、气等措施，造成业主损害，业主请求物业服务企业停止侵害、赔偿损失的，应予支持。

业主拖欠水、电、气等费用，物业服务企业受水、电、气供应企业的委托，停止对业主供应水、电、气等，业主请求物业服务企业承担赔偿责任的，不予支持。

二〇一一年十月十二日

# 关于印发《广东省高级人民法院关于人民法院委托医疗损害鉴定若干问题的意见（试行）》的通知

粤高法发［2011］56号

全省各级人民法院、广州海事法院、广州铁路运输两级法院：

现将《广东省高级人民法院关于人民法院委托医疗损害鉴定若干问题的意见（试行）》印发给你们，请结合实际认真贯彻执行。执行中遇到问题请及时报告省法院民一庭。

二〇一一年十一月十七日

# 广东省高级人民法院关于人民法院委托医疗损害鉴定若干问题的意见（试行）

为公正、高效审理医疗损害责任纠纷案件，规范医疗损害鉴定工作，依法保护医患双方当事人的合法权益，根据《中华人民共知国侵权责任法》、《中华人民共和国民事诉讼法》、《医疗事故处理条例》、《最高人民法院关于适用<中华人民共和国侵权责任法>若干问题的通知》等法律、法规和司法解释的规定，结合我省审判实践，制定本意见。

一、人民法院审理医疗损害责任纠纷案件，可以依据当事人的申请或依职权决定委托省内具备条件的医学会或司法鉴定机构进行医疗损害鉴定。

当事人在诉讼前单方委托鉴定机构作出的医疗损害鉴定结论，对方当事人有充分理由或证据予以反驳并申请人民法院委托鉴定的，人民法院应予准许。

二、医疗损害鉴定的鉴定费用由申请鉴定的一方当事人预交。人民法院依职权委托鉴定的，鉴定费用由应承担举证责任的一方当事人预交。

应预交鉴定费用的患者一方符合《诉讼费用交纳办法》第四十五条、第四十六条规定的情形的，鉴定费用由医疗机构预交。

符合重新鉴定条件的，由申请重新鉴定一方预交鉴定费用。

三、当事人无正当理由拒绝提交鉴定材料或有其他不配合鉴定的情形的，应当依据《最高人民法院关于民事诉讼证据的若干规定》第七十五条的规定承担相应的法律后果。

四、人民法院应当组织当事人对鉴定材料进行开庭质证。并依法对鉴定材料进行审核认定后，组织双方当事人向鉴定机构移交鉴定材料。鉴定机构不得接受当事人私自移交的材料。

五、医疗损害鉴定需要以医疗产品质量鉴定或其他鉴定的鉴定结论为依据的，人民法院应另行委托有资质的鉴定机构进行。

六、病历资料存在下列瑕疵的，应区分情况处理：

（一）当事人以伪造、篡改、销毁或其他不当方式改变病历资料的内容，致使无法认定诊疗行为有无过错或与损害后果之间是否存在因果关系的，按《最高人民法院关于民事诉讼证据的若干规定》第二条、第七十五条的规定处理；

（二）病历资料内容存在明显矛盾或错误，制作方不能作出合理解释，致使无法认定诊疗行为有无过错或与损害后果之间是否存在因果关系的，按《最高人民法院关于民事诉讼证据的若干规定》第二条、第七十五条的规定处理；

（三）病历资料虽存在瑕疵，但不足以影响医疗损害鉴定的，可继续进行鉴定，但瑕疵部分不能作为鉴定依据；

（四）病历书写仅存在错别字或未按病历规范格式书写等形式瑕疵的，不影响对病历资料真实性的认定。

七、鉴定材料的范围包括：

（一）医患双方有效证件，包括医疗机构执业许可证复印件，经治医生等相关人员资格证书、执业证书复印件和患者身份证明文件；

（二）患者的门诊病历原件及复印件，完整的住院病案原件（病历、病程记录、手术记录、特殊治疗告知书、谈话记录及各种检查、检验报告单、会诊讨论记录等客观性病历资料和主观性病历资料）及复印件，与疾病诊治相关的病案资料复印件、病理切片、影像资料等；

（三）医患双方书面陈述材料；

（四）重新鉴定的，需提交初次鉴定的医疗损害鉴定书原件或复印件。

鉴定机构应当妥善保管鉴定材料。鉴定时若需耗尽检材或损害原物，可能导致证据灭失的，应当提前告知委托鉴定的人民法院征求当事人同意。当事人同意耗尽检材或损害原物的，采取影印或其他方式留样后进行鉴定；当事人不同意的，可按《最高人民法院关于民事诉讼证据的若干规定》第二条、第七十五条的规定处理。

八、医学会接受鉴定委托的，应根据医疗损害责任纠纷涉及的专业，主持医患双方从专家库中随机抽取相应专业的专家组成鉴定组，其中一名专家由医学会指定。专家鉴定组实行合议制，人数为三人以上（含三人）单数。涉及死因、伤残等级鉴定的，应当有法医参加鉴定组。

当事人拒绝参与随机抽取鉴定专家组成员，人民法院认为应当继续鉴定的，由人民法院派员监督随机抽取专家鉴定组成员。

司法鉴定机构应指定或选择二名以上鉴定人共同进行鉴定。鉴定人不具备相应临床医学专一业高级以上技术职称的，应当在鉴定过程中咨询二名以上具有相应专业技术职称的临床医学专家。提供咨询的专家应出具书面意见。

九、鉴定人员具有下列情形之一的，应当回避，当事人也可以口头或书面的方式申请其回避：

（一）是当事人或当事人近亲属的；

（二）与医疗损害责任纠纷有利害关系的；

（三）参与过本病例的咨询、治疗、会诊或初次鉴定的；

四）与当事人有其他关系，可能影响公正鉴定的。

十、鉴定过程中，鉴定机构认为需要向双方当事人或其他相关单位、个人进行调查取证的，应当书面告知人民法院，由人民法院组织进行。人民法院调查收集的证据，应当组织当事人质证。

十一、鉴定机构认为需召开医疗损害鉴定听证会的，应当在听-证会7日前将听证会的时间、地点和要求等书面通知当事人，要求其参加听证会并听取意见，同时告知人民法院。

十二、鉴定机构在鉴定过程中，需等待补充调查或其他鉴定结果的，可中止鉴定，并书面告知人民法院。补充调查或其他鉴定的时间不计人鉴定时限。

鉴定机构认为有其他情形需中止鉴定的，应当向人民法院书面

说明理由。人民法院审查后，应当书面通知鉴定机构是否同意中止。人民法院审查认为不应中止的，鉴定机构应当继续进行鉴定。

十三、鉴定机构认为需终止鉴定的，应按照《司法鉴定程序通则》第二十七条的规定进行。

十四、鉴定机构应在《司法鉴定程序通则》第二十六条规定的时限内完成鉴定。

十五、医疗损害鉴定书，应针对委托事项详细分析说明，一般包括下列主要内容：

（一）双方当事人的基本情况及委托鉴定事项；

（二）当事人提交的材料和其他调查所取得的材料；

（三）对鉴定过程的说明；

（四）诊疗行为是否违反法律、行政法规、规章以及《临床诊疗指南》、《临床操作技术规范》等有关诊疗规范的规定或诊疗常规，是否低于当时的医疗水平，是否实施了不必要的检查，是否履行了告知义务等。有过错的根据过错程度表述为：重大过失、一般过失、轻微过失；

（五）患者疾病演变过程中出现的人身损害后果、伤残等级；

（六）医疗过错行为与损害后果是否存在因果关系，损害后果涉及多种原因时，对医疗过错行为在损害后果产生过程中的原因力进行分析，并根据原因力大小表述为：全部因素、主要因素、同等因素、次要因素、轻微因素、无因果关系。

十六、医疗过错行为致人伤残的，应参照《道路交通事故受伤人员伤残评定标准》评定伤残等级，表述为：参照《道路交通事故受伤人员伤残评定标准》，患者×××的……功能障碍的伤残等级为×级。

十七、医疗过错行为通常情况下会导致损害后果的，应认定医疗过错行为与损害后果具有因果关系。医疗过错行为在损害后果中的原因力大小可分为：

（一）全部因素，指损害后果完全由医疗过错行为造成，

参与度为91%–100%；

（二）主要因素，指损害后果主要由医疗过错行为造成，其他因素起次要作用，参与度为61%–90%；

（三）同等因素，指损害后果由医疗过错行为和其他因素共同造成，参与度为41%–60%；

（四）次要因素，指损害后果主要由其他因素造成，医疗过错行为起次要作用，参与度为21%–40%；

（五）轻微因素，指损害后果绝大部分由其他因素造成，医疗过错行为起轻微作用，参与度为1%–20%；

（六）无因果关系，指损害后果全部由其他因素造成，参与度为0。

十八、医学会或司法鉴定机构出具的医疗损害鉴定书，应当由鉴定人员签署姓名和职称，加盖鉴定机构印章，并附鉴定机构资质证书和鉴定人员职称证书或执业证书复印件。

司法鉴定机构在鉴定过程中咨询临床医学专家的，还应当在鉴定书中载明专家的姓名、职称和工作单位。

十九、鉴定机构完成鉴定后，人民法院认为应对相关事项进行补充鉴定或说明的，应当书面函告鉴定机构在指定期限内进行补充鉴定或说明。

二十、医疗损害鉴定书应当由人民法院送达给当事人，并组织当事人进行质证。

二十一、鉴定人员应当出庭接受当事人质询。鉴定人员出庭发生的交通费、住宿费、生活费、误工补贴，由预交鉴定费用的一方当事人预交。

鉴定人员确因特殊原因无法出庭的，经人民法院准许，可以书面答复当事人的质询。

二十二、人民法院审理医疗损害责任纠纷案件，应当向当事人释明可依照《最高人民法院关于民事诉讼证据的若干规定》第六十一条的规定，申请具有专门知识的人员出庭辅助质证。

二十三、人民法院认为审理案件需要的，可以向鉴定机构调阅鉴定原始档案及其他相关资料。

二十四、人民法院应当对医疗损害鉴定书进行形式和实质审查：

（一）鉴定程序是否合法；

（二）鉴定书是否符合本意见第十五条、第十六条、第十七条、第十八条的规定，对不符合规范的鉴定书，可要求鉴定机构补正；

（三）鉴定结论是否明确，鉴定结论不明确的，可要求鉴定机构进行补充说明或补充鉴定；

（四）鉴定结论是否符合有关法律、法规、医学行业规范。

人民法院应根据医疗机构的过错大小、医疗过错行为对损害后果的原因力以及损害后果确定医疗机构的赔偿责任。人民法院的裁判文书应当载明对医疗损害鉴定结论的审查情况、审查结论，并说明理由。

二十五、当事人对人民法院委托的鉴定机构作出的医疗损害鉴定结论有异议，申请重新鉴定，符合《最高人民法院关于民事诉讼证据的若干规定》第二十七条规定的，人民法院应予准许。

人民法院依照前款规定决定重新鉴定的，应当报省高级人民法院司法委托管理部门备案。

二十六、省内具备条件的鉴定机构名册和重新鉴定的鉴定机构名册由省高级人民法院统一建立。

二十七、本意见没有规定的，依照或参照《医疗事故处理条例》、《医疗事故技术鉴定暂行办法》、《司法鉴定程序通则》、《司法鉴定文书规范》等规定处理。

二十八、本意见自下发之日起施行，法律、法规、司法解释有新规定的，从其规定。《侵权责任法》施行前发生的医疗损害责任纠纷，不适用本意见。

二〇一一年十一月十七日

# 关于印发《广东省高级人民法院、中国人民银行广州分行〈关于信息共享事宜的意见〉》的通知

粤高法［2011］145号

全省各级人民法院、广州海事法院、广州铁路运输两级法院，中国人民银行广东省内各中心支行（不含深圳）：

为深化执行联动机制建设，综合治理执行难，促进我省社会信用体系建设和金融生态环境建设，根据《民事诉讼法》等法律规定和省委、省政府2008年6月4日印发的《转发省委政法委等部门〈关于建立执行联动机制的意见〉的通知》精神，广东省高级人民法院、中国人民银行广州分行共同协商签订了《关于信息共享事宜的意见》。现印发给你们，望认真贯彻实施，请你们积极协商，根据工作实际抓紧建立信息交换渠道。实施中出现的问题由双方友好协商，协商不成的，报广东省高级人民法院和中国人民银行广州分行协调解决。

特此通知。

二〇一一年三月十七日

# 广东省高级人民法院中国人民银行广州分行关于信息共享事宜的意见

为建立和谐、高效、便捷的信息共享机制，促进我省社会信用体系建设和金融生态环境建设，经广东省高级人民法院（以下简称省高院）与中国人民银行广州分行（以下简称人行广州分行）协商，双方就信息共享事宜达成以下一致意见：

一、本省各级法院在执行案件中可以向人行广州分行和各地市中心支行查询当事人的以下征信信息：（一）当事人为自然人的个人基本信息，个人信贷交易信息以及其他信息；（二）当事人为企业的概况、高级管理人员、资本构成、对外投资以及财务信息；（三）根据征信系统的完善，相应增加查询信息内容。

二、省高院与人行广州分行建立查询网络专线，并协调广东省各地市中级法院与当地人民银行中心支行协商建立信息交换渠道，按照属地原则，保障征信信息查询流程的安全、高效流转。

三、省高院基于自身案件或外地委托案件调查需要，可制作《协助查询书.（见附件1），经领导审核、批准后，通过查询网络专线发送给人行广州分行协助查询。在各地未建立信息交换渠道之前，各地法院案件的查询也可暂通过省高院查询。

四、本省各中级法院、基层法院通过人民银行查询当事人征信信息的，应当由当地中级法院汇总所辖法院查询需求，统一制作一份《协助查询书》（见附件1），经中级法院领导批准后，按照双方协定的方式交换给当地人民银行中心支行。本省各中级法院收到人民银行各地市中心支行的查询结果后，应及时将查询结果回复下级法院。

本省各级法院通过全省法院综合业务系统向上级法院发送电子查询文件并加盖公章，并通过该系统回复查询结果。

五、本省各级法院在向人民银行提交查询申请后七个工作日内将查询文书原件交换给当地人民银行。条件具备时可

使用电子签章的电子文件代替书面文件，通过查询专线传递。

六、人行广州分行以及各地市中心支行收到省高院和各地市中级法院的《协助查询书》（见附件1、2）后，及时查询并回复查询结果。

七、各级人民银行所提供的征信信息仅供法院案件调查参考使用，省高院基于工作要求需要取证的，人民银行按照有关规定协助其取证。

八、省高院按照人民银行企业和个人征信系统的接口规范格式要求，自行开发程序提取全省的法院执行信息，每月前十个工作日内以电子介质等方式通过查询网络专线提供给人行广州分行纳入征信系统。人行广州分行及时将系统加载的反馈信息转交省高院，由省高院处理力口载反馈的未入库数据，保障数据成功入库。

同时，省高院积极推进诉讼信息纳入征信系统事宜。

九、省高院协助人行广州分行对已纳入征信系统的法院信息开展异议处理工作。人行广州分行将《征信系统法院信息异议申请表》

（见附件3）通过查询网络专线发至省高院，同时将原件交换给省高院（一式三份）。省高院根据协查函，调查当事人对纳入征信系统的法院信息提出的异议情况，及时填写协查意见并加盖公章后，自留一份备案，另两份协查函原件交换给人行广州市分行。同时，将需要纠正的信息按照征信系统接口规范以电子介质等方式通过查询网络专线提供给人行广州分行上报加载。协、查结果由人行广州分行告知当事人，并通知当事人领取协查函。

未经省高院提出或认定，人行广州分行不得修改或删除纳入征信系统的法院信息，同时，有关更改和则除事项，应按照人民银行总行颁布的有关文件执行。

十、省高院和人行广州分行应针对双方交换的信息建立相应的信息保密、安全管理制度和工作机制，保护当事人的合法权益。

十一、本省各级法院与人民银行各自确定专人负责征信信息的查询、法院信息的传递、加载等数据共享事宜。

十二、本意见所称当事人，包括法人、其他组织和自然人。

十三、本意见自下发之日起施行。

附件：（略）

# 关于印发《广东省高级人民法院关于推进庭审公开的实施办法》等八个配套实施办法的通知

粤高法［2011］226号

全省各中级人民法院、基层人民法院，广州海事法院，广州铁路运输两级法院：

为贯彻落实《广东省高级人民法院关于在全省法院进一步推进司法公开的意见.，省法院根据本院实际制定了《广东省高级人民法院关于推进庭审公开的实施办法》等八个配套实施办法，现印发给你们参考，请结合各地实际，制定相关制度，切实推进司法公开工作。

二〇一一年五月三十一日

# 广东省高级人民法院<br>关于推进庭审公开的实施办法

为贯彻落实《广东省高级人民法院关于在全省法院进一步推进司法公开的意见》的有关要求，进一步推进庭审公开，促进司法公正，结合本院审判工作实际，制定本实施办法。

1. 本院审理的刑事、民事、行政诉讼案件，除严格依照法律、司法解释的规定进行公开开庭审理以外F应当遵守本办法的规定。

2. 本院审理的一审刑事、民事、行政诉讼案件，以及适用第一审程序审理的再审案件，除了具有以下不公开审理的情形之一的以外，一律公开开庭审理：

(1) 涉及国家秘密的；

(2) 涉及商业秘密，当事人申请不公开审理的；

(3) 涉及十四岁以上不满十六岁的未成年人犯罪和经本院决定不公开审理的十六岁以上不满十八岁的未成年人犯罪的；

(4) 涉及个人隐私的；

(5) 法律、司法解释规定的其他不公开审理情形的。

法律、司法解释规定必须开庭审理，以及人大代表、政协委员或者有关方面关注的二审刑事、民事、行政诉讼案件，除了具有前款所列情形之一的以外，应当公开开庭审理。

3. 二审刑事案件具有以下情形之一的，一律公开开庭审理：

(1) 有一名或者一名以上被告人被判处死刑的；

(2) 省检察院支持抗诉的。

具有以下情形之一的，一般应当公开开庭审理：

(1) 一审认定案件主要事实不清、证据不足，对定罪量刑有重大影响的；

(2) 二审期间出现新事实、新证据，对定罪量刑有重大影响的；

(3) 社会公众关注、有重大影响的。

第二款所列案件因违反法定程序或者事实不清、证据不足，应当发回重审才能妥善处理的，为提高司法效率、节约司法资源，可以不开庭审理。

4. 二审民事、行政案件具有以下情形之一的，应当公开开庭审理：

(1) 当事人对案件事实、证据有重大争议，需要开庭查清案件事实、对证据进行质证的；

(2) 重大、疑难、复杂、新类型的；

(3) 社会公众关注、有重大影响的。

5. 适用第二审程序审理的再审案件具有以下情形之一的，应当公开开庭审理：

(1) 出现了法律规定的新证据，需要开庭进行质证的；

(2) 人民检察院提起抗诉的；

(3) 矛盾纠纷尖锐复杂的；

(4) 社会公众关注、有重大影响的。

6. 对刑事案件决定不公开开庭审理的，应当告知检察机关和被告人及其辩护人，并听取控辩双方的意见。检察机关不同意书面审理，要求公开开庭审理的，应当开庭审理。被告人及其辩护人不同意书面审理，申请公开开庭审理的，应当按照本办法第2条和3条的规定进行审查，决定是否开庭审理，并及时告知当事人及其辩护人。

书面审理过程中，发现案件有本办法第2条和第3条规定情形之一的，应当公开开庭审理。

7. 公开开庭审理的案件应当在开庭三日前公告案号、案由、当事人姓名或者名称、开庭时间和地点等内容。开庭公告除了用书面方式发布以外，也可以通过本院门户网站等渠道或者方式发布。

8. 公开开庭一般在本院的审判法庭进行，需要巡回开庭或者使用其他场所开庭的，应当保证开庭场所符合司法公开的各项要求。

9. 证据应当在开庭审理中公开出示和质证、认证。二审和再审案件除了对新证据一律公开出示和质证、认证以外，对于原审已经出示和质证、认证过的证据，当事人没有争议的可以不再重复出示和质证、认证；当事人有争议的，合议庭应当引导其围绕争议问题进行辩论。

10. 公开开庭审理的案件应当提高证据当庭认证的比例。对书证、物证、鉴定结论、视听资料，一般应当当庭认证。需要当庭认证时，合议庭应当依法行使释明权，对证据的合法性、客观性、关联性进行阐述，阐明采信与否的理由，引导当事人履行举证责任。

11. 公开开庭审理的案件有以下情形之一的，应当通知证人、鉴定人出庭作证：

(1) 关键证人证言明显前后矛盾，影响案件主要事实认定的；

(2) 多份鉴定结论存在重大矛盾，影响案件主要事实认

定的；

(3) 当事人申请并能保证证人、鉴定人出庭的；

(4) 合议庭对证人证言、鉴定结论有疑问，可能影响案件主要事实认定的。

出庭作证的证人、鉴定人在作证前后不得在法庭上旁听。

12. 公开开庭审理的案件允许公众旁听，但必须出示合法身份证件，通过安全检查，遵守法庭纪律，服从审判长以及其他工作人员的指挥。机关、团体、学校等单位组织人员集体旁听的，可以提前预约，合议庭应当根据旁听人数尽量妥善安排。

13. 公开开庭审理的案件允许媒体记者旁听报道，不得设置任何障碍。媒体记者要求到庭旁听报道的，应当向合议庭提出申请、出示证件、表明身份，服从审判长以及其他工作人员的指挥，不得影响庭审活动的正常进行。媒体记者除了旁听报道庭审活动以外，要求采访合议庭成员或其他有关人员的，应当按照本院有关规定提前申请、另行安排。媒体记者不表明身份而到庭旁听的3应遵守旁听人员纪律，不适用上述规定。

14. 不公开开庭审理的案件不允许旁听，但对于未成年人犯罪案件、婚姻家庭纠纷案件，近亲属和其他特定关系人到庭旁听对案件的处理有积极作用的，经当事人或者其监护人同意，可以允许近亲属和其他特定关系人旁听。

15. 案件宣判前，当事人认为合议庭成员和书记员有法律规定应当回避的情形的，可以提出回避申请。经审查，申请回避理由成立的，应当决定另行组成合议庭对案件进行审理；申请回避理由不成立的，应当在宣判前决定驳回当事人的回避申请，并将决定及其理由告知当事人。口头告知的，应当记录在案。

16. 本办法自公布之日起施行。

# 广东省高级人民法院<br>关于推进听证公开的实施办法

为贯彻落实《广东省高级人民法院关于在全省法院进一步推进司法公开的意见》的有关要求，进一步推进听证公开，促进司法公正，结合本院审判、执行工作实际，制定本实施办法。

1. 本办法所称公开听证，是指法律没有规定开庭审理程序，但涉及当事人或者案外人重大权益的案件，为了查清事实、辨明是非?确保程序合法、实体公正，实现案结事了、服判息诉，本院召集有关当事人或者案外人，围绕争议焦点听取当事人或者案外人的意见、辩论和质证，公开接受当事人、案外人以及社会公众监督的案件审理（审查）方式。

2. 公开听证应当遵循依法、及时、便民的原则，采用灵活、简便的方式。

3. 下列申请再审案件应当进行公开听证：

(1) 以新证据申请再审，可能导致案件事实认定和实体处理错误的；

(2) 原判采用未经质证、认证的证据3或者未采用已经质证、认证的证据，可能导致案件事实认定、法律适用和实体处理错误的；

(3) 原判可能遗漏当事人或者判决第三人享有权利、承担义务错误的；

(4) 原判可能事实不清，需要重新查清案件事实的；

(5) 社会公众关注、有重大影响的。

4. 下列涉诉信访案件应当进行公开听证：

(1) 涉及当事人人数众多的；

(2) 对案件事实认定和裁判结果争议较大的；

(3) 当事人多次重复上访、越级上访的；

(4) 社会公众关注、有重大影响的。

5. 下列司法赔偿案件应当进行公开听证：

(1) 侵权损害后果争议较大的；

(2) 赔偿方式或者赔偿数额分歧较大的；

(3) 赔偿数额巨大的；

(4) 社会公众关注、有重大影响的。

6. 下列执行案件应当进行公开听证：

(1) 案外人提出执行异议的；

(2) 被执行人申请不予执行仲裁裁决的；

(3) 变更或者追加被执行主体的；

(4) 终结本次执行或者终结执行的；

(5) 多个债权人申请参与分配的；

(6) 执行复议、执行监督、执行督促、执行申诉案件在办理过程中涉及重大执行事项的。

7. 属于上列第2条至第5条规定的案件，涉及国家秘密、当事人商业秘密、未成年人犯罪和个人隐私的，不进行公开

听证。

8. 不属于上列第2条至第5条规定的案件，本院认为确有必要进行公开听证的，可以进行公开听证；当事人或者案外人也可以申请公开听证，是否允许，由本院审查决定，并在当事人或者案外人提出申请之日起五日内予以答复。

9. 决定公开听证应当提前向当事人或者案外人送达听证通知书，也可以通过电话、手机短信、电子邮件或者其他即时通信等方式及时通知当事人和案外人，并保存相关的电子证据；口头告知的，应当记录在案。

10. 组织公开听证应当提前公告听证事由、时间、地点、程序、法官和其他参加人等信息。听证公告除了用书面方式发布以外，也可以通过本院门户网站等渠道或者方式发布。

11. 公开听证可以由承办法官一人主持；合议庭全体成员参加的，由审判长主持。

12. 公开听证可以安排在本院的审判法庭，也可以根据案件需要使用其他场所，但应当保证听证场所符合司法公开的各项要求。

13. 公开听证一般按照下列程序进行：

（1）主持听证的法官宣布听证开始，公开听证的事由；

（2）当事人或者案外人陈述；

（3）主持听证的法官归纳双方争议的焦点；

（4）双方互相辩论、质证；

（5）主持听证的法官宣布听证结束。

14. 申请公开听证的当事人或者案外人提出新的证据，应当当庭出示，由对方当事人进行质证、认证，未经质证的证据不得采信为认定事实和裁判的依据。

15. 申请公开听证的当事人或者案外人可以申请证人、鉴定人、勘验人等出庭作证，是否允许，由本院审查决定，并及时予以答复。口头答复的，应当记录在案。

16. 公开听证过程中，应当组织当事人进行调解。当事人自愿达成调解协议的，应当及时制作调解书。

17. 申请公开听证的当事人或者案外人无正当理由不参加听证的，视为撤回听证申请，其再次提出听证申请，本院不予准许。对方当事人无正当理由不参加听证的，不影响公开听证的正常进行。

18. 对重复上访、越级上访的涉诉信访案件进行公开听证，可以邀请信访人亲属、人大代表、政协委员、社区群众以及信访人所在单位、基层组织派人列席听证和参与评议，协助本院做好息诉服判工作。

19. 公开听证允许公众旁听、新闻媒体旁听和报道，不得设置任何障碍。社会公众关注、有重大影响的案件进行公开听证，可以根据案件情况邀请人大代表、政协委员、司法监督员以及有关行政机关、社会团体、学校和其他企事业单位派人旁听。

20. 本实施办法自公布之日起施行。

# 广东省高级人民法院<br>关于推进执行公开的实施办法

为贯彻落实《广东省高级人民法院关于在全省法院进一步推进司法公开的意见》的有关要求，进一步推进执行公开，促进司法公正，结合本院执行工作实际，制定本实施办法。

1. 在本院立案窗口或者门户网站实时公开受理执行异议、执行复议、执行申诉、执行监督、执行督促、执行协调、移送执行、受托执行、恢复执行、指定执行和申请强制执行、不予执行仲裁裁决、追加或者变更被执行主体等各类执行案件的案号、日期、案由、当事人姓名或名称、执行流程节点和案件承办法官、其他合议庭成员、书记员姓名和联系电话等信息。

2. 执行案件应当由电脑自动随机确定案件承办法官、其他合议庭成员，并在合议庭成员确定后三日内书面告知当事人。

3. 案件执结或者办结前，当事人认为执行人员有法律规定应当回避的情形的，可以申请回避。经审查，申请回避理由成立的，应当决定另行组成合议庭；申请回避理由不成立的，应当决定驳回当事人的回避申请，并将决定及其理由告知当事人。通过电话、手机短信、电子邮件或者其他即时通信等方式告知当事人的，应当保存相关的电子证据；口头告知的，应当记录在案。

4. 向被执行人送达《执行通知书》时，一并送达《被执行人财产报告令》，要求被执行人在指定时间内书面报告其财产状况，并告知被执行人逾期报告、虚假报告的法律责

任。被执行人提交书面报告后，应当将报告副本在五日内送达申请执行人，并把有关财产信息登录执行案件信息查询系统予以公开。

5. 申请执行人提供被执行人新的财产线索，应当及时调查核实有关情况并告知申请执行人。通过电话、手机短信、电子邮件或者其他即时通信等方式告知当事人的，应当保存相关的电子证据；口头告知的，应当记录在案。

6. 控制被执行人财产，应当向当事人送达法律文书。

7. 采取查封、扣押、冻结、划拨等重大措施后，应当在三日内以书面或者口头方式告知双方当事人；已查控但依法不得处置、暂时不得处置或暂缓处置的财产，应当在采取查封、冻结、扣押措施后三日内以书面或者口头方式告知申请执行人。口头告知的，应当记录在案。控制财产有法定期限的，应当书面告知申请执行人可以在期限届满前申请续期控制。

8. 解除对财产的控制，应当制作裁定书载明事实、理由和法律依据并送达当事人。

9. 收到财产评估报告后五日内，应当将评估报告副本送达当事人及其他利害关系人。

10. 依法采取拍卖形式处置财产的，应当制作裁定书送达当事人及其他利害关系人，在拍卖五日前通过本院门户网站、执行案件信息查询系统或者其他方式公开拍卖的时间和地点，并通知当事人和已知的担保物权人、优先购买权人以及其他优先权人到场，告知其相应权利。口头告知的，应当记录在案。

11. 依法不采取拍卖形式处置财产的，应当向当事人说明原因和理由。口头告知的，应当记录在案。

12. 拍卖财产流拍的，应当告知到场的申请执行人和其他执行债权人以物抵债的权利F以及放弃该权利所产生的降低起拍价、采取变卖直至解除财产控制等风险。

13. 执行中轮候控制财产的，应在财产分配方案制定前告知申请执行人申请参与分配的权利。口头告知的，应当记录在案。

14. 案件承办法官应当在执行款划付后五日内向双方当事人送达.执行款收付告知书.，告知执行款的具体收付情况。

15. 下列不履行义务的被执行人名单应当通过本院门户网站或者其他方式予以公开：

(1) 有能力履行而长期逃避、规避执行的；

(2) 逃避、规避执行的债务数额巨大的；

(3) 系列案件的同一被执行人不履行义务造成多个案件无法执结的；

(4) 不履行义务造成恶劣影响的；

(5) 本院认为需要公开曝光的。

16. 被执行人被公开后仍不履行义务的3应当采取以下措施督促被执行人履行义务：

(1) 向人民银行发出《贷款、融资风险告知书.，限制被执行人贷款、融资等金融活动；

(2) 向被执行人企业登记注册的工商行政管理机关发函，商请工商行政管理机关限制其信用等级；

(3) 向有关部门发函，限制被执行人投资项目的审批、核准和备案；

(4) 提请公安机关协助查找被执行人及其车辆、限制被执行人出境；

(5) 限制被执行人以其财产支付费用的以下行为：乘坐飞机、列车软卧、轮船二等以上舱位；在星级以上宾馆、酒店、夜总会、高尔夫球场等场所进行高消费；购买不动产或者新建、扩建、装修房屋；租赁高档写字楼、宾馆、公寓等场所办公；购买非经营必需车辆；到国外、国内旅游、度假；安排子女就读高收费私立学校；支付高额保费购买保险理财产品；其他非生活和工作必需的高消费行为。

17. 被执行人或者被执行人的法定代表人为人大代表、政协委员、国家公职人员，确有能力履行而拒不履行生效裁判的?除按上列第15条和第16条规定办理以外，应当向有关单位予以通报。

18. 公开曝光的被执行人履行义务后，可以申请将其从公开曝光的名单中删除。

19. 执行案件不能在规定期限内执结或者办结的，应当在期限届满七日前将延长期限的情况及其理由以书面或者口头形式告知当事人。口头告知的，应当记录在案。

20. 案件中止执行、终结本次执行应当制作裁定书，载明中止执行、终结本次执行的原因、理由和法律依据以及中止执行、终结本次执行的情形消失后恢复执行等内容，并送达当事人。

21. 终结执行、不予执行案件结案应当制作裁定书，载明结案的理由和法律依据，并送达当事人。当事人达成执行和解协议并已履行完毕的，应当制作结案通知书，载明执行和解协议的内容和已经履行完毕的事实。

22. 未结执行案件的信息逐月发送人民银行广州分行，纳入征信系统。

23. 本实施办法自公布之日起施行。

# 广东省高级人民法院关于推进审限公开的实施办法

为贯彻落实《广东省高级人民法院关于在全省法院进一步推进司法公开的意见》的有关要求，进一步推进审限公开，促进司法公正，结合本院审判、执行工作实际，制定本实施办法。

## 一、案件审理、审查和执行的期限（简称审限）

（一）刑事案件

1. 刑事上诉、抗诉案件的审限为一个半月。附带民事诉讼案件的审限经主管副院长批准，可以延长两个月。有《刑事诉讼法》第一百二十六条规定情形之一的，经主管副院长批准，可以延长一个月。

死刑、死缓复核案件的审限参照上述规定。

（二）民事案件

2. 一审民事案件的审限为六个月；重大、疑难、复杂、新类型案件需要延长的，经主管副院长批准，可以延长六个月；需要再次延长的，经最高人民法院批准，可以延长三个月。

3. 民事判决上诉案件的审限为三个月；有特殊情况需要延长的，经主管副院长批准，可以延长三个月。

4. 民事裁定上诉案件的审限为三十日；有特殊情况需要延长的，经主管副院长批准，可以延长三十日。

5. 涉外和涉港、澳、台民事案件不受上列审限的限制。

（三）行政案件

6. 一审行政案件的审限为三个月；有特殊情况需要延长的，经最高人民法院批准，可以延长三个月。

7. 二审行政案件的审琅为两个月；有特殊情况需要延长的，经最高人民法院批准，可以延长两个月。

（四）申诉、申请再审和再审案件

8. 申诉、申请再审案件的审限为三个月；有特殊情况需要延长的，经主管副院长批准，可以延长三个月。

9. 按照审判监督程序再审的刑事案件的审限为三个月，有特殊情况需要延长的，经主管副院长批准，可以延长三个月；按照审判监督程序再审的民事、行政案件的审限为六个月，有特殊情况需要延长的，经主管副院长批准，可以延长六个月。

（五）执行案件

10. 当事人申请强制执行案件和受托执行、恢复执行案件应当在六个月内执结；执行协调和非诉行政执行案件应当在三个月内办结；申请不予执行仲裁裁决案件应当在两个月内办结。

11. 执行监督、执行督促、执行申诉案件应当在六个月内办结。

12. 执行异议案件应当在十五日内办结。

13. 追加变更被执行主体和指定执行、执行请示、执行复议案件以及其他执行案件应当在一个月内办结。

14. 上列执行案件出现需要听证等特殊情形，需要延长办理期限的，应当经过执行局局长批准。

（六）国家赔偿案件

15. 本院为赔偿义务机关的国家赔偿案件的审限为两个月；有特殊情况需要延长的，经主管副院长批准，可以延长一个月；需要再次延长的，经最高人民法院批准，再次延长的时间不超过三个月。

16. 其他机关为赔偿义务机关的国家赔偿案件的审限为三个月；有特殊情况需要延长的，经主管副院长批准，可以延长一个月；需要再次延长的，经最高人民法院批准，再次延长的时间不超过三个月。

17. 国家赔偿确认、申诉案件的审限为六个月9有特殊情况需要延长的，经主管副院长批准，可以延长三个月。

（七）案件移送

18. 检察院或者当事人对一审民事、行政案件提出抗诉或者上诉的，审判部门应当在收到抗诉书、上诉状和答辩状后五日内将案卷材料交收发室或通过内部专网报送最高人民法院。

19. 移送最高人民法院复核的死刑案件，审判部门应当在裁判文书送达后二十日内，将案卷材料交收发室报送最高人民法院。

## 二、立案时间的确定和案件审限的计算

（一）立案时间的确定

20. 案件以立案审批程序完结、审判流程管理系统生成案号的日期为立案的日期，并遵守下列规定：

（1）一审案件在收到起诉材料后，经审查符合立案条件的，在七日内立案；

（2）二审案件在收齐上（抗）诉书及案卷材料后五日内立案；

（3）执行案件在收到材料后，经审查符合立案条件的，在七日内立案；

（4）再审案件在调齐案卷材料后三日内立案；

(5) 国家赔偿案件在收到材料后，经审查符合立案条件的，在七日内立案。

21. 案件应当在立案后三日内将案卷材料移送相关的立案、审判、执行和赔偿部门。

(二) 案件审限的计算

22. 案件的审限从立案次日开始起算，至结案之日截止。结案之日即裁判文书送达最后一名当事人的日期。送达裁判文书属于下列情形的，结案日期按下列规定确定：

(1) 邮寄送达的，以交邮日期为结案日期；

(2) 通过有关单位转交送达的，以送达回证上有关单位签收的日期为结案日期；

(3) 留置送达的，以裁判文书留置在受送达人住所地的日期为结案日期；

(4) 公告送达的，以公告刊登的日期为结案日期。

23. 执行案件的结案日期按下列规定确定：

(1) 生效裁判文书确定的权利义务全部执行完毕，或者当事人之间达成执行和解协议并已履行完毕，以完成执行(履行) 行为的日期为结案日期；

(2) 裁定终结执行或者不予执行的，以裁定书送达最后一名当事人的日期为结案日期；

(3) 执行异议、执行复议、指定执行案件，以裁定书送达最后一名当事人的日期为结案日期；

(4) 其他不需要制作裁判文书的执行案件，以完成结案审批手续的日期为结案日期。

(三) 不计入审限的期间

24. 下列期间不计入审琅：

(1) 刑事案件对被告人精神病等进行专业鉴定的期间；

(2) 刑事案件因另行委托、指定辩护人，法院决定延期审理的，自案件宣布延期审理之日起至第十日止准备辩护的期间；

(3) 合议庭成员、检察员等相关人员发现案件需要补充侦查，提出延期审理建议，法院同意延期审理的期间；

(4) 刑事案件因当事人、诉讼代理人、辩护人申请通知新的证人到庭、调取新的证据、申请重新鉴定或者勘验，法院决定延期审理一个月的期间；

(5) 刑事案件二审期间，检察院查阅案卷超过七日后的期间；

(6) 审理当事人提出的管辖权异议和处理法院之间管辖争议、执行争议的期间；

(7) 民事、行政、执行案件进行公告的期间；

(8) 民事、行政、执行案件由有关专业机构进行审计、评估、鉴定、资产清理的期间；

(9) 中止诉讼、执行至恢复诉讼、执行的期间；

(10) 审限届满前，当事人申请调解的案件，从申请之日起三十日的调解期间；

(11) 执行中拍卖、变卖被查封、冻结、扣押财产的期间；

(12) 当事人达成执行和解协议或者提供执行担保后，执行法院决定暂缓执行的期间；

(13) 申诉、申请再审案件和国家赔偿确认案件的调卷期间；

(14) 上级法院通知暂缓执行的期间；

(15) 向上级法院或单位请示、协调、报请复核的期间；

(16) 其他可以不计入审限的期间。

25. 案件承办法官应当将上列不计入审限的期间的起止时间如实录入审判流程管理系统，报部门领导审核确认后，报审判管理办公室审批。经审判管理办公室审批同意后，上列期间可以不计入审限。不计入审限的期间的起止时间以及原因应当告知当事人；口头告知的，应当记录在案。

三、案件审限的监督管理

26. 案件审限的监督管理工作由审判管理办公室负责。审判管理办公室应当建立提示、催办、督办制度，促进案件在审限内审结或者办结。

27. 案件审限的监督管理工作依托审判流程管理系统进行。案件承办法官和跟案书记员应当依照职责分工，在接收案卷材料、开庭、合议庭评议、裁判文书报批、送印、送达、归档等工作完成后，及时将每一节点如实录入审判流程管理系统。未经审判流程管理系统确认的，视为该相关工作没有完成。

28. 案件在审限届满十五日前尚未审结或者办结，通过审判流程管理系统自动进行督办，向承办法官及其部门领导发出超期预警，督促承办法官及其所在部门尽快在审限内结案。

29. 案件因特殊情况不能在审限内审结或者办结，需要延长审限的，承办法官应当在审限届满十日前填写《申请延长审限审批表.，报部门领导审核后，报主管副院长审批，同时通过审判流程管理系统办理延长审限审批手续。

30. 民事、行政案件首次延长审限后仍不能在审限内结案，需要向上级法院申请再次延长审限的，应当严格审核、严格控制。

31. 民事、行政案件经院领导审批同意延长审限的，应当在审限届满七日前将延长审限的情况及其理由以书面或口头形式告知当事人。口头告知的，应当记录在案。当事人有异议的，可以在接到通知之日起二日内申请复议。合议庭应当进行审议，在审限届满前作出决定，报院领导审批后告知当事人。

32. 案件未能在审限内审结或者办结，或者在延长审限后仍不能在审限内结案，审判流程管理系统自动认定为超审限案件，审判管理办公室应当在案件超审限三日内发出《限期结案督办通知书.，承办法官应当在接到《限期结案督办通知书》之日起三日内，将案件不能在审限内结案的原因和拟结案日期书面报告本部门领导、主管副院长和审判管理办公室。

33. 审判管理办公室应当建立案件审限定期通报制度，

对立案、审判、执行和赔偿部门的案件审限执行情况进行定期通报。

34. 对一般的超审限案件，应当根据本院相关考核办法，在年终考核时对案件承办法官及其所在部门进行处理。

35. 对因案件承办法官故意拖延或者过失延误办案，导致案件严重超审限而造成严重后果的；或者案件承办法官、有关工作人员在审判流程管理系统中弄虚作假、不如实录入有关事项的信息的，依照相关规定进行严肃处理。

四、其他

36. 本实施办法自公布之日起施行。

# 广东省高级人民法院<br>关于完善合议庭工作机制的实施办法

为贯彻落实《广东省高级人民法院关于在全省法院进一步推进司法公开的意见》的有关要求，进一步完善合议庭工作机制，推进司法公开，促进司法公正，结合本院审判、执行工作实际，制定本实施办法。

1. 本院全体法官的姓名以及与履行职务有关的信息应当通过本院门户网站或者其他方式对外公开。

2. 案件立案受理后，应当由电脑自动随机确定承办法官和其他合议庭成员，在.受理案件通知书》上告知当事人合议庭成员和书记员及其联系电话。开庭审理时，应当当庭告知当事人合议庭成员。

3. 案件审理过程中，合议庭成员发生变更的，应当在合议庭新成员确定后三日内书面通知当事人。

4. 开庭审理前，合议庭成员应当熟悉案情，认真梳理案件争议问题；开庭审理时，合议庭成员应当围绕争议问题，引导当事人进行举证、质证和辩论，全面查清案件事实。

5. 在庭审过程中，除法律规定不能调解的以外，合议庭成员应当组织当事人进行调解。根据案件实际情况，可以邀请有关单位和个人协助调解。调解不成的，合议庭成员应当及时进行评议、作出裁判。

6. 合议庭成员评议案件，应当坚持以事实为根据、以法律为准绳，对案件事实和适用法律负责。

7. 案件评议前，承办法官应当写出全面、详细的案件审理报告。审理报告应当包括当事人情况、原告的诉讼请求和被告的答辩意见、证据的分析采信情况、审理查明的案件事实、原审的处理情况、对当事人诉辩意见是否采纳的理由、适用法律的推理与解释过程以及个人的处理意见等内容。

8. 审判长负责组织、主持合议庭对案件进行评议。

9. 案件评议时，承办法官应当根据案件审理报告全面汇报案件的有关情况和个人的处理意见；合议庭其他成员应当认真听取承办法官的案情汇报和处理意见，对案件性质、证据采信、事实认定、争议焦点、法律适用等方面进行全面评议，提出明确的处理意见；审判长在合议庭其他成员发表意见后发表自己的观点，并总结、归纳合议庭成员的意见为一致意见或者多数意见和少数意见。

10. 合议庭成员评议案件，实行少数服从多数，并按照多数意见对案件作出裁判。

11. 书记员必须如实记录合议庭成员的意见。评议中的不同意见应当如实记入笔录，合议庭成员审查确认无误后予以签名。

12. 合议庭成员的一致意见或者多数意见应当在裁判文书中予以完整表述、全面公开。

13. 人大代表、政协委员或者有关方面关注的案件，除涉及国家秘密、当事人商业秘密和个人隐私以外，合议庭可以商请人大、政协和有关单位选派与案件当事人没有利害关系的人大代表、政协委员和有关单位代表旁听合议庭评议。

14. 合议庭开始评议之前，审判长应当告知旁听的人大代表、政协委员和有关单位代表国家有关保守审判秘密的规定、保密事项和内容，以及违法泄密需要承担的法律后果，旁听人员应当严格遵守保密规定，不得泄露合议庭评议的过程、合议庭成员的发言内容和合议庭的意见，不得记录、录音、摄影和录像。

15. 本实施办法自公布之日起施行。

# 广东省高级人民法院
# 关于完善审判委员会工作机制的实施办法

为贯彻落实《广东省高级人民法院关于在全省法院进一步推进司法公开的意见》的有关要求，进一步完善审判委员会工作机制，推进司法公开，促进司法公正，结合本院审判、执行工作实际，制定本实施办法。

1. 本院审判委员会全体委员的姓名以及与履行职务有关的信息应当通过本院门户网站或者其他方式对外公开。

2. 案件提交审判委员会讨论之前，合议庭应当书面向当事人公开审判委员会委员名单，并告知当事人有权申请回避。

3. 审判委员会委员有节列情形之一的，应当自行回避，当事人也可以申请回避：

（1）是案件的当事人或者与当事人有直系血亲、三代以内旁系血亲以及姻亲关系的；

（2）本人或者其近亲属与案件有利害关系的；

（3）担任过案件的证人、鉴定人、勘验人、辩护人、诉讼代理人的；

（4）与案件的诉讼代理人、辩护人有夫妻、父母、子女或者同胞兄弟姐妹关系的；

（5）本人与案件当事人之间存在其他利害关系，可能影响案件

公正处理的。

4. 审判委员会委员有不列情形之一的3当事人可以申请回避，但应当提供相关的证据材料：

（1）私下会见案件一方当事人及其代理人、辩护人的；

（2）为案件当事人推荐、介绍代理人、辩护人，或者为律师、其他人员推荐、介绍办理案件的；

（3）接受案件当事人及其委托的人的财物、其他利益，或者要求当事人及其委托的人报销费用的；

（4）接受案件当事人及其委托的人的宴请，或者参加由其支付费用的各项活动的；

（5）向案件当事人及其委托的人借款或者借用交通工具、通讯工具以及其他物品，或者接受当事人及其委托的人在购买商品、装修住房以及其他方面给予的好处的。

5. 案件提交审判委员会讨论之前，合议庭应当对审判委员会委员或者当事人的回避申请提出处理意见。审判委员会委员的回避由院长决定，院长的回避由审判委员会决定。

6. 审判委员会讨论案件，合议庭成员及其部门领导应当列席会议；讨论本院审结已经发生法律效力的再审案件，原审承办法官或者合议庭成员及其部门领导应当列席会议；讨论下级法院审结的案件，可以邀请下级法院有关院领导、部门领导、承办法官或者合议庭成员列席会议。审判委员会讨论议题，议题承办人及其部门领导应当列席会议。本院其他有关人员需要列席审判委员会会议的，由审判委员会办公室提请院长或者受院长委托主持会议的副院长决定。

7. 审判委员会讨论下列案件，应当通知人民检察院检察长列席会议：

（1）人民检察院抗诉的案件；

（2）合议庭拟改判无罪的公诉案件；

（3）侦查、检察、审判人员存在违反办案程序、衔私枉法嫌疑的案f牛；

（4）审判与检察人员对案件的证据、事实存在重大分歧的死刑案件；

（5）社会公众关注、有重大影响的案件；

（6）院长或检察长认为有必要列席的其他案件。通知人民检察院检察长列席审判委员会会议，应当在会议召开三日前将会议通知以及案件材料送达人民检察院。

8. 审判委员会总结审判或者执行工作经验、研究重大工作举措或者重大活动部署、讨论审判指导性意见，可以邀请人大代表、政协委员以及有关单位派人旁听。

9. 审判委员会讨论社会公众关注、有重大影响的案件，除了涉及国家秘密、当事人商业秘密、未成年人犯罪和个人隐私的案件以外，可以邀请人大代表、政协委员以及有关单位派人旁听。

10. 人大代表、政协委员以及有关单位可以书面向本院申请旁听审判委员会会议，是否允许，由本院审判委员会办公室审查决定，并在申请人请求旁听的审判委员会召开之前告知申请人。

11. 与审判委员会讨论的案件有利害关系的，不得列席旁听审判委员会会议。

12. 审判委员会开始讨论之前，审判委员会会议主持人应当告知列席、旁听人员国家有关保守审判秘密的规定、保密事项和内容，以及违法泄密需要承担的法律后果，列席、旁听人员应当严格遵守保密规定，不得泄露审判委员会讨论的过程、审判委员会委员的发言内容和审判委员会的意见，不得记录、录音、摄影和录像。

13. 经审判委员会讨论决定作出的裁判，应当在裁判文

书中载明参加讨论的审判委员会委员名单。

14. 经审判委员会讨论通过的审判指导性意见应当及时公开发布。

15.本实施办法自公布之日起施行。

# 广东省高级人民法院<br>关于办理司法信息公开申请的实施办法

为贯彻落实《广东省高级人民法院关于在全省法院进一步推进司法公开的意见》的有关要求，进一步推进司法信息公开，保障当事人、社会公众、新闻媒体以及有关单位的知情权、参与权、表达权和监督权，促进司法公正，结合本院审判、执行工作实际，制定本实施办法。

1. 司法信息以及其他与司法工作有关的本院工作信息，除了涉及国家秘密、审判秘密、当事人商业秘密、未成年人犯罪和个人隐私以外，一般应当依法、及时、全面、规范公开。

2. 当事人、社会公众、新闻媒体以及有关单位对上列规定应当公开而没有公开的司法信息，可以向本院提出信息公开申请。

3. 案件办理过程中的信息公开申请，只能由案件当事人以及利害关系人提出。

4. 当事人、社会公众、新闻媒体以及有关单位请求本院司法信息公开，应当通过本院立案窗口递交书面申请。申请书应当记明下列事项：

（1）申请人为个人的，应当写明姓名、性别、年龄、民族、单位、住所和联系电话；申请人为单位的，应当写明单位名称、住所地和法定代表人或者主要负责人的姓名、职务和联系电话；

（2）申请司法信息公开的请求；

（3）理由和依据。申请书样式可以在本院立案窗口免费索取，或者登录本院门户网站免费下载。

5. 对当事人、社会公众、新闻媒体以及有关单位的司法信息公开申请，立案窗口工作人员应当当场进行审查。不符合上列第3条规定的，告知申请人不予受理；不符合上列第4条规定的，告知申请人进行补正；已经公开的，告知申请人获取信息的方式和途径。

6. 对符合受理规定的司法信息公开申请，立案窗口工作人员应当及时受理，统一登记编号，并在受理登记之日起二日内移送有关部门办理。

7. 办理司法信息公开申请，应当在受理登记之日起五日内答复申请人。有特殊情况需要延长办理期限的，经部门领导审批同意，可以延长五日，并将延长情况及其理由通过书面、电话、手机短信、电子邮件或者其他即时通信等方式及时告知申请人；口头告知的，应当记录在案。

8. 对申请司法信息公开的理由成立，决定同意公开的，应当在答复申请人的同时予以公开，口头答复的，应当记录在案；对申请司法信息公开的理由不成立，决定不同意公开的，应当书面答复申请人，并对不公开的理由作出解释。申请人对答复有异议的，应当告知申请人在收到答复之日起五日内可以向本院申诉一次。

9. 申请人在上列第8条规定的时间内提出申诉，应当向原办理部门提交申诉书；原办理部门应当在收到申诉书之日起二日内到立案窗口统一登记编号。申请人逾期提出申诉，告知申请人本院不予受理。

10. 办理司法信息公开申诉，必要时可以举行听证会，并在受理登记之日起一个月内办理完毕，答复申诉人。经再次审查，申诉成立的，撤销原决定，在答复申诉人的同时予以公开；申诉不成立的，维持原决定。

11. 对中级法院的司法信息公开申请的答复有异议的，可以向本院申诉一次，由本院立案窗口统一受理，登记编号，并在受理登记之日起二日内移送有关部门办理。有关部门应当在受理登记之日起一个月内办结并答复申诉人。有特殊情况需要延长办理期限的，经部门领导审批同意，可以延长一个月，延长情况及其理由应当及时告知申诉人。

12. 因客观条件限制，应当公开而暂时无法公开的，应当耐心、诚恳向申请人做出合理解释，并积极创造能够公开的物质条件和技术条件。

13. 本院审判管理办公室是司法信息公开工作的主管部门，负责指导、协调、督促、检查各有关部门的信息公开工作。

司法信息公开申请或者申诉由本院对口职能部门负责办理。

司法信息公开申请或者申诉涉及多个部门的，由审判管

理办公室协调确定主办和协办部门，由主办部门负责答复申请人或者申诉人。

14.本实施办法自公布之日起施行。

# 广东省高级人民法院<br>关于司法公开工作考核的实施办法（略）

# 关于印发《关于在国家赔偿工作中适用精神损害抚慰金若干问题的座谈会纪要》的通知

粤高法［2011］382号

全省各级人民法院、人民检察院、公安局，广州铁路（运输）两级法院、检察分院、公安局：

现将《关于在国家赔偿工作中适用精神损害抚慰金若干问题的座谈会纪要》印发给你们，供各地办理国家赔偿案件参考。执行中遇有相关问题，请分别层报省法院、省检察院、省公安厅。

二〇一一年九月五日

# 关于在国家赔偿工作中适用精神损害抚慰金若干问题的座谈会纪要

依照《国家赔偿法》第三十五条的规定，国家机关及其工作人员违法行使职权致人损害，后果严重的，应当支付相应的精神损害抚慰金。如何适用该条规定，是实践中亟须解决的重要问题。2011年1月20日，广东省高级人民法院国家赔偿委员会办公室、广东省人民检察院刑事申诉检察处和广东省公安厅法制处召开联席会议）对精神损害抚慰金相关问题进行了认真研究。会议根据法律规定，参照我省公安机关、人民检察院和人民法院多年来国家赔偿工作经验和经济社会发展的实际情况，在精神损害抚慰金的适用范围、适用原则、“后果严重”的标准和抚慰金的数额等问题上达成共识，现纪要如下：

## 一、精神损害抚慰金的适用范围

1.《国家赔偿法》第三十五条规定，有国家赔偿法第二条或者第十七条规定情形之，致人精神损害，后果严重的，

应当支付相应的精神损害抚慰金。依此，精神损害抚慰金的适用应当具有精神损害事实和后果严重两个条件。

二、精神损害"后果严重"的情形

2. 精神损害后果严重，是指发生国家赔偿法第二条或者第十七条规定情形之一，致受损害人有下列一种或者多种后果：

(1) 死亡；

(2) 重伤或者残疾；

(3) 精神疾病或者严重精神障碍；

(4) 婚姻家庭关系破裂或者引致家庭成员严重伤害；

(5) 因丧失人身自由而失去重要的（就业等）机会，以及对其生产经营造成严重影响或者重大亏损等，产生重大精神损害；

(6) 其他重大精神损害。

受损害人完全没有犯罪行为或者犯罪事实并非受损害人所为的，可以认为是精神损害后果严重。

3. 精神损害后果特别严重的，应当适当增加抚慰金的数额。精神损害后果特别严重，是指发生国家赔偿法第二条或者第十七条规定情形之一，致受损害人有下列一种或者多种后果：

(1) 非正常死亡，而国家机关及其工作人员负有重大责任；

(2) 因超期羁押造成重大人身损害；

(3) 因刑讯等造成伤残或者精神失常。

4. 精神损害"后果严重"或者"后果特别严重"，由赔偿申请人负责举证。处理赔偿申请的机关根据申请人的举证情况和现有证据认定事实。必要时，处理赔偿申请的机关根据申请人的申请或者依职权调取相关证据。

三、精神损害抚慰金的适用原则

5. 侦查、检察、审判机关国家赔偿工作部门在办理精神损害抚慰金赔偿案件时应当遵循以下原则：

(1) 依法原则。严格执行《国家赔偿法》关于精神损害抚慰金给付条件的规定。对符合法律规定的申请人给予精神损害赔偿，但不应当超出规定扩大适用范围。

(2) 损害程度与赔偿数额相适应原则。确定精神损害抚慰金数额时应当充分考虑损害后果的严重程度，包括羁押时间的长短、损害的后果、违法的程度等因素。

(3) 原则性与地区差别相结合原则。在依法确定精神损害抚慰金数额时，各地可以根据本地区经济社会发展的实际情况，在本纪要所定幅度内酌情赔偿。

四、精神损害抚慰金的协商确定

6. 对于精神损害抚慰金的申请，应当本着实事求是、公平合理的原则，妥善处理。有条件和解的，应当充分听取申请人的意见，着重于自愿协商。

7. 协商精神损害抚慰金的数额，一般不应超过本纪要第9条、第10条确定的最高数额。

8. 协商达成一致意见的，可以形成书面协议。书面协议可作为处理相关纠纷的依据，在处理决定书中予以体现。

五、精神损害抚慰金的数额

9. 确定精神损害抚慰金数额，应当以丧失人身自由的时间长短为主要依据，结合其他损害或者损失的情况综合确定：

(1) 二十日以下的，一千元以下；精神损害后果特别严重的，二千元以下；

(2) 二十日以上，二个月以下的，三千元以下；精神损害后果特别严重的，五千元以下；

(3) 二个月以上，三个月以下的，一万元以下；精神损害后果特别严重的，三万元以下；

(4) 三个月以上，一年以下的，二万元以下；精神损害后果特别严重的，五万元以下；

(5) 一年以上，三年以下的，五万元以下；精神损害后果特别严重的，十万元以下；

(6) 三年以上，五年以下的，十万元以下-精神损害后果特别严重的，十五万元以下；

(7) 五年以上，十年以下的，十五万元以下；精神损害后果特别严重的，二十万元以下；

(8) 十年以上的，二十万元以下-精神损害后果特别严重的，三十万元以下。

10. 致受损害人重伤、残疾或者死亡的，可不受受损害人丧失人身自由时间长短限制，在三十万元以下确定。

11. 本纪要第9条、第10条所述数额中，"以下"包括本数，"以上"不包括本数。

12. 精神损害后果特别严重，在上述规定限额之内赔偿仍不足以抚慰受损害人精神损害、需要在限额以上确定抚慰金的，应当层报省级主管部门。

六、其他规定

13. 人身自由损害赔偿金数额的确定，不影响精神损害抚慰金的酌定。

14. 涉及精神损害抚慰金的案件的信息共享。省公安厅、省人民检察院和省高级人民法院对本系统办理的涉及精神损害抚慰金的案件的具体案例，及时提供简要情况供其他各方参考。

# 关于印发《在部分基层法院试行“综合审判机制”的实施方案》的通知

粤高法［2011］448号

汕头、韶关、河源、梅州、惠州、汕尾、阳江、湛江、茂名、肇庆、清远、潮州、揭阳、云浮市中级人民法院，本院政治部、审管办、研究室、宣传处：

我省欠发达地区法院存在的法官断层、办案力量不足问题，是长期制约法院发展的难题。2007年以来，阳西、连平等法院开展了“综合审判机制”改革试点，在有效整合审判资源、优化人才组合、提高审判效率和质量上，取得了较为明显的成效。省法院研究决定，于2012年起在全省案件少、办案力量不足的基层法院试行“综合审判机制”。现将《在部分基层法院试行“综合审判机制”的实施方案》印发你们，请认真遵照执行，并于11月11日前研究确定试行法院上报我院。

二〇一一年十一月一日

# 在部分基层法院试行“综合审判机制”的实施方案

广东欠发达地区法院存在的法官断层、办案力量不足问题，是长期制约法院发展的难题。阳西、连平等法院从实际出发，开展了“综合审判机制”改革试点。试点实践证明，“综合审判机制”在有效整合审判资源，优化人才组合，提高审判效率和质量上，探索出了一条解决山区法院审判力量不足的新方法、新路径。

广东经济发展不平衡的现实决定了广东法院科学发展必须走工作分类指导、人员分类管理之路，在案件少、办案力量不足的基层法院试行“综合审判机制”长远科学发展的重要举措。为切实做好试行工作，特制定本方案。

## 一、总体要求

（一）指导思想：坚持“三个至上”指导思想，以科学发展观为指导，通过合理配置审判资源，优化队伍结构，提高法官素质，建立主审法官与各类司法辅助人员科学分类和专业化分工的审判管理模式，解决欠发达地区基层法院法官断层、办案力量不足的问题，促进审判质量和效率的提高。

（二）工作原则：

1. 依法推进原则。试行“综合审判机制”既要遵循我国《宪法》、《法官法》、《人民法院组织法》的规定和最高人民法院的要求，又要大胆创新，从广东法院的实际出发，不断推动法院工作的科学发展。

2. 遵循审判规律原则。试行“综合审判机制”要遵循审判工作规律，明确合议庭职责，强化法官在审判中的地位，建立起法官责、权、利高度统一的工作机制。

3. 公正效率原则。试行“综合审判机制”审判资源，有利于提高法官司法水平，提高办案的质量和效率，保障司法公正。

4. 稳步实施原则。试行“综合审判机制”审判工作和队伍实际的基础上，大胆实施，稳步推进，逐步完善，建立一套具有广东特色符合广东法院实际的审判运行机制。

二、组织领导和工作分工

在省法院党组的领导下，按照院领导的分工，加强指导。

政治部地方干部处负责协调统筹"综合审判机制"试行工作，加强与相关基层法院及其上级法院的协调，加强与省法院有关部门的协调，指导各基层法院制定工作方案，指导主审法官、法官助理及书记员的选任等工作。

审判管理办公室负责指导相关基层法院建立新的审判管理模式，明确主审法官、法官助理和书记员在审判工作中的职责和权利，规范审判运行过程，对实施后审判工作的各项指标进行跟踪分析。

研究室负责对"综合审判机制"的试行工作进行跟踪、评估，提出完善意见。

宣传处负责分阶段组织对外的宣传报道，全面介绍"综合审判机制"的做法和取得的成效，总结挖掘改革经验，营造良好舆论氛围，不断扩大改革效用。

三、试行范围

"综合审判机制"是在保持现有机构建制不变的前提下，在内部管理上打破审判人员分庭管理以及案件按刑事、民事、行政类归口审理的格局，构建以主审法官为中心，法官助理和书记员各负其责、相互衔接的审判运行体系，将三类案件随机分配到若干个由主审法官、法官助理和书记员组成的审判组，实行综合审理。

目前我省欠发达地区基层法院一般设立了立案庭、刑庭、民一庭、民二庭、行政庭、执行庭及若干派出法庭，需要30名以上法官（含院领导）才能保证分别组成合议庭审理案件。按照阳西法院主审法官年办理案件数测算，及对全省基层法院的办案力量、案件数量进行比较研究，适合试行"综合审判机制"的法院条件是：一线审判部门法官人数30名以下，且近三年年均审结案件数2000件以下的基层法院。有关中级法院在综合衡量有关条件，并征求基层法院的意见后，提出拟试行的法院名单报省法院，由省法院党组确定。

四、方法步骤

（一）确定试行法院：

根据案件数量和法官数量的测算，汕头、韶关、河源、梅州、惠州、汕尾、阳江、湛江、茂名、肇庆、清远、潮州、揭阳、云浮等欠发达地区的部分基层法院存在案件少、办案力量不足的情况，要求每个地区至少确定1个基层法院试行。

（二）试行准备阶段：

1. 召开现场会：在阳西县法院召开"综合审判机制"试行工作现场会，省法院有关职能部门、参与试行法院及其所属中级法院相关人员参加，学习阳西县法院"综合审判机制"试点的主要做法和经验。

2. 细化实施方案：各参与法院制定本院"综合审判机制"的实施方案，包括明确试行"综合审判机制"的指导思想、基本原则、组织领导、审判运行模式；主审法官、法官助理、书记员三类人员的管理和工作职责；主审法官的选任条件、程序和待遇保障。

3. 加强宣传动员：各参与法院成立改革领导小组，及时向当地党委、政府、人大和组织人事部门全面汇报改革工作，制定宣传教育提纲，向本院广大干警讲清楚改革的背景、思路、做法，争取各方面的高度重视和大力支持，为改革的顺利开展打下良好的基础。

4. 实施人员分类：各参与法院根据主审法官选任方案选任主审法官、法官助理和书记员，并组织对三类人员进行培训。

5. 审判运行准备：各参与法院内部成立主审法官室统管所有主审法官，规范立案庭随机派案、审判工作人员组成、人民陪审员选取、案件合议等程序性工作，为"综合审判机制"实施做好准备。

（三）组织实施，阶段：

"综合审判机制"正式试行。各参与法院重点对审判活动过程、办案的重点环节和关键节点进行规范和完善，加强审判绩效管理，省法院审判管理部门、各相关中院要实行同步跟踪指导，确保案件质量和改革的成效。

（四）评估完善阶段：

1. 检查评估：由政治部会同省法院有关部门联合有关中院对基层法院"综合审判机制"的试行情况开展联合检查、调研和总结，对试行情况进行评估。

2. 完善发展：检查评估组根据调研评估情况，撰写专题报告，完善有关制度；对取得的经验进行宣传。

五、工作要求

一要解放思想，大胆试行。实践证明，"综合审判机制"能较好地整合有限的审判资源，优化人才组合，对于解决法官断层、审判力量不足的问题起到了较好的作用，要抓住时机，消除顾虑，在案件少、办案力量不足情况突出的基层法院大胆试行。

二要着眼内外，扩大效用。"综合审判机制"不是简单的资源整合，要更好地发挥其效用，对内必须选任高素质的主审法官，同时要注意保护和激发法官助理、其他辅助人员的积极性；对外要把改革节约的审判资源用于诉前联调、镇街综治信访维稳中心建设和派出人民法庭工作中，扩大改革的效用。

三要加强评估，不断完善。在试行过程中要不断完善审判运行和人员分类管理的各项做法，省法院政治部、审管办、研究室等部门要注意总结，及时收集基层法院的意见，不断发现存在的问题和不足，及时完善、推进和发展。同时，省法院在统筹经费时，对试行法院要给予适当倾斜。

四要细化工作，确保平稳。要把改革的背景、做法、意义向广大干警讲清楚，做好思想工作；对在主审法官选拔中落选的法官，要及时与其谈心，妥善安排工作；正式实施前要对审判人员进行一次培训，帮助其尽快适应角色的转变；要主动向地方人事、财政部门沟通反映情况，保障主审法官

和各类审判人员的政治经济待遇。

附：阳西县人民法院试行“综合审判机制”改革简介

## 阳西县人民法院试行“综合审判机制”改革简介

阳西县人民法院位于粤西经济欠发达地区，受制于经济待遇等因素，法官队伍建设遇到诸多问题，严重制约法院工作开展。2007年以来，在省法院、阳江市中级人民法院的正确指导和当地党委、人大、政府的大力支持下，积极开展“综合审判机制”改革，有效破解了山区法官断层和员额不足的问题，为经济欠发达地区解决法官力量不足难题作出了有益探索。改革全面促进了阳西县法院各项工作的开展，2008年以来，该院先后被省法院评为“全省优秀法院”全省法院解决执行难先进集体。

### 一、正视现实，积极探索，明确改革工作思路

改革前，该院在审判工作中遇到五个突出问题：一是法官员额不足，绝大部分审判庭都不足以组成合议庭。二是法官断层，全院26名法官中，41岁至50岁的占绝大多数，法官年龄结构逐年老化，法官后备力量缺乏，“断层”现象明显。二是法官素质参差不齐，多数法官是八十年代进入法院的非法律科班出身，有些法官不能完全胜任审判工作，这也是影响案件质量和效率，造成二审发改率和发回重审率高的主要原因。四是年受理刑、民、行政三类案件数量相差悬殊，民事审判庭、刑事审判庭、行政审判庭的审判人员忙闲不均。五是法官在审判工作中做大量的辅助性、事务性工作，影响了法官集中精力裁判案件，影响了案件质量和效率。

针对这种状况，为破解这些难题，按照省法院的要求，在阳江中院、县委、人大、政府大力支持下，该院领导到湖南长沙中院、芙蓉区法院、浏阳法院和深圳盐田法院等地考察学习，在充分论证的基础上，结合本院实际，在2007年底推行法官助理制度改革，构建“综合审判机制”。

### 二、大胆创新，构筑“综合审判机制”，建立“1+1+1”审判组织模式

该院在内部机构设置、行政管理及审判管理方面进行较大的改革，建立了“综合审判机制”。在内部管理上取消按刑庭、民一庭、民二庭、行政庭的管理模式；刑、民、行政三类案件也不按庭归口，随机分配到六个审判组合，综合审理刑事、民事、行政案件，打破了人员分庭管理以及按刑事、民事、行政案件归口审理的格局；同时，从德、能、勤、绩、廉和庭审技能等方面综合考核，进选出名业务精湛、经验丰富、学历较高主审法官和8名法官助理及8名书记员，组成8个“1+1+1”组合模式（其中六个组合负责本院机关受理的全部刑、民、行政案件，二个组合负责两个法庭受理的案件），建立了一个法官配备一个法官助理和一个书记员的“1+1+1”审判组织模式。构建以法官为中心，法官助理和书记员各负其责、互相配合、互相监督、运转高效的审判运行体系。

第一，明确各岗位分工。确定由主审法官专职行使审判权，主持庭审、作出裁判、签发文书、重大案件调解工作；法官助理负责调查收集核对证据、审查诉讼材料、接待安排案件当事人等程序性工作，在法官授权情况下主持一般民事案件的庭前调解工作，帮助主审法官起草法律文书等事务工作；书记员负责记录、归档。明确的岗位分工使法官逐步从繁琐的程序性、事务性工作中解脱出来，集中精力和时间专心审案，实现了审判资源的优化配置。

第二，规范审判运行过程。一是成立一个法官室统管所有主审法官。所有案件不分案件类型，统一由立案庭随机排定后，由主审法官、法官助理、书记员按照“1+1+1”的组合模式负责审理（个别素质高、较优秀法官按“1+2+1”组合模式）；二是培养综合型法官。法院受理的所有刑事、民商事、行政案件，均由主审法官负责审理，主审法官成为一个既审刑事，又审民商事、行政案件以及其他案件的多面手；二是在法官室另外安排两名审判员，并备人民陪审员名册，以便解决重大复杂案件普通程序合议问题；四是主审法官自行签发法律文书，自负审判责任。除个别疑难复杂案件、新类型案件、党委人大过问案件外，其余案件的法律文书均由主审法官签发。

第三，强化举措，健全考核激励机制。为确保法官助理制度得到顺利实施，该院强化了三方面的举措：一是强化培训。二是强化考核。该院根据实际情况，制定《年度绩效考核办法.，对主审法官和法官助理实行“一年一考核，三年一选任”制度。二是强化保障。落实职业待遇，提高积极性。在政治待遇方面，被选任的主审法官可获得优先提拔、晋升机会。与改革相配套，各类人员的经济上也获得补贴，其中主审法官每月补贴300元，并且每办结一宗案件补贴20元，法官助理每月补贴200元，书记员每月补贴100元。

### 三、改革的成效

经过三年多的实践，该院的改革工作取得了显著成效，得到了上级法院，当地党委、人大、政府的充分肯定，得到了人民群众的认同，取得了较明显的成效：

一是解决了法官断层和力量不足的难题。法官助理制度改革后，把各类案件集中由8名优秀法官办理，既整合了有限的审判资源，优化了人才组合，同时，改变了以往各庭忙闲不均的现象，使法官工作量基本均衡。法官助理承担了大量的接待当事人、签收证据材料和诉讼文书、办理诉讼保全等程序性工作和大量法律文书的草拟工作，大大减少了法官事务性工作，提高了办案效率，解决了法官断层和力量不足的问题。2008年，8名主审法官人均办结案105件；2009年人均办结124件；2010年人均办结169件。2008、2009和2010年该院结案率分别为96.8%、99.5%和99.7%，连续三年在全市法院排名第一。2011年上半年，该院法定审限内结案率为

100%，延长审限未结率为0，再列全市第一。

二是确保了办案质量。2008年，该院没有一件发回重审案件，二审发改率为23.3%，比2007年下降了近10个百分点；2009年二审发改率又比上年下降了10个百分点；今年上半年，该院一审案件上诉发改率仅为0.23%，生效案件发改率为0，案件质量在全市法院排名第一。

三是促进了司法廉洁和社会效果。改革避免了法官与当事人直接接触，有利于内部监督和制约。实行法官助理改革后，该院的涉诉信访率逐年大幅下降，2010年信访投诉率为0.71%，2011年上半年信访投诉率为002008年以来，该院无一违法违纪的人和事。2011年上半年，该院一审案件服判息诉率为90.83%，调撤率达73%。2010年、2011年上半年排头兵达标竞赛在阳江市基层法院排名第四是有利于后备法官人才培养。综合审判机制的推行，彰显的是以职业化、精英化的法官为核心的集约型的司法职业精细分工，其以“法官——法官助理——书记员”的审判组织模式打破了传统的“法官——书记员”模式，同时继承了“法官——书记员”这种

“传帮带”培养法官粗放式学徒传统，发扬了其原有培养人才的优势。在法官助理制度中，法官有固定搭配的书记员，法官就有悉心指导书记员的动力，书记员经培养可晋升法官助理，法官助理通过司法考试任命为初任法官，在法官的帮带下参与庭审和法律事务工作3年后，有晋升法官机会，从而促使书记员和法官助理有主动学习的动力。事实上，法官助理辅助法官，与接受法官指导的良性互动，其在与法官共同从事行使审判权这一审判核心业务，这一过程的性质就是一个培养后备法官的学徒模式。法官助理制度继承了这种被国内外实践证明行之有效的人才培养和传承方式。

实践证明，该院的法官助理制度为法官配备助理，让法官从过去繁重的法律事务中解脱出来，提高了法官人均办案数量，既提高了办案效率，又确保了办案质量，为解决经济欠发达地区法院法官断层和力量不足的难题找到了突破口，为提高审判质量和效率找到了出路。

# 关于印发《广东省高级人民法院刑事被害人司法救助工作规程》的通知

粤高法办［2011］5号

刑一、二、三、四庭、审监庭：

《广东省高级人民法院刑事被害人司法救助工作规程》已经院领导批准，现印发给你们，请认真贯彻执行。执行中有何意见和问题，请报告本院刑事被害人司法救助工作办公室。

二〇一一年二月十五日

# 广东省高级人民法院刑事被害人司法救助工作规程

为进一步规范刑事被害人司法救助工作，有效化解社会矛盾纠纷，维护社会和谐稳定，提高司法救助工作实效，根据中共广东省委政法委员会、广东省财政厅印发的《广东省省级司法救助资金使用管理规定》（粤政［2010］1号），本院《关于〈广东省省级司法救助资金使用管理规定〉实施细则》（以下简称《实施细则》）的规定，结合刑事审判工作实际，制定本规程。

**第一条** 当事人有符合《实施细则》第二条、第五条规定的情形，本院刑庭法官应告知当事人提供以下证明材料：（一）相关法律文书；（二）身份证、户籍证明；（三）所在单位或基层组织出具的当事人及其直系亲属生活现状的证明材料，其中农村居民需提供乡（镇）以上人民政府（含乡、镇）或民政部门出具的证明，城镇居民需提供街道以上人民政府（含街道）或民政部门出具的证明；（四）法院认为需要提供的其他材料。符合《实施细则》第五条规定的当事人，可以向本院提出司法救助资金的申请。当事人一般应提交书面申请，并提供上款证明材料。当事人书写确有困难的，可由法院制作问话笔录，说明申请的理由。各刑庭给予当事人司法救助前，必须进行调解，并如实记录调解情况。

**第二条** 刑庭法官收到当事人司法救助的申请后应及时审查报批。

**第三条** 承办法官初查。承办法官对当事人提交的有关证明材料应在5个工作日内进行审查，并就是否符合救助条件进行初步查证；发现不符合救助条件的，不得启动司法救助申请程序，对当事人提出申请的，还应及时向申请人说明情况?做好说服工作。

**第四条** 合议庭评议。承办法官认为当事人符合司法救助情形的，应在3个工作日内提请合议庭评议。经合议庭讨论同意后，填写一式三份的《广东省高级人民法院司法救助资金申请表.（表1，以下简称《申请表》），报庭室负责人审核。《申请表》填写统一由本院刑事被害人司法救助工作办公室（由刑四庭负责，以下简称刑事司法救助工作办公室）立“粤高法刑司救字”，统一编号，案件名称写案件主要当事人及案由，并注明案号。

**第五条** 刑庭负责人审核。合议庭评议同意给予司法救助的，应在3个工作日内提交庭领导审核，经审核同意后，各部门统一送本院刑事司法救助工作办公室报本院司法救助工作领导小组审批。

**第六条** 院司法救助工作领导小组审批。本院刑事司法救助工作办公室负责收集各刑庭报送的申请司法救助资金案件材料，统一报送司法救助工作领导小组审批。领导小组审批同意给予救助的，由各刑庭填写一式四份的《广东省直司法救助资金审批表》（表2，以下简称《审批表》），盖院印章后连同当事人生活困难的证明材料及二份《申请表.，送院刑事司法救助工作办公室，另一份《申请表》由申报刑庭随案卷归档。

**第七条** 本院审判委员会决定或院长、副院长认为应对当事人给予司法救助的，各刑庭应填写《广东省直司法救助资金审批表》及审判委员会的决议或院长、副院长的审批材料，并收集当事人生活困难的证明材料一同送院刑事司法救助工作办公室。

**第八条** 经本院司法救助工作领导小组审批同意，或经本院审判委员会决定或院长、副院长审批决定给予当事人司法救助的，刑事司法救助工作办公室应向省委政法委报送材料，提出对当事人给予司法救助的申请。

**第九条** 本院刑事司法救助工作办公室负责对刑事被害人申请司法救助的案件进行统一登记，并在5个工作日内将申请材料报送省委政法委执法督查室审批。

**第十条** 本院行装处财务科收到省委政法委、省财政厅审批核拨的救助资金后，应在2个工作日告知司法救助工作办公室，司法救助工作办公室应在2个工作日将司法救助申请的结果通知各刑庭，并督促各刑庭发放救助金。

**第十一条** 各刑庭发放司法救助金时应填写一式三份的《广东省直司法救助资金发放登记表》（表3，以下简称《发放登记表》）。

《发放登记表》中发放单位为“广东省高级人民法院为”某某（姓名）某某（案由）某某（上诉或复核或其他）案救助金额要大写，经办人签名栏要法院2名在场工作人员签名。

**第十二条** 发放司法救助金时，各刑庭应提前将发放司法救助金的金额告知行装处财务科，由财务科提前准备好所需救助金。

**第十三条** 各刑庭收到司法救助申请的审批结果后，应在3个工作日内通知当事人到法院领取司法救助金。

**第十四条** 各刑庭发放救助金时，应由法院2名以上工作人员在场，认真核实当事人的身份等材料，填写《发放登记表.，并制作发放救助金笔录。

**第十五条** 当事人领取救助金，应在《发放登记表》上签名，并在备注栏注明接受救助金后对案件的态度。

**第十六条** 各刑庭应对司法救助资金的发放工作进行监督。发放救助金后，承办法官应将《发放登记表》复印件一份附卷归档，并将发放救助金的情况向本庭领导报告，由庭领导审核并在《发放登记表》备注栏签名确认。

**第十七条** 各刑庭司法救助金发放后，将一份《发放登记表》交行装处财务科作为财务入账依据，另二份及经各庭领导审核确认的发放救助金情况的书面报告统一交刑事司法救助工作办公室；二份《发放登记表》由刑事司法救助工作办公室在每季度第三月最后一天（节假日顺延）集中报送省委政法委留档存查。

**第十八条** 本院刑事被害人司法救助工作办公室对救助案件进行登记造册，立卷归档，并进行统计，实行统一管理。

**第十九条** 本规程自公布之日起实行。

# 第五章　各部门工作

## 纪检组监察室

2011年，纪检组监察室认真贯彻落实省法院党组和省纪委的反腐倡廉建设工作部署，以全面深化司法公开为平台，以加强廉政风险防控为主线，在党风廉政建设、培育先进典型、司法巡查以及案件查办等方面实现了重点突破，全省法院反腐倡廉建设取得了新的明显成效。全省法院纪检监察部门受理的信访投诉数量比去年下降38.3%，干警违纪违法案件数和人数比去年分别下降了54.05%和43.18%；涌现出了梅州法院、广铁中院和广州从化法院、萝岗法院、深圳南山法院、湛江徐闻法院等连续多年无违纪违法案件的先进典型；经广东省情调查中心进行的“法院工作群众满意度调查”，显示人民群众对广东法院整体工作满意率达95.1%、对司法公正和司法廉洁指标的满意率分别达92.3%、90.1%。

一是注重服务大局，推进司法公开。年初协助院党组确定了“以司法公开促公正廉洁”的总体思路并依法推进业务管理、政务管理和队伍管理的全面公开，把阳光司法、规范法官自由裁量权作为队伍源头治理的切入点，以最大限度的公开减少人民群众的疑虑，减少权力寻租、暗箱操作和外来干扰的空间，致力于从源头上防治违纪违法问题。这一做法得到了省纪委的充分肯定，并以信息专刊形式向全省推介。规范自由裁量权的做法也在全省反腐倡廉制度建设与改革创新经验交流会上作了发言交流。

二是加强党廉建设，破解责任虚化。制定党廉责任制实施办法，明晰责任主体，在全省法院落实党廉工作报告、第一责任人述责制度；加强检查考核，制定考核办法，定期对机关各部门进行党廉专项考核，对中院进行党廉专项巡查，各中院党组书记履行“第一责任人”职责的报告全部挂在内网接受干警评议；加大问责力度，严格实施责任倒查制度和责任检讨、追究制度，今年先后对江门江海区法院、韶关中院、茂名化州市法院的相关领导启动党廉责任追究程序，全年共对6人进行党廉问责并通报全省法院。

三是丰富教育载体，增强教育实效。注重发挥反腐倡廉教育的基础性作用，认真部署纪律教育学习月、集中警示教育等多项活动，切实增强廉政教育的实效性。注重发挥领导带头和先进典型示范作用，在全省法院深入开展“一把手”讲党课活动，郑鄂院长带头讲授了党课，深受广大干警好评；主动挖掘和推介的梅州、广铁中院和徐闻法院等部分“零违纪”法院，起到了较好的示范带动作用；组室领导采用“一对一”谈心的方式，与省法院机关部门正职和部分中院院长开展了廉政谈话。

四是立足机制创新，创建廉政品牌。充分发挥制度的规范保障作用，出台司法巡查实施细则，在率先完成首轮巡查的基础上开展对6个中院的整改落实情况回头看和党廉专项巡查，对12个基层法院进行直接巡查；下发廉政监察员制度暂行规定，创设专职、兼职和派驻三种管理模式并定期进行轮岗，在审判业务部门和人财物管理部门配齐配强廉政监察员；制定干警廉政档案信息管理规范，自主开发电子档案系统，实现网上申报和动态管理。司法巡查、廉政监察员及廉政档案管理工作多次受到最高法院肯定并得到新闻媒体广泛宣传报道，处在全国法院排头兵位置，成为重要的“廉政品牌”。

五是突出监督重点，严密监督网络。突出关键环节、关键领域，加强对领导干部决策审批、人财物管理以及审判执行等权力运行关键环节的监督。在全省法院重点督促“三重一大”（重大事项决策、重要人事任免、重大项目安排、大额资金使用）决策制度和审判责任追究制度的落实；联合院执行局、行装处等部门组成检查组，对全省23个中院的执行款管理情况进行全面检查，对其中6个中院、6个基层法院的诉讼收费、政法转移支付资金和诉讼费统筹款进行抽查，对发现的问题抓紧督促整改，切实增强监督工作的针对性。

六是加大查处力度，办案成效明显。高度重视信访举报工作，开通全国法院举报网站二级专网，创建集纸质信访举报、电话举报、网络举报等综合一体的信访举报信息平台，实现信访举报“专人、专房、专机”；完善举报受理、线索核查、案件督办和举报信息反馈机制，通过信访件分类管理与筛选排查，不断拓宽信访渠道，及时发现掌握案件线索。全年共处理各类信访举报3072件，主动查办和初核23起94人。其中自行查办的某专案和某中院串案，在没有使用任何办案措施的情况下，坚持用思想政治工作的方法深入谈心，较好地维护了党纪政纪的严肃性，得到汪洋、明国、伟发等领导同志的高度肯定。我们自主查办案件的经验在省纪委办案经验交流会上得到了重点推介。

七是注重自身建设，提高整体水平。加强思想建设，坚持支部学习制度；加强业务建设，6月份承办了全国法院纪检监察业务培训班并组织部分法院纪检监察干部全程参训，还在培训班上重点介绍我省法院开展党风廉政建设的主要做法，受到了中纪委驻最高法院纪检组和全国各地学员的高度评价。注重干部选配和培训、培养，注重对下指导，坚持培训全省法院纪检监察办案骨干并抽调参与案件查办。全省法院纪检监察机构从2008年以前的机构缺失率达三分之一、队伍仅两百多人发展到目前共有纪检监察室142个、干部402名，纪检监察部门组织架构和知识结构明显优化。

# 政治部

2011年，政治部政治工作取得较大成效，为服务审判执行工作和实现排头兵目标，提供了有力政治保障和人才支持。

## 一、把握正确方向，大力推进系统党建创新

大力推进系统党建创新，与省委组织部联合印发《关于加强和改进全省法院系统党建工作的意见》，在全国首次明确系统党建的双重管理体制，得到王胜俊院长批示肯定，最高法院发文在全国推广。提出推进系统党建20项任务。创新工作机制。在全国法院首创省法院领导参加中院班子民主生活会制度。建立系统党建工作网络，明确党建工作负责人、联系人职责。在全国法院首创系统党建工作台账，最高法院简报刊登此项经验，确定明年在全国推广。在全国法院出台首个系统党建工作考核办法。在全国法院首个实施下级法院向上级法院就党建工作专项述职制度。首次开展全省法院系统党建表彰，表彰7个先进集体、49名先进个人；5个集体、5人被评为全国法院党建工作先进集体、先进个人。7人被中央政法委评为全国政法系统优秀党员，东城法庭被评为全国政法系统先进基层党组织。首次组织全省法院党建理论研讨，郑鄂院长带头撰写论文，5篇论文获全国法院党建理论研讨特别奖和一、三等奖。

## 二、坚持群众路线，圆满完成民意调查工作

委托广东省省情调查研究中心开展了首次“人民群众对法院工作满意度调查”。在《人民日报》、《法制日报》、《人民法院报》等媒体，以广东高院引进第三方寻找“沉没的声音”为主题进行报道，引起社会强烈反响。汪洋书记在《人民日报》的报道上作出重要批示：“广东省高院的做法值得一些与群众利益联系比较密切的部门借鉴。”形成以调查结果为主要依据的争当排头兵成果报告，得到汪洋、王胜俊、沈德咏和省四套班子主要领导批示肯定。将报告形成省法院和全省中院长理论务虚会的主要参阅材料，确保会议实效。

## 三、坚定理想信念，扎实开展主题教育活动

突出提升理念、全面点评、深入讨论、组织建设、结合中心五个重点，深化创先争优和主题实践活动，扎实开展“群众观点大讨论”和社会主义法治理念再学习、再教育活动。创新教育形式。坚持发挥党组中心组理论学习的示范带头作用，广州中院举办青年法官政治培训班，深圳、河源中院举办提升群众工作能力专项培训班。创新教育载体。邀请林茂光和省委宣传部讲师团专家做报告，编印群众观点大讨论学习读本、社会主义法治理念文件选编、社会主义法治理念学习卡，下发全省干警学习。组织“群众在我心中”先进事迹报告团到全省各中院巡回宣讲群众观点、群众感情和群众工作智慧，创新考评办法。纳入中院年度综合考核，召开东西两个片会，总结点评推进全省法院深入开展两项活动。省法院对机关各党支部开展两项活动的情况进行动态管理、量化考核，组织专家对活动板报进行评比，将活动开展情况作为评先评优和绩效考核的重要依据。

## 四、围绕服务大局，努力提升司法能力

把握市县集中换届机遇，根据院党组指示，及早谋划，主动作为，积极向党委推荐中院、基层院领导班子人选，协助党委选好配强各级法院院长。今年共提拔交流9名中院院长、71名基层法院院长。班子的知识结构、年龄结构明显优化，班子的朝气和活力明显增强。举办全省基层法院领导班子成员培训班，对150名新任班子成员进行集中培训。加强人才建设，抓好精英。出台人才队伍建设十年规划，实施人才建设“128”工程，力争用十年时间培养复合型优秀管理人才100名、省级以上审判业务专家200名、省级以上岗位标兵800名。成功推荐3名全国审判业务专家。加强教培管理，抓好素能。实施广东法官素能提升工程，提出“铸忠魂、晋学识、增智慧、强素能”教育培训目标。制定并出台大规模教育培训五年规划、出国（境）培训管理意见，加强干部培训工作规划，增强赴外培训的公开性、透明度和规范化。选派575人参加国家法官学院调训，调训工作首次跻身全国法院前十位。省法院举办25期各类业务培训班，培训干警4130人次。对符合晋高条件的477名法官进行专项培训，集中培训预备法官818人。加强典型培树，抓好示范。深入挖掘宣传陈光昶、林保南等优秀法官的事迹，树立人民法官的良好形象；树立建院61年没有违法违纪的徐闻法院为廉洁执法典型，为80个集体和75名个人记功、嘉奖，林保南同志被授予“广东省五一劳动奖章”。4个法院被评为“全国优秀法院”，5名法官被评为“全国优秀法官”。推荐2个基层法院、4名法官被最高院列为“全国模范法院”和“全国模范法官”等额考察对象。

## 五、突出核心价值观，深入推动法院文化建设

纵深推进法院文化建设。率先在全国高院出台首个文化建设五年规划，着力从岭南文化精髓和特区文化、广府文化、潮汕文化、客家文化等地域传统文化特色特点指导各级法院文化建设，发展各具特色的法院文化。成功培树梅州中院、南山法院为第二批全国法院文化建设示范单位。评选8个年度文化建设达标单位，促进文化建设从个别示范向整体达标推进。大力推动学习型法院建设。在全国高院首次评选8个全省学习型法院示范单位，发挥先进典型的示范引领作用。梅州中院被省委宣传部评为全省学习型党组织建设示范点。充分发挥政工动态、学习交流点将台作为政治学习、经验交流、信息沟通、业绩展示平台的作用，服务政治工作。政工动态全年出刊20期，发稿101篇。学习交流点将台全年推出18期题目，组织省法院22个部门、全省9个中院、15个基层法院答题。

## 六、遵循工作规律，完善政治工作机制

建立健全了“五项机制”：不断改进和完善综合考核机制。不断改进和完善干部选拔任用机制。建立促进办案工作的激励机制。建立辅助人员管理新机制。创新建立综合审判机制。

# 执 行 局

省法院执行局紧紧围绕排头兵实现年主要质效指标有针对性地开展工作。积极投身排头兵达标竞赛活动，通过抓执行管理，提高执行案件的办理质效和执行工作规范化水平；抓重点工作，带动整体工作全面推进；抓队伍建设，提高执行队伍的凝聚力和战斗力，为全省法院胜利实现“争当排头兵”这一光荣而艰巨的任务作出了积极的贡献。

**一是狠抓依法办案第一要务，积极稳妥地化解社会矛盾。**在充分调研的基础上，对内设机构的职能和人员进行了调配，对复议案件和涉执行申诉信访案件的主办部门进行了调整。通过合理分配办案时间和指标，以月度、季度相对均衡为出发点，实现全年均衡结案。通过开展创建“无执行积案先进法院”活动、执行款管理专项清理活动等专项活动，加大了对全省法院办理案件的指导、协调、监督和督促工作，实现了全省法院实际执行率和执行到位率等指标大幅正向上升。去年全省法院新收执行案件24.54万件，执结24.48万件，执结标的总金额514亿元，执行到位率65.19%。执行案件的法定期限内结案率为99.94%，同比上升0.34%。实际执行率85.45%，上升10.45%。通过依法办理执行案件，积极兑现债权，维护了生效法律文书的权威，保护了债权人的合法权益，维护了社会经济秩序稳定和市场交易安全。贯彻落实“三项硬要求”，坚持主动执行和和谐执行理念，妥善处理了多起领导机关交办的以及涉及民生的重大、敏感案件，及时化解社会矛盾，切实维护社会稳定。

**二是狠抓三项重点工作，打造广东执行的优势品牌。**深入推进主动执行改革。建立起主动执行联络员制度和主动执行专报制度；强化主动调查取证和查控财产工作。主动执行的内涵不断丰富，方式不断创新。全面建设执行指挥中心。省法院建立了首批专门处理执行突发事件和疑难复杂案件的执行专家库。开通了远程电子签章系统。新开通手机通话位置定位等3个查询系统，目前查询系统已建成9个。与五大商业银行举行了签字仪式，推进账户余额“点对点”查询工作。执行指挥中心指导、监督、督促、服务基层法院的作用开始显现。中央电视台《焦点访谈》栏目播出专门节目，高度肯定我省法院建设执行指挥中心和执行联动机制破解执行难，促进诚信社会建设。推进执行申诉信访工作。建立执行信访一把手负责、定期接访、重点案件预约恳谈、上访老户领导包案等制度，制定一系列规范性文件，全面规范办理流程。实行“带案下访”，对重点信访案件进行现场督导，与当地法院合力解决。根据最高法院排名通报，2011年我省执行信访化解率为95.04%，从全国第16名升至第3名；案访比全国排第4名。

**三是积极开展专项活动，促进整体执行工作科学发展。**开展创建“无执行积案先进法院”活动。结合排头兵达标竞赛活动，授予全省27个法院“2010年无执行积案先进法院”称号，并将各地级以上市执行工作情况纳入综治考评，推动执行工作良性发展。推进“阳光执行”。按照省法院关于司法公开的部署，落实执行听证，要求案件立案后尽快向当事人送达受理通知及合议庭组成通知，告知当事人反馈信息的途径，对争议较大的案件组织听证；实施裁判文书网上公开制度，制定了执行局《关于生效裁判文书上网公开的实施办法》；与省检察院相关部门就在部分法院开展民事执行活动法律监督的试点工作进行协商。开展反规避执行专项活动。组织全省法院创新执行方法，加大反规避执行力度，压缩赖账空间。与省公安厅、省住建厅、人民银行广州分行等部门联合下发规范性文件，形成了压缩“老赖”生存空间、打击“老赖”逃废债务的长效机制。开展执行款管理专项整治活动。组织全省法院进一步清查了执行款账目，规范了管理制度，并更新了工作理念，初步形成了执行款随到随付的机制。通过开展集中退付活动，各中院总计向申请人清退执行款21.6亿元。一些法院案号和当事人不清、执行款差额得不到填补等历史遗留问题得到解决。推进社会诚信体系建设。省法院执行局完成了关于“加强社会诚信建设”的调研，并向省政府提出了司法建议。

**四是加强指导和服务，提升全省法院整体执行工作水平。**规范委托执行。制定下发指导性文件，对委托执行案件的备案、跨省异地执行的审批、受托法院退回委托案件的审批程序等予以全面规范。提高区域法律适用的统一性。对执行迟延履行期间的债务利息和迟延履行金等问题认真研究，避免对相同问题作出不同理解和处理。加强案件研判分析。针对执行复议案件审理质量存在的问题，提出了《2010年度执行复议案件发改分析》，对被撤销及发回重新审查的案件详加分析，提出处理意见。开展调查研究。就如何完善强制依法搬迁等问题深入调查研究，认真分析总结，形成调研报告。随着省法院执行局由办理案件为主转向督促、指导、监督、服务为主和中院执行局由办理案件为主转向办理案件和监督、指导并重，全省法院执行质效指标持续向好，整体工作水平稳步提高。

**五是加强执行队伍建设，提高执行队伍凝聚力和战斗力。**积极投身“人民法官为人民”和“发扬传统，坚定信念，执法为民”主题教育活动，进一步弘扬公正、廉洁、为民的司法核心价值观，坚持廉洁执行，改进工作作风，增强服务意识，实行主动执行，队伍精神面貌发生了重大变化，整体形象明显好转，基本走出了“11·13”案件的阴影。积极开展执行培训和执行调研，加强业务学习，执行队伍的理论水平和业务素质进一步提高。

# 办 公 室

2011年，在党组领导和主管院长指挥下，办公室各项工作又取得新进步。亚运保障工作获“广东省先进集体”荣誉称号；人大报告赞成率五年来首超90%，办公室获集体二等功表彰；在全国法院督查督办工作考评中我院任务总数及完成量均列第一，总得分居首位；信息工作获全国法院和全省党委系统先进单位；机要工作连续2年被评为密码工作先进单位；档案工作连续5年被评为优秀管理等级，并被评为“省直档案兴业管理示范单位”；图书发行连续17年被评为全国法院先进单位；安保工作建设成效突出，获最高院、公安部联合督查组高度肯定；文秘工作连续5年获团省委续评“青年文明号”；外事、联络、信息分别在全国法院会议上作经验发言。2011年主要工作情况如下：

一、围绕中心工作，当好参谋助手。办公室全年完成人大工作报告等各类型文稿330余篇、190余万字。联络工作逐步形成广东特色，延续“百”系列活动，又牵头全省法院开展“百案释法答疑”、“百场征求意见”活动共616场，邀请各级代表3396人次参与。全年编发各类信息简报669篇，省委对我院信息采用率同比提升125%，多篇信息获汪洋书记等领导批示。督办案件和事项297件，所有建议、提案按时办复率为100%。全年承协办广东法院考察团外出调研等各类重大会议活动140次；协调安排院领导外出参加会议活动540次；及时流转送审案卷材料700多件、文件资料1.1万余份。积极发挥综治督导工作中综合材料、工作宣传等方面重要作用，全年总结上报材料71份，省委政法委作为经验材料转发31份。

二、提升政务管理，当好服务管家。绷紧机要保密的弦，收发、传阅、清退各类文件、资料32万多件，办理司法专邮2.3万多件。推进保密教育，组织全院干警参观全国保密警示教育展。重新考评定级全省各中院普通密码保密工作，组织全省法院密码干部宣誓。主导设计办文自动化系统，在全国高院开创收发文全程在线办理模式。牵头制定会风监督、公务接待、报刊征订等10项全院性工作规定。在全省法院全面推行“归档报结”；加大档案管理晋升省特级指导，全省仅剩13个基层法院尚未晋升；着力推进档案信息化建设。完成验收归档电子诉讼档案4.3万余册、文书材料1882件、信息1.9万余条；整理装订纸质诉讼档案4.3万余册、文书材料1千余册；接待查阅509人次。举办首次全省法院外事暨司法协助工作会议，办理各类司法协助1802件，约占全国1/4；办理涉外刑事案件照会651件；办理因公出国（境）12批45人次；接待外宾15批115人次。规范公务接待，压缩经费，完成省部级以上领导接待163人次；为干警出差、学习、探亲等订购机票、火车票800余张；到机场接送宾客5880人次。

三、加强安全保卫，强化后勤保障。以亚运标准抓好大运法院安保，妥善处理大运期间全省法院紧急信息编报、跟踪协调32件次。3次牵头组织开展全省法院安保建设抽检。落实院机关24小时值班应急制，全年安检信访、来访和开庭人员52373人，和相关部门共同处理集体上访26起、闹访235起，及时处置突发事件17起；办理施工出入证190个，纠正违章施工236次；接听值班电话820余次、接收值班传真260余份，报送各类紧急信息180多次。按时保质印制好每一份稿件，全年印制各类稿件1.48万件、打字排版14万多个，数码油印、打印、复印680万张次。配合搞好法庭装修服务保障，及时安排法庭改造所涉110名人员临时办公用房周转。出台报刊征订规定，保障干警工作学习需要，超额完成最高院征订任务，征订各类图书2.4万多册。做好副巡视员、副厅级纪检员的文秘服务保障；抓好全院性、全省性25次重大会议活动考勤；3次组织天河区疾控中心专家抽检食堂卫生。

四、狠抓廉政纪律，着力推进队建。扎实开展学习教育活动，成效明显，“两项活动”总分全院第一，板报获三等奖。以党建促队建，讲党课，开展支部承诺、党员承诺、新党员宣誓、志愿服务活动，党员群众踊跃参与帮困、捐助、献血等活动。紧抓内部绩效考核管理纲线不放松，推行网上考核管理，主动接受全院监督。积极参与法院文化建设，开展信息、档案、机要、外事等培训学习，提升文化建设能力；推进廉政文化建设，组织全室干警积极参加廉洁读书等活动；帮扶山区、贫困法院文化建设，先后向法官希望小学、从化法院捐书384册、150册。创新办公室党廉建设机制，年初定方案，明确全年目标，年终组织内部检查，支委成员和室组办负责人述职述廉，自我剖析，大家评议。

# 审判管理办公室

2011年，是全省法院审判管理工作取得明显进步的一年，是省法院审判管理办公室迅速发展并发挥重要职能作用的一年。一年来，审管办着力加强审判管理机构和队伍建设，强化案件质量和效率管理，强化审判运行态势研判分析，进一步提高宏观管理水平，全力推进争当排头兵竞赛活动。

## 一、大力推进审判管理工作体系建设

认真贯彻落实全国法院审判管理工作会议精神，加强审判管理制度、队伍和信息化建设，全省三级法院的审判管理工作网络基本建成。一是制定下发了《广东省法院加强审判管理工作的若干意见》，全面规划和推进审判管理制度建设。二是在进一步配强、配齐审判管理工作人员的同时，大力加强各级法院审判管理机构建设，基本建成职责统一的专门机构网络。促进信息化建设。三是积极开展审判管理工作调研。撰写《关于“广东法院综合业务管理系统”运行情况的报告》和《关于重庆、四川高院信息化建设及一级网开发的调研报告》，四是加强本院及全省法院审判管理人员的培训力度，提高审判队伍的整体素质。

## 二、大力强化审判质量管理工作

加大执行力度，积极开展案件质量评查，审判质量管理机制进一步完善，案件质量的微观管理水平明显提高。一是贯彻落实全国法院案件质量评估工作电视电话会议精神。起草《关于贯彻执行最高法院修改后的案件质量评估指标体系的意见》，全面介绍最高法院修改指标体系的情况，提出了要进一步调整细化我省法院的指标体系，要正确对待评估结果、发挥评估结果的运用价值等贯彻落实会议精神的建议，有力地促进了我省法院的案件质量评估工作。二是建立健全案件质量评查机制。通过起草印发《广东省高级人民法院案件质量评查工作实施办法》和《广东省高级人民法院关于推进案件质量评查工作的实施办法》等规定，建立健全机制，促使案件质量评查更科学、更公开、更高效。三是创造性地开展案件质量评查工作。在总结2010年开展评查工作经验的基础上，审管办创造性地开展了2011年案件质量评查工作，主要在三个方面进行了创新，一是自查与上级法院抽查相结合，二是实行上下级交叉评查，三是优化评查员队伍，促使我省法院案件质量的管理水平有了明显提高。

## 三、大力推进审判流程管理工作

继续大力推进审判流程管理工作。一是继续做好我院机关的案件预测与分解工作。根据历年来各办案部门指标实际运行情况，并广泛征求意见，对本院各办案部门2011年的办案指标重新进行了调整。二是强化审限管理，提高审判效率。通过制定了《广东省高级人民法院关于推进审限公开的实施办法》，进一步规范各环节的工作程序和所需期限，确保各个审判流转环节有效衔接。三是继续推进归档结案工作。定期通报本院的归档结案执行情况，及时分析解决反映的问题，并下发了《广东省高级人民法院诉讼案件“归档报结”暂行办法》，在全省法院范围内全面实行归档结案。四是部署开展积案清理活动。在清理活动期间，通过及时转发通知并立即做好清案工作动员部署；认真摸清底数，建立明细台账；定期通报清案进度；建立完善防止形成长期未结诉讼案件的长效机制等做好相关工作。

## 四、做好司法统计工作，为科学化的审判管理提供准确的统计数据

一是全力开展审判运行态势分析工作。撰写了每个季度、半年及全年的审判运行态势分析报告，有力的辅助了领导决策和指导全省法院开展审判工作。二是全力配合“奋力实现排头兵”活动开展。承担全年四个季度的“奋力实现排头兵”活动各类数据的收集和计算，向下发布数据通报情况，为实现我省法院争当排头兵目标做出了贡献。三是深入调研司法确认案件统计情况，切实解决案件数量虚高问题。深入基层，全面摸查情况，梳理存在的弊端，提出解决问题的建议并加以贯彻执行，有力保障了司法统计和审判管理工作决策的客观真实性。四是及时组织开展新报表的填报工作。最高法院对现行的司法统计报表进行更新，按照最高法院要求，组织开展新报表填报培训指导工作，确保全省各级法院按时保质做好各类报表的填报工作。五是加强对下指导，组织开展全省司法统计重点课题工作。通过举办统计员培训班和全省司法统计工作座谈会，进一步加强对下指导工作。对2010年的全省司法统计重点课题进行总结整理，将调研成果转化利用，并组织开展了2011年的全省司法统计重点课题工作。

## 五、全力做好审委会服务工作

一是做好审委会会务工作。2011年全年共安排召开审委会会议104次，讨论案件421件，19个议题。全年组织召开5次审委会全委会，专门研究全省法院审判执行工作中带有全局性和普遍性的问题。二是配合审委会继续加强经验总结和审判指导工作。全年编印《典型案例分析》第六期和第七期，共发布指导性案例24个。印发《广东审判管理》六期，加强对全省法院审判工作的具体指导和审判经验的总结推广。三是积极配合审委会加强自身建设。主要从组织审委会业务学习，加强审委会的专业化建设；出台《关于审判委员会工作公开的若干规定》，稳步推进审委会工作公开；重启审委会信息系统软件的设计和运行，积极推进审委会信息化建设；起草各类案件的汇报格式，规范上会案件的审理报告；起草《广东省高级人民法院关于切实做好社会关注案件审判工作的意见》，加强对社会关注案件审判的指导；加强案例指导工作，开展践行能动司法理念优秀案例评选活动等方面强化审委会自身建设。

# 立 案 一 庭

2011年，立案一庭励精图治，众志成城，完成了立案、信访、程序性案件审理等各项工作任务，深入开展诉前联调和司法公开两项重要工作，均取得较好的成绩。中华全国总工会授予立案一庭“工人先锋号”的荣誉称号。

## 一、充分发挥立案窗口的功能作用

全年共受理各类案件12494件。其中刑事二审和复核案件1844件，民事一、二审案件1384件，行政二审案件207件，各类执行案件1505件，国家赔偿案件46件，申请再审案件4763件，民事预立案、判后答疑案件1937件，请示案件37件，诉前保全案件1件。上述案件全部由该庭进行排期，其中初次排案12036件，重新排案4958件6011次。在立案过程中，顺利完成对首宗民事一审案件的立案调解，该案标的金额逾人民币4亿元。

在做好立案工作的同时，该庭完成了一系列重大疑难案件受理问题的请示，确保全省法院严谨把好立案关；顺利完成对申请再审民事案件的“先答疑后立案”的过渡转换工作，使申请再审立案审查工作步入良性轨道。

在审判辅助工作方面，一是资料收转，收转诉讼资料7456件，开具裁判文书生效证明652件；二是卷宗收发，为最高法院送卷72件，接受最高法院退卷96件，指令再审立案44件，发回重审4件，委托送达417件；三是司法救助，办理诉讼费缓减免案件91件；四是再审调卷，共调卷327件；五是移送阅卷，移送省检察院阅卷311件；六是律师阅卷，接待律师阅卷936人次。

## 二、认真履行对下指导职责

全年新收二审程序性案件329件，办结322件，未结7件，结案率为97.87%；新收民事、行政抗诉审查案件307件，已全部办结，结案率为100%；新收请示案件23件，旧存6件，办结24件，结案率为82.76%。为加强工作指导，该庭对2010年度审结的全部二审程序性案件进行逐案分析，撰写并下发了《关于2010年度全省各中院二审程序性案件审查情况的通报》，进一步规范全省法院案件受理标准及统一程序性案件的裁判尺度。12月2日，制定下发了《关于指定部分案件由广州海事法院管辖的意见（试行）》，进一步扩大海事法院的案件管辖范围。

## 三、扎实开展信访维稳工作

认真做好日常信访接待工作，积极应对重大复杂的群体事件和突发情况。全年共接待群众来访4702批次，涉及6766人；处理来信5232封；处理最高法院等领导机关交办的各类案件59件；处理信访终结案件31件；做好信访救助，共救助44人次，涉及金额13，000元。

高度重视、精心组织中央政法委部署的清理信访积案活动。年初排查甄别出全省法院信访积案进京访527件，非进京访1525件，已基本化解。其中，我院负责的进京访37件、非进京访30件，均全部化解。为贯彻落实最高法院关于涉诉信访的“五项制度”，该庭制定了与五项制度相关的配套措施和实施细则，并召开两次专门会议进行推进落实。

## 四、大力推进诉前联调工作

根据院党组的工作安排，努力推动我省诉前联调工作。一是建章立制。3月23日，制定下发了《关于建立诉前联调工作机制的意见》；4月25日，制定下发了《关于加快推进诉前联调工作机制建设的通知》；8月1日，制定下发了《关于进一步加强和规范诉前联调工作有关问题的通知》；9月29日，制定下发《诉前联调工作室考核标准》。二是检查督促。5月上旬至6月中旬，该庭派人组成工作组，随同党组副书记、副院长凌祁漫深入基层法院检查指导诉前联调工作。三是综合指导。选取16个有关诉前联调建设的文件，编印了《诉前联调文件汇编》，并根据各地在实践中所反映的问题，编撰了《诉前联调若干问题解答》。10月11日，联合省委政法委、省综治委成功召开了“全省诉前联调工作交流会”。

## 五、积极推进司法公开

根据院党组的工作安排，积极推进司法公开工作。一是成立领导小组。领导小组组长由凌祁漫副院长担任，领导小组办公室设在该庭。二是制定工作方案。制定下发了《广东省高级人民法院关于在全省法院进一步推进司法公开的工作方案》。三是落实工作责任。多次召开会议，将司法公开的内容分解到责任部门。四是建立制度框架。4月12日，制定并印发了《广东省高级人民法院关于进一步推进司法公开的意见》；5月31日，制定印发第一批8个配套实施办法；7月25日，制定印发第二批8个配套实施办法。五是开设司法公开专栏。在外网和我院内网均开设《司法公开活动专栏》，宣传报道司法公开活动。六是召开相关座谈会。组织召开示范法院座谈会以及召开广东法院立案信访窗口监督员座谈会，听取意见和建议。七是筹备召开了12月9日的“全省法院司法公开工作视频会议”。该庭为会议编印了《司法公开实用手册》，并与宣传处联合制作了《广东法院司法公开剪影》纪实短片，总结、推广全省法院开展司法公开工作的做法及经验。

# 立　案　二　庭

2011年，立案二庭各项审判质效指标超过或实现排头兵目标要求，多次受到郑鄂院长等院领导的充分肯定。12月7日，最高法院苏泽林副院长在我庭开展排头兵达标活动情况的报告上作出重要批示，要求认真总结推广我院经验，推动民事再审审查工作的科学发展。

## 一、以“排头兵活动”为中心，努力实现再审审查工作新跨越

今年我庭新收案件共4709件，同比下降38.99%，而同期调撤率为7.48%，同比提高5.47个百分点，调撤案件数为361件，同比增加111%，服判息诉工作成效显著。全年结案4825件，法定审限内结案率为83.07%；结收案比为102.46%；结案均衡度达81.23%；再审审查询问（听证）率为46.42%；存案505件，同比下降18.68%，各项主要质效指标均有明显进步并持续向好。我们采取了如下措施：一是多管齐下，不断提高再审审查询问（听证）率。二是强化管理，着力提高法定审限内结案率、结案均衡度这两大核心效率指标水平。三是加大服判息诉力度，进一步提高调撤率。2011年，我庭调解了多起有影响的案件，受到院领导的充分肯定。例如，郑鄂院长于9月5日对庞土福申请再审一案作出批示：此案的成功调解应予表扬和学习推广。实践证明，只要心系群众，从实际出发，注意情理法的结合，就能做到案结事了。

## 二、以“两次重要会议“为契机，认真谋划再审审查新布局

1. 成功协办第一次全国民事再审审查工作会议。这次会议是民诉法修改以来，第一次就民事再审审查工作召开的全国会议，在民事再审审查工作中具有里程碑意义。最高法院对我院和我庭的会务工作给予了高度评价。

2. 联合召开“以群众工作统揽审判监督和涉诉信访工作视频会议”。2010年2月25日，我庭牵头，立案一庭、审监庭协助的“以群众工作统揽审判监督和涉诉信访工作视频会议”召开。郑鄂院长、凌祁漫副院长、霍敏副院长出席了会议。该次会议为今后再审审查和涉诉信访工作的发展指明了方向。

## 三、以“三个调研”为抓手，积极探索再审审查工作科学发展新道路

1. 完成最高法院重点调研课题。2011年3月，与中国政法大学联合申报的最高法院重点调研课题《关于规范与完善民事再审审查程序的调研》顺利完成，形成了调研报告，该报告经最高法院审核结项。

2. 开展判后答疑工作督促调研活动。撰写了《全省法院开展判后答疑工作情况的调研报告》。郑鄂院长、陈华杰常务副院长、凌祁漫副院长分别在该报告上作出重要批示。

3. 继续做好研判分析工作。每季度及时撰写研判分析报告，及时对再审审查工作进行总结，对下一步的工作进行预测和分析，为领导决策提供参考。2011年，郑鄂院长先后四次对我庭研判分析作出重要批示。

## 四、以“四项工作“为重点，在制度创新上实现新突破

1. 强化审判管理，不断提高审查质效。一是强化审判流程管理，通过审查程序的规范化提高审查质效。二是强化审判质效管理，通过实行“繁简分流”机制提高审查质效。三是加强审判绩效考核，通过建立科学考核评价体系提高质效。

2. 扎实构筑三道防线，努力做好服判息诉工作。为解决矛盾纠纷上浮的现状，经过深入调研，我庭积极推行判后主动答疑和再审审查关口前移制度，构筑了防止矛盾上行的三重防线：一是实行判后主动答疑制度，从源头上减少申请再审案件数量。二是实行“预立案”制度，将再审审查的关口前移至立案阶段。三是强化调解优先原则，努力实现案结事了。

3. 全面推行新举措，努力做好司法公开工作。一是强调制度建设，建立健全司法公开的各项规范。形成了《立案二庭关于司法公开工作情况的报告》以及《立案二庭〈关于进一步推进司法公开的工作方案〉实施细则》等规范文件。二是将司法公开与双百活动相结合，推动听证公开工作。5月上旬，邀请8名全国及省人大代表、省政协委员旁听再审审查案件，这是省法院开展司法公开活动以来，第一次有全国、省人大代表及省政协委员共同参与的公开听证（庭审）活动。由于联络工作成绩突出，我庭2011年被评为“全省法院联络工作集体三等功”。

4. 认真落实各项主题实践活动，打造一支公正廉洁的审判队伍。2011年，我庭在党风廉政建设方面取得了较好的成绩：一是共收到当事人送来的锦旗6面。二是拒收或退回当事人红包2000元以上及鲍鱼罐头等礼品。未发现廉政方面的投诉和不良反映。在党风廉政建设方面，我们采取了如下措施：一是进一步创新党廉工作方式制度，二是积极参加各项主题活动，在我院举行的“学党史、跟党走”党史知识竞赛活动中获得二等奖。

# 刑事审判第一庭

2011年，刑一庭共受理刑事案件578件，审结496件，未结82件，结案率为85.81%；维持率84.27%，发改率13.31%，同比下降8.19个百分点；审结案件中，未有超审限案件，法定审限内结案率为98.15%，同比上升1.03个百分点；归档结案率为99.39%，均衡结案度0.55，全庭争当排头兵的各项工作指标均进步明显。

一、全力提高审判工作质效，突出抓好刑事审判中心任务

（一）突出抓好死刑案件的办案质量。最高法院共核回我庭2011年报送的死刑案件117件123人，核准率为100%。核准率与去年相比提高了6.2个百分点。（二）突出抓好大要案、敏感案件的审理工作。今年成功审结了林松青涉黑案、陈江淮等十四人共犯有八十六宗犯罪事实的抢劫、盗窃案等一批社会影响大、各界广为关注的案件。指导下级法院成功稳妥处理了被告人辛朝森涉黑案、紫金矿业溃坝案等敏感、重大案件。（三）突出抓好均衡结案、归档结案工作。我庭归档结案率99.39%，仅有三件案件因客观原因不能归档。均衡结案指标在三个季度和年终考核中均排四个刑庭第一。

二、加强业务指导，推动全省法院刑事审判水平更上新台阶

（一）多措并举加强业务指导力度。一是编写了《最高院不核准死刑典型案例》和《一、二审优秀审理报告》下发全省中院学习参考；二是由庭领导带队到所辖中院与公检法三家座谈；三是邀请最高院审判长讲授《死刑案件的审查及审理报告的制作》；四是加强对所辖中院审理的重大、敏感和新类型案件的指导和协调。（二）深入推进打黑除恶专项斗争工作。制发了《关于继续深入推进打黑除恶专项斗争的工作意见》；协办了第二期全省公检法“打黑除恶”联合执法培训班。（三）精心组织开展禁毒人民战争专项斗争工作。部署开展“6.26”禁毒宣传教育活动，协办全省禁毒工作新闻发布会，选取典型案例集中宣传，向省禁毒办总结汇报毒品案件审理情况并及时提出司法建议。

三、着力审判管理创新，推进刑事审判工作科学发展

（一）注重利用科技手段创新审理方式。制定了《广东省高级人民法院远程视频开庭审理刑事案件操作规程》下发全省法院执行。5月份，最高院来我省调研远程视频提讯工作，对我省法院远程视频提讯、开庭工作的规范化建设给予了充分肯定。（二）加强死刑执行工作的规范化、安全化建设。4月份以来，我庭负责调研总结死刑执行工作中存在的问题，并制发了相关工作指导意见；10月中旬牵头四个刑庭、纪检组对全省中院死刑执行工作进行督导检查。

四、加强社会管理创新，化解社会矛盾为大局服务

（一）深化刑事和解、调解和刑事被害人救助工作。全年共成功调解、和解刑事附带民事案件18件，实现民事赔偿到位数额达到322.7万；全庭报送被害人司法救助案件12件，到位司法救助金额43万元。全年收到褒奖锦旗十余面。

（二）加强司法建议工作，丰富社会管理创新载体。全年共制发了两份个案司法建议书和两份综合类司法建议书。

（三）加强信访维稳工作。庭领导直接参与调解和信访接待工作，其中接访16人次，参与调解8人次。有效做好了息诉服判、案结事了工作。

五、加强调研，注重向侦诉延伸，注重成果转化

开展了刑事证据、刑事和解、毒品犯罪、刑事诉讼法修改、醉酒驾车犯罪、电力犯罪等多项调研，并注重及时转化调研成果。牵头负责了最高院研究室委托的刑事诉讼法解释前期调研工作的重大调研课题。在国家级、省级、市级刊物上共发表论文5篇，2人次在省级论文评选中获奖。

六、推进司法公开工作，提高刑事审判透明度和司法公信力

制定司法公开实施细则；大力推动非死刑、抗诉案件开庭工作，进一步提高二审开庭率；做好裁判文书上网工作；将“双百”活动等与司法公开相结合，主动邀请人大代表、政协委员参与旁听和调解；大胆探索了邀请检察员列席旁听合议庭评议案件制度。

七、加强队伍建设，全面提升刑事法官司法能力和队伍形象

（一）加大教育培训工作提升司法能力。牵头组织了全省法院刑事审判工作电视电话会议；牵头制发了《关于贯彻落实2011年全国法院刑事审判工作座谈会精神做好相关工作的纪要》，形成了十一方面的工作指导意见。10月中旬牵头组织了全省高、中级法院刑事审判业务培训班，全省共有600余名刑事干警参加了培训。（二）以主题教育实践活动为契机强化队伍建设。将群众观点大讨论、廉政纪律教育月“两项活动”的开展与部门党建活动、“坚定信念、发扬传统、执法为民”主题教育活动、司法公开等主题实践活动相结合，促进部门作风建设。全面落实党廉建设工作责任制，确保实现了全庭干部违法、违纪、违规问题“零投诉”、“零处理”的廉政责任目标。

# 刑事审判第二庭

2011年，刑二庭紧紧围绕排头兵建设的目标要求，促审判、强队伍、抓调研，各项工作均取得新进展，并得到了最高法院刑二庭的充分肯定和高度评价。全年共审结二审、复核案件348件，书面内审、请示案件29件，结案率为90.9%。未结二审、复核案件仅剩35件，比去年同期下降25.5%，年度存案数再创历史新低。

## 一、争先创优，努力争当依法办案的排头兵

1. 各项质效指标有新突破。均衡结案、审限内结案良性发展，归档结案成效显著。全年案件结收比为103.6%，创造了结收比突破100%的好成绩；结案均衡度为51%，比去年提高14个百分点；案件归档率为99.7%，获得院领导的充分肯定。

2. 案件质量有新提高。在全省法院案件质量评查活动中，案件质量优良率达35%，没有瑕疵案件，在全院业务庭中排名第一。

## 二、坚定方向，努力争当服务大局的排头兵

1. 服务大局，大案要案审理效果良好。先后成功审结或指导下级法院依法审理了韶关宜达公司朱思宜行贿案、省委统战部原副部长黄少雄受贿案、中山市原市长李启红内幕交易案等一批有较大影响的大案要案。在涉外案件审理方面，增强程序意识，依法维护外籍被告人合法权利，切实做好外交应对，圆满完成了大量重大涉外案件的审理工作。该庭还积极围绕各专项行动开展审判工作，发表专题文章《审理知识产权刑事犯罪案件中的若干问题》，为配合“双打”专项行动在全省的深入开展起到了积极作用。该庭审结的“吴创洪假烟案”还入选广东省“双打十大典型案例”，蒋倩倩同志被评为“双打先进个人”。

2. 充分发挥刑事司法职能，做好各项联络工作。以成员身份积极配合做好近30个协调机构、联席会议的联络工作。先后派员参加各种会议32次，参加各种专项督导或检查组8次，向有关机构报送各类数据或书面材料50余份。还积极与证监会、省检察院、海关等部门联签下发了关于办理非法证券期货刑事案件、办理指定管辖程序等规范性文件。该庭在省委反腐败协调小组第七次工作会议上提出的从严惩处行贿犯罪的建议得到了省委领导的充分肯定。汪洋、梁伟发等领导同志分别在该庭参与编报的信息《广东职务犯罪呈现五个新特点》上作重要批示。

## 三、追求实效，努力争当调研指导的排头兵

1. 突出重点，专项指导不断加强。在佛山召开全省部分中级法院加强职务犯罪和涉外犯罪案件审判工作座谈会，对进一步加强相关案件审判工作进行部署。起草《关于进一步加强职务犯罪审判工作的若干意见》及《关于贪污、受贿数额在十万元以上的量刑指导意见》下发全省各级法院执行。加强涉众型经济犯罪审理指导，努力争取法律效果和社会效果的统一。成功指导一审法院审结涉案金额达4亿8千余元、集资户人数达3355人的峻联公司非法吸收公众存款案，被告单位及被告人均服判放弃上诉。

2. 创新形式，裁判思路不断统一。继续以《二审发改情况通报》为载体，及时纠正下级法院案件审理过程中存在的问题，全年共印发《二审发改情况通报》5期，累计编发案例40余个，先后3次以“请上来”的方式，邀请中院业务庭领导及业务骨干开展专题座谈，会诊问题案件。

3. 立足实际，重点调研成果丰富。注重调研成果转化。其中，调研后制定的《关于办理假冒伪劣烟草专卖品刑事案件适用法律的若干意见》、《关于犯罪嫌疑人、被告人取保候审疾病鉴定工作的实施意见》均已下发执行。《刑事抗诉案件审理情况的调研报告》发表在《法庭》杂志上。

## 四、创新管理，努力争当队伍建设的排头兵

1. 以党建促队建。先后组织开展了“重温入党誓词”、“群众观点大讨论”、“六比六推促审判，奋力争当排头兵”等多项主题实践活动，取得多项成绩：活动评比考核总分第二名，成果展示板报评比二等奖，“学党史、更党走”知识竞赛冠军。

2. 狠抓业务学习。专题学习活动经常化，及时学习新颁布的法律法规和司法解释。利用全庭会议或审判长会议的机会，讨论疑难复杂案件。及时在内网发布最高法院的相关规定、个案批复，丰富内容来源。

3. 加强廉政建设，以廉政促勤政。积极落实一岗双责，抓好层级管理，签订了党风廉政责任书。每月召开全庭大会、每周一召开审判长分析讲评会，认真对照责任制找差距促整改。组织开展队伍廉政情况半年分析讲评活动和“廉政教育大家谈”活动。

## 五、攻坚克难，努力争当司法公开的排头兵

1. 努力推动非死刑、抗诉案件二审开庭工作。全年共公开开庭审理案件31件，其中开庭审理非死刑、抗诉案件13件。

2. 及时制定工作措施，确保司法公开工作的顺利推进。建立了一把手负总责，一名副庭长具体负责，全庭同志积极参与的司法公开工作格局。及时制定了《刑二庭关于进一步推进司法公开的实施细则》，具体部署落实司法公开工作。

# 刑事审判第三庭

今年以来，在院党组的正确领导下，在洪适权副院长的直接指挥下，我庭围绕“奋力实现排头兵目标”的总任务，强化制度建设和队伍建设，各项工作均取得了良好成绩。

## （一）队伍建设有亮点

根据院党组的部署，我庭加大了对干部队伍的教育和监管力度，干部的作风得到进一步改进，“六比六推”的氛围得以营造。今年，我庭陈光昶审判长光荣入选省直机关“十位模范共产党员”，当选“广东省优秀共产党员”，并被中央政法委评为“全国政法系统优秀党员干警”，被最高法院推荐为“全国优秀法官”候选人，得到了郑鄂院长等领导的高度肯定，号召全省法院干警向陈光昶同志学习。他的先进事迹被录入省委组织部编写的《先锋礼赞》一书中，被新闻媒体广泛报道，提升了我省法院的司法威信。

## （二）量刑规范化改革稳步推进

主要工作包括：1. 协助两高成功举办改革观摩庭活动。这是最高法院、最高检察院首次联合主办量刑规范化示范庭，意义十分重大。2. 联合省检察院共同促进改革。先后会签《关于加强和规范量刑程序工作的若干意见》等两个规范性文件，进一步形成合力。3. 开展系列调研及检查指导活动。由洪适权副院长等领导带队，改革指导小组赴各省多地开展了系列调研检查活动。4. 积极配合新闻媒体扩大改革宣传力度。被评为2010年度广东政法工作十大亮点，被中央电视台等权威媒体制作专题节目予以推广。5. 研发量刑规范化办案系统。借力信息化手段提升试行工作管理水平，得到郑鄂院长的高度肯定，最高法院也在其改革专刊上予以刊登推广。6. 召开全省会议进行阶段性总结、推进。8月中旬，组织召开了“全省法院量刑规范化办案系统培训暨阶段总结会”。

## （三）案件审理重质效

在四个刑庭中，我庭收案最多，结案最多，人均结案最多。据统计，截止到12月20日，我庭收案536件，系统点结案件554件，归档案件546件（指27日前移交档案科的案件数），按照院里目标管理考核办法折算后为798.5件，人均结案35.5件。案件审理工作呈现出四个特点：1. 结案均衡度得到显著改善，同比提高了160%。2. 维持率持续上升，同比提高了5.6个百分点。3. 未结案件及未结旧存案件显著减少，同比分别减少了12.2%、64.1%。4. 归档结案率高达98%，审限内结案率达98.7%。

各项数据表明，我庭的案件审理工作已实现了良性循环。主要措施包括：1. 从内部引导、外部施压两方面共同着手努力提高结案均衡度，成效明显。2. 早在最高法院和本院布置清理积案之前三个月，就下狠招消化老案，2010年老案除因客观原因有10多件未能审结外，其余全部审结。3. 严格控制延审案件数，认真落实归档结案制度，继续施行合议庭临时调整制度及开庭加分制度，进一步提高审限内结案率。4. 扩大必须提审案件的范围，要求对死缓复核和单个被告人作案的案件，也必须提审被告人，确保案件质量。5. 认真开展司法公开活动，努力提高法官群众意识，进一步提高司法公开力度。

## （四）廉政建设、政治学习稳基础

我庭党支部对廉政建设和政治学习高度重视，以“创先争优促发展”等主题实践活动为主线，以深入推进“群众观点大讨论”和“纪律教育学习月”两项活动为重点，进一步深入学习实践科学发展观，牢固“三个至上”重要思想，采取全庭大会、支委会、党小组会以及个人自觉参与等形式认真开展活动，对查摆出来的问题采取措施进行认真整改，同时促进了我庭审判质量、效率、效果与形象的提升。

## （五）调研指导见成效

1. 加强对下级法院的业务指导。包括：（1）制定规范性指导文件。①会同省检察院、省公安厅联合发布了《关于快速办理轻微刑事案件的规定（试行）》。②会同省检察院、省公安厅、省司法厅联合发布了《关于敦促在逃犯罪嫌疑人和脱逃罪犯投案自首的通告》、《关于落实公通字〔2011〕194号通告的意见》。（2）强化对大要案的跟踪指导。提前介入“茂名黑帮”李振刚等黑社会性质组织案、增城“6.11”系列案等，指导中院做好审理工作。（3）撰写分析材料进行沟通指导。指派专人对我庭去年审结的案件进行了详细分析，对去年管辖的七个中院的一审案件质量进行了认真研究。（4）到辖区中院座谈指导。由庭领导带队到辖区六地参加座谈会，听取各地法院对我院刑事审判工作的意见和建议，取得了理想的效果。

2. 认真开展各项调研工作。包括：（1）对量刑规范化改革实体试行文本（即《量刑指导意见实施细则》）的试行情况进行了重点调研，提出了相应修改意见，取得了预期效果。（2）由洪适权副院长牵头组织，对案外因素与法院审判的关系进行了深入研究。（3）针对新型毒品案件存在的法律适用难题，撰写出《关于涉麻黄碱复方制剂犯罪案件法律适用问题的调研报告》，供各级法院审判参考。

## （六）沟通协作求发展

1. 全力配合“清网行动”。庭领导多次赴相关部门参加协调会，主动沟通联系。提出了关于落实清网通告的详尽工作要求，为该行动的顺利开展发挥了应有作用。

2. 积极反馈司法意见。响应院党组的号召，积极发动法官撰写司法建议，今年共发出司法建议书5份，体现人民法院的司法职能。

3. 做好扫黄打非专项行动工作。对重点案件进行跟踪、指导、加大个案宣传力度，取得了良好的工作效果。

# 刑事审判第四庭

2011年，刑四庭在院党组和主管院长的正确领导下，按照我院“在整体工作上争当全国法院排头兵”的工作要求，以新的案件质量评估指标体系为导向，进一步加强队伍建设，狠抓审判管理，审判绩效显著提高，重点工作成绩突出，调研指导再上新台阶，各项工作取得了好成绩。

## 一、狠抓审判管理，审判绩效显著提高

（一）清案效果显著，审判效率大幅提升。今年新收案件458件，旧存77件，审结485件（其中归档471件），未结仅50件。清案工作取得建庭以来存案数最少、结案率最高、零存案人数最多的好成绩：一是结案率上升，达90.65%，同比提升1.4个百分点。未成年人案件结案率93.75%。二是未结案件数下降，创我庭历年最低，仅有50件。三是零存案人数增多，创建庭以来人数最多，除案件在省检察院阅卷无法审理外，我庭有12人是零存案。四是清理积案成效显著。旧存案件77件，已审结67件，仅有10件因客观原因未能审结。没有三年以上未结案件，4件18个月以上未结案件已全部审结。五是法定审限内结案率保持高位。达88.22%；归档结案率高达97.11%。

（二）案件质量明显提高，依法审理大要案。一是死刑案件核准率明显提高。我庭死刑案件被最高院核准率达97.37%，同比提高近6个百分点。二是案结事了工作成效明显。今年办理调解和解案件22件，有效促进当事人之间矛盾纠纷的解决和案结事了。三是严把案件质量。依法妥善审理了何振飞抢劫案，确保无罪者不受法律追究，有效防止2件可能错判的案件。四是依法妥善审理大要案。及时审结了最高法院关注的汕头王志涛故意伤害死刑案、引起社会舆论关注的韶关“14岁黑老大”案（林莆森案）等重大疑难复杂敏感案件，社会反响良好。

## 二、重点工作成效显著，为广东法院争当全国法院排头兵做出突出贡献

（一）未成年人刑事审判工作呈现喜人局面。我庭专项负责的未成年人刑事案件审理及指导全省法院未成年人刑事审判工作，已成为我省法院工作的亮点，得到最高法院、团中央、团省委等部门以及郑鄂院长等院领导的充分肯定。2011年12月30日，最高法院张军副院长在我院刑四庭上报的《关于广东法院未成年人刑事审判工作争当全国法院排头兵的情况报告》上批示，对取得的成绩予以充分肯定。首先，在全省法院建立起单独的未成年人刑事案件审判指导序列；其次，加强对未成年被告人的司法保护。全年审结未成年人案件96件。今年为43.64%，达到了历史最高水平，是2008年的4倍，步入全国法院先进单位的行列。第三，建立健全了未成年人刑事审判工作机制，制定了多份未成年人刑事审判规范性文件。第四，在潮州成立了全省首个少年司法学研究中心，并将中心升格为“全国预防青少年犯罪研究基地”。第五，联合宣传部门综合运用新闻媒体的宣传，使未成年人刑事审判工作获得了人大代表、社会各界的广泛认同。

（二）扩大非监禁刑适用工作取得突破新进展。通过制定了两个规范性文件、举办培训班、召开座谈会全面落实。今年全省法院未成年人罪犯和全部罪犯非监禁刑适用率分别为50.20%和25.37%，同比分别提高21.29%和10.72%，取得了突破性的进展。郑鄂院长批示：“此项工作成效明显，取得了突破性的进展，望继续推进。”

（三）刑事被害人救助工作迈上新台阶。制定了《广东省高级人民法院关于〈广东省省级司法救助资金使用管理规定〉实施细则》和《广东省高级人民法院刑事被害人司法救助工作规程》。全年共办理刑事被害人救助案件35件36人，涉及救助金额180万元，创省法院司法救助总金额历年之最。有效缓解了矛盾和纠纷，促进当事人息诉罢访。

## 三、推进司法公开，业务指导成效好，调研成绩显著

（一）结合“双百”活动推进司法公开，主动邀请人大代表、政协委员参与案件的旁听和调解，获得“全省法院联络工作集体嘉奖”的荣誉。

（二）举办业务培训班，采取分片指导和个案指导相结合的工作机制及交叉备案审查监督机制，每半年进行一次发改案件的分析和座谈，降低一审案件的发改率。今年我庭对辖区一审案件的发改率为18.8%，同比下降6.1个百分点。

（三）调研成果《关于被害人尸体长期未处理情况的调研报告》，为解决被害人尸体长期未处理问题提出了有效对策与建议，同步处理了20多具尸体。郑鄂院长批示：“很有针对性，体现了能动司法的精神，同意所拟意见，争取督促早日形成规范化的制度，阻绝此类问题的发生。”全庭还有8篇理论调研文章在国家核心及省级刊物上发表。

## 四、创新队伍管理，加强党风廉政建设

（一）深化内部管理，以制度求实效。推行精细化管理，制定了《刑四庭目标制管理细则（试行）》、《刑四庭书记员工作规范》和《刑四庭关于加强审判长职责的若干规定》等部门管理规定，使各项工作权责分明、有序运转和有效监督，队伍管理上了一个新台阶。

（二）以专项活动为抓手，加强部门作风建设。完成了各项必备动作和自选创新动作，增强干警“司法为民”的意识。

（三）加强党务工作和党风廉政建设。提升党支部决策的科学民主化，增强各刑庭同志的凝聚力和战斗力。主动组织并积极参加各种廉政教育活动，坚持一年一次征求辖区中院对本庭的工作作风、生活作风的意见。全庭廉政工作和形势良好。

# 民事审判第一庭

2011年，民一庭紧紧围绕院党组的工作部署，坚持“三个至上”宗旨，坚持“为大局服务、为人民司法”的工作主题，以奋力实现排头兵目标为动力，努力抓好民事审判工作，在服务大局、公正司法、改革创新等方面均取得了不错的成绩。

## 一、加强审判管理，立足服务大局，推动民事审判工作良性发展

2011年，民一庭共受理各类民事案件470宗，其中新收案件303宗，旧存案件167宗。一是结案率、结收案比创新高。全年审结案件368宗，结案率为78.30%，结收案比为121.45%，均为近年来最高的一年。二是旧存案件数大幅减少。今年民一庭存案102宗，同比减少65宗，下降38.92%，是近年来存案数最低的一年。三是公开开庭审理率大幅提高。全年公开开庭审理的案件301宗，公开开庭审理率为86.49%，同比提高59.3个百分点。四是法定（正常）审限内结案率大幅提升。全年法定（正常）审限内结案率为91.03%，同比提高了29.34个百分点。五是清理长期未结诉讼案件成效显著。在清理长期未结诉讼案件活动中，民一庭属于此类范围的案件有24宗，已办结23宗，清结率为95.83%。

## 二、积极开展调查研究，加强审判业务指导，提高审判理论和审判实务水平

一是深入开展年度调研，增强业务指导针对性。对全省法院民事审判工作情况进行梳理，对存在问题提出对策，形成一份数据翔实、内容丰富、对策合理的分析报告，并上报最高法院。同时对2010年民一庭二审、再审案件发改情况进行了全面分析，并将分析结果通报各中院。二是加强房地产、建设工程和医疗损害纠纷案件的调研。针对此三类案件中存在的疑难问题，在深入调研和广泛征求意见的基础上，分别制定下发指导意见，统一裁判尺度。三是关注民生利益，体现司法人文关怀。重点对劳动争议、老年人权益保障、农村土地承包经营纠纷、农民工权益保障等问题开展专题调研，提出应对措施和建议，加强弱势群体的权益保护。四是推动诉前联调工作室建设，促进诉调对接新发展。年初协助省委政法委成功召开诉前联调工作调研座谈会后，及时启动诉前联调工作室建设，先后与省公安厅、司法厅、劳动仲裁委、省工商联开展诉调对接机制建设，并制定下发了司法确认指导意见。我庭完成的有关诉调对接的调研报告获全国法院优秀调研成果二等奖、全省政法系统和法院系统优秀调研成果一等奖。五是发扬先行先试改革精神，争创试点工作佳绩。及时进行家事审判合议庭试点工作总结，试点成果获最高法院沈德咏副院长的高度评价。及时启动小额速裁试点工作，并在下半年进行阶段总结，推广新经验新做法，将深圳市试点单位扩大至全市各基层法院。六是推动理论与实务互动，提高审判理论与实务水平。今年10月，成功举办了全省法院侵权责任法实务研讨会，就《侵权责任法》实施后出现的新情况、新问题进行深入研究探讨。此外，今年民一庭干警在《民商法论丛》、《人民司法》等刊物公开发表论文近20篇，并有多篇论文在全国、全省获一、二等奖。

## 三、全面推进司法公开，促进民事审判的公平公正

一是及时制定《关于进一步推进司法公开的实施细则》，要求各合议庭严格依照依法公开、及时公开、全面公开和规范公开的原则，继续改革和完善民事审判公开制度，推进司法公开不断向纵深发展。二是广泛倾听民意，落实司法公开举措。今年3月和8月，先后邀请了部分省人大代表、政协委员以及相关行业协会人员等四十余人次，分别就物业服务纠纷、医疗损害赔偿纠纷案件的审判工作召开征求意见会。三是积极响应“双百”活动部署，深化联络工作。据办公室督察科统计，全年民一庭共受理督察科转来的个案督办函24件，其中属全国人大代表关注的有7件，省人大代表或政协委员关注的有11件。目前已办结督办案件18件，办结率为75%，办结率居四个民庭之首。

## 四、以开展“两项活动”为契机，狠抓廉政教育，确保队伍风清政廉

一是明确职责分工，落实党风廉政建设责任制。把党风廉政建设责任的分解与庭领导班子成员、审判人员的职责分工相结合，切实落实“一岗双责”。二是加强作风、纪律和廉政专题教育。加强法官职业道德教育和反腐倡廉制度建设，让每位干警牢固树立司法为民理念。三是庭领导带头参与，做好表率。庭领导积极开展讲党课活动，带头发扬廉洁执法，做好公正办案的表率作用。四是扎实开展民主生活会，提高支部凝聚力和战斗力。据统计，全年民一庭支部、党小组召开的民主生活会共有35次。

总的来看，一年来民一庭能始终坚持能动司法理念，既抓重点，又重协调，较好地完成了年初既定计划，推动全省民事审判工作走在全国法院前列，基本实现了既定的排头兵达标计划。最高人民法院奚晓明副院长今年11月30日在民一庭呈送的工作报告上批示：广东高院民一庭在化解矛盾、促进发展、维护稳定等方面取得了很好的成绩，也为最高法院制定、完善相关审判政策提供了丰富的素材。近年来在审判绩效、调研指导、先行先试等方面走在了全国法院前列，希望再接再厉，继续当好全国法院排头兵。

# 民事审判第二庭

## 一、狠抓审判工作，排头兵指标基本实现

2011年民二庭新收案件245件（不含旧存40件），其中一审7件，二审123件，提审80件，检察院抗诉案件41件，执行复议案件21件，破产请示案件14件，新收案件比去年同期降低了72.06%。剔除去年607宗天龙居系列案的影响，新收案件比去年降低9.26%。办结240件，结案率达到84.21%，案件结收比为97.96%，收结案总体形势持续向好，各项排头兵指标基本实现。（一）围绕强化审判管理，力促均衡结案。收集、整理、修改、汇编民二庭既有的内部管理制度，形成了《民二庭工作制度汇编》。实行庭长、副庭长直接承办案件制度，缓解办案人员不足的压力。排查出17件18个月以上未结积案，逐案突破解决，已有15件审结。余下的2件中有1件属于最高法院“三暂缓”案件，另1件因涉及刑事案件未能审结。全力推进归档结案，已结的240件案件中有239件已完成归档工作，归档结案率达99%。（二）围绕创新调解工作机制，力克商事案件调解难题。注重上下级法院力量联动推进调解工作，邀请中院院领导、承办法官等参与调解。以座谈、走访等与金融机构及银监局、人民银行、保监局等沟通，探索制约涉金融机构纠纷调解难的解决途径。加强与地方的党委、政府沟通联络，调动当地党政力量参与调解。全年调撤率为12.68%，尤其是再审案件，调解率达20.25%，得到院领导批示肯定的有11件。（三）围绕严格案件发改标准，降低案件发改率。进一步严格二审案件发改标准，贯彻“可改可不改的尽量不改”的原则，二审案件发改率为26.17%。（四）围绕公开开庭，大力推行司法公开。率先制定了司法公开的实施方案，明确了开展司法公开工作的目标和任务、步骤要求。将提高二审案件公开开庭率、公开审判委员会民专委成员名单等确定为司法公开的重点责任内容，较早明确了司法公开的新举措。开展开庭示范庭活动，邀请了2名省人大代表、2名省政协委员、2名金融监管机构代表、多位新闻媒体代表以及社会群众代表走进法庭全程旁听并专设媒体席。二审案件公开开庭率达96.04%，较上年提高了54.15个百分点。（五）高度重视人大代表关注案件的审判工作。据办公室督查科统计通报情况：我庭督办案件17件，已办结12件，办结率70%，在民庭中排在前列。

## 二、强化调研指导，力促全省法院商事审判水平的整体提升

（一）成功举办全省法院商事审判培训班，大大促进了全省法院商事审判人员的法律素养和司法能力的提高。（二）大力开展专项调研活动，调研成果显著。完成了最高法院《对企业破产案件审限管理和绩效考核问题的调研》和征求对《最高法院关于〈企业破产法〉司法解释（征求意见稿）》修改意见和建议的两项调研课题。完成了《完善民商事速裁机制的调研报告》，全国人大法工委王胜明副主任、郑鄂院长高度肯定。出台《关于审理保险合同纠纷案件若干问题的指导意见》，《法制日报》、《广州日报》等各大媒体作了广泛报道。（三）加强具体个案指导工作。对2010年经我庭发改的案件形成《省法院民二庭二审案件（2010年）发改原因分析》。全面收集适用商事法律的疑难问题，并着手研复。加强个案指导，共完成书面请示案件20余件，口头请示案件近30余件的请示答复工作。郑鄂院长在民二庭上报的《认真贯彻郑院长批示精神强化对下指导努力降低发改率》一文中批示：民二庭在强化对下指导、努力降低商事案件发改率方面做了有益的探索，取得了可喜成绩。（四）坚持引进来、走出去相结合的双向交流机制，注重对外交流。组织深圳、中山、江门、茂名等中院破产审判业务骨干，赴重庆、湖北法院开展破产审判调研，形成了《民二庭赴重庆、湖北两省法院开展破产审判工作调研情况的报告》。应浙江高院邀请，李洪堂副庭长为浙江高院举办的全省法院破产审判业务培训班授课，得到了浙江法院同行的高度评价。

## 三、延伸审判职能，司法建议工作成效明显

向广东银监局发出了《关于加强业务监管、推动银行卡行业健康发展的司法建议》，广东银监局积极反馈，郑鄂院长、陈华杰常务副院长、霍敏副院长对此作出批示予以充分肯定。此外，围绕我省加油站租赁合同效力认定的争议问题进行调研，提出《关于规范行业管理促进加油站租赁经营健康有序发展的司法建议》，受到省政府领导的高度重视。陈云贤、林木声副省长作出了批示。郑鄂院长、陈华杰常务副院长、霍敏副院长对此亦予以充分肯定。

## 四、将廉政工作摆在突出位置，扎实推进队伍建设

一是制定了《民二庭2011年党风廉政建设工作实施方案》，对于我庭全年党廉建设工作的主要任务、年度目标、具体措施进行了规划和部署。二是狠抓党廉责任制的落实。庭长与各副庭长之间签署了廉政建设责任状，进一步明确了副庭长在全庭党廉建设中的职责和任务。三是认真组织开展“两项活动”。四是积极开展党廉教育工作。

# 民事审判第三庭

民三庭以科学发展观统揽工作全局，贯彻落实院党组提出的“全省法院整体工作争当全国法院排头兵”的目标和部署，充分发挥审判职能，开拓创新，为加快经济发展方式转变和推进社会主义文化大发展大繁荣提供了有力的司法保障和优质的司法服务。

## 一、公正高效，审判工作卓有成效

2011年，新收案件566件，结案563件，结案率达98.6%；调撤172件，调撤率达30.77%。结案数、结案率、人均结案数、调解数、调解率居本院民庭之首。审结数联公司侵犯著名电影作品《七剑》信息网络传播权案，对p2p网络服务商通过信息网络帮助他人侵权的间接侵权责任作出了明确界定；审结侵犯北京长地万方公司导航电子地图著作权案，对电子导航地图的作品同异比对及赔偿数额认定作出了有益探索；审结米其林集团总公司与喻静侵害注册商标专用权及不正当竞争纠纷案，公正、平等保护中外民事主体权益，获欧盟商会高度赞誉。

## 二、深化改革，创新成果全国瞩目

坚持知识产权审判体制改革和机制创新，致力于在全省范围内建设符合国家知识产权战略纲要要求和适应社会经济发展、人民群众现实需要的知识产权审判体系。目前全省已具有部分知识产权案件管辖权的基层法院22个，占全国有知识产权管辖权的119个基层法院的18.49%；具有专利管辖权的中院8个。实施“三审合一”试点的法院范围扩大至4个中院和12个基层院。通过部分中、基层两级法院同步改革，创立了知识产权民事、刑事、行政案件一、二审程序的顺利对接以及三类不同案件之间顺利对接的审判模式，各类案件裁判标准逐渐统一。

## 三、阳光司法，广东品牌普获认同

深入开展司法公开工作，以“中国知识产权裁判文书网”为平台，依法公布生效裁判文书，全面提高取证、庭审、听证、裁判文书、审务信息等多个环节的透明度。发布《知识产权司法保护状况白皮书》及“年度十大知识产权司法保护案例”。2011年我庭公布的“年度知识产权审判发展趋势、特点分析及十大案例”吸引了几十家全国和省级报刊、著名互联网站的报道，广东省委书记汪洋同志充分肯定了广东知识产权司法保护成就。

积极开展知识产权国内、国际交流与合作，扩大广东知识产权审判国际影响力。积极参与最高院及全国其他地区法院、行政部门及学术机构举办的研讨活动，派出法官担任最高院著作权法修改研究小组成员，积极加强与行业协会的联系沟通，积极参加中外知识产权合作项目，接待美国大使馆、美国专利商标局、美国驻广州领事馆知识产权官员及微软公司、国际商业联盟、欧洲商业联盟等具有国际影响力的企业和非政府知识产权保护组织人员，派员参加美国国务院“国际访问者计划知识产权”项目。在外事活动中回应外方关注，澄清相关误解，洽谈信息分享、知识产权专业人才培养和举办模拟法庭等事宜，树立和维护了广东知识产权司法保护的国际形象。

## 四、强化指导，业务调研紧抓不懈

建立健全审判情况分析通报和反馈、分类指导和沟通协调等工作机制，整体推动指导和监督工作。通过加强上下级法院的沟通协调，加强案件审理和整体工作的沟通，达到资源共享、协调步骤、整合力量。如广东高院协调指导珠海、惠州中院审理华盖创意图像公司系列案，确保两地法院对同类案件把握相同的审判原则，使华盖创意公司在两地进行大规模维权的近50件著作权系列案得到妥善审理。广东高院还联合中级法院对多地法院或上下级法院均有受理的关联案件进行共同调解，达成一揽子和解协议，有效化解矛盾。

根据审判的现实需要，加强对新情况新问题的调研，以调研成果有效指导实践。先后完成“网络环境下著作权司法保护问题”、“商业秘密司法保护问题”、“戏剧著作权纠纷的若干实务问题”、“商标案件审判实践有关问题”、“专利审判十年来有关法律问题”等多个课题调研，徐春建副院长牵头开展的形成《以制度创新破解知识产权赔偿难问题》一文，被中国审判理论研究会知识产权专业委员会年会指定为大会主题发言论文。徐春建副院长担任课题组组长开展了“关于加强和改进我省司法建议工作”专项调研，形成了《广东省高级人民法院关于加强和规范全省法院司法建议工作的若干意见》（讨论稿），指导规范全省法院践行审判职能，开展司法建议工作，参与社会管理。

## 五、风清气正，队伍建设蓬勃向上

树立“忠诚、为民、公正、廉洁”的司法核心价值观，坚持“以党建带队建、以队建促审判”，积极支持专职廉政监督员工作，落实廉政工作相关规范和制度。涌现多名专家型法官、办案能手和调解能手。两名法官入选国家知识产权专家库专家，占全国法院系统入选人数1/6，名列全国各省市自治区法院首位。

# 民事审判第四庭

2011年，民四庭认真贯彻落实我院争当排头兵“奋力实现年”总体部署，以三项重点工作为着力点，奋力争当全国涉外商事海事审判排头兵，全力推进涉外商事海事审判精品战略，强化审判管理，积极推动队伍素质、审判质量、司法公信力的提升，各方面工作取得丰硕成果，亮点纷呈，较好地实现了涉外商事海事审判排头兵目标。

## 一、推进精细化审判管理，有效提升涉外商事海事审判质量和效率

全庭今年共新收案件176宗，旧存103宗，办结213宗，结案率76.34%。发改案件36宗，发改率16.58%。调撤案件35宗，调撤率为18.13%，如果剔除公告送达缺席判决的案件，实际调解率接近30%。存案66宗，同比下降36%，是近年来最低。

我庭强化审判管理和指导监督，提升全省涉外商事审判质量和效率，其中最为突出的是：1. 首创涉台审判指导委员会指导全省涉台审判工作。涉台审判指导委员会从2011年1月1日开始运作，召开台商投资权益保护座谈会，了解在粤台商司法诉求，并针对台商反映的法律问题提出指导性处理意见作为各级法院在审理相关案件时的参考；贯彻落实全省台胞权益保障工作暨省台商权益保障工作联席会议第二次成员会议精神，对全省涉台案件的审理情况进行调研，加强对涉台案件的审判指导；指导处理了好又多系列案、冠华小学劳动合同纠纷案等系列案件。2. 创新海事行政案件管辖机制。我庭组织人员对广州海事法院恢复海事行政案件管辖权、管辖陆源污染海域及通海可航水域纠纷和管辖海洋开发利用纠纷案件等问题进行调研，并向最高法院请示，由我院下发《关于指定部分案件由广州海事法院管辖的意见（试行）》，确立广州海事法院对上述案件类型的管辖权，理顺和完善了海事案件的管辖机制。3、率先实施国内仲裁和国际仲裁司法审查并轨机制。鉴于我国商事仲裁司法审查实行“双轨制”模式所带来的弊端，我庭在对我省商事仲裁司法审查案件审理情况进行调研的基础上，对我省先行先试，整合仲裁司法审查的审判力量，统一进行国内、涉外商事仲裁的司法审查提出建议，获得院领导同意。我院于2011年12月20日下发通知，规定自2012年1月1日起，我省国内仲裁和国际仲裁司法审查案件将统一由涉外商事审判业务庭办理。

去年以来，我省涉外商事海事审判在推进精品战略中表现突出，今年1月份，我庭被最高法院授予全国法院实施涉外商事海事审判精品战略先进集体称号。

## 二、深化涉外商事海事审判理论研究，促进审判工作科学发展

一是通过涉外专业委员会举办高规格学术研讨会。3月底，我庭作为主要筹备部门成功筹备举办了涉外专业委员会第二次会议暨“涉外（港澳台）民商事关系的法律适用”研讨会，会议规格高，影响大。会后，我庭及时总结成果，形成会议综述发表，并选编优秀论文由法律出版社出版《中国涉外商事审判研究》第二辑。

二是调研成果向立法转化。我庭有效转化调研成果，稳步推进司法建议工作，取得了良好的反响。在水污染公益诉讼原告主体资格专项调研的基础上，向省政府提交了《关于建议修订〈广东省环境保护条例〈明确水资源污染损害赔偿诉讼原告主体资格的报告》。省政府高度重视我院的建议，于2011年12月8日向省人大常委会提交了《关于提请审议〈广东省环境保护条例（修订草案）〉的议案》，采纳了我院的相关建议。

三是法官个人拓展研究，形成有影响的理论成果。我庭法官出版个人专著1部，副主编或参与撰写专著2部；提交“涉外（港澳台）民商事关系的法律适用”研讨会、全国法院系统学术研讨会、全国海事审判研讨会论文9篇；多篇论文获得《人民司法》征文奖励等奖项，多篇论文在《人民司法》等刊物上发表。

## 三、扎实推进廉政作风建设与司法公开，提升涉外审判司法公信力

我庭将开展“两项活动”与“发扬传统、坚定信念、执法为民”、“人民法官为人民”、进一步推进司法公开、奋力实现排头兵目标年，以及实施涉外商事海事审判精品战略等活动有效结合起来，科学安排，整体推进。制定了《民四庭关于开展“群众观点大讨论”和“纪律教育活动月”两项活动的方案》，提出了九项具体措施；召开支部生活会，分别邀请徐春建副院长和贾永庆组长为全庭干警上党课；组织了参观南海舰队、赴革命老区中山南头镇开展革命传统教育等活动；组织参与“学党史，跟党走”知识竞赛，取得第二名的优异成绩。这些活动有效提高了队伍政治思想素质，强化队伍廉政作风建设，增强队伍凝聚力与战斗力。

在司法公开方面，我庭制定了《民四庭关于进一步推进司法公开工作的实施意见》并予以落实，基本做到庭审公开、审限公开、听证公开、调解公开、规章制度公开。对一宗人大代表关注的案件中所涉及的重新鉴定问题进行公开听证，邀请人大代表参加，并在听证后举行座谈会，取得良好效果。积极开展“双百活动”，加强与人大代表的沟通联络，前往清远走访人大代表，向人大代表介绍我院工作情况，邀请人大代表旁听庭审，听取人大代表对法院工作的意见和建议，获得了人大代表的一致肯定。

# 行政审判庭

2011年，行政庭以建立健全“司法—行政”互动联动机制为重点，全面提升办案质量和效率，加大调研指导和监督力度，全年各项工作全面发展，被评为2011年院机关嘉奖集体、2011年全省法院案例指导工作先进集体。

## 一、加强审判管理，办案质效稳步提高

全年共新收各类行政上诉案件206件，去年旧存案件17件，已结218件，结案率为97.76%，结案率比去年提高5.5个百分点。

一是制定《行政审判庭关于严格执行工作纪律提高工作效率的暂行规定》、《行政案件指引办法》等多项规程，从制度上提高审判效率；二是采取每两周召开一次案件督办会议、开庭（法庭调查）时告知当事人宣判时间等多种方法，促进审判质效进一步提高；三是顶住压力，严格司法。一审判决行政机关败诉的，尽量支持一审法院，充分维护当事人合法权益。

## 二、创新工作方式，互动联动机制建设取得突破

一是联合省纪委等重要部门试点将行政复议、行政诉讼纳入依法行政绩效考核体系及行政首长出庭应诉。为了取得认同，邀请省纪委、依法治省办、省政府法制办一同赴河南、山东实地学习考察“两项工作”经验，四部门联合下发了《关于在深圳等七个市（区）联合开展将行政复议、行政诉讼纳入依法行政绩效考核体系及建立行政首长出庭应诉两项试点工作的通知》（粤纪发〔2011〕22号），部署在深圳市、佛山市、中山市及深圳福田区、佛山顺德区和南海区、江门鹤山市等地，将行政诉讼、行政复议纳入依法行政绩效考核体系，建立行政首长出庭应诉机制。由省直4个单位联合推动，这是全国首创。

二是与海关总署广东分署会签互动联动框架协议。我省境内驻有7个直属海关，近年来随着海关行政案件不断增多，海关与法院沟通的需求越来越强。和海关总署广东分署研究，决定将双方过往临时性的、不稳定的沟通做法上升为常规性、制度化的稳固互动联动机制。10月10日，省法院和该分署召开行政诉讼工作首次联席会议，签署了《广东省高级人民法院与海关总署广东分署关于建立行政诉讼互联互动机制的意见》。《意见》确立了人员联络、信息共享、重要事项协调及司法建议的落实与反馈4项制度，丰富了互动联动机制的内涵。

三是推动行政诉讼“进党校”。党校学员特别是重要班次的学员，将来可能走上更重要领导岗位。为强化他们的法治观念，优化我省未来若干年的司法环境，6月，该庭与省委党校法学部商定，将行政诉讼引入党校课堂，并将旁听行政案件庭审列为该校各类研修班的必修课。6月和9月，该庭法官先后为该校政法综治班、中青班授课，政法综治班学员还应邀旁听庭审一次。

四是继续向省委、省人大、省政府提交行政审判“白皮书”。该庭2011年年初撰写的2010年行政审判白皮书获得省委、省人大、省政府领导及本院郑鄂院长的高度肯定。提交“白皮书”工作渐成我院审判工作的一大特色和工作亮点。

## 三、健全工作机制，案例指导和培训工作成果丰硕

一是案例指导工作获最高法院和本院表彰。2010年7月最高人民法院开展全国行政审判案例指导工作以来，指定主管副庭长任通讯编辑，在全省组建专门采编队伍，建立采编会、庭务会二次审核制度，并将案例采编工作纳入年终考核，输送的行政审判指导案例的数量和质量大幅提高，采稿数和采稿率均居全国各高院前列。被最高法院评为“行政审判案例指导工作先进单位”，并荣获2011年全省法院案例指导工作先进集体称号，林俊盛同志被评为“行政审判案例编审工作优秀采编”。

二是全省法院行政审判法官第一轮培训圆满完成。6月8日至10日，举办珠三角地区行政审判法官业务培训班，对珠三角地区两级法院行政审判法官进行了全员培训。至此，全省法院行政审判法官轮训全部完成。

## 四、深入调研指导，稳妥应对“新拆迁条例”施行

《国有土地上房屋征收与补偿条例》施行后，该庭除抓好个案指导外，还适时转发国务院及其职能部门、中纪委、最高法院的有关文件，深入调研后修订2000年出台的《广东省高级人民法院非诉执行工作规定》，形成《广东省高级人民法院关于规范行政非诉案件受理和审查工作的指导意见》，为全省法院稳妥办理行政非诉审查、执行案件提供有效指引。

## 五、精心部署总结，行政诉讼简易程序试点工作稳步推进

经认真评估辖区法治环境、行政审判力量和行政案件数量等指标，慎重选取广州市越秀区法院、佛山市禅城区法院等10个基层法院“试水”行政诉讼简易程序。第二季度起，先后现场指导广州市白云区法院、广州市越秀区法院、珠海市香洲区法院和中山市第一法院，确保稳步推进。其中，中山市第一法院第二季度采用简易程序审理的行政案件已超过50%。广州市白云区法院采用简易程序审理的案件多数都能够当庭宣判、当庭送达，大大节约了诉讼成本，收到了便民利民的效果。11月，及时撰写阶段性总结，提出完善思路，为试点工作再出发做好准备。

# 审判监督庭

审监庭紧紧围绕院党组的战略部署，始终能动坚持“三项硬要求”工作思路，坚决贯彻“为大局服务、为人民司法”的工作主题，继续以狠抓清案工作为第一要务，以“服判息诉、案结事了”为目标，奋力拼搏，全年收结案呈现“两降一升”态势：存案数量下降，发改率下降，调撤率大幅上升。全年收案498件，审结381件，未结117件，同期减少43件，结案率76.51%；发改61件，发改率21.18%，下降5.54%；调撤53件，调撤率18.40%，同比上升11.11%。减刑假释案件2854件，全部审结。

## 一、坚持以清案工作为中心，依法服务大局

近两年，旧存案件基数大，清案是所有工作的重中之重。特别是今年最高院、我院部署清理长期未结案件行动以后，我庭尚有63件收案一年半以上未结的案件，更是压力倍增。全庭同志“穷尽办法、能动办案，通力合作”，终于在第三季度结束前将一年半以上未结的旧存积案全部审结并且社会效果良好，审结案件中没有出现缠诉上访现象。郑鄂院长对我庭的清案给予高度评价：“清理积案的成效明显，实属不易，领导重视和带头，组织到位和落实，方法得当重效果，应及时总结，形成制度，值得全院各部门学习。”打赢清案工作翻身仗之后，全庭同志没有松劲，继续苦干，2011年年底存案较往年大幅减少，存117件。甩掉多年来压在我庭头上的存案包袱后，审判监督工作逐步走上了科学发展的良性轨道。最高法院在2011年12月29日最后一期《法院情况反映》刊发了《广东省高级人民法院清理再审积案取得显著成效》，江必新副院长在《情况反映》上予以肯定，作出批示：“广东高院审监庭在人案矛盾突出的情况下，既重视清案的速度和效率，更注重个案效果，措施有力，成效显著，有效化解了民事诉讼法修改后出现的案件激增情况。请审监庭了解一下各高院审监庭清积情况，并加强对这方面工作的指导”。通过近两年艰苦清案，我们树立了不怕苦、不怕累，能办难案、善于调解的精神和品牌。

## 二、坚持以“服判息诉”为己任，维护稳定和谐

服判息诉、案结事了是审判工作的“硬道理”。再审案件服判息诉工作十分艰巨，我庭坚持把“每案必调，服判息诉，维护社会稳定，依法服务大局”作为办理审监案件的原则，并形成一个共识：不管调解成功与否，每次调解都是一次群众工作的实践，法官耐心细致、依法依理的调解过程对当事人就是一次说法、析理和教育，有利于疏导和缓解当事人的对抗情绪和对法院的不信任感。全年调撤案件53件，调撤率18.40%，同比上升11.11%。对案情复杂、矛盾尖锐的案件，到案发地调查、走访，释法明理。对部分案件庭长和分管副庭长也参加调解，尽最大努力减少、消除当事人的对立情绪和对法院工作的不信任感，定纷止争。全年发生当事人闹访、多人信访5起，为历年最少，全年审结案件中未出现上京访现象。

## 三、坚持以调研指导为抓手，推进管理创新与司法公开

一是加强与省检察院的沟通协调，建立法检联动协调化解矛盾新机制，撰写了《关于建立法检联动协同化解矛盾新机制的调研报告》，制定了《关于办理检察建议的若干以意见》、起草了《广东省高级人民法院　广东省人民检察院关于开展民事抗诉和再审工作的若干意见》。二是积极探索，开展减刑假释案件公开开庭工作，形成了《关于进一步推进我省法院减刑、假释案件开庭审理工作的调研报告》，制定《广东高院关于减刑、假释案件开庭审理程序的意见》。从今年11月开始，实现全部新收减刑案件开庭审理（外籍罪犯除外），全年开庭审理减刑案件已达1014件，开庭率达35.53%。三是逐步推进审限公开。对具有法定延长审限事由的案件，实事求是的告知双方当事人延长审限理由。四是努力提高全庭参与社会管理的意识，就审判中发现的问题向广州市政府提出司法建议，与海关等单位座谈。

## 四、坚持以廉政教育为保障，加强队伍建设

把“人民法官为人民”、群众观点大讨论活动与社会主义法治理念再学习结合起来，组织全庭认真学习、领会郑鄂院长所讲党课的内容、精神，结合审监庭工作的实际严格执行党风廉政建设各项规章制度，定期召开全庭大会和党支部民主生活会，检讨各项制度的执行情况，分析存在问题，研究对策，组织全体干警赴番禺监狱和省看守所进行警示教育，进一步提高廉洁自律的自觉性。一年来，未发现有任何违纪违法的事。全庭同志紧密团结、士气高涨，工作学习出现了前所未有的好局面。

# 研 究 室

2011年，研究室各项工作取得新进步、新成效。全年共起草领导讲话稿、情况报告等较大型综合性材料57件，完成各种调研33项，撰写人大提案2篇，回复人大代表提案3件，起草各类答复、通知、函件136件，修改各类法律法规征求意见稿63件，向最高法院各案例载体编报案例417件，制定规范性文件7件，编印出版书籍5本，主办、承办全国和全省较大型会议20个，编辑《法庭》杂志12期和2010年年鉴，编辑《调研参考》12期，各种文稿字数合计800万字以上。

一、围绕为党组科学决策服务，全力当好参谋助手

完成2010年全省法院整体工作争当全国法院排头兵情况的评估报告。完成《领潮争先在南粤——广东法院争当整体工作全国法院排头兵纪实》宣传片脚本，形成郑鄂院长在第十六次全省法院工作会议的专项报告。完成郑鄂院长牵头的关于进一步加大司法公开党组课题的调研报告，形成《司法公开是满足人民群众司法需求的根本途径》在《人民法院报》发表。完成院领导的理论文章《关于四级法院功能定位相关问题的调研报告》。编写《调研参考》12期，得到最高法院张军副院长的表扬。完成郑鄂院长在全国大法官研讨班上的理论文章《加快推进司法改革，推动完善社会主义司法制度》；在首届海峡两岸暨香港、澳门司法高层论坛上的论文《广东法院调解工作的实践与思考》及大会发言。完成《关于加强我国社会诚信建设的几点思考》，起草郑鄂院长参加全国“两会”、全省“两会”关于加快诚信体系建设的提案。

二、围绕为法院工作科学发展服务，稳步推进司法改革

配合最高法院景汉朝副院长来粤调研座谈，起草《关于近年来我省法院司法改革工作的情况报告》，配合最高法院来粤调研，协助惠州中院召开司法改革项目评估工作座谈会。参加最高法院司改办在昆明召开的司法改革项目评估工作座谈会。完成最高法院对十项重点改革项目的督查工作。完成《关于广东法院近年来司法改革工作的情况报告》。参加院中层以上领导务虚会及全省中院院长务虚会，整理相关发言并形成会议纪要，为继续改革创新，领潮争先，当好科学发展提供参考。积极开展司法改革调研。完成《关于对郁南法院诉讼信用体系建设的情况报告》，《关于对肇庆驻村法官、清远调解经验的调研报告》。完成《关于我省法院构建多元纠纷解决机制工作情况的报告》，推荐佛山中院为最高法院多元化纠纷解决机制试点法院。完成对各中院司法改革考核工作。推动全省法院深入贯彻落实23项重点改革。下发《关于加强和规范全省法院司法建议工作的若干意见》，举办全省法院司法建议工作视频会暨培训班。

三、围绕为大局服务，切实加强宏观指导

制定下发《关于为加快转型升级、建设幸福广东提供司法服务和司法保障的若干意见》，对《幸福广东指标体系》提出增加“法定审限内结案率”指标被采纳。完成司法强拆报告。向省委报送《关于我省法院强制执行国有土地上房屋征收决定情况的报告》，通过参与政策法规制定服务大局。通过对《中央政法委社会管理创新建设指南（征求意见稿）》提出修改完善意见，先后三次对《省委省政府关于加强社会建设的决定》提出修改完善建议，对《关于加快推进社会体制改革、建设服务型政府的实施意见》等政策，对《广东省残疾人保护条例》等法规提出修改完善意见，积极服务经济社会发展。

四、围绕为审判第一要务服务，努力抓好调研管理

调研成果有新突破。调研成果获奖数居全国第一，省法院获组织奖。在全省哲学社会科学优秀成果评比中，1部著作获广东省哲学社会科学优秀成果（政府奖）三等奖，在全省政法系统优秀调研论文评奖中，全省法院共有8篇调研成果获一、二、三等奖。完成重点专题调研。两次派人参加民诉法修改讨论会，在全国人大法工委和最高法院到我院作关于刑诉、民诉的联合调研时，由谭玲副院长作了专题汇报。完成最高法院要求的《关于“环境案件分析与立法建议”的调研报告》及关于解决“案多人少”问题的相关立法建议和指导意见。协助政法委形成《关于办理虚假诉讼刑事案件的若干意见》。完成室领导参加中国审判理论研究会年会的论文《构建科学合理的审级制度的若干思考》。完成《关于广东法院研究室工作争当全国法院排头兵的情况报告》。配合省依法治省办，完成《十七大以来全省法院参与广东法治建设情况的报告》。制定并印发《关于执行异议诉讼案件受理与审理的指导意见》，加强对全省法院相关业务的指导。完成对今年本院党组6个课题的确定工作以及对去年院党组课题成果的汇编工作。狠抓调研组织管理。评审验收去年10个全省法院重点课题，完成今年度10个课题的确定、招标、评标、中标、公布等工作。组织全省法院2011年度重点调研课题中期检查汇报工作，召开全省中院研究室主任座谈会。抓调研工作规范化建设。完成《关于进一步加强司法调研和司法理论研究的意见》。抓调研成果转化工作。出版《破解法院科学发展难题的新探索》一书。我院被评为《人民法院案例选》案例报送工作先进单位，获得《中国审判案例要览》组稿工作先进奖。

五、围绕为全省法官服务，扎实开展法官协会工作

重视法院文化建设。关心全省法官身心健康。编印《广东法官动态》2期。加强交流合作。组织广州地区三级法官参加省女法官协会与省律师协会、知识分子联谊会、工商企业家联谊会共同主办的“广东知识女性靓装舞会”，展示了我省女法官的风采。承办省“女政法工作者联谊会”，为女政法工作者提供交流平台。参加省妇联的“三八”新百年·共谋新发展——粤港澳台各界妇女友好交流活动。五是积极支持女法官协会工作。总结调研设立家事审判合议庭的7个基层法院，调研报告得到最高法院沈德咏常务副院长的长篇批示。

# 司法行政装备管理处

2011年，行装处以争当全国法院司法行装系统排头兵为目标，紧紧围绕“服务与保障”的主题，全处干警心往一处想，劲往一处使，司法行政各项工作均有了新进展。省法院荣获全省会计决算编报工作先进单位，被省财厅列为政府采购免检单位，行装处被省委省政府授予广东省文明单位称号。

## 一、统筹协调，加强经费保障力度

一是在本级经费保障方面，争取省财厅在批复预算1.6亿的基础上，额外增加了本级专项资金800万、政法专项资金361万，还取得最高院死刑复核专项专款支持170万元，首次保证了省法院全年经费的稳健运行；二是争取中央和省财政对我省法院基层、基础建设的转移支付资金达5.5亿元，比去年增加6000万元，同比增长13%。并首次建立了用于救贫救困救急的“两庭修缮基金”1980万。使全省法院的审判执行及其他各项工作得以有力的经费保障；三是逐步探索建立了一套资金安全运行机制以及对下级法院行财的指导、监督和管理机制。追缴清理个人历史借款549万元，化解了财政风险。科学节流，比去年同期减少交通费用支出25%；减少公务接待费支出32%，减少出国（境）经费支出36%。

## 二、服务基层，强化基础装备建设

一是积极协调省发改委和财厅编报全省法院基础设施建设“十二五”规划，获批的我省法院系统“十二五”政法基础设施建设规划项目33个，总建筑面积24万平方米，总投资金额6、66亿元。二是与省财政厅协调草拟了《基层法院业务装备标准（试行)》。三是为各中院、基层院采购业务车122辆，注册上牌188辆、报废注销149辆、变更登记56辆、补换牌证70多辆；为全省经济欠发达地区人民法庭配备手持检测仪500个，完成全省法院审判服制作厂家的投标前期工作和采购、招标及量体工作。

## 三、用心服务，提升机关服务水平

一是尽心抓好基建，确保1–4楼法庭改造建设工程如期安全完工。二是细心抓好日常后勤保障，确保机关办公正常运行；努力提高餐厅服务水平，使全院干警对餐厅满意度达90%，创历史新高；全年安全行车160余万公里，确保了审判执行工作的用车需要。三是从优待警，多方筹措资金为全院干警办办实事19项，并协助宿舍电梯安装领导小组完成了仓边路宿舍电梯安装的前期工作。

## 四、大胆创新，开拓司法委托亮点

在全国法院中率先利用互联网平台公开司法委托信息，建立委托评估、拍卖机构网上申报系统，逐步形成广东法院“135”管理模式，成为全国第一个开通《人民法院诉讼资产网》的法院，实现了与最高院司法委托工作的全面对接。完成了2012–2013年度司法委托专业机构名册的建立。

## 五、加强管理，提高队伍综合素质

一是加强政策学习，提高认识水平；二是加强技能培训，提升业务水平；三是加强规范化管理，提高执行力。首先是健全民主决策机制，建立处长办公会制度，讨论决定“三重一大”事项；其次健全处务会制度，确保各项工作有计划推进。四是结合后勤保障工作的特点和党风廉政建设，开展经常性专题教育活动，培树风清气正的良好工作氛围。

# 宣 传 处

2011年宣传处注重发挥司法宣传工作隐性司法的功能作用，积极寻求宣传和新闻的最佳结合点，大力宣传全省法院积极开展排头兵达标竞赛活动，促进审判执行工作实现跨越式发展的工作情况，着力表现人民法院"为大局服务，为人民司法"的正面形象，推动司法宣传工作实现新发展，再上新台阶。

## 一、工作基本情况

全年共在中央级、省级平面、电视媒体发表新闻报道252篇456条，拍摄电视专题31辑，发稿数量创历史新高；多篇稿件获全国、全省法制好新闻和全省法院好新闻评比一二等奖，居全省政法系统首位；主动策划宣传执行指挥中心的电视专题在中央电视台《焦点访谈》播出；广东法院网全年点击量3181336，比去年同期上升25%；发布《网络舆情》杂志15期，网络舆情信息224条，舆情动态1条；在充分调研的基础上开通省法院官方微博"法耀岭南"，努力打造"自媒体"宣传的新平台。

## 二、司法宣传工作实现"五个突破"

(一) 创新方法，实现司法宣传工作机制新突破。

一是举办"新闻订货会"。5月在东莞召开了较大规模的司法宣传媒体选题会。围绕全省法院报送的近300个新闻选题，精心选择了最能展示法院工作成效的50个选题作为订货会的"商品"。全院24个审判执行业务部门的领导与30多家中央驻粤及省级媒体的跑线记者参加，业务庭领导推介，所推介的选题85%以上，媒体均进行了不同形式的报道。特别是陈华杰常务副院长亲自出席选题会并与媒体记者交流，展示了我省法院领导面对媒体开放、开明的姿态，获得与会者的高度评价。

二是实现"集中报道规模化"。在"两会"期间，郑鄂院长关于"幸福广东"和司法公开工作及建立社会征信体系的提案的相关专访、署名文章相继在广州日报、南方日报、人民法院报等媒体刊登；电视宣传也在两会期间集中推出6个电视选题，内容涉及典型人物、案例、法院工作等，均产生了较好的正面影响，有力地树立了法院公正司法、一心为民的形象。重点策划了对排头兵活动的宣传报道，在南方日报作了大篇幅整版，努力使司法宣传形成规模效应，并凸显了司法宣传的隐性司法功能。

三是建立"宣传稿件通报制度"。每月对上月全省各中院的省级以上媒体发表的稿件数量进行统计，量化分析后在法院局域网上发布，取得较好的效果。

(二) 整合资源，实现司法宣传工作模式新突破

一是加强策划，工作报道亮点纷呈首次超过案件报道。相继策划在中央和省级媒体上对我院的司法公开、党风廉政建设、党建双重管理体制、为"幸福广东"提供司法保障等工作做了重点宣传报道，报道形式包括郑鄂院长专访和署名文章等较大篇幅的新闻稿件，在电视宣传方面，主动策划了宣传省法院执行指挥中心的节目《对老赖"限高"》在中央电视台《焦点访谈》节目播出，宣传了我省在全国首创的执行机制改革，搭建覆盖全省的信息查询平台，在全国产生了较大影响。

二是整合资源，实现平面、电视、网络媒体宣传的有效互动。将家事审判改革作为重点选题，联合广东电视台《午间说法》制作了四集电视系列专题《家事里的情与法》，配合中央电视台《今日说法》节目制作了专题《让爱拒绝伤害》，在《人民法院报》《南方日报》等头版推出通讯《让家再温馨》，实现了影视与平面、网络媒体的联动宣传工作亮点。

(三) 培树典型，实现法院人物报道的新突破

加大了对法院先进人物特别是基层法官的宣传力度，并且积极与政治部联系培树典型，有效实现了"宣传成果"的转化。从年初中央电视台对顺德法院古春成，东莞第二法院徐哲的报道，到采写陈光昶、徐添福、梁振彪、梁仕葆等先进典型事迹报道，并邀请在国内外最具影响力的媒体——《南方周末》对湛江法官林保南以及《南方都市报》对梁振彪的报道，新华社、法制日报、人民法院报等多家媒体都刊登了模范法官的大篇幅稿件，实现了人物报道全覆盖和立体式报道。

推动组成"群众在我心中"先进事迹报告团，向全省法院巡回演讲，展现了广东法官司法为民、廉洁奉公的良好形象。其中，徐添福、梁仕葆原本都是默默无闻的基层法院临近退休的老法官，通过我们的挖掘和整理写成稿件在《人民法院报》人物周刊上以整版的篇幅首次发表，其事迹才为人所关注。

(四) 固本强基，实现舆情应对水平的新突破。在做好日常舆情信息监控的基础上，不断学习舆情信息搜索能力，为了提高全省法院的舆情应对能力，撰写并印发《广东法院舆情应对指南》，指导全省法院的网络舆情应对工作，并通过评论员文章、直接与微博主和网站沟通、加快信息公开等方式，大力提升应对速度，成功处理了韶关"森高社"、法院公车插队上船等多起舆情事件。今年"两会"期间，我院的网络宣传工作被最高院通报表扬，全省法院受表扬人数居全国各高院第一，辽宁、湖北等兄弟高院纷纷肯定我院的舆情应对工作并参观我院。

(五) 开通微博，实现宣传工作平台的新突破

在反复调研，召开各部门座谈会征求意见的基础上撰写了《关于建议开通省法院官方微博的报告》、制定了《广东省高级人民法院微博管理办法（试行)》、《关于开通省法院官方微博的实施方案》。

在全院指定了（补充数据）名兼职微博联络员，形成了微博管理发布网络，并建立了值班制度。"政法微博与社会管理创新峰会"上，我院被授予"微博问政特别贡献奖"。

# 法 警 总 队

2011年是中国共产党建党九十周年，是“十二五”时期开局之年，是省法院党组立足广东法院实际，力争我省法院整体工作争当全国法院排头兵的实现之年。在过去的一年里，司法警察工作在各级法院党组的关心领导下，在主管副院长的直接指导下，紧紧围绕审判工作，以科学发展观为指导，以争当排头兵为目标，以岗位大练兵为动力，充分发挥职能作用，组织推动各项警务工作顺利进行。尤其在全国法院司法警察岗位大练兵活动中，全省三级警队认真谋划，刻苦训练，以优异的成绩荣获全国法院司法警察岗位大练兵先进单位，实现了广东法院司法警察在全国法院法警队伍争当排头兵的目标。回顾一年来的工作情况，法警总队为人民法院争当排头兵实践活动做出了积极努力，主要表现在以下几个方面。

一、坚持把思想政治建设放在首位。针对司法警察队伍的职业特性，确立政治建警的首位意识，是加强准军事化队伍建设的根本。一是坚持不懈地抓党建。按照“以党建带队建促警务”的总体思路，集中落实“把党支部建在警队上”的制度，健全和完善各项组织生活内容，注意发挥好“二个作用”，为队伍建设夯实强大的组织基础。二是扎实抓好各项教育。根据院里教育安排，总队适时开展了“群众观念大讨论”、“纪律教育月”，以及“人民法官为人民”的主题实践活动。并注意结合实际抓教育：结合纪念建党九十周年开展光荣传统教育和活动；结合警务工作面向群众公开、透明要求，开展执法为民教育；结合落实党风廉政规定，开展党性党纪教育，着力提高队伍的政治思想素质。三是运用典型推动工作。组织学习全国模范司法警察钟世鑫先进事迹，以职业尊荣感影响感召广大干警，继续抓好我省司法警察队伍先进典型的培育与宣传，确立比、学、赶、帮目标，运用先进典型推动警务工作的开展。

二、坚持把警务保障作为第一要务。司法警察在人民法院提供优质、高效的警务保障是主要职责和使命所在。今年以来总队紧紧围绕审判、执行这个中心，积极努力地提供警务保障。直接保障刑事开庭131宗，押解被告人223人次，出动警力520人次。刑事会见43次，参与民商事案件值庭13宗，送达法律文书45人次，完成重大会议和重大活动安保7次。组织实施三级警队调警316次，完成死刑案件474宗，押解被告人860人次，调动安排警力2100多人次，全年审核警衔材料1323份，订购发放各种警用服装4万多件套。换发警官证206人次，发放执行死刑药物160份，为法院各项审判工作提供了良好的警务保障和后勤保障。

三、坚持把执法能力建设作为工作重点。按照最高法院王胜俊院长要求：“建设一支信得过、靠得住、有战斗力、高素质的司法警察队伍、为执法办案提供坚强保障”。根据这一要求，总队十分重视把执法能力建设作为工作重点。一是抓培训。今年组织了120名新警入警培训，同时培训110名业务骨干，培训85名军转干部与警衔晋升人员。组织二批人员参加最高法院培训。即25名骨干接受安全检查培训，25名接受心理素质培训，从多方面培养警队业务技术骨干。提升队伍综合素质。二是抓规范。严格以条令条例和各项规则为依据，继续在全省三级警队开展警务工作规范建设，完善警务工作量化管理和绩效考评体系，着力提高三级警队综合管理水平。三是抓机制。通过组织会议、集训、调警，实行三级警队报告工作制度，以及组织重大审判执行活动，形成三级警队联动保障机制，确保全省各类警务保障的需要。

四、坚持把岗位大练兵作为争创排头兵目标。今年在全国法院开展的司法警察岗位大练兵是最高人民法院党组作出的一项重要决策，是司法警察建警以来首次。总队对此十分重视，确定把岗位大练兵作为司法警察争创全国排头兵目标。一是严密组织。在毅峰院长亲自安排下，及时组织三级警队召开电视电话会议进行动员。全省三级法院成立了大练兵领导小组。总队结合本省实际拟定了《岗位大练兵实施方案》，确保了大练兵活动的顺利开展。二是精心策划。为确保人员，内容，时间和效果“四落实”，总队首先搞了100名小教员进行集中培训，为展开训练奠定基础。其次，组织拟写教材，安排两个标兵单位，拍摄训练标准动作。做成碟片下发，再次组织督查，在毅峰院长带领下，进行重点督查和抽查。发现问题及时研究，连续二次下发通知，推动岗位大练兵活动健康发展。三是严格考核。总队组织了十个考核组进行全省警队交叉考核。要求“全警参训，全员考核，人人过关”。考核不及格必须补训。不参加考核作退警处理，有效地促进了练兵积极性，取得了扎实效果。在最高法院考核中，我省法院各项技能都取得了优秀成绩，为广东司法警察争当全国排头兵作出了积极的努力。

# 法 官 学 院

2011年，法官学院在省法院党组的领导、刘恒军副院长的具体指导、省院各部门的支持配合下，学院全体同志团结一致，以“立足教培，开拓发展，服务大局”为重点，重视党建和廉政建设、强化教育培训、开拓经营市场、服务省法院中心工作，学院的各项业务及管理工作都得到了进一步发展，取得了较好的成绩。

## 一、立足教培本职，始终坚持“两不误”的发展方向

年初，省法院党组对学院领导班子进行了调整，新的领导班子到位后，在学院工作人员不断减少的情况下，始终坚持可持续发展的思路，有效地促进了法官学院和悦华大厦各项工作的发展。

## 二、狠抓教育培训，教培工作取得了良好的成绩

一年来，学院以规范培训程序、创新培训模式、充实培训内容、提高培训能力为落脚点，稳步推进了法官培训工作，实现了教育培训工作的新发展。

1. 以培元固本为重点，教育培训工作向深层次发展

——预备法官培训工作进展顺利。全年共开办3期预备法官培训班，培训人数795人，课程设置以提高预备法官的实际操作能力为重点，培养预备法官的职业尊荣感、责任感和司法核心价值观为核心，普遍反映效果很好。

——素能提升培训继续受到欢迎。一年来，学院与北京大学合办了4期“广东法院系统领导干部素能提升高级研修班”，培训各级法院领导652人。

——推动学历教育稳步健康发展。学院继续与上海财经大学、北京大学远程教育学院合作，新招在职法律硕士研究生18名，新招专升本学历教育学员28人。

——晋高培训取得较好成绩。全年共落实了343名法官通过网络参加晋升高级法官的培训工作，其中，314人通过验证取得合格证书，占参训人数的91.54%，取得较好成绩。

——协作、配合省院各部门完成了各类培训工作。一年来学院共协助省院各部门举办各类培训班12期，协办大小会议60个，接待外部大小会议100多个，获得各方面一致好评。

2. 积极稳定教师队伍，授课内容受到普遍欢迎

根据“法官教法官”的指导原则，在落实授课教师方面，学院坚持了“内稳外聘”的解决方式。一年来，作为兼职教师的省法院院领导、各部门负责人、及资深法官和业务骨干，均能积极配合学院组织的教育培训工作。在授课内容方面，根据培训主题的不同，各位教师准备的课件也具有不同的特色和针对性，比如预备法官以强化司法核心价值观、廉洁司法、感受资深法官的审判经验和体会、熟悉新类型案件的审判方式为主，人民陪审员以如何做好陪审员的方式方法为主，素能提升以开阔学员的视野为主，基层法院领导班子成员培训以强化公共管理、应对突发事件为主安排课程，得到学员普遍好评。

## 三、加大学术研讨力度，论文组织工作取得历史最好成绩

年初，学院主办了“全省法院第二十二届学术讨论会暨表彰大会”活动，总结了去年我省法院参加全国法院学术研讨的工作，表彰了各级法院的优秀论文作者，也对2011年参加“全国法院第二十三届学术讨论会”的论文组织等准备作了认真的部署。组织部分同志到全省法院13个重点中院广泛发动广大干警参与比赛的积极性，讲解比赛的规则和要求，其次通过预选和推选，最后甄选了70名重点作者，进行论文写作辅导。由于措施得当有力，学院在全省法院共征集论文1480篇，创历史最多。法官学院指导各中院对论文进行了初评，共有803篇论文报送到法官学院，法官学院组织了专家学者组成了评审团，并制定了严格细致的评审程序，选出了100篇较为优秀的论文，请专家学者指导作者进行修改，然后进行三评和四评，最后学院推荐了50篇论文参加“全国法院系统第二十三届学术讨论会”的论文评比，突破性地取得了2篇论文获得一等奖（这是广东法院史上第一次），14篇论文获得二等奖，16篇论文获得三等奖，6篇论文获得优秀奖，获奖论文和总分居全国各高级法院第一名，并荣获组织工作先进奖。广州市中级法院总分居全国中级法院第一名，广州市越秀区法院总分居全国基层法院第一名。创我省法院历史最好成绩。

年初组织全省法院参加国家法官学院与汕头大学李嘉诚基金会联合举办的“长江杯”诉讼调解征文比赛中，有一篇论文获一等奖，总分居全国第四名，并获论文组织先进奖。

## 四、积极开拓市场，悦华大厦经营业绩创历史最好成绩

在提升学院培训中心的业绩方面，学院领导继续坚持“行政性管理、市场化经营”的工作思路，在充分保障省法院教育培训、会议、接待工作的同时，积极开拓对外经营业务，对外经营业绩大幅提升，创下培训中心启用以来的最好业绩。

## 五、强化思想政治教育，勤政和廉政建设取得新进展

一年来，学院积极组织全体干部开展各种形势政治学习活动，有效提升了全体干部责任感和工作积极性。在廉政、勤政方面，学院围绕廉洁从政的具体要求，结合学院在教育培训以及培训中心经营管理的实际情况，以“心系大局、服务法官，做好本职工作，就是为法院的审判工作做贡献”为定位，要求全体干部和员工终坚持廉洁从政、勤政业务，全心全意做好本职工作。

# 信 息 中 心

2011年，信息中心的主要任务是：全面完成“08工程”的既定目标，结合最高院“天平工程”建设和政法网二期工程建设，制定省法院信息化建设新规划，完成“天平工程”一期可研报告、概要设计的编制工作和政法网二期工程建设的概要设计工作，以推进信息化应用为重点，进一步深化、细化、规范化各类应用，使前期的建设成果进一步发挥成效，努力提高全省法院信息化应用水平，为全省法院审判执行工作和行政后期工作提供高质方便快捷的信息化服务。具体而言，主要有如下工作：

一、制定全省法院信息化发展新规划，迎接实体管理新时代

1. 完成“天平工程”可研报告的编制工作。

2. 完成政法网二期工程概要设计的编制工作。

3. 完成“08工程”的总结工作和全省法院信息化发展新规划。

二、继续推进各项信息系统建设，不断提升信息化建设水平

1. 完成数字法庭建设，实现数字化庭审。

2. 完成电子档案建设，实现案件实体管理。

3. 建设异地容灾备份中心，进一步保障数据和信息安全。

4. 推进政法业务协同共享平台的建设和应用。

5. 完善各级法院机房、网络、安全、计算机终端等基础建设。

三、进一步加强信息化管理工作，努力深化信息应用水平

1. 进一步深化和推进各项应用。注重信息化工作与各项业务工作的结合，切合结合各项工作需求，推进各项系统应用。

2. 进一步完善各项制度建设，包括应用管理、运维管理和绩效考核等制度。

3. 进一步深化调研工作，为科学决策和管理提供参考。

四、进一步提高信息化服务质量，认真做好运维保障工作

1. 做好综合业务系统、审委会系统、网站、安全管理等各项应用系统的运行维护工作。

2. 做好网络、机房和服务器的运行维护工作。

3. 做好视频会议系统的运行维护和保障工作。

4. 加强与电信、移动、网通等运营商的沟通联络，为全院干警做好有线、无线和网络通信服务。

5. 做好电脑、打印机、扫描仪等设备的更新发放和维护工作。

# 赔偿委员会办公室

今年以来，赔偿办积极应对《中华人民共和国国家赔偿法》修订后出现的新情况，以“能动”、“和谐”、“公开”为理念，认真履行审判职能，加强调研指导，使国家赔偿审判工作呈现稳步发展的局面。

一、认真办案，顺利完成审判任务。

今年新收各类司法赔偿案46件，旧存3件，审结45件(含旧存1件)，新收案件同比增长约9%，审结案件同比增长约12.5%，旧存案件4件，结案率达91.8%。审限内结案45件，审限内结案率93.8%。在审结的案件中，确认违法1件，决定予以赔偿3件，发回3件。在未结的4件案中，12月份新收一件，待审委会讨论通过的2件，申请国家赔偿请求一方自己要求暂不审理，给时间自行协商的1件。

虽然今年案件数量增长不大，但由于新修订的《国家赔偿法》刚出台，赔偿办的审判工作也相应出现了一些新的情况，赔偿范围、赔偿原则、赔偿程序等方面都面临新法适用的问题。面临新情况新问题，我办更加注重办案的质量和效率，严格依法办案，切实维护当事人的权益。如广州市羊城房地产有限公司申请确认茂名市茂港区人民法院执行行为违法一案，经审查，茂港区法院将该公司名下所有的房地产直接作为另一公司的财产予以执行，缺乏法律依据。我办依法确认茂港区法院的执行行为违法。

在重视审判的质量和效率的同时，今年赔偿办加大了听证的力度，对部分适合的案件采取公开听证的方式，以增加审判透明度，疏泄当事人的负面情绪，促进司法公开，程序公正。今年共听证案件4件，约占所结案件的9%，比去年有所增加。

二、用心协调，有效化解社会矛盾。

在审判过程中，赔偿办十分注重案件法律效果和社会效果的统一，用心协调沟通有关部门，争取化解赔偿请求方的怨气，增强赔偿义务方的责任感，有效化解矛盾，以达到真正的案结事了。今年办结的案件中，经协调处理的共有5个，协调率达10.2%，其中一些案件经过协调，收到了积极的效果，比单纯地依法审理结案更能体现法院审判工作的社会效果和社会价值。如珠海经济特区盛海工贸联合公司申请确认珠海中院执行行为违法一案，珠海中院存在怠于执行的情形，申请人因此进京上访。经与珠海中院多次协调，珠海中院执行部门另行寻找到被执行人的财产线索，使申请人的权益得到保障。申请人对我办的工作表示感谢。

由于国家赔偿法的修订，今年信访压力增大。我办高度重视来信来访工作，力争做到件件有回音。今年共办理各部门转来信件20余件，接待当事人或协助信访部门接访当事人20余次，均能及时作出答复。到目前为止，没有当事人采取过激行为。

三、加强调研，及时开展业务指导。

针对新修订的《国家赔偿法》，我办迅速行动，组织认真学习，加强业务调研，及时对下级法院进行审判业务指导，保证国家赔偿法的统一适用。

1. 贯彻赔偿会议精神。全国法院国家赔偿工作会议于去年11月在北京召开后，我办迅速组织审判人员认真学习会议精神，并及时向全省两级法院转发了沈德咏副院长和江必新副院长的讲话。

2. 召开业务会议，进行业务指导。6月中旬，我办组织部分受理赔偿案件较多的中院召开了座谈会，集中解决审判中遇到的疑难问题，明确了新旧法交替期间的法律适用。此外，赔偿办还派员赴梅州等地法院授课指导，先后帮助广州、茂名、河源、潮州等地法院会诊多起案件疑难点，协助稳妥结案。

3. 选编案例报最高院。今年我办共组织10篇案例上报最高院，为最高院出台司法解释、编订国家赔偿审判指导提供素材。其中2篇被首期《国家赔偿办案指南》选用。另外，我办今年报送本院编辑室案例中，有一件被省政府选编于其《年鉴》。

4. 制定精神损害赔偿指导意见。针对修正后的国家赔偿法增加了精神损害赔偿的情况，为规范国家赔偿审判，统一赔偿标准，我办在新法实施后立即起草了《精神损害抚慰金的适用》（讨论稿），1月份提交公、检、法联席会议讨论。经三家分别征求意见后，形成座谈会纪要讨论稿，并分别反复研讨，达成共识，形成《关于在国家赔偿工作中适用精神损害抚慰金若干问题的座谈会纪要》，于今年九月份下发全省，对我省国家赔偿案件精神损害赔偿提供了统一的适用规范。《纪要》得到最高法院的肯定，最高法院在《国家赔偿工作动态第23期》以“广东高院联合公安、检察机关明确精神损害赔偿执法尺度”为题，对《纪要》做了比较详细的介绍，指出《纪要》的形成对于广东省司法机关适用国家赔偿精神抚慰金，统一执法尺度起到重要推动作用。河南、山东、湖南等兄弟法院先后向我院索取《纪要》参考。

# 第六章　院领导和各部门领导

## 广东省高级人民法院领导班子成员

| | |
|---|---|
| 党组书记、院长 | 郑　鄂 |
| 副　院　长 | 陈华杰　凌祁漫　李毅峰　刘恒军　徐春建　霍　敏　谭　玲　洪适权 |
| 纪检组组长 | 贾永庆 |
| 政治部主任 | 聂式恢 |
| 执行局局长 | 许佩华 |
| 副厅级干部 | 黄木深　陈佩霞　周　玲　卫俊儒　黄　雄　赵　军　古锡麟　宾毅成　谢文练 |

郑　鄂

陈华杰

凌祁漫

李毅峰

刘恒军

徐春建

霍　敏

谭　玲

洪适权

贾永庆

聂式恢

许佩华

# 广东省高级人民法院各部门领导

纪检组
副组长　廖炳新　李平昌

政治部
副主任　周　玲　熊正良

执行局
副局长　邓　忠　林秀雄　胡志超

办公室
主　任　卫俊儒
副主任　金　军　王冬洁　崔志伟

审判管理办公室
主　任　廖万春
副主任　陈国进　张　莉

立案一庭
庭　长　陈润霖
副庭长　詹伟雄　叶向荣　史尊魁

立案二庭
庭　长　施　适
副庭长　刘奕冰　王　恒　李学辉

刑事审判第一庭
庭　长　陈　超
副庭长　钟道春　时　磊　刘锦平

刑事审判第二庭
庭　长　黄建屏
副庭长　吴铭泽　傅曜天　李　继

刑事审判第三庭
庭　长　王在魁
副庭长　李宏建　陈小飞　万远福

刑事审判第四庭
庭　长　陈　冰
副庭长　李　兵　叶佐林　洪嘉忠

民事审判第一庭
庭　长　谢文练
副庭长　杨慧怡　陈吉生　佘琼圣

民事审判第二庭
庭　长　丁海湖
副庭长　欧阳振远　李洪堂　羊　琴

民事审判第三庭
庭　长　刘思彬
副庭长　欧修平　张学军　李　嵘

民事审判第四庭
庭　长　林广海
副庭长　王建平　杜以星　赵　虹

行政审判庭
庭　长　付洪林
副庭长　梁　赋　秦红梅

审判监督庭
庭　长　周定挺
副庭长　张永明　梁　聪　严加武

赔偿委员会办公室
主　任　邱文宽

执行局综合处
处　长　邱　丹
副处长　朱　峰　刘慧卓　杨明哲

执行一处
处　长　杨　铭
副处长　林少虎　陈良军

执行二处
处　长　王　静
副处长　林振华　谢小斌

研究室
主　任　任宗理
副主任　王庆丰　费汉定

司法行政装备处
处　长　林建辉
副处长　刘国喜　刘样发　李　川

监察室
主　任　李平昌
副主任　李文骥　方　明

机关干部处
处　长　郑岳龙
副处长　陈洪浩

地方干部处
处　长　陈东茹
副处长　黄必良　冯　强

教育处
处　长　朱可胜
副处长　段　勇

机关党委办公室
主　任　罗少雄
副主任　周长林

离退休人员管理处
处　长　李忠铭
副处长　熊惠梅

宣传处

处　长　戴佛明

副处长　云利珍　张慧鹏

法警总队

总队长　沈国强

政　委　方建跃

副总队长　施博林

法官（培训）学院

院　长　陈友强

副院长　林宏坚　王晓明　王增泉

信息中心（机关服务中心）

主　任　林建辉（兼）

副主任　邹享球　李　婷

资料来源：广东省高级人民法院政治部

# 第四编

# 各中级法院工作

# 广州市中级人民法院

2011年，全市法院共受理各类案件204647件，办结179710件，同比分别增长4.88%、0.11%；其中市中院受理35444件，办结31729件，同比分别增长1.18%、0.97%。省法院“人民群众对法院工作满意度”调查结果显示，群众对市中院的满意率达96.8%，是全省所有调查项目均达到优秀水平的三个中级法院之一。

## 一、立足执法办案，全力维护社会和谐稳定

审结刑事案件16177件，判处罪犯16066人，其中判处有期徒刑以上刑罚11247人。审结故意杀人、抢劫、绑架等严重暴力犯罪以及盗窃、抢夺、诈骗等多发性侵财犯罪一审案件6062件；审结破坏市场经济秩序犯罪一审案件766件，挽回经济损失4000余万元；审结一审醉驾案件205件，在全省首次对死缓罪犯限制减刑；审结李启红受贿、内幕交易、泄露内幕信息案等贪污、贿赂、渎职犯罪一审案件322件。

审结民事案件97884件，同比增长3.43%，标的金额99亿元。民事案件调解撤诉率54.54%，同比提高7.7个百分点。审结一审婚姻家庭和继承案件7833件；妥善处理一审劳动争议案件11507件，保护劳动者债权1.32亿元，发布劳动争议审判白皮书，指导企业依法用工、劳动者理性维权；审结一审人身损害、财产损害赔偿案件11834件，审结中海康城“水浸车”系列案、国内首宗高速公路服务合同纠纷案等一批备受社会关注的案件；审结一审涉外涉港澳台商事案件1761件。

审结行政案件3299件，同比上升12.36%。加大行政非诉案件的审查与执行力度，依法裁定准予执行5147件，不予执行361件，维护行政执法权威。积极探索行政审判方式改革，市中院被最高法院指定为优化行政诉讼庭审程序试点单位。举办第七届行政案例点评会、发布行政审判白皮书。

办结执行案件49786件，为当事人实现债权66亿元。深入开展反规避执行专项行动，综合运用查封、扣押、冻结、搜查、限制高消费、司法拘留等强制措施，打击赖债行为。被执行人邓建国因拒不申报财产及违反法院“限制高消费令”，被市中院依法司法拘留15日。深入推进司法委托拍卖工作改革，推动市中院涉诉资产全部进入广州产权交易所交易，提高涉诉资产变现率，最大限度地保障了债权人和债务人的合法权益。

## 二、围绕工作大局，积极服务经济社会发展

妥善审理各类破产、清算、中外合资合作、股权纠纷案件，支持经济转型升级。成功办结广州双菱钢铁公司破产案，破产资产以高出评估价格一倍多的4.28亿元成功拍卖，全额清偿300多名员工多年的工资和经济补偿金。审结一审侵犯专利、商标、著作权等知识产权案件3946件。妥善审结米其林系列商标侵权案件，中国欧盟商会知识产权工作组主席专程到广州表示感谢。因保护知识产权成绩突出，荣获广州市首届“保护知识产权市长奖”。

制定《广州市法院参与社会建设的实施意见》，对全市法院参与社会建设的渠道和方式进行全面部署。全市法院共联合相关部门建立诉前联调工作室等诉前调解机构55个，诉前化解矛盾7000余宗，解决纠纷标的金额近5亿元。针对预防职务犯罪、提高行政执法水平、缓解中小企业融资难题等提出对策建议近400余份，其中，关于预防职务犯罪的信息经省法院编报省委后得到中共中央政治局委员、省委书记汪洋同志批示肯定。

加强法院文化建设，制定全市法院文化建设五年规划。与市教育局联合开展“广州市青少年法制教育进校园活动”，全面覆盖全市1571所中小学。向新闻媒体发送新闻稿件1100余条次，与电视台、电台联合制作法制专题节目近100期，举办“法庭开放日”活动近40次，邀请市民、学生近5000人参观法庭、旁听庭审。在“2011年度广东法院好新闻”评选活动中，取得一等奖1篇、二等奖1篇、三等奖5篇，优秀奖1篇的好成绩，获奖数并列全省第一。

## 三、坚持司法为民，努力营造良好司法环境

推行“阳光司法”。加强人大代表联络工作，开展“百案释法答疑”、“百场征求意见”等活动260余次，邀请人大代表1200余人次以视察座谈、旁听案件等多种形式监督法院工作。办结代表意见建议73件。主动接受社会监督，召开新闻发布会、情况通报会14场。

加强护民便民利民举措。打造两级法院网上立案平台，从2011年11月起，律师事务所及部分企事业单位足不出户即可完成各类案件的网上立案。加大司法救助力度，为确有困难的当事人缓、减、免交诉讼费995.86万元，其中，减、免诉讼费21.98万元。为420名涉诉困难当事人提供司法救助，发放司法救助金255.6万元。依法保障刑事案件被告人的诉讼权利，为近1000宗案件的被告人指定辩护人。加强信访窗口建设。全年接待群众来访4036人次，处理群众来信4350件次，来信来访总量同比下降6.95%。

## 四、注重固本强基，提升自身科学发展水平

加强内部管理监督，深化审判执行的流程管理、质量评估、绩效考评等工作。深入开展“发扬传统、坚定信念、执法为民”主题教育实践、创先争优、群众观点大讨论和社会主义法治理念再学习、再教育活动，有效提升队伍素质、提升司法能力、提升审判质量。在最高院主办的第23届全国法院学术讨论会（代表全国法院最高学术研究水平）中，我市法院报送的论文取得1个一等奖，8个二等奖，13个三等奖的优异成绩，获奖篇目占全省法院的三分之二，市中院居全国中院第一名。深化党风廉政建设。精细审判管理、选任廉政监察员、干警定期轮岗等举措，严格落实任职回避、审判回避、防止内部人员干扰办案等制度。队伍建设取得明显成效，67个集体、265名干警获市级以上表彰奖励。市中院民一庭荣立集体一等功，陈海仪法官获评全国政法系统优秀党员干警。

出台加强基层基础建设工作意见，服务基层，建设基层。积极推进基层法院信息化建设，建成市中院、基层法院、人民法庭三级计算机综合网络应用系统、远程视频系统，建成数字法庭51个，实现远程提审、远程视频会议、远程直播、同步录音录像等功能。基层法院各项工作受到上级充分肯定，从化法院获评“全国模范法院”，花都法院获评“全国优秀法院”、“全国法院系统党建工作先进集体”，白云法院王文法官获评全国法院办案标兵，天河法院丁卫红法官荣立个人一等功。

3月31日，省委常委、省委政法委书记梁伟发率督导组一行莅临广州市天河区法院视察诉前联调工作开展情况。

12月19日，广州中院荣获广州市首届“保护知识产权市长奖”。

8月31日，广州中院党组书记、院长吴树坚参加广州市领导分类接访活动，在现场接访群众。

10月13日，由广州中院和市教育局联合开展的“广州市青少年法制教育进校园活动”在广州市第二中学隆重启动。

▲9月23日，广州中院召开广州法院2011年度省、市法院重点调研课题检查汇报会。

▲7月12日，广州中院在广州产权交易所举行广州市涉诉资产进场交易启动仪式。

▲8月11日，广州中院与市法制办联合召开“广州市行政案件点评暨业务培训会”。广州两级法院行政法官、省市行政复议人员及部分行政机关法制部门工作人员参加培训。

▲11月25日，中国欧盟商会知识产权工作组主席康保罗先生向广州中院送来“商标卫士 驰名中外”锦旗。

▲10月15日，“巨星影业”总裁邓建国恶意躲债被广州中院司法拘留。

▲10月27日，备受关注的广东省中山市原市长李启红等人内幕交易、泄露内幕信息和受贿案一审在广州中院公开宣判。

# 黄埔区人民法院

2011年，黄埔区法院以科学发展观为统领，围绕“为大局服务，为人民司法”工作主题，忠实履行宪法和法律赋予的职责，深入推进社会矛盾化解、社会管理创新、公正廉洁执法三项重点工作，全面完成审判执行各项任务，为全区发展稳定提供了有力的司法保障。全年共办理各类案件3679件，办结3609件。在省法院统一部署的“法院整体工作争当全国法院排头兵”竞赛活动中，考核基层法院审判执行工作的17项主要指标全部达标，名列全市法院系统第一名。在省法院委托广东省省情调查研究中心开展的“广东法院工作人民群众满意度问卷调查”活动中，该院整体评价满意率达到99.3%，在广州市法院系统排名第三。其中，司法形象和服务大局两项指标满意率达到100%。

▲3月22日，省法院副院长谭玲率调研组一行莅临黄埔区法院，调研指导家事审判合议庭试点工作。

▲12月14日，黄埔区法院与广东外语外贸大学举行未成年心理测评与矫正体系共建签约和基地挂牌仪式，借助社会力量加强少年审判帮教工作。

▲8月，黄埔区法院开庭审理我国微博名誉侵权第一案——广州蓝月亮实业有限公司诉王海名誉侵权案，取得良好的法律效果和社会效果。

▲经中国外商投资企业协会优质品牌保护委员会投票，黄埔区法院审理的龙政军、谭良政、蒋昌朝假冒注册商标一案被评为“2010—2011年度中国知识产权保护十佳案例”。

▲6月2日，黄埔区法院与鱼珠街道党工委签订《开展区人大代表、法官联动接访共建活动协议》，在全省法院系统首创法官与人大代表联动接访机制。

# 南沙区人民法院

▲12月6日，最高法院奚晓明副院长（右一）莅临南沙区法院调研指导。

▲1月5日，最高法院熊选国副院长（右二）莅临南沙区法院视察指导工作。

2011年，南沙区法院各项工作取得全新发展。在“2011广东法院工作人民群众满意度调查”中，该院整体工作满意度在全省128个基层法院中位列第7名。

## 一、审判执行

全年共受理各类案件3141件，审、执结案件3057件，同比分别增长27.84%和27.85%。刑事案件适用量刑规范化程序审理的比例达100%。民商事案件调撤率64%。坚持能动执行，开展“快速执行”、“夜间执行”，共执结标的3.7亿元。

## 二、服务大局

提出司法为民工作重心下移等十条举措，服务南沙新区开发建设。联合镇街开展“社会治安综合治理宣传月”活动，建立社区矫正人矫宣告程序，服务区域综治管理。强化诉前联调工作，解决未诉标的109.14万元。

## 三、为民司法

创设远程网络立案咨询平台，提供在线审查立案材料和预约立案的服务。开展午间便民服务，推出午间送达、午间开庭等工作举措。建立民政协议离婚司法确认机制，加强法律保障。推进法制宣传工作，开展送法进学校、进企业、进社区、进农村的“四进”活动。

## 四、队伍建设

加强廉政风险点的防控，落实“一岗双责”，健全新任职干部廉政谈话制度，确保司法廉洁公正。加强审判理论调研，1篇学术论文获全国法院系统学术讨论会三等奖。加强办公综合管理，获评“省一级档案综合管理单位”。加强警队建设，法警大队被省法院评为“全省法院规范化建设一级警队”。

▲4月19日，南沙区法院前往广东外语外贸大学开庭审理一宗故意杀人案件。

▲6月28日，南沙区法院举行庆祝建党90周年纪念活动重温入党誓词。

# 增城市人民法院

▲12月30日，增城市人民法院召开2011年度工作总结暨表彰大会。

▲7月，增城市法院公开开庭审理增城市新塘镇大墩村“6·11”事件相关刑事案件。

▲11月15日，部分省人大代表到增城市法院视察开展“阳光审判”工作情况。

2011年，增城市法院以开展排头兵竞赛活动为抓手，各项工作成效明显。共受理各类案件12675件，同比增长26.98%，结案11838件，同比增长27.28%。在排头兵达标竞赛考察基层法院的15项重点指标里，达标14项，达标项数在广州市基层法院中排名前列。

**一、审执工作。**依法审结了新塘大敦村“6·11”事件相关案件及刘国平等人组织、领导、参加黑社会组织案等影响较大案件。借鉴诉前联调工作模式，89%的刑事附带民事案件的民事部分于诉前成功调解。完善群体性案件和敏感案件的处理机制，群体性劳动争议系列案件的调解率达95.88%。积极探索商事案件“一次开庭结案”审理机制，一次开庭结案率达90%。

**二、司法为民。**办理缓、免交诉讼费案件2330件，金额共计49.8万元。向26件执行案件困难当事人提供司法救助，总金额达56万元。四个人民法庭通过开展“办理退费电话预约服务”，探索开展巡回审判，开展“法官送法下乡”指导基层组织调解、联合调处纠纷等形式，着力解决好农民群众诉讼难、诉讼成本高的问题，切实方便农村群众诉讼。

**三、能动司法。**推动诉前联调工作入镇进村，诉前联调工作室已在立案庭、四个人民法庭及新塘镇综治信访维稳中心等地点设立，并在新塘镇大墩村试点设立了“诉前联调工作站”，呈现重心往基层下移、深入村居的发展态势。共受理案件1090件，联调成功1075件，调解率达98.62%。深化“羊城金不换”工程，启动“阳光少年行动”，共邀请三百多人参加旁听典型案件庭审。

**四、阳光审判。**借助立案窗口平台，利用信息技术，确保司法工作全程、全面公开。通过数字化法庭实现庭审或听证过程的同步直播、同步录音录像、同步建立庭审资料电子数据档案。深入开展“双百”活动，共邀请人大代表、政协委员60人次到法院开展监督活动。注重充分发挥人民陪审员在司法公开中的作用，安排人民陪审员参加庭审案件1334件。

**五、自身建设。**深化法院文化建设，着力加强司法能力建设，营造干事创业、争先创优的良好氛围，推动自身建设上新台阶。年内被评为广州市社会治安综合治理工作先进集体、广州市法制宣传教育先进集体、增城市维护稳定及社会治安综合治理先进单位。还涌现出全省优秀法官梁仕保同志、排头兵达标竞赛活动全省个人二等功陈淑娴同志等先进典型人物。

# 深圳市中级人民法院

2011年，深圳市法院以“奋力实现排头兵目标年”竞赛活动为抓手，以社会矛盾化解、社会管理创新、公正廉洁执法为重点，深化改革促发展，严格管理树形象，各项工作取得了新的进步。全市法院全年受理各类案件204320件，办结193319件。其中，市中院受理各类案件27620件，办结24384件。

**一、依法打击犯罪，全力维护社会稳定**

全年受理一审刑事案件18117件27049人，同比分别上升18.51%和10.77%；审结17763件26364人，同比分别上升19.26%和11.77%；判处发生法律效力的犯罪分子24169人，其中2077人被判处5年以上有期徒刑、无期徒刑或者死刑。坚持打击犯罪与保障人权并重，认真贯彻宽严相济的刑事政策，充分保障被告人的合法权益。全年共有30名被告人被依法宣告无罪，对6703名罪行轻微的被告人依法适用缓刑、管制或免予刑事处罚，为774名被告人依法指定辩护律师，对1581名认真悔过、改造较好的罪犯依法办理减刑、假释。积极参与社会治安综合治理，推动我市社会治安防控体系建设和基层平安创建活动。

**二、强化司法调节职能，全力维护社会经济秩序**

全年全市法院共受理各类一审民商事105615件，审结100216件，同比分别下降1.25%和3.01%，结案率为94.89%，结案标的金额306.21亿元。全面实施审前调解制度，大力加强诉讼调解、辨法析理和息诉服判工作。2011年，全市法院一审民商事案件调解撤诉结案64322件，调解撤诉率为64.18%，同比上升0.65个百分点。认真履行司法审查职责，积极稳妥地开展行政审判工作，全市法院受理各类一审行政案件1258件，同比上升6.97%，审结一审行政案件1171件，同比上升9.75%。

**三、创新执行方式，全力维护当事人合法权益**

深化“大执行、大公开、大监督”的执行工作思路，加大执行工作力度，规范执行行为，强化执行管理，增强执行能力，全力维护当事人的胜诉权益和法律权威。积极推进执行改革，进一步完善敦促令制度，继续推行悬赏举报、信息披露、被执行人财产强制申报等制度，建立执行威慑机制，努力提高案件执结率，最大限度保障当事人的诉讼利益。2011年全市法院受理执行案件59922件，同比下降13.62%；执结56317件，同比下降11.61%，执结率为93.98%，执结标的金额98.86亿元；申请执行案件的自动履行率为59.88%。

**四、积极践行司法为民宗旨，深化法院工作改革创新**

努力完善符合司法规律的审判工作机制，不断推出司法为民的新举措，加强对社会弱势群体的司法保护，为社会弱势群体的涉诉案件开辟快立、快审、快执的“绿色通道”，为经济困难的当事人依法减、缓、免诉讼费1030.48万元。建立符合司法审判规律的工作机制，提高司法效率，促进司法公正。推动审判管理机制创新，涵盖司法业务、司法政务、司法人事的综合管理体系基本形成；推行目标管理责任书制度，强化岗位职责；完善审判态势分析制度，根据案件变化适时调整审判资源配置；实行审限集中管理，对审限中止、延长以及恢复审理的申请进行集中审批。推动诉前联调机制创新，在各区成立诉前联调工作室，以法院为主导，通过与劳动保障、交通管理、卫生行政、妇联、工会、行业协会等单位建立联调关系，整合矛盾纠纷化解力量，打造联合化解矛盾纠纷的新平台。市中院建立特邀调解员名册，从各行业聘请109名特邀调解员，充实联调工作力量。全市导入诉前联调环节的矛盾纠纷共46051件，调解成功23931件。

**五、坚持从严治院方针，大力加强队伍建设。**始终把队伍建设作为重中之重，围绕增强司法能力、提高司法水平的根本要求，结合法院工作面临的新任务、新要求，坚持把从严治院作为提升司法公信力的根本途径，着眼自身找差距，大力加强队伍建设，提升公正司法水平。推进作风能力建设。依托党建工作网络，深入开展“人民法官为人民”、“发扬传统、坚定信念、执法为民”等主题教育实践活动，引导干警认真践行“公正、求实、创新、奉献”的特区法院院训。开展“群众观点大讨论”，举办“深圳法官大讲堂”、“提升群众工作能力专项培训班”，邀请街道办、信访办工作人员传授做群众工作的方式方法。安排新录用人员到基层法庭、新任中层干部到信访窗口锻炼，引导广大干警深入群众“接地气”，切实增强对司法人民性的感情认同、理论认同和实践认同。高度重视法官与法院其他工作人员的岗位培训，注重发挥老法官的传帮带作用，提升公正司法、服务群众的业务技能。完善廉洁司法机制。坚持一岗双责，把部门业务建设、队伍建设考核结果与中层干部工作绩效考核结合起来，强化层级管理责任。健全审务督查制度，设立督查长和督查专员，对决策部署贯彻情况进行专门督查。充分发挥廉政监察专员的作用，通过廉政约谈、定期报告、处理信访投诉等途径，加强对法官廉政情况的前置监督。建立个案巡查制度，对正在审理中的群众反映强烈的案件进行巡查，及时发现和纠正不当行为，尽力避免办案瑕疵。

**六、加强指导监督，基层工作呈现可喜局面**

坚持面向基层、服务基层、建设基层，完善基层法院工作考核办法和业务指导机制，统筹开展业务培训，通过多种形式帮助基层法院提升审判质量和司法管理水平。加强对区法院领导班子的协管，协助配齐配强各区法院领导班子，强化基层队伍建设、作风建设和规范化建设。积极推动基层法院数字法庭建设，各区法院建成数字法庭151个，投资规模、技术标准和应用水平均处于全省法院前列。六个基层法院全年办结各类案件168935件。17个人民法庭办结案件62677件。全市法院有1个集体、2名个人荣立一等功，6个集体、6名个人荣立二等功，其中市中院历史上首次荣立集体二等功，同时涌现出全国优秀法官曹林、全国政法系统优秀共产党员暨一等功荣立者汪洪等一大批先进典型。市五届人大三次大会上，人大代表对市中院工作报告的赞成率达到了93.8%。

▲10月10日，全省诉前联调工作交流会在深圳召开。省委常委、省委政法委书记、省公安厅厅长梁伟发，省法院党组书记、院长郑鄂，深圳市委副书记、市委政法委书记王穗明等领导出席会议。

▲8月30日，全省法院执行指挥中心建设现场会在深圳召开，省法院党组书记、院长郑鄂出席会议并讲话。

▲12月19日，深圳中院召开会议，学习传达贯彻全省中级法院院长会议精神。

▲5月23日，深圳法院指挥中心项目举行开工仪式。

▲11月16日，深圳中院成立高交会知识产权巡回法庭，为第十三届中国国际高新技术成果交易会提供司法保障和服务。

▲3月，深圳中院被省法院评为全省法院工作先进单位，并被记集体二等功。

# 罗湖区人民法院

2011年，罗湖区法院紧紧围绕“为大局服务、为人民司法”的工作主题，深入开展“奋力实现排头兵目标年”竞赛活动，各项工作取得了新成绩。全年共受理各类案件29680件，结案28938件，结案率97.5%。

**进一步发挥审判职能作用。**继续推进量刑规范化和轻微刑事案件快速审理机制，认真开展未成年罪犯非监禁刑适用和前科封存工作试点工作，深化“圆桌审判”模式；及时公正处理各类民商事纠纷，高度重视敏感案件的调处工作，加强与相关机构的沟通交流，将化解群众矛盾与维护社会稳定相结合，从源头上减少各类纠纷的出现；在全市率先推出行政首长出庭应诉告知制度，召开各行政机关应诉部门负责同志参加的行政审判应诉工作座谈会，进一步推动行政首长出庭应诉工作；积极利用市中院建立的“查控网”平台、完善基层协助执行网络机制、大力推进执行公开制度、建立重大案件协调处理机制、加强执行威慑机制建设，不断完善执行工作机制，执结了一批社会影响较大的案件。

**进一步深化司法为民工作。**举行“法官进社区”工作座谈会暨司法联络员聘任仪式，开展“法官进企业”，率先启动“法官进校园”，更加深入地推进“法官进社区”活动；继续完善与劳动、交警等部门的诉调对接工作，在区民政局婚姻登记处设立“调解工作室”，试行离婚纠纷“一站式”解决机制，引入中国国际贸易促进委员会深圳调解中心进驻，对商事纠纷进行诉前联调；加强审判执行公开，提升诉讼服务质量，抓好小额速裁程序试点工作，依法落实缓减免交诉讼费制度，为当事人诉讼提供便利；严格落实院长接待日、干部轮值接访等各项信访制度，畅通信访渠道。进一步加强法院队伍建设。借向“全国模范法官”曹林同志学习之机，加强宣传引导，塑造队伍形象；举办法官赴高校培训等各种培训，成立调研人才库，召开青年干警座谈会，提升干警群众工作意识；通过组织各类活动，认真落实“抓党建带队建促审判”的总体思路和党风廉政建设责任制的规定，保障队伍廉洁性。

▲12月14日，时任省法院副院长霍敏在罗湖区法院龙光伟院长的陪同下视察法院。

▲11月3日，罗湖区法院举行“法官进社区”工作座谈会暨司法联络员聘任仪式。

▲10月18日，罗湖区法院在罗湖中学率先举行“法官进校园”活动启动仪式。

# 宝安区人民法院

2011年，宝安区法院以开展“奋力实现排头兵”目标年竞赛活动为抓手，坚持为大局服务，为人民司法，工作成效有新提升，服务科学发展和实现自身科学发展取得了新进展。全年共受理各类案件46152件，结案44597件，结案率96.63%。在全市基层法院“奋力实现排头兵”工作达标竞赛活动中，连续第三年被评为优胜单位，荣立全省法院“争当全国法院排头兵工作集体一等功”。在全市基层法院年终综合量化考核中名列第一，实现“四连冠”，被评为第四届全市“优秀法院”和“2011年度全市先进法院”。

▲6月17日，宝安区法院举行“法院开放日——走进宝法，感受阳光”活动。

**以化解社会矛盾为根本主线，全力维护社会和谐。**严格贯彻落实宽严相济刑事政策，依法严惩一大批黑恶势力犯罪、黄赌毒犯罪、多发性侵财犯罪等，全年共审结刑事案件6374件。充分发挥司法调解与联调作用，妥善处理了住房、医疗、合同、股权、侵犯知识产权等各类民商事案件25421件。继续发挥行政案件协调和解与行政联席会议作用，审结行政案件111件。建立执行指挥中心，全面启动“快速执行”工作，执结案件12499件。

**以能动司法为根本途径，积极推进社会管理创新。**将我院原有审前调解整体并入诉前联调，并进一步改造升级，与区司法局、劳动局等12家职能单位和行业协会建立联席会议制度，形成具有宝安特色的诉前联调工作机制。全年共导入诉前联调案件3813件，调解成功2416件。积极开展司法建议工作，向宝安区司法局、文体旅游局等11个单位发送10条司法建议，督促其弥补漏洞，规范管理。

**以改革创新为根本动力，推动法院工作科学发展。**针对“案多人少”实际，建立“快调”、“快审”、“快执”机制，大力推进矛盾纠纷繁简分流，提高办案效率。完善少年犯庭前社会调查报告制度，建立异地缓刑少年犯联动帮教机制，创新社工、义工“双工协作”的全程帮教模式，与企业成立少年犯教育就业改造基地，联合区职业能力开发局对缓刑少年犯进行免费职业能力培训等，深入推进少年审判改革。以信息化改革为突破口，建成由案件流程管理系统、案件质量评查系统、干警执法档案系统等组成的规范化管理平台，并依托此平台，开展多维案件评查，推动审执工作科学发展。

# 珠海市中级人民法院

2011年，珠海中院各项工作不断开创新局面。办案水平显著提高，在全省法院排头兵竞赛活动中，我市法院连续取得优胜，顺利实现争当全省法院排头兵的目标。司法形象明显提升，在全省法院人民群众满意度调查中，我市法院排名全省第一，涌现出一批国家级、省级先进集体和个人。

## 一、维护社会公平正义，审判执行工作水平不断提升

全市法院共受理各类案件32955件，办结30662件，同比分别上升17.24%、15.22%，其中珠海中院受理3808件，办结3392件，各项审判执行质效指标持续向好。刑事审判认真贯彻落实宽严相济刑事政策，严格执行刑事证据“两个规定”，依法打击刑事犯罪，共审结各类刑事案件3364件，其中珠海中院审结468件。妥善审理各类民商事纠纷，进一步打造涉澳审判特色品牌，优化投资环境，共审结各类民商事案件18078件，其中珠海中院审结2273件。依法化解行政争议，积极利用协调和解方式解决行政争议，就行政审判中发现的行政执法问题，向行政机关发出司法建议。共审结各类行政案件374件，其中珠海中院审结95件。执行工作注重建立健全长效机制，推进执行指挥中心建设，深化执行分权改革，继续推行主动执行，强化执行威慑，加强执行和解工作。共执结案件8759件，其中珠海中院执结523件。

## 二、践行司法为民宗旨，服务经济社会发展

贯彻“调解优先，调判结合”原则，加大诉讼调解力度；建立健全诉前联调机制，金湾区法院被省法院评为“诉前联调工作示范单位”；完善人民调解协议司法确认机制，强化人民调解协议效力。支持镇街综治信访维稳中心建设，向每个中心派出法官担任联络员。强化涉诉信访工作，集中清理涉诉信访积案。在审判工作中积极关注社会管理问题，就加强出租屋管理等发出司法建68份。积极参与社会治安综合治理，规范减刑假释工作，完善社区矫正对接机制，提高非监禁刑适用率，帮助未成年人罪犯回归社会。针对家庭暴力发出人身安全保护令，有效保护率达100%。为方便群众诉讼，积极争取在平沙、三灶设立人民法庭，已获上级法院批准。建设立案信访文明窗口，为群众提供“一站式”服务。推行网上立案、预约立案、假日立案，开展巡回审判。为来珠务工人员、老年人、残疾人等特殊群体开辟“绿色通道”，优先立案、优先审理、优先执行。加大司法救助力度，为695名困难当事人缓、减、免诉讼费472万元，发放各类司法救助金63万元。

## 三、大力加强自身建设，确保公正廉洁司法

大力加强和创新审判管理，指导基层法院成立专门的审判管理机构，落实珠海中院制定的《加强和创新审判管理的意见》等一系列审判管理规章制度，进一步制定《案件质量常规评查办法》等配套制度。认真开展“百万案件评查”活动，全年评查各类案件2372件。着力规范法官自由裁量权，推进量刑规范化改革，定期发布办案指导意见，统一裁判尺度。扎实开展排头兵竞赛活动，对审判执行态势和重点质效指标实时跟踪研判，得到最高法院和省法院的肯定。强化思想政治建设，坚持“抓党建带队建促审判”，大力推进系统党建工作。在全省法院率先开展群众观点大讨论，坚定理想信念，增进群众感情。加大干部交流选拔力度，在全省率先试行中院补充法官原则上从基层法官中择优产生，激发了队伍活力。积极推进法院文化建设，斗门区法院被评为“全省法院文化建设达标单位”。建设学习型法院，鼓励干警多读书、勤思考，加强业务培训，定期印发《珠海审判指导》，不断总结审判经验。2011年，珠海中院被评为全省首批“学习型法院示范单位”。狠抓廉政作风建设，廉政教育常抓不懈，严格执行《廉政准则》和“五个严禁”，全面落实法官任职回避制度，严格执行过问案件登记管理规定。夯实基层基础建设，加强对基层法院的工作指导，实行挂点联系制度，提高基层司法水平。改善基层基础设施条件，三个基层法院审判大楼建设均已立项。

## 四、自觉接受各方监督，不断加强和改进法院工作

坚持定期向人大及其常委会报告法院工作，及时报告重要部署、重大情况。邀请代表参与“百庭观摩”、“百案释法答疑、百场征求意见”等活动。加强代表联络，走访代表156人次，召开代表座谈会 6次。高度重视代表关注事项，努力提高办理质量和效率，收到15件，办结15件。2011年，珠海中院被评为全省法院人大代表联络工作先进集体，并荣立集体三等功。主动向政协通报工作情况，邀请政协委员视察法院工作。定期召开法检联席会议，依法妥善审理抗诉案件，认真办理检察建议。畅通社会监督渠道，大力推进司法公开，健全新闻发布制度，主动接受社会舆论监督，全年各类媒体报道法院工作462篇。

◀ 11月5日，珠海中院召开第五届珠海法官论坛，最高法院研究室主任胡云腾、最高法院应用法学研究所所长罗东川、最高法院民四庭副庭长周帆围绕最高法院重大课题“国内仲裁与涉外仲裁司法审查并轨问题研究”进行指导和研讨。

► 11月24日，珠海中院院长万国营到金湾区法院检查指导工作，听取基层法院开展排头兵竞赛工作情况汇报。

◀ 7月20日，值“八一”建军节来临之际，珠海中院民四庭法官深入广东省边防总队第五支队，开展“送法进军营”活动。

► 12月16日，澳门法律与司法培训中心第四届课程实习员访问珠海中院，并参观院史馆。

# 香洲区人民法院

2011年，香洲区法院在区委的正确领导，区人大依法监督，区政府、区政协的大力支持和上级法院的精心指导下，深入贯彻落实科学发展观，围绕“为大局服务、为人民司法”工作主题，坚持“三个至上”指导思想，紧紧围绕三项重点工作，以排头兵达标竞赛活动为统揽，认真履行职能，积极探索创新，推动社会管理，狠抓队伍建设，审判业绩和工作水平不断提升，法院科学发展能力显著提高，队伍整体素质明显提升。全院涌现出一批模范人物和先进集体，被全国、省、市、区授予多项荣誉称号。

香洲区人民法院作为珠海市中心城区唯一的基层人民法院，每年承担着全市法院系统60%以上案件的繁重审判任务，审执结案件数逐年大幅度增加，审判执行工作不断取得新突破：一是收结案数同步增长，2011年全院共受理刑事、民商事、行政、执行等各类案件17940件，审执结16404件，收结案数均创历史新高，结案诉讼标的37.3亿元，综合结案率91%。二是办案效率整体提高。一线法官人均结案220件，同比多结10件。三是办案效果明显提升。一审服判息诉率为86.1%，同比提高0.87%。全院案件调撤率达66.8%，实际执行率达82.1%；四是办案质量持续向好。二审改判发回重审率下降6.05%，信访投诉率下降0.26%。衡量办案效率和质量的各项指标成绩突出，圆满完成了全年的办案任务。

►5月27日，珠海市香洲区法院蔡美鸿院长在香洲区七届人大六次会议上作法院工作报告。

◄4月12日，珠海市香洲区法院承办“人身安全保护裁定制度立法调研座谈会”。全国人大常委会法工委社会法室副主任陈佳林（居中），省法院副院长谭玲以及来自广东、陕西、湖南、安徽、重庆等地的法官参加调研座谈会。

# 斗门区人民法院

2011年，斗门区法院紧紧围绕“为大局服务、为人民司法”工作主题，以创建“全国模范法院”为目标，以开展排头兵达标竞赛活动为抓手，完善创新管理机制，能动延伸服务职能，认真履行审判职责，全年共受理各类案件6800件，办结6617件，结案率达到97.31%，调撤率为63.82%，为全区经济的快速发展提供了坚实的司法保障。

在化解社会矛盾方面，斗门区法院在6月份成立了诉前联调工作室，制订了《诉前联调工作室规则》、《非诉讼调解协议司法确认工作规则》等规章制度，已发展29家诉前联调成员单位。工作室运行以来共有253宗案件引入诉前联调，达成和解协议248 件，调解成功率达98 %。积极推进诉调对接工作，全年共对1241件人民调解协议进行了司法审查和确认，推动人民调解工作质量、效果进一步提高。在社会管理创新方面，贯彻主动执行理念，继续探索实施执行“大保全”制度，推出“联动执行”新举措，大幅度提高了执结率，被省法院授予“无执行积案先进法院”称号。积极开展专题调研工作，深入研究本地区法制运行中存在的突出矛盾，提出破解工作难题的对策，积极为党委和政府中心工作分忧解难。大力加强司法建议工作，积极向区委、区政府建言献策。在公正廉洁执法方面，通过运用典型案例开展司法作风警示教育、院领导亲自给全体干警及新招录人员上廉政教育课等措施，取得了良好的成效，队伍连续15年没有发生严重违法违纪现象。在全省法院人民群众满意度调查活动中，斗门区法院的群众满意度在全省128个基层法院中名列第7位。在司法为民方面，开展了“法官进村居、送法促和谐”活动，全年进村居开庭审判2次，与村居干部联合调解26次，走访基层群众近200户，发放诉讼指南和普法手册近800份，受到人民群众的高度认可。同时编印多种宣传书籍，广泛开展法制宣传教育，深得社会各界好评。

▲8月18日，省法院党组成员、政治部主任聂式恢视察斗门区院工作。

▲7月29日，斗门区法院召开“服务园区、能动司法”座谈会，努力为斗门区经济社会发展提供有力司法保障。

▲5月20日，珠海市斗门区法院法官深入农村巡回办案，积极开展“法官进村居、送法促和谐”活动。

▲8月上旬，斗门区法院编印《法在你身边》等司法宣传书籍，开展普法宣传教育。

# 金湾区人民法院

2011年，金湾区法院以科学发展观为统领，坚持“三个至上”重要指导思想，牢牢把握“为大局服务、为人民司法”的工作主题，深入开展三项重点工作，扎实推进“和人民在一起”主题教育实践活动，认真开展“群众观点大讨论”，各项工作取得了显著的成绩，为辖区经济发展与社会和谐稳定提供了强有力的司法保障。

全年共受理案件4075件，新收案件数同比上升17.67%；结案3936件，结案数同比上升12.59%，结案率96.59%。其中审判案件2715件，结案2620件，结案率96.50%；执行案件1360件，执结案件1316件，执结率为96.77%。刑事审判严格执行“宽严相济”的刑事审判政策，结案率98.27%；民商事审判坚持“调解优先、调判结合”原则，结案率98.12%；行政审判坚持保护监督与支持并重的原则，结案率100%；执行工作启动生道执行、增值执行等新举措，结案率达96.77%。2011年度，金湾区法院被最高人民法院授予“立案信访窗口建设先进单位”、“无执行积案先进法院”称号，金湾区法院诉前联调室被推选为全省综治信访维稳三级平台建设“五个一百”先进诉前联调室，金湾区法院刑庭被省高院荣记集体三等功、民一庭被省高院授予“全省法院调解工作先进集体”称号，执行局被市中院荣记集体三等功。在省法院委托广东省省情调查研究中心组织的民意调查中，金湾区法院的群众满意度在全省128个基层法院中名列第三。此外，金湾区法院在全市法院排头兵达标竞赛活动中，蝉联优胜单位称号。

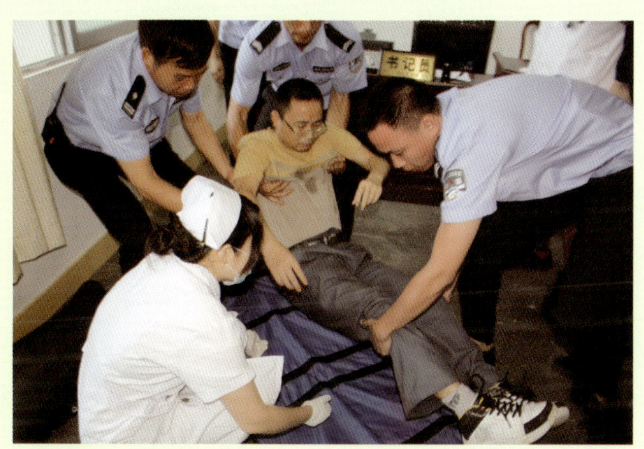


▲金湾区法院深入开展“和人民在一起”活动，受到了广大人民群众的一致好评。图为6月29日，一名当事人在开庭时昏迷，法院干警立即组织抢救。

▲11月21日，金湾区法院在南水镇举行南水巡回法庭揭牌仪式，落实司法便民措施。

▲1月28日，云辉游艇公司向金湾区法院赠送锦旗，对法院秉承能动司法理念，启动生道执行新举措表示感谢。

▲7月11日，金湾区法院举行重温入党誓词活动，加强法院廉政文化建设。

# 汕头市中级人民法院

2011年，汕头中院在市委的领导和上级法院的指导下，以邓小平理论和“三个代表”重要思想为指导，深入贯彻落实科学发展观，积极践行社会主义法治理念，始终坚持“三个至上”指导思想，紧紧围绕“为大局服务、为人民司法”工作主题，深入推进“社会矛盾化解、社会管理创新、公正廉洁执法”三项重点工作，全面发挥审判、执行职能，加强对基层法院的指导监督，各项工作都取得了新发展、新成效。

## 一、坚持宽严相济政策，审判执行工作成效显著

2011年全市法院受理各类案件13283件，办结12561件，结案率94.6%。其中，刑事案件2928件，判处罪犯4558人；民商事案件6014件，调解撤诉率为77.11 %；行政案件55件，和解撤诉案件率为30.91%；执行案件3475件，实际执行率83.19%。

## 二、坚持能动司法方针，主动服务大局、服务经济建设

贯彻落实市委九届十一次全会及市第十次党代会会议精神，提升法院工作服务大局的针对性和有效性。积极配合市政府做好汕头商业银行重组工作，先后到最高法院申请办理延长司法保护期14次，并制订了处置重组遗留问题工作方案，有效维护了商业银行重组及重组后的平稳过渡。“法官服务团”创新服务形式，在行业商会设立法律咨询联系点，密切同行业商会的联系，及时为企业解决涉法涉诉问题。知识产权审判工作主动服务粤东五市，同时积极维护我市企业合法权益，及时审结黑牛公司、奥迪玩具、群兴玩具等知名企业品牌、商标被假冒案件，受理各类知识产权案件124件，审结116件，同比分别上升169%和157%。

## 三、践行司法为民宗旨，群众满意度不断提升

人民群众对汕头法院整体工作满意率为95.3%，高于全省法院整体工作人民群众满意率0.2个百分点，处于优秀水平，在全省排名第八。10项具体调查项目的群众总体满意率全部达到优良水平，其中7项具体指标满意率达到90%以上，处于优秀水平。汕头市委书记、市人大常委会主任李锋同志，市委常委、政法委书记对此都作了重要指示，充分肯定汕头两级法院的工作。

## 四、加强组织领导，积极推进排头兵达标竞赛活动深入开展

汕头法院年终达标率为100%，18项指标实现全面达标。全省23个中院中只有7个实现全面达标。在竞赛小组中汕头中院排名第二，获得排头兵达标竞赛活动年终优胜单位。省法院对在争当全国法院排头兵工作中成绩突出的集体和个人予以表彰：金平区法院荣记集体二等功；潮南区法院刑庭荣记集体三等功；中院、濠江区法院、潮阳区法院执行局获集体嘉奖。中院黄伟牧同志荣记个人二等功。

## 五、完善工作机制，全面加强队伍建设

积极开展争先创优活动，积极培养先进典型，利用先进典型激励、带动干警，一批先进集体、先进个人涌现。2011年中院连续四年被评为“全省中级法院综合考核先进单位”，并荣记集体二等功，并先后获“全省学习型法院示范单位”、“全省法院党建工作先进集体”、“全省法院案例指导工作先进单位”、“全省法院岗位大练兵优胜集体”、“全省法院联络工作嘉奖集体”等荣誉称号。

汕头中院还积极推进各项工作，促进法院整体工作迈上新台阶。两级法院惩防体系建设积极推进，领导干部党风廉政建设责任制进一步落实；调研工作成果显著，圆满完成人大工作报告起草工作；信息化建设后勤保障力度进一步加强；司法警察队伍业务能力及综合素质进一步提高；出色承办了全省中级法院院长会议等等。

3月31日，全国人大法工委副主任王胜明、最高人民法院副院长奚晓明到汕头中院调研指导工作。

11月7日，最高人民法院咨询委员会副主任李玉成视察汕头中院。

12月14日，汕头市委常委、政法委书记谢泽生到汕头中院调研。

12月26日，汕头市委常委、纪委书记邢太安到汕头中院调研。

# 金平区人民法院

2011年，汕头市金平区法院深入贯彻落实科学发展观，坚持“三个至上”指导思想，坚持“为大局服务、为人民司法”工作主题，各项工作得到持续、均衡、全面发展。全年共受理各类案件3258件，审执结3085件，结收比为97.44%，审限内结案率达到99%，办案质量、效率、效果取得持续进步。先后被评为“全市优秀法院”、“全市法律普法宣传教育先进集体”、“全市反腐败协调查处大案要案先进集体”。在省法院部署开展的排头兵达标竞赛活动中成绩突出，被授予集体二等功。

**扎实做好审判执行工作。**正确把握宽严相济刑事政策，全面实施量刑规范化改革，共受理各类刑事案件432件700人，审结430件693人；妥善化解民事纠纷，维护和谐社会关系，共受理民商事案件1343件，审结1256件，诉讼标的总金额为3.35亿元；依法处理行政争议，促进依法行政，共受理行政诉讼案件6件和非诉行政执行案件50件，均全部审结；推进执行工作改革，破解执行难题，共受理执行案件1441件，执结1358件，执结率94.2%。

**认真落实司法为民要求。**加强立案信访窗口建设，畅通民意表达渠道；全面推进司法公开工作，加强与人大代表、政协委员的联络，以公开促公信；加大司法建议力度，积极参与社会综合治理，充分发挥司法能动作用；成立诉前联调中心，及时化解矛盾纠纷，有效缓解诉讼压力和涉诉信访压力。

**全面加强法院自身建设。**班子建设和队伍建设得到全面发展，5个内设部门、26位个人受到各级表彰；稳步推进法院文化建设，营造团结互助、积极向上的精神风貌；积极推进信息化手段运用，有效提高办案质量和效率。

▲4月18日，汕头中院院长林平为汕头市首个诉前联调中心揭牌。

▲11月17日，汕头中院院长林平带队到金平区法院调研指导工作。

# 龙湖区人民法院

2011年，汕头市龙湖区法院共受理各类案件2851件，办结2539件，法定审限内结案率达100%。集体被授予省“五四红旗团支部”，“全市党的基层建设先进单位”、“青少年维权岗”，“区‘三八’红旗集体”等先进称号，获全市法院系统打开案卷一等奖。

**充分发挥审判职能，维护稳定发展。**共受理刑事案件452件，审结450件，结案率为99.6%。精心开展民商事审判工作，维护社会和谐。全年共新收各类民商事案件1619件，审结1541件，审结标的金额2.46亿元，调撤率达80%。强化执行工作，切实维护当事人实际利益。完善司法救助措施，共为困难当事人依法减、缓、免交诉讼费129.2万元，共发放执行救助金5.1万元。

**加强队伍建设，打造管理型法院。**获得市级以上奖励学术论文、调研文章近10篇次；抓党建带队建促审判，党总支用生动活泼的沙龙式党课取代传统的党课模式，探索一条开放式党员组织生活新路子，先后举办了四期党课沙龙，《人民法院报》在头版予以报道。

**推进司法公开 努力实现司法公正。**共开展5次公众开放日活动，“百场释法答疑、百场征求意见”等公开活动10余场。开通官方微博，促进阳光司法。2011年3月份开通微博，成为粤东法院系统首家开通微博的法院。大力推行裁判文书上网，提升司法公信力。加强宣传报道，全年被国家级、省级和市级媒体采用的信息达90篇次。

▲3月10日，汕头中院院长林平到龙湖区新溪镇调研，并亲切看望龙湖区法院外砂法庭干警。

▲汕头龙湖区法院党总支于“八一”建军节前夕举办“党与军队关系”党课沙龙。

# 佛山市中级人民法院

2011年，佛山中院坚持“为民司法、服务大局、科学发展，全面实现和确保司法公正”的工作思路，求真务实，开拓创新，狠抓案件质效、执行实效、队伍建设“三项重点工作”，各项工作成效显著。办案质量不断提高。全市法院一审发改率为1.51%，同比下降3.16个百分点；办案效率持续上升，全市法院共受理各类案件125902件，同比增长0.9%，审结116607件，全市法院结收案比、法定审限内结案率分别为98.6%、99.89%，收结案良性均衡发展；办案效果明显加强，全市法院调解撤诉率为70.81%，实际执行率为80.1%，同比上升7.28和5.5个百分点。信访投诉率为0.33%，同比下降0.07个百分点。

## 一、履行审判职责，维护公平正义

坚持宽严相济刑事政策，保障社会安全稳定。全市法院共审结刑事案件8182件，判处罪犯10831人，其中判处五年以上有期徒刑直至死刑的罪犯1430人。妥善调处民事纠纷，促进社会和谐发展。全市法院共审结一审民商事案件51661件，二审民商事案件5847件。积极化解行政争议，保障公民合法权益。全市法院共审结行政案件918件。建立行政机关负责人出庭应诉制度，增强领导责任意识，一年来共有40名行政首长出庭应诉。

## 二、提高执行实效，破解执行难题

市中级法院积极推进执行改革，争取党委支持，报请佛山市委常委会讨论通过《关于加强人民法院执行工作的意见》，以加强党委对执行工作的领导，并由市纪委、市委政法委、市中级法院等22个部门共同建立破解执行难问题的长效工作机制，构建了党委领导、政府支持、法院主导、各有关部门参与的大执行工作格局。全市法院共办结执行案件34922件，执行到位金额71.6亿元。执行联动机制逐步完善。与国土资源局、住房和城乡建设局及多家商业银行建立网上查询快速通道，实现对被执行人土地、房产登记信息、银行存款情况的网上“点对点”查询。深入推进反规避执行行动，加大执行惩戒力度，共对166名被执行人实施司法拘留措施。

## 三、回应民众关切，落实司法为民

自觉接受社会监督。贯彻落实与人大代表、政协委员联络制度，邀请代表委员参与“百案释法答疑”、“百场征求意见”双百活动199场，征求意见1029人次。力求申诉信访成效。切实保障当事人申诉权利，共审结申诉案件206件。抓好信访文明窗口建设，完善信访工作机制，共处理群众来信14件，同比下降68.18%。加大司法救助力度，共计对276名经济困难的当事人发放救助金181.84万元。通过组建佛山护航志愿服务队，加大对未成年罪犯帮教力度。

## 四、发挥司法职能，参与社会管理

围绕工作大局，强化司法服务。制订出台了《关于为建设“民富市强，幸福佛山”提供司法服务和司法保障的若干意见》、《关于在加强社会建设和创新社会管理中充分发挥职能作用的意见》。全力化解矛盾，深化诉调对接。全市法院办结诉前联调和司法确认案件10492件。参与社会管理，加强司法建议。针对“外嫁女”、劳资纠纷等问题，相继发布了行政审判、知识产权、劳动争议白皮书，提出了20份司法建议，帮助相关部门堵塞制度漏洞，完善社会管理。

## 五、锐意改革创新，推动科学发展

以审判管理为立足点，提升审判工作质效。以“结收比”代替“结案率”指标；实施“以案配人”、“以岗定人”，优化配置司法资源；强化案件质量评查等，一审判决发改率大幅下降，佛山中院、禅城法院首次结束加班加点清案，收结案良性均衡发展。以工作机制为切入点，进一步深化审判方式改革。推进法院裁判文书改革，实现裁判文书的繁简分流及规范制作。指导基层法院开展家事审判、民事小额速裁和行政诉讼简易程序试点工作，促进有关纠纷的快速化解。以司法公开为着力点，全方位促公正、显公正。创新公开载体，搭建网络舆情沟通平台，设立官方微博，直播“产检门”等社会关注案件庭审实况，在佛山多个知名论坛注册法院发言人，回应网民诉求，保障人民群众参与司法活动、表达意见的权利。

## 六、加强自身建设，提升司法能力

狠抓队伍素质。强化法官培训，重视培养队伍解决实际问题、做群众工作的能力，共组织党支部书记、法官、书记员、法警等各类人员培训班16期1471人次。狠抓基层建设。加强对基层法院领导班子的协管力度，抓好班子思想建设和作风建设。通过院领导对口挂点联系、各业务部门出台指导意见、典型案例指导等方式，提高基层法官的司法水平。狠抓廉洁司法。深入开展廉政纪律教育活动，推行过问案件登记、涉诉案件报告、任职回避等制度。落实问责机制，出台领导干部及工作人员问责办法。狠抓文化兴院。确立“秉持公正、追求真理、成就卓越、走向崇高”的法院文化建设思路，培育法官及法院其他工作人员的法律信仰，大力弘扬“公正、廉洁、为民”的司法核心价值观，广泛开展以“十杰法官”为代表的正面典型示范教育，营造风清气正的法院氛围。

▲2月21日，省委政法委在佛山市南海区召开全省诉前联调工作调研座谈会。省委常委、省委政法委书记梁伟发，省法院院长郑鄂，省检察院检察长郑红，佛山市市委书记陈云贤，佛山中院院长陈陟云等领导出席会议。

▲8月16至17日，佛山中院召开本年度第二次全市法院院长会议，传达贯彻省委全会、市委全会和全省中级法院院长会议精神，并明确全市法院今后的工作思路和工作任务。

▲4月12日，佛山市加强人民法院执行工作领导小组第一次会议召开并举行新闻发布会。佛山市委副书记、执行工作领导小组组长杨晓光，市委常委、市委政法委书记杨建华，佛山中院院长陈陟云出席会议并讲话。

▲8月18日，佛山中院召开队伍建设分析会，佛山中院院长陈陟云出席会议并讲话。

▲8月26日，佛山中院召开"十杰法官"表彰大会。

▲12月8日，佛山中院与《中国审判》杂志社、佛山传媒集团联合举办"法院文化建设"高峰论坛。

▲10月27日至28日，佛山中院院长陈陟云率领各区法院院长、政工科科长分别赴清远、肇庆两市参加两地法院"结对帮扶、共同发展"协议签协议仪式。

▲9月7至8日，省法院党组书记、院长郑鄂，省法院副院长谭玲，省法院党组成员、政治部主任聂式恢到佛山中院调研指导工作。

# 南海区人民法院

2011年，南海区法院受理各类案件36410件，办结32667件，办案质效保持良好态势。依法打击各类刑事犯罪，办结刑事案件2391件，深入推进量刑规范化和刑事和解工作，审结“佛山第一件决水案”、假冒CK内衣网络销售侵权案等社会影响较大的刑事案件。妥善化解民事矛盾纠纷，探索“机关业务庭专业审判”与“人民法庭区域协调”相结合的双轨办案机制，审结民商事案件17488件，解决诉讼标的32.49亿元，案件调撤率达68%；作出了被媒体誉为“拯救道德”的南海判例，支持交通事故肇事者优先抢救伤者。支持和监督政府机关依法行政，审结行政案件157件，开展“行政诉讼案件简易审”改革，加强行政协调工作，案件撤诉率达44%。加大执行工作力度，推行人民法庭属地执行模式，执结案件12626件，执结标的18.31亿元。

将法院工作有效融入地方基层综治维稳工作，完善诉讼与非诉讼的多元化纠纷解决机制，形成具有南海特色的“诉前联调”工作制度。2011年与公安、司法、劳动等联调单位共同化解诉前纠纷5510件，既拓宽了群众解决纠纷的渠道，又有效避免了矛盾纠纷的演化升级，工作经验得到省委政法委在全省推广。完善未成年人犯罪案件“惩教结合”的审判机制，发出首张网吧“禁止令”，限制未成年人进入网吧。参与护航服务，联动社会力量开展帮教活动，通过庭前调查、圆桌审判、庭后教育、服刑帮教和缓刑跟踪，有效预防和减少青少年再犯罪。

加强立案信访窗口建设，增设便民设施，完善诉讼服务，认真接待群众来信来访132人次。加强人民法庭建设，发挥贴近镇街基层优势，妥善化解涉群体性、民生、维稳等矛盾纠纷，2011年8个人民法庭共审结各类案件10896件，执结案件8015件。彰显司法关怀，共为经济困难的当事人减、缓、免交诉讼费用137万元，为220名未成年或残障刑事被告人指定辩护人，向57名特殊困难当事人发放司法救助金29万元。

借助信息化建设成果，为干警搭建文化交流平台。坚持以人为本，注重创新思维，弘扬“忠诚、为民、公正、廉洁”的司法核心价值观，努力打造具有南海特色的法院文化，提升干警职业自律观、荣誉感和幸福感。重视教育工作，选拔干警参加进修培训，提高队伍综合素质。

◀8月1日，南海区法院少审庭法官与南海区检察院检察官、心理咨询师共同对未成年罪犯进行教育帮扶。

▶2月21日，省委常委、政法委书记梁伟发莅临南海区法院考察诉前联调情况，与前来办理立案手续的当事人交谈。省法院党组书记、院长郑鄂，佛山中院院长陈陟云，南海区法院院长李声让陪同考察。

# 三水区人民法院

2011年，三水区法院各项工作取得了新的成绩。全年共受理各类案件8331件，办结7672件。先后被评为“全省法院排头兵达标竞赛活动先进集体”并记集体三等功、“全省法院文化建设达标单位”，并在2011年度全市基层法院工作考核中荣获第一名。

## 一、全面履行司法职责，推进社会矛盾化解

积极开展未成年犯的帮教工作，推动落实未成年人犯罪分案处理机制，被授予佛山市“青少年维权岗”光荣称号；坚持调解优先处理民商事案件，由于调解工作到位，进入执行程序的民商事案件数量同比有所下降；建立了“诉前沟通、诉中协调、诉外疏导”的行政案件审判模式，3件区重点维稳案件得到了及时妥善的处理；开展了“反规避执行”、“执行治理月”、集中清理执行款物等活动，并首次表彰了5个协助法院执行工作先进单位，加强了与各协助执行义务机关的沟通联系，巩固了执行联动机制。

## 二、落实能动司法理念，推进社会管理创新

创新非诉纠纷解决机制，成立了诉前联调工作室和劳动争议巡回法庭，使社会矛盾得到及时化解；试行司法联络员制度，加强了法官与基层群众的沟通联系，促进了基层纠纷防控网络建设；积极拓展司法审判职能，针对审判实践中发现的问题，依法向有关部门、单位提出司法建议，得到了省法院郑鄂院长的高度肯定。

## 三、加强司法公开宣传，推进树立司法公信

以“阳光审判·文明司法·护航幸福”为主题，举办了“五个一”司法公开系列活动，大大增进了群众对法院工作的了解和认同；认真组织开展“双百”活动，邀请代表参与法官释法答疑过程，听取其对法院工作的意见和建议；创新执行公开便民方式，设立了执行信息短信服务平台，增加了执行工作的透明度。

## 四、着力加强队伍建设，推进公正廉洁执法

强化党建工作，以建党90周年为契机，认真组织开展党建活动，被区委确定为“基层党建工作示范点”；组织开展了学术研讨、庭审远程同步观摩评比、法律文书评比等活动，切实提高了干警的司法能力；集中开展廉政警示教育，法官的廉洁自律意识不断增强，预防违法违纪现象发生。

◀5月30日，佛山三水区诉前联调工作室在三水法院挂牌成立。

►10月13日，佛山三水区法院的执行干警在大塘镇六一村委会司法联络员协助下开展执行工作。

# 韶关市中级人民法院

2011年，韶关市两级法院认真贯彻落实科学发展观，坚持“三个至上”重要指导思想，以深入开展“奋力实现排头兵目标年”竞赛活动为统揽和目标，进一步创新和加强审判管理，整体工作呈现良性循环。全市法院共受理各类案件（含减刑假释案件）31419件，同比上升2.2%，审结案件31069件，结案率达到98.9%，同比上升0.1个百分点。

## 一、切实履行审判职能，维护社会和谐稳定发展

依法惩治犯罪，切实维护社会稳定。坚持“严打”方针，认真贯彻宽严相济刑事政策。全市法院共审结一审刑事案件1054件，判处被告人1615人，其中判处五年以上有期徒刑、无期徒刑和死刑323人。在判决的199名未成年罪犯中，非监禁刑适用率达48.74%。

调节民商关系，促进社会和谐与经济发展。全市法院共审结一审民商事案件11040件，同比上升3.5%。对事实清楚、权利义务关系明确、争议不大的8055件案件依法适用简易程序进行审理，提高办案效率，简易程序适用率达78.8%。

化解行政纷争，推动“依法治市”深入开展。坚持监督与支持并重的司法理念，积极探索行政审判的协调和解机制，努力营造“官民”和谐相处的良好社会环境。全市法院审结一审行政纠纷227件，其中撤销或变更行政裁决33件，确认行政行为违法4件，维持行政裁决82件，驳回起诉或行政机关纠正违法行为后原告撤诉91件。

强化执行工作，竭力破解“执行难”。相继开展了“创建无执行积案先进法院”、执行指挥中心建设、执行款管理专项整治、反规避执行等一系列活动，初步建立起了执行联动机制，以及解决执行难联席会议制度、执行工作纳入综治考核、特困群体执行救助等执行工作长效机制。全市法院共受理执行案件4713件，执结4631件，执结率达98.3%，执结标的额4.4亿元。

## 二、坚持人民利益至上，全面落实司法为民措施

加大对困难群众合法权益的保护力度。中院共对15件案件47名特困申请执行人发放了41.5万元执行救助款，全市法院共为426件案件确有困难的当事人及特困企业和破产企业免交、减交、缓交诉讼费249.3万元。

完善和落实各项便民、利民措施。深入开展创建立案、信访两个“文明窗口”的活动，实现接待、立案、交费“一站式”服务，免费为当事人提供诉讼指南及各类诉讼样本，积极开展判后答疑工作，设立各种形式的巡回法庭，全年共开展巡回审判671场。

扎实开展集中清理涉诉信访积案工作，切实抓好热点、敏感、重大、疑难信访案件的排查和处置。全市法院共处理来信来访39件（人次），同比下降83.9%，确保了我市在“建党90周年”、“大运会”等重大敏感期间没有发生涉诉越级、进京上访事件。

## 三、创新审判管理机制，不断提升司法工作水平

不断深化与创新调解工作机制，逐步建立健全人民调解、行政调解、司法调解三位一体的大调解格局。全市法院民商事案件调撤率达64.9%。在县区一级构建诉前联调工作机制，共受理民事纠纷984件，成功调解964件，调解率达97.9%。

全力推行司法公开，促进阳光司法。制定了《关于进一步推进司法公开的工作方案》，规定立案、庭审、执行、听证、文书、审务等依法及时、全面、规范地公开。开设了“韶关审判网”，推行裁判文书上网、判后答疑、与网民对话、民意调查、庭审网络直播等方式。

建立健全案件质量监督评查机制，常规评查、专项评查、重点评查有序进行，组织开展了“案件质量评查”、“百万案件评查”等活动。通过该机制，二审发改率为7.9%，同比下降11.8个百分点；再审改判率为2.4%，同比下降26.2个百分点。

以司法建议为载体推进社会管理创新，及时将社会管理中发现的问题反馈给有关部门，切实推进“三项重点工作”。中院所发20份行政审判司法建议回复率和采纳率均为100%。

## 四、完善监督机制，切实加强党风廉政建设

主动自觉接受人大及各方监督，认真落实市人大常委会审议意见，积极完善人大代表联络机制，充分发挥人民陪审员参与审判、监督审判活动的重要作用。共邀请人大代表、政协委员旁听观摩庭审、参与见证案件调解与执行、召开座谈会529人次，邀请人民陪审员审理案件1476件，人民陪审员参审率达48.2%。

经常性开展党风廉政教育活动，并以发生在身边的违纪案例为反面教材开展警示教育，着力构筑“不愿为”的自律机制，努力强化“不敢为”的惩戒机制。制定了《违反“五个严禁”规定的处理细则》等多项廉洁司法制度，聘请92名廉政监督员，强化对法院廉政形象的监督力度。

## 五、大力加强队伍建设，全面提高队伍整体素质

韶关两级法院以开展社会主义法治理念教育、“人民法官为人民”主题实践等重要活动为载体，加强政治思想、职业道德和廉洁执法教育，司法作风明显改善。中院万靖同志被评为全国政法系统优秀共产党员，乐昌市法院罗忠铭同志荣立个人二等功；南雄市法院民一庭、乐昌市法院乐城法庭荣立集体二等功，中院法警支队、乐昌市法院荣立集体三等功。加强法官培训，邀请省法院资深法官讲课，先后举办审判理论与实务研讨会11场次，通过各种形式培训干警2330人次，法官、书记员和司法警察普遍得到了系统的轮训。

4月17日，时任最高人民法院党组成员、政治部主任周泽民到韶关中院对法院主题教育进行调研。

12月19日，省法院副院长刘恒军参加韶关中院党组民主生活会。

5月13日，省法院副院长谭玲在韶关中院院长刘曙光陪同下到曲江区法院对争当科学发展排头兵活动开展调研。

6月16日，韶关市委副书记、市长艾学峰率有关部门负责人到韶关中院开展调研。

2月11日，韶关市委副书记林耀明在时任韶关市委常委、政法委书记赖日先的陪同下到韶关中院开展调研。

◀3月10日，韶关全市法院诉前联调工作会议在乳源县召开。市委副书记林耀明出席会议并讲话。

▲6月21日，省法院审委会专职委员谢文练带队到韶关中院开展案件质量评查工作。

▲韶关中院高度重视扶贫开发“双到”工作。图为1月26日，被帮扶村的村干部将锦旗送到韶关中院政治处主任邹爱国手中。

▲4月24日，韶关中院开庭审理一宗历时十年的合同纠纷再审案，并邀请人大代表、政协委员旁听。

▲ 月14日，韶关中院召开特邀廉政监督员座谈会。院党组成员、纪检组长张旗胜向与会特邀廉政监督员通报全市法院反腐倡廉工作情况。

◄11月28日，韶关中院院长刘曙光接访申请执行人。

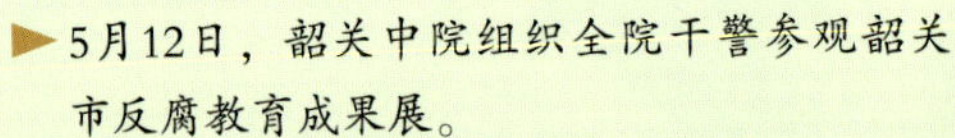

►5月12日，韶关中院组织全院干警参观韶关市反腐教育成果展。

◄6月1日，韶关中院组织全院干警参观广东省委战时机关旧址，接受革命传统教育。

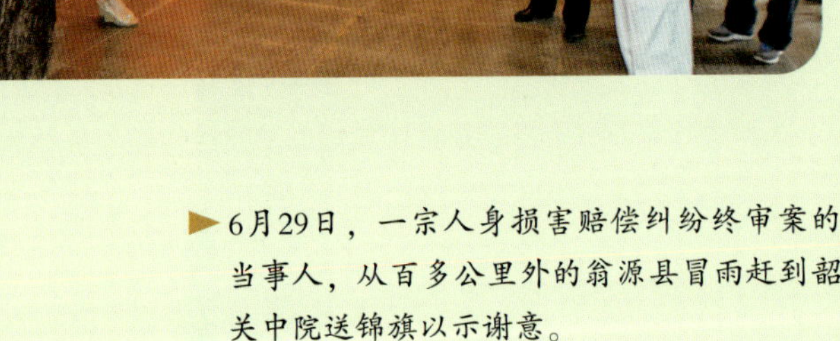

►6月29日，一宗人身损害赔偿纠纷终审案的当事人，从百多公里外的翁源县冒雨赶到韶关中院送锦旗以示谢意。

◄7月5日，韶关中院公开开庭审理了被告人叶仕彬等13人贩卖毒品案。

# 乐昌市人民法院

2011年，乐昌市法院坚持以科学发展观和“三个代表”重要思想为指导，认真践行“公正与效率”工作主题，各项工作都取得了新的进展。全年共受理各类案件1495件，结案1487件，结案率为98.22%，其中一审民商事案件调解撤诉647件，调撤率为68.32%，为维护乐昌市会稳定、促进经济发展作出了贡献。

该院努力加强审判和执行工作，积极推进法院改革，狠抓法官队伍建设，努力提高队伍素质。干警本科学历达到了87%，中共党员占89%，司法考试连续6年通过率位居韶关政法系统前列，储备的法官多达16人，具有法官资格的共有54人，占69%，为审判事业的可持续发展提供了人才保障。2011年荣立集体三等功，被省高院评为党建工作先进集体，被乐昌市委、市政府评为扶贫“双到”先进单位和“五五”普法先进集体，刑事审判庭被省高院记集体二等功，周毅、罗忠铭等11人次受到各级奖励、表彰。

该院结合山区法院实际，认真落实司法为民措施。在立案环节设立法官导诉窗口，指导群众诉讼；设立巡回法庭、墟日法庭，方便群众诉讼，使村民在家门口就能维护自己的合法权益，足不出村就可以得到及时的法律服务。法庭法官不畏山高路远，坚持便民利民、送法上门、巡回办案。全年共开展巡回审判35件次，受教育群众达三百多人次；将起诉状、当事人诉讼须知、授权委托书等有关空白诉讼材料交给各镇司法所，委托司法所办理立案的前期工作，减少了群众来回法庭奔波之苦，开辟了一条山区法庭司法为民、解决山区群众“诉讼难”的新途径。

▲12月22日，韶关中院院长刘曙光（左二）到乐昌市法院调研指导工作。

▲5月14日，乐昌法院坪石法庭对一宗案件进行诉前调解。

▲乐昌法院结合山区实际，推出“墟日法庭”和“巡回法庭”，深受当地群众欢迎。图为8月17日坪石法庭对一宗离婚案件开庭。

# 河源市中级人民法院

2011年，河源两级法院深入贯彻落实科学发展观，认真践行“三个至上”和“三项硬要求”，坚持“为大局服务、为人民司法”工作主题，深入推进“三项重点工作”，奋力争当全省山区法院排头兵，各项工作取得了长足进步。全年共受理各类案件11065件（含旧存187件），办结10616件，同比分别下降4.5%和7.7%；其中，市中院受理3083件（含旧存15件），办结2989件。市中院获“全国法院党建工作先进集体”等集体荣誉8项，龙川、紫金等基层法院被评为“全省优秀法院”、“全省法院文化建设示范单位”等。

## 一、狠抓审判执行第一要务

深化服务大局意识，全面加强审判执行工作。始终坚持宽严相济刑事司法政策，着力惩治各类刑事犯罪，全市法院判处刑事案件1048件1431人，分别比增0.5%和0.6%。积极深化少年审判模式改革，试行未成年人轻罪犯罪记录消灭制度，积极提高非监禁刑适用率，对288人判处缓刑，未成人非监禁刑适用率达到62.3%。始终坚持以人民满意为硬标准，注重案结事了，全市法院审结民事案件5619件，解决诉讼标的金额6.62亿元，其中3643件民事案件以调解或撤诉方式结案，调撤率65.3%。在行政审判领域，注重引导群众以合法和理性的方式表达诉求，同时依法审查被诉行政行为的合法性，全年判决维持89件，占57.8%；判决撤销或部分撤销的21件，占13.6%；通过协调促进原被告相互谅解而撤诉的达24件，促进了依法行政。在执行领域，规范执行行为，强化执行联动，加大制约力度，全市法院受理执行案件1512件（含旧存61件），执结1478件，执结标的金额4.22亿元。

## 二、积极推动法院改革创新

坚持以人为本，创新审判机制，在少年审判、审务督察、综合审判机制等方面推出了新举措。强化审判管理，开通了全市法院综合业务管理系统，率先成立了法官自律考评委员会和审务督察室，走精细化审判管理之路。试行“综合审判机制”，优化审判资源，缓解法官断层问题。自觉接受外部监督，加强人大代表联络工作，深入开展“百场庭审观摩、百场释法答疑”活动，有力推进了“阳光审判”进程。坚持能动司法，积极参与社会管理创新，发出了不少有分量的司法建议，市中院定期发布《行政审判白皮书》的做法得到市委、市政府主要领导的肯定。

## 三、深入推进法院系统党建

围绕“以党建带队建促审判”工作思路，深化建立条块结合、上下联动、整体推进的法院系统党建工作格局。率先在全省地级市与市委组织部联合出台加强和改进全市法院系统党建工作的指导意见；创办全省法院系统首个党校——“中共河源法院系统党校”，举办各类培训班5期420人次。创新党建教育方式，编绘《党建宝典》，邀请镇村干部为干警讲授群众工作技巧；依托苏区镇丰富的红色革命资源，建立干警革命传统教育基地。制定了机关党建考评办法和基层法院党建考评办法，用具体的指标指导全市法院将党建工作落到实处。4月18日，全省法院党建工作会议在河源召开，重点推介了该市法院系统党建工作经验。

## 四、继续深化学习型法院建设

以承办最高法院重点招标课题“关于建设学习型法院的调研”为契机，深入推进学习型法院建设。先后与华南师范大学等高校共建学习实践基地，拓展学习资源。实行干警学分制管理考核、青年干警导师制和专家型法官评选，激发干警学习热情。积极创新学习载体，巡回讲座、院长讲坛、学习论坛、法官沙龙等学习交流活动日益多样化。注重调查研究，全市法院共完成23项专题调研，部分调研成果得到转化利用。积极参与学术研讨，成功承办广东省法学会犯罪学研究会学术年会，干警向全国法院第22届学术讨论会提交的学术论文1篇获二等奖，1篇获优秀奖。市中院坚持办好《河源审判》、《法苑书香》等内部刊物，相关基层法院创办了《连平法苑》、《和平法粹》、《东源说法》等刊物。

## 五、全面加强信息化建设

全市法院自实施信息化建设“08工程”以来，累计投入各项资金800多万元，用以购置服务器、个人计算机和铺设光纤网络，内部局域网延伸至人民法庭。积极配合省法院进行审判法庭数字化改造，目前属于省法院统一建设的市中院1个数字法庭和基层法院6个数字法庭已经完成建设。信息化助力审判初见成效，市中院依靠远程视频系统，协助省法院成功实现了全省首次远程视频开庭，配合最高院远程提讯已经进入常态化。强力推进全省法院综合业务系统应用，实现大部分案件在业务系统实现立、审、结，在规范诉讼行为、节约诉讼资源、促进资源共享、方便群众诉讼等方面效果明显。

3月25日，最高法院在河源中院召开涉诉信访工作座谈会，最高法院党组成员、副院长景汉朝出席会议并作讲话。

4月18日，最高法院、省法院、河源市委领导共同为中共河源法院系统党校揭牌。

4月19日，最高法院党组成员、政治部主任周泽民一行到河源市紫金县苏区镇瞻仰革命遗址，缅怀革命先烈。

◀最高法院党组成员、政治部主任周泽民等领导专题听取河源中院承担的最高法院重点课题“关于建设学习型法院的调研”成果汇报。

▲6月29日，全市法院系统“欢歌献给党，真情颂天平”庆祝建党90周年文艺汇演在河源中院隆重举行。

▲8月4日，河源中院举办中共河源法院系统党校“提高群众工作能力”培训班，邀请村镇干部给法官讲课，提高法官的群众工作能力。

◀9月15日，2011年粤东地区法院信息化建设工作会议在河源市召开。省法院副院长刘恒军出席会议并讲话。

# 和平县人民法院

2011年，和平县法院牢固树立科学发展观和“三个至上”指导思想，深入推进“三项重点工作”，扎实开展“人民法官为人民”主题实践活动，努力争当山区法院排头兵，圆满完成了各项工作任务。全年共受理各类案件786件，审结739件，结案率达94%。

**充分发挥审判职能，促进社会和谐稳定。**依法打击刑事犯罪，共判处刑事案件84件125人，结案率为100%。积极化解民商事纠纷，共审结民事案件审结494件，其中362件案件以调解或撤诉方式结案，调撤率为73%。稳妥开展行政审判工作，共妥善审结行政案件21件。加大执行工作力度，共执结案件143件，执行到位标的总金额为2284.85万元。

**强化便民利民措施，做到司法为民。**完善服务窗口便民设施和设备，为群众提供立案、咨询、答疑解惑等“一站式”服务，将便民利民落到实处。加大司法救助工作力度，依法对57宗案件实行缓、减、免诉讼费18.18万元，对确有困难的刑事被害人或申请执行人发放司法救助金12万元。

**充分发挥人民陪审员优势。**2011年陪审率达95%，有效地促进了司法民主。强化外部监督，通过工作报告、举行“百场庭审观摩、百场释法答疑”活动自觉接受人大、政协监督。开通网上院长信箱，畅通民意沟通渠道，促进司法公正。

2011年，和平县法院被最高法院评为“无执行积案先进法院，被省委政法委评为“落实三项重点工作构建和谐广东”先进集体”，被河源市委评为全市“依法治市先进单位”。

▲2月14日，当事人给和平县法院行政审判庭送来锦旗和感谢信。

▲12月28日，和平县委常委、政法委书记朱仁恩深入和平县法院下车人民法庭调研。

▲12月29日，河源中院院长肖文浩到和平县法院调研指导工作。

# 连平县人民法院

2011年，连平县法院深入贯彻落实科学发展观，以“奋力实现排头兵达标竞赛活动”为契机，大力加强队伍建设，狠抓审判执行第一要务，各项工作取得了新的进步。

**全面加强审判执行工作，着力维护社会稳定。**全年共受理各类案件692件，审（执）结683件，结案率为98.69%。其中审结刑事案件90件，结案率为100%；审结民事案件485件，结案率为99.18%，调解撤诉率64.9%；审结行政案件7件，结案率100%；执结执行案件101件，执结率为95.2%。

**不断创新工作机制，提升司法为民水平。**设立诉前联调工作室，化解纠纷58件，司法确认20件，法院收案数同比下降5.1%。变群众上访为法官主动下访，积极回访涉法涉诉信访案件当事人，主动释法答疑，彰显法与理的有机融合。积极开展司法救助，全年共缓、减、免交诉讼费19万元，为生活确有困难的当事人提供司法救助金10人次10多万元。

**立足规范司法，主动接受各界监督。**认真做好年度工作报告和专项报告，坚持重大工作、重大活动汇报制度，坚决贯彻人大决议及常委会审议意见。举行“百场庭审观摩、百案释法答疑”、法院开放日等活动，邀请人大代表、政协委员旁听庭审、参与见证执行工作等共163人次，征求意见和建议共36条。

**立足文化兴院，提升队伍素质。**在全市基层法院首创内刊《连平法苑》，刊发4期发表64篇文章。调研宣传信息工作得到了上级领导的肯定，部分成果得到转化利用。积极参与学术研讨，1篇论文荣获全国法院第22届学术讨论会论文二等奖，多篇论文获全省法院优秀以上等次，首次实现我院有史以来在全国法院学术研讨会上论文获奖零的突破。

2011年，在全省法院“奋力实现排头兵达标竞赛活动”中荣获 “集体嘉奖”，在全市排头兵达标竞赛活动中被评为“优胜单位，被连平县委县政府评为“2011年度单位工作综合考核一等奖”。

▲3月17日，连平县法院党组书记、院长程平凡带队到上坪镇回访涉法涉诉当事人。

▲12月26日，连平县委常委、政法委书记骆超到连平县法院调研指导工作，并与党组班子座谈。

▲12月29日，河源中院党组书记、院长肖文浩到连平县法院调研指导工作。

# 梅州市中级人民法院

2011年，梅州市法院以开展“奋力实现排头兵目标年”活动为契机，狠抓执法办案第一要务，深入推进三项重点工作，努力在整体工作上争当全国法院排头兵，各项工作取得新成效。全市法院受理各类案件19129件，审结18811件，结案率98.34%，其中市中院受理案件3451件，结案3441件，结案率99.71%。有14个集体、17名个人受到省以上表彰奖励，其中市中院被授予“全国法院党建工作先进集体”和“全国法院文化建设示范单位”，并荣立争当全国法院工作排头兵集体二等功；丰顺法院汤南法庭庭长罗仰龙被评为“全国政法系统先进共产党员”和“全省优秀法官”。

## 一、全面加强审判工作

贯彻宽严相济刑事政策，严厉打击严重暴力犯罪和多发性有组织犯罪。全市法院审结一审刑事案件1294件，判决给予刑事处分1909人，非监禁刑适用率达到50.86%。坚持将服判息讼、案结事了作为审判工作硬道理，全市法院受理一审民商事案件11131件，审结10865件。建立起“全程、全员、全面”调解工作机制，全市法院一审民事案件调解撤诉率77.77%，一审刑事附带民事案件调解率63.03%。基层法院在纠纷比较集中区域设立劳动争议、医疗纠纷、交通事故、林业、家事审判巡回法庭，切实方便群众诉讼。行政审判更加注重行政争议实质性解决，全年审结一审行政案件124件。

## 二、全力清理执行积案

全市法院以建立执行指挥中心为突破口，进一步整合执行力量，开展“反规避执行”活动，切实提高清案工作效率。全年共执结案件3201件，执结率98.64%，实际执行率93.28%，执行和解率51.39%。全市法院执结涉及征地拆迁的非诉执行案件323件，交出被征用土地315亩，执行和解率77.42%。市中院及梅江法院、兴宁法院、五华法院被省法院授予“无执行积案先进法院”。

## 三、积极参与社会管理创新

举办企业防范法律风险座谈会和金融机构座谈会，共商防范法律风险策略和措施。市中院与市政法各家联合制定《关于在全市开展社区矫正工作的实施意见》，推动未成年罪犯安置、帮教工作。8个基层法院均成立诉前联调工作室，与有关部门共同调解矛盾纠纷739件，调解成功644件；审查申请人民调解协议司法确认案件545件，确认赋予132份调解协议以强制执行力。加强司法建议工作，其中一份司法建议促成省法院和广东保监局联合出台《关于保险纠纷案件加强调解若干问题的意见》。发布《2008-2010年行政案件司法审查报告》，促进全市行政机关依法行政。

## 四、深化审判方式改革

制订《关于司法公开工作考核的实施办法（试行）》和相配套制度，全面推行庭审公开、听证公开、执行公开、审限公开、立案信息公开及裁判文书公开。在平远法院试点推行大审判工作机制改革，努力化解因法官“断层”形成的案多人少压力。认真做好人民陪审员的选任和续任工作，全市157名人民陪审员积极参与案件庭审和评议工作，一审案件陪审率达65.24%。

## 五、推进审判精细化管理

全市各法院均成立审判管理办公室，专门负责审判流程管理、案件质量监督、审判质效评估等工作，建立健全各项审判管理规范，建立起科学规范的审判管理机制。加强审级监督工作，市中院受理二审案件640件，审结637件，发回重审改判率6.75%。到年终反映办案质量、效率和效果的18项考核指标均达到省法院确定目标值，综合得分排名保持在全省各市法院前列。

## 六、强力推进信息化建设

两级法院网络实现全面覆盖，市中院到8个基层法院“三级专网”和基层法院到24个人民法庭“四级专网”全面开通；“广东法院综合业务管理系统”在全市法院全面应用，OA办公自动化系统正式启用；市中院建成2个中型数字法庭，每个基层法院建成1个数字法庭，提高审判法庭的科技含量。

## 七、积极开展调研宣传工作

注重调研成果转化工作，在完成最高法院重点调研课题基础上，出版《人民法院司法警察制度改革与发展研究》一书。大力开展法制宣传，全市法院被中央、省、市媒体采用稿件556篇。市中院上报的“梅州市梅江区农村信用合作联社江南信用社诉罗苑玲储蓄合同纠纷案”案例被《最高人民法院公报》2011年第1期采用。创刊15年的《梅州法官》升格为省级刊物。

## 八、大力加强队伍建设

全市法院坚持“政治建院”理念，深入开展“人民法官为人民”和“发扬传统、坚定信念、执法为民”主题实践活动。建立纪检监察巡视制度，市中院组成巡视组分别对平远法院、五华法院班子建设、业务建设和队伍建设等情况开展巡视工作。召开全市法院文化建设推进会，扩大兴宁法院、丰顺法院文化建设先进单位的示范效应。兴宁法院成为全省法院文化建设达标单位。开设“梅州法苑讲坛”，邀请专家教授作专题辅导讲座，努力营造“重学习、尊人才、求上进”氛围，市中院被命名为首批全省学习型法院示范单位。

▲8月10日，省委副书记朱明国在省市有关领导陪同下视察梅州中院。

◀5月9日，省法院党组书记、院长郑鄂接见“全国政法系统优秀共产党员”罗仰龙。

▶12月12日，市中院党组书记刘思彬到五华县法院调研。

◀5月17日，梅州中院联合梅州银行业公会召开典型金融案件法律风险分析会。

►7月20日，梅州中院率先在全省法院以开庭方式审理减刑假释案件。

▲12月4日，梅州中院开展“12·4”送法进军营活动。

# 兴宁市人民法院

2011年，兴宁市法院深入推进“三项重点工作”，确定“巩固成绩、坚持创新、再创佳绩”工作思路，全面加强审判执行工作，有力推动各项工作向前发展，获“全国优秀法院”、“全省优秀法院”、“全省法院文化建设达标单位”等荣誉称号，并被记“全省法院整体工作争当全国法院排头兵竞赛活动”集体三等功。

全年共受理各类案件4746件，审结4736件，结案标的金额3.4亿多元，调撤率83.2 %。其中，刑事案件317件、民商事案件2992件、行政案件58件、执行案件676件。

现有干警126人，本科以上学历占84.8%。建设“四有四栏”党员活动室，构建“411”廉政建设长效机制。确立“崇德、公正、为民、进取”院训，打造独具特色的“一个核心、四个内容、七个载体”法院文化。

建立“三个到场”判后释疑机制，一审服判息诉率96.5%；建立青少年法制教育基地和“党风廉政建设教育基地”；推出“1+5”少年法庭教育和“三见面、三必须四不、四延伸”社会调查帮教回访模式；建立“4321”案件绩效考核机制。

创建“法官进村联调+电话服务”机制和“1+2”家事审判模式；设立劳动争议巡回法庭和“三固定”农村巡回法庭。举办“法院公众开放日”和“巡回法制宣传”活动、建立“裁判文书上网”制度和“公众评议”系统、法院网站、院长热线。

▲4月11日，梅州市委政法委、兴宁市委联合召开大会，隆重表彰兴宁市法院荣获“全国优秀法院”称号。

▲10月26日至27日，第十七届闽粤赣省际法院院长座谈会在兴宁市法院召开。

▲12月28日，兴宁市法院自编自演小话剧《情暖归途》在市中院“法文化·迎新春”文艺汇演上获得二等奖。

# 蕉岭县人民法院

▲5月12日，省法院党组书记、院长郑鄂到蕉岭县法院考察调研。

2011年，蕉岭县法院围绕“为大局服务，为人民司法”工作主题，以开展“人民法官为人民”主题实践和争当排头兵活动为载体，积极抓好法院各项工作，审判执行工作取得新成效，被省法院评为“争当全国法院排头兵工作集体嘉奖”。

**一、发挥审判职能。**贯彻“宽严相济”的刑事政策，推行量刑规范化，依法审结各类刑事案件95件130人。依法及时审结各类民商事案件，积极化解社会矛盾纠纷，全年受理民商事案件1022件，结案985件，民商事案件调撤率达成81.7%。注重行政案件的实质性解决，化解“官民矛盾”，受理行政案件11件，结案10件。建立主动执行、联动执行等新机制，解决执行难问题，受理304件，执结271件，执结率达89.1%。

**二、狠抓排头兵达标竞赛活动。**采取武装思想不放松，院长亲抓不放松，突出重点不放松，抓剖析、总结、改进不放松，坚持奖惩制度不放松“五个不放松”，深入推进排头兵达标竞赛活动，实现重点考核指标全部达标，有效提升审判质量、队伍素质、司法公信力，受到省法院表彰奖励。

**三、不断加强队伍建设。**开展“群众观点大讨论”和“创先争优、再创辉煌”大讨论，促进队伍整体素质的提高，全院干警的执法能力和公正司法水平进一步提升，全年被上级表彰奖励的有11个集体、19人次。在省法院开展的调查中，该院群众满意度位居全市基层法院之首，达98.6%。

▲5月11日，蕉岭县法院开展“双百”活动征求人大代表、政协委员意见。

# 惠州市中级人民法院

2011年，惠州市法院紧紧围绕“三个至上”指导思想和“为大局服务、为人民司法”工作主题，大力开展“奋力实现排头兵目标年”、“司法管理落实年”、“司法惠民推进年”和“司法形象提升年”活动，各项工作取得了新发展、新成效。全年全市法院共办结各类案件30527件，比上年增长了14.22%，结案率达到98.07%，同比提高了0.51个百分点；一审民商事案件调解撤诉率达到74.26%，同比提高了3.9个百分点。其中市中院共办结各类案件6162件，同比增长了30.77%，结案率达98.07%，同比提高了0.47个百分点；一审民商事案件调撤率达62.1%，同比提高了17.76个百分点。

## 一、大力加强各项审判执行工作

依法审理刑事案件。围绕“平安惠州”建设，积极参与“打黑除恶”专项斗争和“东江亮剑”行动，全年全市法院共办结各类刑事案件3496件判处4845人，结案数同比增长了13.51%；其中市中院办结案件535件判处1017人，结案数同比增长了5.73%。依法审结了卢志胜贩毒杀人、张奋强涉黑团伙犯罪等一批大案要案。同时，坚持宽严相济原则，对具有自首、立功等情节的罪犯，依法从轻、减轻处理。不断加强未成年人犯罪审判工作，全面落实“教育、感化、挽救”方针。全市法院共判处未成年人罪犯494人，其中，适用非监禁刑的300人，非监禁刑适用率为60.73%。

依法审理民商事、行政案件，维护公民、法人和其他社会组织的合法权益，为全市经济和社会发展提供有力的司法保障。全年全市法院共办结各类民商事案件17644件，同比提高了7.26%，解决诉讼标的金额46.61亿元；办结各类行政案件278件。其中市中院办结各类民商事案件2357件，解决诉讼标的金额11.08亿元；办结各类行政案件98件。

依法开展执行工作。不断完善“四查一告知”制度，成立执行指挥中心，全面推行主动执行、执行日志公开等项改革。全年全市法院共执结各类执行案件6225件，实际执结率达到92.63%，同比提高了7.72个百分点。执行信访投诉率0.92%，比上年下降0.2个百分点。市中院执结案件310件，同比提高了2.65个百分点，实际执结率达83.87%，同比提高了0.76个百分点；执行信访投诉率为0.8%。

## 二、创新推进社会矛盾化解工作

惠州中院和市综治办联合制定下发了《关于进一步健全“大调解”工作格局，完善多元化纠纷化解机制的实施意见》，最大限度动员各方力量调处矛盾纠纷。各基层法院已全部成立诉前联调工作室，全年全市法院通过诉前联调机制调处纠纷案件2918件。同时，完善首接负责制、信访责任倒查等工作机制，积极开展院长、执行局长、业务庭长“大接访”活动，以及“迎大运、促和谐”涉法涉诉信访主题日、院领导下访周等活动，全市法院信访总量逐年下降，其中，我院共接待群众来访868人（次），处理群众来信695件（次），信访量比上年下降了16%。

## 三、深入推进司法惠民工作

惠州中院制定了《关于深入推进全市法院司法惠民工作的指导意见》，并组织全市法院开展“司法惠民推进年”活动，深入开展落实导诉员制度、实行公开开庭宣判、对重大案件实行新闻发布等十大惠民活动，有力推进了司法惠民工作的扎实、有效开展。突出抓好“法院开放日”活动，每月的第一个星期二为全市法院开放日，积极邀请广大群众参观法院、旁听庭审，受到了社会各界的广泛欢迎。博罗、龙门等县（区）法院积极探索实施了“社区法官”、司法惠民工作站等措施。

## 四、全面加强基层基础工作

惠州中院不断建立健全院领导包片指导基层制度，指定院领导包片联系各县（区）法院及人民法庭，每个季度都要召开一次全市法院院长座谈会，总结部署各项具体工作，交流先进工作经验，帮助解决困难和问题，指导督促各项工作措施的落实。2011年，我院专门组织召开了全市人民法庭工作会议，对深入推进人民法庭建设进行了具体部署。同时，大力推进物质装备建设和信息化建设，惠东、龙门法院完成了办公大楼建设任务，全市法院实现了各人民法庭、县（区）法院与中院、省法院的“四级联网”，司法保障水平不断提高。

## 五、自觉接受人大和社会各界的监督

全市法院不断完善接受人大监督工作机制，强化人大代表联络工作，确保把自觉接受人大监督落到实处。建立重大情况专报制度，及时向市委、人大报告重要工作措施、重大案件审理等方面情况。积极开展“百庭观摩”、“百场见证执行”、“六个一百”等活动，主动邀请人大代表视察法院、旁听重大案件庭审、参与见证执行，虚心接受人大代表提出的批评、意见和建议。全年全市法院领导班子共走访代表720人次，并邀请48批人大代表、政协委员到法院视察工作。同时，积极接受社会各界监督，全面加强人民陪审员和廉政监督员工作，全市法院选任了112名人民陪审员和119名廉政监督员。

## 六、大力加强班子队伍建设

全市法院不断采取有力措施加强队伍建设，围绕加强法院文化建设，积极开展各类主题教育活动和学习培训活动，努力提高队伍政治思想素质和法律业务素质；举办“十佳法官”、“办案标兵”和“劳动标兵”评选活动，营造争先创优的良好氛围；加强干部选拔任用工作，制定实施了干警晋级、下派挂职等制度，确保选人用人工作的公开、公正、规范；认真落实党风廉政建设责任制，积极探索建立廉政风险防控机制，积极开展集中述职述廉、纪律作风暗访等工作，进一步加强党风廉政建设。

◄3月31日，惠州博罗县法院举行“全国优秀法院授牌”仪式，最高法院副院长万鄂湘向博罗县法院院长李龙飞授牌。

►10月20日，惠州中院党员法官宣讲团到惠城区仍图中学举办法制讲座“未成年人犯罪特点及保护”。

◄11月5日，惠州中院在监狱设立法庭，规范减刑假释案件开庭审理工作。

7月12日，惠州市两级法院首次联合开展以“阳光·司法·惠民”为主题的“法院开放日”活动。人大代表、政协委员、媒体代表、社区村民等200多人应邀参加了活动。

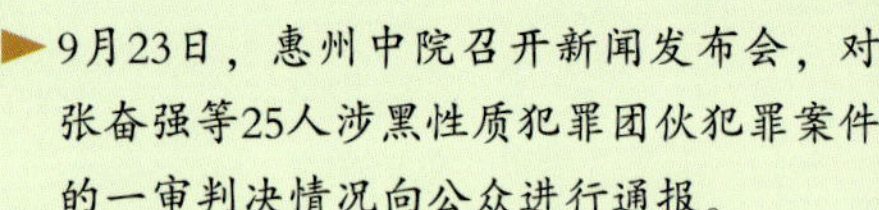

9月23日，惠州中院召开新闻发布会，对张奋强等25人涉黑性质犯罪团伙犯罪案件的一审判决情况向公众进行通报。

12月5至6日，惠州市法学会审判理论研究会成立大会暨首届审判理论实务研讨会在惠州大亚湾区召开。

# 龙门县人民法院

2011年，龙门县法院在院党组的带领下，统筹兼顾、协调发展，各项工作取得新的成效。全年共受理各类案件873件，办结864件，整体结案率为98.9%。

一、审判执行改革进展顺利。刑事审判坚持宽严相济，民事审判坚持调判结合，行政审判坚持协调和解，执行工作坚持以人为本，审判执行工作不断规范化。全年民商事调撤率达88.9%，居全市第一，“排头兵”指标持续向好，综合排名全市第二。

二、队伍建设成效明显。大力开展主题教育学习和业务培训，提高司法水平。认真开展廉政风险点排查活动，确保队伍廉洁。廉政风险防控工作获得市委常委、纪委书记李松的高度评价，并在县、市加以推广。涌现一名“惠州市十佳法官”，一个部门和两名干警分别获得集体三等功和个人三等功，连续六年干警做到零投诉、零错案、零违纪。

▲9月28日，为便民诉讼“龙门县人民法院司法惠民工作站”率先在蓝田瑶族乡综治维稳中心挂牌成立。提供立案、巡回开庭、诉讼调解、执行等“一站式”现场服务。

▲5月31日，龙门县法院新审判综合大楼启用仪式，省法院党组成员、副院长刘恒军、市中院院长王海清参加了剪彩仪式。

三、司法惠民亮点纷呈。全力推进市中院“十大司法惠民工程”建设，创立“龙门县人民法院司法惠民工作站”，促进政法“三项重点工作”取得进步。司法惠民工作站，及时化解一批重大信访案件，为维护龙门社会稳定做出积极贡献，得到县主要领导的肯定与支持，引起市主要领导的关注，成为龙门县社会管理先进品牌之一；符合党委希望，深受群众欢迎，促进群众对法院工作满意度有所提高，使法院形象和公信力得到提升；工作效能大幅提高，2011年该院受理各类案件873件，比2009年减少272件，减少23.7%；比2010年减少333宗，减少27.6%；调解率从2009的61.6%、2010年的71.8%上升到2011年的88.9%。

四、基础建设突飞猛进。审判综合大楼于今年5月31日正式落成启用，人民法庭建设和“08信息化工程”全部完成，标志着我院“两庭”规范化建设进入一个新的阶段。

# 惠阳区人民法院

2011年，惠阳区法院在院党组的带领下，整体工作再获佳绩。一是审判执行工作成绩好。共受理案件6414件，审结6210件，收结案数创十年来的新高。各项效率效果指标好于考核指标，被省法院授予争当全国法院排头兵工作集体三等功。二是队伍建设成效大。无违法违纪的人和事。诉调中心被评为全省调解工作先进集体并获集体三等功，平潭法庭获评惠州“优秀人民法庭”，1人被省委政法委评为“落实三项重点工作构建和谐广东”先进个人，7人获市级先进。1篇新闻作品、1篇案例、5篇论文分获“2011年度广东法院好新闻”、全省优秀案例和惠州市论文二等奖等奖项。三是诉前联调获好评。通过配强人员、深化平台拓展、强化宣传指引等措施推进诉前联调工作，共办理诉调案件2459件。3月16日，省委常委、政法委书记梁伟发作出批示：“惠阳法院的做法很值得全省各县、区法院学习、借鉴。”四是司法公开重创新。邀请人大代表、政协委员、政府信访人员对信访疑难案件进行会诊，实行媒体特邀记者制度，率先在全省法院设立人大代表、媒体工作室。五是社会效果突出。广东首例拒不支付劳动报酬案被《人民日报》等报刊进行了报道，《人民法院报》、《南方日报》认为该案例为运用“拒不支付劳动报酬罪”打击恶意欠薪提供了可操作的范本。上诉率、信访投诉率等指标持续降低，党委、政府和人民群众充分肯定法院的工作。惠阳区四届人大一次会议上，法院的工作报告获全票通过。在全省法院群众满意度调查中，法院的满意率获惠州第一、全省基层法院第三的好成绩。

▲惠阳区法院诉调对接中心工作获得“全省法院调解工作先进集体”荣誉。

# 汕尾市中级人民法院

2011年，汕尾市两级法院服从服务于全市工作大局，以“三个至上”重要思想为指导，深入贯彻科学发展观，深入开展“奋力实现排头兵目标年”竞赛活动和“发扬传统、坚定信念、执法为民”主题实践活动，紧紧围绕三项重点工作，全面加强审判执行工作，各项工作都取得了新的进步。全市法院共受理各类案件4466件，办结案件3929件，结案率为88%。

## 一、坚持公正司法，维护社会稳定，服务和谐社会建设

切实抓好审判执行工作。共审结刑事案件918件，判决生效784件1135人，审理各类民商事案件2227件，解决诉讼标的金额49696.85万元，民商事案件调撤率为51.22%。审结行政纠纷案件66件。执结案件718件，执结标的总金额31048.7万元。

深入开展以“奋力实现排头兵目标年”竞赛活动为核心内容的审判管理工作。市中院提出“切实迅速地扭转被动落后局面，奋力直追，最大限度地提高达标面，最大限度地减少落后面，决不拖全省法院后腿”的口号和工作目标，重新调整排头兵达标竞赛领导小组，成立了达标管理办公室，建立了专报，对全市法院达标工作实行动态管理，并成立专门的督导组对各基层法院、各部门办案效率、办案效果和案件质量开展检查指导，切实把排头兵达标的各项目标落到实处，排头兵达标竞赛活动取得了良好的成效并实现了工作目标。开展长期未结诉讼案件专项清理活动。实行法官责任制、部门包案制、庭长问责制，确保专项清理活动有效、有序推进。全市法院审结超18个月未结案件20件，结案率80%，清理积案工作在全省排前列。

## 二、坚持和谐司法、能动司法，进一步改进和完善司法便民利民措施

加强立案大厅和信访文明窗口建设，认真落实司法救助制度，高度关注农民工、下岗职工、孤寡老人、残疾人等特殊困难群体的司法要求，切实维护他们的合法权益。减少缓减免诉讼费程序，尽快让当事人享受司法优惠。高度重视审理涉及民生的案件，突出审理好医疗、住房、教育等涉及民生的各类案件。进一步完善简易民事案件快速处理新机制，开展巡回速裁审判，努力提供快捷、亲民和全方位的司法服务。落实司法公开，促进“阳光审判”和“阳光执行”。市中院制订了《关于进一步司法公开的实施方案》，大力推行立案公开、庭审公开、判决公开、执行公开、裁判文书上网，建立健全新闻发布制度和法院开放日活动等。

## 三、坚持从严治院、高标准建院的要求，不断提高法院管理科学化、精细化水平

加强班子和队伍建设。共推荐选拔了副科级以上11名干部。加大招收法律专业毕业和通过司法考试的大学生的力度，全市法院共录取15名通过司法考试的法律专业大学生。加快机关大院、旧综合办公大楼的整治工作，加强干警电脑、打印机等信息化装备配备，新办了机关食堂，解决了干警吃早餐问题。

加强干警的教育培训。组织两级法院的民事、刑事审判负责人分两批次赴西南政法大学培训，对新招录的9名公务员进行了法院职业道德、职务纪律、审判业务的综合培训，组织20名书记员到中山市法院进行为期15天的实践培训。

加强制度建设。制定完善27件涵盖审判执行工作等方面的科学规范的管理制度。研究出台《汕尾法院为社会建设提供司法保障的实施意见》，作为衡量办案效果的指导性文件。建立健全特邀监督员、廉政监察员等制度；建立了干警和职工考勤制度、车辆维修和油料管理制度、公务接待和财务开支内控制度。

强化审判活动的管理、监督和指导，提升审判质量、效率和效果。建立审判执行季度工作专报，全面强化审判各环节流程管理。建立完善案件质量评析和通报等制度，建立网络审判管理系统。开展法官办案质效评价工作试点，力求建立以制度保证案件质量和办案效果的长效机制。加大对基层法院的业务指导和监督，提高两级法院审判工作水平。

加强法院红色文化和廉政文化建设。深入开展“人民法官为人民”等主题实践活动，广泛开展汕尾法院特色的红色文化教育，大力弘扬以彭湃“无私奉献、敢为人先”和文天祥爱国主义精神和革命英雄主义精神。市中院创办了网上杂志《汕尾法院》，结合纪念建党90周年，全市法院开展了以党建研讨和文化建设为主题的征文活动，并举办纪念文章、诗歌、散文、书法、绘画、摄影等作品展。

## 四、始终坚持重心下移，大力加强基层基础建设

加强基层法院班子建设，市中院积极配合组织部门，把3名政治立场坚定、法律业务熟悉、清正廉洁、符合《法官法》规定条件的人才选拔到基层法院的主要领导岗位。

加强基层基础建设。积极争取上级和政府支持，加大对基层基础建设的投入。现市中院内部局域网、全市三级视频会议系统已开通，以基层法庭建设和信息化为主要内容的“08工程”已全面完成。

◀5月6日，省法院院长郑鄂与汕尾市委书记戎铁文、市长郑雁雄进行工作会谈。

▶5月6日，省法院党组书记、院长郑鄂到汕尾中院调研。

◀11月24日，汕尾中院举办交通安全管理知识讲座视频会议，为两级法院干警讲授道路交通安全知识。

▲4月27日至28日，省综治第四督导组组长、省司法厅副巡视员李新建带领督导组及《法制日报》驻广东记者站记者，到汕尾陆丰县法院了解诉前联调工作情况

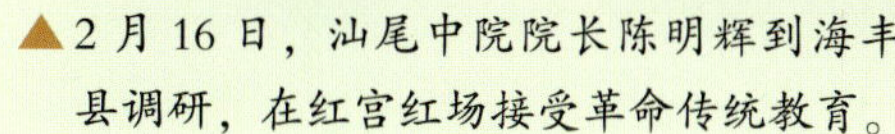

▲2月16日，汕尾中院院长陈明辉到海丰县调研，在红宫红场接受革命传统教育。

▲9月，汕尾中院法警支队开展岗位大练兵训练。



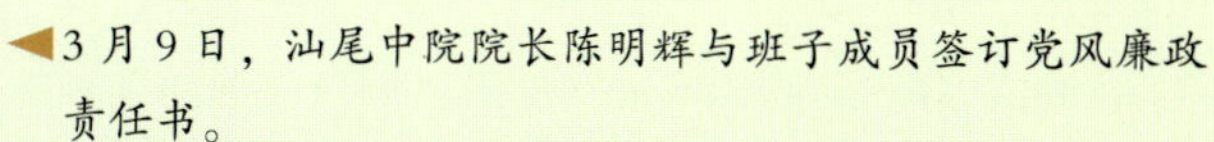

◀3月9日，汕尾中院院长陈明辉与班子成员签订党风廉政责任书。

## 城区人民法院

▲5月15日，汕尾市城区诉讼调解与非诉讼调解衔接工作特邀调解员、信息员聘任仪式。

汕尾城区法院坚持“三个至上”指导思想，深入贯彻落实科学发展观，努力践行“为大局服务，为人民司法”工作主题，围绕“排头兵”达标竞赛活动，积极发挥审判职能作用，为维护城区社会稳定、促进经济发展提供了有力的司法保障。全年共受理各类案件1101件，办结939件。其中，受理刑事案件191件，办结182件；在240名判决生效的犯罪分子中，有26名犯罪分子被判处五年以上有期徒刑，重判率为10.8%。受理民商事案件704件，审结567件；在办结的560件民商事诉讼案件中，有242件以调解、撤诉方式结案，调解、撤诉率为43%。受理行政案件20件，审结19件；依法审查行政非诉案件3件。受理各类执行案件184件，执结169件，执结案件标的金额1792万元。

## 海丰县人民法院

2011年，海丰县法院大力加强审判、执行工作和自身建设，积极开展“排头兵达标”竞赛等活动，较好地完成了各项工作任务。全年共受理各类案件1382件，同比增长16.1%；结案1236件，同比增长9.2%。其中：刑事收案308件、结案286件，同比增长27.3%、22.7%。民商事收案820件、结案710件，同比增长15.5%、6.8%。行政收案18件、结案13件，同比增长63.6%、18.2%。执行收案234件、执结225件，同比增长4%、1.35%，整体工作上了一个新台阶，涌现了一批先进集体和先进个人。其中，执行局、立案庭分别被省委政法委和省高院授予“落实三项重点工作构建和谐广东'先进集体”和“集体三等功”荣誉称号。据省情调研中心调查，人民群众对我院整体工作的“满意率”达到92.5%，处于全省优秀水平，列全市法院第一名。

▲5月6日，省法院党组书记、院长郑鄂（右）到海丰县法院调研时与县委书记郑佳（左）亲切交谈。

## 陆丰市人民法院

▲汕尾市"6·26"国际禁毒日万人游行暨公开宣判处理大会在陆丰市召开。

2011年，陆丰市法院在市委的正确领导和上级法院的指导下，在市人大的监督和市政府的大力支持下，充分发挥审判执行职能，全力维护社会稳定和促进经济发展，全年受理各类案件1137件（含旧存119件），审结执结936件，结案率82.32%。

创先争优，勇当排头兵，把排头兵竞赛活动作为全年党建工作的重中之重，按照上级文件精神，结合陆丰工作实际，精心组织，周密部署，使各项审判工作取得新发展，掀起了你追我赶争当排头兵的热潮。全面加强队伍建设，努力塑造良好司法形象。加强后勤装备建设，切实保障审判工作顺利进行。加强基础设施建设，为法院整体发展创造良好环境，新的机关审判综合楼于12月27日迁入办公。加强党风廉政建设，院党组对党风廉政建设和反腐败工作高度重视，摆上党组重要议事日程，常抓不懈。坚持做到组织学习到位、监督到位、措施到位。

## 陆河县人民法院

2011年，陆河县法院以“三项重点工作”为中心，不断推进“排头兵达标竞赛”和“院长下基层、法官进社区、案件听民意”实践活动。审判、执行和法院基础设施建设等各项工作都取得了新进展。全年共受理各类案件270件，结案255件，结案率94.44%。该院以基础设施为平台，完善审判功能。完成了计算机省市县三级局域网建设，法庭实行视频播放，信息化网络形成一定规模，新办公大楼已施工建设；以审判管理为手段，狠抓办案绩效。严格审限管理，建立审判流程管理制度，对案件实行规范管理，确保案件质效；以人民满意为标准，落实司法为民。在全省民意调查中，审判结果满意率达90%，为全市法院最高。大力推行送法下乡，院长接访等活动，满足群众需求，真正做到司法为民。

▲5月7日，省法院副院长刘恒军到陆河县法院开展经费保障和物质装备建设的调研活动。

# 东莞市中级人民法院

2011年，东莞两级法院以科学发展观统揽全局，坚持“三个至上”重要指导思想，增强能动司法，推进“三项重点工作”，勇争整体工作排头兵，各项工作取得了新进展。全年两级法院共收案100861件，审结94897件，结案率为90.82%，审限内结案率为98.36%；诉讼标的金额117.65亿元。其中，中院共收案13019件，审结12549件，结案率为93.17%。两级法院法官人均结案217.65件，居全省法院第一。

## 一、深入开展达标竞赛活动，促进审执工作科学发展

两级法院高度重视并积极响应省法院开展的竞赛活动，结合实际工作情况，选取部分核心指标，设定了活动的指标要求，并定期对竞赛活动进行考核、检查、通报，把竞赛活动贯彻落实到了实处，推进了两级法院审判执行工作的科学发展，切实履行宪法和法律赋予的职责。大力加强刑事审判工作，维护社会安全稳定，共审结各类刑事新收案件6973件，结案率为96%，共判处罪犯8924人。依法做好民商事审判工作，促进经济社会协调发展，共审结各类民商事新收案件58365件，结案率为93%。依法做好行政审判工作，促进行政机关依法行政，共审结各类行政诉讼新收案件404，结案率为96%。依法加大执行工作力度，保护债权人合法权益，共执结执行新收案件25973件，执结率为90.88%，执行到位金额27.64亿元，到位率63.75%。

## 二、积极参与社会管理创新，拓展司法职能

两级法院主动自觉地参与社会管理创新工作，不断完善多元化的矛盾纠纷解决机制，加强调解工作力度，完善诉前联调机制，积极化解信访积案，努力推进和谐社会建设。

大力加强调解工作。不断强化法官调解意识，采取措施提高法官调解能力，创新调解工作方式方法，推动了调解工作的进步。全年共调撤民商事案件25298件，调撤率为51.96%。其中，在立案阶段调撤案件5074件，占全部调撤案件数量的20.06%。

深入开展诉前联调工作。构建“诉前联调”机制是推进社会管理创新，化解社会矛盾的重要举措。中院与市综治办联合制定了《关于建立诉前联调工作机制的意见》，对开展诉前联调工作作了总体部署。各基层法院相继成立了诉前联调工作室，提升联调专业化水平。全年两级法院参与诉前联调案件12733件，达成调解协议案件12363件，成功率为97.09%，司法确认案件11902件。省委政法委领导高度评价东莞法院的诉前联调工作。

推行立案速裁工作。全年共立案速裁案件1571件。试点工作取得了较好的成效，达到了缩短结案周期、减轻当事人诉累、节省诉讼资源的目的。4月，中院制定了《关于推行二审民商事案件立案速裁工作的实施意见（试行）》，试点开展简易民商事案件的速裁工作。

妥善做好立案信访申诉工作。大力加强立案信访“文明窗口”建设，认真做好诉讼指引、信访接待、释法答疑等工作。各基层院开设电话、网络预约立案，为当事人提供更加便捷的服务。明确信访案件办理流程，认真开展集中清理涉诉信访积案工作，落实院长预约接访、重大信访报告、领导包案、判后答疑等制度。2011年，中院共办理人民群众来信384件，接待来访774人（次），化解信访积案57件。办结案件中包括上访长达7年的伍春兰案，成果令人满意。

拓宽司法公开渠道，推进司法透明公正。不断开拓司法公开渠道，进一步推进审判公开，建设法治社会。通过完善法院网站、召开新闻发布会、邀请社会各界人士走进法庭观摩庭审等措施，及时向社会公布法院的工作情况。加大新闻宣传力度，加强同媒体的合作关系，全年在各大媒体报道1500多篇（次）。开设官方微博，实时公布法院案件审理信息，获取群众的最大支持。设立法院公开日供群众参观了解，认真处理群众来信来访，畅通民意沟通反馈渠道。

## 三、以党建带队建促发展，进一步提高队伍素质

两级法院以开展“争先创优”和纪念“建党90周年”活动为契机，狠抓队伍的教育与管理，不断提高干警的综合素质。

积极开展纪念“建党90周年”系列活动。继续落实把“支部建在庭上”、把“党旗插到基层”的党建工作方针，保证党建工作与业务工作的协调发展。同时，积极开展唱红歌、读红书、组织红色之旅等红色教育活动。通过内涵丰富的革命传统教育，增强了干警的政治意识和责任意识，强化了干警“公正、廉洁、为民”的司法核心价值观。

加强队伍教育培训工作。建立了初任法官导师制度，专门为每位新任助审员选配一名法律功底扎实、司法实践经验丰富的“法官导师”，发挥传、帮、带的作用。开展“莞邑法苑”、“法官论坛”等专题实务研讨会，组织学习审判业务知识、法律法规，提高了法官的业务能力。法警支队代表广东法院司法警察，在最高法院部署的全国法院司法警察岗位大练兵活动考核中，以出色的表现和优异的成绩获得了最高法院的表彰。

抓好党风廉政建设。加强廉政文化建设，组织警示教育活动和“廉政文化宣传周”、“廉政短剧创演”等活动，集中观看廉政教育专题片，提高队伍的廉洁自律意识。开展司法作风、执行清案、代管款物等专项检查活动，加强对审判执行权、政务管理权、人事管理权的监督。

◀12月20日，东莞市两级法院干警认真学习贯彻落实市第十三次党代会精神。

►3月1日，东莞中院召开新闻发布会，公开曝光被执行人名单。

▲10月25日，最高法院考核组对东莞中院法警队干警岗位大练兵成果进行考核。

▲12月1日，东莞中院审理东莞市涉案金额达1.6亿元人民币的伪造货币案。

## 东莞市第一人民法院

2011年，东莞市第一法院受理各类案件41051件，结案38046件，结案率92.68%，一线法官人均结案数306件。在大力推进审判执行工作的基础上，全年获得上级机关对本院及个人的表彰72次，包括该院获“首批全省学习型法院示范单位”称号、荣立“集体三等功”、东城法庭荣获“全国政法系统先进基层党组织”、梁振彪同志荣获“全国法院办案标兵”称号。

在开展排头兵工作中，院党组领导给予了大力支持，攻克案多人少的难题，迎难而上地开展排头兵竞赛达标活动。在不断加强审判管理的工作中，作为东莞地区最大的基层法院，年收案总数和人员结构规模在全国基层法院中具有典型性，以改善法院审判管理、全面提升法院案件审判绩效、推动法院整体工作科学发展为目标，积极开展各项工作，并取得良好成效。工作亮点纷呈，特色突出，在全院管辖范围内开展5次执行大行动并创新进行微博直播、进行代管款的清理规范工作；妥善处理多起征地补偿、拆迁补偿等敏感性案件；试行行政审判简易程序，落实行政首长出庭制度，并向行政单位发出司法建议5则；松山湖法庭在全市银行系统内推行法律文书电子送达工作，并逐步创建涉金融类案件的审判品牌。

▲4月18日，东莞市第一人民法院举行首次初任法官集体宣誓活动，58名新任命的青年法官参加了宣誓仪式。

## 东莞市第二人民法院

2011年，东莞市第二法院全年共结案18716件，法官人均结案212.68件。在审判管理工作方面，草拟了《东莞市第二人民法院案件流程管理及质量评查办法》及《案件质量评定及承责标准》，进一步健全了第二法院审判管理工作体系。在改革创新工作方面，全面推行电子送达、劳动争议执行“绿色通道”、人大代表参与调解、微博曝光老赖、电子办案日志、审限公开等新举措，构建高效便民的司法模式。在文化建设工作方面，通过开展青年法官导师制度、愿景工程建设、读书节活动、学习日活动、专家学者专题讲座等活动，打造浓厚的法院文化氛围。

▲5月11日，省委常委、政法委书记梁伟发在东莞市第二法院院长陈葵的陪同下深入检查诉前联调工作。

# 东莞市第三人民法院

2011年，东莞市第三法院坚持“三个至上”指导思想，沿着“打基础，健制度，寻突破，创佳绩”的工作思路，审判工作扎实、文化氛围活跃、政务管理科学，各项工作展现出蓬勃生机。共受理各种案件28234宗，结案25586宗，审限内结案率为99.92%，调撤率为63.59%，实际执行率为83.46%，资金到位率为74.54%，结案标的达19.94亿元，一线法官人均结案360.37件。

▲3月25日，东莞市第三人民法院开展“见证执行”行动。图为工人领取执行款现场。

大力推行“生道执行”助中小企业脱困，全面开展法院“公众开放日”活动，创新行政争议解决机制，高效化解群体性纠纷，开展庭审大练兵等业务技能竞赛，引入保险公司驻院参与调解。在文化建设上，打造“欢乐传递·党心共聚”生日晚会和“法官论坛”两个党建品牌，举办首届“十佳法官”评选，开展院训教育系列活动，成立“欢乐基金”，开辟“第三法院莞香林”，举办首届花样运动会，全力打造高品位的法院团队文化。

在全市基层法院的排头兵达标竞赛中连续四个季度排名第一，被评为“全省法院系统文化建设达标单位”和“东莞市园林式单位”，荣获“集体二等功”，全年集体和个人获得上级单位表彰82人次。

▲11月3日，东莞市第三人民法院举行平安保险调解室揭牌仪式，进一步推进诉前调解工作。

# 中山市中级人民法院

2011年，中山市法院受理各类案件52634件，办结46913件，同比分别增长7.9%和11.9%，解决诉讼标的总金额65.7亿元，法官人均结案170.6件，是全省法官人均结案的1.8倍。去年9月，广东省省情调查研究中心对全省法院人民满意度调查显示，我市两级法院整体工作满意率均超90%，达到优秀水平，在全省中级法院和基层法院整体工作满意度评价中均位居前列。

### 一、狠抓执法办案第一要务，依法化解矛盾纠纷

受理刑事案件4622件，审结4267件。刑事判决生效3815件5276人，判处五年以上有期徒刑至死刑案件605人。积极打击醉驾，审结醉驾案件446件，判处罪犯446人。受理各类民商事案件35586件，审结31200件，民商事一审解决争议标的总金额42.1亿元。探索建立行政协调工作机制，积极推行行政审判“白皮书”制度，受理行政案件673件，审结588件。全力破解执行难问题，全年共受理执行案件11676件，执结10782件，执结标的总金额18.2亿元，实际执行率为86.5%。

### 二、坚持能动司法，以改革创新促进社会管理

大力推进诉前联调机制建设。已建立73个诉调对接工作站，形成了“点多面广”的诉前联调网络。诉前联调机制建设被省依法治省领导小组确定为“广东省各地级市以上市2011年度法治惠民实事工程项目”之一。2011年11月，全省依法化解基层矛盾现场会上中山经验和做法得到了省、市领导的高度赞扬和充分肯定。积极开展家事审判试点工作。中山两级法院作为全省法院家事审判试点单位，先后推行了“人身保护令”、“法庭之友”等制度。自试点以来，全市法院共审结家事案件3393件，调撤率为69.2%，有效促进了社会和谐，获得了最高法院以及省、市领导的批示肯定。积极探索知识产权保护“三审合一”。共受理知识产权刑事案件41件、知识产权民事案件700件，在古镇设立了知识产权巡回审判庭，为区域特色经济发展提供司法服务。推行行政诉讼简易审和创新涉少审判机制。2011年，市第一法院被省法院确定为行政诉讼简易审试点单位。两级法院积极推行“圆桌审判”方式，积极探索推行犯罪前科消灭制度，审理未成年人案件116件148人。

### 三、坚持群众观点，全面落实司法为民宗旨

妥善处理各类民生案件。妥善处理涉及民生的就业、医疗、住房、教育等类型案件7913件，建立劳动争议、道路交通事故案件的快速处理通道，专门设立了劳动争议审判部门，扩大简易程序适用范围，全年共适用简易程序审结各类案件21684件，占一审结案总数的67.1%。加强涉法涉诉信访工作。推行判后答疑、院长接访、带案下访、巡回接访和申诉听证制度。全年共处理来信来访289件，同比减少122件，接待来访143人，同比减少120人，成功化解了28件积案。加强立案“文明窗口”建设。积极构建以“诉讼服务、纠纷分流、矛盾化解”为特色的门诊式服务中心，推行诉讼引导、诉前调解、判后答疑、首接负责等措施。认真落实司法救助制度，依法为291件案件当事人减、缓、免交诉讼费177.8万元，为生活确有困难的当事人发放司法救助基金47.8万元。市第一法院立案庭荣膺“全国巾帼文明岗”称号，成为全省法院系统唯一获此殊荣的单位。四是完善裁判文书上网制度，举行“法院开放日”，召开新闻发布例会等，邀请人大代表、政协委员、监督员和社会各界见证摇珠拍卖，开展送法进企业、社区、农村、学校的“四进”活动，与城区十所中学建立了“青少年法制教育共建平台”，全面推进司法公开工作。

### 四、强化内外监督管理，推动法院工作科学发展

全年共受理各类再审案件111件，审结48件，定期开展案件质量评查、裁判文书评比、庭审考评等活动，确保案件质量。加强与人大代表、政协委员的联络工作，以集中走访、举行座谈会、邀请旁听庭审等形式，及时听取人大代表、政协委员的意见和建议。强化对基层法院的监督指导，认真落实中院班子成员联系基层法院（中心法庭）制度，积极探索建立监督指导工作责任制，积极帮助基层法院解决实际问题，在市委、市政府的重视和支持下，基层法院审判办公大楼建设、中心法庭建设、物质装备建设等得到了有效推进。强化司法政务管理。中院先后增设了劳动争议审判庭、审管办、宣传科等内设机构，认真落实全省法院信息化建设“08工程”任务要求，强力推进信息化建设，逐步形成了“全覆盖、全业务、全流程”的信息化建设新格局。

### 五、狠抓班子和队伍建设，努力提高队伍整体素质

坚持“以党建带队建促审判”工作思路，把加强党建工作与各种主题教育实践活动有机结合起来，努力提升队伍的政治思想素质，积极开展全民修身活动，大力推进法院文化建设，争创“学习型法院、学习型法官”。强化廉政监督教育，大力推进惩防体系建设，认真落实“一岗双责”、廉政监察员等党风廉政建设制度，建立健全明察暗访等监督机制，深入开展纪律教育学习月等活动，加大对举报投诉问题的查处力度，努力把问题解决在萌芽状态。创新人才教培方式，坚持人才强院，建立健全法官遴选制度，与著名高校合作共建培训实践基地。2011年，两级法院分期分批选送了154名法官到北京大学、西南政法大学参加“高级素能提升班”、“创新社会管理研修班”培训，有效拓宽了队伍的视野，提升了队伍的司法能力。

▲11月7日，全省依法化解基层社会矛盾现场会在中山市召开。省人大常委会主任欧广源在市委书记薛晓峰、市长陈茂辉、市中院院长潘堺等领导陪同下视察市第一法院诉前联调工作。

▲8月3日，中山法院邀请省纪委副书记丘海作纪律教育学习月专题辅导讲座。

▲11月4日，市委书记薛晓峰在中山中院院长潘堺等陪同下检查指导市第一人民法院立案信访窗口建设。

▲6月16日，中山市委副书记、市长陈茂辉在中山中院院长潘堺等领导陪同下在国际灯都古镇检查指导中山法院知识产权巡回审判庭工作。

▲4月13日，中山中院与市人社局举行诉调对接工作站揭牌仪式。

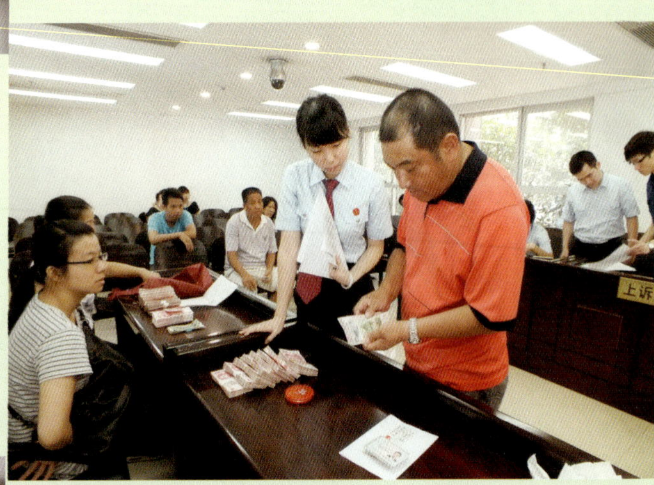


▲7月8日，中山中院通过调解，为83名工人解决总额为38万余元的欠薪。

▲9月25日，中山中院法官深入服装企业了解劳动者权益保障问题。

▲6月17日，最高法院首次在中山进行“远程视频提讯”。图为庭审现场。

# 中山市第一人民法院

2011年，中山市第一法院全年新收各类案件25602件（不含恢复执行案件，含去年旧存4402件为30004件），结案26946件，结案率89.81%，全院法官人均结案206.5件。2011年被确定为全省依法化解基层矛盾现场会的现场点之一，省、市领导对我院工作给予充分肯定。在2011年广东法院工作群众满意度调查中，“整体工作满意度”在全省128个基层法院中排名第五。

▲3月7日，中山中院院长潘埧、时任市妇联主席梁丽娴、市委政法委副书记李君、市第一法院院长罗嘉浩为市第一法院立案庭荣获全国巾帼文明岗揭幕。

▲4月14日，中山第一法院党组书记、院长罗嘉浩接待来访当事人。

# 中山市第二人民法院

2011年，中山市第二法院紧紧围绕市委“加快转型升级，建设幸福中山”的核心目标，深入推进“三项重点工作”，以强化管理创新、提升素质能力为主线，认真开展“排头兵达标竞赛”活动，努力提升审判执行工作水平，各项工作均取得新的进展，为“三个适宜”新型城市建设提供了强有力的司法保障。一年来，共受理各类案件17887件（含旧存1661件），同比上升31.8%；结案16340件，同比上升24.1%；未结案件1547件，同比下降6.9%，总体呈现“三升一降”的良好局面。全省法院18项排头兵指标全部达标，根据广东省省情调查研究中心“人民群众对法院工作满意度”调查显示，群众对我院满意度位居全省基层法院前列。

▲10月14日，最高院咨询委员会委员、原甘肃省高院院长郝洪涛率“清案工作和案件评查”检查组一行在中山第二法院院长黄深满的陪同下，检查指导该院工作。

▲2月28日至3月3日，中山第二法院公开开庭审理中山首例涉黑恶势力案件，图为开庭现场。

# 江门市中级人民法院

2011年，江门中院牢固树立“三个至上”指导思想，始终坚持“为大局服务、为人民司法”工作主题，扎实推进“社会矛盾化解、社会管理创新、公正廉洁执法”三项重点工作，深入开展“奋力实现排头兵目标年”竞赛活动，努力提升审判质量和效率，强化审判及队伍管理，狠抓队伍作风建设，提升队伍司法能力，各项工作取得新进展。全院共受理各类案件5876件，审结5613件，同比分别提高1.9和1.2个百分点，结案率为95.5%，同比下降0.7个百分点。

## 一、充分发挥审判职能，努力化解社会矛盾

共受理各类民商事案件2686件，审结2494件，结案率为92.9%，解决标的金额超过12亿元。注重保护人身权和财产权，妥善审结婚姻家庭案件117件、人身损害赔偿案件610件、劳动争议案件482件。制定《关于审理建设工程施工合同纠纷案件的若干意见》，妥善审理建设工程、房屋买卖纠纷，促进房地产市场平稳有序发展。坚持狠抓刑事审判不放松。共受理各类刑事案件464件，审结452件，结案率为97.4%。贯彻落实宽严相济刑事司法政策，积极推进量刑规范化改革，逐步扩大试点案件范围，被告人服判息诉率明显提高，二审案件数量同比下降8.5%。大力加强未成年人审判工作，打好“创文”工作中的“未成年人工作攻坚战”，成立少年法庭指导小组，召开未成年人权益保护联席会议，完善庭前社会调查制度，加强庭审道德法制教育，全市法院共对264名未成年被告人适用非监禁刑，适用率为58.3%。做好司法强拆的司法应对，与中国人民大学联合举办专题培训班，与市法制局、国土局、住建局、规划局、“三旧”办等单位联合对我市房屋征收和补偿情况进行调研。全市共审结行政案件322件，同比增长10.3个百分点，结案率为94.2%。

## 二、积极践行司法为民，保障群众合法权益

开展院领导专题接访活动，院长接访群众6批15人次。全年共接待群众来访1170人次，同比下降11.16%；处理群众来信533件，法官会见当事人469批1106人次，判后答疑180次。信访工作荣立全省法院信访工作集体三等功。发挥司法救助功能，对确有困难的当事人提供司法救助，依法缓减免收52件案件的诉讼费共计70余万元。贯彻落实“调解优先、调判结合”工作原则，构建贯穿立审执全过程，覆盖刑民行执各领域的调解、协调、和解工作机制。推动诉前联调工作，紧紧依靠党委政法委的领导，成立诉前联调工作领导小组，全市已成功调处纠纷936件。加强人民调解、行政和解、司法调解在程序对接、效力确认、法律指导等方面的协调配合，全市法院共对2603份人民调解、行政和解协议进行司法确认，确认标的金额7843万元。成立执行指挥中心，深化执行联动机制，积极参与“诚信江门”体系建设，推动法院与公安、金融、国土、房管、税务等部门的信息共享，构建综合治理“执行难”格局。开展执行款账户专项清理活动，对账户中的执行款以及代管的破产财产、调解款项、诉讼保全担保款项、刑事罚金进行清理，清付执行款9437万元。

## 三、切实加强审判管理，推进法院工作科学发展

扎实开展“奋力实现排头兵目标年”活动，突出抓好案件发改率、结案均衡度、法定审限内结案率等核心指标，着重提高再审审查率、非监禁刑适用率等弱项指标，18项考核指标全部达标，为全省两个全部达标中院之一。创新管理方法，改版审判执行工作台账，每月在内网、公示栏通报部门和法官办案情况，每季度对基层法院进行排头兵评比通报。建立案件定期评查机制，每季度对生效案件进行随机抽查。严格延长审限的审批条件，定期通报超审限案件。充分发挥信息化在审判管理中的重要作用，办案情况实现网上流转，我院荣立信息化建设“08工程”个人二等功、集体三等功。自觉接受人大代表、政协委员监督，共开展19次“百案释法答疑”、20场“百场征求意见”活动，听取了119名代表委员的意见和建议。

## 四、切实加强队伍管理，确保司法公正廉洁

深入学习贯彻十七届六中全会精神，将“发扬传统、坚定信念、执法为民”主题教育实践活动与“创先争优”活动共同部署，全市共有23个集体和133人次受到上级法院、江门市委以及中院表彰。制定了《关于加强反腐倡廉建设工作的若干意见》，努力构建工作新机制，狠抓廉政账户、廉政档案、重大事项报告、领导干部引咎辞职、廉政监察员五项制度的落实，努力从制度机制上保廉促廉。创新党建活动形式，开展一把手上党课、“学党史、强党性、转党风”主题教育活动，我院被市委评为党务公开标兵单位。带动工青妇体开展活动，全院干警积极为“扶贫济困日”等活动捐款61492元，派出干警常驻韶关乐昌市五山镇青岭村开展扶贫助学活动，被评为全省法院“结对帮扶”工作先进集体；组织“颂歌献给党”歌咏比赛、“党旗礼赞”征文比赛。认真开展群众观点大讨论活动，组织全市法院干警听取“群众在我心中”詹红荔先进事迹报告会。

▲8月25日，全国优秀法官到党支部书记中院作“群众在我心中”先进事迹演讲。

▲4月18日，江门中院举办“百案释法答疑”活动汇报。

▲4月18日，江门中院举办“百场征求意见”活动，听取人大代表政协委员意见建议。

▲4月14日，江门中院开展“涉法涉诉信访问题”院领导专题接访活动。

▲8月18日，人大代表和市民旁听江门中院一起案件庭审过程。

▲6月20日，江门中院院长江基云到韶关乐昌市五山镇青岭村参与开展扶贫助学工作。

▲8月25日，江门中院执行指挥中心揭牌成立。

▲4月23日，江门中院积极参与“4·26世界知识产权日”活动，法官现场解答维权问题。

# 新会区人民法院

▲5月27日，省法院党组书记、院长郑鄂到新会区法院检查诉前联调室工作。

2011年，新会区法院紧紧围绕“为大局服务、为人民司法”工作主题，以扎实开展“创先争优”和主题教育实践活动为推手，勤奋工作，创新进取，圆满完成了各项工作任务，全年共受理各类案件10663件，结案10320件，结案率96.78%，标的额9.5亿元，审判业务部门法官人均结案194件。

2011年初，法院被确定为全省诉前联调工作21个试点法院之一，3月30日区诉前联调工作室正式挂牌成立。在具体工作中，法院立足实际，摸索出符合实际的工作流程规范化、工作室设置人性化、联调员选任专业化的诉前联调“三化”工作机制，组建了18人的诉前联调工作队伍，构建了“驻庭人民调解员——当值法官——职能部门联调员”的联动调解的工作模式，根据案件的具体类别有针对性地邀请联调人员参与个案的调解，把多方力量整合形成合力。通过8个月时间的运转，工作室共调解各类矛盾纠纷685宗，当事人调解达成协议后申请司法确认的405宗，其中当事人自愿履行有330宗，自愿履行率达81%。上述案件无一当事人信访，联调工作逐渐发挥出化解矛盾、定纷止争的积极作用。法院获得了“全省政法系统落实三项重点工作构建和谐广东先进集体”称号，区诉前联调工作室获得了“百个先进综治信访维稳中心”称号。

▲8月4日，江门市诉前联调工作现场会在新会区法院召开。

# 鹤山市人民法院

▲8月18日，鹤山市法院邀请市人大代表旁听案件。

2011年，鹤山市法院以化解社会矛盾为中心，狠抓审判执行工作。全年共受理各类案件4586件，办结4150件，与上年同期相比分别上升12.3%和4.6%。其中，受理刑事案件456件695人，审结452件691人；受理民商事案件2780件，审结2478件%，解决诉讼标的金额3.99亿元；受理行政诉讼案件14件，审结11件；受理执行案件1335件，执结1208件，执行标的金额1.12亿元。

全院以队伍建设为根本，努力提高法官素质和职业形象。通过深入开展建党90周年纪念活动及“人民法官为人民”、“发扬传统，坚定信念，执法为民”等主题教育实践活动，大力加强党风廉政建设和法院文化建设，进一步转变工作作风，进一步增强司法能力，进一步提升法院形象，进一步提高人民群众对法院工作满意度。在2011年“人民群众对法院工作满意度”调查中，全院10大调查项目群众满意度均达到优秀水平。2011年，该院被省法院授予“无执行积案先进法院”称号，被江门市委、市政府授予“全市法制宣传教育先进单位”称号，被鹤山市委、市政府授予“鹤山市标兵文明单位”称号，另有9个集体、18人次分别获得上级单位记功或表彰。在江门中院对全市7个基层法院的综合考核中，该院总成绩位第一。

▲8月15日，一执行案件当事人向鹤山市法院赠送锦旗。

# 阳江市中级人民法院

2011年，阳江市法院深入推进三项重点工作，狠抓审判工作、法院改革、队伍建设和基层建设，在各方面均取得新的进展，在争当排头兵活动中取得了在同类地区法院小组排名第四的成绩。

## 一、全面加强审判工作，服务经济社会发展大局

2011年，全市法院受理各类案件17674件（含中院办结减刑假释案件5766件），办结16442件，结案率93.03%，法定审限内结案率99.89%，延长审限未结率为0，上诉案件发改率3.82%，调撤率67.03%，一审服判息诉率89.7%。中院的人大工作报告无记名投票通过率99.07%，4个基层法院的人大工作报告无记名投票通过率均为100%。

依法开展刑事审判工作，维护社会稳定。一年来，全市法院共受理各类刑事案件1662件，办结1620件，生效判决共判处罪犯2222人，其中475人被判处五年以上有期徒刑、无期徒刑或死刑。贯彻宽严相济刑事政策，对罪行较轻、确实不致再危害社会的586名罪犯依法判处缓刑。

依法审理民商事纠纷案件，促进经济发展。全面落实为经济社会发展服务的要求，大力加强民商事审判工作，规范经济社会活动秩序，推进诚信阳江建设。全市法院共办结各类民商事案件6354件，涉及诉讼标的金额12.38亿元。

依法做好行政审判工作，促进依法治市。全年共受理行政诉讼案件60件，办结60件。通过依法审判，努力化解行政纷争，着力维护人民群众合法权益，监督和支持行政机关依法行政。

依法加强执行工作，努力破解“执行难”问题。积极推进创建“无执行积案先进法院”和“委托执行案件专项清理”活动，完善提级执行、委托执行、异地执行措施，建立健全解决“执行难”联席会议工作制度，全面推行主动执行制度，增强执行效果。全市法院共执结各类执行案件2539件，为当事人依法追回债权约9.46亿元。

依法提出司法建议，参与社会管理创新。在审理案件的同时，针对发现的潜在社会矛盾及社会管理中存在的问题，及时向政府机关及企事业单位提出司法建议。全市法院共向有关单位提出司法建议60条。

## 二、创新调解工作机制，促进和谐阳江建设

按照“诉前化解少起诉，庭前化解少开庭，判后化解少上访”的指导思想，开展诉前调解、庭前调解和判后化解工作，取得初步成效。

一是开展诉前调解。全市各基层法院全部建起了“诉前联调工作室”深入开展诉前联调工作。全市共受理诉前联调案件319件，经过调解达到协议185件，其中司法确认78件，调解成功率58%。二是开展庭前调解。全市法院调撤率67.03%，其中，庭前调解占45.8%。三是开展判后化解。全市法院共受理来信来访205件（人次），同比下降30%。

## 三、落实司法为民工作，维护当事人合法权益

推行预约立案、上门立案、巡回立案等便民措施，开展巡回审判，及时维护好当事人的合法权益；落实好司法救助制度，对236名经济确有困难的当事人缓、减、免收诉讼费193万元；落实领导包案，实行院长定期接访、预约接访、联合接访制度；深入基层接访群众，努力化解各类信访案件。2011年，共解决涉诉上访案件30件。

## 四、深化管理和改革，主动接受监督

设立审判管理办公室，制定《审判绩效考核办法》等管理制度，实行目标管理和绩效考核；以信息化为手段，加强办案流程监管，确保办案效率；加强对法官、合议庭、审判委员会的管理，明确职责和权限，严把案件质量关。

积极开展量刑规范化改革；公开审判信息，开展“法院开放日”活动，对依法应当公开审理的案件，全部公开审理，提高法院工作透明度。

自觉接受人大及其常委会、政协、检察机关和社会各界的监督，认真办理人大、政协及人大代表、政协委员监督的案件。

## 五、狠抓队伍建设，提高队伍整体素质

开展“人民法官为人民”、“发扬传统、坚定信念、执法为民”等主题教育活动，提高法官政治素质；开展整顿机关作风活动，加强司法作风建设；开展建设学习型法院、争当学习型法官活动，加大业务培训力度，全年共组织干警373人次参加各类培训。

健全一级抓一级，层层抓落实的党风廉政建设责任制体系。坚持每年开展廉政纪律巡回教育，抓好纪律教育月活动；开展“建设廉政文化、树立新风正气”活动，加强法院廉政文化建设。2011年11月，省法院在我市召开全省法院廉政风险防控工作座谈会，中院就加强重点岗位、重点人员监督、促进廉政建设作经验介绍。

## 六、强化业务指导，加强基层法院建设

加强对基层法院的业务指导，提高基层法院案件质量。依法办理上诉案件，强化审级监督；中院领导定期带队深入各基层法院召开发改案件讲评会，对普遍存在的问题下发书面指导意见，统一裁判标准。

开展综合审判机制改革，指导解决法官力量不足的问题。以阳西县法院为试点，在全省法院率先建立综合审判机制。这项改革取得了明显成效，得到省法院的充分肯定，并在全省同类地区法院予以推广。

▲7月22日，省法院党组书记、院长郑鄂一行到阳西县法院调研。

▲12月14日，省法院在阳西县法院召开广东法院“综合审判机制”试行工作会议。省法院党组成员、政治部主任聂式恢，阳江中院党组书记、代院长赵菊花出席会议。

▲11月17日，江门中院领导班子与阳江中院领导班子进行座谈。

▲12月19日，珠海中院党组书记、院长万国营和阳江中院党组书记、代院长赵菊花签订结对帮扶协议。

## 江城区人民法院

▲1月28日，江城区法院执行局工作人员向51名民工发放执行款。

2011年，江城区法院坚持“三个至上”工作指导思想，紧紧围绕“为大局服务，为人民司法”工作主题，强化能动司法，践行司法为民，加强队伍建设。全年共受理各类案件4331件，结案3898件，结案标的金额2.54亿元。在刑事审判工作中，坚持宽严相济刑事政策，维护社会稳定。全年共审结各类刑事案件504件，判处犯罪分子752人；对其中严重危害社会治安的145人判处了五年以上有期徒刑；对其中属轻微、偶发、过失和未成年等犯罪的184人判处非监禁刑。并将量刑程序纳入庭审程序，实行“量刑建议”审理的案件396件。在民事行政审判中，坚持审判服务大局，维护社会和谐。坚持“调解优先”，在院机关和人民法庭设立“诉前联调室”，在没有设置法庭的镇（街）设立“驻点法官办公室”。全年共审结民商事案件2252件，其中调解结案1628件，调撤率达72.3%；审结行政案件27件，审查非诉行政案件126件。在执行工作中，通过完善“联动、震慑、和解、考核、快速执行”五项机制，提高实际执结率。全年执结案件1113件，实际执结率达96.03%，执结标的金额5898万元。此外，切实抓好源头预防工作，认真做好“判后答疑”、“院长接访日”、“执行接待日”等工作，确保当事人不越级上访。通过狠抓队伍建设，立案庭被省法院命名为省级“青年文明号”，民二庭被省法院记“集体二等功”，何静虹被最高院授予“全国优秀法官”。

## 阳春市人民法院

2011年，阳春市法院在新一届党组领导下，深入贯彻落实科学发展观，坚持“三个至上”工作指导思想，坚持“为大局服务、为人民司法”工作主题，坚持“从严治院、公信立院、科技强院”工作方针，坚持“能动司法”理念，围绕市委市政府战略部署和中心任务，切实履行司法职责，不断加强自身建设，各项工作均有了新的进展，为社会和谐稳定和经济社会转型发展作出了积极的贡献。

▲11月28日，阳春市法院院长项倾标等领导为该院新审判办公综合楼选址。

全年共受理各类案件3321件，办结3289件，诉讼标的达10.79亿元，并取得了审限内结案率、一审服判息诉率、调解撤诉率、实际执行率上升和上诉案件发改率、再审审查率、信访投诉率下降等“四升三降”的可喜成绩。

立足实际，以争当全国法院工作排头兵竞赛活动为抓手，深入推进各项工作改革，先后建立和完善审判管理体系、全面铺开刑事案件量刑规范化工作、推行错案责任追究制度和审判业务会议制度、全面落实司法公开制度和加强司法建议工作，有力地促进阳春法院的科学发展。

2011年，阳春市法院的人大代表、政协委员联络工作受到省法院的集体嘉奖，春城人民法庭被省法院授予“全省法院调解工作先进集体”称号，陈权姗被省法院授予“全省人民陪审员调解工作先进个人”称号，一个集体和两名个人被阳江市中级法院记三等功。在全市法院排头兵竞赛活动和年度综合考核中，阳春市法院名列前茅，人民群众对阳春市法院整体工作满意率为90.5%，达到全省优秀水平。

## 阳东县人民法院

2011年，阳东县法院坚持科学发展观，按照“为大局服务、为人民司法”的要求，全面履行审判职能，不断加强队伍建设，较好地完成了各项工作任务。全年共受理各类案件1347件，结案1303件，结案率为96.74%。

▲12月28日，阳东县法院院长马志成探访扶贫户。

全院认真抓好信访维稳工作，积极配合开展县委书记大接访活动，开展“百场走访下基层”活动；积极做好同县委、人大、政府、政协、信访部门的联络工作，建立互动、互通的信访维稳联动机制，畅通信访渠道；派法官进驻县信访维稳中心，中心法庭法官进镇维稳中心巡回办案，已形成制度化。

同时，积极探索调解工作新机制，努力化解民事纠纷。一是做好诉前调解。在全市率先设立了诉前联调工作室，共受理诉前联调案件119件，结案119件，其中成功调解102件，司法确认76件，调解成功率达86%；二是加强诉讼调解。进行立案调解、审判调解、刑事附带民事调解、执行和解，将调解环节贯穿于诉讼过程始终。一年来，调解、撤诉案件493件，调撤率为62.88%。三是争取党委政府支持。对于一些矛盾容易激化的案件，积极与党委政府沟通、协调，做好当事人的调解工作，平息矛盾，真正实现了“案结事了”。

## 阳西县人民法院

▲6月13日，阳西县诉前联调工作人员对一起交通事故赔偿案件进行调解。

2010年，阳西县法院深入开展“人民法官为人民”主题实践活动，扎实推进三项重点工作，各项工作取得了新的成绩。2010年，该院再次荣获“全省优秀法院”荣誉称号；在全市法院“加速推进排头兵达标”竞赛活动以及2010年度年终考核中均取得排名第一的好成绩。一是大力加强审判执行工作，妥善化解矛盾纠纷。全年共受理案件1655件，审（执）结1642件，结案率达99.21%。二是进一步深化法官助理制度改革，审执质效水平显著提高。2008年以来，该院的案件发改率逐年下降，2010年比2007年下降了22个百分点；上诉率也从2007年的7.25%下降到2010年的3.02%；结案率连续三年在全市法院排名第一；涉诉信访率也逐年大幅下降。该院的法官助理制度为全省经济欠发达地区法院解决法官断层问题提供了经验，得到了省法院的高度肯定，并被作为先进典型向全省法院推广。三是切实推进队伍廉政建设，连续多年没有出现违法违纪的人和事，树立了人民法院的良好形象。四是全面推行庭前调解和诉调对接工作，2010年，该院民商事案件调撤率达77.39%，其中溪头法庭的调撤率达84.3%，在全市11个基层法庭中独占鳌头。

# 湛江市中级人民法院

2011年，湛江市法院全年共新收案件25849件，办结26031件（含旧存，下同），同比分别下降4.81%和7.85%。其中市中院新收案件2086件，办结2039件。审判质量、效率和效果取得了突破性进展，一审判决案件发改率为3.34%，生效案件发改率为0.15%，同比分别下降2.08和0.11个百分点，全市法院服判息诉率达到92.26%，远超省法院指定的86%目标，民商事案件调解撤诉率达到60.04%，排头兵竞赛18项指标均达到或超过省法院的目标。

## 一、夯实基础，发挥职能作用，全力维护社会和谐稳定

全市法院共新收一审刑事案件2626件，审结2644件；市中院分别新收一、二审刑事案件102和202件，分别审结一、二审刑事案件105件和198件，再审审结刑事案件7件。全市法院新收一审民商事案件16878件，审结17067件；市中院分别新收一、二审民商事案件65件和1048件，分别审结一、二审民商事案件95件和969件。全市法院新收一审行政案件371件，审结一审行政案件369件；市中院分别新收一、二审行政案件2件和198件，分别审结一、二审行政案件3件和195件。全市法院连续3年全面开展清理执行积案工作，去年新收执行案件4226件，执结4294件；市中院不断加强制度建设和完善内部管理，全年新收执行案件189件，执结202件。2011年，中院执行局、遂溪法院执行局被评为“全省清理执行积案先进单位”。

## 二、健全机制，拓展司法功能，着力化解社会矛盾

大力开展立案窗口制度和便民设施建设，建成两级法院网络平台，逐步开展远程立案和节假日立案，便民、利民措施更细更实，创新涉诉信访工作机制。中院新收各类再审案件141件，审结142件，同比分别上升171%和121%。充分利用审判流程管理制度，对案件全程跟踪管理，确保程序公正和案件质量；推行审判质量效率通报制度，每月公布超审限和被上级法院发回重审、改判案件具体情况；定期分析审判监督工作中发现的问题，提出改进审判执行工作的意见和建议；继续推进“百万案件评查”活动。全市法院均建成审判管理办公室，专职负责审判执行工作的流程管理和绩效监督、评估、指导工作；细化审限管理制度，强化审限管理，确保案件流转实现有效衔接。

## 三、转变观念，落实司法为民措施，给力建设幸福湛江

2011年中院主动向市委、市政府提出12项司法建议，得到市委领导重视，被省法院充分肯定和推广。大力加强诉前联调工作并取得实效，全市法院受理诉前联调案件3635多宗，调解成功率达70.56%，受到梁伟发书记和郑鄂院长的批示肯定。坡头区法院积极试点诉讼外矛盾化解机制，与街道办共建无诉设社区，以及林保南法官工作室的成功运作，广受群众欢迎，被中央电视台等主流媒体广泛关注。着力推进小额速裁机制改革，积极扩大一审民商事案件适用简易程序比例，突出解决纠纷灵活、快捷、经济、便民的优势。严格执行新的《诉讼费交纳办法》，依法向确有困难的群众提供司法援助；做好判后答疑工作，帮助当事人正确理解裁判内容；全面开展巡回法庭、送法下乡活动，涌现出渔船法庭、滩涂法庭等湛江特色庭审方式，有效降低当事人诉讼成本，增强普法宣传工作效果。

## 四、规范管理，加强队伍建设，全力推动法院科学发展

推进法官庭审驾驭能力、主持调解能力、法律适用能力、裁判文书制作能力、判决说理能力和应对媒体能力等六种司法能力建设，涌现出“全国模范法官”、“全国优秀法官”林保南、“全国法院先进个人”王励等一批优秀法官代表。落实党风廉政建设，强化廉政教育基础作用，畅通违法违纪发现渠道。徐闻法院廉政建设成绩显著，61年来无法官因贪赃枉法受查处，工作报告连续11年获全票通过，被新华社誉为“中国法治建设的新样本”。两级法院新审判综合楼建设稳步推进。市中院、开发区、廉江、麻章正加快推进建设步伐。信息化建设再上台阶，圆满完成“08工程”全省联网任务建设、视频会议系统建设和远程提讯系统建设，被省法院荣记三等功。做好综合调研，服务科学决策。湛江中院调研、案例、司法统计工作继续取得好成绩，宣传工作获得省法院表彰。多次成功举办篮球赛、乒乓球赛、演讲比赛、法官论坛、“法正风清”书画摄影展、团拜会、联欢晚会等文体活动，被评为湛江市“文化强市示范单位”。

1月18日，湛江中院隆重举行2011年度“湛江市中级人民法院迎春团拜会”。图为该院党组成员与演员合影留念。

3月15日，湛江中院全体干警齐聚湛江湖光岩法官林，举行法院“四个百”（百场释法答疑、百场征求意见、百场庭审观摩、百场重案调解）活动启动仪式。

5月13日，湛江中院举办“法院开放日”活动，邀请各级人大代表、政协委员近百人参加。

►7月21日，省法院党组书记、院长郑鄂到湛江市法院调研。图为郑鄂院长在诉前联调工作室了解工作情况。

▲7月21日，省法院党组书记、院长郑鄂等领导视察法院新审判综合楼工地。

►2011年湛江市坡头区南三法庭工作成效显著，被省法院记立集体二等功。图为该庭人员乘船下乡办案。

◀9月22日，省委常委、政法委书记、公安厅厅长梁伟发到湛江遂溪县法院调研诉前联调工作。

►8月19日，全省法院“群众在我心中”先进事迹报告团第二分团到湛江中院作报告。图为湛江中院院长敖广恩与报告团成员合影留念。

◀11月10日，我省首个以法官名字命名的法官工作室——“全国模范法官林保南法官工作室”在湛江坡头区法院挂牌成立。

◀12月初，湛江市首个法院派驻交警大队的调解工作点和巡回法庭——雷州市道路交通事故调解中心暨雷州市人民法院道路交通巡回法庭在雷州市交警大队挂牌成立，为诉讼群众提供“一站式”服务。

## 遂溪县人民法院

2011年，遂溪县法院充分发挥审判职能作用，紧紧围绕依法办案，更新观念，强化能动意识，推进审判管理，加强队伍建设的思路，各项工作不断取得进步。

全年法院共受理案件2905件（含旧存93件），审结2857件，结案率为98.3%。其中刑事案件新收205件，审结205件；民商事案件新收2073件，审结2031件，调撤结案1056件，调撤率为52%。诉前联调工作成效显著，执行工作一直走在湛江市基层法院前列，该院大胆尝试强制执行宣传日、集中突破难案周、成立执行查询组、执行机动组等多项做法，得到社会各界的充分认可。

▲7月，遂溪县法院在全县范围内全面铺开反规避执行专项行动，收到良好效果。图为该院执行人员现场研究执行方案。

该院注重法院文化建设，坚持实行干警“轮流主持业务小讲座”制度并创建“审判业务研讨活动中心”的做法较有特色，对提升队伍整体素质起很大作用。2011年先后被省委政法委评为“清理执行积案先进集体”、被省法院评为“结对帮扶先进集体”，并荣记集体三等功、遂溪县委县、政府评为“遂溪县先进集体”。

## 廉江市人民法院

2011年，廉江市法院在党委的坚强领导、人大的有力监督以及上级法院的正确指导下，坚持“三个至上”工作指导思想，认真践行“为大局服务，为人民司法”工作主题，依法履行审判职能，全面推进自身建设，各项工作取得新进展。全年共受理各类诉讼案件3386件，办结3370件，受理和办结诉前联调案件850件。在湛江市基层法院2011年度各项工作考核评比中，该院获得年度综合考核第一名，被评为“‘十八率’考核先进单位”、“清案工作先进单位”和“年度党建工作优秀单位”，因近三年来争当排头兵工作成绩突出，2011年被广东省法院记立集体二等功。

▲5月11日，廉江市法院法官深入农村巡回办案。

# 茂名市中级人民法院

2011年，茂名中院各项工作取得可喜进展。全市法院共受理各类案件20712件，结案17394件，同比分别上升11.2%和3.7%，结案标的额25.38亿元。其中，中院受理各类案件2703件，结案2645件，同比分别上升26%和29.9%，结案标的额13.38亿元。

## 一、创品牌，争当服务大局排头兵

始终坚持能动司法理念，努力为全市重大项目、重要工程、重点工作提供良好司法保障。充分发挥破产审判促进产业转型升级的积极作用，2011年受理破产清算及破产重整案件12件，盘活资产12亿多元，安置职工2000多人，为特困职工向市政府争取困难补助14万多元。在现有法律框架下创新性地摸索出“先租后破”、“破产调解前置”、“既破又立”等符合地方经济社会发展需要的“茂名经验”，成功处置了广东绿生园集团有限公司、茂名万商腈纶有限公司等超亿元标的企业破产大案，没有发生一起因为破产案件处理不当而集体上访的事件，实现了无振荡破产。中央、省、市主流媒体和《最高法院调研专刊》、《广东法院简报》、《依法治省通报》等分别对“茂名经验”作了推广报道。2011年茂名中院民四庭被最高法院授予“全国法院审理企业破产案件工作先进集体”荣誉称号。

强化知识产权司法保护，创新知识产权审判机制。在审理中注重发挥调解在促进创新和科技成果转化中的特殊作用，坚持知识产权审判“逢案必调、辨法析理、借力参审、合力定案”四道工作法，着力打造茂名知识产权审判特色品牌，全面提升知识产权司法保护水平，用法律筑起“知识产权保护盾”。去年以来，中院共审结各类知识产权案件117件，调解撤诉率高达75.2%，无一被省法院发回重审和改判。中院民三庭在全省法院“争当全国法院排头兵工作”中荣膺集体三等功。

## 二、严管理，争当公正司法排头兵

面对2011年度第一季度在排头兵竞赛活动中仅有两项指标达标的被动局面，全市法院知耻后勇，不抱怨、不气馁，在茂名中院新任院长林建辉同志的带领下，及时组织相关部门分析研判，查找症结，采取对策。针对把关不严、质量不高的问题，加强审判流程管理，强化节点控制，使每一个环节都有任务、有指标、有要求。中院率先调整司法统计的归口部门，确保排头兵竞赛活动统计数据的科学、准确。建立案件评查专家库，采取个案评查与集中评查相结合的方式，对已经审结的案件或群众反映强烈的信访案件进行评查，切实解决影响审判质量的突出问题。规范审判执行业务管理，修订完善中院《案件审核规范》、《审判委员会、专职委员工作规范》，明确权责，强化合议庭功能，充分发挥审判委员会对案件质量的把关作用。推行量刑程序规范化，规范法官自由裁量权，确保裁判标准统一。加强审判效率管理，狠抓审限内结案均衡度，对超审限案件逐案督办，中院结案均衡度比为56.56，同比提高了5.65。法定审限内结案率为99.66%，同比提高3.44个百分点。审判执行部门法官人均结案同比提高40.4%，超审限情况得到较大改善。2011年排头兵竞赛活动整体质效指标进步明显，在设定目标值的16项指标中达标14项，达标率达到87.5%，比第一季度的2项达标、达标率仅12.5%有大幅度的提高，比上年的达标率58.3%也提高了29.2个百分点。涉诉信访率持续下降，接待来信来访396件（人），同比下降33%。

## 三、力创新，争当改革创新排头兵

以现代科技助推司法公开，茂名中院在全省法院率先启动诉讼短信平台服务，借助移动公司“无线城市”平台，让当事人更快捷、更全面了解案件相关信息。充分借力新闻媒体增加司法工作透明度，形成全方位、立体化的司法公开机制。

中院率先在全省中级法院成立有独立建制的执行指挥中心，构建执行工作快速反应机制。推行主动执行制度，充分运用反规避执行措施，强化执行威慑力，执行周期明显缩短，全市法院一年来共执结执行案件4217件，执结标的金额6.98亿元，实际执结率为85.5%。积极开展创建“无执行积案先进法院”活动，巧用执行和解，圆满执结了历时七年之久、涉案争议土地近九千亩的广东省团结农场农业承包合同纠纷系列案、湛江飞越公司欠款案等一批老、大、难的骨头案件，赢得了社会各方的好评。

加强和规范“立案信访窗口”建设，改进诉讼引导、查询咨询服务，方便当事人诉讼。加强司法救助工作，一年来共为101名刑事被告人指定辩护人，为确有困难的当事人减、缓、免交诉讼费837.91万元，其中，对“9.21系列案”全部缓交诉讼费551万多元。坚持巡回办案制度，在辖区各交警大队驻地建立交通巡回法庭，集合法院、公安、司法、保险、医疗机构的专业力量，对交通事故损害赔偿争议推行“一站式”服务。2011年7月1日第一个交通巡回法庭成立运作以来，共成功化解了交通事故损害赔偿纠纷838宗，诉讼调解结案435件，80%的事故赔偿纠纷在30天内得以结案，最短的仅用25分钟便调结，调处结案主动履行率达100%。

强化党组班子决策监督，茂名中院在全省法院率先出台党组“三重一大”决策无记名票决制，促进党组议事决策的民主化、科学化和规范化，营造风清气正的工作氛围。

▲2月23日，茂名中院举行欢迎仪式，热烈欢迎从北京载誉归来的“全国优秀法官”、茂南区法院镇盛法庭庭长陈耀荣。

▲2月25日，茂名市委书记邓海光到茂名中院进行视察调研。

▲3月25日，在茂名市第十届人民代表大会第六次会议上，林建辉同志全票当选为茂名中院院长。

◀5月31日，茂名中院邀请华南师范大学叶才勇教授为两级法院干警作“司法公开的价值及路径”专题讲座。

▲6月21日，全省首个有独立建制的“茂名市中级人民法院执行指挥中心”正式揭牌。省法院党组成员、执行局局长许佩华出席揭牌仪式。

▲9月8日，茂名中院院长林建辉深入破产新生企业——恒兴茂名基地走访调研。

◀9月27日，茂名中院在全省法院率先启动“诉讼信息公开平台”，充分借力现代科技推进司法公开。

# 高州市人民法院

2011年，高州市法院坚持以邓小平理论和“三个代表”重要思想为指导，以公平正义作为法院工作的生命线，深入开展“奋力实现排头兵目标年”竞赛活动，各项工作都取得了新进展。全年共受理各类案件（含旧存）2615件，办结2555件，存案60件，结案率97.71%，同比收案下降25.65%、结案下降25.18%、存案下降41.18%、结案率上升0.61%；解决诉讼标的金额1亿多元。

经过三年来的不懈努力，全院争当排头兵的主要质效指标继续领跑全市法院，在2011年9次竞赛活动通报中，连续9次综合得分位居全市基层法院第一名，全市法院排头兵地位基本确立。诉前联调室自2011年5月成立以来成功化解典型案件纠纷10宗，调解成功率100%、司法确认率100%，自动履行率100%。省法院院长郑鄂等领导分别作出批示，高度评价了该院工作经验，建议在全省推广。该院在排头兵竞赛活动中不断完善执行应急机制建设，一年来取得了无人员受围攻、无财产受损失、无恶性事件发生的明显效果，受到市委、市政府的充分肯定，并获省法院推广。该院对照“两个指导意见”，严格把握酌定量刑情节及调节幅度，全面推进量刑规范化建设，上诉率同比下降2%，无一抗诉、无一上访案件，取得了良好的法律效果和社会效果，并获全市广泛推广。

◄8月30日，茂名市委常委、高州市委书记郭元强深入高州市法院调研。

►9月15日，高州市法院对邓斌庭等14名被告人聚众冲击中国石化集团茂名石油化工公司一案作出一审宣判。

# 信宜市人民法院

2011年，信宜市法院坚持以邓小平理论、“三个代表”重要思想和“三个至上”为指导，牢固树立科学发展观，紧紧围绕“为大局服务，为人民司法”工作主题，依法履行审判执行工作职责，认真落实便民利民措施，为构建社会主义和谐社会和促进社会经济健康、协调、可持续发展提供了强有力的司法保障。信宜法院被省法院授予“全省法院结对帮扶工作”先进集体、“无执行积案先进法院”、“全省法院司法警察岗位大练兵先进集体”等荣誉称号。

9月21日，受台风“凡亚比”带来的罕见特大暴雨影响，信宜紫金矿业有限公司银岩锡矿高旗岭尾矿库发生溃坝事件，造成22人丧生，523户房屋全倒、815户房屋受损，下游流域范围内交通、水利等公共基础设施以及农田、农作物等严重损毁。为此，信宜市人民政府、钱排镇灾民、当地单位企业陆续向信宜法院提起诉讼。自2011年年初以来，该院共受理“9·21”系列案2502件，相当于信宜法院往年一年的诉讼案件总和。该系列案的原告人数多达7000多人，被告达28名，诉讼标的总额超过4亿元。面对新形势、新挑战、新任务，“举全院之力办好灾区系列案件”的口号，成立了“9·21”系列案专案组，经过10个月的奋战，完成了追加被告、管辖权异议、先予执行、文书印刷、送达等开庭前的准备工作，首批5宗人身损害赔偿案件于12月27日开庭审理并当日调解结案，信宜紫金矿业按照灾民的诉请赔偿合计318万多元，其余案件已陆续开庭审理。灾民的人身损害赔偿案的圆满处理，受到中央政治局委员、省委书记汪洋同志和省委副书记朱明国同志的充分肯定和表扬。

▲12月27日，信宜市法院开庭审理了“9·21”系列损害索赔案。

# 肇庆市中级人民法院

2011年，肇庆市两级法院按照省法院关于深入开展“奋力实现排头兵目标年”竞赛活动，赛服务、赛管理、赛创新、赛形象的部署，牢牢把握工作重点、方法和关键，结合自身实际，以“创先争优，竞赛夺标”活动为工作载体，努力实现法院整体工作新跨越，呈现出更高更新更好的发展势头。全市法院共受理各类案件23123件，同比下降13.3%，多年来首次出现收案大幅下降，审结22747件，结案率为98.4%，案件收结实现了连续多年的良性循环。其中，中院共受理各类案件6028件，审结6019件，结案率99.9%。群众对肇庆法院整体工作满意度居于全省法院优秀行列。

## 一、司法服务大局有新作为，多项措施推进能动司法

肇庆中院出台了《保障经济发展方式转变的意见》。全面推广司法建议工作，向有关部门、单位发出司法建议135条，内容涉及规范行政审批、见义勇为表彰等，促进依法行政。妥善审理了全国首宗公益性图书馆数字文化网著作权纠纷等重大案件，实现了法律效果和社会效果的相统一。向同级政府报送“行政审判白皮书”，促进依法治市不断深入。深入开展领导干部“轮值接访”、到镇街综治信访维稳中心“上一天班”、承办法官“判后答疑”和撰写“民情日记”等一系列活动，切实关注群众利益诉求。

## 二、化解矛盾有新办法，“一进一出”转变司法理念

全市法院科学合理设立诉前联调室，把群众就近“请进来”，共设立27个诉前联调室。通过诉前联调工作机制处理各类矛盾纠纷1679件，调解成功率达99%。创新开展法官挂点模式，法官就近“走出去”。选派了109名法官就近挂点全市所有镇街综治维稳中心，化解矛盾纠纷626件，召开联席会议322场，进行业务指导603次，开展授课培训46次。端州、四会等法院在当地交警大队设立交通法庭或调解室，为解决交通事故纠纷建立“快速通道”。深入开展“五进”工作，法官就地“扎下去”。端州法院先后指派两名法官进驻下瑶村，通过送法上门，下瑶村出现了由乱到治的良好局面。怀集法院深入农村、社区开展听证，借助民意化解疑难棘手案件。上述工作得到了省委、省法院主要领导的肯定，省法院专门发文向全省推广我市法官挂点工作经验。通过积极推进大调解格局建设，使得进入诉讼程序的案件下降13.3%，大量生效案件得到自动履行，执行案件收案同比大幅下降35.4%。

## 三、司法公开有新举措，完善三项机制搭建两个平台

全市法院建立了司法信息公开申请、举报投诉和责任追究机制，给予当事人、社会公众司法公开请求权。全市基层法院为人民群众参与司法，监督司法提供平台，公开向社会聘请人民陪审员共145人，人民陪审员参与审理案件2190件，陪审率达78.6%。两级法院共同开设了“公正肇庆”官方微博平台，专人负责信息发布、咨询答疑，目前，听众量超100万人，日均发帖40条，在全国十大法院网络影响力微博中名列第三，居全省法院首位。

## 四、司法改革有新尝试，稳步推进三项工作试点

在前年实施“大民事审判”取得实效的基础上，在怀集县法院试行“综合审判机制”，将刑事、民事、行政案件随机分配到各个合议庭，实行综合审理，着力破解山区法院办案力量不足和案件数量、性质分配不均衡等难题。在端州、封开法院试行家事审判，设立家事审判合议庭，引入人身保护令、探视抚养档案、登记离婚协议司法确认、心理指导矫治等服务，探索家事审判新路子。首次推行所有假释案件一律到监狱公开开庭审理。

## 五、审判绩效管理有新成效，三级法院案件互查保质量

肇庆中院增设了审判管理办公室，基层法院也由审监庭履行审判管理职责，加强审判质量效率管理。创新案件评查方式，开展省院与中院、中院与基层法院案件互查，邀请省院资深法官评选全市法院优秀法律文书和人大代表、政协委员参加“百万案件评查”，共评查案件2906件。坚持落实上诉发改案件复查评析制度、案件质量通报制度。推行精细化管理，对立案、审判、审批、结案、司法统计、电子签章等全面实现网络化、规范化。建立法官业绩档案，对法官办案质量进行跟踪管理，将调撤率、发改率等重要办案指标直接与绩效考核、任用干部挂钩。

## 六、司法队伍形象有新提升，以特色教育塑造队伍新风貌

开展具有肇庆法院特色的“党性、良知、自律”教育和廉政执法“松竹梅”工程等专题教育活动。组织80多名中层干部、优秀法官参加北京大学素质提高班培训和到山东、江苏等地的全国先进法院参观学习，选派法官130多人（次）参加国家法官学院组织的大规模干部轮训。与佛山地区法院开展“结对帮扶、共同发展”活动，学习先进发达地区的工作经验。

7月7日，肇庆市委书记徐萍华在肇庆中院院长伍建昌陪同下视察法院工作。

6月1日，肇庆市委副书记吴华钦在肇庆中院院长伍建昌陪同下，到高要市法院诉前联调室、综治中心调研。

11月28日，肇庆中院举办全市人民法院人民陪审员培训班。

5月24日，肇庆中院举行肇庆法院微博技能培训工作会议。

►6月24日，肇庆两级法院领导赴山东省东营市法院考察学习。

◄6月20日，肇庆中院执行局局长岑慧勤到高要市维稳中心接待群办来访。

►11月21日，扶贫村给肇庆中院送来锦旗表示感谢。

◄5月13日，肇庆中院举行中层领导岗位竞争上岗演讲。

# 德庆县人民法院

2011年，德庆县法院共受理各类案件1544件，审结1535件，结案率99.42%，解决诉讼标的总金额7623.07万元。审结各类刑事案件124件，对187名被告人予以刑事处罚。审结民事案件1131件，调撤各类民商事纠纷案件713件，调撤率为63%；执结各类案件286件，执行到位金额721.70万元。4月设立了诉前联调工作室，诉前联调工作室受理案件133件，全部以诉前调解方式成功调处，司法确认案件27件，当事人自愿履行率100%。同时在全县13个镇街综治维稳中心派出一名法官挂点，设立挂点中心法官工作站。诉前联调工作室及挂点法官工作站成立以来，通过诉讼之外的各种纠纷解决方式，把大量社会矛盾化解在未进入诉讼之前，诉讼收案同比减少了23%，有效地促进了社会和谐。2011年，该院积极参与省法院开展的“奋力实现排头兵目标年”竞赛活动，取得了16项竞赛指标全部达标的优良成绩。

▲3月17日，德庆县法院强制执行非法占用土地案现场。

# 鼎湖区人民法院

2011年，鼎湖区法院牢固树立“三个至上”的司法理念，紧紧抓住“为大局服务、为人民司法”工作主题，深入开展“发扬传统、坚定信念、执法为民”主题教育实践活动。全年共收案1249宗，结案1247宗，结案率为99.8%。刑事案件收案83宗，结案83宗，结案率为100%；民商事收案1010宗，结案1010宗，结案率为100%；行政案件收案17宗，结案17宗，结案率为100%；执行收案139宗，结案137宗，结案率为98.6%。我院立案信访窗口建设获最高人民法院通报表扬、文化建设被省法院命名为2011年度全省法院文化建设达标单位、信息化建设获省法院集体嘉奖、被市总工会评为“先进职工之家”、立案庭被评为市“人民满意服务窗口”单位、是全市唯一获这五项荣誉的法院。我院争当排头兵工作获得省法院集体嘉奖。在2011年度全市基层法院综合考核中，该院荣获第一，这是我院连续两年排名第一，连续四年排名前三，连续四年被评为年度工作先进单位；在首次进行的全市基层法院党建工作考核中我院荣获第一，被评为年度党建工作先进单位。该院被区评为2009—2010年度精神文明建设先进单位，在2011年度区绩效考核中，该院被评为一等单位，这是该院连续三年被评为一等单位。

▲5月11日，省法院党组成员、纪检组长贾永庆到鼎湖区法院调研。

## 四会市人民法院

2011年，四会市法院共受理各类案件2655件，办结2658件（含上年存案3件），结案率100%，解决诉讼标的22511.1万余元，与去年同比，收案数、结案数和结案率分别上升了8.9%、9.2%和0.1个百分点。基层法院综合考核持续进入全市法院先进行列，并因争当排头兵工作突出被省法院荣记集体三等功。一是着眼化解纠纷、促进和谐，进一步加大对各类民商案件的调处力度。强化“三个妥善”即：妥善调处重大房地产开发建设、房屋拆迁补偿、市政建设管理等涉及城市建设和城市管理的纠纷案件，为全市推进“三个五”城市建设工程、打造“岭南文化优雅之城”清除障碍，提供服务；妥善调处道路交通、物流基地、工业园区等涉及重大基础设施建设的纠纷案件，促进全市基础设施与珠三角核心区的一体化对接；妥善调处企业在劳资、股权、债务、融资等涉及企业发展环境的纠纷案件，服务企业增资扩产、转型升级。二是主动开展诉前联调。全年通过诉前联调解决纠纷298宗，解决涉案标的552万元，且实现了调解结案率100%、自动履行率99.7%的良好效果。

▲5月，四会市法院组织干警到广州农讲所参观学习。

## 广宁县人民法院

2011年，广宁县法院在县委的正确领导下，在上级法院的指导、支持下，坚持以科学发展观统揽全局，以“三个至上”为指导，以落实“三项重点工作”为主线，深入开展“人民法官为人民”主题实践活动，充分发挥司法能动性，积极创先争优，以审判执行为中心的各项工作取得了新的显著进展。在“奋力实现排头兵目标年”竞赛活动中以全部指标达标获旗的成绩在全市8个基层法院中排名第一。深入推进刑事审判改革，认真贯彻落实《刑法修正案(八)》的规定，审结我市法院首例适用“禁止令”案件，该案例先后为《人民司法（案例)》、《人民法院案例选》、《法庭》、省法院《典型案例分析》所采用。积极开展诉前联调和法官挂点县镇综治信访维稳中心工作，群众来信来访量逐年下降。注重抓好党风廉政建设和文化建设，十三年来没有发生过一起干警违法违纪现象。一年来全院分别有司法警察大队荣获集体三等功、刘家南同志获个人三等功、第四党支部获评为“全市法院党建工作先进集体”、廖镜雄同志获评为“全市法院党建工作先进个人”。

▲12月27日，两位执行案件当事人专程从杭州来到广宁县法院送锦旗。

# 清远市中级人民法院

2011年，清远市法院共受理各类案件26578件，结案26038件，同比分别增长17.59%和17.9%，结案率为97.97%。

## 一、认真履行审判职能，服务经济社会

全市法院依法审结各类刑事案件1598件，中院审结各类刑事案件190件。依法严厉打击各种严重暴力犯罪，对于轻微刑事案件和未成年犯罪案件，充分体现宽缓精神。未成年人非监禁刑适用率占58.29%。

全市法院依法审结各类民商事案件14385件，同比上升33.18%。中院审结各类民商事案件1115件，同比上升18.11%。大力加强调解工作。全市法院调撤一审民商事案件8228件，同比上升20.26%，调解撤诉率为69.57%，同比上升3.23个百分点，已结案件中将近四分之三的案件通过调解结案。

全市法院依法审结各类行政案件209件，同比下降2.34%。中院审结各类行政案件82件，同比下降14.58%。

加强执行工作。全市法院执结各类案件4692件，同比上升8.74%，执结标的金额11.99亿元，实际执行率91.69%，同比上升12.78个百分点；执行到位率56.73%。中院执结各类案件110件，执结标的金额2.97亿元。全市法院实施主动执行案件948件，执结854件，执结到位率明显增加，执行周期大大缩短。采取限制有履行能力的被执行人高消费、公开执行、追究被执行人的刑事责任等措施和方法，制裁规避执行的行为。

## 二、坚持以人为本，提高司法为民水平

全市法院适用简易程序审理案件11288件，一审简易程序适用率为79.74%。对经济确有困难的当事人减免诉讼费金额61.67万元，确保群众打得起官司。全市法院共处理来信386件，接待群众来访519人。中院处理来信275件，接待群众来访237人。由省政法委牵头开展的涉诉信访积案化解工作取得显著成效，自查涉诉涉法积案65件，已化解63件。

## 三、延伸审判职能，促进社会和谐稳定

全市8个基层法院相继成立诉前联调机构，全市法院通过诉前联调化解纠纷841件，其中达成调解协议的745件，自动履行694件。全市法院在办案过程中结合发现的问题，积极向相关部门提出司法建议104份。其中中院就建设用地使用权转让合同案存在问题向国土资源局提出建议；就劳动争议案件存在问题向相关用人单位提出建议；就仲裁案件存在问题向仲裁委员会提出建议等，引起了有关部门的重视。

## 四、自觉接受监督，积极推进司法公开

积极开展“百案释法答疑”、“百场征求意见”活动，全市法院共邀请347名人大代表、政协委员参与法院以及法庭的“双百活动”38场次，走访代表、委员292人次，征求代表、委员意见28次。全市法院认真落实各项公开审判制度，不断扩大司法公开的广度和深度，提高取证、庭审、听证、裁判文书、审务信息等环节的透明度，自觉接受社会监督，提高司法公信力。

## 五、创新队伍管理机制，提高队伍建设水平

提高干警政治素质，坚定政治方向，培养“公正、廉洁、为民”的司法核心价值观。创建学习型法院，增强司法能力。全年全市法院共选送干警参加各项培训200多人次。鼓励干警进修高学历。对任职已满5年以上的4名基层法院院长进行了交流轮岗；对1名基层法院院长进行了换届调整。同时在中院选派了3名年富力强的中层领导到基层法院任职院长，还对部分基层法院副院长进行了交流轮岗和调整，增强了基层法院班子的生机和活力。市中院实行中层正职和副职缺位竞岗，8名德才兼备的同志通过竞争担任了5个正职和3个副职。抓好党风廉政建设责任制的落实，将党风廉政建设纳入规范化、制度化轨道，建立健全了诫勉谈话、廉政档案、风险管理等多项制度。

## 六、加强基层基础建设，指导基层法院工作

中院坚持面向基层、服务基层、建设基层，着力解决影响基层工作发展的困难和问题，充分发挥基层为大局服务、为人民司法的前沿阵地作用。指导基层法院依法开展审判工作，建立中院班子成员定点联系基层制度，多次带队到基层深入调研，了解基层办案情况，解决存在困难和法律疑难问题，统一裁判尺度，提高案件质量。加强基层班子建设，提高基层班子领导能力和决策水平。加强基层基础建设，在上级法院、地方党委、政府的高度重视和大力支持下，省、市、县、法庭四级信息化管理网络全面联通，实现了办案业务在网上运行、审判管理在网上运作、会议视频进行，提高了工作效率。

5月27日，省委常委、政法委书记梁伟发检查清远清新县法院诉前联调工作。

12月9日，省十一届人大解放军团代表视察清远法院工作。图为代表们在清新法院立案信访大厅查看立案资料。

11月10日，清远市委书记葛长伟视察清远中院工作。

10月27日，佛山、清远两地法院在清远中院举行“结对帮扶、共同发展”协议书签订仪式。

2月21日，清远中院召开全市法院廉政工作会议。图为黄炯猛院长与肖树强副院长签订党风廉政建设责任书。

12月20日，清远清新县法院在源潭镇第一中学运动场召开打黑除恶公开宣判大会，依法对谢卫东等18名被告人进行公开宣判。

8月18日，省法院“群众在我心中”先进事迹巡回报告团到清远中院作报告。图为该院干警向报告团成员献花。

1月20日，清远中院政治处主任胡继定一行赴阳山县江英镇大桥村慰问困难群众。

# 清城区人民法院

2011年，清城区法院共受理案件7198件，办结7028件，同比增加46.8%和50.8%，分别占8个基层法院总数的35.6%和35.7%，办案法官人均结案201件，均居全市法院首位，结案率98%。其中受理民商事案件4534件，审结4449件，同比上升79.4%和82.5%，分别占8个基层法院总数的33.2%和33.5%；受理执行案件2060件，结案1976件，同比上升16.1%和21.8%，分别占8个基层法院总数的43.8%和43.1%；受理、审结刑事案件均为476件，同比上升4%，占8个基层法院总数的33.7%;受理、审结行政诉讼案件均为15件，同比下降35%，占8个基层法院总数的11.5%。

面对案多人少、处理难度日益增大的困境，该院化压力为动力，化挑战为机遇，成功应对了人案矛盾，实现了办案质量、效率、效果大丰收，队伍工作作风、司法能力、综合素质大提升，审判管理、司法公开、文化建设大跨跃，基层法院综合考核全市第一。一是排头兵目标全面实现。通过学、比、赶、超大比拼，做到责任到庭室、到承办人、到每件案，实行每月一通报，半年一小结，年底一总结，达标工作实现“全面红”。二是规范化建设有新提高。完善法官绩效考核评价制度，从制度上确保快办案、多办案、多调解、办好案的良性竞争机制，促使人人争当办案能手；建立聘用人员工资晋升机制，进一步提高聘用人员的积极性、主动性，增强归属感；健全案件审批制度，进一步明确院庭领导在案件管理中的职责分工，规范自由裁量权，提高案件质量；强化审判管理，加强质量管理、效率管理、流程节点管理，实行“全面、全员、全程”管理，受到上级法院的高度肯定。三是调解工作上新台阶。明确任务，责任到人，多层次对调解考核通报。去年民商事案件调解撤诉率达68%；创新和完善诉讼调解工作机制，用调解案件的自动履行率检验调解效果，真正使调解方式发挥应有的作用；落实诉前联调机制，积极参与和推进诉讼调解与诉讼外调解无缝对接的大调解格局建设，完善非诉讼调解司法确认机制。四是司法公开有新成绩。实行全开放、无间隔、双坐式的柜台服务，设立电子显示屏，安装电子触摸屏，人民群众满意度逐年提高，受到市、区两级人大常委会的好评；完善人民陪审员制度，全年人民陪审员参与案件审理726件。五是文化建设有新突破。制作院训和法官誓词，设置图书馆、艺术长廊、格言警句，促进“公正、廉洁、为民”司法核心价值观的进一步树立，被授予市廉洁文化进机关示范单位，系清城区唯一入选单位。

►12月19日，清城区法院与区地税局联合举办信息通报机制启动仪式暨第一次联席会议。

◄1月12日，清城区法院在石角镇举行打黑除恶公开宣判大会。

# 连南瑶族自治县人民法院

2011年，连南瑶族自治县法院全年共受理各类案件728件，审结718件，审结率98.63%，收结案均较之去年增幅大，同比分别增长68.91%和69.74%。一审判决案件发改率为1.08%，同比下降近5倍，息诉服判率91.81%，实现办案质量和群众满意度“双提高”。

2011年，该院办结刑事案件57件，召开2次公开宣判处理大会，有力维护国家安全与社会稳定；办结民商事案件548件，解决争议诉讼标的金额4229.48万元，全力维护公民、法人和其他组织的合法权益；办结行政案件15件，经调解后撤诉的5件，努力实现行政机关、行政相对人“双满意”的效果；执结案件98件，实际执行率94.84%，致力保障当事人的合法权益得以实现。莫逸凡同志因执行工作出色而被荣立“个人二等功”。

践行司法为民，妥处来信来访。该院建立涉诉信访流程管理机制，使信访的受理、交办、处理、反馈的每一个环节衔接有序，畅通当事人诉求渠道，未发生一起涉诉信访投诉案件。

主动接受监督，推进司法民主。全年该院共走访人大代表及政协委员征求意见、接待来访、邀请旁听庭审、邀请视察法院近百人次。凡涉及社会热点、难点、有影响的案件均邀请人民陪审员参与审理，人民陪审员共参与了122件案件的审理，占合议审判结案总数的70.24%。

为破解法官紧缺和断层难题，该院结合本院实际，大胆推行司法改革，打破庭室壁垒，整合审判资源，试行“大审判”机制，使有限的审判资源最大限度地发挥其效能，既破解了山区法院发展的难题，又促进了审判执行工作的良性循环。

▲7月22日，省法院党组副书记、副院长凌祈漫到清远连南瑶族自治县法院指导调研工作。

# 潮州市中级人民法院

2011年，潮州市两级法院深入贯彻落实科学发展观，充分履行职能，较好地完成了各项工作。两级法院共受理案件6478件，办结6306件，同比分别上升1.1%、1.5%；生效案件发改率0.04%，同比下降0.12%；法定审限内结案率99.65%，同比上升2.65%；信访投诉率0.59%，同比下降0.41%。

## 一、忠实履职，依法维护社会公平正义

充分发挥刑事审判打击惩办与教育改造罪犯的职能，维护社会稳定。共办结刑事案件1296件，判处罪犯1789人，其中，中院办结160件，判处罪犯336人。积极参与“打黑除恶”，配合“清网行动”，依法严惩危害人民群众生命财产安全和社会公共利益等严重犯罪。注重保护受害人合法权益，成功调解一批刑事附带民事案件，有效防止矛盾激化。加大力度化解矛盾纠纷，促进社会经济和谐发展。共审结民商事案件3794件，诉讼标的总额5.8亿元。突出保护妇女、儿童、老年人合法权益，制裁侵权行为，维护市场秩序，有效保护市场主体的合法权益。妥善处理“官民”纠纷，切实推进依法行政。共审结各类行政诉讼案件39件，其中，中院审结16件。深化执行机制改革，提升执行工作水平。共受理执行案件1169件，结案率99%，执结标的额4.2亿元，实际执行率达81.9%，和解与自动履行率达56.5%。

## 二、服务大局，积极参与幸福潮州建设

着力推进三项重点工作。延伸审判职能，与市公安局、市检察院建立化解社会矛盾协作联动机制。注重预防未成年人违法犯罪工作，帮教失足青少年。主动上门办案，提供法律咨询。妥善审理古巷“六六事件”系列案件，化解社会矛盾。加强调查研究，及时向政府和有关部门提出法律建议，助力社会建设。着力服务地方经济建设。创新调解工作机制，与贸促会、劳动仲裁委和商会组织联合建立诉调对接工作机制，合力调处矛盾纠纷，护航经济发展。着力提高司法服务水平。加强法制宣传，举办《法官说法》，开展“百名法官进校园”、“百个案例进课堂”等普法活动。加大司法救助力度，及时救助刑事被害人及其近亲属。拓展立案大厅功能，方便群众诉讼，中院立案庭被评为全省“巾帼文明岗”。着力化解涉诉信访积案。建立信访动态报告、动态分析、个案评查、领导包案“四项制度”，利解决一批长期反复上访的案件，化解社会不稳定因素，得到上级高度肯定。

## 三、改革创新，推动审判工作科学发展

创新审判管理工作机制。改革审委会工作制度，依托信息化载体，强化审委会事务管理、质量管理、流程管理、绩效管理。建立健全56项制度，努力打造潮州特色的“精细化”管理体系。在全省法院争当排头兵“奋力实现年”达标竞赛活动中，位居小组第二，成为优胜单位，受到省法院嘉奖。推广和谐司法工作机制。依托综治信访维稳工作平台，推行诉前联调工作。潮安县法院被确定为全省诉前联调试点单位，湘桥区法院被省综治委评定为诉前联调优秀等级，得到省委领导的充分肯定。完善阳光审判工作机制。深化司法公开，邀请人大代表、政协委员参与“百场释法答疑”、“百场征求意见”活动，推行量刑规范化改革，加强与新闻媒体沟通互动，自觉接受外部监督。中院获评“全省法院新闻宣传策划特别奖”。健全监督指导工作机制。及时解决基层存在问题，加大对基层法院监督力度，强化业务指导，健全案例指导制度，统一裁判标准。中院获评“全省法院案例指导工作先进集体”。

## 四、抓好党建，全面提升队伍整体素质

全面加强法院党的建设。开展“发扬传统、坚定信念、执法为民”、“人民法官为人民”主题实践活动。制作以张林武同志先进事迹为题材的话剧《生命的天平》，参加最高法院庆祝建党九十周年文艺汇演获一等奖。中院被评为“全省法院党建工作先进集体”。大力推进司法作风建设。班子成员发挥带头作用，增强队伍的向心力和凝聚力。坚持“一岗双责”，组织专项整顿，着力防治“散、懒、软、庸”等问题。突出抓好“学习型法院”建设。与高校合作，成立华南地区第一个 “全国预防青少年犯罪研究基地”，打造理论与实践相结合的潮州少年司法模式。编印《潮州法官研讨成果荟萃》、复办《潮州审判》刊物，搭建学习交流平台。与全省先进法院惠州中院实行结对帮扶，中院被评为“全省法院结对帮扶工作先进集体”。加强司法研讨和司法调研，承办全省法院重点调研课题。中院被评为“全省法院成绩突出的调研工作单位”。深入开展法院文化建设。加强文化基础设施建设，推进精神文化建设，强化行为文化建设，营造积极向上的工作氛围，增强干警职业荣誉感。中院被评为“全省法院文化建设达标单位”。

全市法院所取得的成绩，得到上级充分肯定。在“人民群众对法院工作满意度”调查中，中院群众满意度在全省中级法院名列第四、湘桥区法院在全省基层法院中位居第一；中院及湘桥区法院、潮安县法院的群众满意率均达到优秀水平。中院及内设部门还被授予“广东省文明单位”、“全省法院联络工作集体嘉奖单位”、“全省法院信息化建设集体嘉奖单位”、“全省维护国防利益和军人军属合法权益工作先进集体”等称号；潮安县法院被评为全省无执行积案先进法院、湘桥区法院被评为全市先进集体。

◀11月17日，省法院党组成员、副院长李毅峰在潮州中院院长陈文毓等陪同下视察湘桥区法院。

▶10月24日，潮州市委书记、市人大常委会主任许光，市委常委、政法委书记林壮森在潮州中院院长陈文毓陪同下视察潮州中院立案、信访窗口建设。

◀11月1日，潮州中院与高校成立华南地区第一个“全国预防青少年犯罪研究基地”。团中央中国预防青少年犯罪研究会党组书记、秘书长操学诚，最高法院研究室副巡视员、少年法庭指导小组成员马东，省法院党组成员、副院长洪适权，潮州市委副书记蔡泽辉为基地揭牌。

▶10月24日，潮州中院到金山中学开展“百名法官进校园”、“百个案例进课堂”普法活动。

# 潮安县人民法院

2011年，潮安县法院高举邓小平理论伟大旗帜，以“三个代表”重要思想为指导，始终坚持“三个至上”，紧紧围绕“三项重点工作”，深入学习实践科学发展观，以争当法院工作排头兵为目标，充分发挥审判执行职能作用，各项工作取得良好成效。全年共受理各类案件2601件，结案2531件，结案率97.3%。一年来，潮安法院积极开展未成年人刑事审判工作，成绩突出，被省法院确定为“未成年罪犯非监禁刑适用和前科封存工作试点单位”。积极开展“诉前联调”工作，通过关口前移、纵横联动等方式，将司法调解与人民调解、行政调解、仲裁调解、行业调解紧密结合起来，形成诉前大联调工作新格局，并取得良好成效，被省政法委确定为“诉前联调工作示范单位”。5月24日，“潮州市诉前联调工作现场会”在我院召开，市委常委、市政法委书记林壮森等出参加了会议。积极开展法院文化建设，组织开展院训征集等活动，并在端午节期间组织全院干警举行龙舟竞赛活动，激发干警团结拼搏、勇占鳌头的精神斗志，推动潮安法院整体工作更上一层楼！积极开展“司法公开”活动，不断加深人大代表、政协委员和人民群众对法院工作的理解、关心和支持，并于3月25日，联合潮州中院在我院举办“百案释法答疑”的活动，认真解答代表委员的法律疑问，仔细倾听人民群众的司法诉求，进一步树立起法院“公正司法”的光辉形象！

▲5月24日，潮州市委常委、政法委书记林壮森在潮州中院院长陈文毓陪同下到潮安县法院指导“诉前联调”工作。

▲6月3日，潮安县法院举行龙舟赛，丰富法院文化生活。

▲3月25日，潮安县法院开展“百案释法答疑”活动。图为人大代表现场向办案法官提问。

# 饶平县人民法院

▲12月30日，饶平县法院党组书记、院长许映民与惠州大亚湾区法院党组书记、院长陈密交流工作经验。

2011年，饶平县法院认真贯彻落实科学发展观，大力弘扬“公正、廉洁、为民”司法核心价值观，深入开展“人民法官为人民”主题实践活动、“发扬传统、坚定信念、执法为民”主题教育实践活动和“排头兵”达标竞赛活动，推动审判执行各项工作全面发展。2011年，饶平法院共受理各类型案件1099件，结案1070件，结案率97.36%。与2010年对比，受理案件数和结案数分别提高25.6%和26.6%，结案率上升7.9个百分点。集体和部门干警多次受到上级法院的表彰，饶平法院刑事审判庭被市中院记“集体三等功”，一名干警被省高院记“个人嘉奖”，两名干警被市中院记“个人三等功”。

饶平县法院坚持突出执法办案主业，维护社会和谐稳定。刑事审判认真贯彻执行严打方针，注重对宽严相济刑事政策的正确把握，依法灵活适用非监禁刑，刑事案件结案率92.51%，非监禁刑适用率20.5%，有力地维护了社会治安稳定。民商事审判牢固树立服务大局意识和保障民生意识，建立健全“全程、全员、全面”调解工作机制，贯彻“调解优先、调判结合”方针，民商事案件结案率98.05%，调解撤诉率达65.9%。积极完善执行工作机制，全力破解执行难题。构建执行联动工作机制，成立执行指挥中心，与福建诏安法院达成《关于平安边界创建协议》，整合多方力量共同破解执行难题，执行标的额实际到位率94.33%，执行效率明显提高。

▲8月19日，省、市、县三级法院在饶平县法院召开座谈会征求人大代表及政协委员意见。

▲4月12日，省法院研究室到饶平县法院调研。

# 湘桥区人民法院

▲10月27日，省委常委、政法委书记梁伟发在潮州市委副书记、市长李庆雄的陪同下视察潮州湘桥区法院诉前联调工作。

2011年，湘桥区法院认真践行“为大局服务、为人民司法”工作主题，积极开展“奋力实现排头兵目标年”竞赛活动，促进审判执行工作质量、效率、效果和队伍形象全面提升。全院先后被省高院记“争当全国法院排头兵工作集体三等功”；市委市政府授予全市“先进集体”称号。人民群众对我院整体工作评价满意度在全省128个基层法院中名列第一。

落实服判息诉、案结事了是“硬道理”，坚守公平正义生命线。认真履审判执行工作在打击犯罪、保障经济社会发展和保障、改善民生、维护社会和谐稳定的责职。全年受理各类案件2133件，结案2070件，分别比上年增加4%和3.2%；结案率97%；解决诉讼标的金额1.39亿元；90.2%的案件服判息诉。其中，受理刑事案件293件493人，结案283件458人；受理民事案件1389件，结案1341件；受理行政案件 12件，全部结案；受理执行案件439件，结案434件，执行标的总金额1.07亿元。

落实人民满意是“硬标准”，始终把为民司法放在首位 。推进司法公开，自觉接受监督；落实司法为民措施，积极拓展服务职能，建立诉讼服务、纠纷分流、矛盾化解服务机制，推进诉前联调，加大诉讼调解，实施司法救助，加强信访工作，积极回应群众诉求，参与社区矫正工作，做好新闻宣传。全年民事案件调撤率达67.8%，为经济确有困难当事人减、免、缓交诉讼费31万多元。

落实提高司法能力是“硬任务”，着力在观念、能力上下工夫。积极开展“发扬传统、坚定信念、执法为民”主题教育等实践活动，狠抓司法廉政和作风建设，狠抓业务学习和培训，提高干警履职能力，队伍整体素质进一步提升。

▲12月21日，省法院党组成员、纪检组组长贾永庆视察湘桥区法院。

# 揭阳市中级人民法院

2011年，揭阳市法院各项工作取得了新的进步。市中院连续三年被省高院评为全省法院排头兵竞赛活动优胜单位，荣立全省法院“争当全国法院排头兵工作集体二等功”；市中院刑一庭荣获“全国法院先进集体”称号。在省高院委托省情调查研究中心开展的问卷调查中，人民群众对市中院整体工作满意率达到98.9%，居全省中级法院第二位。

## 一、狠抓司法办案，努力维护社会和谐稳定

全市法院以司法办案为第一要务，全面履行各项审判执行职能，共受理各类案件18968件，办结18543件，结案率97.76%。

进一步加强刑事审判工作。严格把握宽严相济的刑事政策，深入参与我市社会治安“十大整治”行动，严厉打击故意杀人、抢劫等暴力性犯罪和抢夺、盗窃等多发性侵财犯罪以及涉黑、涉毒等犯罪，推进“平安揭阳”建设。

进一步加强民商事审判工作。共审结民商事案件12434件。着力强化调解工作，落实“全程、全员、全面”调解机制，实现“案结事了人和”。全市法院一审民商事案件调解撤诉率达到72%，同比提高8.7个百分点。着力强化释法答疑工作，加强裁判文书说理性。加强和改善信访、申诉审查和再审工作。

进一步加强行政审判工作。完善行政案件协调工作机制，充分保护行政相对人的合法权益，监督和支持行政机关依法行政。共审结行政案件53件，执结行政非诉执行案件206件。

进一步加强和改进执行工作。深入开展集中清理执行积案、反规避执行和创建“无执行积案先进法院”活动，建立执行指挥中心，完善与国土、房管、银行等部门的执行联动机制。共执结案件1726件，执结率93.3%，执结标的金额6.15亿元。

## 二、主动服务大局，营造文明法治环境

自觉服务我市大项目建设。认真落实《市中院关于为揭阳大项目建设提供司法服务和司法保障的工作意见》，确保司法职能为揭阳加快发展发挥更大作用。

落实司法为民工作。深化便民诉讼工作体系，让人民群众更加方便地行使诉权、更加便捷地参加诉讼、更加真切地感受到司法的公正高效。

扎实推进诉前联调工作机制建设。全市5个基层法院全部设立了诉前联调工作室，配备专门工作人员38 人，其中法官10人。至12月底，全市诉前联调工作室共受理案件469宗，调结414件，调结率88.3%。加强与公安、司法等行政机关的协调，设立7个交通事故调解工作室和5个交通事故巡回法庭，指派巡回法庭法官25名，大力推进道路交通事故案件诉调衔接工作。

积极促进社会管理创新。市中院认真抓好东山区和市试验区综治信访维稳三级平台的督导工作和东山区磐东街道综治联系点工作。主动延伸审判职能，针对司法实践中发现的问题，积极向有关部门提出司法建议。组织开展送法“三进”活动，加强法制宣传，大力弘扬社会公平正义。

## 三、强化管理与创新，全面提高司法水平

推进争当排头兵进程。市中院根据省法院确定的争当排头兵18项质效指标，进一步建立健全审判管理工作机制，调动起全市法院改革创新、服务科学发展的积极性，取得了法定审限内结案率、一审服判息诉率、实际执行率和上诉率、再审申请率等“三升三降”的可喜进展。争当排头兵确定的18项办案质效指标全面达标，走在全省法院前列。

推进司法民主建设。大力推行“阳光审判”和“阳光执行”，切实做到立案、庭审、执行等“六公开”，增强办案透明度，以公开促公正。加强人大代表、政协委员联络工作，深入开展“百案释法答疑、百场征求意见”等活动，共召开座谈会20 场次，各级人大代表、政协委员158人次参加，广泛征求意见和建议，并寄送简报、信息1万多份，增强人大代表、政协委员对法院工作的理解和支持。

推进审判规范化管理。全市法院设立了审判质量管理机构，建立健全案件流程管理，强化对办案重点环节、关键节点、审理期限、审判质量的监督。深入开展案件质量评查、优秀裁判文书评比活动，加强对基层法院的业务指导，促进办案质效的全面提升。

推进基层基础建设。建立院领导挂钩基层工作制度，强化对办案业务的指导，提高基层司法能力，维护基层司法权威。积极争取有关部门支持，推进基层基础建设和信息化建设，揭西法院完成了新审判综合大楼的建设任务，中院正式启用办公自动化系统。积极同深圳法院开展“结对帮扶、共同发展”活动，在业务交流、人才培养等方面取得明显效果。

## 四、全面深化队伍建设，努力提升司法形象

强化主题教育。深入开展社会主义法治理念教育、群众观点大讨论和“发扬传统，坚定信念，执法为民” 主题教育实践活动，促进“公正、廉洁、为民”司法核心价值观的进一步树立。

认真抓好系统党建工作。建立法院系统党建工作指导机制，成立党建工作领导小组，指导基层法院做好基层党组织设置，实现“四个全覆盖”。

突出抓好司法能力建设。开展法官续职资格培训和岗位培训，全市法院共有1674人次参加了各类培训；支持干警学习提高素质，全市法院共有5人通过了国家司法考试。积极选送高素质人才攻读在职研究生。

积极推进司法廉政建设。严格落实“五个严禁”等规定，层层签订党风廉政建设责任书，举行廉政宣誓活动，建立完善廉政账户、廉政档案等五项廉政制度，促进队伍公正、廉洁，全市法院没有发现违法违纪的案件。

深入开展争先创优活动。全市法院共有22个单位被评为先进集体，有33人被评为先进个人，有28人立功或受到嘉奖。

5月7日至9日，省法院党组书记、院长郑鄂到揭阳两级法院调研指导工作。

12月20日，省法院党组成员、纪检组组长贾永庆参加揭阳中院党组民主生活会。

3月30日，揭阳市委常委、纪委书记林俊达等领导到揭阳中院调研视察，并召开座谈会，听取有关工作汇报。

8月24日，广东法院“群众在我心中”先进事迹报告团第一分团到揭阳中院作巡回报告。

▲10月10日至31日，揭阳中院领导分别带队到全市五个县（市、区）开展走访人大常委会征求意见和建议活动。

▲4月13日，揭阳中院邀请4位市人大代表和政协委员参加行政和解协议签订见证会。

▲4月14日，揭阳市涉法涉诉专题接访日在揭阳中院大门口举行。法官就立案、行政、审监、执行等涉法涉诉案件问题接受群众咨询。

▲12月29日，一名台商专程到揭阳中院赠牌匾，以表谢意。

## 榕城区人民法院

2011年，榕城区法院在区委的领导、区人大的监督以及上级法院的指导下，以科学发展观为指导，认真贯彻落实党的十七届五中全会等有关会议精神，坚持“三个至上”工作指导思想和“为大局服务，为人民司法”工作主题，紧紧围绕”三项重点工作，深入开展“奋力实现排头兵目标年”竞赛活动，狠抓审判、执行工作和队伍建设，各项工作取得了新进展，呈现良好的发展态势。全年共受理各类案件2561件，办结2485件，结案率97%，解决诉讼标的金额1.4亿元。

▲6月8日，全市县（市、区）法院诉前联调工作现场座谈会在揭阳榕城区法院召开。揭阳市委常委、政法委书记周新全出席会议并讲话，充分肯定该院诉前联调工作所取得的成效。

2011年，榕城区法院“立案信访窗口”建设工作受到最高法院通报表扬；榕城区法院被省高院授予“2010年度无执行积案先进法院”荣誉称号；榕城区法院综合考核成绩名列全市基层法院第一名。

## 普宁市人民法院

▲7月1日，普宁市法院成功举办庆祝建党90周年文艺晚会。图为该院青年干警表演自编舞蹈《跳跃的青春》。

2011年，普宁市法院在市委的领导、市人大及其常委会的监督和市政府、市政协的支持下，深入贯彻落实科学发展观，始终坚持“三个至上”指导思想和“为大局服务，为人民司法”工作主题，不断推进三项重点工作，全面加强自身建设，审判执行工作顺利开展。全年共受理各类案件4064件，审结3954件，结案率97.3%，同比上升1.1%，解决诉讼标的额2.79亿元，同比上升85.3%。不断推进调解机制建设，设立普宁市诉前联调工作室和道路交通事故巡回法庭，全院案件调解撤诉率达88%，同比上升8.8%，调解撤诉率高居全省法院前列；强化涉诉信访工作，高效延伸审判服务，建立司法确认机制，彰显了司法服务功能。同时，深化审判管理工作，落实司法公开措施，大力实施“科技强院”战略，狠抓队伍建设和文化建设，保障了司法公正高效，为普宁市经济发展、社会和谐稳定作出贡献，被省委政法委授予“落实三项重点工作构建和谐广东”先进集体称号。

## 揭东县人民法院

2011年，揭东县法院依法履行审判职能，狠抓司法办案，主动服务大局，强化管理与创新，全面深化队伍建设，各项工作取得了新进展。荣立全省法院“争当全国法院排头兵工作集体二等功”；司法警察大队被省高院授予“司法警察岗位大练兵先进集体”；民事审判第一庭被省高院记“集体二等功”。

▲4月28日，揭东县法院邀请8名人大代表、政协委员旁听一起财产保险合同纠纷案件的庭审，庭审后主办法官进行释法答疑。

全年共受理各类案件2897件，标的金额26364万元，办结2806件，结案率96.9%。“全省法院排头兵达标竞赛”活动8项核心指标、5项指导指标全部达标，多项指标在全市基层法院排名第一。受理并审结刑事案件215件，判处犯罪分子313人；受理民商事案件2267件，审结2185件，结案率96.4%，解决诉讼标的金额14800万元；受理并审结行政案件2件，执结案件404件，执结率97.8%，执行到位金额7922万元。

## 惠来县人民法院

2011年，惠来法院共受理各类案件3038件，办结2972件，结案率97.8%，结案标的总金额8872.6万元；实现“年结案率比上年提高、年存案数比上年下降”的目标。严厉打击严重刑事犯罪。共审结各类刑事案件186件，判处犯罪分子286人。依法审理好各类民商事案件。共审结民商事案件2688件，结案标的总金额7046.9万元，民商事案件调解撤诉率高达78%。加强行政诉讼协调工作，共受理各类行政案件8件，审结6件。大力加强法院队伍建设。共有8位同志被提拔为正、副科级干部，保持法院工作的连续性和稳定性。全力推进执行威慑机制建设，加快推进执行指挥中心建设。共受理各类执行案件95件，执结91件，执结率95.8%，执结标的额1809.2万元。进一步落实人民陪审员工作的各项制度，人民陪审员共参与审判案件42件。

▲4月1日，揭阳中院党组书记、院长陈超到惠来县法院调研指导工作。

# 云浮市中级人民法院

2011年，云浮两级法院在党委领导和上级法院的指导下，以科学发展观为指导，围绕三项重点工作，践行“为大局服务、为人民司法”主题，推进司法公开，改进司法作风，提高司法能力，不断提高案件质量和效率，各项工作取得新进展。全市法院受理各类案件12276件，办结11084件，比2010年分别增长了16.36%和8.92%，法定期限内结案率为99.98%，一线法官人均办案89.39件。其中中级法院受理各类案件980件，办结810件，法定期限内结案率为100%。在2011年广东省省情调查研究中心对全省法院开展的“法院工作满意度”民意调查中，云浮法院的群众满意率排名全省首位，在云浮市五届人大一次会议上，人大代表对法院工作给予了较高评价，法院工作报告获全票通过，中院院长获全票当选。

## 一、以审判执行工作为中心，能动服务经济社会发展大局

抓刑事审判工作，发挥好打击犯罪、维护社会稳定的作用。全年全市法院受理各类刑事案件1130件，审结1006件。全面加强刑事审判工作，推进量刑规范化改革试点工作，完善与公安、检察等单位的沟通协调机制，刑事审判继续保持了“零超审限、零超期羁押”的良好态势。对故意杀人、抢劫、强奸、贩卖毒品等严重刑事犯罪，涉黑涉恶等团伙犯罪，盗窃、抢夺等多发性犯罪，坚决从严处理。全年一审刑事案件中判处5年有期徒刑以上至死刑的被告人213人，占15.93%。

抓民商事审判工作，发挥好化解社会矛盾、促进社会和谐的作用。全年全市法院共受理各类民商事案件7647件，审结6802件。坚持“调解优先，调判结合”原则，继续强化诉讼调解工作。以调解撤诉方式结案的民商事案件3932件，调解撤诉率达60.88%。深入推进诉调对接工作，加强与综治中心等部门的协调配合，形成了在党委领导下的司法调解与人民调解、行政调解、信访调解相互衔接配合的多元化纠纷解决机制。全年参与诉前联调案件739件，达成调解协议732件，调解成功率99.1%，得到省综治督导组的充分肯定。

抓行政审判工作，发挥好促进社会依法治理的作用。全年全市法院共受理行政案件144件，审结109件。探索将行政和解作为行政案件的结案方式，尽最大努力促成行政相对人与行政机关达成和解。全年行政案件和解撤诉12件。建立、完善行政诉讼信息沟通反馈机制，对审理行政案件中发现行政部门在实施具体行政行为时存在的不足之处，以行政审判白皮书的形式向相关行政机关提出司法建议，剖析原因，共同促进社会管理和依法行政水平的提高。

抓执行工作，发挥好促进社会诚信构建的作用。全年全市法院共受理执行案件3278件，执结3090件，执结率为94.26%，实际执行率为79.84%，比2010年提高5.84个百分点。全面实行主动执行制度，加强执行指挥中心建设，与房管、国土、工商、银行等单位进行沟通协调，力促尽快实现资源信息共享。深入推进反规避执行专项活动，通过对被执行人实施财产申报、财产悬赏举报、曝光和限制高消费等制度，强化查控力度，全年共查控被执行人3800多人次，有效遏制了各种规避执行行为。

## 二、以打造民生司法为导向，加强司法惠民工作

加强与人大代表、政协委员联络，不断满足群众司法需求。全年共邀请人大代表、政协委员视察法院工作、旁听案件审理及召开座谈会510多人次，开展“百案释法答疑、百场征求意见”等各项联络活动40余场次，向人大代表、政协委员、人民陪审员、廉政监督员等发送各类信息、简报及刊物，广泛听取和认真落实代表委员的意见和建议，推动法院工作科学发展。

完善便民利民举措，为群众诉讼提供方便。加大立案、信访两个窗口的资金和硬件设施投入，充实和完善各项便民利民设施，使当事人得到更加优质高效、方便快捷的立案服务。采取院长接访、领导包案、挂牌督办、带案下访、公开听证等多种方法，设立了信访来访档案制度和办案法官面对面释法答疑制度，引导当事人理性信访、合法信访。

认真落实司法救助制度，最大限度地保护弱势群体的诉讼权益。2011年全市法院共依法缓交、减交、免交诉讼费150多万元，为符合法律援助条件的刑事案件被告人指定免费辩护人140多人次。

## 三、以加强党建为基础，提高队伍的司法能力和司法水平

抓好党的组织建设。法院党组和机关党委带头贯彻落实民主集中制，选优配强机关党委和党支部负责人，引导党员干部充分发挥先锋模范作用，形成坚强的审判执行工作领导核心。2011年，云浮中院被省法院评为“全省法院党建工作先进集体”，全市法院共有31个集体和个人受到省级以上表彰奖励。抓好党的廉政建设。全面落实省法院党风廉政建设“三项制度”，层层签订党风廉政建设责任书，采用廉政谈话和诫勉谈话等形式，强化干警的廉政意识，从思想上筑牢反腐倡廉的防线。抓好党的能力建设。大力开展“忠诚、为民、公正、廉洁”的政法核心价值观教育，引导干警坚定理想信念、增强责任意识、大局意识和为民意识，深入实践能动司法，提高队伍整体素质。

◀9月19日，粤西地区法院信息化建设工作会议在云浮市召开，省法院党组成员、副院长刘恒军出席会议。

▶11月4日，云浮中院召开党组民主生活会，省法院副院长谭玲出席会议。

▲4月19日，云浮中院院长陈铸谋带领中院全体党员重温入党誓词并在“党员公开承诺书”上签名。

▲6月21日，云浮市推进诉前联调工作现场会在中院召开。

## 罗定市人民法院

2011年，罗定市法院共受理各类案件3318件，办结2956件，其中刑事案件279件，判处各类犯罪分子344人；民商事案件1717件，结案标的9229.41万元，调解撤诉率63.35%，另通过诉前联调机制调解了121宗纠纷；审结行政案件15件；执结案件945件，实际执行率达81.16%，执行到位5800.66万元。在2011年广东法院工作人民满意度调查中，罗定市法院整体工作人民群众满意率100%，列全省基层法院第一名，年内被省法院评为“全省法院调解工作先进集体”、“成绩突出的调研工作单位”和“全省司法警察岗位大练兵优胜集体”，另有1个集体和3名个人分别获省法院和云浮中院记功或表彰奖励。

▲12月28日，罗定市法院召开试行“综合审判机制”动员大会。

## 新兴县人民法院

2011年，新兴县法院以公平正义作为法院工作的生命线，以奋力实现排头兵为目标，深入推进三项重点工作，法院各项工作均取得了可喜成绩。在争当科学发展排头兵活动中获得省法院的集体嘉奖表彰；在法院工作满意度民意调查中，群众满意度和满意率均在全省基层法院中排名前列；法院党支部被云浮市委评为“先进基层党组织”，确定为创建学习型党组织建设示范点，被县委组织部、县直工委授予示范点创建工作先进单位一等奖等，法院整体形象和社会评价明显提升。

▲10月13日，新兴县法院院长林小柳一行在集成法庭与人大代表、政协委员及村民代表召开“百场征求意见”主题座谈会。

2011年，共收各类案件2515件，办结2446件，解决诉讼标的金额1.05亿元，结案率97.26%，审限内结案率达到100%，民商事案件调撤率达到61.4%，诉前联调成功率与履行率实现了“双百”目标。

## 郁南县人民法院

2011年，郁南县法院坚持“公正、廉洁、为民”司法核心价值观，全力抓好审判执行工作，队伍建设、诉讼服务、信访维稳等工作得到了有效改善和提升，多项工作受到上级法院表彰和县委的肯定，为促进社会诚信体系建设、构建平安和谐稳定郁南创造了良好的环境和提供了有力的司法保障。一年来，共受理各类案件1656件，审结案件1551件。重点开展了以下工作：一是着力抓好审判执行工作，全力维护社会和谐稳定；二是推进司法改革创新，积极探索诉讼信用体系建设；三是落实司法公开，进一步完善阳光司法机制；四是坚持以人为本，完善司法便民利民举措；五是加强自身建设，塑造良好司法形象；六是自觉接受监督，促进司法民主建设。

▲12月15日，郁南县法院举办法院开放日活动。图为郁南县法院院长吴宏远向各界代表介绍诉讼执行服务中心建设情况。

## 云安县人民法院

2011年，云安法院紧紧围绕“为大局服务，为人民司法”工作主题，认真履行审判职责，大力推进综合审判机制改革，案件质量和办案效率显著提升。荣获全省法院争当排头兵活动集体三等功、云浮市先进基层党组织、云安县科学发展好班子、云安县综治维稳工作先进集体等多项荣誉。

2011年共受理各类案件1508件，结案1454件，审限内结案率达100%，法官人均结案数182件，其中审结民商事案件750件，调撤率高达71.4%；审结刑事案件75件，无超期羁押、超审限案件；审结行政案件5件，审查非诉行政案件95件；执结案件624件，执结标的额3300多万元。

▲5月13日，云安县法院开展“法院开放日”活动，邀请群众、学生到法院参观。

# 广州海事法院

2011年，广州海事法院共受理各类案件1591件（含旧存181件）；结案1223件，结案率76.87%；结案标的总额39.88亿元，各项工作取得了新的成效。被最高人民法院确定为“全国司法公开示范法院”，荣获广东省高级人民法院授予的“全省无执行积案先进法院”称号。

## 一、围绕海洋发展战略，发挥审判职能作用

受理了海上货物运输合同、货运代理合同、海上保险合同、船舶碰撞纠纷等案件660多件，解决争议标的金额8亿多元。受理了船舶燃油泄漏、港口作业污染、陆源污染等纠纷案件54件，解决争议标的金额1.7亿多元。对一些案情复杂，牵涉面广，处理难度大的案件，成功调解结案，社会效果好。加强对海域使用、码头建设、游艇建造、水下工程纠纷等案件的研究，依法妥善处理，促进海洋的开发利用。四是维护海域和谐稳定。妥善研究解决矛盾尖锐，容易导致群体性、突发性事件的案件，维护社会稳定。深入造船、物流、港口企业等部门，调研海事审判如何服务海洋经济，并以白皮书形式通报海事审判情况，对航运纠纷多发环节提出司法建议，受到了港航企业和海事行政部门的欢迎。

## 二、建立科学办案机制，努力提高办案效率

实行法官办案岗位责任制，年初下达审判业务部门和法官个人办案任务，纳入年终考核评比。对立案、听证、庭审、判决、文书制作等环节进行改革，提高工作效率。试行委托律师持法院《调查令》进行调查取证的做法，方便了律师调查取证。四是努力提高执行到位率。积极采取主动执行、与海事行政部门联手执行等措施，收到良好效果。

## 三、完善审判工作管理，努力提高审判质量

以科学化、精细化为目标，完善审判管理机制。全年共受理涉外涉港澳台一审案件486件，占一审案件总数的64.62%。坚持公开公正、平等保护中外当事人的原则，依照法律和国际条约、国际惯例，妥善处理。四是努力提高文书质量。出台了《关于当前裁判文书公开的有关问题的意见》，加强对裁判文书的审核、评查，防止差错。

## 四、全面推进司法公开，自觉接受人大监督

以最高人民法院确定我院为全国司法公开示范法院为契机，制订实施意见，明确目标要求，扎实推进。参加全省法院开展的“百案释法答疑、百场征求意见”活动，邀请7位人大代表参与判后答疑和调解工作，邀请4名广州市人大常委会组成人员和人大代表列席旁听我院审判委员会讨论案件。四是发挥海事专家和人民陪审员作用。经过法定程序任命了19名人民陪审员。聘请海事专家为咨询委员，为法院审理案件中遇到的复杂疑难问题提供专业意见。

## 五、认真落实司法为民，推进社会矛盾化解

全年受理申请扣押船舶案件102件。坚持调解优先、调判结合，创新多元调解工作机制，邀请人大代表、鉴定专家、街道办、村委会、海事部门和香港海员工会等参与调解，一审案件调撤率为70.23%，同比提高18.4%。去年共对66件案件中经济困难的当事人实行诉讼费缓、减、免，金额达83万多元。

## 六、坚持以党建带队建，促进法官队伍建设

开展“创先争优”和主题教育实践活动，队伍整体素质明显提高，工作作风焕然一新，涌现出许多好人好事和感人事迹。加强党建工作，院党组加强自身建设，省法院郑鄂院长在我院党组民主生活会上对我院党组给予了充分肯定，并对我院提出了争创“国内一流、国际知名”海事法院的宏伟目标。加强干部选拔任用抓好业务学习培训。选派干部分别参加中国法学会、国家法官学院等各类干部任职培训；安排审判业务人员前往广州港集团跟班培训。抓好廉政建设。开展了作风纪律教育学习月系列活动。完善制度管理，制定法官因配偶、子女为律师而任职回避的工作方案并抓好落实。

## 七、围绕中心服务发展，不断提升保障能力

推进审判综合楼项目建设。完成办公大楼设计招标，即将开工建设，进展顺利。加强调研工作。编辑了2011年海事审判年刊，部署了司法公开、审判方式改革等多个课题的调研，出台了相应的业务指导意见。加强综合材料和宣传工作。完善后勤保障工作。扎实开展扶贫“双到”帮扶工作。全院干警为贫困村捐款31300元，我院为贫困村共筹集资金363.86万元，扶贫工作被省委评为优秀。

▲12月26日，广州海事法院举行船舶拍卖会。

▲1月27日，广州海事法院发布2010年度海事审判情况通报会。

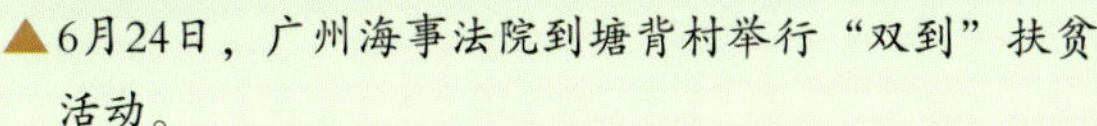

▲6月24日，广州海事法院到塘背村举行“双到”扶贫活动。

▲6月27日，广州海事法院院长刘年夫与美国法官座谈。

►9月7日，广州海事法院与交通运输部救助打捞局联合主办海上救助与油污损害赔偿暨第三届救捞法律研讨会。

◄11月18日，广州海事法院与中山大学签署合作协议。

►5月9日，最高人民法院民四庭刘贵祥庭长（前排右三）到广州海事法院指导工作。

# 广州铁路运输中级法院

2011年，广铁中院坚持“三个至上”指导思想，坚持“为大局服务、为人民司法”的工作主题，以“奋力实现排头兵目标”竞赛活动为主线，认真履行司法职能，全力维护公平正义，积极推进改革移交，为全省法院实现整体工作争当全国排头兵目标作出了积极贡献，为社会和谐稳定和铁路建设发展提供了有效的司法保障。一年来，两级法院共新收各类案件819件，同比增长4.73%。连同上年旧存8件，共审理827件，审结814件，综合结案率为98.43%。

## 一、进一步深化排头兵达标竞赛活动

一年来，两级法院坚持狠抓“司法办案”第一要务，紧扣全省法院“奋力实现排头兵目标”竞赛活动这条主线，积极推进审判管理，实现了办案质量、效率、效果的有效提升。建立审判管理机构，加强了审判管理体系建设，有效行使了案件质效的管理、督促检查职责；经常性开展案件评查工作，不断完善案件质量评查体系和评估办法，促进了案件质量提高。在全省法院清理积案活动中，中院成为无积案法院；推进了法院综合业务系统的有效应用，实现了公文电子化流转和远程开庭审理刑事案件。通过排头兵达标竞赛活动，两级法院的审判管理工作和办案质效进有了整体提升。

## 二、发挥刑事审判职能，依法维护社会稳定

全年共新收各类刑事案件406件，审结406件，审限内结案率为100%。依法严厉打击严重刑事犯罪，中院审结了杨再正等21人伪造、出售、购买、运输假币一案、冯伟强故意杀人案、李茂武故意杀人案等一批严重危害社会治安的刑事犯罪，有效维护了社会稳定。正确适用宽严相济的刑事政策，两级院共对225名罪犯适用非监禁刑，适用率为38.01%，处于全省法院领先水平。积极推行量刑规范化工作，《量刑指导意见（试行）》十五种常见罪名刑罚适用标准逐步得到统一。

## 三、调节民事经济关系，促进社会经济发展

两级法院全年新收各类民事案件329件，审结327件，标的金额2.44亿元。民事一审收案同比上升52.28%。中院民事案件收案数历史上首次超过了刑事案件。坚持“为大局服务”的工作方向和能动司法的工作方法，妥善处理了一批涉及铁路的民事经济纠纷，为铁路科学发展营造了良好的法律环境，民事一审案件共调撤255件，一审民事案件调撤率为85%。两级院共审结铁路运输人身损害赔偿纠纷172件，与去年同期相比增长了102.35%，调解结案163件，极大地缓和了受害方的对立情绪，防止了群体事件发生。针对铁路建设工程出现停工、缓建，拖欠工程进度款、民工工资和工程材料供应款项多发情况，积极主动开展审判工作，两级院共审结此类案件17件，依法维护了当事人合法权益和铁路建设正常秩序。

## 四、加强执行工作，确保当事人合法权益

2011年继续采取有效措施化解“执行难”，规范执行工作管理、创新工作方式，以能动执行有效维护当事人合法权益。全年共收执行各类案件73件，同比减少9.88%，申请执行标的额为4.99亿元，执行案件70件，执结标的额为4.75亿元，执结率为95.9%，执行到位率为98.19%，实际执行率为92.19%，自动履行率90.67%，执行效果得到明显提升。不断调整工作思路，讲究执行技巧，提高执行案件实际执行率上下工夫，坚持调执结合，加大执行和解工作力度，针对具体情况予以沟通、协调，取得了良好的效果。2011年自动履行率为42.86%，同比上升9.53%。

## 五、进一步拓展了司法为民空间

一年来，两级法院坚持以司法公开促进司法公正，开展了“推进司法公开”活动，明确各项司法公开工作的责任部门和责任领导，立案、庭审、执行、听证、文书、审务“六公开”在两级法院得到了逐步落实。大力加强司法联络，以“百案释法答疑”、“百场征求意见”活动为载体，通过邀请代表、委员座谈、登门拜访等形式，扎实开展了代表联络活动。与集团公司综治委在管内初步建立了诉前联合调解机制，在基层法院设立了诉前调解室，积极与集团公司、站段的联系沟通，加强对调解工作的法律指导。强化“能动司法”理念，延伸司法职能，深入到基层单位、社区，为群众提供法律服务，中院为集团综治干部培训班上法律宣讲课12节，听课达600多人次。全面开展司法建议工作，规范司法建议的格式、程序、签发、送达等，任务落实到人，两级法院全年完成司法建议50件。

## 六、积极推进改革移交工作

一年来，广铁中院积极配合广东省委、省高院和广铁集团公司做好铁路法院体制改革工作，6月30日，省法院陈华杰常务副院长、省检察院陈武常务副检察长、广铁（集团）公司徐啸明董事长、党委书记分别代表省法院、省检察院、广铁（集团）公司在《广东省铁路法院检察院管理体制改革移交框架协议》上签字，在全国率先完成广东省内移交协议签订工作；配合湖南、广东两省做好了人事档案审核及资格审查工作；及时准确完成了离退休人员收入待遇核定和发放工作；组织精心编报了两级法院机构人员职数“三定”方案，以及土地、房屋、装备移交解决方案。

▲11月3日，怀化铁路法院强制执行怀化峻达房地产开发有限公司非法侵占铁路运输用地案件，保障铁路运输行车安全。

▲5月17日，铁路法院院长孙世湘向前来检查指导工作的广铁中院田凤云院长介绍立案大厅触摸屏。

▲7月27日，肇庆铁路法院执行局法官上门为身患重病的当事人做调解工作，促成双方达成执行和解协议。

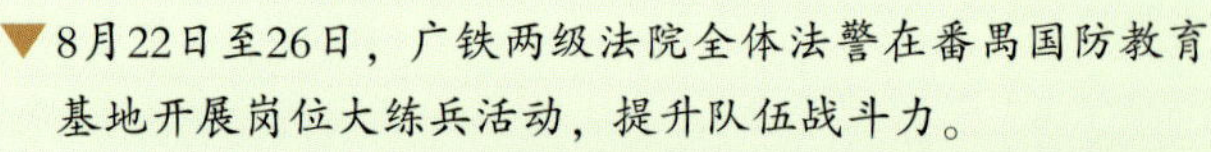

▼8月22日至26日，广铁两级法院全体法警在番禺国防教育基地开展岗位大练兵活动，提升队伍战斗力。

▼7月7日，怀化铁路法院立案庭法官在立案大厅与参加两级立案工作现场会的同志一起交流工作经验。

▲11月22日，广铁中院院长田凤云带队到惠州中院参观学习法庭建设经验。

▲6月24日，广铁中院举行“颂歌献给党”歌咏会，热烈庆祝中国共产党成立90周年。

▲5月16日，省法院党组成员、执行局局长许佩华率队到广铁中院检查指导工作。

▲5月19日，广铁中院首次采用远程视频开庭方式审理一起刑事上诉案件。

▲11月21日，广铁中院和广铁法官协会举办广铁法官协会年会2011年暨第十六次（审判）调研成果发布会。

# 全省各中级法院院长、基层法院院长名录

## 广州市中级人民法院　吴树坚

越秀区人民法院　郭英汉（2011年11月离任）
叶三方（2011年11月到任）
海珠区人民法院　关锦新（2011年11月离任）
邬耀广（2011年11月到任）
荔湾区人民法院　何惠生（2011年11月离任）
曾志伟（2011年11月到任）
天河区人民法院　甘正培
白云区人民法院　何国雄（2011年9月离任）
邓淦华（2011年9月到任）
黄埔区人民法院　杨正明（2011年3月离任）
张春和（2011年3月到任）
花都区人民法院　贾志生（2011年11月离任）
曾醒萍（2011年11月到任）
番禺区人民法院　莫家齐（2011年10月离任）
何国雄（2011年10月到任）
南沙区人民法院　杨建成（2011年11月离任）
吴　翔（2011年11月到任）
萝岗区人民法院　叶三方（2011年11月离任）
吴　振（2011年12月到任）
从化市人民法院　邬耀广（2011年11月离任）
姜耀庭（2011年11月到任）
增城市人民法院　曾醒萍（2011年11月离任）
李　娜（2011年11月到任）

## 深圳市中级人民法院　李华楠

福田区人民法院　孙　同
罗湖区人民法院　丁建华
盐田区人民法院　邓琼南
南山区人民法院　龙光伟
宝安区人民法院　胡　鹰
龙岗区人民法院　黄常青

## 珠海市中级人民法院　万国营

香洲区人民法院　黄智江（2011年5月离任）
蔡美鸿（2011年5月到任）
金湾区人民法院　蔡美鸿（2011年5月离任）
赵东升（2011年5月到任）
斗门区人民法院　贾和平（2011年1月离任）
徐素平（2011年1月到任）

## 汕头市中级人民法院　林　平

金平区人民法院　辛惠松
龙湖区人民法院　卢文礼
濠江区人民法院　陈林玉
澄海区人民法院　刘继青
潮阳区人民法院　曾澄熙
潮南区人民法院　陈维强
南澳县人民法院　刘育生

## 佛山市中级人民法院　陈陟云

禅城区人民法院　陈恩泽
南海区人民法院　李声让
顺德区人民法院　何树志
高明区人民法院　李少锋
三水区人民法院　郑道永

## 韶关市中级人民法院　刘曙光

浈江区人民法院　温桂新（2011年11月离任）
肖　海（2011年11月到任）

武江区人民法院　杨乐华（2011年11月离任）
韩雪梅（2011年11月到任）
曲江区人民法院　林　英（2011年11月离任）
叶伟胜（2011年11月到任）
乐昌市人民法院　黄月成（2011年11月离任）
唐永华（2011年11月到任）
南雄市人民法院　肖裕忠
仁化县人民法院　肖　海（2011年11月离任）
张少雄（2011年11月到任）
始兴县人民法院　万宗成（2011年11月离任）
黄　明（2011年11月到任）
翁源县人民法院　张少雄（2011年11月离任）
谢雄生（2011年11月到任）
新丰县人民法院　叶伟胜（2011年11月离任）
陆国东（2011年11月到任）
乳源县人民法院　易志光（2011年11月离任）
蓝韶东（2011年11月到任）

河源中级人民法院　杨宗仁（2011年12月离任）
肖文浩（2011年12月到任）
源城区人民法院　李庆光（2011年11月离任）
刘洪天（2011年11月到任）
东源县人民法院　彭春文
和平县人民法院　何火源（2011年11月离任）
叶志军（2011年11月到任）
龙川县人民法院　肖　明（2011年10月离任）
何火源（2011年11月到任）
紫金县人民法院　刘洪天（2011年10月离任）
周树建（2011年10月到任）
连平县人民法院　程平凡

梅州市中级人民法院　钟勇生
梅江区人民法院　徐　吨
兴宁市人民法院　张晓辉
梅县人民法院　邱忠强
平远县人民法院　郭广善
蕉岭县人民法院　陈小清
大埔县人民法院　叶仁基
丰顺县人民法院　王利珍
五华县人民法院　毛嘉鹏

惠州市中级人民法院　王海清

惠城区人民法院　陈伟华（2011年11月离任）
李龙飞（2011年11月到任）
惠阳区人民法院　王永宽
惠东县人民法院　陈　密（2011年11月离任）
王仕第（2011年11月到任）
博罗县人民法院　李龙飞（2011年11月离任）
黄志强（2011年11月到任）
龙门县人民法院　江永良（2011年11月离任）
万　翔（2011年11月到任）
大亚湾经济技术开发区人民法院
何　学（2011年9月离任）
陈　密（2011年11月到任）

汕尾市中级人民法院　陈　孙（2011年1月离任）
陈明辉（2011年1月到任）
汕尾市城区人民法院　徐海茹（2011年11月离任）
陈展科（2011年11月到任）
陆丰市人民法院　陈俊鹏（2011年9月离任）
曾学武（2011年9月到任）
海丰县人民法院　范益堂（2011年10月离任）
林建新（2011年10月到任）
陆河县人民法院　欧春华

东莞市中级人民法院　何碧霞
东莞市第一人民法院　陈　斯
东莞市第二人民法院　陈　葵
东莞市第三人民法院　罗念卫

中山市中级人民法院　潘　墀

中山市第一人民法院　罗嘉浩

中山市第二人民法院　黄深满

江门市中级人民法院　江基云（2011年12月离任）

叶柳东（2011年12月到任）

蓬江区人民法院　伍厚德（2011年11月离任）

傅志坚（2011年11月到任）

江海区人民法院　冼坚业（2011年11月离任）

廖学安（2011年11月到任）

新会区人民法院　傅志坚（2011年8月离任）

梁培招（2011年8月到任）

台山市人民法院　林其俊

开平市人民法院　冯惠祥（2011年11月离任）

冯国安（2011年11月到任）

鹤山市人民法院　何煜培（2011年11月离任）

林跃新（2011年11月到任）

恩平市人民法院　李敬华

阳江市中级人民法院　黄　雄

江城区人民法院　陈书菊

阳春市人民法院　项颂标

阳东县人民法院　马志成

阳西县人民法院　岑　锦

湛江市中级人民法院　敖广恩

赤坎区人民法院　陈　健

霞山区人民法院　陈晓东

麻章区人民法院　李　伟（2011年8月离任）

陈　福（2011年10月到任）

坡头区人民法院　丁永平（2011年8月离任）

林保南（2011年10月到任）

雷州市人民法院　揭琦龙（2011年8月离任）

林木森（2011年11月到任）

廉江市人民法院　钟　广

吴川市人民法院　彭绍全

遂溪县人民法院　常志明

徐闻县人民法院　黄和敖

湛江经济技术开发区　陈康寿（2011年8月离任）

揭琦龙（2011年10月到任）

茂名市中级人民法院　谭掌泉（2011年3月离任）

林建辉（2011年3月到任）

茂南区人民法院　陈克铁

茂港区人民法院　郑明海（2011年11月离任）

李日清（2011年11月到任）

高州市人民法院　李惠滨（2011年11月离任）

郑明海（2011年11月到任）

化州市人民法院　谢琼进

电白县人民法院　黄兴南（2011年11月离任）

刘　戈（2011年11月到任）

肇庆市中级人民法院　伍建昌

端州区人民法院　傅新华（2011年10月离任）

温伟东（2011年10月到任）

鼎湖区人民法院　刘伊军

四会市人民法院　李广培

高要市人民法院　李　坚（2011年11月离任）

江兆基（2011年11月到任）

广宁县人民法院　黎朝晖

德庆县人民法院　邓成明

封开县人民法院　温伟东（2011年10月离任）

聂维雄（2011年11月到任）

怀集县人民法院　罗振明（2011年11月离任）

谢天恩（2011年11月到任）

清远市中级人民法院　黄炯猛

清城区人民法院　黄波泉

英德市人民法院　黄勇军

连州市人民法院　陈伟源（2011年3月离任）
　　　　　　　　梁红斌（2011年3月到任）
佛冈县人民法院　罗伟图（2011年3月离任）
　　　　　　　　黄富强（2011年3月到任）
清新县人民法院　潘钢鸣
连山壮族瑶族自治县人民法院
　　　　　　　　颜伟强（2011年3月离任）
　　　　　　　　曾宪全（2011年3月到任）
连南瑶族自治县人民法院
　　　　　　　　黄昌伟（2011年11月离任）
　　　　　　　　陈伟光（2011年11月到任）
阳山县人民法院　刘永华（2011年11月离任）
　　　　　　　　颜伟强（2011年11月到任）

## 潮州市中级人民法院　陈文毓

湘桥区人民法院　谢保伟
潮安县人民法院　林　彤（2011年11月离任）
　　　　　　　　陈　佾（2011年11月到任）
饶平县人民法院　陈　佾（2011年9月离任）
　　　　　　　　许映民（2011年9月到任）

## 揭阳市中级人民法院　林仰平

普宁市人民法院　李文光（2011年9月离任）
　　　　　　　　方丹林（2011年11月到任）
榕城区人民法院　林育胜
揭东县人民法院　刘文强
揭西县人民法院　李宁生
惠来县人民法院　相礼炳

## 云浮市中级人民法院　陈铸谋

云城区人民法院　方淑明（2011年10月离任）
　　　　　　　　赵恒爱（2011年10月到任）
罗定市人民法院　林小柳（2011年8月离任）
　　　　　　　　陈启波（2011年11月到任）
新兴县人民法院　岑义强（2011年8月离任）
　　　　　　　　林小柳（2011年8月到任）
郁南县人民法院　黄志辉（2011年3月离任）
　　　　　　　　吴宏逵（2011年3月到任）
云安县人民法院　陈启波（2011年11月离任）
　　　　　　　　陈华彬（2011年11月到任）

## 广州铁路运输中级法院　田凤云

广州铁路运输法院　高巨政
长沙铁路运输法院　孙世湘
怀化铁路运输法院　李旭明
长沙铁路衡阳运输法院　秦竹波
肇庆铁路运输法院　李晓群

## 广州海事法院　刘年夫

# 全省人民法庭名录

## 广州中院

白云区法院
- 第一中心法庭
- 第二中心法庭

海珠区法院
- 生态城法庭

黄埔区法院
- 长洲法庭

番禺区法院
- 大石法庭
- 石楼法庭
- 大岗法庭
- 大学城法庭

花都区法院
- 花东法庭
- 花山法庭
- 狮岭法庭
- 炭步法庭

南沙区法院
- 南沙法庭
- 万顷沙法庭

萝岗区法院
- 萝岗法庭

增城市法院
- 新塘法庭
- 中新法庭
- 石滩法庭
- 小楼法庭

从化市法院
- 太平法庭
- 鳌头法庭
- 吕田法庭
- 良口法庭

## 深圳中院

宝安区法院
- 西乡法庭
- 沙井法庭
- 龙华法庭
- 观澜法庭
- 松岗法庭
- 公明法庭

龙岗区法院
- 布吉法庭
- 坪山法庭
- 平湖法庭
- 横岗法庭
- 大鹏法庭
- 坑梓法庭
- 坪地法庭

南山区法院
- 蛇口法庭
- 西丽法庭
- 沙河法庭
- 粤海法庭
- 前海法庭

## 珠海中院

香洲区法院
- 南湾法庭

斗门区法院
- 五山法庭
- 横山法庭

金湾区法院
- 三灶法庭
- 平沙法庭

## 汕头中院

金平区法院

鮀浦法庭

岐山法庭

龙湖区法院

下蓬法庭

外砂法庭

澄海区法院

凤东法庭

凤西法庭

莲下法庭

溪南法庭

东里法庭

隆都法庭

濠江区法院

河浦法庭

潮阳区法院

海门法庭

和平法庭

铜盂法庭

贵屿法庭

谷饶法庭

西胪法庭

关埠法庭

潮南区法院

陇田法庭

两英法庭

胪岗法庭

司马浦法庭

陈店法庭

南澳法院

云澳法庭

## 佛山中院

顺德区法院

大良法庭

容桂法庭

伦教法庭

北滘法庭

陈村法庭

乐从法庭

龙江法庭

勒流法庭

杏坛法庭

均安法庭

禅城区法院

南庄法庭

石湾法庭

祖庙法庭

张槎法庭

南海区法院

桂城法庭

罗村法庭

九江法庭

西樵法庭

丹灶法庭

狮山法庭

大沥法庭

里水法庭

高明区法院

荷城法庭

明城法庭

更合法庭

杨和法庭

三水区法院

西南法庭

白坭法庭

乐平法庭

大塘法庭

### 韶关中院

乐昌法院

乐城法庭

坪石法庭

南雄法院

全安法庭

湖口法庭

乌迳法庭

曲江法院

乌石法庭

始兴法院

马市法庭

顿江法庭

司前法庭

翁源法院

官渡法庭

江尾法庭

武江法院

龙归法庭

仁化法院

董塘法庭

长江法庭

周田法庭

新丰法院

马头法庭

遥田法庭

乳源法院

大桥法庭

大布法庭

桂头法庭

浈江法院

犁市法庭

### 河源中院

东源县法院

灯塔法庭

蓝口法庭

连平县法院

隆街中心法庭

忠信中心法庭

和平县法院

彭寨法庭

下车法庭

龙川县法院

鹤市法庭

龙母法庭

车田法庭

麻布岗法庭

紫金县法院

龙窝法庭

蓝塘法庭

柏埔法庭

古竹法庭

### 梅州中院

梅县法院

松口法庭

丙村法庭

大坪法庭

畲江法庭

蕉岭法院

新铺法庭

蓝坊法庭

大埔法院

茶阳法庭

高陂法庭

枫朗法庭

丰顺法院

附城法庭

汤南法庭

丰良法庭

留隍法庭

五华法院
龙村法庭
长布法庭
华城法庭
河东法庭
安流法庭
兴宁法院
宁中法庭
龙田法庭
叶塘法庭
坭陂法庭
平远法院
东石法庭
仁居法庭

## 惠州中院

惠城区法院
陈江法庭
水口法庭
小金口法庭
惠阳区法院
秋长法庭
平潭法庭
新圩法庭
博罗县法院
杨村法庭
龙溪法庭
园洲法庭
长宁法庭
石湾法庭
惠东县法院
多祝法庭
黄埠法庭
稔山法庭
龙门县法院
左潭法庭
平陵法庭
永汉法庭

## 汕尾中院

城区法院
田乾法庭
海丰法院
梅陇法庭
可塘法庭
公平法庭
后门法庭
陆丰法院
潭西法庭
博美法庭
大安法庭
甲子法庭
碣石法庭
南塘法庭
陆河法院
河口法庭
水唇法庭

## 东莞中院

第一法院
东城法庭
道滘法庭
石龙法庭
麻涌法庭
石排法庭
石碣法庭
松山湖法庭
南城法庭
寮步法庭
中堂法庭
茶山法庭
第二法院

虎门法庭
厚街法庭
大朗法庭
大岭法庭
沙田法庭
第三法院
清溪法庭
樟木头法庭
横沥法庭
常平法庭

## 中山中院

第一法院
沙溪法庭
火炬开发区法庭
三乡法庭
坦洲法庭
第二法院
黄圃法庭
东凤法庭
古镇法庭

## 江门中院

蓬江区法院
杜阮法庭
棠下法庭
荷塘法庭
江海区法院
外海法庭
礼乐法庭
新会区法院
会城法庭
大泽法庭
双水法庭
崖门法庭
三江法庭
古井法庭
台山市法院
台城法庭
水步法庭
三合法庭
斗山法庭
广海法庭
海宴法庭
开平市法院
水口法庭
苍城法庭
马冈法庭
赤水法庭
赤坎法庭
恩平市法院
恩城法庭
沙湖法庭
圣堂法庭
鹤山市法院
雅瑶法庭
龙口法庭
鹤城法庭
宅梧法庭

## 阳江中院

江城区法院
闸坡法庭
平冈法庭
阳春市法院
春城法庭
春湾法庭
合水法庭
潭水法庭
阳西县法院
溪头法庭
儒洞法庭

阳东县法院

合山法庭

东平法庭

塘坪法庭

## 湛江中院

坡头区法院

南三法庭

麻章区法院

湖光法庭

吴川市法院

覃巴法庭

塘缀法庭

黄坡法庭

长岐法庭

廉江市法院

安铺法庭

青平法庭

石岭法庭

塘蓬法庭

良垌法庭

遂溪县法院

城月法庭

北坡法庭

杨柑法庭

雷州市法院

唐家法庭

龙门法庭

雷高法庭

乌石法庭

徐闻县法院

海安法庭

迈陈法庭

曲界法庭

锦和法庭

开发区法院

硇洲法庭

东海法庭

## 茂名中院

茂南区法院

镇盛法庭

公馆法庭

茂港区法院

第一法庭

第二法庭

化州市法院

杨梅法庭

丽岗法庭

那务法庭

官桥法庭

合江法庭

中垌法庭

平定法庭

同庆法庭

信宜市法院

北界法庭

朱砂法庭

怀乡法庭

合水法庭

镇隆法庭

高州市法院

长坡法庭

新垌法庭

金山法庭

大井法庭

石板法庭

电白县法院

岭门法庭

电城法庭

博贺法庭

林头法庭

沙琅法庭

麻岗法庭

那霍法庭

## 肇庆中院

高要市法院

禄步法庭

新桥法庭

白士法庭

金利法庭

广宁县法院

新楼法庭

古水法庭

石涧法庭

江屯法庭

怀集县法院

凤岗法庭

梁村法庭

冷坑法庭

永固法庭

四会市法院

江谷法庭

大沙法庭

封开县法院

南丰法庭

渔涝法庭

鼎湖区法院

莲花法庭

德庆县法院

播植法庭

## 清远中院

城区法院

源潭法庭

横荷法庭

飞来峡法庭

清新法院

太平法庭

禾云法庭

石马法庭

浸潭法庭

阳山法院

岭背法庭

黎埠法庭

七拱法庭

佛冈法院

迳头法庭

汤塘法庭

英德法院

望埠法庭

大镇法庭

含光法庭

西牛法庭

九龙法庭

青塘法庭

连南法院

寨岗法庭

连州法院

星子法庭

东陂法庭

连山法院

永和法庭

小三江法庭

## 潮州中院

潮安法院

浮洋法庭

古巷法庭

磷溪法庭

文祠法庭

枫溪法庭

饶平县法院

钱东法庭

汫州法庭

三饶法庭

浮山法庭

所城法庭

饶洋法庭

## 揭阳中院

榕城区法院

东山法庭

渔湖法庭

仙桥法庭

揭东县法院

曲溪法庭

炮台法庭

新亨法庭

白塔法庭

揭西县法院

五云法庭

河婆法庭

京溪园法庭

金和法庭

棉湖法庭

钱坑法庭

惠来县法院

靖海法庭

神泉法庭

葵潭法庭

隆江法庭

大南山法庭

普宁市法院

占陇法庭

洪阳法庭

池尾法庭

里湖法庭

梅林法庭

大坪法庭

## 云浮中院

云城区法院

河口法庭

罗定市法院

罗镜法庭

船步法庭

泗纶法庭

苹塘法庭

新兴县法院

天堂法庭

稔村法庭

集成法庭

太平法庭

郁南县法院

连滩法庭

千官法庭

建城法庭

云安县法院

石城法庭

## 海事法院

深圳法庭

汕头法庭

湛江法庭

江门法庭

# 第五编

# 争当排头兵专项活动

# 第一章

## 解放思想 领潮争先
## 推动法院工作不断实现新的科学发展

### ——广东法院整体工作争当全国法院排头兵综述

2009年至2011年三年间，广东法院紧紧围绕整体工作争当全国法院排头兵的奋斗目标，贯彻落实中央、省委和最高法院决策部署，坚持“三个至上”指导思想，落实“三项硬要求”，抓好“三件大事”，经过2009年的“负重奋进年”，2010年的“加速推进年”，2011年的“奋力实现年”，任务得以逐项落实，目标得以全面实现。

——司法办案深入推进。全省法院三年共办结各类案件2742333件（不含减刑、假释案件），占全国近十分之一，收案、结案全国第一。审结刑事案件255830件，判处罪犯312765人；审结民商事纠纷案件1615700件，其中：办结知识产权案件30663件，约占全国同类案件的十分之三；办结涉外涉港澳台及海事海商案件24655件，约占全国同类案件

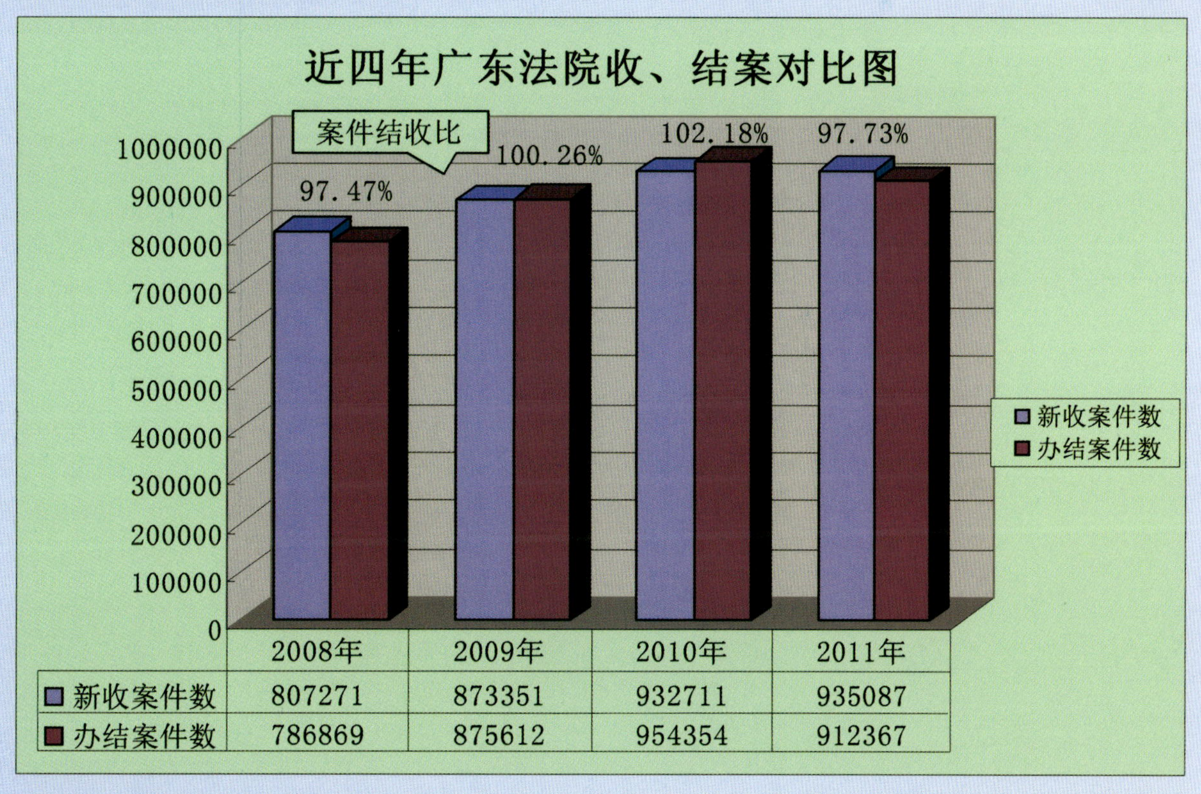


| | 2008年 | 2009年 | 2010年 | 2011年 |
|---|---|---|---|---|
| 新收案件数 | 807271 | 873351 | 932711 | 935087 |
| 办结案件数 | 786869 | 875612 | 954354 | 912367 |

的三分之一；审结行政案件31511件；执结案件806554件，执行到位标的额达1314.19亿元，均居全国前列。成功审结湛江中谷集团破产重整案、阳江市“3.26”黑恶势力犯罪案等重大案件，在社会上引起强烈反响。

——司法绩效持续向好。至2011年底，省法院制定的争当排头兵18项质效指标全部达标，大部分指标值都比目标值超出10%以上。办案质量、效率、效果实现质的飞跃。反映三项质量标准的有关指标年年上台阶，三年实现“三升三降”的飞跃。民事一审调解撤诉率、一审服判息诉率、实际执行率分别比2008年上升18.36个百分点、4.23个百分点和15.10个百分点；一审判决案件改判发回重审率、生效案件改判发回重审率、信访投诉率分别下降1.44个百分点、0.06个百分点和2.87个百分点。反映办案综合质量水平的涉诉信访工作领先全国，群众来访从2008年的51496人（次）下降到

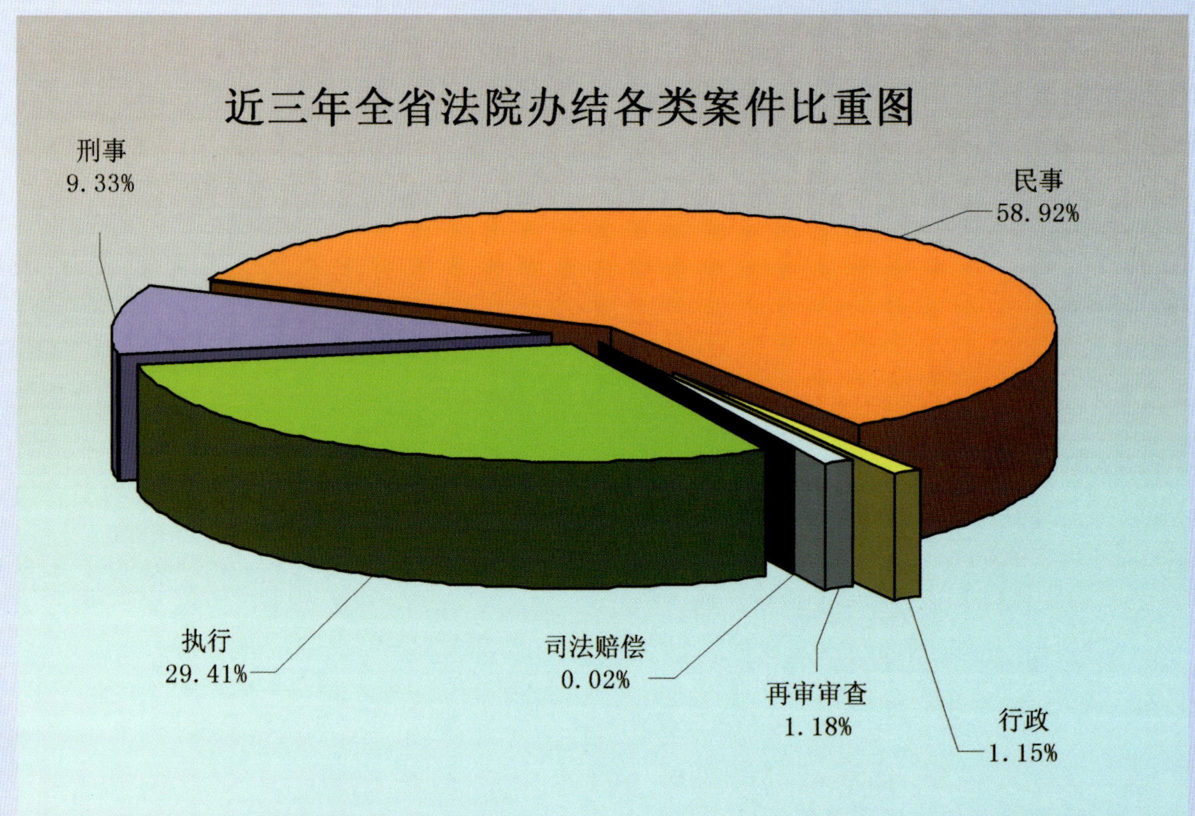


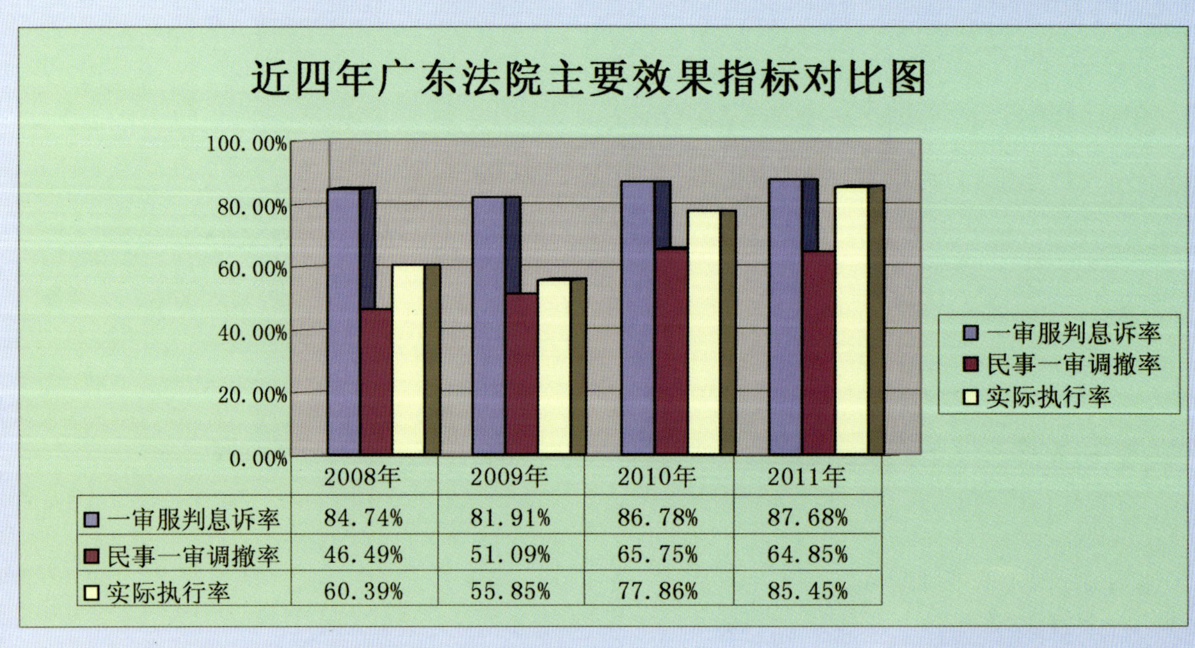


| | 2008年 | 2009年 | 2010年 | 2011年 |
|---|---|---|---|---|
| 一审服判息诉率 | 84.74% | 81.91% | 86.78% | 87.68% |
| 民事一审调撤率 | 46.49% | 51.09% | 65.75% | 64.85% |
| 实际执行率 | 60.39% | 55.85% | 77.86% | 85.45% |

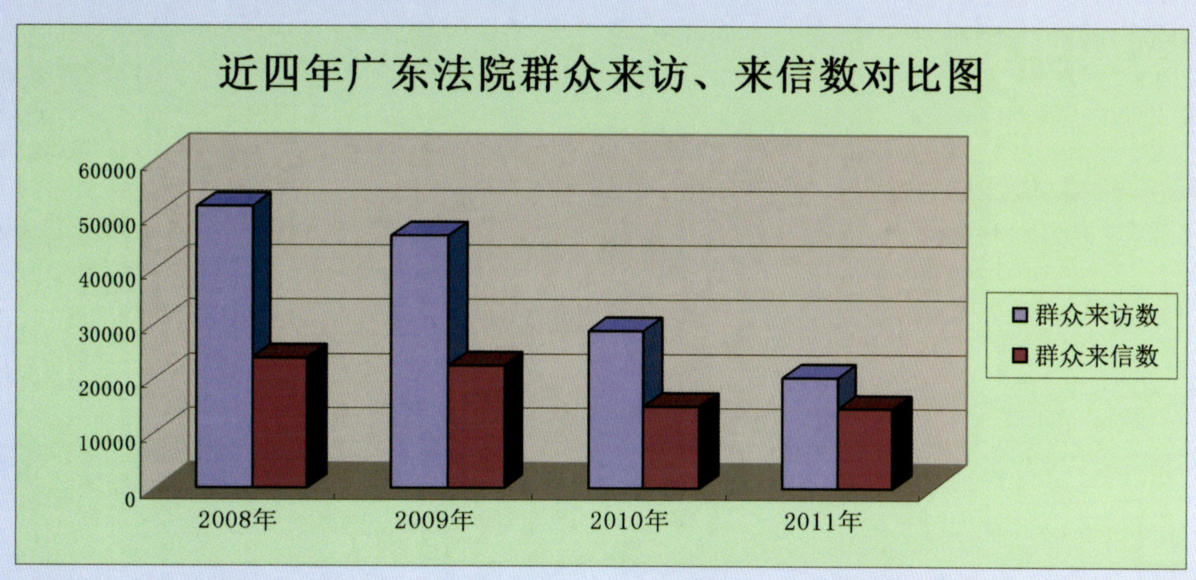


20298人（次），减少60.58%。

——司法改革成果丰硕。审判执行领域的审判委员会工作机制改革、量刑规范化改革、主动执行改革、执行指挥中心建设、家事审判改革；队伍建设领域的系统党建工作指导机制改革、山区法院统一招录法官改革、“五项廉政制度”改革；推进公正廉洁司法的综合性改革如司法公开、人大代表联络机制改革、“六个百”活动、司法宣传机制等改革，都在全国产生了重大影响。

——司法形象不断提升。全省法院共有70个集体和112名干警分别受到中央和省部级表彰，获奖数量和档次均居全国高院前列。梅州中院被最高法院荣记一等功，张林武同志被追授为“人民的好法官”、“全国模范法官”荣誉称号。查处的法院违纪违法案件大幅下降，群众对司法廉洁满意率超过了90%。

全省法院争当排头兵的工作，得到了上级机关、省委和人民群众的高度认同。省法院人大报告通过率连年提高，2011年度更是获得94.99%的通过率，同比提高了4.89个百分点，创历史新高。根据广东省省情调查研究中心“法院工作满意度”调查显示，人民群众对全省法院工作满意率为95.1%，对排头兵认可度达92.7%。

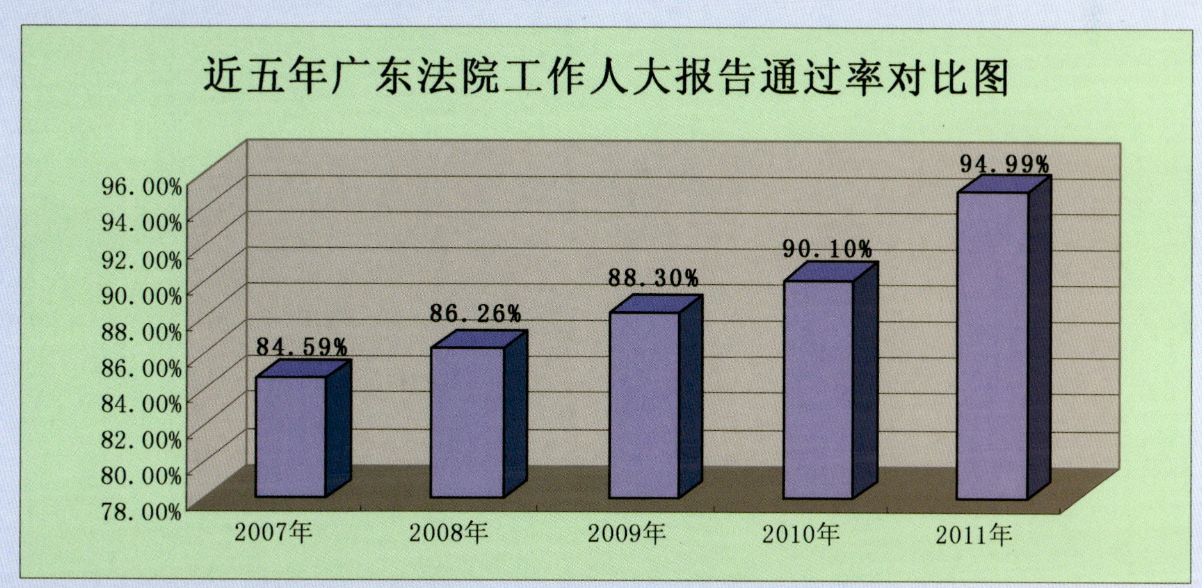


## 一、坚持能动司法，勇当服务大局排头兵

能动司法是当前法院工作的精髓。广东法院坚持“为大局服务，为人民司法”工作主题，积极延伸法院职能，采取多种方式，为经济社会发展大局服务。

（一）服务经济社会发展。在应对国际金融危机方面，坚持靠前服务，变被动为主动，助企业化“危”为“机”。通过深入企业摸底、召开企业家座谈会、与工商联召开联席会议等多种形式，了解掌握金融危机对经济发展和社会稳定的影响。依法妥善审理涉金融危机的案件，省法院指导湛江市两级法院审理广东中谷糖业集团有限公司及其下属公司整体破产重整案件，与当地党委政府形成合力，积极为企业重整创造条件，实现重整最佳效果，使2260名职工得到妥善安

置，30多万蔗农的生产得以延续，410名债权人的债权得以落实。在服务保障《珠三角改革规划纲要》实施方面，省法院及珠三角9个中院积极行动，研讨部署为《纲要》实施提供司法保障的思路和措施。省法院和广州、深圳、珠海、汕头等中院，围绕贯彻落实横琴开放、前海开发、南沙开发以及海西经济区建设等国家战略实施，制定了切实有效措施，提供及时有力司法服务保障。在服务保障平安亚运、平安大运方面，省法院先后出台了保障服务平安亚运、平安大运意见，广州、深圳等地法院设立了亚运法庭、大运法庭。广州法院办结涉亚运各类案件1093件，诉前调处涉亚运群体性纠纷54件，深圳法院调处了一大批涉大运群体性纠纷案件，为平安亚运、平安大运的成功举办提供了良好的法治环境。在服务保障加快转型升级、建设幸福广东方面，根据我省加快转型升级、建设幸福广东的需要，制定下发了《关于为加快转型升级、建设幸福广东提供司法服务和司法保障的若干意见》，要求全省法院能动发挥司法职能作用，为富裕广东、平安广东、民生广东、和谐广东、法治广东提供法治保障。

（二）积极参与社会建设。认真贯彻落实省委要求，抓好粤西地区综治信访维稳中心建设督导工作。目前，全省三级综治中心专兼职工作人员达到21.8万人。省法院与省综治办联合出台《关于开展诉讼调解与基层综治工作衔接的意见（试行）》，打造调解、送达、执行的诉调对接模式。截至2011年底，三级平台共受理矛盾纠纷850854件，调解800112件，调处成功率94%。积极履行法院在加强社会建设中的重要职能，加强司法建议工作，及时将审判中发现的社会管理漏洞、问题反映给有关主管部门和单位，提出促进社会管理创新的意见和建议，全省法院共向行政机关、企事业单位发出司法建议1655份。

（三）推动依法治省进程。推进诉讼调解与人民调解、行政调解、行业调解的有效对接，基层法院全部设置了诉前联调工作室，在立案阶段引导当事人通过诉前联调化解矛盾，2011年共受理纠纷72977件，成功调解53288件，有效发挥了从源头化解矛盾的作用。把“教育、感化、挽救”的方针落到实处，加强与共青团、工会、妇联等社会团体的合作，针对未成年人身心特点，寓教于审，适度量刑，促进对未成年罪犯的改造和矫治。2011年，未成年人非监禁刑适用率为50.20%。加强地方立法建议工作，对于我省地方法规、规章，省法院均精心研究、严密论证，提出司法意见，助力法治广东的制度建设。积极探索推动社会延伸保护、帮教、社区矫正、司法宣传等工作，以弘扬社会公平正义、传播社会主义法治理念为核心，省法院组建“青年志愿者服务队”，各级法院开展送法进社区、进乡镇、进企业活动4386次，开展法律咨询、校园普法等各类活动1520次。

### 二、坚持惠民司法，勇当司法为民排头兵

惠民是司法的宝贵宗旨。广东法院始终以人民满意为评价法院工作的最高标准，切实践行司法为民理念，注重司法人文关怀完善工作机制，改变工作态度，改进工作方式，为人民群众提供更加公正、高效的司法服务。

（一）积极拓展司法便民服务。全省法院立案信访一级窗口建设全部建成，100%达到最高人民法院规定标准，实行“一站式”服务，积极推行网上预约立案、预约开庭、预约查档和电子送达等便民措施，在立案大厅设置案件查询系统，为当事人提供了更加详细的诉讼指引、更加便捷的立案服务、更加规范的信访渠道。深化窗口建设，在“强化窗口解纷功能、整合窗口司法资源、加强案件繁简分流、大力推进速裁速执”上取得新进展，增加诉前调解职能、诉讼求助职能、案件查询职能、诉讼材料收转职能、法律咨询职能、判后答疑职能、信访接待职能和其他辅助性便民服务职能，提升司法为民、化解矛盾的能力和水平。全面落实信访工作“五项制度”，完善各项配套制度措施，注重源头治理和重心下移，着力提高基层涉诉信访工作能力和水平。通过向社区派驻“社区法官”、聘请“社区法官助理”、上门立案、巡回审判等措施，把司法服务延伸到生产、生活一线。

（二）着力提高基层司法能力。由珠三角地区法院对欠发达地区法院实行“一对一”或“一对多”形式的对口帮扶，共结成50对帮扶对子，实现了人力资源共享、法院文化共建、物质装备互援，促进了共同发展。实施诉讼费统筹转移支付的办法，支援经济欠发达地区基层法院建设，及时将中央政法补贴分配到位。加强诉讼费统筹转移支付工作，加大对经济欠发达地区法院经费保障的帮扶力度。加强对援助补贴资金使用情况的跟踪检查，并在经费、装备分配上优先援助经济困难但工作成效好的基层法院。

（三）切实开展判后答疑。省法院制定《关于加强判后答疑工作的若干意见》以及配套的《广东省法院判后答疑工作细则》，广泛开展“判前辨法析理、判后释法答疑”活动，把案件申诉、信访的情况，纳入到对各审判执行业务部门的考核指标体系，申诉、信访案件数量呈逐年大幅下降趋势。到2011年底，全省法院一审服判息诉率提升到87.68%，省法院再审审查收案同比下降43.26%，进京访的案访比保持全国最低水平。

（四）大力推进司法救助。全省法院三年共为82754件案件中经济确有困难的当事人减、免、缓交诉讼费，减免金额达2363.24万元，为11748名符合法律援助条件的刑事被告人指定律师出庭辩护。着力推进刑事被害人救助工作，为35件刑事案件申请发放刑事被害人救助资金144.84万元。

### 三、坚持领潮争先，勇当改革创新排头兵

改革创新是广东法院的灵魂。近年来，我省法院得改革风气之先，锐意创新，引领潮流，以改革破发展难题，以创新促科学发展，以改革创新排头兵促进了整体工作排头兵目标的实现，部分改革创新取得重大突破。

（一）执行改革取得新突破。我省法院的执行改革是一面旗帜，在全国都具有示范性。率先探索“主动执行”，变“被动执行”为“主动执行”。2010年，最高法院在广州组织召开全国法院执行工作现场会，全面推广我省法院的做法和

经验。最高法院王胜俊院长批示："广东高院实施的主动执行制度改革，是坚持能动司法的具体体现，是推进社会管理创新的积极探索，是实现好、维护好人民群众权益的重大举措，有效地增强了执行效率、促进了社会和谐。最高法院要高度重视，认真研究这项改革，在实践中进一步完善并大力推开，以更加有效地解决执行难这一社会问题。"率先建立执行指挥中心，在全国首创远程视频指挥调度、被执行人信息查询、执行要情和远程电子签章等工作系统。被执行人信息查询系统规划建设13个子系统，目前已具备银行开户、银行信用、车辆、社保、婚姻、工商、组织机构代码、户籍和手机通话位置等9大功能，极大增强了执行威慑力。深入推进执行联动，建立与公安、工商、国土、房管、人民银行等部门的执行联动机制，完善社会协助执行体系，增强查找被执行人、查核执行财产的能力，压缩赖债空间，提高执行工作有效性。规范结案标准、执行公开程序、执行权内部监督、委托评估拍卖、执行款物管理，有效治理了"执行乱"。

（二）调解和解改革取得新突破。按照"调解优先，调判结合"的要求，构建"横向到边、纵向到底"的"全程、全员、全面"调解工作体系，实现从"裁判优先"到"调解优先、调判结合"的根本转变，从民事调解单一推进到各项审判执行调解、和解、协调齐头并进的根本转变。首创行政诉讼协调和解，最高法院借鉴吸收我省法院做法，制定出台了《关于行政案件撤诉若干问题的规定》。积极参与和推进诉讼调解与人民调解、行政调解对接的大调解格局建设，依法对非诉讼调解协议予以司法确认。积极化解调解难题，以保险纠纷案件为突破口，联合广东保监局共同下发指导意见，系统解决商事案件调解难问题。与省综治委联合下发《关于建立诉前联调工作机制的意见》，构建起"党委领导、政府支持、政法委牵头、综治办协调、法院为主、多方参与"的联合调解平台，努力将矛盾纠纷化解在诉讼之外。

（三）量刑规范化改革取得新突破。省法院制定了量刑规范化指导意见，明确了改革思路和改革方向，将量刑纳入法庭审理范畴，增设量刑辩论环节。2010年10月，全国量刑规范化工作现场会在我省召开，总结并着力推广我省法院量刑规范化改革试点经验。广州市白云区人民法院运用量刑规范化方式审结绝大部分案件，并将适用范围适当扩大到最高法院试行规定的十五种罪名以外的案件。2010年12月，白云区法院被确定为全国法院系统和广东政法单位的唯一代表，在全国政法工作会议上介绍量刑规范化建设经验。

（四）审判方式改革取得新突破。率先推行家事合议庭改革，由专门合议庭管辖因婚姻关系、亲子关系引发的人身权纠纷，以及与该类人身权纠纷相关联的财产权纠纷案件，促进婚姻家庭稳定与社会和谐。积极探索小额速裁审判改革，在4个基层法院开展小额速裁程序试点，对争议标的5万元以下、事实清楚、适用法律简单的民事案件，在征得双方当事人同意的前提下，一律适用调解优先和一审终审，对选择适用小额速裁程序的案件，一律免收诉讼费，共办理此类案件570件，调撤率达99.1%。改革和完善刑事审理工作机制。扎实推进简易审、简化审、未成年人前科封存制度改革，稳步推进开庭审理减刑假释案件，规范了死刑案件的办理，确保死刑的正确、准确适用，省法院报核的死刑案件，核准率始终保持在95%左右，全国最高，未出现一例因省法院死刑案件审理不当引发的闹访、上访事件，较好地实现了法律效果、社会效果、政治效果的有机统一。

（五）人大代表联络工作改革取得新突破。以建立健全"全方位、全覆盖、制度化、经常化"的人大代表联络工作机制为目标，邀请人大代表和政协委员参与"百案调解、百场走访下基层"、"百场庭审观摩、百场见证执行、"活动和"百场释法答疑、百场征求意见"等"六个百"活动。2009年"百案调解"活动，邀请496人参与237场；2010年"百场见证执行"，124场687人；"百场走访下基层"共计走访代表6036人；2011年"百案释法答疑"，"百场征求意见"，共计5608场17136人次。省法院率先建立了22个部门主要负责人对口负责22个省级人大代表团的联络工作，并将纳入对法院和法官的考评机制。

**四、坚持从严治院，勇当审判管理排头兵**

管理是提升工作质效的强力抓手。广东法院将"规范、畅通、透明"的现代管理理念引入审判管理工作，始终以信息化为手段优化审判管理制度，充分发挥审判管理"规范、保障、促进、服务"的功能，以管理保质量促质效，以管理保公正促公信。将审判管理和司法公开紧密结合，以审判管理促司法公开向纵深发展，以司法公开倒逼审判管理水平的提高。

（一）建立健全科学的审判管理机制。各级法院以设立专门的审判管理机构为契机，初步形成了以审判质量效率评估指标体系为基础和导向，以案件质量监督评查、审判流程管理、法官审判业绩考评等专项管理为支撑，以专门审判管理机构为主导，各层面管理主体积极参与的"全员、全面、全程"审判管理工作格局。建立完善案件质量评估指标体系。省法院认真研究最高法院案件质量评估体系的新要求、新部署，及时调整我省的指标设置并定期发布分析报告。强化审判流程管理。建立健全流程管理制度，推行规范化、精细化管理，加强对办案重点环节、关键节点的管理监督，特别是严格审限管理，减少超审限案件，推进审限内结案。实施归档报结制度，推行归档结案，规范结案方式。加强质量管理。建立常态化质量评查、重点案件评查、专项指标评查相结合的质量评查机制。通过评查，及时发现问题，制定指导性意见。加强绩效管理，建立法官办案质量、效率、效果等绩效档案，纳入干部人事档案管理。加强审判指导，有效降低发改率。省法院建立完善案件分类指导制度，审判业务部门加大对口业务指导力度，出台大量规范性文件，统一和规范了裁判标准和尺度，解决法律适用和新型案件处理中的新情况新问题。

（二）大力推进审判管理信息化建设。"08工程"基本

完成，由省法院直通各中级法院、基层法院、人民法庭的二、三、四级信息化管理网络全面联通，全省所有法院和派出法庭统一上线使用“广东法院综合业务系统”。电子签章系统正式上线，身份认证系统投入使用，实现了办案业务在网上运行、审判管理在网上运作。四级法院视频会议系统建设完成，高清数字审判法庭建设紧锣密鼓进行，远程提讯、远程开庭、远程培训等视频系统应用效果显著，工作效率大大提高。创新发展了统一管理平台，将多种功能嵌入综合业务系统，包括量刑规范化系统，执行要情系统，诉讼费资金管理系统，党建工作台账系统等等。以信息化为载体，建设了极具广东法院特色，全国领先的执行指挥中心。

（三）深入推进司法公开。全省法院始终将司法公开作为破解法院发展难题的突破口和争当排头兵的助推器。构建制度保障。省法院下发了《关于进一步推进司法公开的意见》及16个配套实施办法，率先将我省司法公开示范单位由最高法院指定的5个法院扩展到全省。建立司法信息公开申请、举报投诉和责任追究制度，尊重人民群众对司法的知情权与监督权。丰富公开内容。落实立案、庭审、执行、听证、文书、审务“六公开”的规定，逐步推动裁判文书上网公布、案件审限对外公开，力争办案的各个环节向当事人公开，业务指导意见、政务、绩效等向社会公开，主动接受当事人和社会的监督。创新公开方式。通过公众开放日、邀请人大代表和政协委员参与“六个百”活动、司法文书网上公开、庭审直播、新闻发言人制度等，主动接受人民群众和社会各界监督。利用门户网站、微博等新载体推进司法公开，省法院和部分中院、基层法院开通了官方微博。深圳中院运用微博直播庭审，促使一部分案件在庭前调解撤诉。在中国社科院2011年司法透明度调研和测评活动中，以法院网站信息公开情况为内容，省法院在高级法院评比中位列前三，深圳中院在中级法院中居首，广州中院也名列前茅。

### 五、坚持人才兴院，勇当队伍建设排头兵

队伍建设担负着为排头兵目标提供强有力人才支持的使命。广东法院围绕排头兵工作目标，不断破解队伍建设难题，创新队伍管理机制，全面提升队伍能力素质，队伍建设水平得到全面提高，取得了令人瞩目的成绩。

（一）深入推进司法能力建设。第一，抓基层法官能力培训。针对部分经济欠发达地区基层法官因经费困难长期得不到培训的实际，2009年广东高院制定了“送课上门、送课到基层”的培训方案，组建了“人民法官为人民”主题培训讲师团，对韶关、河源、汕尾等12个经济欠发达地区中院所辖的基层法院进行巡回授课，基层法官受训面达到80%以上。2010年，又在全省范围开展全省人民法庭庭长、民事法官调解技能、刑事法官量刑规范化、执行干警、领导干部廉洁从政为主要内容的“五项培训”，大规模轮训干部，共培训干警近9000人次。第二，抓领导干部素能培训。2008年以来，重点抓好领导班子素能培训，选派282名高、中级法院领导班子成员参加国家法官学院统一轮训，分期分批轮训305名基层法院领导班子成员。组织了3期赴德国、美国培训班，选送64名领导干部和业务骨干出国（境）培训。2009年起，广东高院与北京大学联合举办了12期“广东法院系统领导干部素能提升高级研修班”，共有1655名领导干部和业务骨干参加学习。近三年共培养了在职博士、硕士研究生582人，全省法院研究生层次人数达到13.77%，其中法官已达到18.16%。第三，积极探索法官管理运用机制。在深圳、佛山等地法院推行审判长制度改革，充分体现审判长和独任法官主体地位。在部分市试点用编、招录、分配、待遇“四统一”的招录法官工作，由中级法院统一招录干部下派到基层法院工作，在基层任满五年后回中院工作。调剂录用了73名应届大学毕业生到欠发达地区基层法院工作。实施定向培养少数民族法官机制，公开招录了8名本科生，选送到高校定向委托培训。第四，抓干警司法能力提高。省法院对新录入人员一律安排到基层一线锻炼，培养锻炼法官解决实际问题、做群众工作能力。实行发达地区与欠发达地区法院间法官队伍的交流培训，干部定期轮岗交流制度、上下级法院间的双向挂职锻炼制度，优化队伍综合素质。按照“学习型”法院建设要求，强化业务培训和教育学习。

（二）坚持不懈抓党风廉政建设。党建工作方面，在全国法院率先创建系统党建双重管理体制，推动法院系统党建工作重大变革。提出“以党建带队建、以队建促审判”的新思路，大力加强上级法院对下级法院党建工作的指导、培训，深入开展“支部建在庭上，党旗插到基层”活动，基层法院100%设立机关党委或党总支，人民法庭100%至少配备一名党员。省法院与省委组织部联合印发《关于加强和改进全省法院系统党建工作的意见》，在全国首次明确地方党委和上级法院对党建工作的双重管理体制，在全国引起强烈反响。最高法院王胜俊院长在半年内两次对广东法院党建工作作出重要批示，指出：“广东高院抓党建工作起步早、抓得实、效果好，最高人民法院党组和政治部门要认真总结推广广东的经验，加强对全国法院系统党建工作的指导。”廉政建设方面，实行廉政账户、廉政档案、重大事项报告、领导干部引咎辞职、廉政监察员制度等五项廉政制度。将党廉责任扩展到审判长、科组长和每名法官，落实党廉工作报告、第一责任人述责制度，每个中院党组都向省法院党组汇报党风廉政建设和“第一责任人”职责情况。积极开展司法巡查工作，省法院三年内完成了对全部中级法院及部分基层法院的巡查，指出500余条有针对性的整改意见和建议。严格落实最高法院“五项严禁”规定，主动查处违法违纪行为，全省法院共有135人被立案查处。

（三）创新推进法院文化建设。注重文化建设的软实力作用，将文化建设作为引领法院工作可持续发展的重要着力点，坚持以文化涵养法官队伍，以文化促进审判工作，以文化推动法院发展。在全国高院中率先发布《广东法院文化建设规划（2011–2015）》，确定了五年文化建设总体目标和实施计划。全省法院文化建设突出广东法院的改革创新特色，展

现出广东法官争当排头兵的风采，并注重与岭南文化有机结合，正有计划地挖掘整理康有为、梁启超、孙中山等南粤先贤的法律思想，传承“和为贵”的潮汕文化、客家文化等传统文化，弘扬改革创新、开放包容的特区文化、广府文化。汕头中院、广州市萝岗区法院等6家法院被最高法院确定为全国法院文化建设示范单位。

回顾三年排头兵的工作历程，全省法院之所以能持之以恒，攻坚克难，取得最后的胜利，关键在于六个方面：第一，最根本性的是鲜明地提出并坚决落实了“三项硬要求”工作思路，指引了全省法院工作的科学发展。“三项硬要求”是法律效果、政治效果和社会效果的有机结合，是把握法律精神解决新情况新问题的有效举措，是我们法院工作的出发点、着力点和落脚点，是引领法院工作科学发展的广东模式，促使了我们司法能力的大幅提升，促进了我们更加注重案结事了，促进了人民群众对我们工作满意度日益提高。实践证明，这一工作思路是正确的，完全符合广东法院的实际，赢得了广大人民群众的认同和高度赞扬，得到了各级法院领导班子和广大干警的拥护。第二，最为基础性的是依靠调查研究，不遗余力地推动了改革创新。我们走出了以调研推进创新、以创新促进科学发展、以科学发展争当排头兵的新路。围绕如何提高管理水平、完善工作机制、争当排头兵等重大课题，我们深入查找瓶颈问题，重科学论证，重成果转化，重创新工作机制，重破解工作难题。仅省法院三年来就完成了80多个调研课题，并实现了成果转化。我们不少工作新机制和改革措施，如审委会的改革，以及人大代表联络、系统党建、隐性司法、上下级法院沟通机制等，都被最高法院推广或被兄弟法院效仿。第三，最有示范性的是创建执行工作新机制，破解“执行难”取得了突破性进展。我们开展了主动执行改革，实行审执分离，推动和谐执行，组织结对法院帮扶执行；规范了指定执行，建立了执行指挥中心，完善了与人民银行等部门的执行联动机制；调整了省法院执行局职能以监督、指导、督促、支持为主，不再具体办案。由此更好地解决了执行工作机制不健全、随意性大、到位率低、负面反映强烈、群体性事件多发等问题，“执行乱”、“执行难”得到了有效治理，执行工作走上了良性循环轨道。第四，最关长远性的是以信息化为手段优化审判管理制度，大幅提升了工作效率和质量。通过强行入轨、强力推进了信息化建设“08工程”，取得了实实在在的效果，用三年的时间，奋力追上了长三角法院的信息化标兵水平，为审判管理提供了有力的物质支撑和技术保障。同时，我们健全了审判管理机构，配强了管理队伍，创立了规章制度，创设了工作机制，建立了全新的审判管理体系，实现了规范化、精细化管理，大幅提升了效率和质量。第五，最富实效性的是探索完善矛盾化解新机制，参与推动了社会管理创新。我们发挥法院的核心作用，积极参与省委政法委部署的综治信访维稳中心建设，着力建立了诉前联调工作机制，形成了各种力量联动的大调解工作格局。建立了兼具纠纷分流、矛盾化解功能的“门诊式”诉讼服务中心，促进了庭前矛盾化解。把调解工作延伸到诉前、诉中、诉后，贯穿于审判执行工作的始终，使调解工作逐步走向规范化、制度化，化解了一大批长期未结、疑难复杂的历史积案。第六，最具创新性的是建立党建带队建的新机制，提升了队伍创造力、凝聚力和战斗力。创建“三联三化”系统党建模式，联合省委组织部发文，在全国率先建立了地方党委和上级法院对党建工作的双重管理体制，增强法院党建工作的科学性。出台人才队伍建设规划纲要和教育培训干部规划，推进了人员分类管理、分类培训、干部提拔任用制度和非编人员管理制度改革。同时，建立干部选拔任用纪检监察部门廉政把关制度、创立和落实了“五项廉政制度”、司法巡查制度。开发廉政档案管理系统，率先全面落实了法官配偶子女从事律师职业任职回避制度。2011年查处的法院违纪违法案件同比下降54.05%，群众对司法廉洁满意率超过了90%。

在实现排头兵目标的同时，我们也清醒地认识到，一些制约司法公平正义的问题仍有待解决，部分阻碍法院科学发展的深层次问题仍需探索，人民群众日益增长的新要求、新期待亟待努力适应。“雄关漫道真如铁，而今迈步从头越。”面对未来，全省法院要再出发，常当先，坚定不移地贯彻胡锦涛总书记对广东提出的“切实当好推动科学发展、促进社会和谐的排头兵”的新要求，继续解放思想，深化改革创新，更加求真务实，奋发有为，加快法院工作的转型升级，为“努力当好全国法院科学发展的排头兵”而不懈奋斗。

# 第二章

## 最高法院领导高度肯定广东法院争当排头兵成效

### 一、最高人民法院党组书记、院长王胜俊的批示

2010年1月5日，王胜俊院长在省法院呈报的全省法院网络舆情应对工作视频会议有关材料上批示："认真阅读了郑鄂、陈华杰同志的讲话，很有感触、很受启发。他们对网络舆情应对工作认识很高，措施有力，取得的效果也很明显。建议全文印发，供各地参阅。"

2010年4月6日，王胜俊院长在省法院报送的《关于强化法院工作执行力建设的若干意见（试行）》上作出重要批示："广东高院在省委的领导下，工作有很多创新和突破。《关于强化法院工作执行力建设的若干意见（试行）》具有很重要的实践意义和理论意义。贯彻党中央和上级工作部署，既要坚持科学决策，又要提高决策的执行力。强化决策的执行力建设，是推动科学决策，提高司法能力，加强队伍建设，确保各项工作落实的有效载体，是确保审判机关服务大局、执法为民，公正高效司法的重要举措。希望广东高院在实践中认真总结经验，切实抓出成效。请最高人民法院办公厅以适当形式通报各地。"

2010年9月27日，王胜俊院长在《广东法院工作简报》2010年第24期刊发的《支部建在法庭，党旗插到基层》上对我省法院党建工作作出重要批示："请政治部阅。广东省高院抓党建工作起步早、抓得实、效果好，特别是党的十七届四中全会以来又有新发展、新成效。要认真总结他们的经验，积极推动法院的党建工作。"

2010年9月27日，王胜俊院长在《广东法院工作简报》第23期刊发的《广东全省法院实施主动执行制度改革，执行效率和到位率明显提高》上，对我省法院主动执行改革工作作出重要批示："广东省高级人民法院实施的主动执行制度改革是坚持能动司法的具体体现，是推进社会管理创新的积极探索，是实现好、维护好人民群众权益的重大举措，有效地增强了执行效率、促进了社会和谐。最高人民法院要高度重视，认真研究这项改革，在实践中进一步完善并大力推开，以更加有效地解决执行难这一社会问题。"

2011年2月14日，广东省委组织部与广东高院联合下发《关于加强和改进全省法院系统党建工作的意见》，在全国首次明确了地方党委和上级法院对党建工作的双重管理体制。2011年2月22日，最高人民法院王胜俊院长对此作出重要批示："广东法院党建工作经验告诉我们，加强法院系统党建工作，关键在于认识到位、完善机制、联系实际、创新方式。最高人民法院党组和政治部门要认真总结推广广东的经验，加强对全国法院系统党建工作的指导，按照抓党建带队建促审判的总体工作思路，更好地发挥党组织的核心领导和党员的先锋模范作用，推动全面提高队伍素质和审判工作水平。"

2011年11月28日，王胜俊院长在省法院报送的《关于我省法院争当排头兵群众满意度的情况报告》上作出重要批示："人民群众满意度连年提高，是广东省高级人民法院和各级法院深刻认识和正确把握社会主义司法理念，坚持司法为民宗旨，为人民群众提供公正高效便捷司法服务，努力满足人民群众司法需求的必然结果。望认真总结经验，不断开拓创新，始终坚持'司法为了人民，司法依靠人民，司法改革成果由人民共享'的理念，向人民群众交出更加满意的答卷。"

### 二、沈德咏常务副院长的批示

2008年8月19日，受王胜俊院长委托，最高人民法院党组副书记、常务副院长沈德咏在省法院报送的《关于我省法院部署进一步解放思想，争当执行工作排头兵的情况报告》上批示："长期以来，由于诸多原因，执行难成为困扰人民法院工作的重要环节，广东高院党组根据新的形势和任务，着力加强执行工作，提出了八个方面的工作措施，完全符合最高人民法院的部署和要求。相信这些措施的推行，必将有

力推动全省法院的执行工作，进一步深化执行改革，规范执行工作秩序，努力破解执行难题，不断开创执行工作新局面。请执行办关注广东的做法并给予必要的支持。”

2009年3月30日，沈德咏在省法院报送的《关于广东法院在整体工作上争当全国法院排头兵的指导意见》上批示：“广东高院自我加压，制定了三年内在整体上争当全国法院排头兵的指导意见，这种敢为人先的精神值得提倡。请办公厅以适当方式予以转发各地参阅。”

2011年5月16日，沈德咏在省法院报送的《关于家事审判合议庭试点工作的调研报告》上批示：“广东法院开展的家事审判合议庭试点工作，围绕提高审理家事案件专业化水平、促进家庭和睦与社会和谐这一目标，在审判理念、工作方式、制度建设等方面，做了许多有益的探索和尝试，实践证明效果是好的。对他们的改革试点工作请予继续关注，并适时在国家层面帮助他们解决深化改革的有关问题。”

2011年10月27日，沈德咏在省法院报送的《广东省高级人民法院关于走访驻粤全国人大代表有关情况的报告》上批示：“广东高院的人大代表联络工作基础牢、行动快、措施实、效果好，与郑鄂院长的高度重视，其他院领导的大力支持配合，全省法院上下共同努力是分不开的。对于他们行之有效的经验做法，应予充分肯定并大力推广。”

2011年11月22日，沈德咏在省法院报送的《关于我省法院争当排头兵群众满意度的情况报告》上批示：“广东高院2008年提出整体工作争当全国法院排头兵的目标，经过三年来全省法院和广大干警的不懈努力，取得了明显成效。实践证明，人民群众是满意的，同时也得到了省主要领导的充分肯定和社会各界的高度评价。希望广东法院以此为新的起点，始终坚持‘三个至上’工作指导思想和‘为大局服务，为人民司法’工作主题，继续以开拓创新、领潮争先的勇气和能力，把争当排头兵的工作不断推向前进，为推动人民法院科学发展发挥好引领和示范作用。”

## 三、张军副院长的批示

2010年3月31日，时任最高人民法院党组副书记、副院长张军在省法院报送的《广东省高级人民法院关于强化法院工作执行力建设的若干意见（试行）》上批示：“广东高院注重并狠抓执行力建设，是当前切实做好人民法院各项重点工作的关键。‘若干意见’明确、具体，针对性、可操作性强。诚望狠抓落实、执行，使广东法院工作再上新台阶。”

2011年12月30日，时任最高人民法院党组副书记、副院长张军在省法院刑四庭报送的《关于广东法院未成年人刑事审判工作争当全国法院排头兵的情况报告》上批示：“广东高院结合本省未成年人犯罪实际情况，高度重视惩防教紧密结合，创新发展完善未成年人案件审判方式，法律效果、社会效果高度统一。请少年法庭工作指导办公室认真总结，关注并加强指导。可商广东高院将细化量刑因素、创设心理干预、‘四分开’做法等进一步总结，专项发一‘简报’供各地工作参考。”

2011年12月11日，时任最高人民法院党组副书记、副院长张军在省法院报送的《广东法院加强队伍建设纪实》上批示：“队伍建设是一项必须坚持不懈去抓，又是常抓常新的工作。广东法院队伍建设有特色、有难度，更有明显成绩，可以适当方式摘编印发各地学习参考。”

## 四、万鄂湘副院长的批示

2012年1月12日，最高人民法院万鄂湘副院长在省法院民四庭报送的《关于广东法院实施涉外商事海事审判精品战略　奋力争当全国涉外商事海事审判排头兵的情况报告》上批示：“广东高院涉外商事海事审判工作，在广东高院院党组坚强有力的领导下，坚持社会主义法治理念，为大局服务，为人民司法、能动司法，成绩喜人，硕果累累，各项工作指标均居全国涉外商事海事审判前列，对全国涉外商事海事审判工作发挥了模范带头作用，在全国排头兵地位实至名归，令人欣慰，令人鼓舞；围绕最高法院提出的涉外商事海事审判精品战略，周密部署，措施有力，真抓实干，创造性地开展工作，将精品战略落到实处，一年一个新台阶。特别是在完善机制、转换调研成果、案件质量与效率、裁判的社会效果与法律效果有机统一、构建三大涉外审判服务平台等方面，在全国涉外商事海事审判中有引人注目的亮点，深得全国好评，赢得人民群众的赞誉。

广东作为改革开放前沿的经济大省，涉外商事海事案件数量居全国前列，广东法院努力做好涉外商事海事审判对全国涉外商事海事审判有举足轻重的影响，责任重大。希望广东高院涉外审判工作再接再厉，永葆活力，引领全国涉外审判风气之先。为此，要特别注意稳定涉外审判队伍，保持较高的专业水准，大力培养、选拔任用涉外审判干部，鼓舞、激励涉外审判干部奋发有为，为中国的涉外审判事业作出更大的贡献。”

## 五、江必新副院长的批示

2011年11月22日，最高人民法院江必新副院长在省法院报送的《广东法院“五个结合”加快推进执行指挥中心建设》的工作报告上批示：“广东法院的执行指挥中心建设颇具特色，推行力度大，且成效明显。请执行局商办公厅以适当形式予以推介”。

2011年12月30日，江必新在最高人民法院《法院情况反映》第110期刊载的《广东省高级人民法院清理再审积案取

得显著成效》上批示："广东高院审监庭在人案矛盾突出的情况下，既重视清案的速度和效率，更注重个案效果，措施有力，成效显著，有效化解了民事诉讼法修改后出现的案件激增情况。请审监庭了解一下各高院审监庭清积情况，并加强对这方面工作的指导"。

### 六、苏泽林副院长的批示

2011年12月7日，最高人民法院苏泽林副院长在省法院立案二庭报送的《广东高院立案二庭开展排头兵达标活动的情况报告》上批示："广东省高级人民法院面对申请再审案件'井喷式'增长的巨大压力，领导高度重视，加强组织领导，创新工作机制，强化审判管理，再审审查工作的质量、效率不断提高，矛盾化解能力不断增强，实现了收、结案的良性循环。请学林同志认真总结推广广东高院的经验，推动民事再审审查工作的科学发展。"

### 七、奚晓明副院长的批示

2011年11月11日，最高人民法院奚晓明副院长对省法院民二庭争当排头兵工作作出批示："广东地处改革开放前沿，商事案件有新、难、多的特点。近年来，广东高院民二庭积极应对经济结构调整、发展方式转变和国际金融危机给商事审判带来的挑战，敏锐发现问题，注重调研指导，审慎处理重大疑难案件，不仅在能动司法、服务发展、维护稳定方面做出了积极贡献，也为全国法院的商事审判工作积累了有益经验，应予充分肯定！望发扬成绩，继续保持锐意进取、开拓创新的工作作风，为服务和保障社会主义市场经济健康稳定发展做出更大贡献！"

2011年11月30日，奚晓明对省法院民一庭争当排头兵工作作出批示："广东高院民一庭紧紧围绕人民法院工作主题和促进社会和谐工作目标，在审判理念、工作方式、制度建设等方面，做了许多有益的探索和尝试，创造、积累了很多富有成效的经验和做法，实践证明效果是好的。在化解矛盾、促进发展、维护稳定等方面取得了很好的成绩，也为最高法院制定、完善相关审判政策提供了丰富的素材。应该说，广东高院民一庭近年来在审判绩效、调研指导、先行先试等方面走在了全国法院前列。希望再接再厉，进一步推进民事审判方式改革，不断提高实现公平与正义的水平，继续当好全国法院排头兵。"

2012年1月9日，奚晓明对省法院民三庭争当排头兵工作作出批示："广东地处改革开放前沿，知识产权案件具有数量大、新类型案件多、疑难复杂案件多的特点。近年来，广东法院深入贯彻国家知识产权战略纲要，积极发挥知识产权司法保护的主导作用，依法审结了一大批具有典型意义的知识产权案件。与此同时，创新审判工作机制，提高审判工作效率；加强司法公开，树立良好国际形象，成绩斐然。望再接再厉，为经济结构转型、创新型国家建设和推动社会主义文化大繁荣大发展做出新的新的贡献。"

### 八、周泽民主任的批示

2011年2月21日，最高人民法院党组成员、政治部主任周泽民在省法院报送的《关于加强和改进全省法院系统党建工作的意见》上批示："广东高院与省委组织部联合发文，对加强广东省法院系统党建工作作出部署。这份文件，是对最高法院党组前不久印发的关于建立法院系统党建指导工作机制文件的积极应对。认识正确，对法院系统党建的体制、途径、方法乃至经费保障等都作出了明确规定，有新意，是一份很有力度的文件。建议加按语转发各高院参考。"

2011年12月10日，周泽民在省法院报送的《广东法院加强队伍建设纪实》上批示："报请德咏、张军同志阅示。几年来，广东高院在院党组和郑鄂院长领导下，抓队伍建设在党建、主题教育实践活动、文化建设、能力建设、绩效考核、对干警人文关怀等工作上有创意、有力度，并收到良好效果，值得我们学习与肯定。"

# 第三章

## 省领导高度肯定全省法院争当排头兵成效

### 一、中共中央政治局委员、省委书记汪洋同志的批示

2008年8月19日，汪洋同志在省法院报送的《关于贯彻省委、省政府〈关于争当实践科学发展观排头兵的决定〉的实施意见》上作出重要批示：“广东高院结合法院工作的实际，认真贯彻省委十届三次全会精神，思路有创新，工作有创新。可发《工作交流》，请各地、各部门学习借鉴。”

2009年3月19日，汪洋同志在省法院报送的《广东法院在整体工作上争当全国法院排头兵的指导意见》上作出重要批示：“法院的做法应当充分肯定，值得大力推广。我省各行各业主管部门都能成为全国科学发展的排头兵，才能保证全省成为排头兵。此件可由办公厅编发，省学习实践办可结合整改工作，在省直机关推广，请酌办。”

2010年3月23日，汪洋同志在省法院报送的《广东省高级人民法院关于强化法院工作执行力建设的若干意见（试行）》上作出重要批示：“强化法院工作执行力，问题看得准，工作抓得实，措施的针对性、指导性都很强，希认真抓好落实，以促进我省法院工作再上新台阶。”

2010年4月9日，汪洋同志在《郑鄂同志致信，关于潮安县人民法院张林武同志的先进事迹》上作出重要批示：“张林武同志司法为民的先进事迹值得学习、宣传，授予荣誉称号的事，请办公厅按规定办理。”

2011年9月23日，《人民日报》第11版以《广东省高院改变”自上而下、法院主导”的民意调查方式，引进第三方机构寻找”沉没的声音”》为题对我院开展的人民群众满意度调查工作作了报道，汪洋同志在该报道上作出重要批示：“广东省高院的做法值得一些与群众利益联系比较密切的部门借鉴。”

2011年11月7日，汪洋同志在省法院报送的《关于我省法院争当排头兵群众满意度的情况报告》上作出重要批示：“把人民群众满意不满意当作衡量法院工作是否成为排头兵的标准，这本身就是人民法院为人民的理念上的升华，应当继续坚持，做得更好！从问卷调查中看到广东法院在全国争当排头兵取得了明显的成效，感到十分高兴，希继续努力，为加快转型升级、建设幸福广东做出更大贡献。”

### 二、时任省委副书记、省长黄华华同志的批示

2009年3月19日，黄华华同志在省法院报送的《关于广东法院在整体工作上争当全国法院排头兵的指导意见》上批示：“《指导意见》很好，目标明确，重点突出，全面具体，具有很强的指导性、针对性和可操作性。望你们切实按此《指导意见》认真抓好落实。”

### 三、省委副书记、省长朱小丹同志的批示

2011年11月7日，朱小丹同志在省法院报送的《关于我省法院争当排头兵群众满意度的情况报告》上批示：“省法院争当全国法院排头兵措施有力，成效明显，群众满意度大幅提高，可喜可贺。望总结经验，再接再厉，建设一心为民，人民满意的人民法院。”

### 四、省人大常委会主任欧广源同志的批示

2008年7月，欧广源同志在省法院报送的《关于全省法院建立人大代表联络新机制的情况报告》上批示：“省法院建立人大代表联络新机制，此举很好。对密切人大代表与法院关系，改进法院工作，提高法院公信力和满意度有帮助，希不断总结经验，完善提高。”

2011年11月10日，欧广源同志在省法院报送的《关于我省法院争当排头兵群众满意度的情况报告》上批示：“广东高院每年在代表大会报告，代表对报告的通过率、满意度不断提高，特别今年达90%，这实不容易，折射法院各个方面的进步，希继续努力，为建设和谐广东、幸福广东多作贡献。”

五、省政协主席黄龙云同志的批示

2011年11月8日，黄龙云同志在省法院报送的《关于我省法院争当排头兵群众满意度的情况报告》上批示："省高院工作令人鼓舞，争当全国法院排头兵的目标催人奋进，报告阅后使人充满信心。政协委员十分关注法院建设和发展，请政协办公厅组织有关届别委员阅读报告内容，建言谋策，支持法院建设更上一层楼。"

六、其他省委领导的批示

2011年11月7日，省委副书记朱明国同志在省法院报送的《关于我省法院争当排头兵群众满意度的情况报告》上批示："省法院党组通过省情调查研究中心开展民意调查，获得95.1%的满意率是很了不起的评价，省委对省法院和三年来法院所开展的各项改革工作是满意的。这得益于郑鄂同志为班子所带领的党组全体同志的共同努力，得益于坚持围绕中心服务大局意识的树立和巩固，得益于坚持抓班子管队伍，一切以人民满意为标准开展工作。望继续努力，争取更大的光荣。"

2010年1月5日，时任省委常委、省委政法委书记梁伟发同志在省法院报送的《全省法院舆情应对工作视频会议有关材料》上批示："此项工作十分重要，而且越来越重要，郑鄂同志的讲话抓得准，很到位，完全同意下步工作六条意见，望在实践中不断总结提高。"

2010年1月25日，梁伟发同志在省法院报送的《关于贯彻落实中央、省委精神深入推进社会矛盾化解、社会管理创新、公正廉洁司法"三项重点工作"的实施意见》上批示："省高院落实中政委提出的"三项重点"工作认识好，行动快，抓得准，32条措施很有针对性和可操作性。请穗生同志阅示，并转省政法各家学习借鉴。并请尽快拟出省委政法委的贯彻意见。"

2010年1月27日，梁伟发同志在省法院报送的《关于2009年全省法院工作情况的报告》上批示："过去的一年，省高院和全省法院工作坚持"三个至上"方针，切实加大了服务中心、积案清理、调解撤诉和队伍建设力度，成效显著，值得总结表彰！望新的一年再接再厉，为争当全国法院工作排头兵而努力！"

2010年4月1日，梁伟发同志在《南方都市报》刊登的《癌症法官的"倔强"人生》（反映潮安县古巷人民法庭张林武法官的先进事迹）上作出重要批示："林武同志的事迹十分感人，在平凡的工作岗位上做出了极不平凡的事，请你们认真组织学习、宣传和弘扬，并为其申报有关荣誉！"

2010年4月20日，梁伟发同志在省法院报送的《关于为广州亚运会提供司法服务和司法保障的若干意见》上批示："省法院所制订的《意见》针对性、指导性和操作性很强，请认真贯彻落实，为'平安亚运'作出更大的贡献。"

2011年3月14日，梁伟发同志在省法院第1期重要情况专报《最高法院院长王胜俊批示推广广东法院党建工作经验》上批示："郑鄂同志，请以王胜俊同志的批示为鼓励，把我省法院党建工作推上一个新的水平，为贯彻落实'三项重点工作'作出新的更大的贡献。"

2011年4月19日，梁伟发同志在我院报送的《关于家事审判合议庭试点工作的调研报告》上作出批示："家和万事兴。中山法院从化解家庭纠纷，促进家庭和谐入手，创新社会管理，取得了明显成效，值得总结、发扬。"

2011年11月7日，梁伟发同志在省法院报送的《关于我省法院争当排头兵群众满意度的情况报告》上批示："很好，完全赞同，请认真抓好落实。"

2012年1月28日，省委常委、省纪委书记黄先耀同志在我院报送的《关于2011年度重点工作的汇报》上批示："省法院系统的反腐倡廉工作有特色、有成效、有经验，要认真总结，适时推广。省法院党组及其主要负责同志高度重视反腐倡廉建设，派驻纪检组针对法院系统的特点积极主动地开展工作，向他们表示感谢和敬意！"

# 第四章

## 2011 广东法院工作人民群众满意度调查报告

### 前言

群众满意度调查是察民情、汇民意、聚民智的重要渠道，是检视法院工作成效的重要途径。让人民群众满意是人民法院履行司法职责的内在要求，是社会公众信任司法、认同司法、遵从司法的重要体现，也是建设法治广东、幸福广东的重要保证。为真实、全面了解人民群众对全省法院工作的满意程度和意见，深化创先争优、“发扬传统、坚定信念、执法为民”、“人民法官为人民”主题教育实践活动和“群众观点大讨论”、社会主义法治理念再学习再教育活动，奋力实现整体工作争当全国法院排头兵目标，广东省高级人民法院委托广东省省情调查研究中心于2011年8月下旬至9月开展了“2011广东法院工作人民群众满意度问卷调查”，从第三方角度，全面、真实地了解人民群众对法院各项工作的满意程度和意见，找出在审判执行、工作作风、服务大局等方面存在的突出问题，并有针对性地提出进一步转变司法作风、完善法院工作、持续提升人民群众满意度的具体对策建议，以促进各级法院进一步提升司法服务水平，更好地为我省经济社会发展服务。

本次调查在全省21个地级以上市的123个县（区、市）以及东莞、中山5个调查区域（东莞、中山分别以各个基层法院的管辖范围作为一个调查区域）共计128个区域展开（广州海事法院、广州铁路运输两级法院作为专门法院，难以确定具体的调查区域，故不在此次调查中单独列出），辖区各县（区、市）的调查数据汇总后即为该市中院的调查数据。调查方法为分层多级随机抽样法，具体采用问卷入户调查、随机拦截填写问卷和电话调查等方式。调查对象分为三类：第一类为普通群众；第二类为与审判、执行案件密切相关的案件当事人、利害关系人及其近亲属；第三类为与法院工作联系较为密切的基层组织人员、法律工作者、新闻工作者、企业负责人、人大代表、政协委员等相关从业人员。

本次调查发放问卷25000份，共回收有效问卷23040份，有效回收率为92.16%，各县（区、市）的有效样本量为180个，调查样本涵盖不同性别、年龄、教育程度以及不同身份的人群。从教育程度来看，大专、本科及以上占43.2%；从身份构成来看，普通群众占34.6%，案件当事人、利害关系人及其近亲属占33.3%，相关从业人员占32.1%，其中人大代表、政协委员占2%。从调查样本的群体特征来看，本次被调查者的结构比较合理，较好地代表了评价对象所在阶层的构成，总体调查抽样误差控制在2%以内，符合统计推论的要求，保证了调查结果的科学性。

本次调查的内容涵盖立案与便民、审判与执行、司法作风与形象、廉政建设与监督、总体评价五大方面，具体包括司法便民、司法公正、司法效率、司法公开、审判效果、司法公信、司法廉洁、工作作风、司法形象、服务大局等25个问题。本次调查采用“满意率”①和“满意度”②两种计算方法，具体如下：

本次调查各题均采用五级量表评价方法，设“满意”、“比较满意”、“一般”、“不太满意”、“不满意”、“不清楚”六个选项；其中，“一般”等同于“基本满意”选项，“不清楚”设为缺失值，不参与数据分析。满意率为表示“满意”或“比较满意”或“基本满意”的比例之和，具体计算公式为：满意率=“满意”比例+“比较满意”比例+“基本满意比例”；满意度则按照国际通行的民意调查满意度的计算方法，“满意”赋值为100分，“比较满意”赋值为80分，“一般”赋值为60分，“不太满意”赋值为40分，“不满意”赋值为20分。满意度=“满意”比例×100+“比较满意”比例×80+“一般”比例×60+“不太满意”比例×40+“不满意”比例×20。调查问卷部分问题的答案设为“很好”，

① “满意率”是指在一定数量的调查对象中表示满意的人所占的百分比，是用来测量调查对象满意广度的一种方法。

② “满意度”是通过评价分值的加权计算，测量调查对象满意程度（深度）的高低，可用于各单位之间的比较或绩效考核。

"很方便"等，计算方式相同。

按照民意调查满意率的赋值原则，"90%以上"为优秀水平，"80%至90%"为良好水平，"70%至80%"为中等水平，"60%至70%"为及格水平，"60%以下"为较低水平。

## 第一部分 总体结论

### 一、广东法院整体工作人民群众满意率达到优秀水平,整体工作在全国法院的排头兵地位得到人民群众充分认可

（一）人民群众对广东法院整体工作满意率为95.1%，处于优秀水平。其中，有20.8%的群众表示"满意"，30.7%的群众表示"比较满意"，表示"基本满意"的占43.6%。有4.9%的受访者表示"不太满意"或"不满意"。表明，近年来我省各级法院紧紧围绕"整体工作争当全国法院排头兵"的目标，通过深入开展"人民法官为人民"主题实践活动，认真履行司法职能，强化创新审判管理，全面深化队伍建设，在推进社会矛盾化解、社会管理创新和公正廉洁执法三项重点工作，坚持公正司法、为民司法、廉洁司法等方面取得了显著成效，得到了广大人民群众的充分肯定和普遍赞誉。

（二）人民群众对广东法院整体工作已处于全国法院排头兵地位给予充分认可。92.7%的群众对广东法院整体工作已处于全国法院排头兵地位给予肯定评价；群众对广东法院提出的"三项硬要求"（即服判息诉、案结事了是审判执行工作的"硬道理"，增强司法能力是法院队伍建设的"硬任务"，人民满意是衡量法院工作成效的"硬标准"）总体工作思路给予高度评价，满意率达96.3%。表明，近几年来全省法院按照"三项硬要求"总体工作思路，积极推进整体工作争当全国法院排头兵取得的成效，已经得到群众充分感知和高度肯定，这也是群众对广东法院整体工作满意率达到95.1%的优秀水平的重要原因。

（三）各类受访群体中，与法院工作联系较为密切的相关从业人员对法院工作的满意率最高。本次调查的三类群体中，与法院工作联系较为密切的基层组织人员、法律工作者、新闻工作者、企业负责人、人大代表、政协委员等相关从业人员对法院整体工作评价最高，满意率为98.9%；其次是与审判、执行案件密切相关的案件当事人、利害关系人及其近亲属群体,满意率为94.4%；普通群众评价最低，满意率为92%。可见，越是与法院工作联系密切，越是了解法院工作实际情况的调查对象，对法院工作的满意程度越高。普通群众因为对法院工作不很了解，因此在做出评价时有所保留，导致满意率较低，这也符合一般公众的认知规律。这也表明，如何提升普通群众的满意度值得各级法院重视。详见表1：

表1 各类受访群体对法院整体工作的评价

单位：分/%

| 评价<br>身份 | 满意 | 比较满意 | 基本满意 | 不太满意 | 不满意 | 满意度 | 满意率 |
|---|---|---|---|---|---|---|---|
| 总　体 | 20.8% | 30.7% | 43.6% | 1.8% | 3.1% | 72.9 | 95.1% |
| 普通群众 | 17.5% | 24.1% | 50.3% | 2.9% | 5.1% | 69.1 | 92.0% |
| 案件当事人 | 21.7% | 31.7% | 41.0% | 3.2% | 2.4% | 73.4 | 94.4% |
| 相关从业人员 | 23.0% | 36.1% | 39.9% | 0.3% | 0.8% | 76.0 | 98.9% |

（四）各市中级法院、各基层法院整体工作满意程度差异明显，与城市区位及其经济发展水平无明显的正相关关系

1. 21个地市中级法院整体工作满意程度比较

（1）从满意率排序来看，17个中院的满意率超过90%，达到优秀水平，云浮中院整体工作满意率最高。在21个地市中院中，17个中院的满意率超过90%，达到优秀水平，占21个中院的81%，有4个中院的满意率未达到优秀水平，但均达到80%以上的良好水平。其中，云浮、揭阳、惠州、珠海、江门五市中院整体工作满意率居前五位；清远、河源、汕尾、茂名4市中院整体工作满意率相对较低。满意率最高的云浮中院（99%）比最低的茂名中院（83.4%）高出15.6个百分点，差异明显。详见表2:

表2 21个地市中院整体工作满意率排序

| 排序 | 地市中级人民法院 | 满意 | 比较满意 | 基本满意 | 不太满意 | 不满意 | 满意率 |
|---|---|---|---|---|---|---|---|
| 1 | 云浮市 | 8.6% | 48.2% | 42.2% | 1.0% | 0.0% | 99.0% |
| 2 | 揭阳市 | 15.1% | 33.7% | 50.1% | 0.6% | 0.5% | 98.9% |

续上表

| 排序 | 地市中级人民法院 | 满意 | 比较满意 | 基本满意 | 不太满意 | 不满意 | 满意率 |
|---|---|---|---|---|---|---|---|
| 3 | 惠州市 | 15.0% | 38.9% | 44.3% | 1.1% | 0.7% | 98.2% |
| 4 | 珠海市 | 32.8% | 33.8% | 30.9% | 1.2% | 1.3% | 97.5% |
| 5 | 江门市 | 18.1% | 36.4% | 42.6% | 1.6% | 1.3% | 97.1% |
| 6 | 广州市 | 23.5% | 35.6% | 37.7% | 2.1% | 1.1% | 96.8% |
| 7 | 东莞市 | 20.4% | 24.9% | 50.8% | 2.8% | 1.1% | 96.1% |
| 8 | 汕头市 | 23.2% | 27.9% | 44.2% | 1.2% | 3.5% | 95.3% |
| 9 | 深圳市 | 19.3% | 34.7% | 41.3% | 1.5% | 3.2% | 95.3% |
| 10 | 中山市 | 31.9% | 31.6% | 31.7% | 2.7% | 2.1% | 95.2% |
| 11 | 湛江市 | 18.3% | 30.6% | 45.9% | 2.6% | 2.6% | 94.8% |
| 12 | 梅州市 | 15.1% | 29.1% | 50.2% | 1.9% | 3.7% | 94.4% |
| 13 | 潮州市 | 23.3% | 33.9% | 36.1% | 4.3% | 2.4% | 93.3% |
| 14 | 韶关市 | 20.8% | 25.6% | 46.2% | 2.5% | 4.9% | 92.6% |
| 15 | 肇庆市 | 17.6% | 29.7% | 45.1% | 4.5% | 3.1% | 92.4% |
| 16 | 阳江市 | 20.3% | 28.3% | 41.6% | 6.2% | 3.6% | 90.2% |
| 17 | 佛山市 | 14.0% | 28.1% | 47.9% | 4.7% | 5.3% | 90.0% |
| 18 | 清远市 | 20.1% | 25.7% | 44.1% | 6.1% | 4.0% | 89.9% |
| 19 | 河源市 | 16.2% | 23.8% | 48.7% | 4.6% | 6.7% | 88.7% |
| 20 | 汕尾市 | 15.1% | 26.0% | 47.1% | 6.1% | 5.7% | 88.2% |
| 21 | 茂名市 | 15.4% | 16.4% | 51.6% | 9.3% | 7.3% | 83.4% |

（2）从满意度排序来看，珠海中院整体工作满意度最高。在21个地市中院中，珠海、中山、广州、潮州、江门五市中院整体工作满意度居前五位；梅州、佛山、汕尾、河源、茂名五市中院整体工作满意度相对较低，居最后五位。满意度最高的珠海中院（79.1分）比最低的茂名中院（64.7分）高出14.4分，差异较为明显（详见表3）。从调查结果可以看出，满意率与满意度的排序结果不太一致。例如，云浮中院在“满意率”排名中位列第一，但在“满意度”排名中位列第九，而珠海中院在“满意率”排名中位列第四，但在“满意度”排名中位列第一。差异的主要原因在于，云浮中院虽然在“满意”、“比较满意”、“基本满意”三项统计中，总分超过珠海中院，但珠海中院因为“满意”比例高于云浮中院24.2个百分点，在“满意度”计算中，该项赋值为100分，就拉大了与云浮中院的差距。

**表3　21个地市中院整体工作满意度排序**

| 排序 | 地市中级人民法院 | 满意 | 比较满意 | 基本满意 | 不太满意 | 不满意 | 满意度（分） |
|---|---|---|---|---|---|---|---|
| 1 | 珠海市 | 32.8% | 33.8% | 30.9% | 1.2% | 1.3% | 79.1 |
| 2 | 中山市 | 31.9% | 31.6% | 31.7% | 2.7% | 2.1% | 77.7 |
| 3 | 广州市 | 23.5% | 35.6% | 37.7% | 2.1% | 1.1% | 75.7 |
| 4 | 潮州市 | 23.3% | 33.9% | 36.1% | 4.3% | 2.4% | 74.3 |

续上表

| 排序 | 地市中级人民法院 | 满意 | 比较满意 | 基本满意 | 不太满意 | 不满意 | 满意度（分） |
|---|---|---|---|---|---|---|---|
| 5 | 江门市 | 18.1% | 36.4% | 42.6% | 1.6% | 1.3% | 73.7 |
| 6 | 惠州市 | 15.0% | 38.9% | 44.3% | 1.1% | 0.7% | 73.3 |
| 7 | 汕头市 | 23.2% | 27.9% | 44.2% | 1.2% | 3.5% | 73.2 |
| 8 | 深圳市 | 19.3% | 34.7% | 41.3% | 1.5% | 3.2% | 73.1 |
| 9 | 云浮市 | 8.6% | 48.2% | 42.2% | 1.0% | 0.0% | 72.9 |
| 10 | 揭阳市 | 15.1% | 33.7% | 50.1% | 0.6% | 0.5% | 72.5 |
| 11 | 东莞市 | 20.4% | 24.9% | 50.8% | 2.8% | 1.1% | 72.1 |
| 12 | 湛江市 | 18.3% | 30.6% | 45.9% | 2.6% | 2.6% | 71.9 |
| 13 | 阳江市 | 20.3% | 28.3% | 41.6% | 6.2% | 3.6% | 71.1 |
| 14 | 韶关市 | 20.8% | 25.6% | 46.2% | 2.5% | 4.9% | 71.0 |
| 15 | 肇庆市 | 17.6% | 29.7% | 45.1% | 4.5% | 3.1% | 70.8 |
| 16 | 清远市 | 20.1% | 25.7% | 44.1% | 6.1% | 4.0% | 70.4 |
| 17 | 梅州市 | 15.1% | 29.1% | 50.2% | 1.9% | 3.7% | 70.0 |
| 18 | 佛山市 | 14.0% | 28.1% | 47.9% | 4.7% | 5.3% | 68.2 |
| 19 | 汕尾市 | 15.1% | 26.0% | 47.1% | 6.1% | 5.7% | 67.7 |
| 20 | 河源市 | 16.2% | 23.8% | 48.7% | 4.6% | 6.7% | 67.6 |
| 21 | 茂名市 | 15.4% | 16.4% | 51.6% | 9.3% | 7.3% | 64.7 |

2. 各基层法院整体工作满意程度比较

（1）从满意率排序来看，在被调查的128个基层法院中，97个基层法院的满意率超过90%，达到优秀水平，占调查范围内全部基层法院的75.8%，23个基层法院的满意率超过80%，达到良好水平，占调查范围内全部基层法院的18%。其中，罗定市、榕城区、兴宁市、郁南县、惠阳区、云城区、海珠区7个基层法院的满意率较高，居前三位（含并列）；雷州市、鼎湖区、佛冈县、高州市、信宜市5个基层法院的满意率较低，居最后五位，满意率处于中等或及格水平。满意率最高的罗定市法院、榕城区法院（均高达100%）与最低的信宜市法院（65.5%）相差34.5个百分点，差异相当显著。

（2）从满意度排序来看，在被调查的128个基层法院中，湘桥区、番禺区、金湾区、金平区、海珠区、中山一院6个基层法院的满意度较高，居前五位（含并列）；鼎湖区、和平县、高州市、佛冈县、信宜市5个基层法院的满意度较低，居最后五位。满意度最高的湘桥区法院（82.7分）与最低的信宜市法院（56.9分）相差25.8分，差异较大（详见表4）。

**表4　128个基层法院整体工作评价排序**

| 排序 | 基层人民法院 | 满意 | 比较满意 | 基本满意 | 不太满意 | 不满意 | 满意度（分） | 满意率/排序 |
|---|---|---|---|---|---|---|---|---|
| 1 | 湘桥区 | 33.0% | 48.2% | 18.1% | 0.7% | 0.0% | 82.7 | 99.3% / 15 |
| 2 | 番禺区 | 36.5% | 34.5% | 28.3% | 0.7% | 0.0% | 81.4 | 99.3% / 15 |

续上表

| 排序 | 基层人民法院 | 满意 | 比较满意 | 基本满意 | 不太满意 | 不满意 | 满意度（分） | 满意率/排序 |
|---|---|---|---|---|---|---|---|---|
| 3 | 金湾区 | 35.8% | 35.6% | 28.0% | 0.6% | 0.0% | 81.3 | 99.4% / 8 |
| 4 | 金平区 | 40.7% | 12.8% | 45.9% | 0.6% | 0.0% | 78.7 | 99.4% / 8 |
| 5 | 海珠区 | 22.8% | 48.0% | 28.7% | 0.5% | 0.0% | 78.6 | 99.5% / 3 |
| 5 | 中山一院 | 33.4% | 31.0% | 31.8% | 2.6% | 1.2% | 78.6 | 96.2% / 62 |
| 7 | 南沙区 | 20.3% | 51.4% | 27.2% | 1.1% | 0.0% | 78.2 | 98.9% / 32 |
| 7 | 斗门区 | 36.6% | 25.6% | 33.1% | 1.4% | 3.3% | 78.2 | 95.3% / 69 |
| 9 | 荔湾区 | 31.4% | 33.6% | 31.3% | 0.6% | 3.1% | 77.9 | 96.3% / 60 |
| 10 | 蓬江区 | 28.8% | 31.7% | 38.6% | 0.9% | 0.0% | 77.7 | 99.1% / 25 |
| 11 | 惠阳区 | 9.2% | 69.7% | 20.6% | 0.5% | 0.0% | 77.5 | 99.5% / 3 |
| 11 | 普宁市 | 34.7% | 24.0% | 37.2% | 2.3% | 1.8% | 77.5 | 95.9% / 63 |
| 11 | 天河区 | 27.2% | 33.6% | 38.6% | 0.6% | 0.0% | 77.5 | 99.4% / 8 |
| 14 | 香洲区 | 26.0% | 39.3% | 31.8% | 1.5% | 1.4% | 77.4 | 97.1% / 53 |
| 14 | 大亚湾区 | 19.5% | 48.4% | 31.5% | 0.6% | 0.0% | 77.4 | 99.4% / 8 |
| 16 | 始兴县 | 24.8% | 37.7% | 36.4% | 1.1% | 0.0% | 77.2 | 98.9% / 32 |
| 17 | 中山二院 | 30.4% | 32.2% | 31.6% | 2.9% | 2.9% | 76.9 | 94.2% / 73 |
| 18 | 潮南区 | 25.0% | 36.7% | 36.6% | 0.9% | 0.8% | 76.8 | 98.3% / 41 |
| 19 | 萝岗区 | 22.4% | 38.1% | 38.7% | 0.8% | 0.0% | 76.4 | 99.2% / 22 |
| 19 | 澄海区 | 21.9% | 39.2% | 37.9% | 1.0% | 0.0% | 76.4 | 99.0% / 27 |

续上表

| 排序 | 基层人民法院 | 满意 | 比较满意 | 基本满意 | 不太满意 | 不满意 | 满意度（分） | 满意率/排序 |
|---|---|---|---|---|---|---|---|---|
| 19 | 四会市 | 22.4% | 42.5% | 31.7% | 1.3% | 2.1% | 76.4 | 96.6% / 57 |
| 22 | 南山区 | 27.2% | 29.1% | 42.4% | 0.8% | 0.5% | 76.3 | 98.7% / 37 |
| 23 | 宝安区 | 21.5% | 40.5% | 35.7% | 1.3% | 1.0% | 76.0 | 97.7% / 49 |
| 23 | 江海区 | 15.2% | 50.4% | 33.8% | 0.6% | 0.0% | 76.0 | 99.4% / 8 |
| 25 | 吴川市 | 22.5% | 34.6% | 41.9% | 1.0% | 0.0% | 75.7 | 99.0% / 27 |
| 25 | 清新县 | 21.6% | 37.5% | 38.8% | 2.1% | 0.0% | 75.7 | 97.9% / 44 |
| 25 | 广宁县 | 25.9% | 39.3% | 27.6% | 1.7% | 5.5% | 75.7 | 92.8% / 81 |
| 28 | 阳东县 | 22.6% | 41.4% | 30.2% | 2.8% | 3.0% | 75.6 | 94.2% / 75 |
| 29 | 连州市 | 23.5% | 31.9% | 43.3% | 1.3% | 0.0% | 75.5 | 98.7% / 37 |
| 30 | 潮安县 | 21.7% | 34.6% | 42.6% | 1.1% | 0.0% | 75.4 | 98.9% / 32 |
| 30 | 鹤山市 | 20.2% | 41.1% | 35.5% | 1.8% | 1.4% | 75.4 | 96.8% / 56 |
| 32 | 从化市 | 24.3% | 28.4% | 46.6% | 0.7% | 0.0% | 75.3 | 99.3% / 15 |
| 33 | 东源县 | 17.0% | 41.3% | 40.7% | 1.0% | 0.0% | 74.9 | 99.0% / 27 |
| 34 | 湛江开发区 | 9.3% | 54.7% | 35.3% | 0.7% | 0.0% | 74.5 | 99.3% / 15 |
| 35 | 龙门县 | 17.5% | 36.7% | 45.2% | 0.6% | 0.0% | 74.2 | 99.4% / 8 |
| 35 | 端州区 | 17.8% | 36.4% | 44.8% | 1.0% | 0.0% | 74.2 | 99.0% / 27 |
| 35 | 徐闻县 | 18.1% | 35.8% | 44.9% | 1.2% | 0.0% | 74.2 | 98.8% / 35 |
| 38 | 蕉岭县 | 21.2% | 30.3% | 47.1% | 0.6% | 0.8% | 74.1 | 98.6% / 39 |

续上表

| 排序 | 基层人民法院 | 满意 | 比较满意 | 基本满意 | 不太满意 | 不满意 | 满意度（分） | 满意率/排序 |
|---|---|---|---|---|---|---|---|---|
| 38 | 浈江区 | 25.9% | 22.8% | 48.2% | 2.1% | 1.0% | 74.1 | 96.9% / 54 |
| 40 | 连山县 | 21.1% | 30.2% | 46.5% | 1.7% | 0.5% | 73.9 | 97.8% / 47 |
| 40 | 南雄市 | 21.9% | 28.7% | 47.5% | 0.9% | 1.0% | 73.9 | 98.1% / 42 |
| 42 | 新兴县 | 13.5% | 45.0% | 39.6% | 0.9% | 1.0% | 73.8 | 98.1% / 42 |
| 42 | 乐昌市 | 25.7% | 30.6% | 34.7% | 5.0% | 4.0% | 73.8 | 91.0% / 91 |
| 42 | 开平市 | 14.9% | 46.8% | 33.8% | 1.3% | 3.2% | 73.8 | 95.5% / 65 |
| 45 | 东莞二院 | 19.8% | 29.8% | 49.7% | 0.7% | 0.0% | 73.7 | 99.3% / 15 |
| 45 | 越秀区 | 18.4% | 35.9% | 43.1% | 1.0% | 1.6% | 73.7 | 97.4% / 51 |
| 47 | 云安县 | 16.3% | 39.3% | 41.7% | 1.0% | 1.7% | 73.5 | 97.3% / 52 |
| 48 | 五华县 | 20.4% | 32.4% | 41.6% | 3.9% | 1.7% | 73.2 | 94.4% / 73 |
| 48 | 濠江区 | 21.0% | 30.7% | 44.7% | 0.6% | 3.0% | 73.2 | 96.3% / 60 |
| 50 | 龙湖区 | 13.2% | 39.8% | 46.4% | 0.6% | 0.0% | 73.1 | 99.4% / 8 |
| 51 | 高要市 | 13.7% | 38.6% | 46.8% | 0.9% | 0.0% | 73.0 | 99.1% / 25 |
| 51 | 罗定市 | 8.6% | 48.0% | 43.4% | 0.0% | 0.0% | 73.0 | 100.0% / 1 |
| 53 | 恩平市 | 26.7% | 24.4% | 37.8% | 6.7% | 4.4% | 72.5 | 89.0% / 99 |
| 54 | 罗湖区 | 16.7% | 37.3% | 39.0% | 4.0% | 3.0% | 72.1 | 93.0% / 78 |
| 54 | 云城区 | 0.6% | 59.9% | 39.0% | 0.5% | 0.0% | 72.1 | 99.5% / 3 |
| 56 | 福田区 | 19.2% | 34.9% | 38.6% | 1.3% | 6.0% | 72.0 | 92.7% / 82 |

续上表

| 排序 | 基层人民法院 | 满意 | 比较满意 | 基本满意 | 不太满意 | 不满意 | 满意度（分） | 满意率/排序 |
|---|---|---|---|---|---|---|---|---|
| 56 | 江城区 | 22.2% | 17.1% | 59.7% | 0.5% | 0.5% | 72.0 | 99.0% / 27 |
| 56 | 龙岗区 | 15.5% | 34.3% | 46.8% | 1.4% | 2.0% | 72.0 | 96.6% / 57 |
| 56 | 东莞一院 | 19.9% | 30.6% | 43.6% | 1.2% | 4.7% | 72.0 | 94.1% / 76 |
| 60 | 清城区 | 17.4% | 29.8% | 49.2% | 2.3% | 1.3% | 71.9 | 96.4% / 59 |
| 61 | 增城市 | 19.4% | 32.6% | 39.5% | 4.6% | 3.9% | 71.8 | 91.5% / 88 |
| 62 | 阳山县 | 24.7% | 22.1% | 44.2% | 4.5% | 4.5% | 71.6 | 91.0% / 91 |
| 62 | 黄埔区 | 12.8% | 32.9% | 53.6% | 0.7% | 0.0% | 71.6 | 99.3% / 15 |
| 62 | 惠城区 | 14.3% | 32.1% | 51.3% | 1.7% | 0.6% | 71.6 | 97.7% / 49 |
| 65 | 阳春市 | 12.4% | 45.3% | 32.8% | 6.6% | 2.9% | 71.5 | 90.5% / 94 |
| 65 | 坡头区 | 20.1% | 30.2% | 41.6% | 3.4% | 4.7% | 71.5 | 91.9% / 87 |
| 67 | 榕城区 | 5.0% | 47.2% | 47.8% | 0.0% | 0.0% | 71.4 | 100.0% / 1 |
| 67 | 郁南县 | 4.5% | 48.3% | 46.7% | 0.5% | 0.0% | 71.4 | 99.5% / 3 |
| 69 | 新会区 | 10.9% | 35.8% | 51.9% | 1.4% | 0.0% | 71.2 | 98.6% / 39 |
| 69 | 廉江市 | 19.6% | 33.3% | 35.3% | 7.3% | 4.5% | 71.2 | 88.2% / 105 |
| 71 | 曲江区 | 20.7% | 24.3% | 50.0% | 0.0% | 5.0% | 71.1 | 95.0% / 70 |
| 72 | 禅城区 | 11.9% | 31.8% | 55.5% | 0.8% | 0.0% | 71.0 | 99.2% / 22 |
| 72 | 德庆县 | 18.0% | 27.2% | 50.4% | 0.6% | 3.8% | 71.0 | 95.6% / 64 |
| 74 | 揭西县 | 6.6% | 44.4% | 46.9% | 1.1% | 1.0% | 70.9 | 97.9% / 44 |

续上表

| 排序 | 基层人民法院 | 满意 | 比较满意 | 基本满意 | 不太满意 | 不满意 | 满意度（分） | 满意率/排序 |
|---|---|---|---|---|---|---|---|---|
| 75 | 兴宁市 | 3.3% | 47.8% | 48.4% | 0.5% | 0.0% | 70.8 | 99.5% / 3 |
| 76 | 乳源县 | 15.6% | 29.2% | 49.7% | 2.0% | 3.5% | 70.3 | 94.5% / 71 |
| 76 | 盐田区 | 16.1% | 32.0% | 44.9% | 1.1% | 5.9% | 70.3 | 93.0% / 78 |
| 78 | 源城区 | 14.0% | 31.4% | 49.0% | 2.6% | 3.0% | 70.2 | 94.4% / 71 |
| 79 | 梅江区 | 15.8% | 22.0% | 60.1% | 1.3% | 0.8% | 70.1 | 97.9% / 44 |
| 80 | 海丰县 | 16.8% | 27.8% | 47.9% | 3.5% | 4.0% | 70.0 | 92.5% / 84 |
| 80 | 惠来县 | 12.7% | 31.5% | 51.2% | 2.2% | 2.4% | 70.0 | 95.4% / 65 |
| 82 | 顺德区 | 12.4% | 34.7% | 45.5% | 4.4% | 3.0% | 69.8 | 92.6% / 83 |
| 83 | 赤坎区 | 13.7% | 20.6% | 64.9% | 0.8% | 0.0% | 69.4 | 99.2% / 22 |
| 83 | 茂南区 | 11.4% | 28.7% | 56.7% | 2.0% | 1.2% | 69.4 | 96.8% / 55 |
| 83 | 遂溪县 | 10.0% | 28.2% | 60.6% | 1.2% | 0.0% | 69.4 | 98.8% / 35 |
| 86 | 花都区 | 12.5% | 36.8% | 41.1% | 3.5% | 6.1% | 69.2 | 90.4% / 95 |
| 87 | 仁化县 | 20.0% | 17.1% | 55.7% | 2.9% | 4.3% | 69.1 | 92.9% / 80 |
| 87 | 麻章区 | 15.6% | 22.4% | 57.3% | 1.2% | 3.5% | 69.1 | 95.3% / 67 |
| 87 | 梅县 | 12.0% | 35.3% | 44.0% | 3.4% | 5.3% | 69.1 | 91.3% / 90 |
| 90 | 英德市 | 23.6% | 14.9% | 47.4% | 10.7% | 3.4% | 68.9 | 85.9% / 105 |
| 91 | 霞山区 | 19.6% | 25.0% | 44.1% | 2.5% | 8.8% | 68.8 | 88.7% / 103 |
| 92 | 白云区 | 24.8% | 19.0% | 36.8% | 13.9% | 5.5% | 68.7 | 80.6% / 119 |

续上表

| 排序 | 基层人民法院 | 满意 | 比较满意 | 基本满意 | 不太满意 | 不满意 | 满意度（分） | 满意率/排序 |
|---|---|---|---|---|---|---|---|---|
| 93 | 翁源县 | 18.9% | 20.0% | 52.6% | 1.1% | 7.4% | 68.4 | 91.5% / 88 |
| 94 | 连南县 | 13.3% | 27.3% | 48.9% | 8.2% | 2.3% | 68.2 | 89.5% / 99 |
| 95 | 陆河县 | 14.1% | 25.7% | 49.8% | 6.3% | 4.1% | 67.9 | 89.6% / 98 |
| 95 | 惠东县 | 11.7% | 24.5% | 59.1% | 0.9% | 3.8% | 67.9 | 95.3% / 68 |
| 95 | 龙川县 | 18.6% | 24.8% | 42.8% | 4.9% | 8.9% | 67.9 | 86.2% / 105 |
| 98 | 台山市 | 7.5% | 25.4% | 64.9% | 2.2% | 0.0% | 67.6 | 97.8% / 47 |
| 98 | 东莞三院 | 18.9% | 14.0% | 59.4% | 1.4% | 6.3% | 67.6 | 92.3% / 86 |
| 100 | 揭东县 | 9.1% | 19.6% | 70.6% | 0.7% | 0.0% | 67.4 | 99.3% / 15 |
| 100 | 高明区 | 16.5% | 28.2% | 37.7% | 11.1% | 6.5% | 67.4 | 82.4% / 117 |
| 102 | 紫金县 | 16.3% | 17.1% | 56.4% | 7.3% | 2.9% | 67.3 | 89.8% / 97 |
| 102 | 电白县 | 12.5% | 23.1% | 58.2% | 0.6% | 5.6% | 67.3 | 93.8% / 77 |
| 104 | 平远县 | 12.5% | 24.4% | 51.9% | 8.1% | 3.1% | 67.0 | 88.8% / 101 |
| 104 | 丰顺县 | 13.5% | 21.8% | 57.1% | 1.2% | 6.4% | 67.0 | 92.4% / 85 |
| 106 | 南海区 | 11.9% | 23.7% | 54.5% | 5.4% | 4.5% | 66.6 | 90.1% / 96 |
| 107 | 封开县 | 12.9% | 17.6% | 60.4% | 6.9% | 2.2% | 66.4 | 90.9% / 93 |
| 108 | 武江区 | 18.7% | 20.1% | 44.4% | 6.7% | 10.1% | 66.1 | 83.2% / 112 |
| 108 | 汕尾城区 | 13.9% | 28.9% | 35.2% | 17.6% | 4.4% | 66.1 | 78.0% / 120 |
| 110 | 怀集县 | 14.5% | 17.4% | 56.8% | 5.5% | 5.8% | 65.9 | 88.7% / 102 |

续上表

| 排序 | 基层人民法院 | 满意 | 比较满意 | 基本满意 | 不太满意 | 不满意 | 满意度（分） | 满意率/排序 |
|---|---|---|---|---|---|---|---|---|
| 111 | 饶平县 | 15.8% | 19.5% | 47.2% | 12.9% | 4.6% | 65.8 | 82.5% / 116 |
| 112 | 化州市 | 21.2% | 11.2% | 52.3% | 5.2% | 10.1% | 65.6 | 84.8% / 110 |
| 112 | 博罗县 | 7.1% | 26.1% | 55.0% | 11.2% | 0.6% | 65.6 | 88.2% / 103 |
| 114 | 阳西县 | 15.8% | 22.7% | 38.4% | 19.0% | 4.1% | 65.4 | 76.9% / 121 |
| 115 | 陆丰市 | 15.6% | 21.3% | 46.3% | 6.7% | 10.1% | 65.1 | 83.2% / 112 |
| 115 | 新丰县 | 15.9% | 23.5% | 43.4% | 4.7% | 12.5% | 65.1 | 82.8% / 115 |
| 117 | 茂港区 | 18.4% | 10.9% | 55.2% | 9.8% | 5.7% | 65.3 | 84.5% / 110 |
| 118 | 三水区 | 13.4% | 21.9% | 47.7% | 5.8% | 11.2% | 64.1 | 83.0% / 114 |
| 119 | 南澳县 | 15.0% | 21.1% | 40.4% | 13.9% | 9.6% | 63.6 | 76.5% / 122 |
| 120 | 潮阳区 | 12.1% | 15.3% | 57.7% | 7.0% | 8.0% | 63.4 | 85.1% / 108 |
| 121 | 大埔县 | 10.6% | 20.9% | 50.0% | 10.9% | 7.6% | 63.2 | 81.5% / 118 |
| 121 | 雷州市 | 20.3% | 16.0% | 35.9% | 15.0% | 12.8% | 63.2 | 72.2% / 124 |
| 123 | 连平县 | 11.7% | 14.1% | 59.1% | 7.1% | 8.0% | 62.9 | 84.8% / 109 |
| 124 | 鼎湖区 | 12.2% | 12.9% | 46.8% | 26.0% | 2.1% | 61.4 | 71.9% / 125 |
| 125 | 和平县 | 17.1% | 12.9% | 44.8% | 9.9% | 15.3% | 61.3 | 74.8% / 123 |
| 126 | 高州市 | 10.0% | 11.3% | 48.6% | 21.8% | 8.3% | 58.6 | 69.9% / 127 |
| 127 | 佛冈县 | 11.6% | 9.5% | 50.6% | 16.1% | 12.2% | 58.4 | 71.7% / 126 |
| 128 | 信宜市 | 10.6% | 10.0% | 44.9% | 22.2% | 12.3% | 56.9 | 65.5% / 128 |

从调查结果可以看出，无论是中级法院还是基层法院的整体工作满意程度均与城市区位无直接对应关系。可见，法院整体工作满意程度的高低并不完全取决于城市或地区的经济发达程度，关键取决于各地法院提供司法服务和司法保障的水平。同时，还可能受到政务环境、社会环境、人文环境等外部环境的影响。茂名中院在本次调查中满意度较低，这在一定程度上可能是受近两年当地众多官员因腐败被查处、人民群众对党政机关的整体信任度下降的影响所致。

（五）人民群众对“审判结果”的满意率最高。在调查的10项具体司法服务指标中，群众对“审判结果”的评价最高，满意率为93%，其他评价较高的指标依次是：“主动执行”（92.4%）、“司法公正”（92.3%）、“司法公开”（91.1%）、“司法廉洁”（90.5%）、“司法形象”（90.5%）。“司法效率”、“工作作风”、“服务大局”、“司法便民”的满意率相对较低。满意率最低的司法便民（86.3%）与最高的“审判结果”相差6.7个百分点。说明，我省各级法院近年来积极创先争优，强化自身建设，狠抓办案质效，在司法审判与执行方面取得了显著成效，获得广大群众的充分感知，较好地满足了群众的司法需求。而“司法效率”、“工作作风”、“服务大局”、“司法便民”方面则相对较为薄弱，需要不断加强。详见图1：

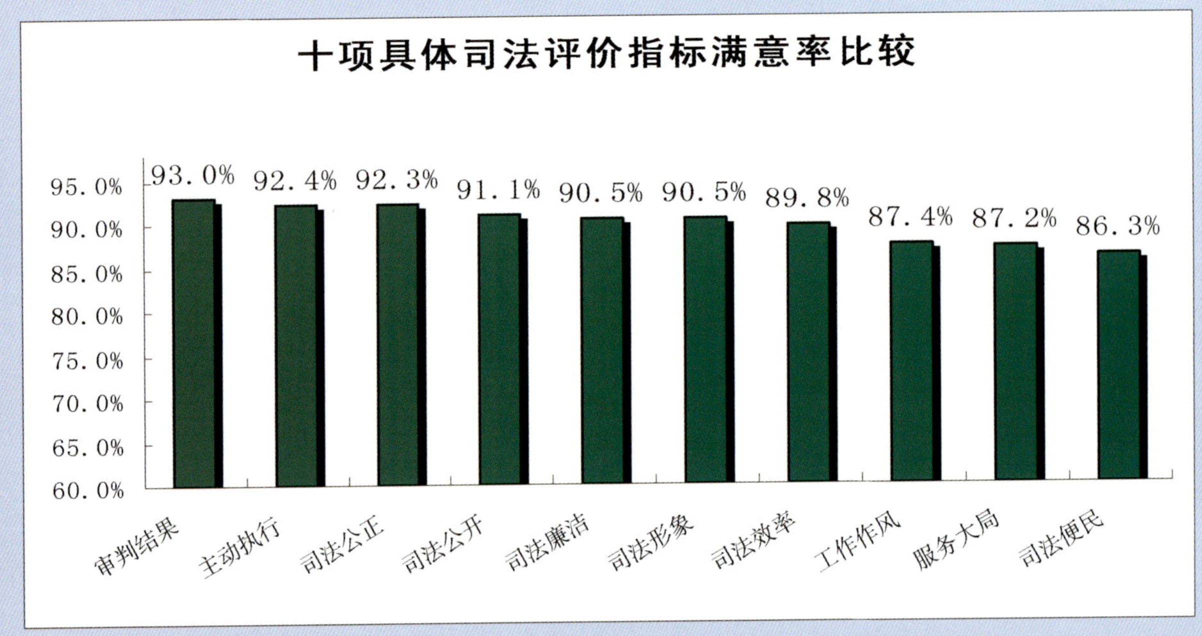


图1

## 二、主要问题和工作建议

（一）问题：我省法院工作仍存在“群众满意度需进一步提升、落实司法为民宗旨的措施需进一步加强，普通群众对法院工作满意度还有待提升，司法便民、司法作风和司法效率应重点加强，服务大局意识需进一步提高，促进司法廉洁的措施需进一步加强”等主要问题。

（二）建议：牢固树立“司法为民”宗旨，畅通民意诉求渠道，创新便民利民举措；加大司法工作宣传力度，让普通群众深入了解法院工作；继续加强审判管理工作，深入推进主动执行改革；加强法院队伍建设，不断改进法院工作作风；积极推进社会矛盾化解，增强司法服务大局能力；健全公正廉洁司法机制，完善监督考核激励制度；合理引导群众期望，促进人民群众满意度和司法服务水平的持续提升；加强法治广东建设，改善司法工作环境；着力解决“案多人少”矛盾，提高司法效率和司法便民水平。

# 第二部分 具体分析

## 一、立案与便民

（一）群众遇到纠纷首先希望通过协商或调解解决。

调查显示，56.9%的群众“遇到纠纷”，首先希望通过双方协商来解决，其次是找朋友或单位调解（19.3%），首先想到找法院解决的群众占13.2%，此外，找综治维稳中心的占6.2%，找仲裁的占3.3%。这个调查结果反映出，近年来，各地积极推动人民调解工作，各级法院大力推进诉前联调、诉调对接，指导人民调解，促进非诉方式化解社会矛盾的各项措施已经取得阶段性成效，已经为广大群众熟知和认可。另一方面，考虑到司法的经济和时间成本，可能也是部分群众没有将纠纷诉至法院解决的原因。同时说明，构建和谐社会需要鼓励诉前化解矛盾，法院应当着力加强和推动诉前联调等非诉纠纷解决方式。

（二）司法便民、利民措施仍需进一步完善。

1. 调查显示，司法便民满意率为86.3%，排在司法服务

10项测评指标的最后1位。其中，19.8%的群众认为在当地法院打官司“很方便”，认为“比较方便”的占32.4%；认为“一般”的占34%，认为“不太方便”和“很不方便”的比例分别占7.4%、6.4%（详见表5）；此外，群众对当地法院近年来推出的便民、利民措施的满意率为91.9%，其中表示“满意”的占20.6%，“比较满意”的占28.0%，选择“基本满意”的占43.3%，表示“不太满意”和“不满意”的比例之和为8.1%。表明，尽管群众对我省法院近年来在推进司法便民方面推出的措施的满意率已达到优秀水平，但是仍然与群众日益增长的司法需求存在差距，致使群众对司法便民的总体评价较低。在三类调查对象对司法便民工作的评价中，相关从业人员满意率为90.0%，案件当事人为88.4%，普通群众为79.7%，表明越是与法院工作联系密切的群众对司法便民工作的感知越高，相应地满意率也越高。

**表5　各类受访群体对司法便民工作的评价**

单位：分/%

| 评价<br>身份 | 满意 | 比较满意 | 基本满意 | 不太满意 | 不满意 | 满意度 | 满意率 |
|---|---|---|---|---|---|---|---|
| 总　体 | 19.8% | 32.4% | 34.0% | 7.4% | 6.4% | 70.4 | 86.3% |
| 普通群众 | 18.8% | 24.5% | 36.3% | 11.6% | 8.8% | 66.6 | 79.7% |
| 案件当事人 | 18.9% | 35.3% | 34.2% | 6.0% | 5.6% | 71.2 | 88.4% |
| 相关从业人员 | 21.8% | 36.5% | 31.7% | 5.0% | 5.0% | 73.0 | 90.0% |

2. 非珠三角城市法院在司法便民评价中表现突出。调查显示，“司法便民”满意率较高的前六位中级法院依次是：云浮、揭阳、阳江、潮州、广州、江门，满意率在91%以上，处于优秀水平，除广州、江门之外，均为非珠三角城市法院；满意率较低的后五位中级法院依次为：中山、深圳、东莞、佛山、茂名，在80%左右，满意率基本处于中等水平，除茂名之外，均为珠三角城市法院。这可能是由于珠三角法院普遍存在“案多人少”矛盾，在案件压力逐年增大，办案力量难以有效增加的情况下，法院提供的司法便民服务水平难以满足群众的需求。详见图2：

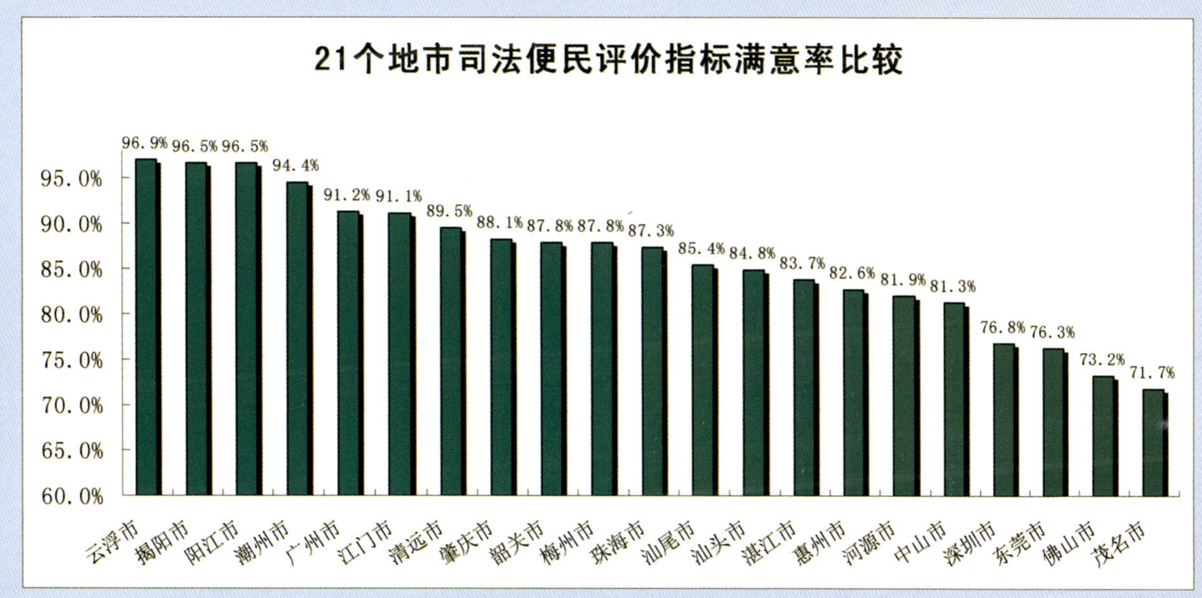


图2

（三）立案、信访两个“文明窗口”建设成效明显。

虽然群众对“司法便民”的总体评价在10项司法服务测评指标中位列最后，但是群众对法院立案、信访两个“文明窗口”工作的满意率为92.9%。其中，表示“满意”和“比较满意”的比例分别为21.6%、28.2%；表示“基本满意”的占43.1%，表示“不太满意”和“不满意”的分别占2.7%、4.4%。表明，我省法院立案、信访两个文明窗口建设成效明显，得到了群众的充分感知和认可。同时也表明，各级法院在提供司法便民服务时除了继续注重立案、信访环节以外，还要在提供司法便民的广度、深度上下工夫。

## 二、审判与执行

(一) 司法公正水平得到充分肯定。

1. 本次调查中，“司法公正”满意率为92.3%，位居司法服务10项测评指标的第3位。与此项调查有关的是群众对“审判结果”的满意率为93.0%，位列10项指标第一位。其中，五成受访群众对当地法院审判的公正性表示“满意(20.3%)”或“比较满意（29.7%)”；表示“基本满意”的占42.3%，表示“不太满意”和“不满意”的分别占2.5%、5.2%。表明，我省法院在深化司法公开、维护司法公正方面所做的努力，得到了广大群众的充分肯定。在三类调查对象中，相关从业人员的满意率最高，达97.1%，案件当事人群体次之，达到91.1%，普通群众的满意率最低，为88.6%。这表明，越是与法院工作联系紧密的受访群体对司法公正水平的满意度越高。而普通群众满意率较低的原因可能是对法院工作不了解，容易受个别负面信息的误导所致，也可能是对其他机关的满意程度不理想的影响所致。详见表6：

表6　各类受访群众对司法公正的评价

单位：分/%

| 评价<br>身份 | 满意 | 比较满意 | 基本满意 | 不太满意 | 不满意 | 满意度 | 满意率 |
|---|---|---|---|---|---|---|---|
| 总　体 | 20.3% | 29.7% | 42.3% | 2.5% | 5.2% | 71.5 | 92.3% |
| 普通群众 | 17.1% | 23.4% | 48.1% | 4.4% | 7.0% | 67.8 | 88.6% |
| 案件当事人 | 21.1% | 31.5% | 38.5% | 2.9% | 6.0% | 71.8 | 91.1% |
| 相关从业人员 | 22.2% | 33.4% | 41.5% | 0.7% | 2.2% | 74.5 | 97.1% |

2. 各市中级法院在司法公正方面的满意率存在一定差异，排名越靠后的差异越显著。本次调查中，12个中院的满意率超过90%，达到优秀水平，占所有中院的57.1%。7个中院的满意率在80%-90%之间，达到良好水平，两个中院的满意率不足80%。其中满意率较高的前五位中院依次是：云浮、揭阳、惠州、珠海、江门，满意率在96%以上，相互间差异较小，前五位的最大差异为2.8个百分点；满意率较低的后五位中院依次为：佛山、阳江、河源、汕尾、茂名，满意率在75%-88%之间，相互间差异较大，后五位的最大差异达12.6个百分点。可见，排名越靠后的“司法公正”水平差异越大。详见图3：

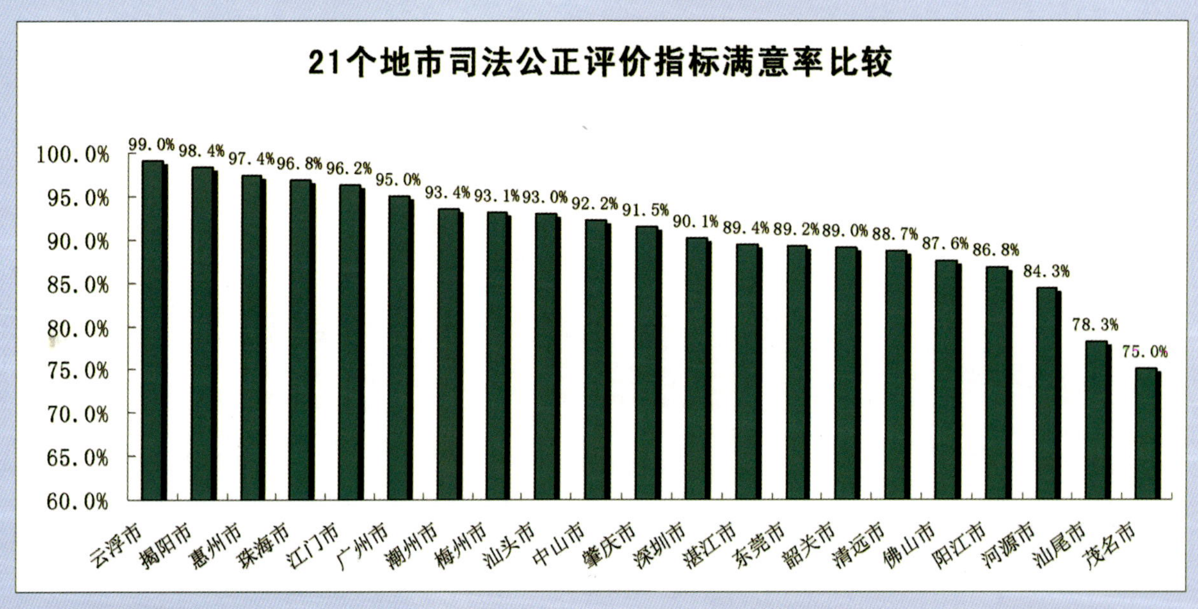


图3

(二) 司法效率有待进一步提升。

1. 本次调查中，“司法效率”满意率为89.8%，位居司法服务10项测评指标的第7位。其中，16.7%的群众认为当地法院审理案件的“效率很高”，认为“效率较高”的占30.5%；认为效率“一般”的占42.6%，认为“效率不太高”和“效率低下”的分别占5.3%、4.9%。表明，我省法院在强

化审判管理、确保办案效率方面的工作未被部分群众明显感知。在三类调查对象中，相关从业人员的满意率为95.1%，案件当事人群体的满意率为89.5%，而普通群众为84.2%。表明越是与法院工作联系密切，越是了解法院工作的调查对象对司法效率的满意程度越高。而普通群众可能是对党政机关的总体工作效率不满意，因而对司法效率的评价也较低。另外，与其他公共管理过程相比，诉讼程序相对比较繁琐、复杂，与群众希望尽快解决纠纷的要求存在一定的矛盾，但是诉讼程序的设立本身就是为了确保司法公正，因此需要不断提高群众对必要诉讼程序的认同，而不能简单地理解为司法效率低。详见表7：

2.各市中级法院司法效率满意率差异最小。本次调查中，

**表7　各类受访群体对司法效率的评价**

单位：分/%

| 评价／身份 | 满意 | 比较满意 | 基本满意 | 不太满意 | 不满意 | 满意度 | 满意率 |
|---|---|---|---|---|---|---|---|
| 总　体 | 16.7% | 30.5% | 42.6% | 5.3% | 4.9% | 69.8 | 89.8% |
| 普通群众 | 14.2% | 22.0% | 48.0% | 9.4% | 6.4% | 65.6 | 84.2% |
| 案件当事人 | 17.2% | 33.5% | 38.8% | 5.6% | 5.0% | 70.5 | 89.5% |
| 相关从业人员 | 18.4% | 34.6% | 42.1% | 1.3% | 3.5% | 72.6 | 95.1% |

司法效率满意率较高的前五位中级法院依次是：云浮、揭阳、广州、梅州、江门，满意率在93%以上，处于优秀水平；满意率较低的后五位中级法院依次为：中山、河源、佛山、东莞、茂名，满意率在84%左右，基本处于良好水平，评价最高（98%）与最低（78.1%）的法院相差19.9个百分点，在司法服务10项测评指标中城市间差异最小。表明，各市中级法院司法效率水平差异不太大。详见图4：

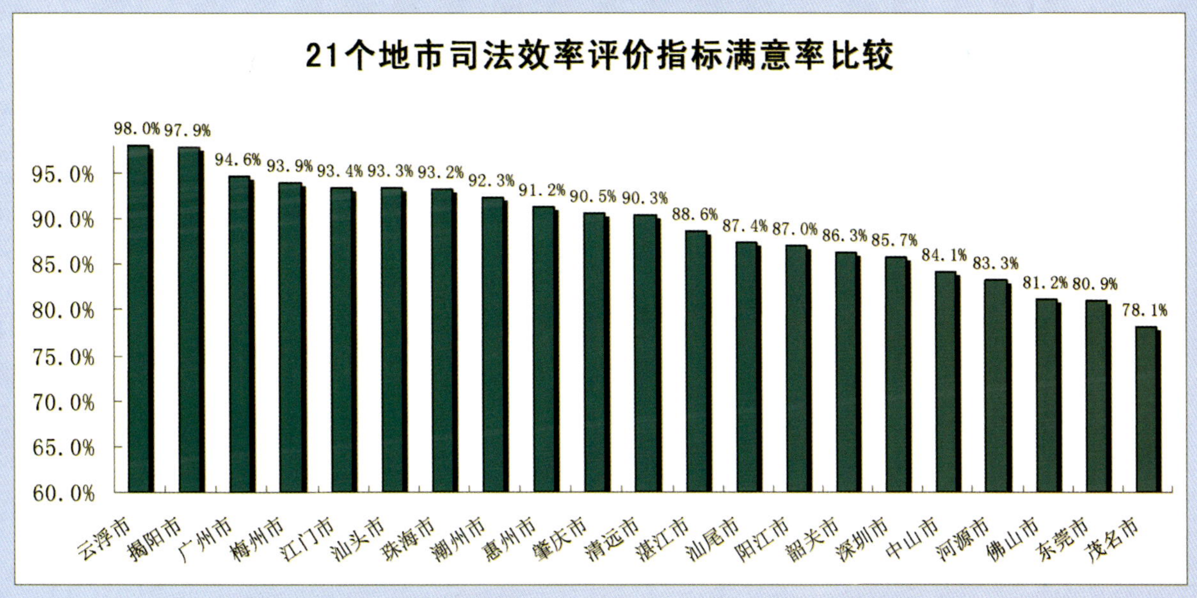


图4

（三）审判结果和能动司法的成效得到群众充分认可。

本次调查中，“审判结果”与“主动执行”的满意率分别为93%、92.4%，分列司法服务10项测评指标的第1位和第2位。表明，我省法院在提高审判质量，推动能动司法，加强审判管理方面取得了显著成效，得到了人民群众的明显感知和充分认可。

1. 调查显示，16.4%的群众对当地法院审判结果表示“满意”，表示“比较满意”的占29.1%，表示“基本满意”的占47.6%，表示“不太满意”和“不满意”的分别占4%、3%（详见表8）。与对“审判结果”满意率较高相一致，群众对“司法公正”的满意率也达到92.3%，表明群众对案件处理结果，也即实体公正的满意率较高。在三类调查对象中，对“审判结果”的满意率都达到90%以上，在所有10项测评指标中，是唯一一项三类调查对象都给予优秀评价的指标。

在对审判结果不满意的人群中，有19.6%的人会服从法院判决，46%的人表示继续向法院申诉，7.2%的人表示向院长投诉，27.1%的人会向有关部门反映情况。

云浮、潮州两地群众对审判结果感受相当。调查显示，审判结果满意率较高的前五位中级法院依次是：云浮、潮州、揭阳、茂名、惠州，满意率在96%以上，其中，云浮、潮州的满意率分别为98.2%、98.1%,两者仅相差0.1个百分点。说明，云浮、潮州两地群众对审判结果的感受相当一致；满意率较低的后五位中级法院依次为：东莞、湛江、深圳、阳江、汕尾，满意率在88%以下，基本处于良好水平。值得注意的是，茂名中院虽然大多数指标落后，但此项指标位居前五位。详见图5：

表8　各类受访群体对审判结果的评价

单位：分/%

| 评价<br>身份 | 满意 | 比较满意 | 基本满意 | 不太满意 | 不满意 | 满意度 | 满意率 |
|---|---|---|---|---|---|---|---|
| 总　体 | 16.4% | 29.1% | 47.6% | 4.0% | 3.0% | 70.4 | 93.0% |
| 普通群众 | 14.4% | 22.7% | 55.1% | 4.7% | 3.0% | 68.1 | 92.2% |
| 案件当事人 | 18.1% | 30.7% | 43.1% | 4.6% | 3.5% | 71.1 | 91.9% |
| 相关从业人员 | 16.1% | 32.6% | 46.4% | 2.6% | 2.3% | 71.5 | 95.1% |

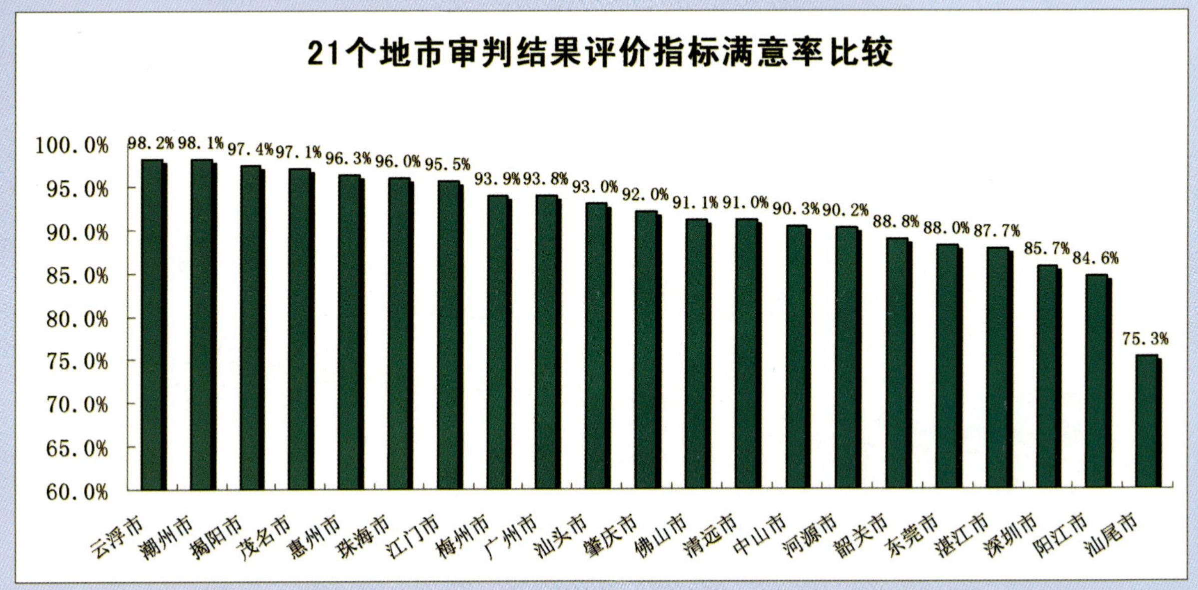


图5

2. 调查显示，分别有20.3%、28.3%的群众对广东法院推出“主动执行”等破解执行难的改革措施和成效表示“满意”和“比较满意”；表示“基本满意”的占43.9%，表示“不太满意”和“不满意”的比例分别占3.7%、3.9%（详见表9）。

有13个中院在主动执行方面的满意率达到全省法院平均

表9　各类受访群体对主动执行工作的评价

单位：分/%

| 评价<br>身份 | 满意 | 比较满意 | 基本满意 | 不太满意 | 不满意 | 满意度 | 满意率 |
|---|---|---|---|---|---|---|---|
| 总　体 | 20.3% | 28.3% | 43.9% | 3.7% | 3.9% | 71.5 | 92.4% |
| 普通群众 | 19.2% | 26.1% | 46.3% | 4.0% | 4.5% | 70.3 | 91.5% |
| 案件当事人 | 18.0% | 28.2% | 43.2% | 6.4% | 4.2% | 69.8 | 89.3% |
| 相关从业人员 | 23.8% | 30.3% | 42.5% | 0.4% | 3.1% | 74.3 | 96.6% |

水平。对主动执行工作的满意率为92.4%。其中，云浮、揭阳、汕头、东莞、惠州、珠海、广州、江门、潮州、清远、梅州、韶关、湛江13个地市中院的满意率都在92.4%以上，是司法服务10项测评指标中达到全省平均水平的法院个数最多的指标。详见图6：

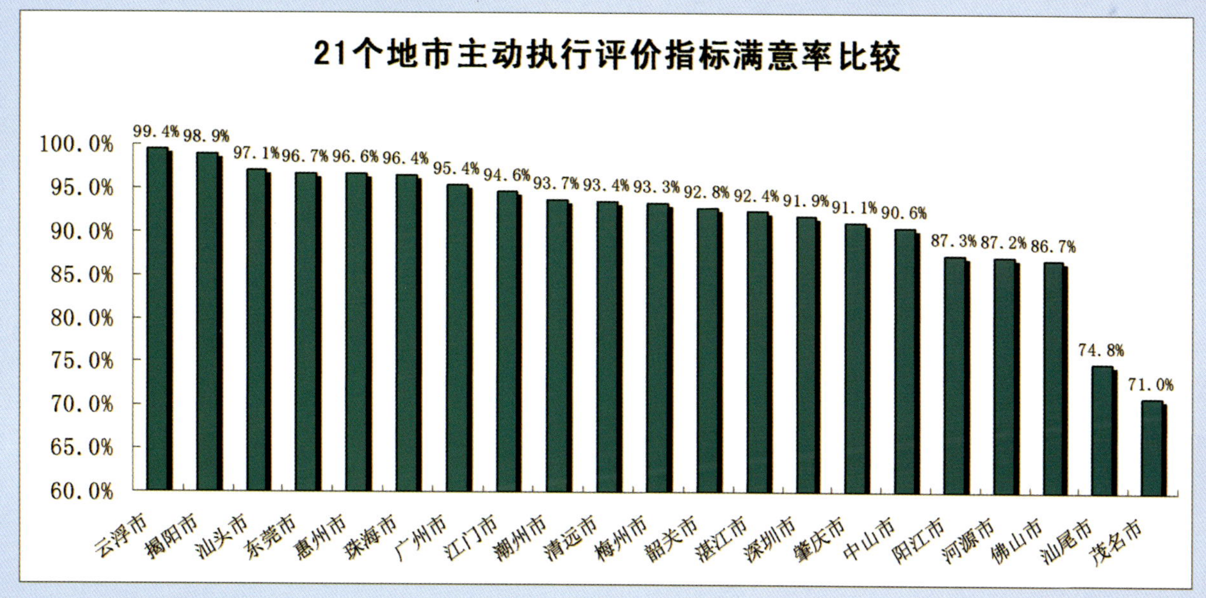


图6

（四）司法公开机制进一步完善。

1. 本次调查中，司法公开满意率为91.1%，位居司法服务10项测评指标的第4位。其中，18.2%的群众认为当地法院推行司法公开的成效“很好”，认为“比较好”的为30.8%，认为“成效一般”的占42.2%，认为“不太好”和“很差”的分别占4.2%、4.6%。表明，我省法院在深入推进司法公开方面取得了较大进展，得到了广大群众的好评。司法公开是促进公正执法、实现司法民主、保证廉洁司法、确保司法监督和有效推进法院工作的重要手段，仍需继续深化。在三类调查对象中，相关从业人员的满意率为94.6%，案件当事人群体的满意率为90.4%，而普通群众为88.2%。该项调查结果也表明，越是对法院工作了解较多的群众对司法公开的满意程序越高。详见表10：

2. 群众对云浮、揭阳中院的司法公开工作满意率最高。

**表10　各类受访群体对司法公开工作的评价**

单位：分/%

| 评价<br>身份 | 满意 | 比较满意 | 基本满意 | 不太满意 | 不满意 | 满意度 | 满意率 |
|---|---|---|---|---|---|---|---|
| 总　体 | 18.2% | 30.8% | 42.2% | 4.2% | 4.6% | 70.7 | 91.1% |
| 普通群众 | 17.1% | 24.8% | 46.3% | 6.3% | 5.5% | 68.4 | 88.2% |
| 案件当事人 | 16.6% | 32.5% | 41.3% | 4.5% | 5.0% | 70.2 | 90.4% |
| 相关从业人员 | 20.9% | 34.4% | 39.4% | 1.9% | 3.4% | 73.5 | 94.6% |

司法公开满意率较高的前五位中级法院依次是：云浮、揭阳、江门、惠州、汕头，满意率在94.5%以上，处于优秀水平，其中，云浮、揭阳中院满意率最高，分别达98.1%、96%；满意率较低的后五位中级法院依次为：阳江、佛山、河源、汕尾、茂名，满意率在71%–88%之间，基本处于良好水平。详见图7：

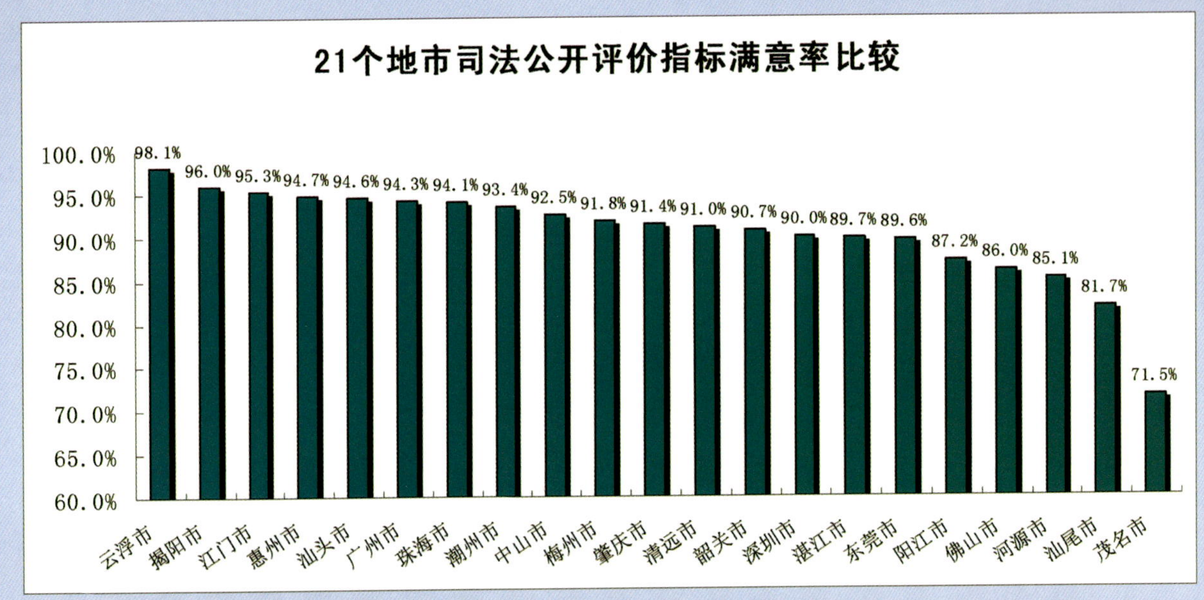


图7

### 三、司法作风与形象

（一）群众对司法作风给予肯定评价。

1. 调查显示，司法作风满意率为87.4%，位居司法服务10项测评指标的第8位。其中，分别有18.6%、26.3%的群众对当地法院干警的言行举止和工作作风（接待接访、庭审规范、对待当事人态度等）表示“满意”和“比较满意”，表示“基本满意”的占42.5%，表示“不太满意”和“不满意”的分别占5.6%、7.1%。表明，我省法院虽然在转变司法理念、改进司法作风方面取得了积极进展，不过与人民群众的期待依然有差距，仍需进一步改进司法作风（详见表11）。在三类调查对象中，相关从业人员的满意率为92.9%，案件当事人群体的满意率为87.2%，而普通群众为81.7%。这也表明，越是对法院工作了解的群众对司法作风的满意程度越高，而普通群众对司法作风的评价较低，可能是受群众对其他执法机关工作作风的评价的影响。

此外，群众对当地法官的综合素质和办案水平满意率为90.6%，其中，表示“满意”和“比较满意”的分别占19.4%、28.4%；表示“基本满意”的占42.8%，表示“不太满意”和“不满意”的分别占3.6%、5.8%。表明，群众对法官队伍的综合素质和办案水平给予了较高评价，对近年来全省法院不断提高队伍的整体素质的情况给予较高评价。

值得注意的是，群众对“当地法院是否经常联系群众，倾听意见，改进工作方面”的满意率较低，仅为68.1%。其中，选择“经常”和“比较经常”的群众占15.2%、17.1%；选择“一般”的占35.8%，认为“不经常”和“没有”的分别占16.6%、15.3%。三类调查对象的满意率都不高，其中相关从业人员的满意率为76.9%，案件当事人群体的满意率为68.8%，而普通群众为58.0%。可见，不少基层法院在主动深入基层、了解群众的诉求方面做得尚不到位，离群众的期望有较大差距。这可能有三个方面的原因，一是群众对司法工作的被动性的认同还不够，对法院与其他党政机关在联系群众的方式方面的差异了解不够；二是一些法院较多注重向党委、人大等部门报告工作，而对直接面向群众、联系群众有所忽视，部分法官对于司法被动性的理解过于片面，缺乏主动联系群众的积极性；三是部分法院迫于“案多人少”带来的办案压力，分身乏术、疲于应付，无暇联系群众。

表11　各类受访群体对司法作风的评价

单位：分/%

| 评价<br>身份 | 满意 | 比较满意 | 基本满意 | 不太满意 | 不满意 | 满意度 | 满意率 |
|---|---|---|---|---|---|---|---|
| 总　体 | 18.6% | 26.3% | 42.5% | 5.6% | 7.1% | 68.8 | 87.4% |
| 普通群众 | 16.1% | 19.3% | 46.3% | 8.6% | 9.7% | 64.7 | 81.7% |
| 案件当事人 | 18.5% | 28.5% | 40.3% | 5.8% | 6.9% | 69.1 | 87.2% |
| 相关从业人员 | 21.1% | 30.4% | 41.4% | 2.3% | 4.8% | 72.2 | 92.9% |

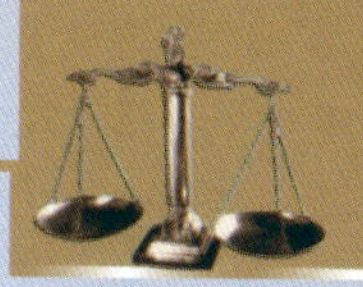

2.云浮中院司法作风表现优秀。本次调查中，司法作风满意率较高的前五位中级法院依次是：云浮、珠海、揭阳、江门、惠州，满意率在93%以上，处于优秀水平，相比之下，云浮中院表现更优，满意率为96.9%，比排名第二的法院(94.6%）高出2.3个百分点；满意率较低的后五位中级法院依次为：清远、河源、佛山、汕尾、茂名，满意率在68%-84%之间。值得注意的是，排名越靠后，差异越明显。详见图8：

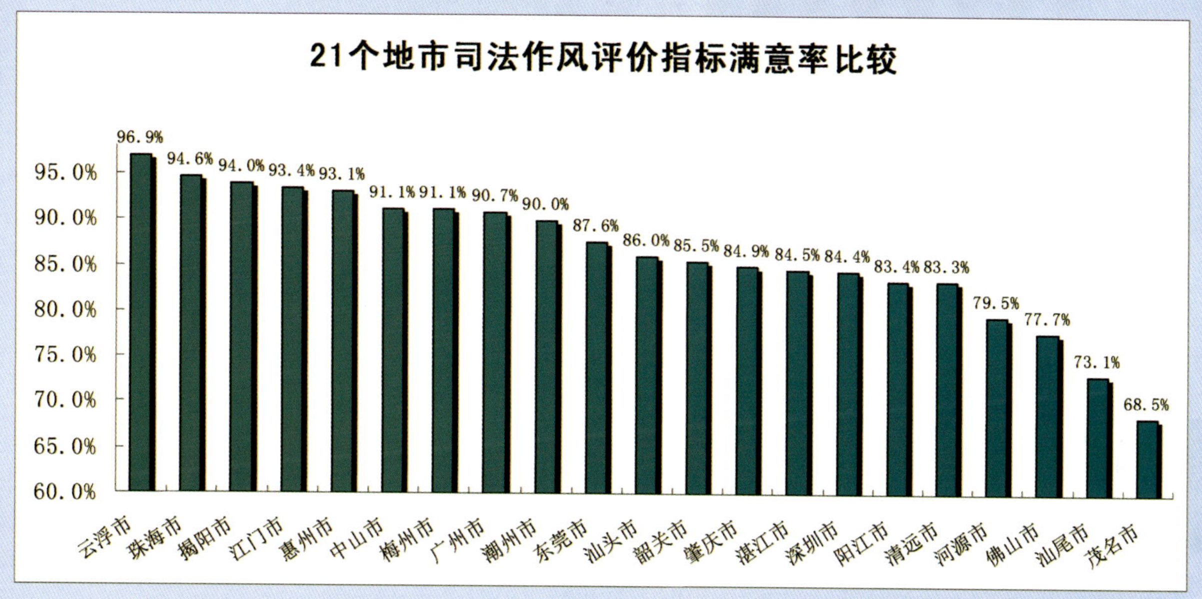


图8

（二）人民群众对司法形象给予肯定评价。

1. 本次调查中，司法形象满意率为90.5%，位列司法服务10项测评指标的第5位（与司法廉洁并列）。其中，“与当地其他党政机关相比”，14.6%的群众认为法院形象和作风“最好”，认为“居前”的为25.1%；认为“中等”的占50.8%，认为“靠后”和“最差”的分别占3.9%、5.6%。表明，人民群众对法院形象的认可度较高。在三类调查对象中，相关从业人员的满意率为95.1%，案件当事人群体的满意率为89.3%，而普通群众为87.0%。这也表明，越是与法院工作联系密切的群众对司法形象的评价也越高。详见表12：

2. 群众对云浮、珠海、惠州、揭阳、江门法院司法形象的感知较为接近。本次调查中，司法形象满意率较高的前五位中级法院依次是：云浮、珠海、惠州、揭阳、江门，满意率相当接近，在95%-97%之间，前五位的最大差异仅为1.9个百分点；满意率较低的后五位中级法院依次为：佛山、清远、河源、汕尾、茂名，满意率在69%-86%之间，最大差异达16个百分点，比排名前五的差异大很多。详见图9：

**表12 各类受访群体对司法形象的评价**

单位：分/%

| 身份＼评价 | 满意 | 比较满意 | 基本满意 | 不太满意 | 不满意 | 满意度 | 满意率 |
|---|---|---|---|---|---|---|---|
| 总　体 | 14.6% | 25.1% | 50.8% | 3.9% | 5.6% | 67.9 | 90.5% |
| 普通群众 | 13.3% | 19.7% | 54.0% | 6.4% | 6.6% | 65.3 | 87.0% |
| 案件当事人 | 14.1% | 26.4% | 48.8% | 4.7% | 6.0% | 67.6 | 89.3% |
| 相关从业人员 | 16.5% | 28.6% | 50.0% | 0.6% | 4.3% | 70.5 | 95.1% |

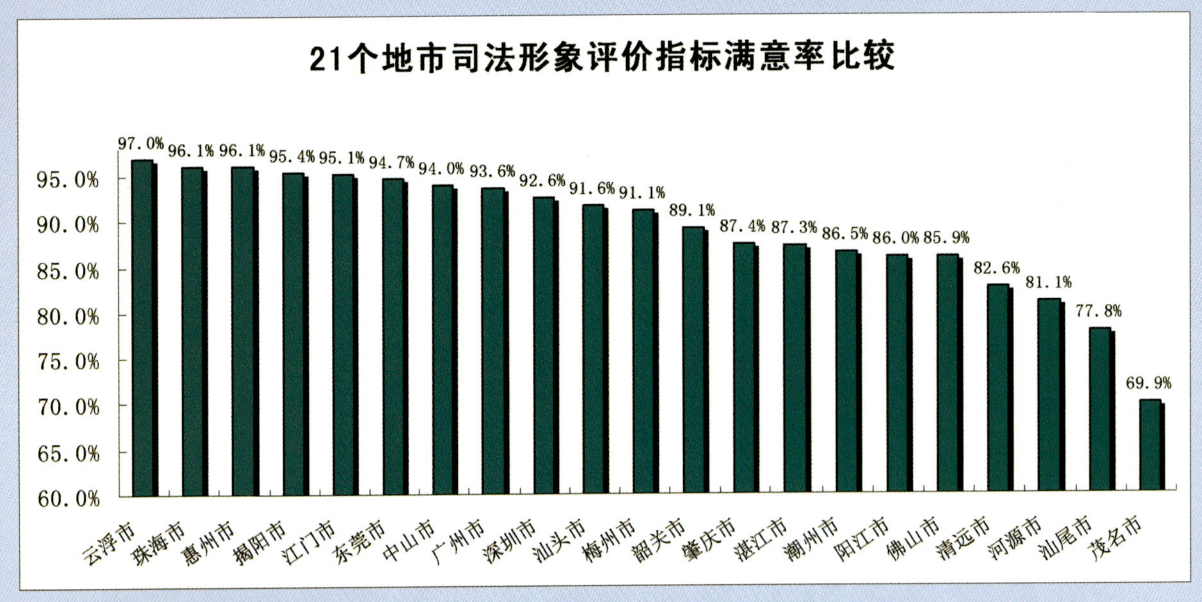


图9

## 四、廉政建设与监督

（一）法院党风廉政建设扎实推进,执行“五个严禁”、抵制“吃拿卡要”不正之风等举措受到群众充分肯定。

1. 调查显示，司法廉洁满意率为90.5%，位列司法服务10项测评指标的第5位。其中，15.6%的群众认为当地法院近几年来党风廉政建设的总体成效“很好”，认为“比较好”的占30%；认为“成效一般”的占44.9%，认为“不太好”和“不好”的分别占4%、5.5%。表明，我省法院在党风廉政建设方面的努力及成效，得到了广大群众的认可和赞同(详见表13)。在三类调查对象中，相关从业人员的满意率为95.6%，案件当事人群体的满意率为89.9%，而普通群众为85.9%。

表13　各类受访群体对司法廉洁的评价

单位：分/%

| 评价／身份 | 满意 | 比较满意 | 基本满意 | 不太满意 | 不满意 | 满意度 | 满意率 |
|---|---|---|---|---|---|---|---|
| 总　体 | 15.6% | 30.0% | 44.9% | 4.0% | 5.5% | 69.3 | 90.5% |
| 普通群众 | 13.6% | 22.6% | 49.7% | 7.1% | 7.0% | 65.7 | 85.9% |
| 案件当事人 | 15.0% | 32.1% | 42.8% | 4.3% | 5.7% | 69.3 | 89.9% |
| 相关从业人员 | 18.2% | 34.7% | 42.7% | 0.7% | 3.8% | 72.6 | 95.6% |

另外，群众对执行“五个严禁”，杜绝“关系案、人情案、金钱案”成效的满意率为89.4%，其中，认为“很有成效”的占16.4%，认为“较有成效”的占29.5%，认为“成效一般”的占43.5%，认为“成效较小”和“没有成效”的分别占5.2%、5.4%。在三类调查对象中，相关从业人员的满意率为95.0%，案件当事人的满意率为90.4%，普通群众的满意率为82.1%，表明越是与法院工作联系密切的群众对此项工作的满意率越高。

2. 各市中级法院司法廉洁满意率差异最为显著。本次调查中，13个中院的满意率超过90%，达到优秀水平，占所有中院的61.9%，6个中院的满意率在80%-90%之间，达到良好水平，两个中院的满意率不足80%。其中满意率较高的前五位中级法院依次是：云浮、揭阳、珠海、江门、梅州，均在94%以上；满意率较低的后五位中级法院依次为：河源、阳江、佛山、汕尾、茂名，满意率在66%-87%之间。评价最高(97.2%)与最低(66.5%)的法院差异达30.7个百分点，在司法服务10项测评指标中城市间差异最大。表明，群众对各市中级法院在司法廉洁方面的评价相差很大，云浮、揭阳、珠海等评价较好的中院的经验值得借鉴。需要指出的是，茂名地区廉政建设总体情况不佳和个别区县法院系统出现的司法腐败案例，极大地影响了群众对法院司法廉洁的评价。详见图10：

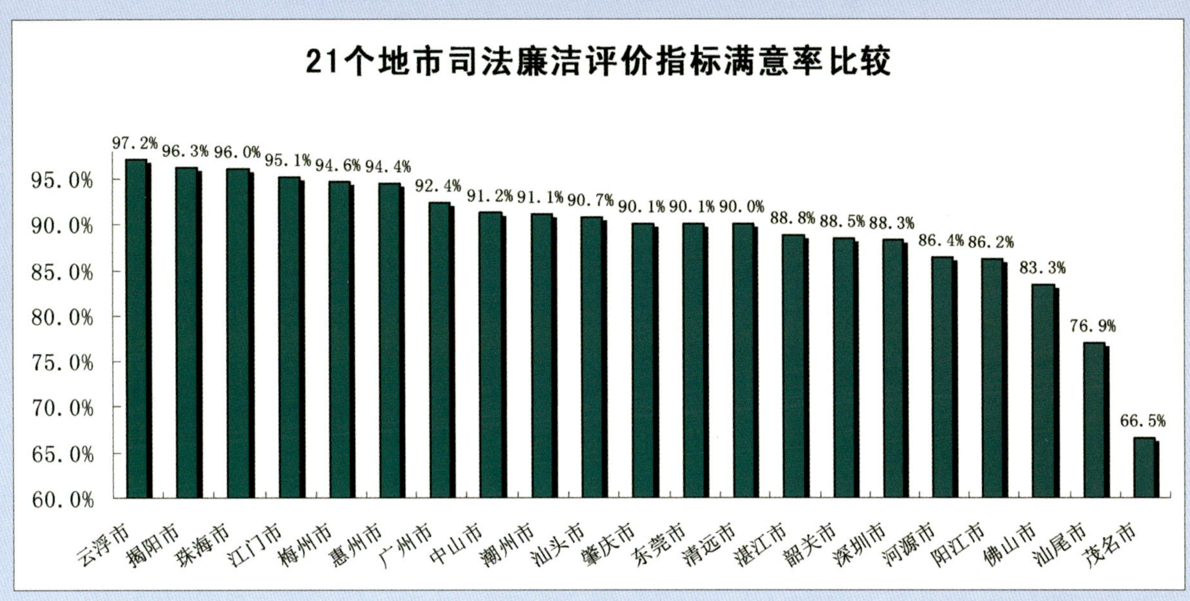


图10

（二）社会监督机制逐步完善。

调查显示，群众对法院自觉接受社会监督方面的满意率为89.3%，接近优秀。其中，认为做得“很好”和“比较好”的分别占16.5%、28%，认为“一般”的占44.8%，认为“不太好”和“很差”的分别占5.6%、5.0%。表明，近年来，全省法院通过开展“六个一百”等活动，主动接受社会监督取得的成效得到群众的认可。

五、总体评价

（一）争当全国法院“排头兵”工作成效明显。

本次调查中，92.7%的群众对广东法院整体工作位居全国法院排头兵地位给予充分肯定评价，认为“中下”或“靠后”的仅占7.3%。表明，我省法院争当排头兵工作取得了明显成效，得到了人民群众的充分感知和普遍好评。

群众对广东法院提出“三项硬要求”（即服判息诉、案结事了是审判执行工作的“硬道理”，增强司法能力是法院队伍建设的“硬任务”，人民满意是衡量法院工作成效的“硬标准”）的总体工作思路的满意率达96.3%，其中，认为“很好”和“比较好”的分别占21.1%、34.4%，认为“一般”的占40.7%，认为“不太好”和“很差”的仅分别占1%、2.8%。表明，广东法院提出“三项硬要求”的总体工作思路得到了人民群众的高度认同。

（二）服务大局能力仍需增强。

1. 群众对法院服务地方经济社会发展、维护社会和谐稳定所起的作用的满意率为87.2%，位居司法服务10项测评指标的第9位。其中，51%的群众认为“作用很大（20.1%）”或“比较大（30.9%）”，认为“作用一般”的占36.2%，认为作用“不太明显”和“很小”的分别占7.7%、5.1%。在三类调查对象中，相关从业人员的满意率为90.8%，案件当事人群体的满意率为87.2%，而普通群众为80.6%。这可能是受到多数群众对法院服务大局的认知不够所致。由于满意度反映的是群众的现实感受与期望值之间的差距。因而群众满意度受到现实感受和群众期望的影响。群众对法院服务大局越不了解，现实感受就越不好，在期望值不变的情况下，满意度就越低。同时也说明我省法院在向群众宣传服务大局方面的做法和作用的力度还不够。详见表14：

2. 各市中级法院服务大局满意率差异亦较为明显。本次

表14　各类受访群体对法院工作服务大局的评价

单位：分/%

| 评价 / 身份 | 满意 | 比较满意 | 基本满意 | 不太满意 | 不满意 | 满意度 | 满意率 |
|---|---|---|---|---|---|---|---|
| 总　体 | 20.1% | 30.9% | 36.2% | 7.7% | 5.1% | 70.6 | 87.2% |
| 普通群众 | 17.6% | 25.8% | 37.2% | 12.7% | 6.7% | 67.0 | 80.6% |
| 案件当事人 | 18.4% | 31.7% | 37.2% | 7.9% | 4.9% | 70.1 | 87.2% |
| 相关从业人员 | 21.5% | 35.2% | 34.1% | 5.5% | 3.7% | 73.0 | 90.8% |

调查中，法院服务大局满意率较高的前五位中级法院依次是：云浮、珠海、广州、梅州、揭阳，满意率在92%以上，处于优秀水平；满意率较低的后五位中级法院依次为：惠州、肇庆、河源、汕尾、茂名，满意率在66%-84%之间，评价最高（96.9%）与最低（66.9%）的法院差异达30个百分点，在司法服务10项测评指标中城市间差异亦相当大。详见图11：

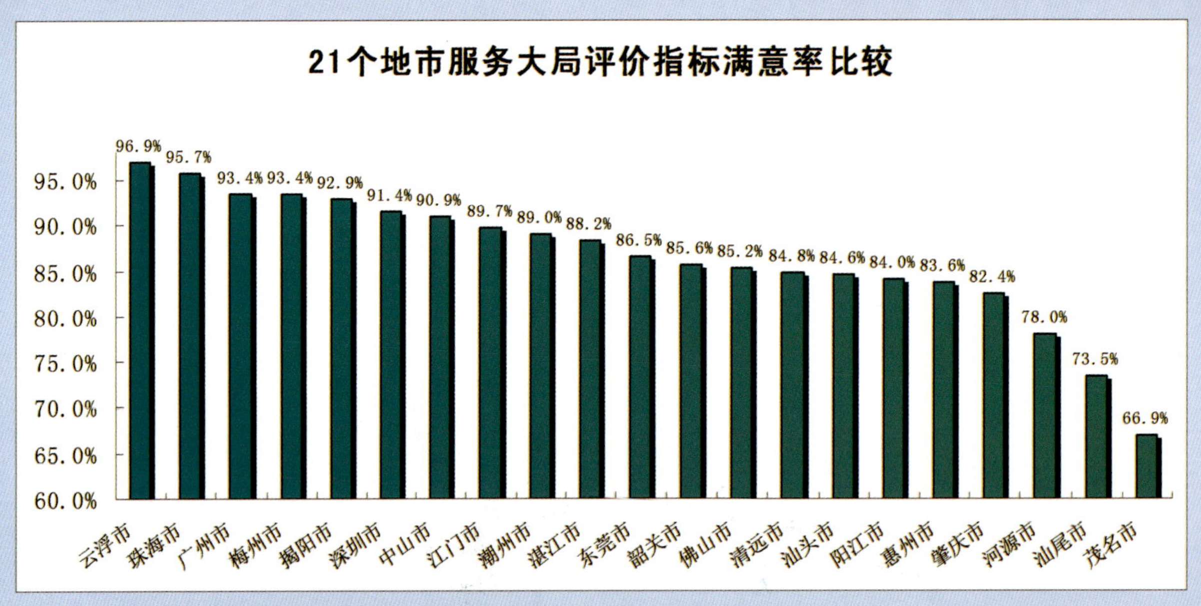


图11

## 第三部分 问题与建议

近年来，全省各级法院紧紧围绕整体工作争当全国法院排头兵的目标，开展了量刑规范化、主动执行、五项廉政制度、司法宣传机制改革等一系列改革措施，司法能力和司法水平显著提升，得到了群众的充分肯定和赞扬。但在调查中也反映出各级法院的司法服务水平和满足群众不断增长的司法需求方面还存在一些突出问题，具体表现在：

### 一、法院工作群众满意度仍需进一步提升

在满意度调查中，国内外的优秀机构都非常关注“顶级回答”比例，即答“很好/满意”的人所占百分比。在本次群众对法院工作整体评价中，选择“基本满意”的群众占到43.6%，超过“满意”（20.8%）或“比较满意”（30.7%）的比例，可见，尽管人民群众对法院工作总体上是认可的，但与群众日益增长的需求相比，各级法院如何将“基本满意”做到“满意”，为群众提供更加专业化、精细化的司法服务是下一步工作的重点。

### 二、落实司法为民宗旨的措施需进一步加强

群众对“当地法院是否经常联系群众，倾听意见，改进工作方面”的满意度仅为68.1%，是本次调查的25个问题中满意度最低、也是唯一低于80%的指标。这说明我省部分法院在落实司法为民宗旨中成效不大或者流于形式，在信访、立案、案件回访、司法宣传等工作环节中，未能真正深入基层、深入群众，主动做到察民情、办实事、解民忧；各级法院仍然缺乏与群众之间的良性互动机制和改善司法与群众关系的长效工作机制，这在一定程度影响了人民法院和法官在群众中的亲民、为民形象。

### 三、普通群众对法院工作满意度还有待提升

满意度反映的是体验值与期望值的差距，法院是解决各种矛盾的最后防线，人民群众普遍期望值很高，但由于大多数普通群众较少体验到司法服务，对司法信息掌握得不充分，容易受到负面新闻或者本地总体政务环境的影响，从而影响到群众对法院工作的信任度。因此，信息公开程度和宣传力度不够，仍然是各级法院需要面对的重要问题，尤其是一些当地人文、政务环境不太理想的地区更需重视。

### 四、司法便民、司法作风、司法效率应重点加强

近年来，我省法院推出了一系列审判执行领域和廉政建设方面的改革措施，特别是深入开展“争当排头兵”工作，重点对审判执行工作中的质效指标开展竞赛，案件审判质量管理得到全面加强。此次调查中，审判结果、主动执行、司法公正几项指标位居10项重点司法评价指标前列提供了佐证。而相对于狠抓审判质量管理、着力实现公平正义，各级法院在创新便民举措、加强工作作风建设、提升司法形象、提高司法效率等方面的工作力度还不够大，得分普遍处于后列，而这恰恰又是普通群众较为关心的方面，因此，要提高广大人民群众对法院工作的满意度，需要突出重点，均衡发展，统筹兼顾，全面提升。

五、服务大局意识需进一步提高

此次调查中，群众对各地法院服务地方经济社会发展、维护社会和谐稳定的作用评价还不理想。随着经济社会的快速发展，人民内部各种利益矛盾日益复杂，转型期间的社会问题、民生问题越来越多，且形式多样，错综复杂，敏感性强，稍有不慎即容易引起社会不稳定，这对各级法院在服务经济发展、化解社会矛盾、维护社会稳定、促进社会和谐、保障社会公平正义中的作用提出了新的更高要求，各级法院必须牢固树立服务大局意识，坚持改革创新，主动作为，才能不断提升法院形象和公信力。

六、促进司法廉洁的措施需要进一步加强

调查显示，群众对司法廉洁的满意率刚刚超过优秀水平(90.5%)。司法廉洁是确保司法公正、提升司法公信力的必要条件，群众对司法廉洁的要求不论多高都有其合理性。司法机关作为维护社会公平正义的最后一道防线，必须进一步高度重视司法廉洁问题，要针对暴露出的各种细小问题，深入剖析，查找源头，建章立制，堵塞漏洞，治本清源，确保司法廉洁。

针对上述问题，我们提出如下工作建议：

一、牢固树立“司法为民”宗旨，高度重视人民群众满意度

要抓好思想政治教育，深入开展 “人民法官为人民”、“发扬传统、坚定信念、执法为民”等主题教育实践活动，切实增强干警对法院“人民性”的理论认同、感情认同和实践认同。要坚持以人为本，把维民权作为服务大局的落脚点，把便民事作为以人为本的工作标准，把促民和作为调、判结合的延伸，把畅民意作为倾听群众诉求的渠道，注重为人民群众排忧解难。要把人民群众满意作为检验法院工作的根本标准，深入推进三项重点工作，自觉践行社会主义法治理念，努力实现好、维护好、发展好最广大人民群众的根本利益。

二、畅通民意诉求渠道，不断创新便民利民举措

做好群众工作，关键要了解群众的愿望。要继续加强立案、信访两个“文明窗口”建设力度，完善民意收集平台，加大民意互动渠道建设力度；要继续加大对弱势群体的司法保护力度，拓展司法救助途径，加大司法救助力度；要真正落实干群对话机制，主动深入基层、深入企业、深入群众，寻找和解决群众反映最为突出的焦点和难点问题；要建立群众工作联系点制度，构建法官、律师、当事人良性互动机制，进一步拓宽民意诉求渠道，增强法官在人民群众中的亲和力，密切与群众的血肉联系。

三、加大队伍建设和司法工作宣传力度，让普通群众深入了解法院工作

各级法院要高度重视新闻宣传工作，主动加强与新闻媒体的沟通合作，坚持团结稳定鼓劲、正面宣传为主的方针，做好主题宣传、典型宣传、成就宣传；要加强舆情监测和舆论引导，加强新闻宣传工作者队伍建设，创新宣传形式，拓宽宣传渠道，努力为法院工作发展营造良好的舆论环境；要高度重视和积极拓展网络宣传，形成宣传合力，加大网络舆论引导力度。

四、继续加强审判管理工作，深入推进主动执行等方面改革创新

审判质量作为审判工作的核心，是法院工作的生命和灵魂。尽管本次调查反映出群众对相关指标评价较好，但是逆水行舟，群众的要求在与日俱增，倘若因此工作懈怠，群众对法院各项工作的满意度都会下降，进而影响司法形象和公信力。因此，我省各级法院仍要紧紧围绕“争当全国法院排头兵”的目标，继续加强审判质量管理，深化主动执行改革，推进信息化建设，全面提升办案质量及效率，确保司法公正和社会公平正义。

五、加强法院队伍建设，不断改进法院工作作风

法院工作既是一项高度专业化的工作，又是一项亲民为民的服务工作。因此，各级法院要注意引导干警价值观的形成，要求法院干警牢固树立、积极践行“忠诚、为民、公正、廉洁”政法核心价值观、“公正、廉洁、为民”司法核心价值观，既要具备较高的法律素养和司法能力，又必须不断提升自身的素质修养和服务意识。要积极推进“学习型法院”、“学习型党组织”和法院文化建设，健全政治思想、司法能力、司法作风、司法制度等各项教育培训机制，进一步完善法官招录制度，强化法院干警在接待接访、庭审规范、对待当事人态度等方面的能力和作风建设，全面提升法院良好形象。

六、积极推进社会矛盾化解，增强司法服务大局能力

调查显示，人民群众对于法院服务大局能力有更高的要求，必须引起高度重视。在当前的社会转型期，长期积累的深层次矛盾和问题将集中凸显，我省各级法院必须加强社会主义法治理念教育，进一步增强各级法院的大局意识、责任意识和服务意识，把司法服务大局作为第一责任和审判工作的重中之重。找准提高司法保障水平的切入点和着力点，深入推进三项重点工作，坚持以公正的裁判、和谐的手段，努力实现办案法律效果与社会效果的有机统一，确保经济社会又好又快发展，防止因法院方法不慎，裁判不当，作风不实，工作不力而形成社会热点，造成工作被动和社会不满，制约经济社会的发展。

七、健全公正廉洁司法机制，完善监督考核激励制度

全省各级法院必须按照“标本兼治、综合治理、惩防并举、注重预防”的方针和“更加注重治本，更加注重预防，更加注重制度建设”的要求，坚持以司法廉洁风险排查为基础，以规范和制约权力运行为核心，从腐败现象易发多发的重要岗位、关键环节入手，构建从源头上防控司法廉洁风险的新机制，把可能发生的司法不廉现象控制到最低限度。各级法院应当进一步完善当事人评价案件质量及法官制度，健全司法工作绩效考评体系，深化监督制约机制和创新工作激励机制，为全省经济社会又好又快发展提供有力的司法保

障。

**八、合理引导群众期望，持续提高人民群众满意度**

满意度反映的是群众的现实感受与期望值之间的差距，因而满意度受现实感受与公众期望的影响。各级法院要准确认知人民群众的期望，不断提高人民群众对司法服务的感知和体验水平；要尽力满足人民群众的新期待和新要求，人民群众的期望是随着环境的变化而不断变化的，一成不变的服务，即使质量再好也难以满足人民群众的需求，这就需要法院在司法服务中不断创新，努力赢得人民群众的满意和信赖；要正确引导人民群众的期望，让人民群众对司法服务产生正常期望，并对人民群众的期望进行有效引导，从而减少现实感受与期望值的差距，提高人民群众的满意度。

**九、加强法治广东建设，改善司法工作环境**

虽然群众对广东法院整体工作满意程度较高，对广东法院整体工作位于全国法院排头兵地位给予肯定评价，在对所有党政机关形象和作风的对比评价中，对法院的作风和形象的评价还比较高，但是也要看到，越是对法院工作联系密切的调查对象，对法院工作的满意程度也越高，而普通群众之所以满意率较低，更多的是因为受当地整体政务环境的评价影响所致。法院与其他党政机关是命运共同体、形象共同体。因此，提高法院工作满意度，除了法院自身需要改进工作提高水平以外，还应大力加强法治广东建设，提高党政各机关、各部门的群众满意度，从而为法院工作营造更佳的法治环境，才能进一步提高法院工作满意度。各机关、各部门要高度重视，大力支持、保障法律的权威和司法的公信力，为促进公正司法提供良好的政务环境。要正确处理舆论监督与审判独立的关系，为促进公正司法营造良好舆论氛围。

**十、着力解决“案多人少”矛盾，提高司法效率和司法便民水平**

与群众对司法公正、审判结果的满意率较高相比，群众对司法便民、司法效率的满意率较低。这与全省法院多年来案件大幅增长，许多法院出现办案力量严重不足有关，影响了司法效率的提高，制约了司法便民工作水平的提高。因此，必须采取增加编制、内部挖潜等有效措施，大力解决日益严重的人案矛盾，将法官从繁重的办案任务中解放出来，从而在进一步提高司法效率和司法便民水平上下工夫，为进一步提高群众对法院工作满意度创造条件。

**调查样本背景资料**

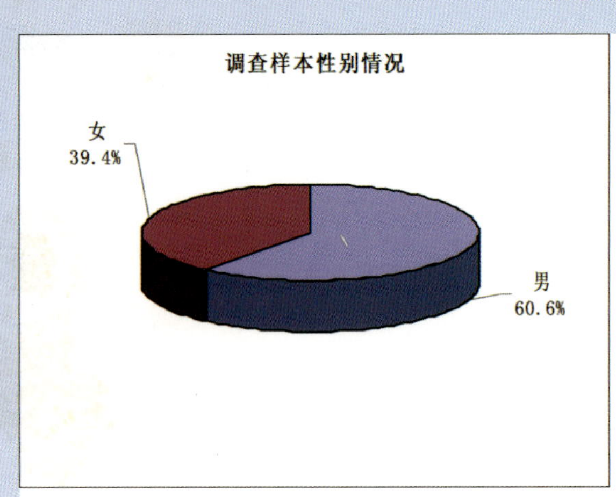


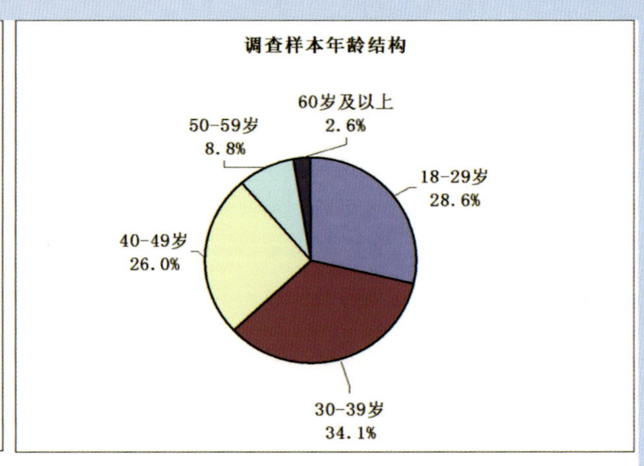


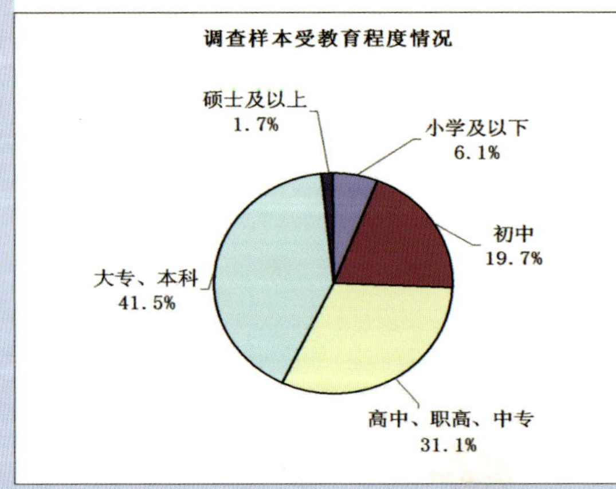


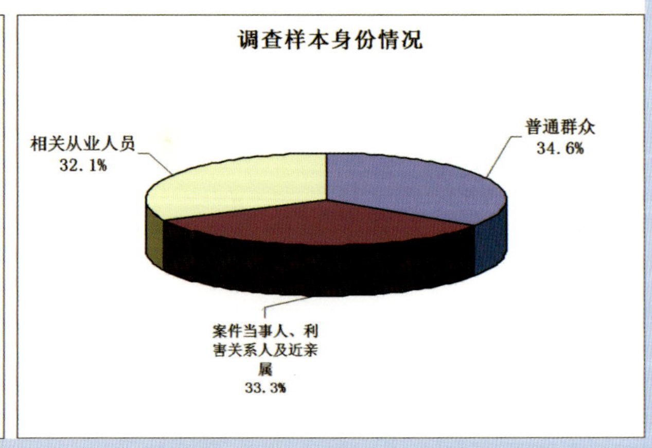